제3판 머리말

초판이 나온 지 2년 만에 개정판을 내고 이어서 5년 만에 다시 제3판을 내게 되어서 다행으로 여깁니다. 우리는 제3판의 개정목표를 개정판과 유사하게 설정하였습니다.

- 오자와 탈자를 바로 잡자.
- 기초수준에서 빠진 부분을 보충하자.
- 줄거리를 제공하자.
- 연습문제를 보완하고 답을 조금 더 수록하자.
- 가능하다면 예들을 최신 데이터로 교체하자.
- 실습부분은 Excel 2010을 유지하자.

실습부분을 Excel 2010으로 유지하기로 한 결정은, Excel 2016이 현재의 최신 버전이지만 이미 Excel 2017이 선을 보이고 있다는 점, 교육현장에는 Excel 2010이 더 많이 보급되어 있다는 점, 그리고 통계실습을 할 때 두 버전 간에 사용법의 차이가 거의 없다는 점을 고려한 것입니다.

이번에는 충분하지는 않지만 그런대로 각 목표를 어느 정도 달성하였다는 생각이 들기도 합니다. 이번 제3판의 출판도 기꺼이 맡아주신 자유아카데미에 감사를 드립니다.

2017년 11월, 저자들

이 책에서 사용된 모든 데이터 및 정오표 등은 자유아카데미 홈페이지(www.freeaca.com)에서 참조할 수 있습니다.

머리말

사회현상, 경제현상, 생명현상, 물리현상, 자연현상 등 우리 주변의 많은 랜덤현상들은 데이터를 통해서만 그 자신을 드러낸다. 따라서 우리는 데이터를 통해서 데이터생성 시스템의 특성을 추론할 수밖에 없다. 통계학은 데이터로부터 그 본질에 대한 통찰을 얻고자 하는 모든 분야에서 그 유효성이 입증된 방법론이다.

이 책은 데이터에 대한 탐색과 기술, 랜덤현상에 대한 확률적 이해, 데이터 수집 계획, 그리고 데이터로부터 결론의 도출 등 "데이터 과학"에 관한 전반적인 내용을 초보적인 수준에서 소개하고 있다. 그리고 본문에서 제시한 내용에 대한 이해를 높이고 실무에 적용하는데 도움을 주고자 작업표 프로그램인 엑셀 실습을 가미하였다.

그리고 이 책은 대학의 통계학개론, 통계학 및 실습, 또는 통계학실습 등의 한 학기용 강의용 교재로 사용하거나 통계학을 독학으로 공부하려는 이들의 교재로 사용하기에 무난하도록 꾸며졌다. 즉 매 장의 앞부분에는 이론적 내용을 소개하고, 뒷부분에 엑셀 실습과 연습문제를 배치하였다. 따라서 엑셀 실습이 없이도 이 책을 공부하는데 전혀 무리가 없으리라 본다.

이 책의 출판을 기꺼이 맡아주신 자유아카데미사에 감사를 드린다. 이 책에 통계학의 다양한 추론 방법들 가운데 비모수적 추론이나 베이지안 추론을 담지 못하고 고전적인 모수적 추론만을 담게 된 것을 아쉽게 생각하며...

2010년 2월, 저자들

차 례

3장 다변량 데이터 탐색

4장 확률

6장 표집분포

7장 추정

8장 통계적 가설검정

9장 두 모집단에 대한 추론

10장 분산분석

11장 상관과 회귀

12장 범주형 데이터에 대한 추론

01

통계학의 기본개념

1.1 통계학이란 무엇인가?

통계학이란 말은 statistics를 번역한 말이다. 이 절의 목표는 statistics라는 말을 이해하는 것이다.

1.1.1 Statistics의 사전적 의미

statistics를 사전에서 잘 찾아보면 대개 다음과 같은 두 가지 풀이가 나타난다.

① 통계학
② statistic(통계량, 통계치)의 복수형

◎ 통계학

다시 우리는 사전에서 통계학(統計學)이란 "통계적 문제에 대한 통찰을 얻기 위하여 모집단으로부터 데이터를 수집하고, 데이터를 탐색하고, 이를 통해서 모집단에 대한 확률적 견해를 형성하는 데 필요한 방법과 이론을 연구하는 학문" 또는 간단히 "데이터에 관한 학문"이라는 풀이를 볼 수 있다. 우리는 통계학을 통해서 모집단에 대한 식견(informed opinion)을 형성하게 되는 것이다.

◎ 통계량(치)

통계량(치)이란 statistics라는 말의 뜻 중에서 가장 전문적인 용어이다. 통계량(치)이란 표본의 한 수치적 특성, 즉 표본의 한 함수이다. 표본평균, 표본표준편차 등이 통계량(치)의 예이다. 특히 우리는 표본을 뽑기 전의 가상적인 표본 데이터의 함수를 통계량(統計量)이라고 하고, 표본을 뽑은 후의 실제 표본 데이터의 함수를 통계치(統計値) 또는 통계량의 값이라고 한다. 즉 통계량은 랜덤한 값이고, 통계치는 알려진 값이다. [반면에, 모집단의 한 수치적 특성은 모수(parameter)라고 한다. 모평균, 모표준편차 등이 모수의 예이다.]

참고 1.1.1

우리는 statistic를 표본을 뽑기 전후에 따라 통계량이나 통계치라고 하는 대신에 단순히 "통계"라고 할 수도 있을 것이다(정부통계, 인구동태통계, 또는 보건통계 등의 용례에서와 같이). 한편, 우리말에서 때로 통계 또는 통계 데이터라는 용어가 수집된 수치 데이터 자체를 가리키는 데 사용되기도 한다. 그런데 엄밀한 의미에서 데이터 자체도 statistic의 일종이다. 그리고 영어표현에서 statistics가 통계학과 통계량(치)이라는 두 가지 뜻 이외의 다른 뜻으로 사용되고 있지 않다. 어쨌든 용어의 혼동을 피하기 위해 수집된 수치 데이터를 가리킬 때에는 통계 데이터보다는 단순히 "데이터"라고 부르는 것이 적절할 것이다.

1.1.2 Statistics의 어원적 의미

statistics는 state-istics에서 유래하였다. 즉 통계학의 원 뜻은 “국세(國勢, the state of a country)에 관한 학문”이다. 여기서 국세란 한 나라의 형편과 힘을 뜻하는데, 이는 징집(徵集, draft)이나 징세(徵稅, levy)의 토대가 된다. 국세파악은 여전히 통계학의 한 분야로 남아 있으며, 각 나라는 5년 또는 10년마다 센서스(census, 총조사)를 실시하여 국세를 파악한다.

| 과제 1.1.1 | 우리나라와 미국의 센서스에 대하여 조사해 보자.

1.1.3 과학적 연구와 통계학

우리는 미지의 현상에 대한 체계적 탐구를 통해서 사실이나 법칙을 발견하고 그를 통해 현상을 설명하려고 하는 과정을 과학적 연구(scientific research)라고 한다. 우리는 과학적 연구과정을 [도표 1.1.1]과 같은 데이터 순환과정으로 묘사해 볼 수 있다. 통계학은 이러한 순환과정이 효과적이고 효율적이 되도록 하는 역할을 한다. 여기서 모형(model)이란 실제 시스템의 축약으로서, 연구자의 지식, 사고방식, 상상력 등에 의존한다.

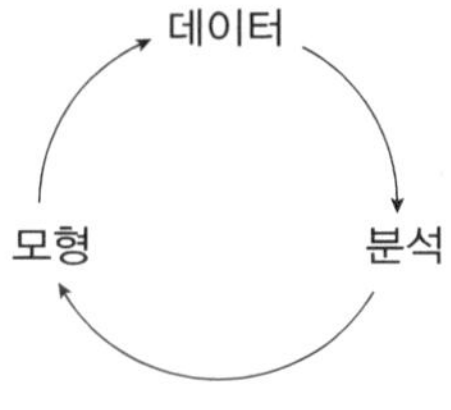

도표 1.1.1 데이터 순환과정

| 과제 1.1.2 | 효과(effect)와 효율(efficiency)은 어떻게 다른가?
| 과제 1.1.3 | 시스템이란 무엇인가 조사해 보자.

1.1.4 통계적 문제

어떤 학문을 정의하는 것은 어려운 일이다. 그래서 통계학을 정의하기보다는 통계학이 하고 있는 일을 소개하려고 한다. 통계학은 통계적 과업(statistical tasks)을 수행하는데 필요한 도구를 제공한다. 여기서 통계적 과업이란 데이터 탐색, 귀납적 추론, 그리고 데이터 획득 등을 말한다. 우리는 이런 통계적 과업을 통해서 답변될 수 있는 질문을 통계적 질문(statistical questions)이라고 한다. 통계적 질문의 예를 들어 보자.

- 비타민 C의 감기예방효과를 측정하기 위해 실험이 어떻게 설계되어야 하는가?

- 무엇이 부모와 자식 간에 닮게 하는가? 그리고 그 힘은 어느 정도인가?
- 물가상승률은 어떻게 측정하는가? 실업률은? 그것들은 어떻게 연관되어 있는가?
- 카지노는 왜 룰렛(roulette)에서 이득을 보는가?
- 갤럽여론조사는 어떻게 불과 몇 천 명의 표본을 이용해서 선거결과를 예측할 수 있는가?

통계학은 바로 통계적 질문에 답변을 하는 데 도움을 주는 이론과 방법을 연구한다. 통계적 질문을 제기하고 통계적 과업을 수행해서 답변하는 과정 전체를 통계적 문제(statistical problem) 또는 데이터 분석(data analysis)이라고 한다. 통계적 문제는 [도표 1.1.2]에서 보는 바와 같이 모집단과 표본 간의 문제로 귀결된다. 모집단에서 표본을 뽑을 때는 반드시 랜덤하게 뽑아야 하는데, 이는 통계적 추론에서 표본과 모집단 간의 간격(gap)을 확률적으로 메워 줄 수 있는 토대가 된다.

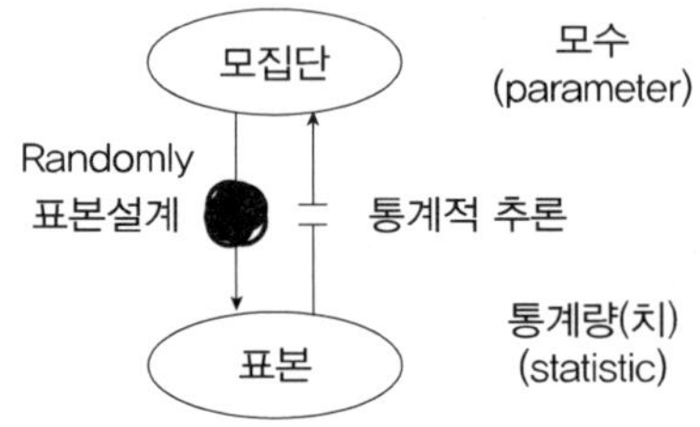

도표 1.1.2 통계적 문제의 틀

◎ 용어정리

이제 우리가 자주 만나게 될 몇 가지 기본적인 용어들을 정리할 단계이다.

- 모집단(population): 당면한 통계적 질문과 관련하여 관심이 되는 개체들 전체의 집합 또는 이들에 대한 데이터의 집합. 후자의 경우는 모집단 데이터라고도 한다.
- 표본(sample): 모집단에서 선택된 일부 또는 이들에 대한 데이터의 집합. 후자의 경우는 표본 데이터라고도 한다.
- 개체(element, individual element) 또는 단위(unit, case): 모집단을 이루는 낱낱
- 모수(parameter): 모집단의 수치적 특성
- 통계{량, 치}(statistic): 표본의 수치적 특성
- 변수(variable): 개체의 수치적 특성

예 1.1.1 통계적 문제의 예로 여론조사를 들어보자. 선거를 6개월 앞둔 시점에서 한 언론사는 A 후보가 유권자 집단에서 어느 정도의 지지율을 얻고 있는지 알고 싶다. 1,000명의 유권자를 랜덤하게 뽑아서 A 후보에 대한 지지여부를 물어보니 510명이 지지한다고 응답을 하였다.

이 여론조사 문제에서,

- 우리가 관심을 가지는 수치는 유권자 집단 전체에서 A 후보의 지지율이다. 바로 이 값이 이 여론조사 문제에서 모수가 된다.
- 즉 유권자 집단전체가 모집단이고,
- 유권자 개개인이 개체가 된다.
- 따라서 우리가 관심을 가지는 변수는 각 유권자의 A 후보 지지여부가 된다.
- 그리고 표본으로 뽑힌 1,000명의 유권자 집단에서의 A 후보지지율은 모수에 대응되는 통계량(치)이 된다.

흔히 A 후보 지지여부를 측정하는 변수 X는 A 후보를 지지하면 1, 아니면 0으로 측정된다. 그러면 이 표본에서 A 후보에 대한 지지율은 X의 평균인 0.51 즉 51%로 주어진다. ■

| 과제 1.1.4 | 개체 또는 단위와 관련하여 다음 개념들에 대해 더욱 자세히 조사해 보자.

- 표집단위(sampling unit): 표집이 이루어지는 단위.
- 실험단위(experimental unit): 실험이 행해지는 단위; 처리가 적용되는 단위.
- 관측단위(observational unit): 측정이 이루어지는 단위; 데이터 수집이 이루어지는 단위.
- 분석단위(analytical unit): 한 연구에서 분석이 실시되는 주된 실체(major entity); 통계치들이 집계되는 단위로서 실제로 또는 가상으로 구성된 단위.

통계학의 목표는 표본 정보를 이용하여 모집단에 대한 통찰을 얻는 데 있다. 통계학은 이를 위하여 [도표 1.1.3]에서와 같이 모집단으로부터 데이터를 획득(data acquisition)하고, 획득된 데이터를 탐색/기술(data exploration/description)하고, 이로부터 모집단에 대한 결론을 도출하기 위한 이론과 방법들을 유기적으로 연구하는 분야들로 구성되어 있다.

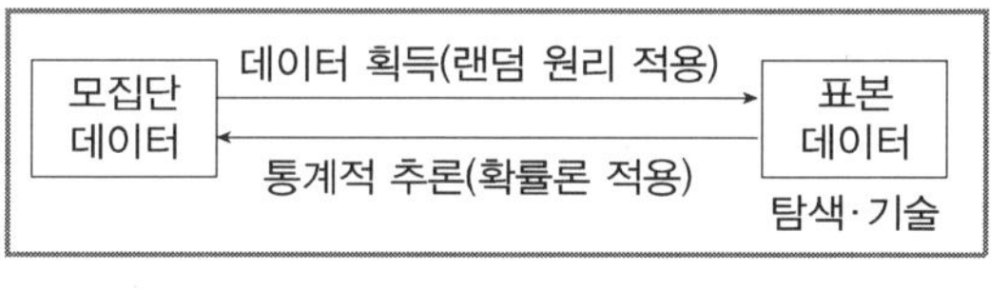

도표 1.1.3 통계학의 역할

이런 문제들의 핵심은 우리가 어떤 사건이 발생할 확률 또는 어떤 것이 참일 확률을 알고 싶어 한다는 것이다. 즉, 우리는 우리가 가지고 있는 정보를 토대로 "어떠어떠할 확률이 얼마인가?" 라는 질문에 답하려고 한다. 대개 이런 질문이 그 순간에 우리가 관심을 가지는 궁극적인 질문은 아니다. 우리는 그보다는 추정된 확률을 이용하여 우리가 어떤 조치를 취해야 할지에 관한 의사결정을 내리고 싶어 한다. 그러나 이 책에서는 의사결정문제를 직접 다루지는 않을 것이다. 다만 의사결정문제에서도 확률적 질문에 대한 답변(확률적 또는 통계적)이 한 중요한 요소가 되며, 이외에 손실함수 또는 효용함수가 또 다른 중요한 역할을 한다는 점을 언급하는 것으로 그치자.

| 과제 1.1.5 | 통계학이 여러 학문이나 기술 분야에 어떻게 적용되고 있는지 조사해 보자.

1.1.5 랜덤현상 또는 랜덤실험

통계학은 데이터를 이용하여 어떤 질문에 대답하려고 한다. 이때 데이터는 불확실성이나 오차를 포함한다. 전자는 관찰되는 현상(사건)에 내재하는 불확실성을 가리키고, 후자는 측정과정에 내재하는 오차를 가리킨다.

◎ 현상에 내재하는 랜덤성에 기인한 불확실성: 랜덤표집(random sampling)

랜덤표집의 사례를 보자.

- 동전 한 개를 던져 올려서 드러나는 면을 관찰하는 실험
- 유권자를 뽑아서 지지후보를 조사하는 실험

◎ 측정오차: 랜덤오차(random error)

정확한 측정은 존재하지 않는다.

예 1.1.2 미표준국(National Bureau of Standards; NBS)은 1963년 5월에 표준무게 NB 10(이의 공칭 무게는 10 g이고, 실제 무게(로 여기지는 수치)는 9.999596 g이다)에 대해 다음과 같은 11회의 반복 측정들을 얻었다.

9.9995992 9.9995985 9.9995947 9.9996008 9.9995978 9.9996027
9.9995925 9.9995929 9.9996006 9.9995988 9.9996014

이들의 평균은 9.9995982 g이고, 95% 오차한계(margin of error; EM)는 0.0000023 g이다. ■

참고 1.1.2

각국의 표준무게들은 파리 근교에 보관되어 있는 국제 킬로그램원기(International Prototype Kilogram, IPK)의 복사판들이다. 그런데 이 원기(1889년 제작)에 2007년 9월부터 감량 현상이 발견되어 국제도량형국(IBWM) 등에서는 1 kg에 대한 새로운 정의를 모색하는 등 이에 대한 대책을 찾고 있다. 2011년 국제도량형위원회(CIPM)는 킬로그램을 플랑크 상수로 표현하는 데 동의하였고, 2015년 8월 국제과학기술데이터위원회(CODATA)는 국제도량형위원회가 제시한 기준을 충족하는 플랑크 상수의 값을 발표하였다. 2018년 11월에 개최된 제26차 국제도량형총회는 이 값을 바탕으로 킬로그램에 대한 새로운 정의를 내렸고, 2019년 5월 20일부터 시행되었다.

도표 1.1.4 국제 킬로그램원기와 이의 보조원기들
(사진출처: Science Times)

랜덤표집이나 랜덤오차는 모두 랜덤현상[random phenomenon, 더 정확하게는 랜덤실험(random experiment)]으로 파악될 수 있다. 통계학의 대상은 랜덤현상으로부터 관찰된 데이터이다(반면에, 확률론의 대상은 랜덤실험이다). 그러면 랜덤실험에 대한 정의를 살펴보자.

- 랜덤실험(random experiment): 랜덤실험이란 결과를 관측할 수 있고 재현성이 있는 과정으로서, 다음의 세 가지 성질을 만족시켜야 한다.
  ① 결과를 미리 알 수 없다. 〈---〉 확정적(deterministic)
  ② 가능한 결과 전체의 집합은 알려져 있다. 〈---〉 개방적(open)
  ③ 예측이 가능한 장기적 패턴(즉, 분포)이 존재한다. 〈---〉 혼돈적(chaotic, haphazard)

랜덤실험을 통하여 관측된 변수는 랜덤변수(random variable, 확률변수)라고 한다.

참고 1.1.3

난수 또는 난수열(a sequence of random digits{numbers})이란 다음 두 조건을 만족하는 0에서 9까지의 10개의 숫자의 열로서, 랜덤표본(random sample)을 뽑는 데 유용하다.
① 아무 자리에 특정한 숫자가 오는 사건의 확률은 0.1로 균일하다(균일성).
② 서로 다른 자리에 특정한 숫자가 오는 사건들은 독립적이다(독립성).

| 과제 1.1.6 | 랜덤실험의 예를 들어보자.

| 과제 1.1.7 | 동전을 던져서 앞면이 나오는지 여부를 관찰하는 실험에 대해,

① 이 실험이 랜덤실험인가?

② 다음을 밝혀라.

- 모집단
- 개체
- 표본
- 변수

| 과제 1.1.8 | 동전 던지기와 굴리기를 각각 100번 실시하여 앞면의 비율을 조사하라.

| 과제 1.1.9 | 혼돈 이론(chaos theory) 또는 복잡계 이론(complex system theory)에서 말하는 혼돈 시스템과 랜덤실험을 비교하여 보자.

1.1.6 정보와 데이터

정보(information)라는 말은 어원적으로 "형상을 내면화하는 과정(the act of giving form to the mind)"이라고 풀이된다. 정보라는 말은 대개 다음과 같은 뜻으로 사용된다.

◎ 본원적 정보

- 물질과 에너지가 존재하는 패턴(pattern). 여기서 패턴이란 물질과 에너지의 조합, 관계, 구조, 배열, 배치, 형태 등의 속성을 말한다.
- 물질, 에너지와 함께 자연계를 구성하는 본원적인 요소.

◎ 메시지로서의 정보: 정보 이론적 정보

- 생물이나 기계의 개체 내 또는 개체 간에 전달, 처리, 축적되는 유의미한 신호나 기호의 모임
- 랜덤 메시지 X의 정보량(amount of information)은 엔트로피(entropy)로 측정된다.
- 엔트로피: $H(X) = -\sum_{x} p(x) \log p(x)$, 여기서 $p(x)$는 메시지 x의 확률분포를 나타낸다. 이때 로그의 밑(base)이 2, 10, 또는 e인가에 따라 엔트로피의 단위는 각각 bit, hartley, 또는 nat이 된다.

◎ 의사결정론적(또는 행동과학적) 정보

- 의사결정에 사용되는 데이터
- 의사결정에 변화를 가져오지 못하는 데이터의 정보가치(value of information)는

0이다.

◎ 일상적 정보

- 가공된 데이터 또는 어떤 의미를 전달하기 위한 표시형식.
- 데이터로부터 정보가 나오고, 정보가 쌓여서 지식이 된다.

| 과제 1.1.10 | 유전 정보는 이 가운데 어떤 의미의 정보인가?

1.2 측정, 데이터, 그리고 변수

앞에서 살펴보았듯이, 과학적 연구에서 데이터는 매우 중요한 역할을 수행한다. 여기서는 데이터와 관련된 용어와 개념들을 자세히 논의해 보자.

1.2.1 데이터와 관련된 용어들

(1) 모집단(population), 표본(sample), 개체 또는 단위(unit or element)

- 모집단이란 연구의 대상이 되는 개체 전체의 집합이다. 때로는 모집단 데이터를 모집단이라고도 한다.
- 표본이란 모집단의 일부이다. 때로는 표본 데이터를 표본이라고도 한다.
- 개체 또는 단위란 모집단의 각 구성원으로서 관측이 이루어지는 기본단위이다. 실험연구에서 사람이 단위일 때는 피험자(subject)라고 한다.

(2) 모수(parameter)와 통계량(statistic)

- 모수란 모집단의 수치적 특성을 말한다. 흔히 우리는 모집단의 평균, 표준편차, 중위수, 비율 등과 같은 모수들에 관심을 가진다.
- 통계량이란 표본의 수치적 특성을 말한다. 특히 주어진 표본의 수치적 특성은 통계치(statistic)라고 한다. 위에서 예시한 모수들에 대응되는 통계량들은 표본의 평균, 표준편차, 중위수, 비율 등이다.

◎ 통계량의 종류(the types of statistics)

한 통계량은 한 랜덤변수이다. 한 통계치는 한 숫자이다. 통계량은 그 용도에 따라 다음과 같이 나뉜다.

① 요약통계량(summarization or descriptive statistics)

요약통계량은 표본에 대한 정보를 제공하며 표본데이터를 인풋으로 사용한다.

예 평균(산술평균, 중위수), 분포, 범위, 표준편차 등

② 추측통계량(inferential or probability statistics)

추측통계량은 모집단에 대한 정보를 제공하며 요약통계량을 인풋으로 사용한다.

예 $\overline{x} \pm 2SE$는 95.4% 신뢰구간이다.

③ 결정통계량(decision statistics)

의사결정에 관한 또는 의사결정을 위한 통계량은 결정통계량이라 불리며, 요약통계량과 손실함수(또는 효용함수)를 인풋으로 사용한다.

예 통계적 품질관리를 위한 순차 샘플링 계획에서는 순차확률비(sequential probability ratio, SPR)가 랏(lot)의 합격여부를 판정하는 결정통계량으로 사용된다.

우리는 주로 요약통계량과 추측통계량을 다룰 것이다.

(3) 변수(variable)

변수란 개체의 특성을 나타내는 측도(measure)로서 측정도구상의 값으로 측정된다. 즉 변수란 개체의 특성에 숫자를 할당하는 규칙이다.

(4) 관측(observation)

한 관측이란 각 개체에 대해 측정된 모든 변수들의 값들을 가리킨다.

(5) 데이터 셋(data set)

데이터 셋이란 특정연구를 위해 획득된 관측들의 모임을 말하는데, 흔히 데이터라 일컬어진다. 우리는 데이터를 행렬형태로 정리하게 되는데, 이때 대개 열은 변수를 나타내고 행은 관측을 나타낸다. 데이터 셋은 각 개체에 대해 동시에 측정된 변수의 수에 따라 다음과 같이 나누어 볼 수 있는데, 변수 간의 관계를 파악하려면 다변량 데이터를 획득해야 한다.

- 일변량 데이터(univariate data)란 각 개체에 대해 한 개의 변수를 측정한 데이터이다. 우리는 일변량 데이터의 분포에 대해서는 기본적으로 분포의 형상, 중심위치, 그리고 산포에 관심을 가진다.
- 이변량 데이터(bivariate data)란 각 개체에 대해 동시에 두 개의 변수를 측정한 데이터이다. 우리는 이변량 데이터의 분포에 대해서는 기본적으로 두 변수 간의 관계의 형상, 방향, 그리고 강도에 관심을 가진다.
- 다변량 데이터(multivariate data)란 각 개체에 대해 동시에 두 개 이상의 변수를

측정한 데이터이다.

◎ 시계열 데이터(time series, or temporal. data)란 시간에 걸쳐서 변수를 측정한 데이터이다. 물론 시간도 한 변수임에는 틀림없지만, 시간은 단지 한 변수로 취급되기에는 너무 크다.

- 일변량 시계열 데이터(univariate time series data)란 시간에 걸쳐서 각 개체에 대해 한 개의 변수를 측정한 데이터이다.
- 다변량 시계열 데이터(univariate time series data)란 시간에 걸쳐서 각 개체에 대해 두 개 이상의 변수를 측정한 데이터이다.

우리는 다변량 데이터에서와 마찬가지로 다변량 시계열 데이터로부터는 각 시계열의 특징뿐 아니라 시계열 간의 관계도 파악할 수 있다.

◎ 공간 데이터(spatial data)와 시공간 데이터(time-spatial data)

공간 데이터란 공간(space)에 걸쳐서 변수를 측정한 데이터이다. 따라서 공간 데이터는 공간 요소(spatial elements)를 가지게 되는데, 흔히 위치(location)는 최소한의 공간 요소로 간주된다. 그 밖의 공간 요소로는 형상(shape)과 크기(geometry) 그리고 다른 개체들과의 관련성 등이 있다. 여기서 공간은 아무 다차원 구조를 가리킨다. 예컨대,

- 의학적 영상은 인체와 관련된다.
- 공학적 도면은 기계적 대상에 관련된다.
- 건축 도면은 한 건물에 관련된다.
- 지리 데이터(geographical data) 또는 지리정보(geographic information)는 지구(planet Earth)와 관련된다.
  - 지리 데이터의 유형은 편평한 지구를 상정하고 있는 기하(geometry) 형과 둥근 지구를 상정하고 있는 지리(geography) 형으로 나누어진다.
  - 지리 데이터는 지도 데이터(map data), 속성 데이터(attribute data), 그리고 영상 데이터(image data)로 구성된다.
  - 지도 데이터는 벡터(vector) 형과 래스터(raster) 형으로 나누어진다.

우리는 공간 데이터에서 공간상의 분포나 의존성에 관심을 가지며, 이때 시각화는 특히 중요한 탐색적 도구가 된다. 시공간 데이터는 시간과 공간에 걸쳐서 변수를 측정한 데이터이다.

예 1.2.1 교양통계학을 수강하는 학생 30명이 간단한 실험에 참가하였다. 학생들은 먼저 자신의 분당 심장박동수를 측정하였다. 그 후 동전을 던져서 앞면이 나온 사람은 일 분 동안 달리

기를 하였다. 그런 후에 모든 학생들이 다시 자신의 분당 심장박동수를 측정하였다. 심장박동수와 그 밖의 데이터는 [도표 1.2.1]과 같다(이 심장박동수 데이터는 엑셀 통합문서 DATA의 작업표 HeartBeat에 저장되어 있다).

도표 1.2.1 심장박동수 데이터

관측 번호	c1	c2	c3	c4	c5	c6	c7	c8	관측 번호	c1	c2	c3	c4	c5	c6	c7	c8
1	90	94	1	1	1	74	160	1	16	62	62	2	2	1	74	190	1
2	80	96	1	2	1	72	155	2	17	60	62	2	2	1	71	155	2
3	92	84	1	1	1	70	153	3	18	72	74	2	1	1	69	170	2
4	68	76	1	2	1	67	145	2	19	62	66	2	2	1	70	155	2
5	96	140	1	2	2	61	140	2	20	76	76	2	2	1	72	215	2
6	62	100	1	2	2	66	120	2	21	68	66	2	1	1	67	150	2
7	78	104	1	1	2	68	130	1	22	54	56	2	1	1	69	145	2
8	82	100	1	2	2	68	138	2	23	74	70	2	2	1	73	155	1
9	99	115	1	1	2	63	121	2	24	74	74	2	2	1	73	155	2
10	68	112	1	2	2	70	125	2	25	68	68	2	2	1	71	150	3
11	96	116	1	2	2	68	116	1	26	72	74	2	1	1	68	155	3
12	78	118	1	2	2	69	145	2	27	68	64	2	2	1	69	150	3
13	88	110	1	1	2	69	150	2	28	82	84	2	1	1	73	180	2
14	62	98	1	1	2	62	112	2	29	64	62	2	2	1	75	160	3
15	80	128	1	2	2	68	125	2	30	58	58	2	2	1	66	135	1

◎ 변수들에 대한 설명

c1: 처음 측정한 분당 심장박동수
c2: 두 번째 측정한 분당 심장박동수
c3: 달리기한 여부(1=달리기함, 2=달리기하지 않음)
c4: 흡연 여부(1=흡연자, 2=비흡연자)
c5: 성별(1=남학생, 2=여학생)
c6: 키(단위: 인치)
c7: 몸무게(단위: 파운드)
c8: 평소운동량(1=적음, 2=보통, 3=많음)

우리는 위 데이터 셋이 변수 8개와 관측 30개로 구성된 다변량 데이터임을 알 수 있다. ■

1.2.2 변수의 종류

우리는 변수를 연구의 관심과 방향에 따라 다음과 같이 나누어 볼 수 있다.

(1) 종속변수(dependent variables)

종속변수란 우리가 그 변화를 연구하려고 하는 변수로서, 반응변수(response variable)

또는 결과변수(outcome variable)라고도 한다.

(2) 독립변수(independent variables)

독립변수란 우리가 종속변수에 미치는 영향을 연구하려고 하는 변수로서, 특히 실험연구에서는 인자(factor)라고 한다. 인자의 각 값은 수준(level)이라고 한다.

- 실험연구에서 각 개체(실험단위)에 가해지는 특정한 실험조건(인자 수준들의 한 조합)을 처리(treatment)라고 한다.
- 독립변수는 처리인자(treatment factor) 또는 위험인자(risk factor)라고도 한다.

(3) 외부변수 또는 외부인자(extraneous variables or factors)

우리가 명시적으로 고려하고 있는 종속변수들과 독립변수들을 연구변수들(study variables)이라고 한다. 외부변수란 연구변수에는 포함되지 않았지만 종속변수에 영향을 미치리라고 예상되는 일종의 독립변수로서 껄끄러운 존재(nuisance)이다. 연구설계 시에는 이 외부변수들을 효과적으로 통제할 수 있어야 독립변수가 종속변수에 미치는 영향을 제대로 파악할 수 있게 된다. 이에 대한 보충 설명은 다음 장을 참고하라.

- 외부변수는 배경인자(background factor)라고도 한다. 특히, 처리집단들 간에 다른 특징을 나타내거나 종속변수에 직접 영향을 미치는 배경인자는 혼동인자(confounding factor, 교락인자 또는 중첩인자)라고 한다.

[도표 1.2.2]는 [예 1.2.1]의 심장박동수 데이터에 제시된 변수들을 구분하고 그들 간의 관계를 나타낸다. 변수들 간의 연관성에 대한 설명은 3.2절을 참고하기 바란다.

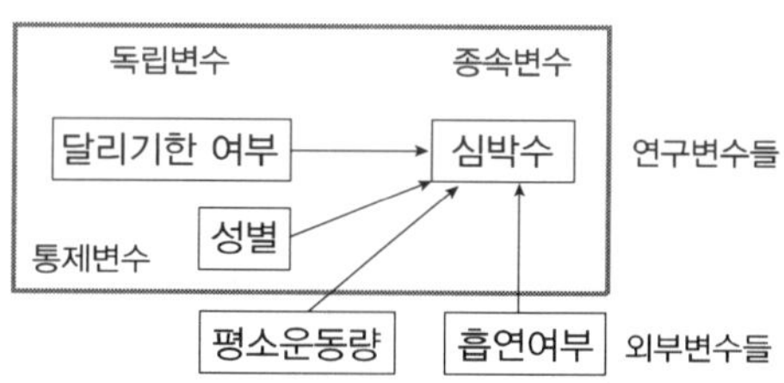

도표 1.2.2 변수들 간의 관계: [예 1.2.1]

1.2.3 변수의 측정수준

변수의 값이 가지고 있는 정보량에 따라 변수의 측정척도 또는 측정수준(levels of measurements)이 달라지며, 이에 따라 데이터에 대한 분석방법이 달라야 한다. 한 측정수준을 위해 개발된 분석방법이나 통계량은 상위수준에서는 사용할 수 있지만 하위수준에서는 사용할 수 없다. 변수의 측정수준은 측정특성에서보다는 측정방법에 주로 의존한다. 흔히 사용하는 네 가지 측정척도들을 하위수준부터 살펴보자.

(1) 명목척도(nominal scale)

명목척도에서 변수의 값은 단순히 어떤 범주의 "이름"을 나타낼 뿐이다. 가장 낮은 수준의 측정척도이다.

예 인종, 성별, 농구선수의 등번호

(2) 순서척도(ordinal scale)

순서척도에서는 변수의 값들 사이에 순서관계도 존재한다.

예 상·중·하로 구분한 언어구사능력, 대·중·소로 구분한 신체치수, 상·중·하로 구분한 한 가구의 사회경제적 지위

(3) 구간척도(interval scale)

구간척도에서는 변수의 값들 간의 차이도 일정한 뜻을 가진다. 이때는 측정도구의 눈금이 등간격으로 매겨진다.

예 섭씨온도, 화씨온도, 역년(calender year), 주가지수, IQ 점수(?)

- 순환척도(circular scale)도 구간척도의 일종이다.

예 하루의 때, 한 해의 때 등의 시간 눈금(time divisions)

예 각 방향(angular direction)을 가리키는 나침반의 눈금(compass points)

순환척도로 측정된 데이터는 순환 데이터(circular data)라고 하며, 이들에 대해서는 특별한 분석법이 필요하다. 이에 대해서는 Zar(1984)의 24장과 25장을 참고할 수 있다.

(4) 비척도(ratio scale)

비척도에서는 변수의 값들 간의 비도 일정한 뜻을 가진다. 이때는 측정도구의 눈금에서 "0"이 "전혀 없음"을 나타낸다.

예 미터법에 의한 길이, 무게, 부피 등 대부분의 물리량, 절대온도, 소지하고 있는 신용카드 수

때로는 명목척도와 순서척도를 질적(qualitative, nonmetric)척도로, 구간척도와 비척도를 양적(quantitative, metric)척도로 묶기도 한다. 그리고 변수가 가질 수 있는 값의 수에 따라 이산형 변수(discrete variable)와 연속형 변수(continuous variable)로 변수의 유형을 구분하는 것이 편리할 때도 있다. 이산형 변수는 가질 수 있는 값의 개수

가 유한하거나(finite) 가산적이며(countable), 연속형 변수는 가질 수 있는 값의 수가 비가산적이다(uncountable). 흔히 연속형 변수는 어떤 구간의 값을 다 가질 수 있다.

| 과제 1.2.1 | (1) 위의 네 가지 척도들에 대해 허용되는 연산들(operations)을 밝혀라. (2) [예 1.2.1]에서 변수들 c2, c4, c6, c8의 형(이산형, 연속형)과 측정수준(명목, 순서, 구간, 비 수준)을 각각 밝혀라.

1.3 연구설계

연구설계(research design)란 연구의 틀, 변수선정, 자료획득, 자료분석 등에 이르는 모든 활동과 수단을 계획하는 것을 말한다.

1.3.1 과학적 연구의 세 가지 기본적 문제들

과학적 연구과정에서 우리는 다음과 같은 세 가지 기본적 문제들에 부딪힌다. 측정(measurements), 통제(control), 대표성(representation, coverage). 이런 문제들이 연구설계 단계에서 해결되어야만 그 연구결과가 널리 받아들여질 수 있다.

(1) 측정

측정이란 개체에 수치를 할당하는 과정이다. 쏘온다이크(Thorndike, 1918)는 "존재하는 것은 모두 양으로 존재하기에 가시적이든 비가시적이든 측정할 수 있다"고 하였다. 또 "측정이 없이는 개선도 없다"는 데밍(Deming)의 말에 많은 이들이 공감한다. 따라서 무엇보다도 우리는 양질의 측정을 확보해야 한다. 측정도구와 측정과정에 따라 측정의 질(quality of measurements)이 달라질 수 있는데, 흔히 우리는 측정의 질을 다음과 같은 관점에서 평가한다. 타당성(validity), 신뢰성(reliability), 불편성(unbiasedness).

◎ 타당성

앞 절에서 우리는 한 변수가 개체의 한 수치적 특성을 나타내는 측도라고 정의하였다. 즉, 변수란 한 특성을 수치로 나타내주는 규칙이다. 더 나아가 어떤 변수가 한 특성의 표현으로서 적절하다면, 이 변수는 그 특성의 한 타당한 측도가 된다. 한 연구에서 타당한 변수를 선정하는 것은 매우 중요하다.

- 타당성은 의도한 특성을 제대로 측정해내는가에 관한 것이다. 타당한 측정은 측정된 특정 개체들 내에서 적용되는 개념이므로 내적 타당성(internal validity)의 일부이다.

- 우리는 일반적으로 측정도구나 측정과정 자체의 타당성을 검토하는 것이 아니라 사용목적과 관련해서 측정도구나 측정과정의 타당성을 검토하게 된다.
- 타당성을 논의할 때 우리는 목적에 대한 타당성과 모집단에 대한 타당성을 구별할 필요가 있다.

예 1.3.1 수능시험 점수는 대학에서의 학문적 성취를 예측하기에 타당하다. 대학에서의 학문적 성취는 명확한 개념이고 높은 수능 점수와 대학에서의 높은 평점 사이에는 연관성이 관찰된다. 이것이 예측적 타당성(predictive validity)이다. ■

| 과제 1.3.1 | 헌스타인과 머레이는 그들의 저서인 '종모양 곡선'(The Bell Curve: Intelligence and Class Structure in American Life, Richard J. Herrnstein and Charles Murray, Free Press, 1994)에서 "인종과 계급 차이는 주로 유전적 인자들에 의해 야기되며 따라서 근본적으로 변할 수 없다"고 주장한다. 다음 두 기사와 다른 기사들을 찾아 읽고 과연 지능지수가 지능(intelligence)에 대한 타당한 측도인지 다음 관점에서 논의하라. 인종의 우열을 판가름하는데 사용될 수 있는지, 또는 개인의 성공을 예측하는데 사용될 수 있는지.

① "인간의 능력 평가방법 논란" [출처: 한겨레21 제149호, 1997년 3월 20일]

IQ(지능지수: Intelligence Quotient)는 과연 인간의 지능을 올바르게 평가하고, 사회적 성공여부를 결정짓는 최선의 기준인가.
'IQ 1백48 이상'인 사람들의 국제단체인 '멘사'가 최근 국내에 본격적으로 알려짐에 따라, 다시금 관심이 쏠리는 주제이다. IQ는 오랫동안 인간의 지능지수를 평가하는 가장 효과적인 기준으로 애용되어 왔다. 일단 IQ가 높고 학업성적이 우수하면, 사회적으로 성공할 '뛰어난 사람'으로 평가된 것이다.

그러나 최근 감성지수인 EQ(Emotional Quotient) 개념이 각광을 받으면서 이에 대한 논란이 일고 있다. EQ는 IQ로서는 나타낼 수 없는 인간의 또 다른 능력을 평가하는 기준이라는 것이다. 이 분야의 권위자인 다니엘 골먼은 인간의 출세와 성공의 문제는 똑똑함 수준, 즉 IQ에 의해 판가름나는 것이 아니라, 감성과 마인드 컨트롤 능력으로 결정되는 것이라고 말한다. 생존능력의 좀 더 근원적인 요소는 감성과 정서의 능력이며, 지적인 능력은 이런 감성능력을 토대로 가동되는 부차적인 것이라는 것이다. 학교에서 좋은 성적을 올리고, 회사에서도 능력을 인정받는 데는 높은 IQ가 필요함은 물론이다. 그러나 이것도 감성과 정서의 통제 능력이 발휘되지 않으면 아무런 소용이 없다는 게 EQ를 강조하는 사람들의 주장이다. 때문에 최근 IQ의 존재는 심각한 도전을 받고 있는 셈이다.

IQ란 지능검사의 결과로 지능의 정도를 총괄하여 나타내는 수치이다. L.M 터먼에 따르면, IQ에 따른 지능단계는 7가지 단계로 나뉜다. IQ가 140~169이면 최우수, 120~139는 우수, 110~119는 평균상, 90~109는 평균이라는 것이다. 또 80~89는 평균하, 70~79는 정신결함 경계, 30~69는 정신결함 수준이다.

그러나 지능검사는 그동안 많은 논란을 불러일으켰다. 어떤 정신적 능력들이 지능을 구성하는가, IQ는 이러한 능력을 적절히 나타내는가 하는 등의 논쟁이었다. 심리학자들은 문화적 영향에 관계없이 개인의 타고난 능력을 정확히 반영할 수 있는 검사법을 개발하려고 하고 있다.

② "유전자와 행동 – 공식적인 논쟁 후 Wiley 출판사, IQ 관련 서적 출판 취소" [출처: 사이언스 1996년 5월 3일]

에딘버러 대학교의 심리학자 크리스토퍼 브랜드가 5월초에 기자들에게 지능지수(IQ)에서의 인종 간 차이를 논쟁거리로 제공하면서 지능지수에 관한 그의 새로운 저서는 발간되기도 전에 대대적인 홍보를 받게 되었다. 그러나 이러한 홍보는 판매에 전혀 도움이 되지 않을 것이다. 그의 발언으로 인한 소동으로 인하여 출판사인 John Wiley & Sons는 출간 바로 전에 이를 철회하였다. 학생들의 반대와 브랜드에 대한 해고 요구를 받은 에딘버러 대학교는 그의 강의에 대해서 조사하기로 방침을 정하였다. 반면에 브랜드의 지지자들은 학생들에게 Wiley 출판사에 대한 불매 운동을 호소하고 있다.

247쪽 분량의 이 책은 "The G Factor"라는 제목을 가지고 있으며, 검토용 복사본이 2월에 미국과 영국에서 배포되었다. 그러나 브랜드가 기자들에게 유전자들이 인종 간 평균 지능지수에 차이가 생기게 한다고 발표하기 전까지 이 책은 특별한 관심을 얻지 못하였다. 그가 인종주의자인가에 대해서 질문을 받았을 때에, 그는 The Scotsman이라는 주간지에서 그 자신은 인종과 심리학, 특히 인종과 지능지수에서는 상관관계가 있다고 생각하고 있을 뿐만 아니라, 상당히 깊은 관계가 있을 것이라고 생각하고 있기 때문에 그 자신은 "과학적인 인종주의자"라고 불려질 것이라고 밝혔다.

이러한 발언으로 인하여 흥분한 내용의 신문 표지 제목이 실리고, 하원 의원들의 반대가 있고, 학생들은 그의 강의를 거부하고 그의 사직을 요구하면서 Wiley 출판사의 마음이 변하게 되었다. 영국에서의 출판 전날인 4월 17일에 뉴욕 사무소는 다음과 같이 발표하였다. "저자인 크리스토퍼 브랜드의 최근 발언과 그의 작품에 나타나 있는 관점들에 대해서 신중히 검토한 결과에 따라서 우리는 이 책을 출판하지 않기로 결정하였다. Wiley 출판사는 이러한 관점을 선전함으로써 이러한 관점을 지지하기를 원하지 않으며, 또한 불쾌한 발언을 하는 책을 만드는 데에 동참하기를 원하지 않고 있다."

"The G Factor"(G는 일반 지성을 의미하며, IQ 조사에서 정신 측정가들이 얻어낸 요소를 의미한다.)는 IQ에 대한 현재의 연구에 대해서 설명하고 있다. IQ 분야에서 브랜드가 했던 가장 큰 공헌은 검사 시간 실험인데, 이 실험은 IQ가 정보를 처리하는 뇌의 속도와 상관관계가 있다는 것을 보여 준다. 다른 연구가들은 이 책이 새로운 사실에 대해서는 거의 다루고 있지 않다고 말한다. 브랜드의 말에 의하면 이 책의 10%만이 인종에 관해서 다루고 있다. 그 중에서도 이 책은 IQ 조사가 인종적으로 편향되어 있지 않으며, 백인과 흑인 사이에 영구적인 15 정도의 IQ 차이가 있으며, 차이를 유발하는 환경적인 요인을 아직까지 발견하지 못하였다고 말하고 있다.

Wiley 출판사의 수잔 스필카는 Wiley 출판사는 맨 처음에는 이 책에 대한 아무런 문제점을 느끼지 못하고 있었으며, 이는 과학 전공 서적은 제한된 소수를 대상으로 하기 때문이었다고 말한다. 그러나 브랜드가 언론에 발표하기 시작하면서 좀 더 주의 깊게 생각하게 되었다고 그녀는 말한다. 그의 언론 발표가 책에서 말하고자 하는 내용과 불일치한다고 Wiley 출판사는 결론을 내렸다. 그러나 브랜드가 기자들에게 발표한 내용을 책 내용 중 한 부분에서 다루고 있었기 때문에 완전히 불일치하는 것은 아니라는 사실을 Wiley 출판사의 관리자들은 알고 있었다. "우리는 브랜드에게 다른 출판사로 옮기는 것을 도와주겠다고 말했다."고 스필카는 말한다.

브랜드는 다른 출판사로 옮기지 않았으며, 조금도 그 자세를 굽히지 않았다. "나는 정면으로 최선을 다해 싸울 것이다."라고 그는 Science지에 말했다. 그는 Wiley 출판사에 75,000달러의 보상비를 요구하고 있으며, Wiley 출판사에 대한 불매 운동을 벌이고 있고, Wiley 출판사를 파산시키기 위해서 재판에서 승소하지 못하면 요금을 받지 않는 법률가를 찾고 있는 중이다.

많은 브랜드의 동료들은 Wiley 출판사의 행동에 실망을 표현하였다. "나는 우리가 이런 종류의 정치적인 일에서 멀어지고 있다고 생각했었다. 이러한 행동은 사람들을 당황하게 한다."고 미네소타 대학교의 심리학자인 토마스 보우챠드는 말한다. 뉴질랜드 대학교의 심리학자인 제임스 플린은 IQ에 관한 인종적 차이에 대한 생각에 반대한다고 하더라도 브랜드를 지지하자고 E-mail을 그의 동료들에게 보내었다. "출판사의 비겁한 행동으로 인하여 사실을 이해하는 데에 어려움을 겪게 된다."고 플린은 말한다.

에딘버러 대학교는 이 상황을 조용히 수습하기 위해서 노력 중이다. 총장인 스튜어트 서덜랜드 경은 사회 과학 학장인 네일 맥코믹에게 브랜드와 학생들의 수업 관계에 대한 보고서, 특히 학생들의 불만에 대한 보고서에 초점을 두어 작성하라고 명령하였다.

브랜드가 IQ에서의 인종 간 차이를 다룬 책으로 인하여 문제를 일으킨 유일한 저자는 아니다. 더욱이 근대 IQ 연구의 원조이자, 지금은 버클리, 캘리포니아 대학교의 명예교수인 아더 젠슨은 지성에 관한 그의 책을 출판해줄 출판사를 찾는 데에 매우 힘들었다고 말한다. 처음 12장은 이미 한 출판사가 계약을 결정하기 위해서 기다리고 있다. Wiley 출판사의 편집장은 이 책의 나머지 2 부분에 대한 검토가 지금까지 있었던 것처럼 긍정적이라고 한다면 이 책을 출판하는 데에는 특별한 문제가 없을 것이라고 말한다.

예 1.3.2 백화점들의 고객 불만족도를 비교하는 연구에서, 반품수보다는 반품률이 고객의 불만족도에 대한 더 타당한 측도라고 할 수 있다. ■

| 과제 1.3.2 | 우리나라 통계청에서 매달 15일을 전후한 1주간에 걸쳐서 조사하여 발표하는 실업률(失業率, unemployment rate)은 2009년 2월 현재로 다음과 같이 정의된다. 여기서 사용된 실업의 정의에 대한 타당성을 논의하라.

실업률은 경제활동을 할 수 있는 국민 중에서 일자리가 없는 사람들이 차지하는 비중, 즉 경제활동인구(economically active population)에 대한 실업자수의 비율이다. 경제활동인구는 만 15세 이상의 국민 중 조사대상주간 중에 일할 의사와 능력을 동시에 가진 사람을 가리킨다. 따라서 근로능력이 있더라도 일자리를 구하려는 의사가 없으면 경제활동인구에서 제외된다. 학생이나 주부는 원칙적으로 제외되지만 수입을 목적으로 취업하면 경제활동인구에 포함되며 군인이나 교도소수감자 등은 무조건 대상에서 빠진다. 실업과 취업 여부를 가리는 기준은 나라마다 조금씩 다르지만 우리나라를 포함한 대부분의 국가가 국제노동기구(ILO)의 방식을 채택하고 있다. 즉, 취업자란 조사대상주간 중에 수입을 목적으로 1시간이상 일한 사람과 조사대상 기간 중 일시적인 병, 일기불순, 휴가나 연가, 노동쟁의 등의 이유로 일하지 못한 일시휴직자 및 18시간 이상의 무급가족 종사자이다. (참고로, OECD 방식은 지난 4주일 동안 구직활동을 한 적이 있는 사람을 구직활동자로 간주한다. 따라서 OECD 방식을 적용하면 ILO 방식보다 실업률이 0.2 ~ 2%포인트 가량 더 늘어나게 된다. 통계청은 ILO 방식을 채택하면서 OECD 방식을 병행해 실업률을 발표하고 있다.)

| 과제 1.3.3 | 농가와 농가인구는 다음과 같이 정의된다. 이 정의들에 동의하는가?

농가(Farm household). 가구주나 가구원 중에서 다음과 같은 농업활동을 하고 있는 사람이 있는 가구 - 경지 300평 이상을 경작 또는 경영하는 가구, 비닐하우스나 온실 등을 이용한 시설작물을 각각 100평, 과수나 묘목을 각각 200평 이상 재배하는 가구, 소, 말 등 대가축 1마리 이상을 사육하는 가구, 돼지, 산양, 면양 등 중가축 3마리 이상을 사육하는 가구, 토끼 등 소가축 40마리 이상 닭, 오리, 거위, 칠면조 등 가금 40마리 이상을 사육하는 가구, 꿀벌 5군 이상을 양봉하는 가구, 위의 각 호별 규모 이외의 연간 농업수입이 40만원 이상으로 농업을 계속하는 경우.
농가인구(Farm household population). 조사기준일 현재 농가에서 3개월 이상 같이 살았거나 3개월은 살지 않았어도 조사기준일을 전후하여 3개월 이상 같이 살게 될 가구원을 말하며 혈연관계가 없는 가정부, 유모, 머슴까지도 포함됨. 단, 하숙생과 농사 이외의 일로 고용된 사람은 제외됨.

◎ 신뢰성

신뢰성 또는 정밀성(precision)이란 같은 개체에 대한 반복측정에서 비슷한 결과가 재현되는 정도에 관한 성질이다.

- 타당성과 신뢰성에 대한 상세한 논의는 1.6절을 참고하라.

◎ 불편성

불편성이란 같은 개체에 대한 반복측정에서 참값으로부터 일관된 벗어남, 즉 편향(bias)이 없는 정도에 관한 성질이다.

[도표 1.3.1]은 불편성과 정밀성이라는 개념을 과녁에 맞은 화살자국으로 궁사의 실

력을 평가하는 것에 빗대어 나타낸 것이다.

참고 1.3.1

자연과학에서 사용되는 측정의 정확성(accuracy)이란 용어는 측정의 정밀성과 측정의 불편성을 합친 개념이다.

참고 1.3.2

측정에서의 불편성과 신뢰성은 특정 개체에 대한 반복 측정값들의 분포에 대해 적용되는 개념이고, 데이터 수집에서의 불편성과 정밀성은 반복되는 표집에서 계산된 통계치들의 분포에 적용되는 개념이다.

참고 1.3.3

유효숫자(significant figures, sf). 유효숫자란 측정의 정확성을 나타내는 한 수의 자릿수(digits)를 가리킨다. 약속에 의해, 8은 [7.5, 8.5)를 의미하고 8.3은 [8.25, 8.35)를 의미한다. 이때 8은 한 자리의 유효숫자를 가지고 있고, 8.0은 두 자리의 유효숫자를 가진다고 일컬어진다. 과학적 표기법(scientific notation)을 사용하여 유효숫자를 표현해 보자. 예컨대, 7.2×10^4은 정확도 범위가 $0.1 \times 10^4\ (=1{,}000)$이고 따라서 약속에 의해 [71,500, 72,500)를 의미한다. 또 7.20×10^4은 정확도 범위가 $0.01 \times 10^4\ (=100)$이고 따라서 [71,950, 72,050)를 의미한다.

(2) 통제

타당한 결과를 얻기 위해서는 연구자가 환경을 통제(control)할 수 있어야 하며, 이 문제는 실험연구에서 특히 중요하다.

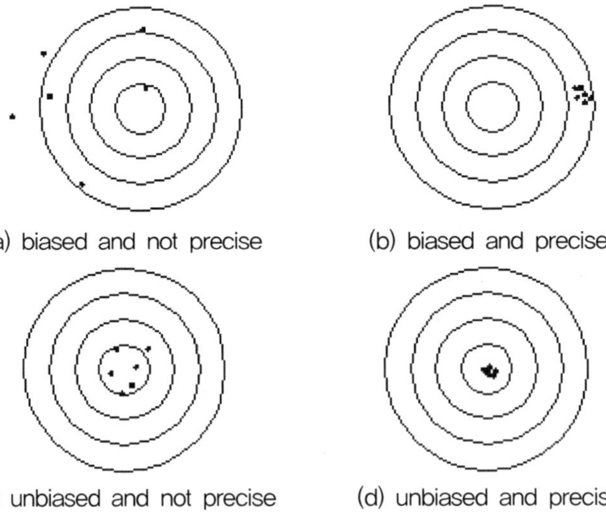

(a) biased and not precise (b) biased and precise

(c) unbiased and not precise (d) unbiased and precise

도표 1.3.1 불편성과 정밀성

◎ control의 세 가지 용례

- 한 대조(a control)는 처리를 받지 않은 한 피험자이다.
- 한 통제된 실험(a controlled experiment)은 연구자가 피험자들을 처리집단과 대조집단에 할당하는 한 연구형태이다.
- 관찰연구에서 처리집단과 대조집단을 비교할 때 혼동(confounding)이 문제가 되는 경우, 통계전문가는 사후적으로 혼동되는 인자들에 대한 통제(controlling for confounding factors)를 시도한다. 이런 사후적 통제의 한 방법은 더 작고 더 동질적인 집단들을 비교하는 것이다.

◎ 물리적 통제(physical control)

기본적인 물리적 통제는 실험단위나 피험자를 각 비교집단에 랜덤 할당함으로써 달성된다.

예 1.3.3 비타민 C가 감기예방에 효과가 있다는 것을 입증하기 위한 실험: [도표 1.3.2]에서와 같이 비타민 C 집단과 위약(僞藥, placebo) 집단에 개체들(피험자들, subjects)을 랜덤 할당하여 일정시간이 지난 후에 각 집단의 감기발병률을 비교한다. ■

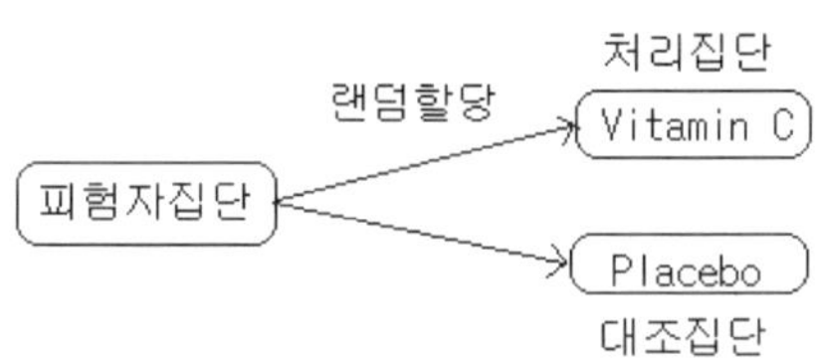

도표 1.3.2 실험단위들의 랜덤할당

◎ 통계적 통제(statistical control)

통계적 통제란 물리적 통제가 가능하지 않거나 불충분할 때 데이터 처리과정에서 사후적으로 통제하는 것을 말한다. 통계적 통제는 대개 선형모형(linear models)을 통해서 이루어진다. 우리는 랜덤할당을 통계적 통제로 보완함으로써 다음과 같은 이점을 얻을 수 있다.

- 불충분한 랜덤화를 개선시킬 수 있다.
- 효과가 어떻게 작용하는지를 보여 줌으로써 간접적인 효과를 평가할 수 있다.
- 추정의 정밀도와 검정력을 높일 수 있다.
- 처리집단들 간의 우연한 차이에 대한 취약성을 개선시킬 수 있다.

예 1.3.4 대조집단(Control, C)에 속하는 7명과 처리집단(Treatment, T)에 속하는 7명에

대해 한 특정한 처리 전후(Before, B; After, A)에 변수들을 측정한 결과가 [도표 1.3.3]이다. 이 네 변수들을 두 문자들을 이용하여 각각 CB, CA; TB, TA라고 하자. (이 예에서 지금은 수식이나 수치보다는 줄거리에 집중하기 바란다. 수식이나 수치는 나중에 이해할 수 있을 것이다.)

먼저 처리효과를 검정하기 위해 랜덤할당이라는 물리적 통제만을 이용해 보자. 우리는 처리집단과 대조집단의 차이를 검정하기 위해 [도표 1.3.4]에서와 같이 단순히 두 표본 t-검정 모형을 사용할 수 있다. 이 모형에 의해 추정된 처리효과는 3.0이고 표준오차의 추정치는 1.80(=3.3665 * $\sqrt{1/7+1/7}$)이다. 따라서 t-통계량의 값은 3.0/1.80 =1.67이며, 유의확률은 $P\{|T| \geq 1.67\}$=0.121이다. 이로부터 우리는, 예컨대 5% 유의수준에서, 처리효과가 통계적으로 유의하지 못하다고(식별 가능하지 못하다고) 결론을 내리게 된다.

도표 1.3.3 대조집단과 처리집단의 데이터

Obs	CB	CA	Obs	TB	TA
1	1	2	1	1	6
2	3	4	2	5	7
3	7	6	3	7	9
4	10	6	4	9	9
5	13	9	5	13	12
6	17	10	6	16	12
7	19	12	7	19	15

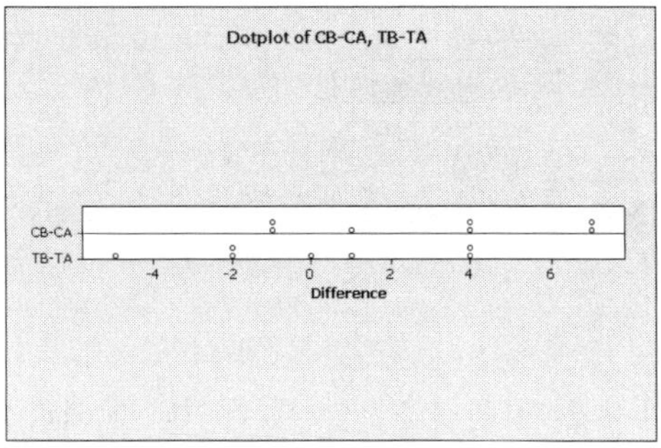


```
          N    Mean  StDev  SE Mean
CB-CA  7    3.00   3.42      1.3
TB-TA  7   -0.00   3.32      1.3

Difference = mu (CB-CA) - mu (TB-TA)
Estimate for difference:  3.00000
T-Test of difference = 0 (vs not =):
 T-Value = 1.67  P-Value = 0.121  DF = 12
Both use Pooled StDev = 3.3665
```

도표 1.3.4 점도표와 두 표본 t-검정

이번에는 물리적 통제뿐 아니라 통계적 통제를 고려하여 처리효과를 검정하여 보자. [도표 1.3.5]는 이 데이터를 산점도로 나타내고 대조집단과 처리집단에 각각 회귀선을 적합시킨 결과이다. 각 집단이 모집단으로부터 랜덤하게 표집된 것이라고 가정하면, 우리는 더 이상의 특별한 계산이 없이도 처리집단과 대조집단의 차이가 우연히 발생한 것이 아니라는 볼 수 있다. 구체적으로, [도표 1.3.5]에서 추정된 처리효과는 3.0이고 이 효과에 대한 표준오차는 회귀모형에 의해 0.36(=0.674* $\sqrt{1/7+1/7}$)으로 추정된다. 따라서 t-통계량의 값은 3.0/0.36=8.33이며, 유의확률은 $P\{|T| \geq 8.33\}$=0.000이다. 이로부터 우리는, 예컨대 0.1% 유의수준에서도,

처리효과가 통계적으로 유의하다고(식별 가능하다고) 결론을 내리게 된다. ■

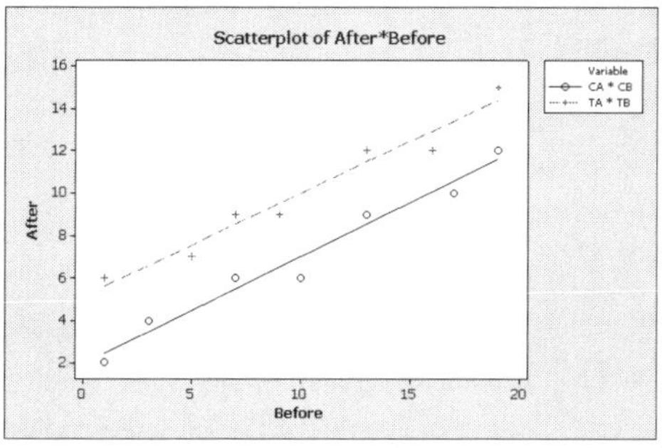


```
The regression equation is
After = 2.02 + 0.498 Before + 3.00 Group

Predictor      Coef   SE Coef       T      P
Constant     2.0192    0.3902    5.17  0.000
Before      0.49808   0.02956   16.85  0.000
Group        3.0000    0.3603    8.33  0.000

S = 0.674070   R-Sq = 97.0%   R-Sq(adj) = 96.4%

Analysis of Variance
Source          DF        SS      MS       F      P
Regression       2   160.502  80.251  176.62  0.000
Residual Error  11     4.998   0.454
Total           13   165.500
```

도표 1.3.5 통계적 통제: 회귀분석

(3) 대표성

대표성이란 특정 개체들에 대해서 얻어진 결론을 더 큰 모집단으로 일반화할 수 있는지에 관한 문제이다. 대표성은 표집방법에 좌우되며, 이는 외적 타당성(external validity)의 일부이다. 편이표집(convenience sampling)이나 비현실적인 처리 등은 외적 타당성을 깨는 요소들이다.

1.3.2 데이터 획득

우리는 특정 연구를 위해 직접 데이터를 수집할 수도 있고, 다른 목적으로 수집된 데이터를 이용할 수도 있다.

(1) 기존 데이터(available data)

기존 데이터를 이용할 때는 메타데이터(meta data)를 잘 살피는 등 주의를 기울여야 한다.

(2) 데이터 수집(data collection)

수집된 데이터는 연구자가 자료수집 환경에 관여한 정도에 따라 다음의 셋으로 나누어 볼 수 있다. 상세한 내용은 다음 절에서 다루도록 하자.

- 실험 데이터: 적극적 관여
- 유사실험 데이터: 소극적 관여
- 비실험 데이터: 단순 관찰

참고 1.3.4 **데이터 수집방법과 관련된 오차들**

편향(bias)은 표본통계들이 모수로부터 체계적으로 벗어나는 것을 뜻한다. 반면에 정밀성 결여(lack of precision)는 표본통계들이 분산되는 것을 가리킨다.

1.3.3 연구형태와 비교연구

(1) 연구형태

우리는 데이터 수집 계획에 따라 연구형태를 [도표 1.3.6]에서와 같이 나누어 볼 수 있다. 먼저, 독립변수에 대한 조작(manipulation)이 가능한지 여부에 따라 실험연구(가능)와 비실험연구(불가능)로 나누어진다. 실험연구는 다시 각 처리(독립변수 값들의 조합)에 실험단위들을 할당할 때 가능한 랜덤성의 정도에 따라 순수실험(개체)과 유사실험(집단)으로 나눌 수 있다.

① 실험연구(experimental study)에서 우리는 독립변수를 조작할 수 있고, 처리집단을 랜덤하게 형성할 수 있다. 실험연구는 통제 면에서 뛰어나지만 대표성이 약하다. 실험연구는 인과관계 연구에 유용하다.

② 유사 실험연구(quasi-experimental study)에서 우리는 독립변수를 조작할 수는 있지만, 처리 집단을 랜덤하게 형성할 수는 없다.

③ 비실험연구(non-experimental study) 또는 관찰연구(observational study)에서 우리는 독립변수를 조작할 수 없다. 관찰연구는 대표성 면에서 뛰어나지만 통제

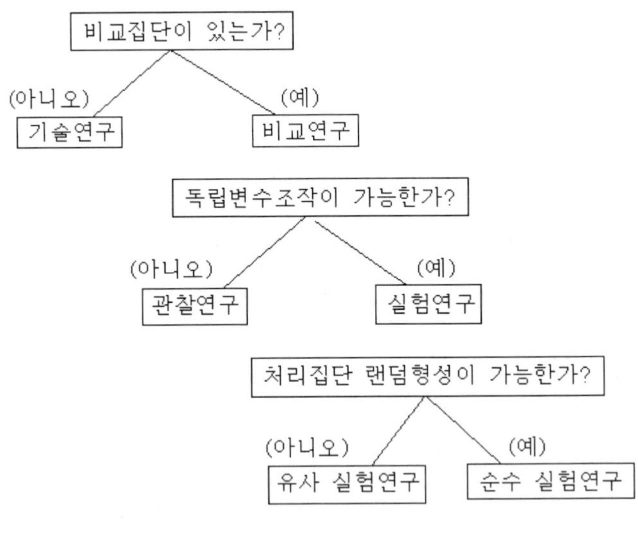

도표 1.3.6 연구형태의 구분

가 약하다. 관찰연구는 모집단 기술에 유용하다.

| 과제 1.3.4 | 다음과 같은 데이터 획득 방법들에 대해 더욱 자세히 조사해 보자.

(1) 관찰연구를 위한 단순랜덤표집과 층화랜덤표집

- 단순랜덤표집법(simple random sampling)은 크기 n인 모든 표본이 표본으로 선택될 수 있으며, 이들 각각이 표본으로 선택될 확률이 동일한 표집법이다. 이때 각 개체가 표본에 들어갈 확률은 동일하게 n/N이 된다. 이 방법은 개념적으로는 단순하지만 표집틀을 구하거나 측정값을 얻는 데 어려움이 따를 수 있다. 단순랜덤표집에 의해 뽑힌 표본은 단순랜덤표본(simple random sample, SRS)이라고 한다.
- 층화랜덤표집(stratified random sampling)을 실시하려면 일단 모집단을 종속변수의 입장에서 유사한 개체들끼리 묶어서 부분집단들, 즉 층들(strata)로 분할해야 한다. 층화랜덤표집이란 각 층으로부터 단순랜덤표본이나 계통표본을 뽑아서 표본을 형성하는 표집법이다. 이렇게 함으로써 표집변동을 줄일 수 있고 보다 정밀한 추론을 할 수 있게 된다.

(2) 실험연구를 위한 완전랜덤화설계와 랜덤화블록설계

- 완전랜덤화설계법(completely randomized design, CRD)이란 실험단위들을 각 처리집단에 랜덤하게 할당하는 배치법으로서 위 실험설계 원리 중 랜덤화 원리만을 적용한 방법이다.
- 랜덤화블록설계법(randomized block design, RBD)이란 실험단위들을 블록화한 후 각 블록에서 처리집단에 랜덤하게 실험단위들을 배치하는 방법이다. 이때 각 블록이 처리조합수(또는 이의 배수) 만큼의 실험단위들로 구성되면 랜덤화완비블록설계 또는 난괴법(randomized complete block design, RCBD)이라고 하고 그렇지 못하면 랜덤화불완비블록설계(randomized incomplete block design, RIBD)라고 한다.

예 1.3.5 위 과제를 모두 아우르는 다음 예를 보자.

(1) [예 1.1.1]에서 통계적 문제의 예로 든 A 후보의 지지여부에 대한 여론조사 문제를 다시 고려하자. ① 이 예에서는 유권자 집단[더 정확하게는 표집틀(sampling frame)]으로부터 단순랜덤표집으로 크기가 510인 단순랜덤표본을 뽑았다. ② 갤럽 등의 여론조사회사는, 표집변동을 줄임으로써 추론의 정밀도를 높이기 위하여, 흔히 SRS보다는 연령이나 성별을 층으로 하여 층화랜덤표본을 뽑는다.

(2) [예 1.3.3]에서 제시한 비타민 C의 감기예방효과를 입증하기 위한 실험을 다시 고려하자. ① [도표 1.3.2]는 완전랜덤화설계를 나타내고 있다. ② 우리는 이 실험을 난괴법으로 실시하여 외부변수에 의한 변동을 줄임으로써 실험의 정밀도를 높일 수 있다. ■

(2) 비교연구(comparative studies)

독립변수가 종속변수에 미치는 효과(effect, 영향)를 알아내기 위해 흔히 비교법(the method of comparison)이 사용된다. 두 모집단 비교를 위한 실험설계에 대해서는 9.1절을 참조하라.

- 일반적으로 실험연구에서는 설계단계에서 처리-대조(treatment-control) 비교법이 사용되고, 관찰연구에서는 데이터분석단계에서 처리-대조 비교법이 사용된다.

예 1.3.6 흡연이 폐암 발생에 영향을 미치는가를 규명하기 위해 가능한 여러 비교연구들을 제시해 보라.

풀이 이하의 설명과 [도표 1.3.7]의 분류를 참고하라.

① 실험연구. 피험자들을 랜덤할당하여 흡연집단(처리집단)과 비흡연집단(대조집단)을 형성한 후 일정기간 후에 두 집단의 폐암발병률을 비교한다.

② 유사실험연구. 이미 형성되어 있는 피험자들의 두 집단 중에서 랜덤하게 선택된 한 집단을 흡연집단으로 삼고 다른 한 집단을 비흡연집단으로 삼아서 일정기간 후에 두 집단의 폐암발병률을 비교한다.

■ 표본조사(sample survey)

③ 횡단조사(cross-sectional survey). 100만 명을 랜덤하게 뽑아서 그들의 흡연습관과 폐암발병여부를 조사한다. 이로부터 흡연집단과 비흡연집단의 폐암발병률을 비교한다.

④ 종단조사(longitudinal survey). 1000명의 패널(panel)을 뽑아서 정기적으로 그들의 흡연습관과 폐암발병여부를 조사한다. 이로부터 흡연집단과 비흡연집단의 폐암발병률을 비교한다.

□ 후향적 연구(retrospective or historical study)

⑤ 사례-대조 연구(case-control study). 폐암환자집단과 정상인 집단으로부터 폐암환자들과 정상인들의 과거 흡연경력을 조사하여 흡연과 비흡연으로 분류한다. 여기서 사례는 폐암발병을, 대조는 정상을 뜻한다.

⑥ 후향적 코호트 연구(retrospective cohort study). 흡연집단과 비흡연집단의 과거 기록으로부터 폐암발병률을 조사한다.

□ 전향적 연구(prospective or developmental study)

⑦ {전향적} 코호트 연구({prospective} cohort study). 흡연집단과 비흡연집단을 일정기간 관찰한 후에 두 집단의 폐암 발병률을 비교한다. ■

도표 1.3.7 관찰연구의 형태

관찰연구형태 \ 측정시점		과거	현재	미래
표본조사	횡단조사 ③		독립변수 종속변수	
	종단조사 ④		독립변수 종속변수	
				독립변수 종속변수
후향적 연구	사례-대조연구 ⑤	독립변수	종속변수(기준)	
	후향적 코호트 연구 ⑥	독립변수(기준)	종속변수	
전향적 연구	코호트 연구 ⑦		독립변수(기준)	종속변수

우리는 위 예로부터 코호트 연구에서는 위험인자(독립변수)에 노출된 여부에 따라 표본집단이 형성되는 반면에, 사례-대조 연구에서는 결과변수(종속변수)에 따라서 표본집단이 형성됨을 알 수 있다.

1.4 데이터 분석과 해석

1.4.1 데이터 바로 보기

우리는 데이터에 둘러싸여 있다. 사람들은 그들의 주장을 뒷받침하기 위하여, 또는 다른 이들의 주장을 맞받아치기 위하여 숫자들을 사용한다. 우리는 이런 숫자들을 대할 때 다음과 같은 질문들을 제기함으로써 데이터를 바로 보는 데 도움을 얻을 수 있다.

(1) 이 데이터의 원천(sources)은 무엇인가?

데이터의 원천은 우리가 이 데이터를 신뢰할 수 있는지 여부를 판단하는 데 도움을 준다. 한 데이터는 흔히 다음 중 하나를 원천으로 가진다.

- 일화적인 증거(단순한 관찰이나 실험)
- 전문가 판단
- 통계적으로 설계된 비교연구(관찰연구, 실험연구)
- 외삽(extrapolation): 미래 경향

예 1.4.1 "1976년 6월에 Lou Harris에 의해 실시된 한 여론조사는 만일 공화당의 전당대회에서 레이건씨가 대통령후보로 지명된다면, 포드대통령을 지지하는 공화당원들의 약 반이 11월에 카터씨에게 투표할 것이라는 결과를 얻었다." 한 신문의 정치해설기사에 제시된 이 언급은 몇 가지 잘못을 범하고 있다. 즉, 이 언급에는 여론조사 날짜, 표본크기, 실제 설문 등의 상세가 결여되어 있다. 그러나 이 기사내용의 출처가 제시되어 있고, Harris는 높이 평가받고 있는 여론조사기관이므로 우리는 이 언급을 믿고 싶어 한다. 만일 이 문제가 우리에게 중요하다면, 우리는 Harris로부터 상세한 정보를 얻을 수 있을 것이다. ■

예 1.4.2 "그래서 우리는 스물한 개의 대도시들로 가서 550명의 애주가들에게 화이트 럼을 진과 보드카의 주요 브랜드들과 비교해 달라고 요청하였습니다. 24.2%가 진을 선호하였고, 34.4%는 보드카를 선호하였습니다. 그리고 41.4%는 화이트 럼을 선호하였습니다." 푸에르토리코에 의한 한 럼주 광고에 제시된 이 언급은 어떤 비교 미각 시험의 결과를 기술하고 있는데, 실험설계에 대해서는 거의 아무런 정보도 제공하고 있지 아니하다. 정부의 규정에 의하면 "더 많은 애주가들이 진이나 보드카보다 럼을 선호합니다"와 같은 주장들은 실제 연구들에 토대를 두어야 하고, 그런 연구들의 상세한 정보는 요청이 있다면 제공되어야 한다. 우리가 이 주장을 평가하고 싶다면, 그 광고주에게 상세한 정보를 요구하는 서신을 쓸 수 있을 것이다. ■

예 1.4.3 "에너지청의 에너지 태스크포스의 위원장인 Oilup 박사는 2018년 겨울쯤에 주거용 난방을 위한 천연가스가 부족하게 될 것이라고 추정하였다." 여기서 우리는 전문가의 의견을 보게 된다. 우리는 2018년에 천연가스공급의 표본을 얻을 수 없으므로, 어떤 결론이든 과거 데이터와 미래에 대한 전문가의 판단에 토대를 두게 된다. 우리는 이 전문가를 신뢰할 수 있는지를 스스로에게 물어야 한다. 예컨대, 이 언급이 조심스런 추정인가? 아니면 막연한 추측인가? 그가 정치적 압력으로 인해 또는 석유 프로젝트에 대한 지지로 인해 그같이 말하고 있지는 않은가? 그의 판단이 다른 전문가들의 판단과 일치하는가? 이것은 과거 데이터에 대한 합리적인 해석에 의해 지지되는가? ■

첫 번째 예의 원천은 표본조사이고 두 번째 예의 원천은 한 실험이다. 상세들이 제공되는 경우라면 우리는 이런 원천들로부터의 데이터를 평가할 준비가 잘 되어 있다. 세 번째 예는 전문가의 견해인데, 미래의 경향들에 대한 공적인 이슈들에서 흔한 데이터의 원천이다. 이와 관련해서 몇 가지를 언급해둘 필요가 있다.

① 어떤 전문적인 판단도 적절하게 설계된 조사나 실험만큼 신뢰성을 가지지는 못한다.
② 외삽은 항상 위험성에 노출되어 있다.
③ 전문가들도 외부의 압력, 자신들의 이해관계 또는 자신들의 편견에 의해 부패될 수 있다.

(2) 이 데이터는 이치에 맞는가?

앞뒤가 맞지 아니하는 글이나 말이 있듯이, 앞뒤가 맞지 아니하는 데이터도 있다. 우리는 다음과 같은 점들에서 데이터가 이치에 맞는지 여부를 따져 보아야 한다.

- 무의미한 숫자
- 무의미한 비교
- 내적 일치성
- 지나친 정밀도나 규칙성
- 가능한 숫자인가?

예 1.4.4 "시장은 경찰의 90%는 뇌물을 받은 적이 없으며 이 정직한 사람들이 소수의 비행에 의해 매도되어서는 아니 된다고 말하였다." 여기서 90%는 무의미한 숫자이다. 시장은 경찰의 몇 퍼센트가 뇌물을 받은 적이 없는지 대해 아무런 생각도 가지고 있지 아니하다. 그는 대다수가 뇌물을 받은 적이 없다고 말하고 싶었던 것이며 따라서 우리는 90%라는 숫자를 무시해도 좋다. ■

한마디로, 우리는 숫자들을 주의 깊게 살펴보는 습관을 들일 필요가 있다. 그렇게 함으로써 우리는 대다수 사람들이 무심코 인정하고 있는 숫자들이 이치에 맞지 않다는 것을 지적할 기회를 가질 수 있을 것이다.

(3) 관련된 정보가 모두 제시되었는가?

관련된 정보의 일부만을 제시하는 것은 우리의 판단을 오도하는 대표적인 수법이다.

예 1.4.5 투자신탁회사인 ICI는 한 TV 광고에서 1950년에 한 평균적인 뮤추얼펀드에 $10,000를 투자했더라면 1972년 말에 $113,500로 증식이 되었을 것이라고 주장하였다. 이 주장은 사실이다. 월스트리트 저널(1972. 6. 7.)은 이 광고가 동일한 액수의 투자가 뉴욕증권거래소의 복합지수(NY Stock Exchange Composite Index)에 연동하여 투자되었더라면 $151,427로 성장하였을 것이라고 지적하였다. 즉 이 뮤추얼펀드는 주식 시장 전체보다 더 낮은 성능을 보여 준 것이다. ■

(4) 해석이 올바른가?

숫자에 대한 잘못되거나 이해할 수 없는 결론들도 우리가 자주 접하게 되는 오류들이다. 특히 비(ratio), 율(rate), 또는 백분율(percentage)에 대한 해석은 종종 그릇된다.

| 과제 1.4.1 | 1997년 8월의 취업과 실업에 대한 미국 노동통계국(BLS)의 보고서는 "백인 실업률은 6.1%이고 흑인 실업률은 14.5%였다"라고 언급하였다. NYT지(1977년 9월 3일자)는 이 보고서와 관련하여 다음과 같은 문장을 포함하는 기사를 게재하였다. NYT지의 기사에서 어디에 오류가 있는지 찾아보아라.

> 노동통계국은 흑인 대 백인의 실업률비가 "2.4 대 1까지 상승하였다"고 보고하였는데, 이는 백인 실업자 한 명당 흑인 실업자가 2.4명이라는 것을 의미한다.

(5) 데이터가 우리를 일깨우는가?

통계학은 숫자들을 통해서 현실에 대한 통찰을 제공하려는 목적을 가지고 있다. 그러려면 우리는 먼저 타당한(즉, 올바르고 당면 문제와 관련이 있는) 숫자들을 수집해야 한다. 우리는 흔히 모집단의 일부 개체들에 대한 데이터를 얻게 되므로, 내적 타당성(internal validity)과 외적 타당성(external validity)을 구별한다.

- 내적 타당성은 우리가 측정한 개체들에 관한 것이다.
- 타당한 측정은 내적 타당성의 일부이다.
- 외부변수들과의 혼동은 계산상의 실수나 불완전한 정보와 마찬가지로 내적 타당성을 깨는 요소이다.
- 외적 타당성은 우리의 결론을 더 큰 모집단으로 일반화할 수 있는지에 관한 것이다.
- 편이표집(convenience sampling)과 같은 편향된 표집은 외적 타당성을 위협하는 요소이다.
- 비현실적인 처리나 대표성이 결여된 개체들도 외적 타당성을 저해한다.

예 1.4.6 GE 사에 의해 수집된 한 데이터는 한 가전제품의 어떤 부품이 그 제품의 사용기간이 길어짐에 따라 고장률이 훨씬 더 높아지고 있는 것을 보여 주었다. 그 부품의 신뢰성을 향상시키기 위한 준비가 시작되었다. 그때 한 통계전문가가 처음 일 년 동안의 고장률이 거의 일정하고, 정확히 12개월이 지났을 때 고장률이 급격하게 증가한 후 그 다음 일 년 동안 고장률이 거의 일정하고, 정확히 24개월이 지났을 때 고장률이 다시 급격하게 증가하는 것을 발견하였다. 이 표본에 포함된 제품들 중 29개월 이상 사용된 것은 없었다.

이 의심스러운 규칙성에 주목하여 이 통계전문가는 데이터의 수집과정에 대해 조사하였다. 처음 12개월 동안은 모든 제품들로부터 표집이 이루어졌는데, 그 이유는 모든 제품들이 일 년의 보증(warranty)을 가지고 있었기 때문이었다. 그 다음 12개월에 대한 데이터는 두 번째 해에 대한 서비스 계약을 맺은 소유자들만을 대상으로 하여 얻어졌다. 24개월을 넘어서는 데이터는 갱신된 서비스 계약을 가지고 있는 제품들만을 대상으로 얻어졌다.

따라서 두 번째 해와 세 번째 해에 대한 높은 고장률들은 그 제품 전체 모집단을 대표하는 것이 아니었다. GE는 새로운 부품을 개발할 필요가 없었다. 그들은 절약된 금액의 일부를 이 통계전문가에게 주었을 것이다. ■

1.4.2 데이터 분석

우리는 대개 다음과 같은 이유로 데이터 분석을 제대로 이해할 필요가 있다.

- 연구를 해석하고 설명하기 위하여
- 연구를 평가하기 위하여
- 경험적 질문들에 대해 명확하게 생각하기 위하여
- 연구를 계획하기 위하여

1.4.3 데이터 해석(Data Interpretation)

한 데이터 셋에 대한 해석은 실제 데이터뿐 아니라 모집단에 대한 가정에도 의존한다. 이 가정에 따라 데이터 해석은 다음의 세 가지로 나누어진다.

① 순수 데이터 분석이란 데이터 자체를 해석하는 절차로서 탐색적 데이터 분석(Exploratoty Data Analysis, EDA)과 기술통계학(descriptive statistics)이 이에 해당한다.

② 비모수적(분포무관) 추론(nonparametric or distribution-free inference)이란 모집단의 분포형태에 대한 가정을 거의 하지 않고 자료를 통해서 모집단을 해석하는 절차이다. 재표집(resampling)은 이를 위한 수단이 된다.

③ 모수적 추론(parametric inference)이란 모집단의 분포형태에 대한 어떤 가정하에 자료를 통해서 모집단을 해석하는 절차이다.

| 과제 1.4.2 | 신문이나 잡지 등에서 실험연구, 유사실험연구, 그리고 비실험연구에 대한 기사를 각각 발췌하고 다음 사항을 밝혀라.

- 문제 설명과 연구 방법
- 모집단, 개체, 표본
- 변수들과 그들 간의 관계
- 결론과 비평

1.5 통계적 문제 특정: 사례연구

간단한 사례들을 통하여 어떻게 통계적 문제 특정에 도달하는지를 살펴보자.

◎ 실제 현상에 대한 질문제기 단계

실제 현상(자연현상, 생명현상, 경제현상, 표집현상)을 랜덤현상(더 정확히는, 랜덤실험)으로 모형화한다. 이때 다음과 같은 사항들을 명확히 한다. 결과, 결과공간(표본공간), 사건.

◎ 기술연구에 대한 변수개발 단계

기술연구는 모집단 데이터의 특성을 기술하는 데 목적이 있다. 우리는 대개 다음과 같은 단계를 거쳐 기술연구를 위한 변수들을 개발해 낼 수 있다.

① 모집단과 관련된 추상적 특성 도출
② 모집단 성능측도(즉 모수) 도출
③ 모집단과 개체 도출
④ 변수(측도) 개발

◎ 비교연구(관찰연구, 실험연구)

비교연구에서는 변수 간의 관련성에 관심을 가진다. 우리는 대개 다음과 같은 단계로 비교연구를 위한 변수들을 개발하게 된다.

① 변수(개체와 관련된 추상적 특성) 간의 관계 도식화
② 변수(측도) 개발

사례 1: 독서실태 조사—기술연구

다음은 한국일보(1989년 9월 25일)에 실린 기사이다.

> 한국갤럽조사연구소가 우리나라 만18세 이상의 남녀 1천5백명을 대상으로 조사한 "한국인의 독서실태"에 따르면 우리나라 사람의 독서율은 1987년보다 오히려 떨어져 68%가 한 달에 한 권도 책을 읽지 않는 것으로 드러났다. 조사대상 가운데 한 달에 한 권 이상 책을 읽는 사람은 32%이며, 이는 1987년 조사 때의 37.9%보다 많이 낮아진 것이다.
>
> 지난 1개월간 한 권 이상의 책을 읽은 사람은 나이가 적을수록 많았으며, 직업별로는 학생이 86.7%로 가장 높고 화이트칼라(61.3%), 블루칼라(29.8%) 순이었다. 주부는 21.5%로 농·임·어업종사자(13%)와 함께 낮은 편에 속했다. 그래서 한국인의 월간 평균 독서량은 0.78권 정도인 것으로 추산한다.

또 한 달에 한 권 이상 책을 사는 사람은 25.2%이며 그 내용을 자세히 보면 2권이 6.8%, 3권이 4.1%, 4권 이상도 6.3%나 됐다. 책 구입률은 2년 전의 18.5%에 비해 높아졌다. 그러나 일본의 책 구입률 46.6%에는 크게 못 미친다. 일본은 한 달에 한 권 이상 독서율도 58.1%나 된다(1985년치).

다행히 62.1%가 지금보다는 책을 좀 더 읽고 싶다는 대답을 했다. 독서욕구 역시 나이가 적고 학력이 높을수록 높아서 책은 읽어본 사람이 더 읽고 싶어 하는 걸 실감케 했다.

한편 읽고 싶은 책에 대한 설문에서는 현대소설(29.1%), 철학(20.9%), 역사(18.7%). 순이고, 실제로 가장 잘 팔리는 수필·시는 14.8%로 5위에 불과했다.

① 모집단과 관련된 추상적 특성: 독서율

② 모집단 성능 측도(즉 모수) 개발

- 독서율: 독서인구의 비율

$$독서율 = \frac{독서\ 인구}{18세\ 이상\ 인구}$$

여기서 “독서 인구”는 “한 달에 한 권 이상 책을 읽는 인구”이다.

③ 모집단과 개체

- 개체: 18세 이상 한국인

④ 변수(측도) 개발

- 독서량: 월간 독서량(책의 범위를 먼저 특정해 주어야 한다.)
- 나이: 만 나이

사례 2: 조기교육열—기술연구

다음은 “알기 쉬운 통계”(조사통계국, 1988)에서 우리나라의 교육 현황에 대해 소개한 부분이다.

1970년에 유치원의 비율이 전체 학교 수의 5%이던 것이 1987년에는 전체 학교 수의 41%를 차지할 정도로 조기교육에 대한 높은 관심을 볼 수 있다.

우리는 이로부터 다음과 같은 문제 특정에 도달한다.

① 모집단과 관련된 추상적 특성: 조기교육열

② 모수 1: 유치원 비율 = (유치원수)/(교육기관수)

③ 모집단과 개체: 교육기관

- 개체: 교육기관
- 모집단: 교육기관 전체

④ 변수 개발

• 교육대상: 유치, 초등, 중등

그런데 ②의 모수에서 유치원 비율은 각급 학교들의 규모가 같지 않다는 점에서 조기 교육열을 반영하고 있는 타당한 측도라고 보기 어렵다. 이에 대한 한 대안은 유치원생 비율이다.

• 모수 2: 유치원생 비율 = (유치원생수)/(전체 학생수)

유치원생 비율은 유치원 비율에 비해 더 타당하긴 하지만 여전히 만족스럽지 못하다. 주된 이유는 이 측도가 인구 증가나 연령별 인구구성비율의 변화를 반영하고 있지 못하기 때문이다. 이에 대한 또 다른 대안은 유치원취학 비율이다.

• 모수 3: 유치원취학 비율 = (유치원생수)/(유치원취학연령인구)

유치원취학 비율은 유치원 비율이나 유치원생 비율에 비해 더 바람직한 측도로 보인다. 우리가 모수 3을 최종 측도로 채택할 경우에는 모집단, 개체, 변수 등이 다음과 같이 바뀐다.

③' 모집단과 개체

• 개체: 유치원취학연령 어린이
• 모집단: 유치원취학연령 어린이 전체

④' 변수 개발

• 유치원취학 여부

| 관찰 3.5.1 | 모수가 바뀌면 개체가 바뀔 수 있다.

사례 3: 실업률조사—기술연구

1.3.1절의 [예 1.3.4]에 제시된 실업률에 대한 정의를 고려하자.

① 모집단과 관련된 추상적 특성

• 실업률

② 모수

• 실업률 = (실업자수)/(경제활동인구)

③ 모집단과 개체

• 15세 이상 국민
• 표집단위: 가구

1.6 검사의 타당성과 신뢰성

학업적성이나 지능과 같은 인간의 능력은 비가시적인 특성이므로 물리적인 특성들과 같이 직접적으로 측정하지 못하고, 적어도 현 단계에서는, 검사(검사지 또는 시험, test)라는 간접적인 측정도구를 사용하여 측정한다. 검사를 제작할 때 우선적으로 고려되어야 할 사항은 타당성(validity)과 신뢰성(reliability)이다. 타당성은 측정도구가 의도한 특성을 제대로 측정해낼 수 있느냐에 관한 문제이며, 신뢰성은 측정도구가 의도한 특성을 안정적으로 측정해낼 수 있느냐에 관한 문제이다.

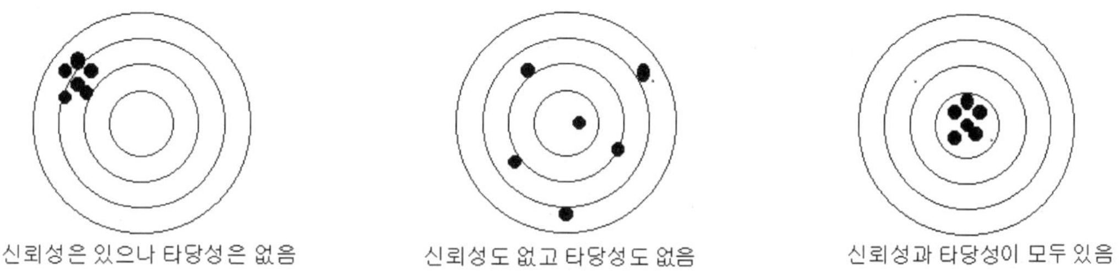

도표 1.6.1 신뢰성과 타당성

1.6.1 타당도

우리는 타당도를 크게 세 가지로 나누어 볼 수 있다.

(1) 내용타당도(content validity)

내용타당도는 검사가 측정하려고 하는 내용 영역을 반영하고 있는 정도를 말한다. 검사 제작자는 내용타당도를 확보하기 위해서 내용소와 행동소를 이원분류표로 정리하여 검토할 필요가 있다. 내용타당도는 흔히 내용전문가에 의해 주관적으로 판단된다.

(2) 구성(구인 또는 개념)타당도(construct validity)

구성타당도란 한 측도(검사)가 측정되고 있는 개념(또는 구성)에 관하여 이론적으로 유도된 가설들과 합치되는 다른 측도들과 관련을 맺는 정도를 말한다.

(3) 준거(또는 기준 관련)타당도(criterion-related validity)

준거타당도는 측정도구를 사용하여 어떤 중요한 행동형태(즉 준거 또는 기준, criterion)를 파악하려고 할 때 의미를 가진다. 우리는 기준변수의 존재시점에 따라 준거타당도를 다음 두 가지로 나누어 볼 수 있다.

① 동시(또는 공인)타당도(concurrent validity). 기준변수가 현재에 존재한다면, 한

척도와 동일시점에서의 기준변수 간의 상관관계를 구함으로써 동시타당도가 평가된다.

② 예측타당도(predictive validity). 예측타당도는 한 척도와 상관관계를 가지는 한 미래기준변수와 관련된다. 선발목적으로 사용되는 검사들은 성격상 예측타당도와 관련된다. 예를 들어, 수학능력시험은 수능시험점수와 대학에서의 평균평점 간의 상관관계에 의해 예측타당도가 검정될 수 있다.

1.6.2 신뢰도

검사의 신뢰도로 쓰일 수 있는 지표는 측정의 표준편차와 신뢰도계수이다. 측정의 표준편차는 개인을 여러 평행측정도구로 측정했을 때의 표준편차이다. 신뢰도계수란 평행측정도구간의 상관계수이다. 여기서 평행측정도구(parallel test)란 원 검사와 동일한 내용을 측정하면서 검사로 인한 기억효과(memory, or learning, or carry-over, effect)가 영향을 미치지 못하는 검사를 말한다. 그런데 완전하게 평행인 측정도구를 개발하기란 거의 불가능하므로 측정의 표준편차를 구하기란 쉽지 않다. 마찬가지 이유로 신뢰도계수를 구하는 것도 쉽지는 않지만, 신뢰도계수를 추정하기 위한 여러 방법들이 개발되어 있다.

(1) 재검사법(retest method)

재검사법은 동일한 피험자들에게 동일한 검사를(일정한 시간간격을 두고) 반복 실시하여 얻은 두 측정 간의 상관계수를 신뢰도계수의 추정값으로 삼는다. 이 방법은 단순하다는 이점이 있다. 그러나 검사 간의 시간간격이 너무 작으면 기억효과로 인하여 신뢰도가 과대 추정될 가능성이 있으며, 시간간격이 너무 크면 개인의 참값이 변할 가능성이 있다. 또 충분한 시간간격에서 동일한 피험자들로부터 측정이 이루어져야 하므로 관리하기가 어렵다.

(2) 동형검사법(alternative-form method)

동형검사법은 평행측정도구에 가까운 측정도구를 개발하여 두 측정 간의 상관계수를 신뢰도계수의 추정값으로 삼는다. 이 방법은 동형검사 개발이라는 쉽지 않은 과제를 넘어야 한다. 즉 검사 간의 동일성이 강조되면 재검사법과 별 차이가 없어지고, 너무 달라지면 동일한 내용을 측정하지 못하게 된다.

(3) 내적 일관성 신뢰도(internal consistency method)

내적 일관성법은 동일시점에서 가상적인 평행측정도구들 간의 예상되는 상관계수를 신뢰도계수의 추정값으로 삼는다. 즉 내적 일관성 신뢰도는 검사가 일관되게 한 특성을 측정하고 있는 정도를 나타내며, 단일 측정도구의 모든 문항들의 상관계수를 이용하여 신뢰도계수를 추정한다. 여기서는 두 가지 신뢰도 계수만을 소개한다. (이 부분의 수식들의 의미는 조만간에 이해할 수 있게 될 것이다.)

① 반분법(split-half method)

반분법은 한 측정도구를 평행에 가까운 두 부분으로 나누고 이 두 측정 간의 상관계수를 신뢰도계수의 추정값으로 삼는다. 반분법은 어떻게 문항들을 두 부분으로 나누느냐에 따라 신뢰도계수의 추정값이 달라진다는 결점이 있다. 보통 홀수–짝수로 문항들을 나눈다. r_{12}를 (예컨대) 홀수 문항의 총점 X_1과 짝수 문항의 총점 X_2 간의 상관계수라고 하자. 그러면 반분법에 의한 신뢰도계수는 다음과 같이 정의되며, 이를 Spearman-Brown 공식(1910)이라고 한다.

$$r = 2r_{12} / (1 + r_{12}) \qquad (1.6.1)$$

② 크론바의 알파(Cronbach's α)

크론바의 알파(1951)는 반분법을 일반화한 것으로 측정도구를 개별문항 각각으로 분리하여 신뢰도계수를 추정한다. 문항수를 k라 하면 크론바의 알파는 다음과 같이 정의된다.

$$r = \frac{k}{k-1}\left(1 - \frac{s_1^2 + \cdots + s_k^2}{s^2}\right) \qquad (1.6.2)$$

여기서 s_i^2은 i번째 문항의 분산을, 그리고 s^2은 전체 문항 총점의 분산을 나타낸다.

| 과제 1.6.1 | 검사와 관련하여 다음 개념들에 대해 조사하여 보자.

- 정확도(accuracy)
- 정밀도(precision)
- 민감도(sensitivity): 90% 민감도
- 특이도(specificity): 90% 특이도

1.7 엑셀 실습 1: 엑셀 기초

(1) 엑셀이란 무엇인가?

엑셀(Microsoft Excel)은 데이터를 관리하고, 분석하고, 차트를 작성하기 위한 작업표

프로그램(worksheet, or spreadsheet, program)이다. 2017년 10월 현재의 최신 버전인 엑셀 2016과 엑셀 2010은 사용법에 거의 차이가 없으므로 우리는 엑셀 2010을 중심으로 설명하되 필요한 경우에 엑셀 2003에 대해서도 다룰 것이다.

(2) 엑셀의 시작과 종료

① 엑셀의 시작

엑셀을 시작하는 한 가지 방법은 다음과 같이 윈도우의 [시작] 단추로부터 시작하는 것이다.

[시작] > [모든 프로그램(P)] > [Microsoft Office] > [Microsoft Office Excel 2010] 또는 [Microsoft Office Excel 2003]

☞ 약속: 여기서 (그리고 앞으로도) ">"는 메뉴나 항목을 선택하는 순서를 나타낸다. 그리고 "[ ]"는 메뉴나 항목을 나타낸다.

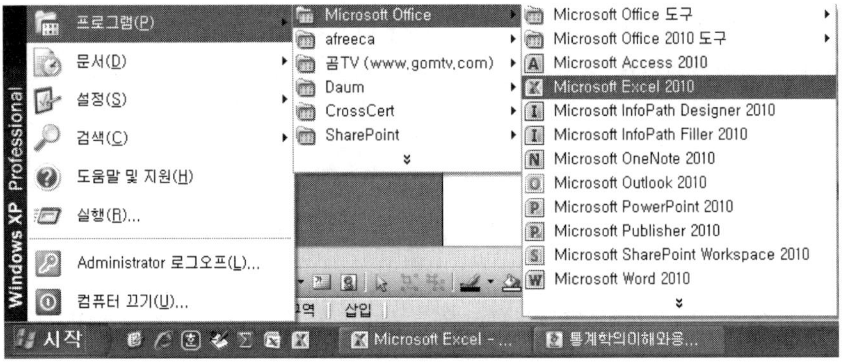

도표 1.7.1 엑셀 2010을 구동시키기 위한 한 가지 방법

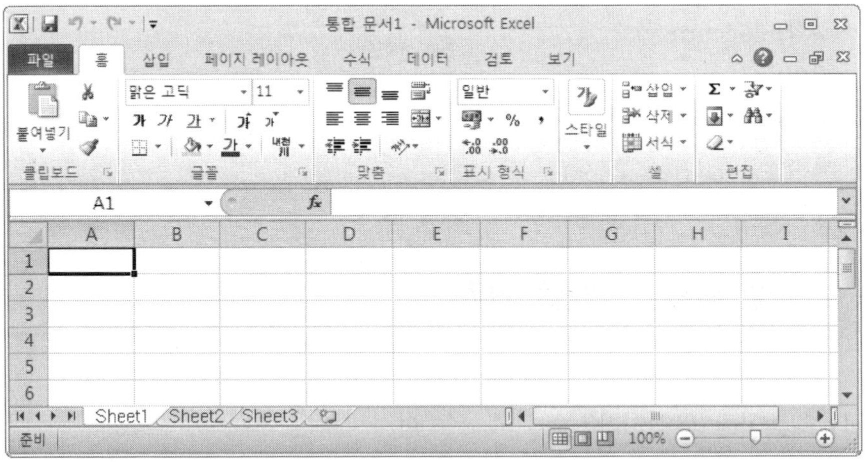

도표 1.7.2(a) 엑셀 2010을 구동시킨 초기 화면(리본 메뉴식)

도표 1.7.2(b) 엑셀 2016의 초기화면

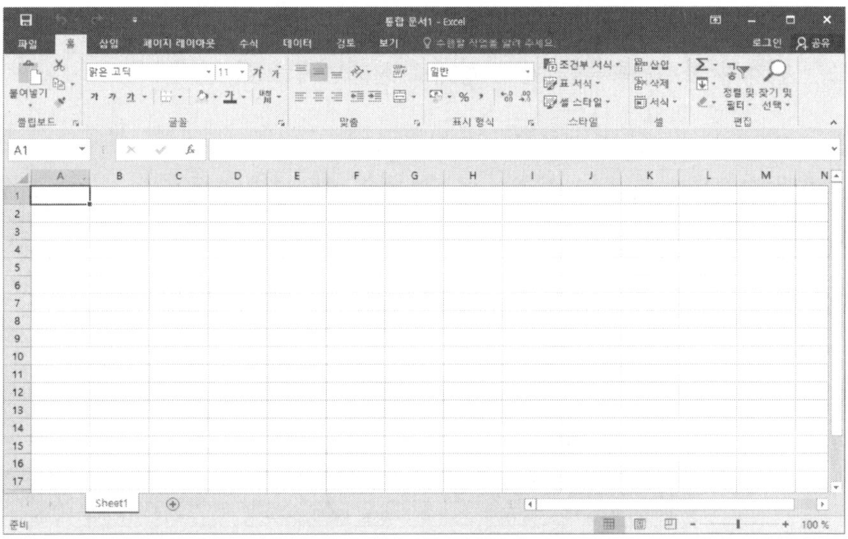

도표 1.7.2(c) 엑셀 2016에서 '새 통합 문서'를 선택했을 때의 초기화면

② 엑셀의 종료

우리는 제목표시줄의 오른쪽 끝에 있는 닫기 단추 를 누르거나 다음과 같은 방법으로 끝낼 수 있다.

- 엑셀 2003: [파일] > [종료(X)]
- 엑셀 2010, 엑셀 2016: [Office 단추] > [Excel 끝내기(X)]

(3) 데이터 분석을 위한 엑셀 애드인(add-in) 프로그램을 이용하기

우리가 엑셀의 기본 기능들만을 이용하여 데이터 분석을 하기는 쉽지 않다. 다행히도 데이터 분석을 용이하게 하기 위한 엑셀 애드인들이 여럿 개발되어 있다. 이들 가운데 무료로 이용할 수 있는 두 개의 애드인들을 소개한다.

① Microsoft 사에서 제공하는 통계분석 애드인

• 엑셀 2003

[도구] > [추가 기능] > "추가 기능" 대화상자에서 "분석 도구"를 선택한 후 "확인" 단추를 딸깍하면 엑셀의 [도구] 메뉴에 [데이터 분석] 하위 메뉴가 설치된다.

• 엑셀 2010, 2016

[파일] > [옵션] > Excel 옵션 창에서 [추가 기능] > "추가 기능" 페인(pane)의 "관리" 항목에서 "Excel 추가 기능"을 선택한 후 "이동" 단추 > [추가 기능] 대화상자에서 [분석 도구]를 선택한 후 "확인" 단추를 딸깍하면 엑셀의 [데이터] 리본 메뉴(ribbon menu)에 [데이터 분석] 탭이 설치된다. (여기서 리본 메뉴는 Excel 2007부터 기존의 풀다운 메뉴(pull-down, or drop-down, menu) 대신에 설치가 된 메뉴형태이다. 풀다운 메뉴가 한 단계 하위목록을 아래로 펼친 형태로 보여 주는 것에 비해, 리본 메뉴는 모든 단계의 하위목록들을 펼친 형태로 한꺼번에 보여 준다.)

② SNU에서 제작한 통계분석 애드인 KESS

KESS를 설치하려면 먼저 다음 주소로부터 적절한 폴더에 kess.exe를 내려 받은 후 압축을 풀어야 한다. http://stat.snu.ac.kr/time/kess_main.htm. 그러면 kess.xla가 생성되는데, 위의 추가 기능 설치 단계에서 [분석 도구] 대신에 [kess]를 선택하면 된다.

(4) 엑셀 작업과 관련된 용어들

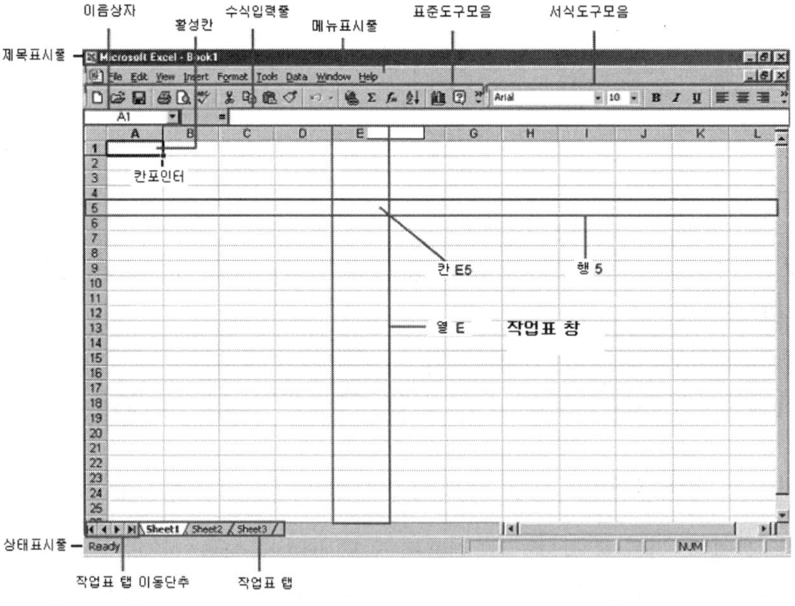

도표 1.7.3 엑셀 작업표의 명칭들(엑셀 2003: 풀다운 메뉴식)

기본적으로 엑셀 작업은 작업표(worksheet)에서 이루어진다. 각 작업표는 [도표 1.7.3]에서 보는 바와 같이 작업표 창에 담겨 있으며 행과 열로 배열된 칸들(cells)로 구성된다. 각 작업표는 이름을 가지는데, 기본 이름은 sheet1, sheet2 등이다. 이런 작업표들이 모여서 하나의 통합문서(workbook)가 되는데, 이들이 하나의 물리적인 저장단위가 된다.

도표 1.7.4 작업표와 관련된 용어들

이름	뜻
통합문서(workbook)	작업표들의 한 집합으로서 .xls라는 확장명을 가진 하나의 파일로 저장된다.
작업표(worksheet)	데이터를 입력하고 작업하기 위한 공간
열(columns)	A, B, C 등의 이름을 가진다.
행(rows)	1, 2, 3과 같은 연번호를 가진다.
칸(cell, 셀)	특정한 행과 열이 만나는 곳. 특정한 칸을 마우스로 선택하면 두꺼운 테두리가 표시되는데, 이런 칸은 활성 칸(active cell)이라고 한다.
이름상자(name box)	활성 칸의 주소를 보여 주는 상자
수식입력줄(formula bar)	수식을 보여 준다.

(5) 작업표에서의 칸 이동과 작업

우리는 마우스나 글쇠를 이용하여 작업표에서 칸을 이동할 수 있다.

도표 1.7.5 엑셀(또는 일반적으로 윈도우용 소프트웨어)에서 마우스 다루기

이름 또는 약속	동작	작업내용
딸깍(click)	왼쪽 마우스 단추(LMB)를 누름	선택하기(동일 요소들 전체): 차트에서 데이터 계열 선택
거듭 딸깍(double click) 또는 딸깍딸깍(click, click)	LMB를 연속해서 두 번 누름	실행(열기) 또는 칸에서 편집모드로 들어가기
끌기(drag)	LMB를 누른 채로 마우스를 끔	여러 칸들을 선택하기
오른쪽 마우스 메뉴 열기	오른쪽 마우스 단추(RMB)를 눌러서 메뉴를 염	상황에 맞는 메뉴 열기
딸깍 후 다시 딸깍	LMB를 누른 후 LMB를 다시 누름	그 요소(element)만 선택하기: 차트에서 데이터 요소 선택

도표 1.7.6 엑셀에서 글쇠들을 이용한 칸 이동

글쇠들(key boards)	뜻
화살표 글쇠들	화살표 방향의 다음 칸으로 이동
Ctrl + 화살표	화살표 방향의 데이터 영역 끝으로 이동
Enter	아래 칸으로 이동(*)
Tab	오른쪽 칸으로 이동
Shift + Tab	왼쪽 칸으로 이동
Page Up, Down	한 화면 위(Up)나 아래(Down)로 이동
Alt + Page Up, Down	한 화면 왼쪽(Up)이나 오른쪽(Down)으로 이동
Home	행의 시작부분으로 이동
Ctrl + Home	A1 칸으로 이동
Ctrl + End	값(인풋)이 있는 가장 아래 칸으로 이동
F5	이동하려는 칸을 명시(Go to)

(*) 이는 엑셀의 기본 설정이다. 우리는 도구 > 옵션: [옵션] 대화상자의 [편집] 단추에서 이 설정을 변경할 수 있다.

도표 1.7.7 엑셀에서 글쇠들을 이용한 작업

글쇠들(key boards)	뜻
F1	도움말
F2	편집모드로 전환
F7	맞춤법 검사
F9	난수함수값을 변경되지 않도록 수치로 고정
F11	선택한 범위에 대한 차트 작성
F12	다른 이름으로 저장
Alt + Enter	칸 내에서 줄 바꾸기
Alt + F8	매크로 작업
Shift + 화살표	화살표 방향으로 현재 칸의 다음 칸을 선택
Ctrl + Spacebar	열 선택
Ctrl + A	모두 선택
Ctrl + `(왼쪽 따옴표)	수식과 값 사이의 전환(toggle, 토글)
Ctrl + ;	오늘 날짜, =TODAY()
Ctrl + Shift + ;	지금 시간(*)

(*) 지금의 날짜와 시간을 함께 돌려주는 함수는 =NOW()이다.

(6) 칸 참조(cell references)

작업표의 칸들을 참조하는 형식에는 세 가지가 있다. 상대(relative), 절대(absolute), 혼합(mixed). 참조형식은 특히 수식에서 그 결과에 커다란 차이를 가져오므로 적절한 형식의 참조를 사용하여야 한다.

도표 1.7.8 칸의 참조형식

참조 형식	용례	뜻
상대참조(relative reference)	칸 A2	선택된 칸의 상대적인 위치
	범위 B2:D10	
절대참조(absolute reference)	칸 $A$2	작업표 상의 고정된 위치
	범위 $B$2:$D$10	
혼합참조(mixed reference)	칸 A$2	위 둘의 혼합
	범위 $B2:$D10	

엑셀은 이와 같은 기본적인 칸 참조 형식에 더하여 이름참조(named reference) 형식도 제공한다. 이름참조 형식에 대해서는 13장의 (11)과 (12)를 참조하기 바란다.

(7) 작업표에 데이터 입력하기

이제 엑셀 작업표에 데이터를 넣어 보자. [도표 1.2.1]에 제시된 심장박동수 데이터를 다음과 같이 넣자. (이 데이터는 통합문서 DATA의 작업표 HeartBeat에 저장되어 있으므로 이를 불러와도 된다.)

	A	B	C	D	E	F	G	H	I
1				Heart beat data					
2	Obs	c1	c2	c3	c4	c5	c6	c7	c8
3	1	90	94	1	1	1	74	160	1
4	2	80	96	1	2	1	72	155	2
5	3	92	84	1	1	1	70	153	3
6	4	68	76	1	2	1	67	145	2
7	5	96	140	1	2	2	61	140	2
8	6	62	100	1	2	2	66	120	2
9	7	78	104	1	1	2	68	130	1
10	8	82	100	1	2	2	68	138	2
11	9	99	115	1	1	2	63	121	2
12	10	68	112	1	2	2	70	125	2
13	11	96	116	1	2	2	68	116	1
14	12	78	118	1	2	2	69	145	2
15	13	88	110	1	1	2	69	150	2
16	14	62	98	1	1	2	62	112	2
17	15	80	128	1	2	2	68	125	2
18	16	62	62	2	2	1	74	190	1
19	17	60	62	2	2	1	71	155	2
20	18	72	74	2	1	1	69	170	2
21	19	62	66	2	2	1	70	155	2
22	20	76	76	2	2	1	72	215	2
23	21	68	66	2	1	1	67	150	2
24	22	54	56	2	1	1	69	145	2
25	23	74	70	2	2	1	73	155	1
26	24	74	74	2	2	1	73	155	2
27	25	68	68	2	2	1	71	150	3
28	26	72	74	2	1	1	68	155	3
29	27	68	64	2	2	1	69	150	3
30	28	82	84	2	1	1	73	180	2
31	29	64	62	2	2	1	75	160	3
32	30	58	58	2	2	1	66	135	1

도표 1.7.9 엑셀 작업표에 입력된 심박수 데이터

(8) 수식

수식은 작업표의 한 칸(셀)의 값을 계산하기 위한 식이다.

- 수식은 등호(=)로 시작한다. 예컨대,

$$= 2*\mathrm{pi}() + \exp(5) \tag{1.7.1}$$

  은 2π에 e^5를 더하는 수식이다.
- 수식에는 함수(function), 참조, 연산기호(operator), 또는 상수(constant)가 포함될 수 있다.

참조에 대해서는 이미 살펴보았으므로 상수, 함수 그리고 연산기호에 대해 차례로 살펴보자.

① 상수

상수는 수식에 직접 입력되는 숫자나 텍스트 값을 가리킨다. 식(1.7.1)에서 5와 2가 상수이다.

② 함수(function)

함수는 인수들을 받아서 특정한 계산을 수행하기 위해 미리 정의된 수식이다. 식(1.7.1)에서 pi()는 인수를 필요로 하지 않는 함수이고 exp()는 지수함수이다. 우리는 앞으로 많은 함수를 다루게 될 것인데, 여기서는 합산에 관한 몇몇 함수들만을 소개할 것이다.

도표 1.7.10 합산 함수들

함수	인수	인수의 뜻	돌려주는 값
SUM	num1,...	숫자들, (또는 논리값들, 숫자의 텍스트 표시) 또는 이들의 배열이나 참조	인수들의 합, $\sum_i x_i$ (단 논리값들이나 숫자의 텍스트 표시인 경우에는 인수로 직접 입력한 경우에만 합산된다. 이하 같음.)
SUMIF	range	조건을 적용시킬 범위	조건에 맞는 세 번째 인수의 합
	criteria	숫자, 수식 또는 텍스트 형태로 된 찾을 조건	
	sum_range	합을 구할 범위. 생략되면 range가 다시 사용된다.	
SUMPRODUCT	array1,...	숫자들의 배열들	각 배열에서 대응하는 원소 곱들의 합, $\sum_i x_i y_i z_i \cdots$([예 5.7.1] 참조)
SUMSQ	num1,...	숫자들, (또는 논리값들, 숫자의 텍스트 표시) 또는 이들의 배열이나 참조	인수들의 제곱합, $\sum_i x_i^2$([예 6.4.3] 참조)

도표 1.7.10 합산 함수들 (계속)

함수	인수	인수의 뜻	돌려주는 값
DEVSQ	num1,...	숫자나 숫자가 포함된 이름, 또는 이들의 배열이나 참조	인수들의 편차제곱합, $\sum_i (x_i - \overline{x})^2$
SUMX2MY2	array1 array2	숫자들의 배열	두 배열에서 대응하는 원소 제곱의 차들의 합, $\sum_i (x_i^2 - y_i^2)$
SUMX2PY2	array1 array2	숫자들의 배열	두 배열에서 대응하는 원소 제곱의 합들의 합, $\sum_i (x_i^2 + y_i^2)$
SUMXMY2	array1 array2	숫자들의 배열	두 배열에서 대응하는 원소 차들의 제곱합, $\sum_i (x_i - y_i)^2$

용례 [도표 1.7.9]의 심박수 데이터에 대해 우리는 다음과 같은 결과들을 얻을 수 있다.

35	1219	=SUMIF(D3:D32,1,B3:B32)	달리기한 사람들의 처음 심박수(c1)의 합
36	170525	=SUMSQ(B3:B32)	처음 심박수(c1)의 제곱합
37	13132	=SUMXMY2(B3:B32,C3:C32)	처음 심박수(c1)와 두 번째 심박수(c2) 차의 제곱합

③ 연산기호

엑셀은 네 가지 종류의 연산기호들을 제공하고 있다. 산술연산기호, 비교연산기호, 텍스트연산기호, 그리고 참조연산기호. 이들의 기능과 용례는 아래 표들에 제시되어 있다.

도표 1.7.11 산술연산기호

산술연산기호	기능(뜻)	기호의 이름	수식에서의 용례	수식의 결과
*	곱하기	asterisk	= 5*0.2	1.0
/	나누기	forward slash	= 5/0.2	25
+	더하기	plus sign	= 5+2	7
−	빼기	minus sign	= 5−2	3
^	거듭곱	caret	= 5^2	25
%	백분율	percent	= 5%	0.05

도표 1.7.12 비교연산기호

비교연산기호	기능(뜻)	기호의 이름	수식에서의 용례	수식의 결과
=	같다	equals	= 5 = 0.2	FALSE
<>	다르다	not equal to	= 5 <> 0.2	TRUE
>	크다	greater than	= 5 > 2	TRUE
>=	크거나 같다	greater than or equal to	= 5 >= 2	TRUE
<	작다	less than	= 5 < 2	FALSE
<=	작거나 같다	less than or equal to	= 5 <= 2	FALSE

도표 1.7.13 기타연산기호

기타연산기호	기능(뜻)	기호의 이름	수식에서의 용례	수식의 결과
&	텍스트 연결연산	ampersand	= "Kim " & "Ahn"	Kim Ahn
:	참조 범위연산	colon	= SUM(B3:B32)	2233
,	참조 통합연산(논리합)	comma	= SUM(B3:B32,C3:C32)	4840
(단일공백)	참조 교차곱연산(논리곱)	blank	= SUM(B7:D8 C6:C8)	240

④ 연산순서

각 연산에는 우선순위가 있으며 [표 1.7.14]에 주어진 순서로 행해진다. 이때 우리는 다음과 같은 점을 고려할 필요가 있다.

- 소괄호를 사용함으로써 이와 같은 기본선행관계에 우선하는 연산을 행할 수 있다.
- 동일한 우선순위를 가지는 연산들은 왼쪽에서 오른쪽으로 행해진다.

도표 1.7.14 연산순서

순위	연산기호	연산	평가방향
1	접두함수(prefix functiopn)	예: SIN(PI()) = $\sin(3.1415)$	
2	접미함수(suffix function)	예: FACT(3) = 3!	
3	:	참조 범위연산	
4	단일공백	참조 교차곱연산	
5	,	참조 통합연산	
6	−, +	단항연산(음수, 양수)	<-
7	%	백분율연산	<-
8	^	거듭곱연산	<-
9	*, /	곱하기, 나누기	->
10	+, −	더하기, 빼기	->
11	&	텍스트연결연산	->
12	<, <=, =, >=, >, <>	비교연산	->

그 밖에 엑셀의 기본작업들에 관해서는 엑셀 도움말과 13장의 엑셀 실습을 참고하기 바란다.

연습문제 1장

1 다음 통계적 문제들에서 대해 모수, 모집단, 개체, 변수, 표본, 통계량(치)을 밝혀라.

(1) 한 전구 생산업자가 전구를 매일 대략 50만 개씩 생산한다고 가정하자. 제품에 대한 고객 반응 때문에 이 회사는 한 주어진 날에 생산되는 제품의 불량률을 판정하려고 한다. 각 전구의 불량 여부를 판정하기 위하여 50만 개 전구들을 모두 소켓에 넣고 시험을 해 볼 수도 있을 것이다. 불량률을 판정하기 위한 다른 방법은, 50만 개 전구 중 1,000개를 랜덤하게 뽑아서 성능을 검사해 보는 것이다. 이렇게 표본으로 선택된 전구 1,000개의 불량률로부터 하루에 생산된 50만 개 전구의 불량률이 추정될 수 있다. 우리는 나중에 표본 불량률이 전체 불량률에 매우 근접하다는 것을 보게 될 것이다.

(2) 여론조사기관들이 대통령선거에서 한 후보에 대한 유권자들의 지지도를 파악하려 한다고 가정하자. 이들은 선거가 오늘 실시된다면 이 후보가 당선될 기회가 얼마나 되는지를 알고 싶어 한다. 이 여론조사기관들이 수천만 또는 수억 유권자들의 의견을 어떻게 알아낼 수 있는가? 이들이 모든 유권자들을 접촉하여 결론에 도달할 수는 없을 것이다. 이들은 전체 유권자들의 반응을 추정하기 위하여 단지 1,500명 정도의 유권자들의 반응을 채집한다. 이런 과정은 놀랍게도 그 시점에서 표본 유권자들의 지지율이 전체 유권자의 지지율에 매우 근접하리라는 것을 시사한다.

(3) 어느 지역의 토양에서 관찰되는 한 특정 미생물의 개체수가 정상 환경하에서는 단위 체적당 102개 정도라고 알려져 있다. 그리고 이 미생물은 토양오염이 심해질수록 개체수가 늘어나는 특성이 있다고 알려져 있다. 그런데 인근지역에 한 화학공장이 들어선 후 토양오염이 우려되고 있다. 그래서 이에 대한 체계적 연구를 위해 한 미생물학자가 10군데를 랜덤하게 뽑아서 이 미생물의 단위 체적당 개체수를 조사하였다. 그는 이 지역 토양이 공장설립 후에 오염되었다고 할 수 있는지를 판단하려고 한다.

(4) 한 의학 연구자가 한 새로운 약품이 환자의 심장 박동수에 미치는 영향을 규명하려 한다고 가정하자. 이 의학자는 이 약품이 이 약품으로 처리(또는 치료)를 받을 모든 미래 환자들에게 미칠 영향에 관심을 가지고 있다. 이 연구에 기꺼이 참여하기

로 한 심장병 환자 100명 중 50명을 랜덤하게 뽑아서 이 새로운 약품으로 처리를 하고 나머지 50명에게는 위약(placebo)으로 처리를 하였다. 일정한 기간 동안 각 피험자에 대해 심장 박동수가 기록되었다. 이 의학자는 새로운 약품이 정말로 심장병에 효과가 있는지, 아니면 위약보다 나을 것이 없는지를 판단하고 싶어 한다. 이 새로운 약품의 효과를 관찰한 후에 이 의학자는 이 약품이 미래의 모든 심장병 환자들에게도 비슷한 효과를 보일 것이라고 추론할 수 있을 것이다.

2 다음 각 변수들의 측정척도(명목척도, 순서척도, 구간척도, 비척도)와 형(이산형, 연속형)을 밝혀라.

(1) 표본으로 뽑힌 지역에 서식하는 곤충의 종류
(2) 어떤 자극에 대한 사람의 반응시간(단위: 1000분의 1초)
(3) 다음의 질문에 대한 대답
질문: 의원내각제로의 개헌에 대한 당신의 의견은?
대답: ①강력히 찬성한다. ②찬성한다. ③모르겠다. ④반대한다. ⑤강력히 반대한다.
(4) 우편설문지에 기재된 조사대상자의 우편번호.
(5) 구리관을 파괴하는 데 필요한 압력(단위: g/cm2)
(6) 농구선수의 등번호
(7) 한 가정의 자녀수
(8) 권투선수의 체급
(9) 절대온도(°K) 단위로 측정된 어떤 물체의 온도
(10) 역년(calender year)

3 다음 특성들은 어떤 척도로 관찰하는 것이 타당한가?

(1) 무게 (2) 초장(草丈) (3) 시간 (4) 온도 (5) 저항성 (6) 형질의 유전분리
(7) 10a당 수량 (8) 강우량 (9) 성별 (10) 나이 (11) 꽃색깔 (12) 점수

4 아래 신문기사들 각각에 대해 다음 물음들에 답하라.

① 이 연구의 개체, 모집단, 그리고 표본을 밝혀라.
② 이 연구의 독립변수, 종속변수를 밝히고, 외부변수를 찾아라. 그리고 이 연구에서 주장하고 있는 연구결과를 변수들 간의 관계로 도식화하라.
③ 이 연구의 연구형태를 밝히고, 그렇게 판단하게 된 근거를 제시하라.
④ 이 연구의 결론에 동의하는가? 비평해 보아라.

(1) 다음은 "홍삼, 고혈압 환자 혈압저하 효과 확인"이라는 제목의 1998년 11월 25일 자 조선일보기사를 발췌·인용한 것이다.

국산 고려홍삼이 혈압을 낮춰주는 효과가 있다는 사실을 보여 주는 임상 연구결과가 나왔다. 한국인삼연초연구원 남기열박사와 서울대 오병희, 성균관대 서정돈교수 연구팀은 최근 미국의 동양의학 학술지인 「아메리칸 저널 오브 차이니즈 메디신」에서 고혈압환자에 대한 홍삼 투여실험을 통해 홍삼의 혈압 저하 효과를 확인했다고 밝혔다.
연구팀은 수축기/이완기 혈압이 1백40/90인 고혈압환자 34명에게 한 달간 가짜 약(위약)을 먹게 하고 다음 2개월간 홍삼(1회 1.5 g씩 하루 3회)을 먹게 한 뒤 30분마다 자동으로 혈압을 측정하는 기기로 혈압의 변화를 조사했다. 연구결과 고혈압의 원인질환이 명확치 않은 본태성 고혈압 환자 26명은 2개월간 홍삼을 복용했을 때 수축기와 이완기 평균 혈압이 각각 1백43 mmHg, 87 mmHg로 가짜 약을 먹을 때의 혈압(수축기 1백49 mmHg, 이완기 91 mmHg)보다 낮아진 것으로 나타났다.
연구팀은 특히 홍삼에 의한 혈압저하 효과가 낮 동안(오전 8시 ~ 오후 8시)과 뇌졸중 발생 빈도가 높은 새벽시간(오전 5 ~ 7시)에 분명하게 나타나 홍삼 복용을 통해 고혈압 합병증을 줄일 수 있을 것으로 보고 있다.

(2) 다음은 "아버지 나이 많으면 알츠하이머병 위험"이라는 제목의 1998년 9월 17일자 조선일보기사를 발췌·인용한 것이다.

아버지의 나이가 많으면 자녀가 알츠하이머병에 걸릴 가능성이 커진다는 연구결과가 나왔다. 독일 뮌헨공대 라스 베르트람박사 연구팀은 영국의 과학전문지 「뉴 사이언티스트」 최근호에 발표한 알츠하이머병 환자와 그들이 태어났을 때의 아버지 나이를 분석한 연구결과에서 이같이 밝혔다.
연구팀은 어머니 나이가 많으면 다운증후군 아기 탄생이 많아지고 다운증후군에 걸린 사람은 알츠하이머병에 잘 걸린다는 데 착안, 알츠하이머병과 부모 나이의 관계를 밝히기 위해 알츠하이머병 환자 2백6명을 조사했다. 연구팀은 이들 알츠하이머병 환자 발생에 유전적 요인이 있는지를 알아보기 위해 환자 가계에서의 알츠하이머병 발생빈도를 조사, 유전적 요인이 있는 집단과 없는 집단으로 분류해 이들이 태어났을 때의 아버지 나이를 조사했다.
조사결과 유전적 요인이 적으면서 이 병에 걸린 사람들이 태어났을 때 아버지 평균연령은 35.7살인 반면 알츠하이머병 관련 유전자를 물려받은 환자들이 태어났을 때 아버지 평균연령은 31.3살이었다. 유전요인이 적으면서 알츠하이머병에 걸린 환자 탄생시 아버지의 나이가 유전적 요인이 많은 사람이거나 또는 이 병에 걸리지 않은 비슷한 나이의 사람들이 태어났을 때 아버지의 연령보다 훨씬 많은 것으로 나타난 것이다.
연구팀은 아버지들이 나이가 많아질수록 DNA에 손상이 많아지고 이것이 자녀들에게 유전돼 알츠하이머병 발병에 영향을 미치는 것으로 분석했다.

(3) 다음은 "암환자들 많이 찾는 비타민 A, '발암 오히려 촉진'학설 충격"이라는 제목의 1994년 4월 17일자 동아일보기사를 발췌·인용한 것이다.

> 항암효과가 있는 것으로 알려져 온 비타민 A가 오히려 암을 촉진시킨다는 임상연구결과가 나와 미국언론이 최근 이 사실을 연일 크게 다루는 등 충격을 던져주고 있다. 이와 같은 사실은 미국 국립 암연구소와 핀란드 국립공중보건연구소가 지난 10년간 3만여 명을 대상으로 임상 연구한 결과 드러난 것이다.
> 두 연구소는 지난 84년 이후 핀란드인 중 폐암 발생 확률이 높은 흡연자 2만9천1백33명을 골라 이들을 두 그룹으로 나누어 한 그룹은 매일 베타카로틴 20 ㎎씩을 투여하고 다른 그룹은 위약을 5 ~ 8년씩 투여했다. 그런데 위약을 투여한 그룹에서는 4백2명의 암환자가 발생한 반면 베타카로틴을 투여한 그룹에서는 이보다 18%가 더 많은 4백74명의 암환자가 발생했다는 것. 연구팀은 이 같은 결과가 통계학적으로 우연에 의한 것일 확률은 1백분의 1에 불과하다고 밝혔다.

(4) 다음은 "꾸준한 운동이 오래 사는 비결, 안 하는 사람에 비해 사망률 50% 줄어"라는 제목의 1994년 4월 13일자 동아일보기사를 발췌·인용한 것이다.

> 어느 나이에 운동을 시작하든 상관없다. 중요한 것은 운동을 꾸준히 해온 사람의 각종 질병으로 인한 사망률이 그렇지 못한 사람보다 절반이하로 떨어진다는 점이다. 이 같은 사실은 12일 미국의학협회지 최신호에 게재된 쿠퍼 에어로빅 연구소의 연구결과보고서에서 밝혀졌다. 쿠퍼연구소는 지난 70년부터 89년 사이에 20~82세의 미국 성인 남자 9천7백77명을 대상으로 개인별로 5년의 간격을 두고 두 차례에 걸쳐 조사대상자의 체력을 측정, 이 같은 결과를 얻었다.
> 체력측정결과 첫 번째나 두 번째 모두 체력이 떨어졌던 사람들의 평균사망률은 1만 명당 1백 22명으로 나타났다. 반면 두 차례 체력측정에서 모두 건강했던 사람의 사망률은 1만 명당 40명이었다. 이 연구의 초점은 첫 번째 체력측정결과는 나빴지만 꾸준히 운동을 해 두 번째 체력측정에서 개선된 사람들. 이들의 사망률은 1만 명당 68명으로 전혀 운동을 하지 않은 사람의 절반 정도에 불과했다.

(5) 다음은 "브로콜리가 위암 예방한다"라는 제목의 2009년 4월 7일자 Science Times 기사를 발췌·인용한 것이다.

> 미국 연구진이 브로콜리 싹이 인체 내에서 헬리코박터 파일로리균을 억제해 위암을 예방하는 효과가 있다는 연구결과를 내놓았다. 미국 존스홉킨스대 제드 파헤이 박사팀은 7일 의학저널 '암예방연구(Cancer Prevention Research)'에서 3일간 기른 브로콜리 싹이 가장 흔한 위 감염 박테리아 중 하나로 위암의 주요 원인인 헬리코박터 파일로리균을 억제하는 것으로 나타났다고 밝혔다. 브로콜리에 들어 있는 화학물질인 설퍼

라판의 암 예방 효과는 20여 년 전부터 알려져 있었으나 브로콜리가 인체에서 암을 유발하는 헬리콥박터 파일로리균 억제에 효과가 있다는 것을 실험으로 밝혀낸 것은 이번이 처음이다.
연구진은 이 연구에서 헬리코박터 파일로리균에 감염된 일본 남성과 여성 48명을 두 그룹으로 나누고 한 그룹에는 8주간 하루 70 g의 브로콜리 싹을 먹게 하고 다른 그룹에는 같은 양의 알팔파 싹을 먹게 했다. 연구진이 8주 후 호흡과 혈청, 대변 검사 등을 통해 헬리코박터 파일로리의 감염 정도를 측정한 결과 브로콜리 싹을 먹은 그룹은 헬리코박터 파일로리균 수준이 크게 낮아졌으나 알팔파 싹을 먹은 그룹은 변화가 없는 것으로 나타났다.
파헤이 박사는 헬리코박터 파일로리균의 위암 유발작용은 잘 알려져 있기 때문에 이 균의 감소는 위암 발생 감소로 이어질 것으로 예상된다며 "이 연구결과는 브로콜리 싹이 실험동물뿐 아니라 사람에서도 암 예방효과가 있다는 것을 보여 준다"고 말했다.

5 다음은 선거 여론조사와 관련된 내용이다.

"선거를 6개월 앞둔 시점에서 한 언론사는 A 후보가 유권자 집단에서 어느 정도의 지지율을 얻고 있는지 알고 싶다. 1,000명의 유권자를 랜덤하게 뽑아서 A 후보에 대한 지지여부를 물어보니 510명이 지지한다고 응답을 하였다."

(1) 이 연구에서 개체, 모집단, 그리고 표본을 밝혀라.
(2) 이 연구에서 변수들은 무엇인가?
(3) 이 연구에서 모수와 통계량은 무엇인가? 그리고 통계치는 얼마인가?

6 측정의 질과 관련해서 다음을 논의하라. 타당성, 신뢰성, 불편성.

7 다음 보기는 측정과정의 내적 타당성(internal validity)이나 외적 타당성(external validity)에 관련된 항목들이다. 내적 타당성과 관련된 모든 항목의 번호를 써라.(　　　　　　)

① 실제로 뽑힌 조사대상이나 실험대상에 관련되는 개념 ② 측정도구의 타당성(타당한 측도인가?) ③ 외부변수와의 교락 ④ 편이표집(convenience sampling) ⑤ 측정도구의 정확성 ⑥ 연구의 결론을 더 큰 모집단으로 일반화하는 데 관련되는 개념 ⑦ 계산실수

8 다음 연구내용은 조사연구인가 실험연구인가? 필요한 정보를 얻을 수 있는 방법을 구상해 보라.

(1) 전국에 재배되는 통일형 벼 품종을 침해하는 병·해충의 종류와 그들의 중요도를 알고자 한다.
(2) 통일형 벼 품종을 침해하는 흰빛잎마름병 균계 중에서 가장 독성이 강한 균계를 알

고자 한다.

9 벼 품종 수량 비교시험구 중 제1구에서 50주를 택하여 품종, 수량, 그리고 분얼수(分蘖數, tillering)를 조사하였다.

(1) 개체는 무엇인가?

(2) 표본크기는 얼마인가?

(3) 변수는 무엇인가?

10 (1) 개체들 사이에 이질성이 큰 모집단에서 랜덤표본(random sample, 무작위표본)을 추출할 때 가장 먼저 해야 할 일은 무엇인가?

(2) 전국적으로 추진되고 있는 농업용수 개발 사업에 대한 농민의 반응을 평가하고 분석하고자 할 때, 어떤 방법으로 표본을 추출하는 것이 좋은가?

11 랜덤 현상(또는 실험)이란 무엇인가? 그리고 난수(random numbers)란 무엇인가?

02

일변량 데이터 탐색과 기술

한 변수의 분포는 여러 번의 시행에서 가능한 각 결과가 발생할 상대적인 횟수(상대빈도)에 대한 기술이다. 우리는 앞으로 다음과 같은 두 가지 종류의 분포를 보게 될 것이다.

- 빈도분포(frequency distribution)는 변수를 측정하여 얻어진 데이터 셋의 값들의 분류이다. 흔히 질적 데이터에 대한 빈도분포는 각 값의 빈도를 구하여 얻어지는 반면에, 양적 데이터에 대한 빈도분포는 값들의 계급을 형성한 후 각 계급의 빈도를 구하여 얻어진다.
- 확률분포(probability distribution)는 랜덤변수(random variable, 확률변수)에 의한 표본공간에 속하는 기본적인 결과들에 대한 확률할당이다. 확률분포는 5장에서 다루어진다.

2.1 도표에 의한 일변량 데이터 탐색

우리는 데이터 분석에 앞서서 각종 도표를 통해서 분포의 여러 특징을 면밀히 관찰해내야 할 것이며, 특히 다음과 같은 점에 착념해야 할 것이다. 분포의 중심, 산포, 대칭성, 꼬리를 뻗은 방향, 꼬리두께, 군집(groupings, clusters)의 존재, 외딴점(outliers)의 존재.

2.1.1 질적 데이터에 대한 도표

(1) 빈도분포표(frequency (distribution) table)

빈도분포표란 각 값의 빈도를 구하여 정리한 표로서 다음의 항목들을 포함한다.

① 빈도(frequency): 각 값이 데이터에 나타난 횟수
② 상대빈도(relative frequency): 총빈도 가운데 각 값의 빈도가 차지하는 비율
③ 누적빈도(cumulative frequency): 그 값까지의 빈도의 합
④ 누적상대빈도(cumulative relative frequency): 그 값까지의 상대빈도의 합

예 2.1.1 다음은 멘델(Mendel)의 완두콩 교배실험 데이터 가운데 하나이다. 완두콩은 네 종류의 씨앗을 생산하였는데 이들은 종종 한 콩깍지 안에서 관찰되기도 하였다. 15개의 식물에서 556개의 씨앗이 얻어졌다.

$$\{1,\ 3,\ 2,\ 1,\ 4,\ 2,\ \ldots\}$$

여기서 1-4는 각각 "1—매끄럽고 노란색(r&y), 2—쭈글쭈글하고 노란색(w&y), 3—매끄럽고 녹색(r&g), 4—쭈글쭈글하고 녹색(w&g)"을 나타낸다. 이 교배실험 데이터는 질적(더 구체적으로는 명목형) 데이터이다. 이 데이터는 [도표 2.1.1]의 빈도분포표로 요약될 수 있다. ■

도표 2.1.1 멘델의 완두콩 교배실험 데이터에 대한 빈도분포표

완두콩씨앗 종류	관측빈도	백분율
매끄럽고 노란색 (r&y, 1)	315	56.65
쭈글쭈글하고 노란색 (w&y, 2)	101	18.17
매끄럽고 녹색 (r&g, 3)	108	19.42
쭈글쭈글하고 녹색 (w&g, 4)	32	5.75
합계	556	100.00

(2) 막대그래프(bar chart)

막대그래프란 질적 데이터에 대한 빈도분포표를 막대로 나타낸 그림이다. 우리는 막대의 높이로 빈도나 상대빈도 또는 이들에 대응되는 백분율들을 사용할 수 있다.

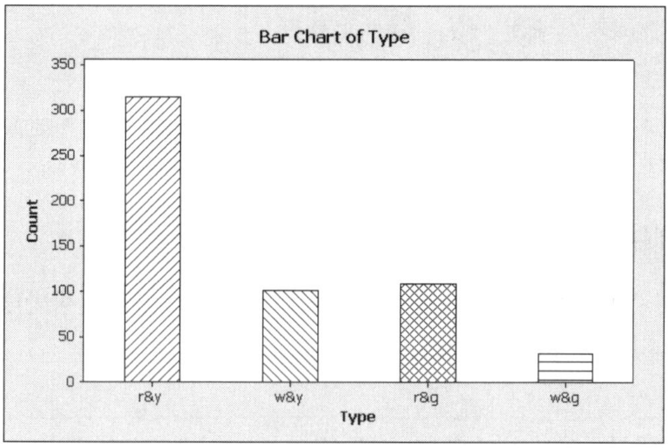

도표 2.1.2 완두콩 교배실험 데이터에 대한 막대그래프

예 2.1.2 [도표 2.1.2]는 [예 2.1.1]에서 소개한 멘델의 완두콩 교배실험 데이터에 대한 막대그래프이다. ■

(3) 픽토그램(pictogram)

픽토그램(또는 픽토그래프)이란 막대그래프에서 막대 대신 데이터 내용과 관련되는 그림으로 나타낸 막대그래프의 변형이다.

예 2.1.3 [도표 2.1.3]은 완두콩 교배실험 데이터에 대한 픽토그램이다. 이 픽토그램은 엑셀을 사용하여 [과제 2.5.2]에 제시된 방법으로 작성한 결과이다. ■

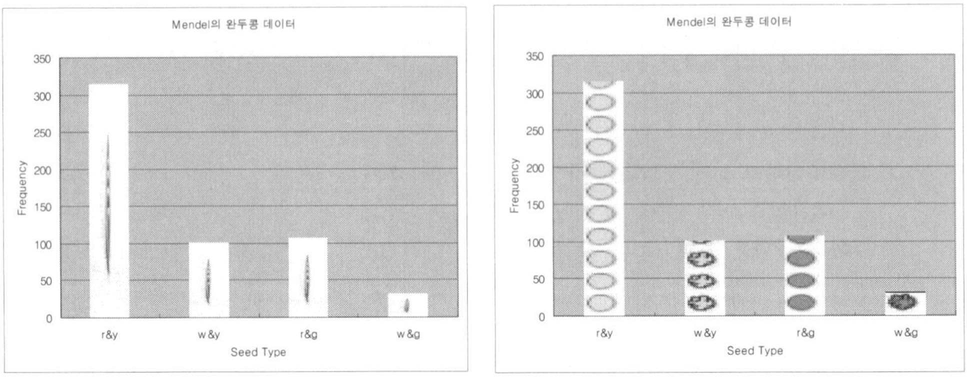

도표 2.1.3(a) 완두콩 교배실험 데이터에 대한 픽토그래프(엑셀 그래프)

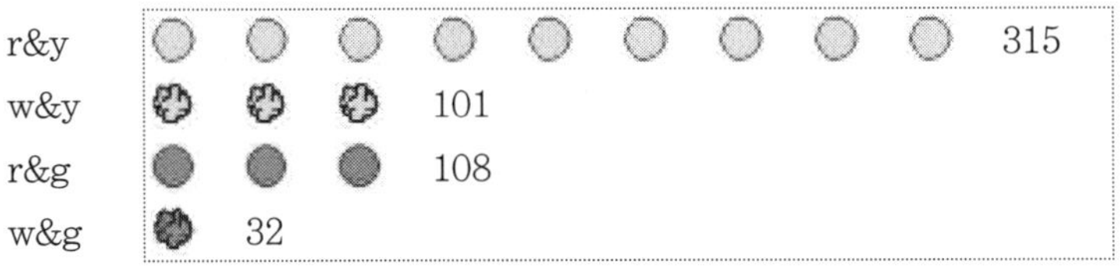

도표 2.1.3(b) 완두콩 교배실험 데이터에 대한 픽토그래프

(4) 원그래프(pie chart)

원그래프란 분할막대그래프에서 막대 대신 원호를 사용한 분할막대그래프의 변형으로서 전체 모양은 원을 이루게 된다.

예 2.1.4 [도표 2.1.4]는 멘델의 완두콩 교배실험 데이터에 대한 원그래프이다. ■

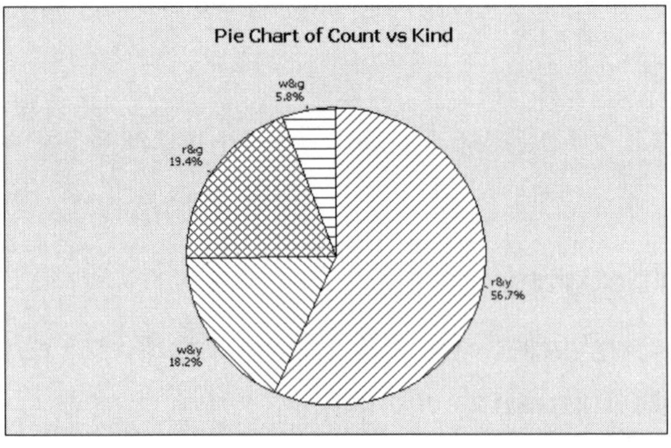

도표 2.1.4 완두콩 교배실험 데이터에 대한 원그래프

2.1.2 양적 데이터에 대한 도표

(1) 빈도분포표

양적 데이터에 대한 빈도분포표는 값들을 묶어서 계급들(classes)을 형성한 후 각 계급의 빈도를 정리한 표이다.

예 2.1.5 다음은 벼 40개체의 간장(stem length)을 측정한 데이터이다(단위: cm). (이 데이터는 작업표 stemlength에 저장되어 있다.)

74	77	80	82	84	86	88	90	91	93
89	93	94	95	96	96	99	101	102	103
109	109	115	116	117	118	120	124	125	127
98	99	104	105	107	107	110	111	112	114

우리는 이 간장 데이터로부터 [도표 2.1.5]와 같은 빈도분포표를 얻을 수 있다. 예를 들어 이 표의 구간 열에서, [70, 80)은 "70 이상 80 미만"인 구간을 뜻한다. ([도표 2.1.8]에 전시된 줄기그림을 참조하라.)

도표 2.1.5 벼 간장 데이터에 대한 빈도분포표

계급	구간	계급중간값 (대푯값)	빈도	상대빈도	누적상대빈도
1	[70, 80)	75	2	2/40	2/40
2	[80, 90)	85	6	6/40	8/40
3	[90, 100)	95	11	11/40	19/40
4	[100, 110)	105	9	9/40	28/40
5	[110, 120)	115	8	8/40	36/40
6	[120, 130)	125	4	4/40	1

■

(2) 점도표(dot diagram)

점도표란 수직선 위에 각 데이터를 점으로 나타낸 그림으로 데이터 셋의 크기가 작을 때 적절하다.

예 2.1.6 [도표 2.1.6]은 벼 간장 데이터에 대한 점도표이다. ■

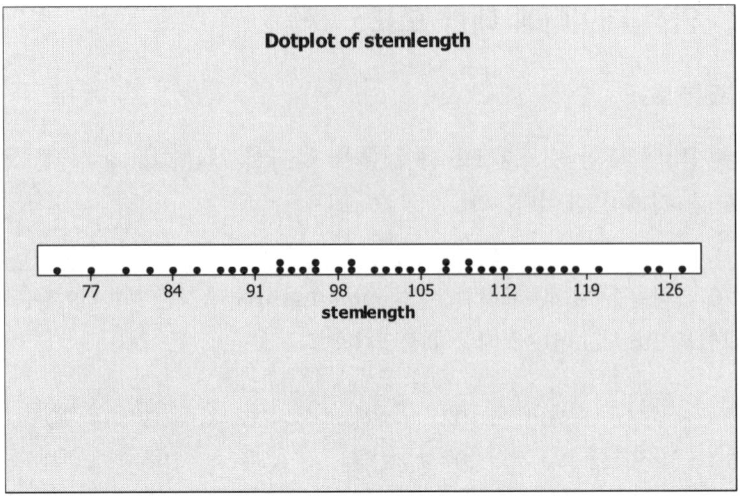

도표 2.1.6 벼 간장 데이터에 대한 점도표

(3) 히스토그램(histogram)

히스토그램이란 양적 데이터의 빈도분포표를 막대로 나타낸 그림이다.

◎ 막대의 축척(scale)에 의한 히스토그램의 유형

- 빈도 히스토그램은 막대의 높이가 빈도이다.
- 상대빈도(또는 백분율) 히스토그램은 막대의 높이가 상대빈도(또는 백분율)이다.
- 밀도 히스토그램은 막대의 면적이 상대빈도이다. 이때 막대의 높이는 밀도(density)가 된다.
- 밀도(또는 빈도) 곡선은 평활화된 밀도 히스토그램이다.

특히, 밀도 히스토그램은 막대의 면적이 그 계급의 상대빈도가 되도록 그린 히스토그램이며, 이는 크기가 서로 다른 데이터 집합들의 분포를 비교하기에 좋다. 백분율 히스토그램은 막대의 높이가 그 계급의 백분율이 되도록 한 것이다. 밀도히스토그램과 백분율 히스토그램은 세로축의 축척만 다를 뿐 동일한 형상을 가지고 있다. 히스토그램은 높이가 아니라 면적으로 양을 나타낸다는 점에서 막대그래프와 다르다.

예 2.1.7 [도표 2.1.7]의 (1)과 (2)는 각각 벼 간장 데이터에 대한 "백분율" 히스토그램과 "밀도" 히스토그램을 나타내고 있다. 백분율 히스토그램에서는 막대의 높이가 그 계급의 백분율이고, 밀도 히스토그램은 막대의 면적이 그 계급의 상대빈도가 된다. 과연 그런지 각자 확인해 보기 바란다. ■

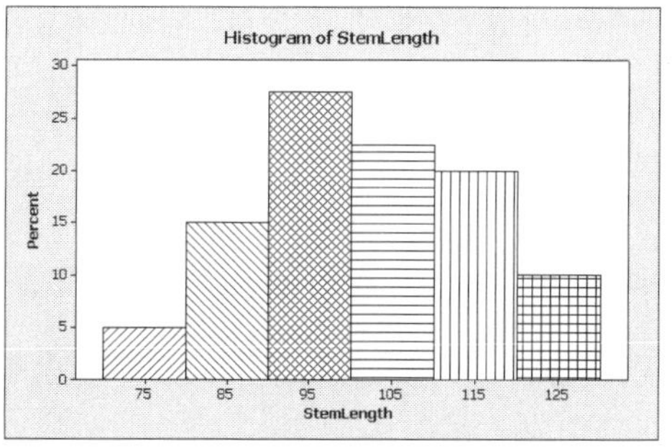

(1) "백분율"히스토그램

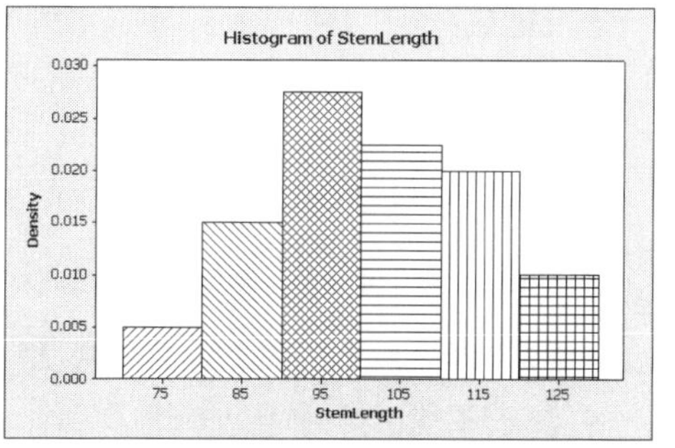

(2) "밀도"히스토그램

도표 2.1.7 벼 간장 데이터에 대한 히스토그램들

(4) 줄기그림(stem plot)

줄기그림도 히스토그램과 마찬가지로 양적 데이터 분포의 전체적인 양상을 보여 주는데, 히스토그램과 다른 점은 막대 대신에 실제 숫자를 사용한다는 것이다.

- 줄기(stem): 각 가로줄
- 잎(leaf): 각 가로줄의 숫자
- 깊이(depth): 상향순위와 하향순위 중 작은 값

우리는 줄기폭을 조절함으로써 데이터의 분포형태를 잘 드러내는 줄기그림을 얻을 수 있다. 줄기폭으로 가능한 값은 1, 2, 5나 이들에 10^k를 곱한 값들이다. (여기서 $k = \pm1, \pm2, \cdots$)

| 과제 2.1.1 | 줄기그림과 히스토그램의 장단점을 비교해 보아라.

예 2.1.8 [도표 2.1.8]은 [예 2.1.4]에 제시된 벼 간장 데이터에 대한 줄기그림이다. 왼쪽은 줄기 폭이 5이고, 오른쪽은 줄기 폭이 10이다. ■

도표 2.1.8 벼 간장 데이터에 대한 줄기그림

```
Character Stem-and-Leaf Display

Stem-and-leaf of StemLeng  N  = 40
Leaf Unit = 1.0

  1     7 4
  2     7 7
  5     8 024
  8     8 689
 13     9 01334
 19     9 566899
 (4)   10 1234
 17    10 57799
 12    11 0124
  8    11 5678
  4    12 04
  2    12 57
```

```
Character Stem-and-Leaf Display

Stem-and-leaf of StemLeng  N  = 40
Leaf Unit = 1.0

  2     7 47
  8     8 024689
 19     9 01334566899
 (9)   10 123457799
 12    11 01245678
  4    12 0457
```

| 과제 2.1.2 | [예 1.2.1]의 심장박동 데이터에서 c1에 대한 줄기그림을 작성하고 데이터의 분포를 설명하라.

(5) 밀도다각형(density polygon)

밀도다각형이란 밀도 히스토그램에서 막대 끝부분의 가운데 점을 연결한 그림으로, 히스토그램보다 분포형태를 보기에 좋다. 밀도 다각형은 빈도다각형(frequency polygon)이라고도 한다.

예 2.1.9 [도표 2.1.9]는 [예 2.1.4]에 제시된 벼 간장 데이터에 대한 밀도다각형이다. ■

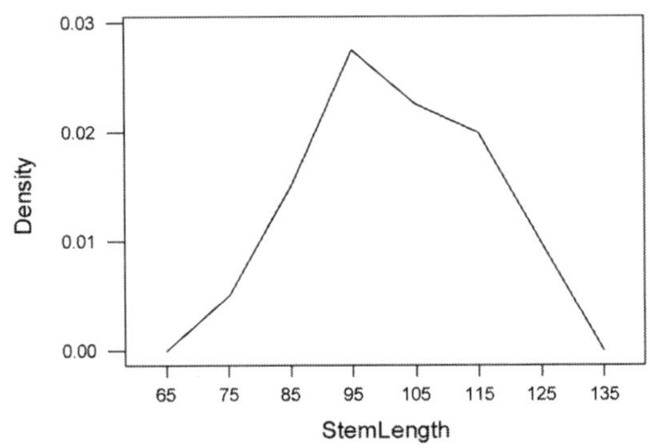

도표 2.1.9 벼 간장 데이터에 대한 밀도다각형

(6) 밀도곡선(density curve)

밀도곡선이란 평활화된(smoothed) 밀도다각형(또는 밀도 히스토그램)이다. 우리는 앞으로 밀도곡선을 사용하여 양적 데이터의 분포를 묘사할 것이다. 밀도곡선은 빈도곡선(frequency curve)이라고도 한다. 우리는 밀도곡선이나 밀도다각형을 $f(x)$로 나타낼 것이다.

예 2.1.10 [도표 2.1.10]은 평균이 50이고 표준편차가 10인 정규분포의 밀도곡선, 즉 정규밀도곡선(normal density curve)을 나타낸다. 정규밀도곡선은 간단히 정규곡선이라고도 한다. ■

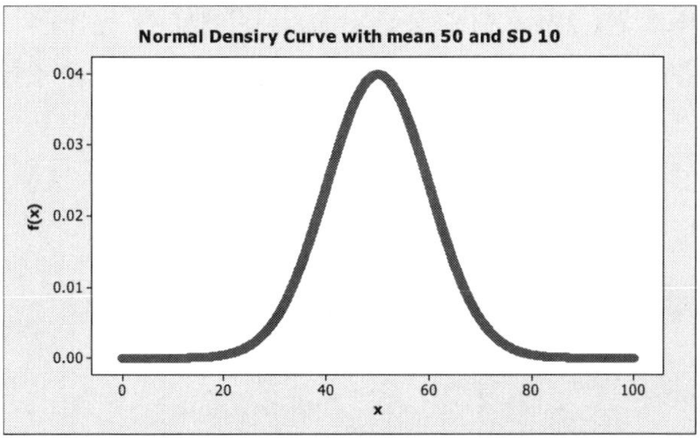

도표 2.1.10 평균이 50, 표준편차가 10인 정규밀도곡선

(7) 오자이브(ogive)

오자이브란 누적상대빈도(또는 누적백분율) 히스토그램의 막대 끝 부분의 오른쪽을 연결시킨 누적상대빈도다각형(cumulative relative frequency polygon)을 말한다. 우리는 오자이브로부터 특정한 백분율에 대응되는 백분위수(percentile)나 특정한 값의 백분위(percentile rank)를 쉽게 구할 수 있다.

예 2.1.11 [도표 2.1.11]은 [예 2.1.5]에 제시된 벼 간장 데이터에 대한 누적백분율 히스토그램과 이로부터 얻어진 오자이브이다. ■

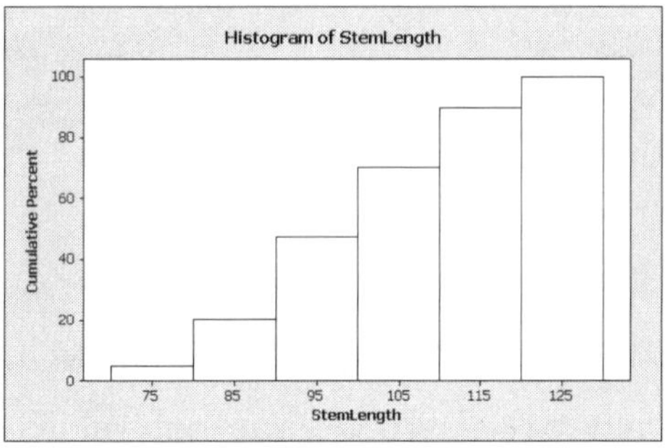

(1) 누적백분율 히스토그램

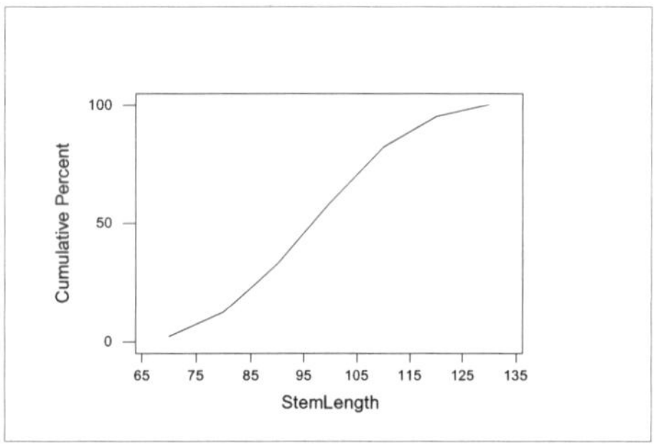

(2) 오자이브

도표 2.1.11 벼 간장데이터의 누적백분율 히스토그램과 오자이브

(8) 층계함수 오자이브(step-function ogive)

데이터 셋의 크기가 작을 때는 계급을 형성하지 않고 각 값에 대한 누적상대빈도를 구하고 이로부터 층계함수 오자이브를 그릴 수 있다. 층계함수 오자이브는 경험적 (누적) 분포함수(empirical distribution function, EDF)라고도 한다. 우리는 (층계함수) 오자이브를 $F(x)$로 나타낼 것이다.

예 2.1.12 [도표 2.1.12]는 어떤 농산물 품평대회에서 한 농산물의 품질에 대해 심판들이 매긴 점수들을 층계함수-오자이브(누적상대빈도 다각형)로 나타낸 것이다. 품질점수의 빈도분포를 구하라.

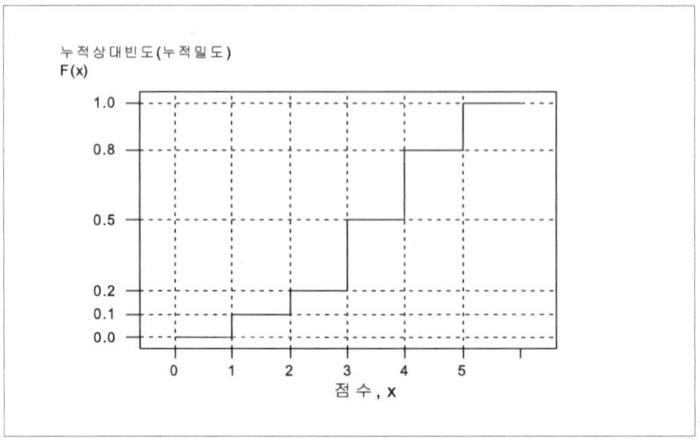

도표 2.1.12 품질점수의 층계함수-오자이브

풀이 우리는 [도표 2.1.12]의 층계함수-오자이브에서 층계의 높이가 그 값에서의 상대빈도라는 데 착안하여 [도표 2.1.13]과 같은 빈도분포표를 얻을 수 있다. ■

도표 2.1.13 농산물 품질점수에 대한 빈도분포표

점수	상대빈도	누적상대빈도
1	0.1	0.1
2	0.1	0.2
3	0.3	0.5
4	0.3	0.8
5	0.2	1.0
합	1.0	

(9) 상자그림(box plot)

상자그림은 데이터의 사분위수들을 상자로 나타내고 인접값들(adjacent values)까지 수염으로 나타낸 후 바깥값들(outside values)과 먼 바깥값들(far-out values)을 외딴점들(outliers)의 후보로 제시해준다. 상자그림은 여러 집단의 데이터를 비교할 때 매우 효과적이다. 상자그림에 관한 상세한 설명은 2.2.2절을 참고하기 바란다.

예 2.1.13 다음은 [예 2.1.5]에 제시된 벼 간장 데이터에 대한 상자그림이다. 우리는 이 상자그림을 통해서 간장 데이터가 거의 대칭적이고 외딴점들이 보이지 않음을 알 수 있다. ■

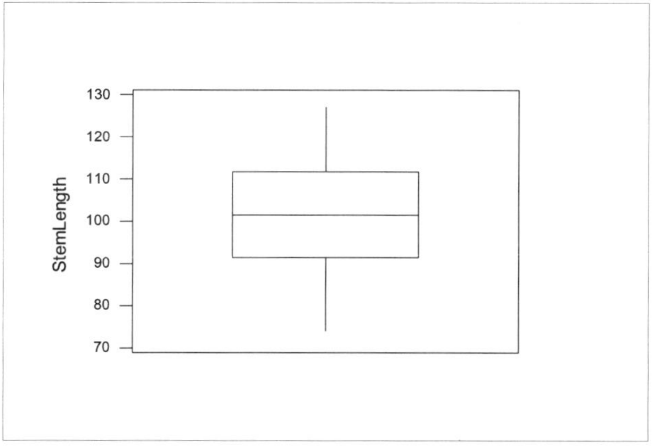

도표 2.1.14 벼 간장 데이터에 대한 상자그림

2.1.3 도표를 작성할 때의 유의사항

우리는 도표를 작성할 때 그리고 도표를 검토할 때 다음 사항들을 확인할 필요가 있다.

① 제목
② 출처
③ 쉬운 용어 사용
④ 범례
⑤ 그래프 축척
⑥ 전체 데이터 제시

이런 사항들은 도표가 그 도표 자체만으로 정보를 충분히 전달할 수 있도록 하는 데 도움을 준다.

| 과제 2.1.3 | 신문, 잡지 등에서 표나 그래프를 2가지 이상 수집하여 평가하고(문제점을 지적하고) 해석하라.

2.2 수치에 의한 일변량 데이터 탐색

이제 일변량 (양적) 데이터 분포의 몇몇 특성값들을 살펴보자. 대푯값, 산포도, 왜도, 첨도 등. 우리는 데이터를 나타낼 때 다음과 같은 기호를 사용할 것이다.

◎ 기호약속

- 원 데이터 : $x_1, x_2, \cdots, x_n$
- 순서화된 데이터 : $x_{(1)}, x_{(2)}, \cdots, x_{(n)}$

2.2.1 위치측도

◆중심위치측도

데이터 분포의 중심위치를 나타내는 측도들을 살펴보자. 중심위치의 측도는 대푯값이라고도 한다. 여기서는 중심위치의 측도들 가운데 평균, 중위수, 그리고 최빈수를 중심으로 살펴볼 것이다. 그밖에 조화평균과 기하평균에 대해서는 이 장의 2.3절을 참고하기 바란다. 이하에서 우리는 크기가 n=10인 아래의 가상데이터를 사용할 것이다.

아래 가상데이터: -7 -5 -4 -4 -1 2 2 2 6 9

(1) 평균(mean), $\bar{x}$

먼저 가중평균을 정의하자. 각 값 x_i의 가중치가 w_i인 경우에 가중평균은 다음과 같이 정의된다.

$$\bar{x}_w = \sum_i w_i x_i \qquad (2.2.1)$$

여기서 가중치 w_i는 비음(nonnegative)이고 합이 1인 실수이다. 즉 $w_i \geq 0$이고 $\sum_i w_i = 1$. (이하에서 $\sum_i$는 $\sum_{i=1}^{n}$를 뜻한다.)

평균은 산술평균(arithmetic average)이라고도 하며, 흔히 모든 값에 동일한 가중값을 부여한 가중평균으로 정의된다.

$$\begin{aligned}\bar{x} &= \sum_i x_i / n, \ (w_i = 1/n \text{일 때}) \qquad (2.2.2)\\ &= \mu, \ (n = N \text{ 일 때})\end{aligned}$$

- 평균은 균형점, 즉 데이터의 무게중심(balance point, center of gravity)이다.
- 평균은 제곱편차합을 최소화해준다.

예 2.2.1 가상데이터에서,

$$\bar{x} = (0)/10 = 0.$$ ■

우리는 가중평균의 예로 종합주가지수, 소비자물가지수(consumer price index, CPI), 평균평점 등을 들 수 있다.

| 과제 2.2.1 | 소비자물가지수와 종합주가지수가 어떻게 산정되는지 조사해 보자.

예 2.2.2 [예 2.1.5]에 제시된 벼 간장 데이터의 빈도분포표를 다시 고려하자. 그 빈도분포표로부터 간장데이터의 평균을 계산해 보자. 우리는 아래와 같은 계산을 통해 빈도분포표로부터 개산된 간장데이터의 평균이 101.75임을 알 수 있다.

$$\bar{x} = (2/40)75 + (6/40)85 + (11/40)95 + (9/40)105 + (8/40)115 + (4/40)125$$
$$= 101.75.$$ ■

| 과제 2.2.2 | [예 2.1.12]에 제시된 농산물 품질 점수에 대한 층계함수-오자이브를 다시 고려하자. 농산물 품질점수의 평균을 구하고 그래프에 면적으로 나타내어 보자.

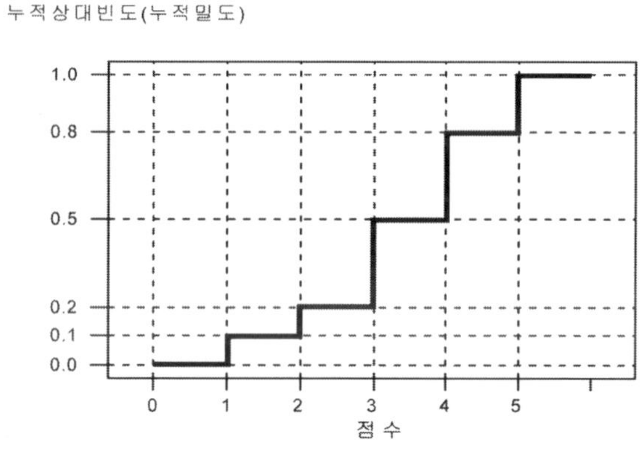

도표 2.2.1 농산물 품질점수의 층계함수-오자이브

| 관찰 2.2.1 | 우리는 이 과제(그리고 연습문제 2번)를 통해서 다음 관계를 시각적으로 확인할 수 있다.

$$\bar{x} = \sum_i x_i w_i = \int_{-\infty}^{\infty} x\, dF(x) = \int_0^{\infty} [1 - F(x)]\, dx - \int_{-\infty}^{0} F(x)\, dx. \quad (2.2.3)$$

(2) 중위수(median), $\tilde{x}$

중위수는 순서화된 데이터에서 가운데 위치하는 값, 즉 $(n+1)(0.5)$번째 값이다.

$$\tilde{x} = x_{((n+1)0.5)}. \quad (2.2.4)$$

만일 n이 홀수이면 중위수는 가운데 값이고, 짝수이면 가운데 두 값들의 평균이다.

- 중위수 $\tilde{x}$는 절대편차합을 최소화해준다.
- 중위수는 면적의 이등분점(equal-areas point)이다.

예 2.2.3 가상데이터에서,

$\tilde{x} = x_{(11 \times 0.5)} = x_{(5.5)} = 0.5(x_{(5)} + x_{(6)}) = 0.5(-1+2) = 0.5(1) = 0.5.$ ■

(3) 최빈수(mode), $\check{x}$

최빈수는 가장 빈도가 높은 값이다. 즉 최빈수는 빈도곡선에서 가장 높은 봉우리에 해당하는 값이다. 따라서 최빈수는 여러 개가 될 수도 있다.

예 2.2.4 가상데이터에서,

$$\check{x} = 2.$$ ■

(4) 절단평균(trimmed mean), $\bar{x}_{T(c)}$

$c\%$ 절단평균이란 순서화된 자료의 양쪽에서 각각 $c\%$에 해당하는 극단값들을 잘라낸 뒤 구한 평균을 뜻한다. 이는 평균이 외딴점(outliers)에 민감하게 반응하는 것을 완화시키기 위한 것이다. 체조심사점수는 대개 20% 절단평균이다.

예 2.2.5 가상데이터에서,

$$\bar{x}_{T(20)} = (-4 \ -4 \ -1 \ +2 \ +2 \ +2)/6 = (-3)/6 = -0.5.$$ ■

| 관찰 2.2.2 | 평균, 중위수, 그리고 최빈수는 경험적으로 다음과 같은 근사적 관계를 가진다.

$$\bar{x} - \check{x} \approx 3(\bar{x} - \tilde{x}). \quad (2.2.5)$$

이로부터

$$\tilde{x} \approx (2/3)\bar{x} + (1/3)\check{x}. \quad (2.2.6)$$

| 과제 2.2.3 | 다음은 어떤 데이터의 밀도곡선이다. x축에 최빈수($\breve{x}$), 중위수($\tilde{x}$), 평균($\bar{x}$)의 근사적인 위치를 표시하라.

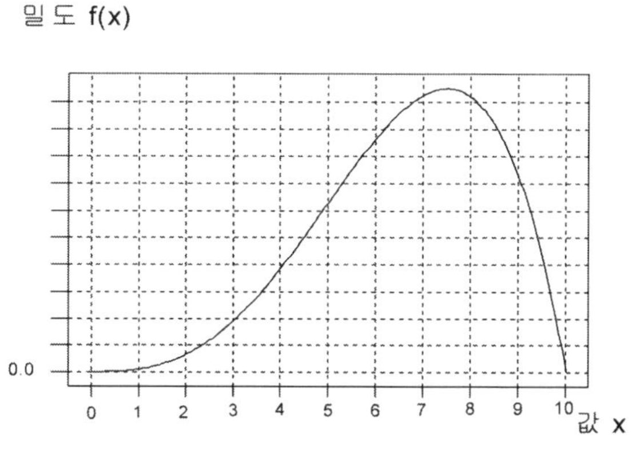

도표 2.2.2 꼬리가 왼쪽으로 뻗은 한 밀도곡선

◆상대적 위치측도

이번에는 백분위수를 중심으로 데이터 분포에서 상대적 위치를 나타내는 측도를 살펴보자.

(5) 백분위수(percentiles), P_c

백분위수란 데이터를 백등분해주는 위치에 있는 값들로, 제c백분위수 P_c는 순서화된 데이터에서 c% 이상이 그 값보다 같거나 작고, $(100-c)$% 이상이 그 값보다 같거나 큰 그러한 값을 말한다. 이런 조건을 만족시키는 값은 여러 가지 방법으로 구할 수 있는데 아래에 몇몇 소프트웨어에서 기본설정으로 사용하는 방법들을 제시하였다.

◎ 방법 M(Minitab 등): $(n+1)c/100$번째 값

$(n+1)c/100 = i + f$라 할 때 (i: 정수부분, f: 실수부분)

$$P_c = (1-f)x_{(i)} + f\,x_{(i+1)} = x_{(i)} + f \cdot (x_{(i+1)} - x_{(i)}) \tag{2.2.7}$$

◎ 방법 E(Excel 등): $(n-1)c/100+1$번째 값

$(n-1)c/100 + 1 = i + f$라 할 때 (i: 정수부분, f: 실수부분)

$$P_c = (1-f)x_{(i)} + f\,x_{(i+1)} = x_{(i)} + f \cdot (x_{(i+1)} - x_{(i)}) \tag{2.2.8}$$

◎ 방법 S(SAS 등):

$(n)c/100 = i + f$ 라 할 때 (i: 정수부분, f: 실수부분)

$$P_c = \begin{cases} (x_{(i)} + x_{(i+1)})/2, & f = 0 \\ x_{(i+1)}, & f > 0 \end{cases} \tag{2.2.9}$$

예 2.2.6 [예 2.1.5]에서 소개된 벼 간장 데이터에 대해 제25 백분위수를 구해 보자.

풀이 [도표 2.1.8]에 전시된 줄기그림을 참조하면

① 방법 M

$$P_{25} = x_{(41\times0.25)} = x_{(10.25)} = (1-0.25)x_{(10)} + (0.25)x_{(11)}$$
$$= (0.75)(91) + (0.25)(93) = 91.5.$$

$$P_{50} = x_{(41\times0.5)} = x_{(20.5)} = 0.5(x_{(20)} + x_{(21)})$$
$$= 0.5(101 + 102) = 101.5$$

$$P_{75} = x_{(41\times0.75)} = x_{(30.75)} = (1-0.75)x_{(30)} + (0.75)x_{(31)}$$
$$= (0.25)(111) + (0.75)(112) = 111.75$$

② 방법 E

$$P_{25} = x_{(39\times0.25+1)} = x_{(10.75)} = (1-0.75)x_{(10)} + (0.75)x_{(11)}$$
$$= (0.25)(91) + (0.75)(93) = 92.5.$$

③ 방법 S: (40)(0.25) = 10이므로

$$P_{25} = (x_{(10)} + x_{(11)})/2 = (91 + 93)/2 = 92.$$ ■

이하에서 특별한 언급이 없는 한 우리는 방법 M을 사용하여 백분위수를 구할 것이다.

(6) 사분위수(quartiles), Q_c

사분위수란 데이터를 사등분해주는 위치에 있는 세 개의 값들로, 백분위수와는 다음의 관계가 있다.

$$Q_1 = P_{25},\ Q_2 = P_{50} = \tilde{x},\ Q_3 = P_{75}.$$

(7) 분위수(quantiles, fractiles)

분위수란 십분위수(deciles), 백분위수, 천분위수 등 각종 분위수를 가리키는 일반적인 이름이다. 분위수는 흔히 0.5 분위수(중위수), 0.999 분위수 등과 같이 0과 1 사이의 실수값으로 지칭한다. p 분위수를 f_p로 나타내기로 하면, 사분위수나 백분위수와 다음의 관계가 있다.

$$f_{0.25} = Q_1 = P_{25},\ f_{0.5} = Q_2 = P_{50} = \tilde{x},\ f_{0.75} = Q_3 = P_{75}.$$

그밖에 오분위수(quintiles)나 팔분위수(octiles) 등이 사용되기도 한다.

예 2.2.7 가상데이터에서

$Q_1 = x_{(11\times 0.25)} = x_{(2.75)} = 0.25x_{(2)} + 0.75x_{(3)} = 0.25(-5) + 0.75(-4) = -4.25,$

$Q_2 = x_{(11\times 0.5)} = x_{(5.5)} = 0.5x_{(5)} + 0.5x_{(6)} = 0.5(-1) + 0.5(2) = 0.5,$

$Q_3 = x_{(11\times 0.75)} = x_{(8.25)} = 0.75x_{(8)} + 0.25x_{(9)} = 0.75(2) + 0.25(6) = 3.$ ■

| 과제 2.2.4 | 소득분포에서 균등분배의 척도로 사용하는 10분위 분배율(decile distribution ratio, DDR; 10분위수 분배비)과 5분위 배율(quintile share ratio, QSR; 5분위수 점유비)을 조사해 보고 그런 척도들을 비평해 보라.

2.2.2 산포도(散布度, dispersion)

일단 데이터의 (중심)위치가 파악되었다면, 우리는 데이터가 중심으로부터(또는 서로) 얼마나 떨어져 있는가에 관심을 가지게 된다. 우리는 이런 척도들을 산포도(measure of dispersion)라고 한다. 먼저 편차(deviation)는 데이터 값과 어떤 중심과의 차이를 말하는데, 중심으로는 흔히 평균이나 중위수가 사용된다.

- 평균으로부터의 편차 $d_i = x_i - \overline{x}$,
- 중위수로부터의 편차 $d_i = x_i - \tilde{x}$.

평균으로부터의 편차는 대개 그냥 편차라고 한다. 산포도는 이런 편차들이 얼마나 큰가에 관한 것이다. 아래에 몇몇 산포도들을 제시하였다. 이하에서 우리는 크기가 n=10인 아래의 가상데이터를 사용할 것이다.

아래 가상데이터: -7 -5 -4 -4 -1 2 2 2 6 9

(1) 범위(range)

범위는 데이터의 너비이다.

$$R = x_{(n)} - x_{(1)} \tag{2.2.10}$$

(2) 사분위수범위(interquartile range)

사분위수범위는 사분위수들의 너비이다.

$$IQR = Q_3 - Q_1 \tag{2.2.11}$$

예 2.2.8 가상데이터에서,

$$R = x_{(10)} - x_{(1)} = 9 - (-7) = 16,$$
$$IQR = Q_3 - Q_1 = 3 - (-4.25) = 7.25.$$

그리고 간장 데이터에서 ([예 2.2.6] 참조)

$$R = 127 - 74 = 53,$$
$$IQR = 111.75 - 91.5 = 20.25.$$

■

(3) 평균편차(mean deviation)

평균편차는 흔히 평균으로부터의 절대편차들의 평균으로 정의된다.

$$MD(\bar{x}) = \sum |x_i - \bar{x}| / n \tag{2.2.12}$$

평균편차는 때로 중위수로부터의 절대편차들의 평균으로 정의되기도 하는데, 이는 중위수에 대한 평균편차(mean deviation about median)라고 한다.

$$MD(\tilde{x}) = \sum |x_i - \tilde{x}| / n \tag{2.2.13}$$

(4) 분산(variance)

분산은 편차제곱들의 평균이다.

① 분산

$$s'^2 = \sum w_i (x_i - \bar{x})^2 = \sum w_i x_i^2 - \bar{x}^2 = \overline{x^2} - \bar{x}^2 \tag{2.2.14}$$
$$= \sum (x_i - \bar{x})^2 / n = \sum x_i^2 / n - \bar{x}^2 = \overline{x^2} - \bar{x}^2, \quad w_i = 1/n \text{일 때}$$
$$= \sigma^2, \ n = N \text{ 일 때}$$

② 표본분산(sample variance)

$$s^2 = \sum (x_i - \bar{x})^2 / (n-1) = \sum (x_i^2 - n\bar{x}^2) / (n-1) \tag{2.2.15}$$

표본분산 s^2의 정의에서 분모로 사용된 $(n-1)$는 자유도(degrees of freedom, df)라고 하는데, 이는 분자인 제곱합 항에 사용된 편차들의 정보량(자유로운 차원의 수)을 나타낸다. 데이터 기술이 목적이라면 분산 s'^2가, 데이터로부터의 추론이 목적이라면 표본분산 s^2가 더 적절하다고 할 수 있다. 이에 대한 근거는 뒤에서 설명하게 될 것이다.

(5) 표준편차(standard deviation)

표준편차는 분산의 단위를 데이터의 측정단위로 환원시키기 위해 분산에 양의 제곱근을 취한 것이다.

① 표준편차

$$s' = \sqrt{s'^2} \qquad (2.2.16)$$
$$= \sigma, \ n = N \text{ 일 때}$$

② 표본표준편차(sample standard deviation)

$$s = \sqrt{s^2} \qquad (2.2.17)$$

약속 우리는 표준편차 s'과 s를 굳이 구별할 필요가 없을 때는 SD라고 쓸 것이다.

예 2.2.9 가상데이터에서 평균편차, 분산, 표준편차 등을 구해 보자.

도표 2.2.3 가상데이터에서 평균편차, 분산, 표준편차 등의 계산 과정

i	x_i	$x_i - \overline{x}$	$(x_i - \overline{x})^2$	$\lvert x_i - \overline{x}\rvert$	$x_i - \tilde{x}$	$\lvert x_i - \tilde{x}\rvert$
1	−7	−7	49	7	−7.5	7.5
2	−5	−5	25	5	−5.5	5.5
3	−4	−4	16	4	−4.5	4.5
4	−4	−4	16	4	−4.5	4.5
5	−1	−1	1	1	−1.5	1.5
6	2	2	4	2	1.5	1.5
7	2	2	4	2	1.5	1.5
8	2	2	4	2	1.5	1.5
9	6	6	36	6	5.5	5.5
10	9	9	81	9	8.5	8.5
계	0	0	236	42	−5	42

위 표로부터

$$s'^2 = 236/10 = 23.6, \ s' = \sqrt{23.6} = 4.858;$$

$$s^2 = 236/9 = 26.222,\ s = \sqrt{26.222} = 5.121;$$

평균편차 $MD(\bar{x}) = 42/10 = 4.2$; 중위수에 대한 평균편차 $MD(\tilde{x}) = 42/10 = 4.2$ ■

여기서 산포의 측도로서의 표준편차의 의미를 새겨볼 수 있는 두 개의 법칙을 살펴보자.

◎ 체비셰프 부등식(Chebyshev's Inequality)

체비셰프 부등식은 분포의 형상에 관계없이 전체 데이터 가운데 적어도 $100(1-1/k^2)\%$가 평균으로부터 k배의 표준편차만큼 떨어진 거리 이내에 들어 있다고 진술한다. 즉,

| 관찰 2.2.3 | 아무 분포에 대해, $\bar{x} \pm ks'$ 구간 내에 $100(1-1/k^2)\%$ 이상의 데이터가 들어 있다. 즉

$$prop\{x \in [\bar{x} \pm ks']\} \geq 1 - \frac{1}{k^2},$$

또는 동일하게

$$prop\{|x - \bar{x}| \leq ks']\} \geq 1 - \frac{1}{k^2},$$

여기서 $prop\{\ \}$는 $\{\ \}$에 포함되는 비율(proportion)을 나타낸다.

증명 우리는 n개의 관측값으로 이루어진 임의의 데이터 집합에서 $[\bar{x} - ks',\ \bar{x} + ks']$ 구간에 포함되는 데이터의 비율은 적어도 $1 - 1/k^2$임을 보일 것이다. 분산의 정의로부터 우리는 다음 관계를 유도할 수 있다.

$$s'^2 = \frac{1}{n}\sum_{i=1}^{n}(x_i - \bar{x})^2$$

$$\geq \frac{1}{n}\sum_{i \in T}(x_i - \bar{x})^2,\ \text{여기서}\quad T = \{i : |x_i - \bar{x}| \geq ks'\}$$

$$\geq \frac{1}{n}\sum_{i \in T}(ks')^2.$$

T의 크기를 $|T|$라고 하자. 그러면

$$s'^2 \geq \frac{1}{n}(ks')^2|T|.$$

또는

$$\frac{|T|}{n} \le \frac{1}{k^2}$$

따라서 $[\bar{x} - ks', \bar{x} + ks']$ 구간에 포함되는 데이터의 비율은 다음과 같이 주어진다.

$$prop\{x \in [\bar{x} \pm ks']\} = 1 - \frac{|T|}{n} \ge 1 - \frac{1}{k^2}. \quad (2.2.18)$$

체비셰프 법칙은 예를 들어 다음과 같이 진술한다.

- $\bar{x} \pm 1s'$ 구간 내에 적어도 0%의 데이터가,
- $\bar{x} \pm 2s'$ 구간 내에 적어도 75%의 데이터가,
- $\bar{x} \pm 3s'$ 구간 내에 적어도 88.888%의 데이터가 들어 있다.

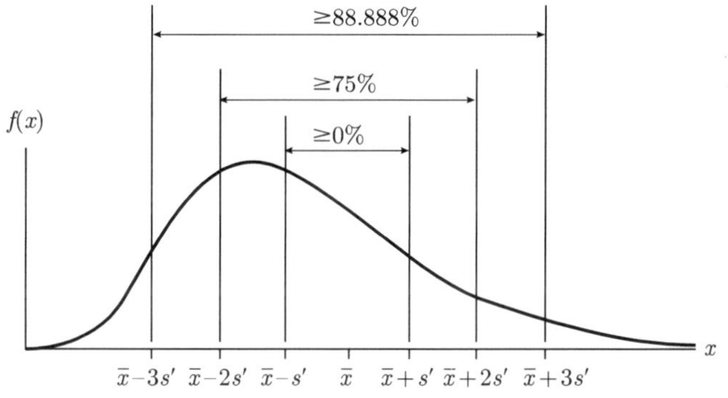

도표 2.2.4 체비셰프 법칙: 아무 분포에 대해

◎ 종모양 분포에 대한 경험적 법칙

데이터 분포가 대략 종모양인 대칭분포를 따른다면, 경험적 법칙은 다음과 같이 진술한다.

- $\bar{x} \pm 1s'$ 구간 내에 약 68.3%의 데이터가,
- $\bar{x} \pm 2s'$ 구간 내에 약 95.4%의 데이터가,
- $\bar{x} \pm 3s'$ 구간 내에 약 99.7%의 데이터가 들어 있다.

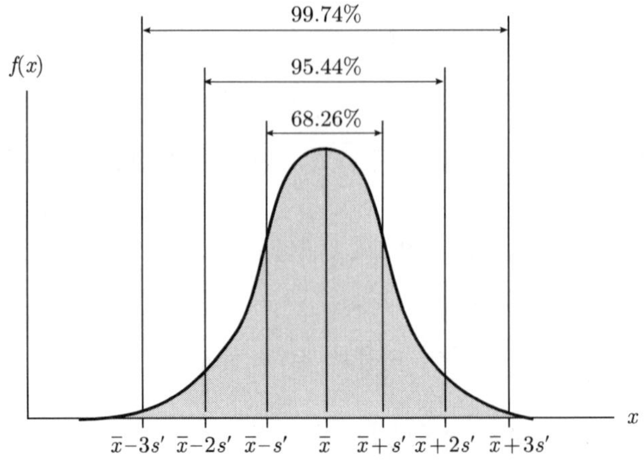

도표 2.2.5 경험적 법칙: 종모양 분포(정규분포와 같은)에 대해

위의 법칙들을 통해서 알 수 있는 바와 같이 표준편차는 그 이름대로 데이터의 산포를 얘기할 때 표준적인 위치를 차지하고 있다. 중심 측도들과 표준편차 간의 관계를 나타내는 아래의 성질도 우리에게 유용한 정보를 제공한다.

| 관찰 2.2.4 | 평균, 중위수, 그리고 표준편차는 다음 관계를 만족한다.

$$|\bar{x} - \tilde{x}| \le s'. \tag{2.2.19}$$

| 과제 2.2.5 | Six Sigma 수준의 품질이란 무엇인지 조사해 보자. 그리고 이에 더하여 식스시그마 품질경영에 대해서도 조사해 보자.

(6) 변동계수(coefficient of variation, CV)

변동계수는 값의 규모나 단위에 구애받지 않도록 표준편차를 정규화시킨 것이다.

$$CV = SD / \bar{x}. \tag{2.2.20}$$

변동계수는 때로 위 식에 100을 곱하여 %로 표현되기도 한다. 변동계수는 양수데이터에 대해 의미를 가진다.

- 변동계수는 RSD(relative standard deviation, 상대표준편차)라고도 한다.
- 변동계수를 RSE(relative standard error, 상대표준오차)라고 할 때도 있는데, 이때는 분자에 SD 대신에 SE(standard error)를 사용한다. $SE = SD/\sqrt{n}$. 즉,

$$RSE = SE/\bar{x}. \tag{2.2.20-1}$$

표준오차에 대해서는 7.1절을 그리고 상대표준오차에 대해서는 7.3.2절의 (4)를 참고하기 바란다.

예 2.2.10 다음은 한국 농가와 미국 농가에서 얻은 벼의 간장(stem length) 데이터에 대한 요약통계량들이다(표본 크기는 각각 100). 한국 농가와 미국 농가 중 어느 쪽이 벼의 간장 데이터의 산포가 더 크다고 할 수 있는가?

- 한국 농가(단위 cm): 평균=100, SD=10
- 미국 농가(단위 인치): 평균=40, SD=5

풀이 양국 농가의 측정 단위가 다르므로 표준편차 대신에 변동계수를 비교할 필요가 있다:
$CV(Korea) = 10/100 \times 100 = 10(\%) < CV(USA) = 5/40 \times 100 = 12.5(\%)$.
즉 미국농가의 산포가 더 크다. ■

(7) 다섯숫자요약(five number summary)과 상자그림(box plot)

우리는 중위수와 사분위수들 그리고 양쪽 끝 값들을 묶어서 다섯숫자요약(five-number summary)이라고 한다.

- 다섯숫자요약: $x_{(1)}$, Q_1, $\tilde{x}$, Q_3, $x_{(n)}$

우리는 다섯숫자요약을 아래와 같이 상자와 수염으로 나타냄으로써 데이터 분포의 특징을 시각적으로 파악할 수 있다.

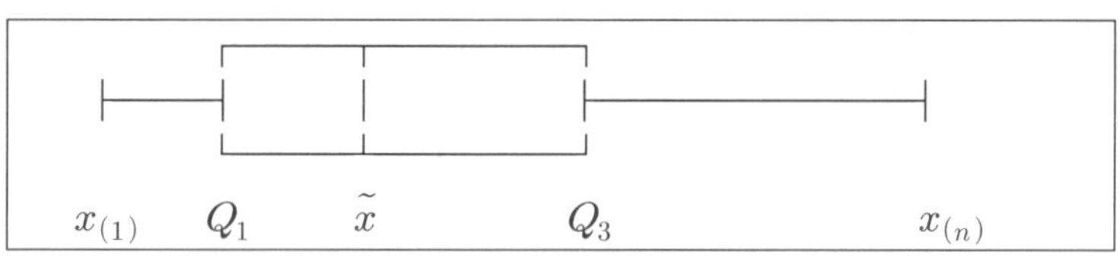

도표 2.2.6(a) 기본상자그림

| 과제 2.2.6 | 위 상자그림으로 표현된 데이터의 분포를 밀도곡선으로 나타내 보자.

그런데 실제로는 이런 기본상자그림보다는 도해식 상자그림(schematic box plot)이 상자그림이라는 이름으로 더욱 널리 사용된다. 도해식 상자그림은 외딴점들(outliers)에 대한 정보도 추가로 제공한다. 도해식 상자그림은 다음과 같은 단계로 작성된다.

- 사분위수범위의 1.5배를 한 발(one step)로 잡는다. 1 step = $1.5IQR$.
- 제1사분위수와 제3사분위수에서 각각 한 발 나간 위치에 안 울타리들(inner fences)이 있다.
- 안 울타리들에서 각각 다시 한 발 나간 위치에 바깥 울타리들(outer fences)이 있다.
- 수염은 안 울타리의 내부에 있는 점들 중에서 가장 큰 값까지 연결된다. 수염이 연

결된 이 점들은 인접값들(adjacent values)이라고 한다.

- 안 울타리와 바깥 울타리 사이에 있는 값들은 어쩌면 외딴점들(possible outliers)로서 *로 나타낸다. [데이터가 정규분포를 따른다면, 이 확률은 0.007 정도이다.]
- 바깥 울타리 밖에 있는 값들은 아마도 외딴점들(probable outliers)로서 O로 나타낸다. [데이터가 정규분포를 따른다면, 이 확률은 거의 0이다.]
- 어쩌면/아마도 외딴점들에 대해서는 신원을 제시하는 것도 좋은 습관이다.

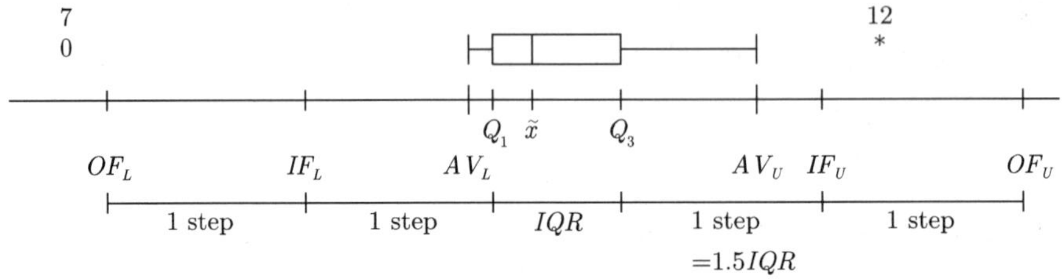

도표 2.2.6(b) 도해식 상자그림의 작성과정

앞 절의 [예 2.1.4]에 제시된 벼 간장 데이터에 대한 상자그림이 [그림 2.1.9]에 전시되어 있다. 이 경우는 외딴점들이 표시되어 있지 않으므로 기본상자그림과 동일한 정보를 제공한다.

예 2.2.11 [도표 2.2.7(a)]는 [예 3.1.6]에 제시된 태양 흑점수 데이터에 대한 상자그림이다. 어쩌면 외딴점들이 여럿 보인다. [도표 2.2.7(b)]는 [예 3.1.7]에 제시된 성경의 창세기인물들의 초산나이 데이터에 대한 상자그림이다. 아마도 외딴점이 하나 있는데 이는 누구인가? ■

```
     -------------
---I     +     I------------------**********     **   *
     -------------
+---------+---------+---------+---------+---------+------SSN
0        50       100       150       200       250
```

도표 2.2.7(a) 태양흑점수 데이터에 대한 상자그림

```
     ---------
     I   +   I--------                          0
     ---------
+---------+---------+---------+---------+---------+------firstage
0        100       200       300       400       500
```

도표 2.2.7(b) 성경인물들의 초산나이 데이터에 대한 상자그림

참고 2.2.1

역학의 모멘트와 비교하자면, 평균은 무게중심(center of gravity)에 해당하고, 분산은 회전반경(radius of gyration)에 해당한다. 즉 평균점에서 양쪽 무게가 평형을 이루고 분산이 클수록 불안정한 시스템이라고 할 수 있다.

참고 2.2.2

RMS 크기(root mean square size, 제곱근평균제곱 크기). 데이터 $x_1, x_2, \cdots, x_n$의 RMS 크기는 다음과 같이 정의된다. $RMS = \sqrt{\frac{1}{n}\sum_i x_i^2}$. 중위수나 평균은 값들의 중심위치를 나타내고, 사분위수 범위나 표준편차는 값들이 얼마나 흩어져 있는가를 나타내는 반면에, RMS 크기는 값들이 얼마나 큰가를 나타낸다. s'는 편차들의 RMS 크기이다.

참고 2.2.3

측정단위 또는 측정표준 문제. 1999년 미국의 화성기후탐사선은 286일간의 항해 끝에 화성에 닿자마자 폭발하였는데, 그 원인은 어처구니없게도 탐사선 제작에 참여한 기관들이 서로 다른 측정단위(록히드마틴사는 야드-파운드 단위, NASA는 미터단위)를 사용한데 기인한 것으로 드러났다.

2.2.3 선형변환된 데이터의 중심위치와 산포도

다음과 같이 데이터 x로부터 선형변환(linear transformation)된 데이터 y를 고려하자.

$$y = a + bx. \tag{2.2.21}$$

| 관찰 2.2.5 | 상수를 더하면 분포의 위치가 이동한다. 즉 상수를 더하면 위치측도가 바뀐다.
| 관찰 2.2.6 | 상수를 더한 것은 분포의 형상을 변화시키지 않는다. 즉 상수를 더해도 산포도는 바뀌지 않는다.
| 관찰 2.2.7 | 상수를 곱하면 분포의 형상이 변한다. 즉 상수를 곱하면 위치 측도와 산포도가 모두 바뀔 수 있다.

이런 관찰들로부터 우리는 다음과 같이 x와 y의 중심측도와 산포측도 간의 관계를 구할 수 있다.

$$\bar{y} = a + b\bar{x} \tag{2.2.22}$$

$$\tilde{y} = a + b\tilde{x} \tag{2.2.23}$$

$$SD_y = |b|\, SD_x \tag{2.2.24}$$

예 2.2.12 어떤 농촌 마을의 작년 농가 소득을 조사해 보니 평균이 3,000만 원, 표준편차가 1,000만 원이었다. 이 마을의 올해 소득은 작년에 비해 모든 농가에서 10%씩 증가하였다. 이에 더하여 정부에서 장려금으로 모든 농가에 500만 원씩을 지급하기로 하였다.

① 이 마을의 올해 농가 소득의 평균을 구하라.
② 이 마을의 올해 농가 소득의 표준편차를 구하라.

풀이 ① $\bar{x}$(올해) = 1.1$\bar{x}$(작년) + 500 = 3,800(만원)
② SD(올해) = 1.1 SD(작년) = 1,100(만원) ■

| 과제 2.2.7 | [예 2.1.5]에 제시된 간장 데이터를 다시 고려하자. 센티미터로 측정된 간장을 인치로 바꾸어서 통계량들(평균, 중위수, 표준편차, 변동계수 등)을 구해 보자.

2.2.4 빈도분포표로 정리된 데이터의 중심위치와 산포도

다음과 같이 빈도분포표로 정리된 데이터를 고려하자.

도표 2.2.8 빈도분포표로 정리된 데이터

i	1	2	…	k	합
값	x_1	x_2	…	x_k	
빈도	f_1	f_2	…	f_k	n

"모든 평균은 가중평균"이라는 것과 "분산은 편차제곱들의 평균"이라는 것을 기억하자. 우리는 값 x_i에 대응되는 가중치가 상대빈도인 f_i/n임을 알 수 있다. 따라서 평균과 분산은 아래와 같이 주어진다.

- 평균 $\bar{x} = \sum_{i=1}^{k} \frac{f_i}{n} x_i$
- 분산 $s'^2 = \sum_{i=1}^{k} \frac{f_i}{n} (x_i - \bar{x})^2$

그리고 최빈수는 가장 큰 빈도를 가지는 x_i이며, 중위수는 누적 상대빈도가 처음으로 0.5 이상이 되는 x_i이다.

| 과제 2.2.8 | 만일 위 빈도분포표에 제시된 값 x_i이 실제 관측값이 아니라 i번째 구간 $[b_{i-1}, b_i)$의 중간값이라면, 평균, 분산, 중위수는 어떻게 개산되겠는가? 다음 두 가지 경우에 대해 각각 답하라.
(1) 각 구간의 데이터가 모두 그 구간의 중간에 위치한다고 가정할 때
(2) 각 구간의 데이터가 그 구간에 균등하게 분포한다고 가정할 때(구체적으로, i번째 구간 $[b_{i-1}, b_i)$을 f_i개의 동일한 너비의 소구간들로 나누었을 때 각 소구간의 중간에 값이 하나씩 위치한다고 가정할 때)

2.2.5 개별값의 상대적 위치 비교

이제는 데이터의 각 값이 데이터 분포에서 차지하는 상대적 위치의 측도들을 살펴볼 차례이다. 이하에서 우리는 크기가 n=10인 아래의 가상데이터를 사용할 것이다.

아래 가상데이터: −7 −5 −4 −4 −1 2 2 2 6 9

(1) 순위(rank)

x_i의 순위 $r(x_i)$는 오름차로 순서화된 데이터에서 x_i가 차지하고 있는 등위를 말한다. 값들이 동점(tied scores)일 때는 대개 그 값들의 평균 순위가 순위로 사용되며, 낮은 순위나 높은 순위가 사용되기도 한다.

(2) 백분위(percentile rank)

백분위란 1과 100 사이의 등위로 매겨진 상대적인 순위를 말한다. 그리고 분위(quantile rank)란 0과 1 사이의 등위로 매겨진 상대적인 순위를 말한다. 예컨대 제50 백분위, 즉 중위수에 대응되는 백분위는 50이고 분위는 0.5이다. x_i의 백분위 $pr(x_i)$는 흔히 다음과 같이 계산된다.

$$pr(x_i) = 100\, r(x_i)/(n+1), \tag{2.2.25}$$

여기서 $r(x_i)/(n+1)$는 와이블 타점위치(Weibull plotting position)라고 하며, 방법 M의 백분위수에 대응되는 분위이다.

| 과제 2.2.9 | 다음은 어떤 데이터의 누적밀도곡선(즉 분포곡선)이다.

① 사분위수들(Q_1, Q_2, Q_3)의 위치를 표시하라.

② 값 80의 백분위(percentile rank) $pr(80)$을 표시하고 그 의미를 설명하라.

③ 평균을 면적으로 나타내어라.

④ 평균을 위치로 나타내어라.

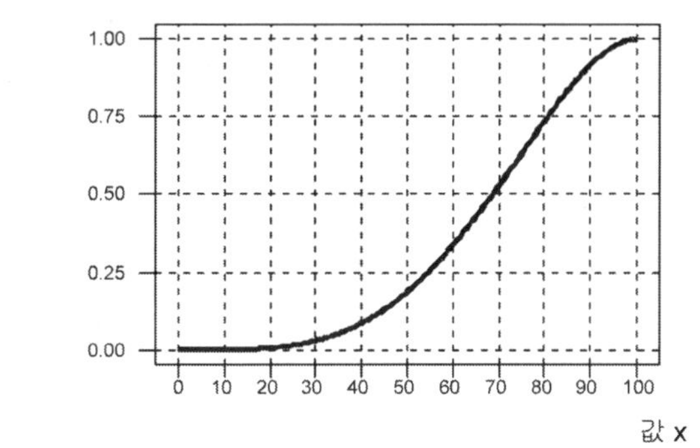

도표 2.2.9 한 분포곡선

| 과제 2.2.10 | 방법 E와 방법 S의 백분위수들에 대응되는 분위를 각각 구하라. [참고: 방법 E의 백분위수와 이에 대응되는 분위는 각각 Excel 함수 PERCENTILE과 PERCENTRANK로 구할 수 있다(안성진, 2011).]

(3) 표준점수(standard score)

표준점수 또는 Z-점수(Z-score)란 평균으로부터의 편차를 표준편차로 환산한 값이다. x_i의 표준점수 $z(x_i)$는 다음과 같이 계산된다.

$$z_i = z(x_i) = (x_i - \overline{x}) / SD. \tag{2.2.26}$$

그러면 $z_1, z_2, \ldots, z_n$에서, 식(2.2.22)와 (2.2.24)로부터

$$\overline{z} = 0,\ SD_z = 1. \tag{2.2.27}$$

우리는 식(2.2.26)에 의해 원점수를 표준점수로 변환하는 과정을 표준화(standardization)라고 한다. 우리는 표준화를 통해서 아무 데이터를 평균이 0, 표준편차가 1인 데이터로 변환시킬 수 있다. 예컨대, 평균이 $\overline{x}$이고 표준편차가 s'인 정규분포 $N(\overline{x}, s'^2)$를 따르는 데이터를 표준화하면 평균이 0이고 표준편차가 1인 표준정규분포 $N(0,1)$를 따르게 된다. (정규분포에 대해서는 5.6.3절을 참조하라.)

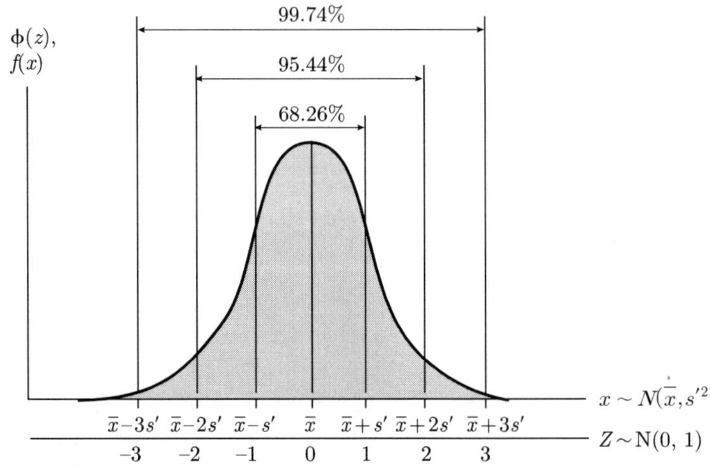

도표 2.2.10 정규분포 $N(\overline{x}, s'^2)$와 표준화된 정규분포 $N(0,1)$

(4) T-점수(T-score)

T-점수는 평균이 50, 표준편차가 10인 분포가 되도록 환산한 점수를 말한다. x_i의 T-점수 $t(x_i)$는 다음과 같이 계산된다.

$$t_i = t(x_i) = 10z(x_i) + 50. \qquad (2.2.28)$$

즉 $t_1, t_2, \ldots, t_n$ 에서, 식(2.2.22)와 (2.2.24)로부터

$$\bar{t} = 50, \ SD_t = 10.$$

T-점수는 한때 수능점수의 변환표준점수로 사용되기도 하였었다. [참고: 이 T-점수는 통계적 추론에서 사용되는 t 통계량과 다른 것임에 주의할 필요가 있다.]

(5) 정규점수(normal score)

정규점수란 표준정규분포로 환산하였을 때의 점수를 말한다. x_i의 정규점수 $ns(x_i)$는 다음과 같이 계산된다.

$$ns_i = ns(x_i) = \Phi^{-1}(p_i), \qquad (2.2.29)$$

여기서 $\Phi()$는 표준정규분포의 분포함수이고, p_i는 x_i의 타점위치(수정된 누적상대빈도)로서 흔히 와이블 타점위치가 사용된다.

$$p_i = r(x_i)/(n+1). \qquad (2.2.30)$$

한마디로, x_i의 정규점수 ns_i는 표준정규분포의 p_i 백분위수이다. 아래 그림은 타점위치 p_i가 0.8314인 x_i의 정규점수가 1임을 보이고 있다.

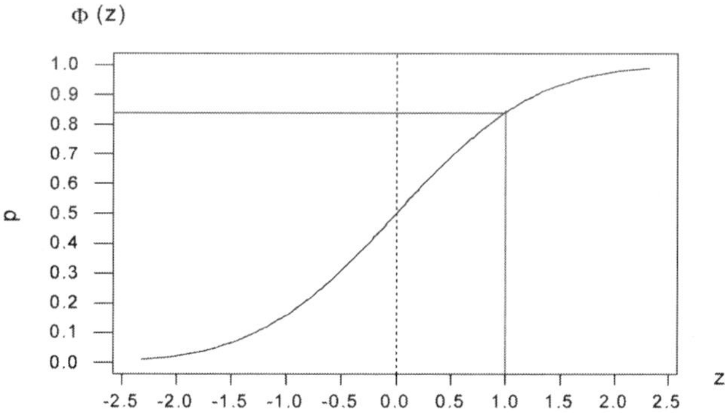

도표 2.2.11 타점위치 p_i와 정규점수 ns_i의 관계

원 점수들과 정규점수들 간의 산점도(scatter plot)는 정규확률도(normal probability plot)라고 한다(산점도는 3.1절에서 소개될 것이다). 우리는 정규확률도가 직선적인가를 검토함으로써 그 데이터가 정규분포를 따르는지를 시각적으로 파악할 수 있고, 더 나아

가 적합된 직선의 절편과 기울기로부터 정규분포의 평균과 표준편차를 추정할 수도 있다(직선 적합은 3.2절에서 소개된다). 아래 그림은 가상데이터에 대한 정규확률도이다. 데이터가 비교적 직선적인 경향을 보여 준다고 할 수 있다. (실제로 정규성검정을 위한 P-값은 0.520으로 나타난다. P-값은 8장에서 소개될 것이다. 엑셀로 정규확률도를 작성하는 방법에 대해서는 6.4.1절을 참조하라.)

| 과제 2.2.11 | [도표 2.2.12]의 절편과 기울기로부터 각각 가상 데이터의 평균과 표준편차를 계산해 보라.

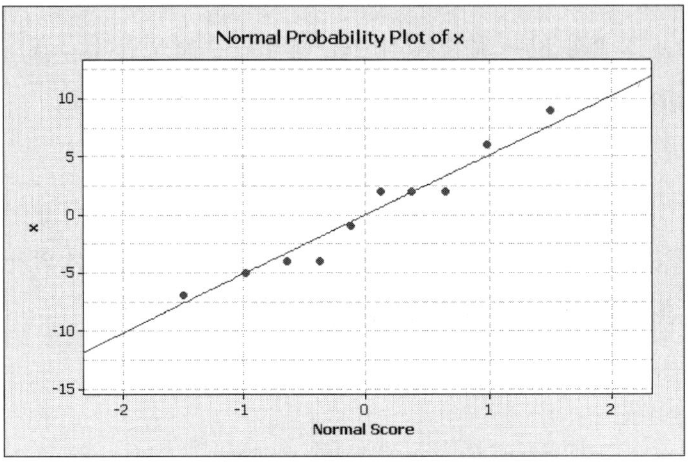

도표 2.2.12 가상데이터에 대한 정규확률도

(6) 스태나인(stanine, standard nine)

스태나인은 평균이 5, 표준편차가 2인 정규분포의 면적에 따라 다음과 같이 나눈 등급을 말한다. 스태나인은 2008년 수능등급제에서 사용되기도 하였다.

도표 2.2.13(a) 스태나인

등급(sn)	9	8	7	6	5	4	3	2	1
백분율(%)	4	7	12	17	20	17	12	7	4
누적 백분율(%)	4	11	23	40	60	77	89	96	100
언어적 평가	매우 하위	하위 (poor)	보통보다 꽤 밑	보통보다 다소 밑	보통 (average)	보통보다 다소 위	보통보다 꽤 위	상위 (superior)	매우 상위

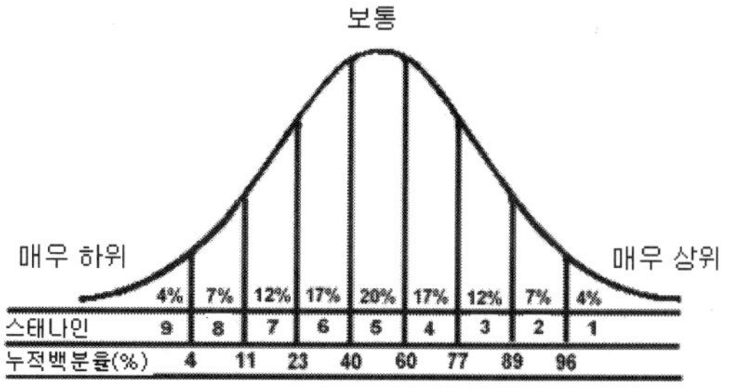

도표 2.2.13(b) 정규분포에 표시된 스태나인

예 2.2.13 가상데이터에 대한 위치측도들은 [도표 2.2.14]와 같이 구해진다. 여기서 동점일 때 순위로는 낮은 순위를 사용하였다. ■

도표 2.2.14 가상데이터에 대한 위치측도들

i	x_i	순위 $r(x_i)$	타점위치 $p(x_i)$	백분위 $pr(x_i)$	표준점수 $z(x_i)$	T 점수 $t(x_i)$	정규점수 $ns(x_i)$	스태나인 $sn(x_i)$
1	−7	1	0.090909	9.090909	−1.44093	35.59073	−1.33518	8
2	−5	2	0.181818	18.18182	−1.02923	39.70766	−0.90846	7
3	−4	3	0.272727	27.27273	−0.82339	41.76613	−0.60459	6
4	−4	3	0.272727	27.27273	−0.82339	41.76613	−0.60459	6
5	−1	5	0.454545	45.45455	−0.20585	47.94153	−0.11419	6
6	2	6	0.545455	54.54545	0.411693	54.11693	0.114185	5
7	2	6	0.545455	54.54545	0.411693	54.11693	0.114185	5
8	2	6	0.545455	54.54545	0.411693	54.11693	0.114185	5
9	6	9	0.818182	81.81818	1.23508	62.3508	0.908458	3
10	9	10	0.909091	90.90909	1.852621	68.52621	1.335178	2
계	0	51			0	500		

| 과제 2.2.12 | [예 2.1.5]에 제시된 간장 데이터를 다시 고려하자. 간장에 대한 상대적 위치측도들을 구해 보자.

2.2.6 왜도(歪度, skewness)

왜도는 데이터 분포의 비대칭도의 측도로서, 그 값이 0보다 크면 오른쪽으로 꼬리를 뻗은 분포이고 0보다 작으면 왼쪽으로 꼬리를 뻗은 분포이다. 이하에서 우리는 크기가 $n=10$인 아래의 가상데이터를 사용할 것이다.

아래 가상데이터: −7 −5 −4 −4 −1 2 2 2 6 9

(1) 피어슨의 왜도(Pearson's coefficient of skewness)

피어슨은 왜도의 측도로 다음 두 가지를 제안하였다.

$$S_p = (\overline{x} - \check{x}) / s', \qquad (2.2.31)$$

$$S_p = 3(\overline{x} - \tilde{x}) / s'.$$

식(2.2.5)의 경험적 관계에 의해 이 둘은 경험적으로 유사한 값을 준다. 그러나 우리는 이 가운데 후자인 식(2.2.31)을 피어슨의 왜도로 사용할 것이다. 그러면 평균, 중위수, 표준편차 간의 관계를 나타내는 식(2.2.19)로부터,

$$-3 \leq S_p \leq 3. \qquad (2.2.32)$$

(2) 사분위수왜도(quartile measure of skewness)

사분위수왜도는 사분위수들을 이용하여 다음과 같이 정의된다.

$$S_Q = \{(Q_3 - \tilde{x}) - (\tilde{x} - Q_1)\} / \{(Q_3 - \tilde{x}) + (\tilde{x} - Q_1)\}. \qquad (2.2.33)$$

이때 $-1 \leq S_Q \leq 1$.

(3) 적률왜도(moment measure of skewness)

먼저 적률(moment)의 정의를 살펴보자.

- k차 원점적률은 값들의 k제곱의 평균이다. $m_k = \sum x_i^k / n$.
- k차 중심적률은 편차들의 k제곱의 평균이다. $m_k' = \sum (x_i - \overline{x})^k / n$.

그러면 적률왜도는 3차 중심적률과 표준편차의 세제곱의 비이다.

$$\alpha_3 = m_3' / s'^3. \qquad (2.2.34)$$

이때 $-\infty < \alpha_3 < \infty$. 우리는 α_3를 표준화된 편차 세제곱의 평균으로 해석할 수 있다.

$$\alpha_3 = \sum_{i=1}^{n} [(x_i - \overline{x}) / s']^3 / n. \qquad (2.2.35)$$

식(2.2.35)에서 정의된 α_3는 실상 모집단에 대해 적용될 수 있는 것이다. 따라서 표본 데이터에 대해서는 불편성을 위해 흔히 다음과 같이 보정된 식이 사용된다.

$$\hat{\alpha}_3 = \frac{n}{(n-2)} \sum_{i=1}^{n} \left[(x_i - \bar{x}) / s \right]^3 / (n-1). \tag{2.2.36}$$

예 2.2.14 가상데이터에서

$$S_p = 3(0 - 0.5)/\sqrt{23.6} = -0.30877,$$

$$S_Q = \frac{(3-0.5)-(0.5-(-4.25))}{(3-0.5)+(0.5-(-4.25))} = \frac{-2.25}{7.25} = -0.31035,$$

$$\hat{\alpha}_3 = 0.384744.$$

■

2.2.7 첨도(尖度, kurtosis)

첨도는 대칭적인 분포에서 꼬리가 두꺼운 정도를 측정한다. 첨도라는 이름 자체는 분포의 봉우리가 뾰족한 정도를 나타내려는 의도를 가지고 있지만, 첨도의 측도들은 실제로는 봉우리가 뾰족한 정도가 아니라 꼬리가 두꺼운 정도를 측정하도록 정의되어 있다. 이 소절에서 소개되는 것과 같이, 첨도는 흔히 정규분포의 첨도를 기준으로 삼은 초과첨도(excess kurtosis)의 형태로 정의된다. 즉, 초과첨도가 0이면 정규분포와 꼬리 두께가 같은(mesokurtic, 봉우리가 중간 정도인) 분포, 초과첨도가 0보다 크면 정규분포보다 꼬리가 두꺼운(leptokurtic, 봉우리가 뾰족한, 급첨) 분포, 그리고 초과첨도가 0보다 작으면 정규분포보다 꼬리가 가는(platykurtic, 봉우리가 평평한, 완첨) 분포로 판정한다.

(1) 사분위수-팔분위수 첨도

사분위수-팔분위수 첨도(quartile-octile kurtosis)는 다음과 같이 정의된다.

$$K_{O|Q} = (O_7 - O_1)/(Q_3 - Q_1) - 1.704. \tag{2.2.37}$$

여기서 1.704는 정규분포에서 팔분위수범위와 사분위수범위의 비이다.

(2) 적률첨도(moment measure of kurtosis)

적률첨도는 4차 중심적률과 표준편차의 네제곱의 비이다.

$$\beta_4 = m_4' / s'^4. \tag{2.2.38}$$

우리는 β_4를 표준화된 편차 네제곱의 평균으로 해석할 수 있다.

$$\beta_4 = \sum_{i=1}^{n}\left[(x_i - \overline{x})/s'\right]^4/n. \quad (2.2.39)$$

정규분포에 대해 β_4는 3이다. 따라서 우리는 흔히 다음과 같이 초과첨도(excess kurtosis) 형태로 정의된 적률첨도를 선호하게 된다.

$$\alpha_4 = m_4'/s'^4 - 3. \quad (2.2.40)$$

이때 $-2 \leqq \alpha_4 < \infty$.

위에서 정의된 α_4는 실상 모집단에 대해 적용될 수 있는 것이다. 따라서 표본 데이터에 대해서는 불편성을 위해 흔히 다음과 같이 보정된 식이 사용된다.

$$\hat{\alpha}_4 = \frac{n(n+1)}{(n-2)(n-3)}\sum_{i=1}^{n}\left[(x_i - \overline{x})/s\right]^4/(n-1) - 3\frac{(n-1)^2}{(n-2)(n-3)}. \quad (2.2.41)$$

예 2.2.15 [예 2.1.5]에 제시된 간장 데이터에 대해서,

- 피어슨의 왜도 S_p = 3(101.5−101.50)/s' = 0
- 사분위수 왜도 S_Q = (10.25−10)/20.25 = 1/81
- 적률왜도 $\hat{\alpha}_3$ = 0.048463
- 사분위수−팔분위수 첨도 K_{OQ} = (117.875−84.25)/(111.75−91.50) − 1.704 = −0.0435
- 적률첨도 $\hat{\alpha}_4$ = 0.710965 ■

2.3 average와 mean에 대하여

average와 mean이 두 용어는 넓은 뜻으로는 동의어로 사용되기도 한다. 그러나 좁은 뜻으로, average는 데이터의 중심값(또는 대푯값)을 나타내고, mean은 average 중에서도 데이터 전부를 사용하여 한 값으로 요약하는 산술평균(arithmetic mean)을 나타낸다(mean에는 산술평균뿐 아니라 기하평균(geometric mean)과 조화평균(harmonic mean)도 있다). 즉 average는 mean 뿐 아니라 중위수나 최빈수 등도 포괄하는 용어

이고, mean은 기본적으로는 산술평균을 나타낸다.

$x_1, x_2, \ldots, x_k$ 의 관측빈도가 각각 $f_1, f_2, \ldots, f_k$일 때($\sum_{i=1}^{k} f_i = n$) 산술, 기하, 그리고 조화평균은 각각 아래와 같이 정의된다.

- 산술평균 $\bar{x} = \sum_{i=1}^{k} \frac{f_i}{n} x_i$
- 기하평균 $\bar{x}_G = \left(\prod_{i=1}^{k} x_i^{f_i} \right)^{1/n}$ 또는 $\log \bar{x}_G = \sum_{i=1}^{k} \frac{f_i}{n} \log x_i$
- 조화평균 $\bar{x}_H = \frac{n}{\sum_{i=1}^{k} \frac{f_i}{x_i}}$ 또는 $\frac{1}{\bar{x}_H} = \sum_{i=1}^{k} \frac{f_i}{n} \frac{1}{x_i}$

◎ 산술평균

- 산술평균은 흔히 평균(mean)이라고 한다.

◎ 기하평균

- 기하평균은 비들(ratios)로 이루어진 데이터의 평균으로 적절하다.
- 비 데이터의 예: 경제성장률, 인구증가율, 물가상승률
- 기하평균은 산술평균에 비해 외딴점들(outliers)의 영향을 적게 받는다. 따라서 기하평균은 오른쪽으로 꼬리를 뻗은 분포의 평균으로 유용하다.

◎ 조화평균

- 조화평균은 변화율들(rates of change)로 이루어진 데이터의 평균으로 적절하다.
- 변화율 데이터의 예: 주행속도, (시간당) 생산율, 완수(주행)시간
- 조화평균은 표본크기들의 평균을 구하는 데 사용된다.
- 조화평균도 산술평균에 비해 외딴점들의 영향을 적게 받는다. 따라서 조화평균도 오른쪽으로 꼬리를 뻗은 분포의 평균으로 유용하다.

[도표 2.3.1]은 2와 6의 산술평균, 기하평균, 조화평균을 그래프상에 나타낸 것이다. 우리는 이 평균들이 모두 가중평균의 형태를 띠고 있음을 볼 수 있다. 즉, 산술평균은 원 값들의 가중평균이다. 기하평균의 로그는 로그변환된 값들의 가중평균이다. 조화평균의 역수는 역수변환된 값들의 가중평균이다.
어떤 평균이 적절한지는 데이터의 속성(보통, 비, 율 등)과 측정척도뿐 아니라 데이터의 형상(대칭분포, 비대칭분포 등)과 사용목적(데이터 요약, 원래 값 복원 등)에도 의존한다.

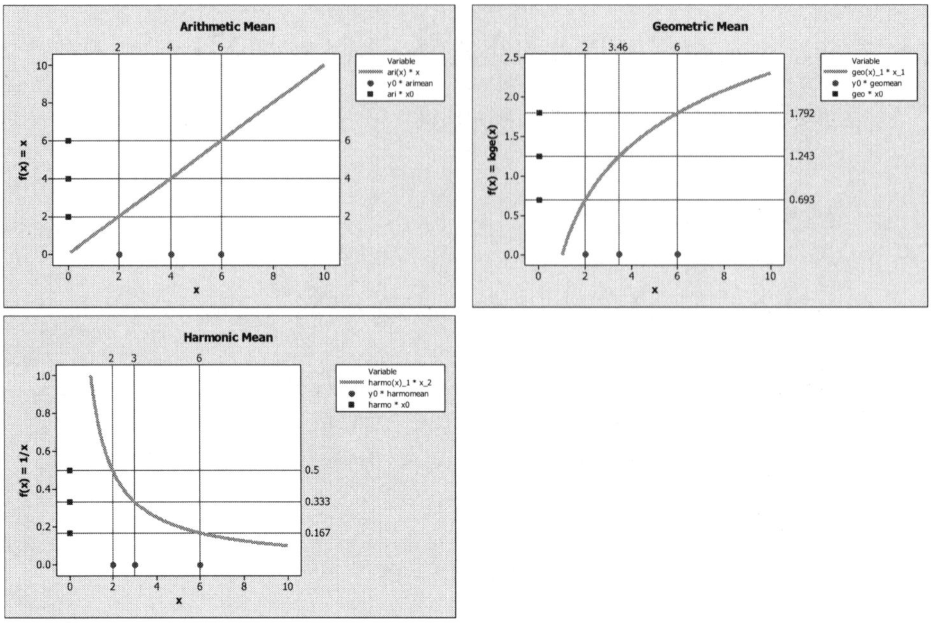

도표 2.3.1 산술평균, 기하평균, 조화평균의 그래프

| 관찰 2.3.1 | 무엇을 보존하기 위한 평균인가?

- 산술평균은 데이터의 합을 보존한다.
- 기하평균은 데이터의 곱을 보존한다.
- 조화평균은 데이터의 역수합을 보존한다.

가로와 세로의 길이가 각각 a와 b인 한 직사각형을 고려하자. 산술평균 $(a+b)/2$는 이 직사각형과 같은 둘레를 가지는 정사각형의 한 변의 길이에 해당한다. 기하평균 $\sqrt{ab}$ 은 이 직사각형과 같은 면적을 가지는 정사각형의 한 변의 길이에 해당한다. 이를 확장하면 우리는 다음과 같은 통찰을 얻을 수 있다.

| 관찰 2.3.2 | 양수 데이터에서, 기하평균은 산술평균보다 작거나 같다.

| 과제 2.3.1 | [관찰 2.3.2]를 증명하라. 그리고 언제 두 평균이 같은지 밝혀라.[도움말: $(\sqrt{a}-\sqrt{b})^2$는 음수가 될 수 없다.]

| 관찰 2.3.3 | 양수 데이터에서, 조화평균은 기하평균보다 작거나 같다.

우리는 위 두 관찰들로부터, 우리는 양수데이터에 대해 다음 관계가 성립함을 알 수 있다.

$$\text{조화평균} \le \text{기하평균} \le \text{산술평균}.$$

| 관찰 2.3.4 | $\bar{x}_H(x_1+c, x_2+c, \ldots, x_n+c) > c + \bar{x}_H(x_1, x_2, \ldots, x_n)$.

예 2.3.1 어떤 상품의 연초 가격을 4년 동안 관측하였다. 가격들 사이의 ( )에 있는 값들은 인접한 연도 간의 가격 비를 나타낸다. 가격비들의 평균 G를 구하라.

₩3,000 (1.10) ₩3,300 (1.02) ₩3,366 (1.24) ₩4,174

풀이 비들의 평균으로는 기하평균이 적절하다.

log10(G) = ⅓*log10(1.10) + ⅓*log10(1.02) + ⅓*log10(1.24) ≒ 0.04780

G ≒ antilog10(0.04780) = 10**0.04780 = 1.11635 (산술평균은 1.2이다.)

검산 3,000*1.11635*1.11635*1.11635 = 4,173.7 (0.3은 계산상의 오차이다)

참고로, 여기서는 밑(base)이 10인 로그(상용로그)를 사용했는데, 아무 밑이든 관계없다. ■

예 2.3.2 처음 10 km는 시속 50 km로, 그 다음 10 km는 시속 30 km로 주행하였다. 평균 시속 H를 구하라. 그리고 10 km 주행에 들어간 평균시간 t (단위: h)를 구하라.

풀이 ① 속도(즉, 율)들의 평균으로는 조화평균이 적절하다.

1/H = ½*1/50 + ½*1/30 = 2/75(h/km)

: 1 km를 평균적으로 2/75 시간(약 0.0267 시간)에 달린다.

H = 1/(2/75) = 37.5(Km/h)

검산 20 km 주행에 걸린 시간 = 10/50 + 10/30 = 8/15(h)

주행거리 = 평균시속 * 주행시간 = 37.5*8/15 = 20(Km)

② 10 km 단위를 주행(완수)하는 데 가는 이는 1/5시간이 걸리고, 오는 이는 1/3시간이 걸린다. 따라서 20 km를 사이에 두고 가는 이와 오는 이가 동시에 출발하면 t 시간만에 만나게 될 것이다. 가는 이와 오는 이의 시간당 단위 주행(완수)속도는 각각 5와 3이므로

$$(5)t + (3)t = 2\,;\ t = 1/4(\text{시간}) = 15\text{분 (시간)}.$$ ■

예 2.3.3 주어진 작업을 완수하는 데 A는 하루, B는 이틀이 걸린다. A와 B의 평균 작업완수일을 구하라.

풀이 A와 B가 동시에 작업에 들어갈 때 완수에 걸리는 날 수를 t 라고 하면,

$$(1)t + (1/2)t = 2\,;\ t = 4/3\,.$$

즉 A와 B의 평균 완수일은 4/3일이다. ■

| 과제 2.3.2 | 주문된 제품을 생산하는데 공장 A로는 40일, 공장 B로는 60일, 공장 C로는 120일이 걸린다. 이 세 공장의 평균 생산일수를 구하라. (도움 질문: 이 세 공장에서 동시에 생산에 들어가면 몇 달 만에 주문량의 생산을 마칠 수 있는가?)

2.4 지수

지수(index, index number)는 시간이나 공간에 걸쳐서 한 변수가 어떻게 변화하는지를 나타내려는 양으로서, 흔히 한 변수의 비교 점(시간상 또는 공간상의 점이나 기간)에서의 값을 기준 점에서의 값(기준 값)에 대해 상대적으로(즉 백분율로) 측정하여 나타낸다.

$$\text{지수} = \frac{\text{값}}{\text{기준값}} \times 100 \ \ (\text{기준 점}=100). \qquad (2.4.1)$$

한 지수의 중요한 특징은 적용범위(coverage), 기준기간(base, or reference, period), 그리고 관측들의 평균을 위한 가중 체계(weighting system) 등이다. 우리는 지수가 어떤 값의 변화를 다루고 있는가에 따라 지수를 가격지수(price index)와 수량지수(quantity index)로 구분해 볼 수 있다. 소비자물가지수나 종합주가지수는 가격지수의 예이고, 수량지수의 예로는 농업생산지수나 산업생산지수를 들 수 있다.

가격지수나 수량지수는 한 품목들의 집합이 시간에 걸쳐서 보이는 가격이나 수량의 상대적 변화들에 대한 요약측도이다. 예컨대, 소비자 물가지수는 도시 가구들에 의해 소비되는 상품과 서비스의 상대적인 가격변화를 측정한다. 종합주가지수는 시장에서 거래되는 주식가격의 상대적 변화를 측정한다. 산업생산지수는 광공업 생산량의 상대적 변화를 측정한다.

가격지수와 수량지수들은 그 자체로 가격과 수량의 변화에 대한 요약측도의 역할을 하지만 이들의 시계열은 통계적 분석의 대상이 되기도 한다. 예컨대, 우리는 회귀모형에서 가격지수나 수량지수가 독립변수가 되는 경우를 흔히 볼 수 있다. 우리는 이 절에서 가격지수와 수량지수의 정의와 기능을 살펴보고, 소비자 물가지수, 종합주가지수, 그리고 산업생산지수에 대해 논의할 것이다.

참고 2.4.1 포인트 변화(증가 또는 감소), 퍼센트 변화, 그리고 퍼센트 포인트(% 포인트, PP)

① 2001년 8월의 지수가 276.5이고 2002년 8월의 지수가 292.8인 경우에 포인트 증가와 퍼센트 증가는 다음과 같이 계산된다.

- 포인트 증가(points increase): 292.8 − 276.5 = 16.3 points 증가

• 퍼센트 증가(percents increase): (16.3/276.5)×100 = 5.9 percents(%) 증가

② 한 여론조사에서 찬성률은 62%로, 이에 대한 오차한계는 3.1% 포인트로 추정되었다.

③ 은행의 금리가 6.0%에서 7.0%로 변했을 때 우리는 은행금리가 1.0% 포인트 증가하였다고 말한다.

2.4.1 가격지수

한 단일 품목 가격변화에 대한 정보(즉 가격지수 또는 상대가격)로 충분한 경우가 있기도 하지만, 대부분의 경우에는 품목들의 한 집단의 가격변화를 요약하는 정보가 필요하다. 가격지수를 산정하는 데 포함되는 품목의 목록은 품목목록(schedule of items)라고 불린다.

◎ 가격지수 산정방법

가격지수는 가중총계법(method of weighted aggregates)이나 가중상대가격평균법(method of weighted average of relatives)으로 산정된다.

| 기호 약속 |

p : 가격, q : 거래량, t : 비교년도, o : 기준년도, i : 품목번호

i 번째 품목의 전형적인 또는 평균적인 소비량을 q_{ia} 로 나타내자. 여기서 첨자 a 는 average를 뜻한다. 이들은 그 품목들의 중요성을 반영하는 가중치로 기능한다.

(1) 가중 총계법

가중 총계법에 의한 가격지수는 다음과 같이 정의된다.

$$PI_t = \frac{\sum_i p_{it}\, q_{ia}}{\sum_i p_{io}\, q_{ia}} \times 100\,, \tag{2.4.2}$$

여기서 $q_{ia} = q_{io}$ 이면 라스파이레스 가격지수라고 하고, $q_{ia} = q_{it}$ 이면 파셰 가격지수라고 한다.

① 라스파이레스 가격지수(Laspeyres price index): 기준년도 거래량 기준(가격은 당시가격)

$$PI_t^L = \frac{\sum_i p_{it}\, q_{io}}{\sum_i p_{io}\, q_{io}} \times 100\,. \tag{2.4.3}$$

② 파셰 가격지수(Passche price index): 비교년도 거래량 기준(가격은 당시 가격)

$$PI_t^P = \frac{\sum_i p_{it} q_{it}}{\sum_i p_{io} q_{it}} \times 100. \tag{2.4.4}$$

(2) 가중 상대가격평균법

가중 상대가격평균법에 의한 가격지수는 다음과 같이 정의된다.

$$PI_t = \frac{\sum_i \left(100 \frac{p_{it}}{p_{io}}\right) v_{ia}}{\sum_i v_{ia}} = \sum_i \left(100 \frac{p_{it}}{p_{i0}} w_{ia}\right), \tag{2.4.5}$$

여기서 v_{ia} 는 가치가중치를 나타내며, 흔히 $v_{ia} = p_{io} q_{io}$ 가 사용된다.

| 관찰 2.4.1 | (가중평균원리) 모든 평균은 가중평균이다. $\bar{x} = \sum_i w_i x_i$

| 과제 2.4.1 | 라스파이레스 지수와 파셰 지수를 가중평균 형태로 표현해 보라.

2.4.2 소비자물가지수(consumer price index, CPI)

도시가구가 소비생활을 영위하기 위하여 구입하는 일정량의 상품과 서비스요금의 변동을 종합적으로 파악하기 위해 작성하는 지수로 소비자가 일정한 생활수준을 유지하는데 필요한 소득이나 소비금액의 변동을 나타내므로 소비자의 구매력 측정에 사용된다.

(1) 가격지수의 유형

① 단순지수(simple index number) 또는 상대가격

예 2.4.1 쇠고기가격의 단순지수. 1999년에 15,000원이던 1등급 쇠고기 600 g의 가격은 2010년에 20,000원이다. 2010년의 1등급 쇠고기의 가격지수는 다음과 같이 계산된다(1999년 =100): 20,000/15,000×100 = 133.333. ■

② 단순복합지수(simple composite index)

단순복합지수는 고정시장품목 물가지수(a fixed market basket price index)이다.

예 2.4.2 어떤 농가의 구매물품가격들의 단순복합지수. 자급자족에 가까운 생활을 하는 한 외딴 농가에서는 소금, 석유, 그리고 못만을 구입한다. 이 농가에서 1999년과 2010년에 이 세 품목을 구입한 양과 가격은 아래와 같다.

품목	1999년		2010년	
	구입량	가격(단가)	구입량	가격(단가)
소금	100	7	100	5
석유	10	10	10	14
못	50	5	50	13

2010년의 이 농가의 고정 시장품목 물가지수는 다음과 같이 계산된다(1999년=100).

$$\frac{100\times 5 + 10\times 14 + 50\times 13}{100\times 7 + 10\times 10 + 50\times 5}\times 100 = \frac{1,290}{1,050}\times 100 = 122.857\,.$$ ■

③ 가중복합지수(weighted composite index)

가중복합지수는 고정된 가중값을 가지는 총계적 가중지수(aggregative weighted index number with fixed weights)이다. 예컨대, 소비자물가지수는 도시소비가구들의 평균적 소비품목들에 대한 가중복합지수이다.

④ (복합)지수의 특성

- 지수는 한 변수의 기준값에 대한 변동의 측도이다.
- 그 변수는 고정된 가중값을 가지는 여러 양들의 평균이다.

(2) 우리나라의 소비자물가지수 산정

우리나라에서는 라스파이레스 방식으로 소비자물가지수를 구한다.

① 소비자물가지수는 무엇을 측정하는가?

소비자물가지수는 "도시 평균가구의 소비지출"과 관련된 물가변동을 파악하기 위한 지수이다.

② 시장품목(schedule of items, 시장바구니)은 어떻게 선정되는가?

시장품목은 도시가계조사를 통해 0.01% 이상의 비중을 가지는 품목들 가운데 선정된다.

- 2010년 기준으로 조사대상 품목 수는 481개 품목이다. 이 가운데 농축수산물은 71개, 공산품은 252개, 서비스 품목은 154개, 그리고 공공 품목(전기, 수도, 가스)은 4개이다. (비교: 2005년 489개 품목, 1995년 509개 품목, 1990년 470개 품목)

③ 매달 소비자물가지수를 구하기 위한 데이터를 어떻게 수집하는가?

가격 조사는 2010년 기준으로 37개 도시, 약 22,000개 소매점포, 9,500여 임대 가구에서 통계청 소비자물가조사 담당직원의 면접조사와 전화·팩스·인터넷 조사(서비스와 공공 품목)에 의해 이루어진다.(비교: 2005년 기준으로 38개 도시; 1995년 기준으로 36개 도시, 107개 시장; 1990년 기준으로 32개 도시, 64개 시장)

• 농축수산물은 월 3회(5일, 14일, 23일이 포함된 주에서 하루씩) 조사한다. 공산품은 월 1회(중순에 2일) 조사한다. 단 석유류는 월 3회 조사한다. 서비스와 공공 품목은 월 1회(하순에 2일) 조사한다. 발표는 다음 달 초에 이루어진다.

도표 2.4.1 기준연도별 주요품목의 가중치 변화(자료: 통계청)

품목명	65년	70년	75년	80년	85년	90년	95년	2000년	2005년	2010년	2015년
쌀	195.5	161.4	184.2	130.1	92.4	53.4	27.6	24.3	14.0	6.2	5.2
보리쌀	48.7	8.7	8.6	1.6	1.9	0.4	0.2	0.2	0.3	0.2	0.2
쇠고기	22.6	26.1	22.9	23.3	23.0	18.3	18.8	12.6	8.8	8.4 (국산)	8.2
돼지고기	8.5	10.7	9.5	11.5	16.3	13.3	8.3	7.2	7.5	8.3	9.1
갈치	6.6	5.3	4.1	4.3	4.2	3.9	3.1	2.3	1.8	1.4	0.8
달걀	9.8	10.9	9.4	8.7	7.9	4.3	2.7	1.8	2.1	2.2	2.4
배추	17.6	23.6	17.6	14.2	8.7	5.7	3.7	2.4	1.9	1.7	1.2
무	10.4	11.5	7.5	6.2	3.6	3.4	1.8	1.5	0.8	1.1	0.6
김치	–	–	–	–	–	0.9	1.4	2.2	2.4	0.9	0.7
콩나물	8.6	6.4	3.5	4.2	3.4	1.5	1.1	0.8	0.6	0.6	0.6
사과	6.3	6.7	6.6	7.8	7.0	6.6	4.7	2.9	3.1	3.1	3.1
자장면	–	–	–	3.1	1.6	3.2	3.9	2.4	3.1	3.0	1.5
수도료	5.5	5.8	5.1	5.0	7.2	6.1	5.2	7.0	7.8	7.8	8.0
전기료	16.5	14.1	14.7	17.6	20.3	13.6	14.2	18.0	19.0	20.8	18.9
연탄	48.0	40.3	37.6	40.1	32.5	13.1	0.9	0.1	0.1	0.3	0.1
입시학원비	–	–	–	4.5	4.2	11.2	16.8	21.8	31.4	12.9 (고등학생)	13.6
휘발유	–	–	–	–	–	8.4	22.7	41.4	31.2	28.7	25.1
열차료	4.5	3.5	2.4	2.6	3.3	2.1	1.7	1.2	1.7	1.4	1.5
시내버스료	14.4	27.7	35.4	27.5	20.8	12.0	12.9	14.3	11.4	10.9	10.9
택시료	4.4	6.5	5.7	10.0	8.2	8.7	7.5	5.5	4.8	3.5	3.1
항공료	–	–	0.3	0.4	0.3	1.3	1.2	2.2	2.1	1.9 (국제)	2.5
단체여행비	–	–	–	–	–	–	–	5.8	8.0	8.2 (해외)	10
이동전화료	–	–	–	–	–	–	2.2	23.7	33.8	26.7	–
스마트폰이용료/휴대전화료	–	–	–	–	–	–	–	–	–	16.4	38.3
신문	7.8	7.8	4.1	3.3	2.1	2.0	2.1	2.2	1.3	3.0	0.6
담배	50.3	54.6	52.6	19.0	8.9	8.9	7.8	10.1	10.8	8.5	10.7

④ 소비자물가지수는 결점이 있는가? (측정의 타당성)

소비자물가지수는

- 품질변화를 반영하고 있지 않다.
- 구매 관습의 변화(장바구니의 변화)를 반영하고 있지 않다.
- 생계비변동을 반영하고 있지 않다.
- 주거비변동을 부분적으로 반영하고 있다. 이와 관련해서 보조지표개발로 보완하고 있다.

⑤ 소비자물가지수는 왜 작성하는가?

- 화폐구매력을 측정하는 수단이 된다. 우리는 불편화폐액을 구하기 위해 소비자물가지수로 물가상승의 영향을 조정한다.

$$\text{불변화폐} = (\text{현재 화폐}/\text{현재 소비자물가지수}) \times 100. \qquad (2.4.6)$$

- 생계비(Cost Of Living: COL)의 측도가 된다. 생계비측도로 무엇을 사용하는가에 따라 생계비보장물가연동제(COL AllowanceS, COLAS)에 의해 조정되는 사회보장비나 임금이 달라질 수 있다. 일반적으로, 다음과 같은 관계가 성립한다.
 파셰 가격지수를 사용한 COL ≤ 진정한 COL ≤ 라스파이레스 가격지수를 사용한 COL.
- 경기판단 지표역할을 한다.
- 가격수정인자(deflator) 역할을 한다. GNP 가격수정인자로는 파셰지수가 사용된다.
- 상품의 전반적인 수급동향 판단자료로 활용된다. 부문별 지수는 경제동향 분석이나 경제정책 수립에 도움을 준다.

| 관찰 2.4.2 | 쌀의 비중의 변화: 5.2(2015년)—6.2(2010년)—14(2005년)—24.3(2000년)—27.6(1995년)—53.4(1990년)—92.4(1985년)—195.5(1965년)

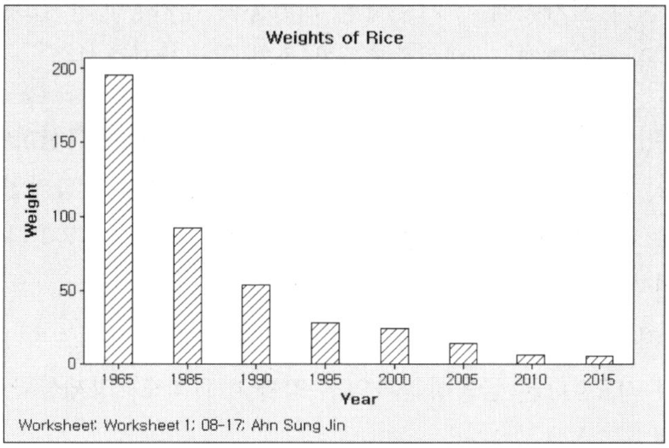

도표 2.4.2 쌀이 차지하는 비중의 변화

| 관찰 2.4.3 | 우리는 소비자물가지수를 구하기 위해서는 여러 종류의 서로 다른 모집단이 필요하다는 것을 보았다.

① 시장품목들에 도달하기 위해서는 재화·용역 모집단이 필요하다. 우리는 도시가계조사와 가구 소비실태조사를 통해서 이런 데이터를 얻는다.

② 가중치 체계(소비행태)에 도달하기 위해서는 소비가구 모집단이 필요하다. 우리는 도시가계조사와 가구 소비실태조사를 통해서 이런 데이터를 얻는다.

③ 시장품목들의 가격들에 도달하려면 유통과정 모집단이 필요하다. 우리는 소비자물가조사를 통해서 이런 데이터를 얻는다.

2.4.3 종합주가지수 KOSPI(KOrean composite Stock Price Index)

종합주가지수는 기준시점(1980.1.4)의 주가수준을 100으로 하여 비교시점의 주가를 시가총액방식에 따라 계산한 값을 나타내는 것으로 모든 상장주식의 주가변화를 종합적으로 비교하여 현재 주가수준의 정도에 따라 시황의 상승 및 하락을 알아 볼 수 있도록 하는 지표이다.

상장된 주식의 시장가격을 토대로 작성되는 증권시장 지표 중 전반적인 주식의 동향을 가장 잘 나타내주는 대표적인 지수이다. 종합주가지수는 1962년 주식시장에 대한 관심이 점차 고조되기 시작하면서부터 주가의 움직임에 대한 종합적이고 연속적인 가격지표의 필요성이 대두됨에 따라 증권거래소가 1964년 1월 4일을 기준시점으로 '다우존스'식 주가평균을 지수화한 수정주가평균지수를 산출하여 발표하기 시작하였다. 증권시장 규모가 점차 확대됨에 따라 1972년 1월 4일부터는 다음과 같은 방식으로 종합주가지수를 산출하고 있다.

$$\text{종합주가지수} = (\text{비교시점의 시가총액}) \,/\, (\text{기준시점의 시가총액}) \times 100$$

- 비교시점의 시가총액 = 비교시점 개별종목 시가총액의 합계
- 기준시점의 시가총액 = 기준시점 개별종목 시가총액의 합계
- 개별종목 시가총액 = 개별종목주가(종가) × 상장주식수

시가총액이란 상장된 주식을 모두 현재의 시장가격으로 환산하여 나타낸 총체적 가치를 의미한다. 따라서 종합주가지수는 증권시장에 상장된 상장기업의 가치가 기준시점과 비교하여 볼 때 얼마나 변동되었는가를 나타내는 것이다. 우리나라에서는 파셰 지수를 약간 수정한 방법을 사용하고 있다.

종합주가지수는 시장전체의 주가움직임을 측정하는 지표로 이용되는 것 외에도 투자성과의 측정 척도, 다른 금융상품과의 수익률 비교척도, 경제상황 예측지표 등으로도 유용하게 쓰인다.

그러나 시가총액식의 주가지수 산출방법은 자본금 규모가 큰 대형주의 등락이 전체 주가지수 변동을 좌우함으로써 중소형주를 포함한 전체시장의 흐름을 제대로 나타내주지 못하는 단점도 가지고 있다. 예를 들어 가중값이 큰 소수의 종목이 변동하지 않는다 해도 가중값이 적은 소형주들이 여러 종목 상승하면 전반적인 시황은 상승하는 느낌을 주나 시가총액이 큰 폭으로 상승하지 않으므로, 주가지수는 실제의 느낌보다 적게 오르는 경우가 발생한다. 따라서 주식시장 시황을 정확히 분석하기 위해서는 부별, 산업별, 자본급별 지수 등을 참고할 필요가 있다.

자본금이 많고 주가가 높은 주식이 상승할 때는 주가지수의 변화도 한층 상향된다. 주가지수는 증권시황(市況)을 나타낼 뿐 아니라 물가지수나 경기지수처럼 경제상황도 알려준다. 주가란 미래의 투자가치와 예상기대를 반영하고 있기 때문에 재경부에서 경기종합지수를 뽑을 때 선행지수 속에 이것을 포함시킨다. 주가지수는 실제 경기를 4개월 정도 앞서 반영한다고 알려져 있다.

신규상장이나 유상증자로 인하여 시가총액이 증가할 때는 기준시가총액도 증가하며, 반대로 상장폐지와 같이 시가총액이 감소할 때는 기준시가총액도 비례해서 줄어든다. 따라서 기준시가총액은 고정되어 있는 것이 아니고 변동요인이 있을 때마다 수정되므로 계속해서 변하게 된다. 무상증자나 주식배당 및 감자 등의 경우에는 주가는 하락 또는 상승하지만 가중치인 상장주식수가 증가 또는 감소하므로 시가총액은 변동하지 않기 때문에 기준시가총액을 수정할 필요가 없다. 다만 비교시가총액은 상장주식수가 변하므로 이를 수정하여 준다.

$$\text{신기준시가총액} = \text{구기준 시가총액} \times \frac{\text{변동전일의 비교시가총액} + \text{비교시 총변동액}}{\text{변동전일의 비교시가총액}}$$

- 이 식은 종합주가지수가 가격요인에 의한 시가총액변화만을 반영하도록 조정해 준다.
- KOSPI200은 특정시점에서 한국을 대표하는 2백 개 종목 주식의 시가총액이 기준일인 90년 1월 3일에 비해 얼마나 늘고 줄었는지를 나타낸다.

예 2.4.3 GSPI3라는 한 가상적인 주가지수를 고려하자. 이 지수는 특정시점에서 G국을 대표하는 세 종목 주식의 시가총액이 기준일인 90년 1월 3일에 비해 얼마나 늘고 줄었는지를 나타낸다. 1990년 1월 3일과 2010년 4월 25일에 이 다섯 종목의 상장주식수와 종가는 다음과 같다. 2010년 4월 25일의 GSPI3를 구하라.

종목	1990년 1월 3일		2010년 4월 25일	
	상장주식수	종가	상장주식수	종가
A	100	7	100	5
B	10	10	10	14
C	50	5	50	13

풀이 $\frac{100\times5+10\times14+50\times13}{100\times7+10\times10+50\times5}\times100=\frac{1,290}{1,050}\times100=122.857$ ■

2.4.4 생산지수

생산지수(production index)란 일정기간에 있어서의 생산수량의 변화를 나타내는 지수이다. 이는 금액의 변동을 나타내는 물가지수에 대응되며, 생산수량의 동태적 변화를 나타낸다. 개별품목의 기준 시에 대한 비교 시의 생산수량의 변화를 산출하고, 각 품목의 생산액 또는 부가가치를 가중치로 하여 합성된다.

일반적으로 광공업·농수산업 등의 산업별로 작성되는데, 농수산부에서 조사·발표하는 농업생산지수, 재정경제부에서 발표하는 산업생산지수(원지수와 계절변동조정지수)와 제조업 특수분류별 생산지수, 중소기업은행이 주관하는 중소제조업생산지수 등이 있다. 이들 생산지수는 부가가치 가중치를 사용한 라스파이레스식에 의해 산출된다.

◎ 산업생산지수(index of industrial product)

산업생산지수란 광공업 생산량의 시간적 변화를 통계비례수로 나타낸 지수이다. 월간 또는 연간의 생산량을 고찰할 경우 실제의 생산량만을 가지고는 그 변화를 알 수가 없기 때문에 어느 특정한 해를 100으로 기준하여 그 해의 생산량을 비교하는 것으로서, 이와 같이 어느 해의 생산량을 백분비로 나타내는 숫자를 지수라고 하고, 이것을 광공업 생산량으로부터 산출한 것이 산업생산지수이다.

산업생산지수는 쌀이나 철강 등 어떤 단위품목만을 추출하여 그 변화를 보는 것이 아니고 광업·철강·기계·섬유·화학제품·식료·펄프 등 종류가 서로 다른 상품의 종합 생산지수이며, 이들을 단순히 산술평균한 것이 아니고, 각각의 중요도에 따른 가중치를 붙여 산출한 가중평균치이다.

이렇게 산출한 생산지수는 광공업 전체의 움직임을 알 수 있는 대표적인 생산지수이며, 그 자체가 경기예측을 판단하는 중요한 경제지표이다.

2.5 엑셀 실습 2: 일변량 데이터 요약

2.5.1 일변량 질적 데이터에 대한 막대그래프와 원그래프 작성

예 2.5.1 [예 2.1.1]의 멘델의 완두콩 교배실험 데이터를 다시 고려하자. 이 데이터에 대해 막대그래프와 원그래프를 작성해 보자.

풀이 ① 막대그래프 작성

먼저 [도표 2.5.1]과 같이 데이터를 입력한 후 차트 마법사를 실행한다.

	A	B	C
1	Mendel의 완두콩 교배 데이터		
2	씨앗종류	Seed Type	Observed
3	매끄럽고 노란색	r&y	315
4	쭈글쭈글하고 노란색	w&y	101
5	매끄럽고 녹색	r&g	108
6	쭈글쭈글하고 녹색	w&g	32

도표 2.5.1 멘델의 완두콩 데이터

단계 1 [삽입] "세로 막대형"에서 "2차원 세로막대형"을 선택한다.

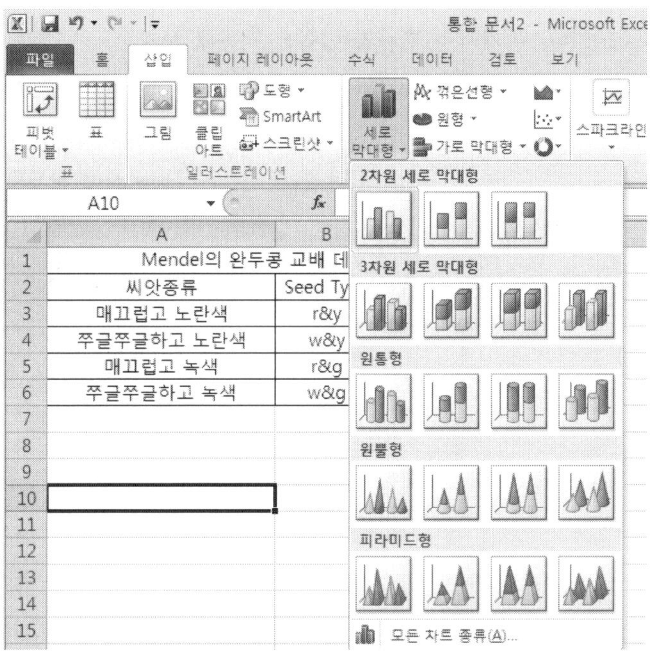

도표 2.5.2(1) 막대그래프 선택

단계 2 데이터 선택에서 "추가" 탭을 누르고, 계열이름은 'A1', 계열값은 'C3:C6'을 선택한다.

단계 3 가로(항목)축레이블의 "편집" 탭을 누르고, 축레이블 범주를 'B3:B6'으로 지정한다.

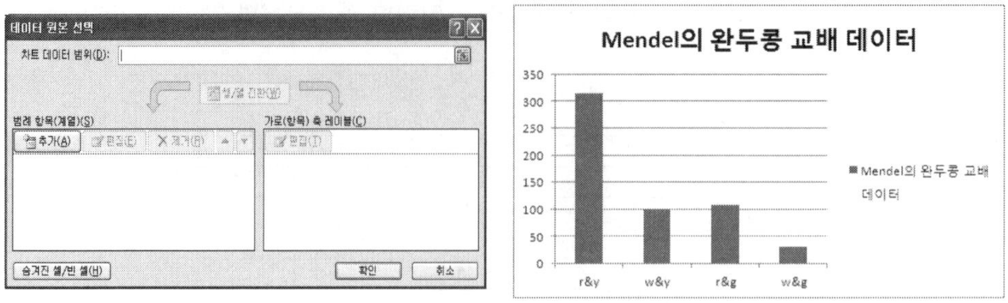

도표 2.5.2(2) 데이터 선택탭과, 막대그래프의 기본 차트 형태

② 원그래프 작성

우리는 처음부터 원그래프를 작성할 수도 있지만 막대그래프를 원그래프로 전환시킬 수도 있다. 여기서는 후자의 방법을 적용해 보자.

작성한 막대그래프를 선택한 뒤, [삽입]에서 "원형"을 선택한다.

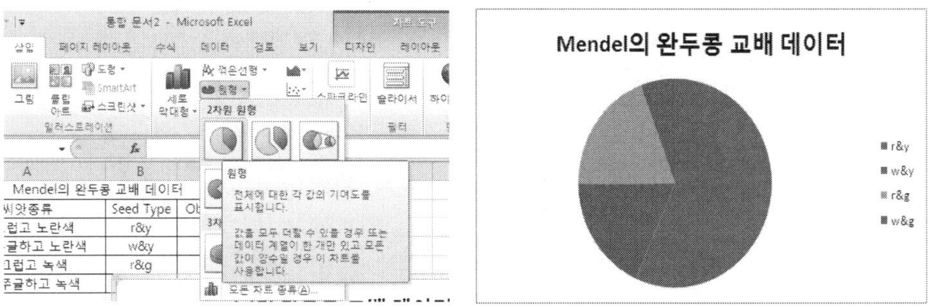

도표 2.5.3 데이터 선택탭과, 원그래프의 기본 차트 형태 ■

| 과제 2.5.1 | 그래프에서 그림 영역(figure region), 차트 영역(chart, or graph, region) 그리고 데이터 영역(data region) 또는 축척 사각형(scale rectangle)이란 각각 무엇인가?

| 과제 2.5.2 | 멘델의 완두콩 데이터에 대한 막대그래프를 픽토그램으로 바꾸되, ① 막대마다 동일한 그림을 사용한 픽토그램과, ② 막대마다 다른 그림을 사용한 픽토그램을 각각 작성하라. ([도표 2.1.3]의 픽토그램을 참조하라.)

도움말 i) ① 막대그래프의 아무 막대에서 [데이터 계열 서식(Format Data Series)] 대화상자를 연다. 또는 ② 각 막대에서 [데이터 요소 서식(Format Chart Element)] 대화상자를 연다.

ii) [무늬] 탭에서 [채우기 효과] 단추를 눌러서 [채우기 효과] 대화상자를 연다.

iii) [그림] 탭에서 [그림 선택] 단추를 눌러서 적절한 그림을 선택한 후 적절한 "서식"을 선택한다.

2.5.2 일변량 질적 데이터에 대한 빈도분포표 작성

질적 데이터에 대한 빈도분포표를 작성해 보자. 우리는 함수 FREQUENCY나 COUNTIF 또는 [데이터 분석] 도구를 이용하여 빈도분포표를 작성할 수 있다.

예 2.5.2 아래는 한 학과의 학생 130명을 10개의 성격군으로 분류한 데이터이다. 이 데이터에 대한 빈도분포표를 작성하라. (이 데이터는 작업표 personality에 저장되어 있다.)

2	3	2	3	2	2	3	3	3	2	6	2	3
1	8	6	2	3	3	4	3	5	6	2	3	6
2	3	2	7	3	4	3	6	6	3	3	3	6
4	3	3	3	4	3	6	3	2	3	2	1	3
2	6	4	2	3	2	2	2	6	2	3	3	6
5	3	3	10	2	3	1	3	3	6	5	3	3
3	6	2	6	6	5	2	6	2	9	3	2	2
3	5	9	2	2	2	3	4	3	6	5	3	3
5	3	2	3	2	5	2	6	2	3	2	3	3
6	5	2	1	3	5	6	5	6	6	3	4	6

풀이 1 함수 FREQUENCY를 이용한 방법

⓪ 먼저 성격 데이터를 엑셀 작업표의 한 열에 넣는다. (엑셀에서는 데이터를 여러 열들에 걸쳐서 넣어도 되지만, 우리는 다른 통계 소프트웨어와의 호환성을 높이기 위해 한 변수의 값들을 한 열에 넣을 것이다.)

① 계급 경계값들의 열을 만든다. 여기서는 C2:C11까지 1에서 10까지의 정수를 사용한다.

② D2에 다음과 같은 수식을 입력한다([도표 2.5.5] 참조):
=FREQUENCY(A2:A131, C2:C11)

도표 2.5.4 FREQUENCY 함수의 구문

함수	인수	인수의 뜻	돌려주는 값
FREQUENCY	data	데이터 배열	빈도들의 열(수식을 배열수식으로 입력해야 함)
	boundaries	계급경계값들의 열	

D2 | =FREQUENCY(A2:A131,C2:C11)

	A	B	C	D	E
1	personality		class	frequency	
2	2		1	4	
3	1		2		
4	2		3		
5	4		4		
6	2		5		
7	5		6		
8	3		7		
9	3		8		
10	5		9		
11	6		10		
12	3				

도표 2.5.5 계급경계값들과 수식입력

③ 빈도들이 계산될 영역을 선택한다. 여기서는 D2부터 D12까지 11개의 칸을 선택해야 한다. 그 다음에 F2를 눌러서 수식이 입력된 D2를 편집모드로 전환한다.

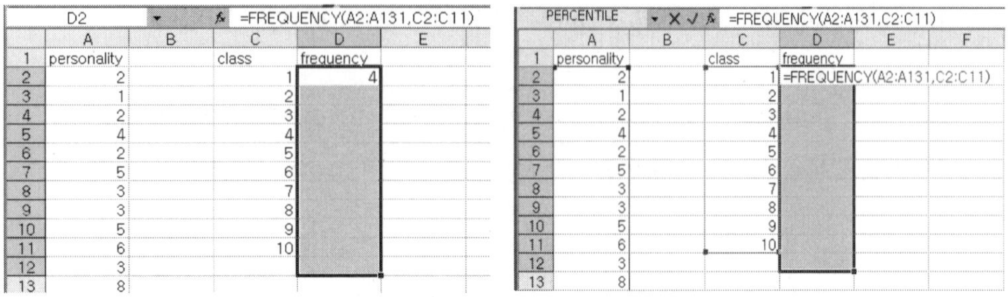

D2 | =FREQUENCY(A2:A131,C2:C11)

	A	B	C	D	E
1	personality		class	frequency	
2	2		1	4	
3	1		2		
4	2		3		
5	4		4		
6	2		5		
7	5		6		
8	3		7		
9	3		8		
10	5		9		
11	6		10		
12	3				
13	8				

PERCENTILE | =FREQUENCY(A2:A131,C2:C11)

	A	B	C	D	E	F
1	personality		class	frequency		
2	2		1	=FREQUENCY(A2:A131,C2:C11)		
3	1		2			
4	2		3			
5	4		4			
6	2		5			
7	5		6			
8	3		7			
9	3		8			
10	5		9			
11	6		10			
12	3					
13	8					

(1) 빈도영역 선택　　　　(2) 수식을 편집모드 전환하기

도표 2.5.6　빈도영역 선택과 편집모드 전환

④ Ctrl + Shift + Enter 글쇠들을 동시에 눌러서 이 수식을 배열수식으로 입력한다. 그러면 우리는 [도표 2.5.7-1]에서와 같은 빈도분포표를 보게 된다.

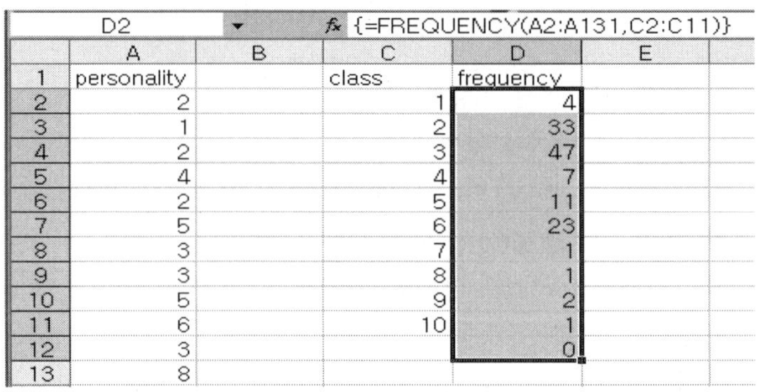

D2 | {=FREQUENCY(A2:A131,C2:C11)}

	A	B	C	D	E
1	personality		class	frequency	
2	2		1	4	
3	1		2	33	
4	2		3	47	
5	4		4	7	
6	2		5	11	
7	5		6	23	
8	3		7	1	
9	3		8	1	
10	5		9	2	
11	6		10	1	
12	3			0	
13	8				

도표 2.5.7-1　FREQUENCY 함수에 의한 빈도분포표

주의 이 빈도분포표에서 보는 바와 같이 함수 FREQUENCY는 계급 경계값들의 개수보다 빈도들을 한 개 더 돌려준다. 여기서 첫 번째 빈도(4)는 첫 번째 경계값(1) 이하인 빈도이고, 두 번째 빈도(33)는 첫 번째 경계값(1)보다 크고 두 번째 경계값(2) 이하인 빈도, …, 마지막 빈도(0)는 마지막 경계값(10)을 초과하는 빈도이다.

이 예의 데이터는 이산형이므로 우리는 다음과 같이 해석할 수 있다. 성격군 1의 빈도는 4, 성격군 2의 빈도는 33, …, 성격군 10의 빈도는 1.

풀이 2 함수 COUNTIF를 이용한 방법

① 계급 경계값들의 열을 만든다. 여기서는 C2:C11까지 1에서 10까지의 정수를 사용한다.

② D2에 다음과 같은 수식을 입력한다([도표 2.5.5] 참조).

=COUNTIF($A$2:$A$131, C2)

함수 COUNTIF에 대해서는 [도표 2.5.24]와 엑셀 도움말을 참고하기 바란다.

③ D2를 선택한 후 채우기 핸들(fill handle)로 D11까지 채운다. 그러면 우리는 [도표 2.5.7-2]의 D열과 같은 빈도분포표를 보게 된다.

	A	B	C	D	E	F	G
1	personality		value	frequency			
2	2		1	4	=COUNTIF($A$2:$A$131,C2)		
3	1		2	33			
4	2		3	47			
5	4		4	7			
6	2		5	11			
7	5		6	23			
8	3		7	1			
9	3		8	1			
10	5		9	2			
11	6		10	1			
12	3		Total=	130	=SUM(D2:D11)		

도표 2.5.7-2 COUNTIF 함수에 의한 빈도분포표

풀이 3 "데이터 분석" 도구를 이용한 방법

① [데이터] > [데이터 분석] > "통계데이터 분석" 대화상자에서 "히스토그램"을 선택하여 히스토그램 대화상자를 연다.

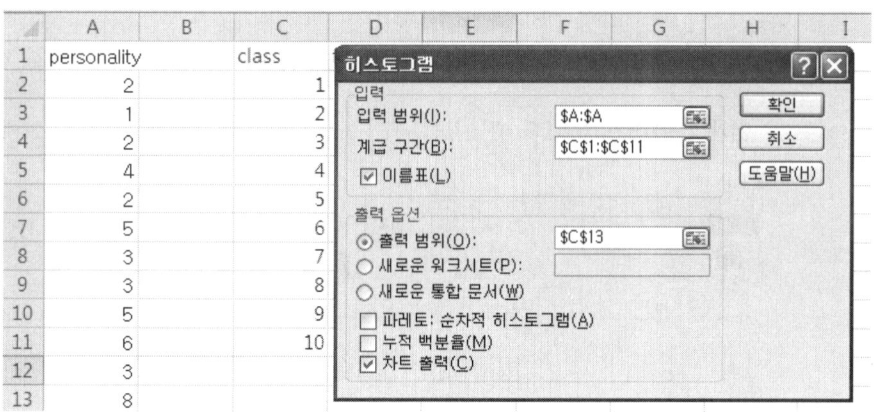

도표 2.5.8 [히스토그램] 대화상자

② "히스토그램" 대화상자에서 아래 항목들에 적절한 응답을 한다.

- "입력범위": 데이터의 범위. 여기서는 $A$1:$A$131.
- "계급구간": 계급구간들을 이루는 경계값들의 범위. 여기서는 $C$1:$C$11.
- "이름표": 계급구간의 범위에 이름이 제시되어 있는지 여부를 나타낸다. 여기서는 체크(√)를 한다.

- "출력범위": 적당한 위치를 선택한다. 여기서는 $C$13.
- "차트출력"에 체크: 막대그래프나 히스토그램을 그려준다.

그러면 다음과 같이 빈도분포표와 막대그래프가 전시된다. 우리는 이 빈도분포표가 [도표 2.5.7]과 동일하다는 것을 알 수 있다. 그런데 "히스토그램" 도구는 기본적으로 데이터를 양적 데이터로 간주하므로 "막대그래프"라는 제목 대신에 "히스토그램"이라는 제목을 붙여 준다. 따라서 우리는 제목을, 예컨대 "성격군에 대한 막대그래프"로 변경할 필요가 있다.

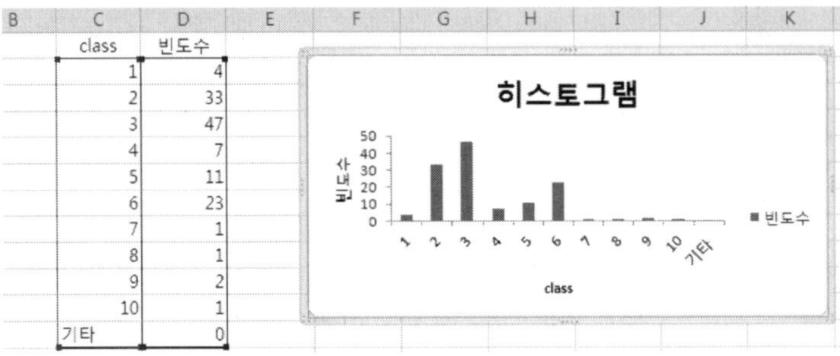

도표 2.5.9 [데이터분석] 도구에 의한 빈도분포표와 히스토그램

③ 이 그래프의 제목을 변경하고, 세로축 빈도수를 상대빈도로 바꾸고, 범례를 없애자.

단계 1 먼저 빈도수의 합을 구한 후 상대빈도를 구한다.

- C25에 =SUM(D14:D23)
- E14에 =D14/$C$25를 입력한 후 E25까지 자동 채우기를 한다.

단계 2 그래프를 선택 후 [차트도구] > [디자인] > [데이터선택]을 선택한다.

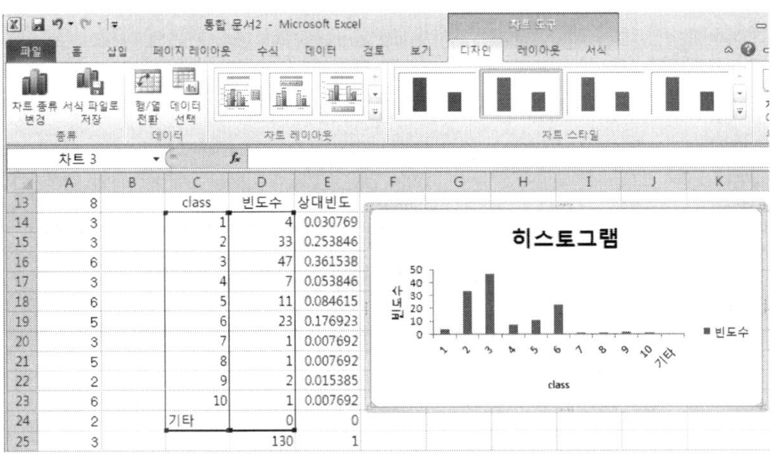

도표 2.5.10 상대빈도 생성과 차트도구 영역 메뉴

단계 3 "범례항목"에서 "편집"을 선택 후, 계열값을 E14:E23으로 고친다.

단계 4 막대를 선택한 뒤, 오른쪽 마우스에서 "데이터계열서식"을 선택한다. 선택 후, 계열옵션에서 간격너비를 0%로 고친다.

단계 5 그래프의 범례 선택 후, 삭제한다. ■

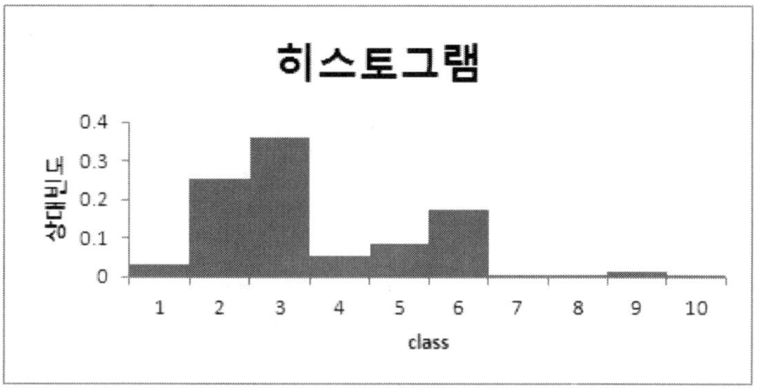

도표 2.5.11 완성된 히스토그램

2.5.3 일변량 양적 데이터에 대한 빈도분포표와 히스토그램 작성

(1) 빈도분포표와 히스토그램 작성

예 2.5.3 다음은 100 mL 들이 캔 음료수를 생산하는 공장에서 품질관리를 위해서 100개의 캔을 랜덤하게 뽑아서 용량을 측정한 데이터이다. (이 데이터는 작업표 'can'에 저장되어 있다.) 이 캔 데이터에 대해 빈도분포표와 히스토그램 그리고 빈도다각형을 작성해 보자.

103.7	99.6	98.0	101.4	99.7	99.4	102.6	100.5	97.4	101.6
97.2	98.7	99.7	98.1	99.4	100.9	99.4	101.4	100.3	98.8
99.2	101.5	102.4	100.9	99.7	100.2	101.2	100.8	102.2	100.5
101.8	100.9	98.2	100.0	101.8	99.6	100.0	101.6	98.9	97.2
99.7	99.0	101.5	99.9	99.4	100.4	101.8	99.9	98.4	100.0
100.5	101.3	100.3	100.8	96.8	99.1	98.7	101.2	96.1	100.5
98.1	100.2	100.1	101.5	100.1	100.0	99.7	101.4	98.8	99.4
101.7	100.2	99.3	98.6	99.9	98.8	97.5	102.9	99.9	102.4
100.7	101.5	100.8	97.7	98.9	101.1	99.5	100.1	99.7	101.0
95.5	99.7	99.0	98.8	101.0	100.8	101.8	101.1	101.4	100.0

풀이 1 "데이터 분석" 도구를 이용한 방법

양적 데이터에 대해 빈도분포표를 작성하고 이를 이용하여 히스토그램을 작성하는 작업은 "히스토그램" 도구를 이용하는 것이 편리하다. 데이터를 한 열에 넣고, [도구] > [데이터 분석] > "히스토그램"을 선택하여 "히스토그램" 대화상자를 연다.

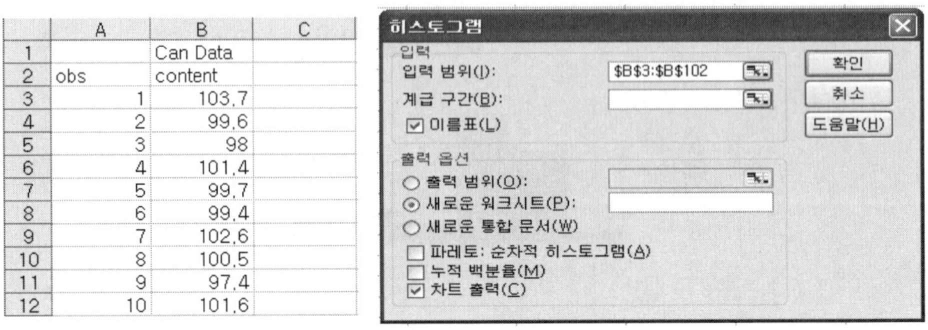

	A	B	C
1		Can Data	
2	obs	content	
3	1	103.7	
4	2	99.6	
5	3	98	
6	4	101.4	
7	5	99.7	
8	6	99.4	
9	7	102.6	
10	8	100.5	
11	9	97.4	
12	10	101.6	

도표 2.5.12 히스토그램 대화상자 열기

이때 위와 같이 "계급 구간"을 비워두면 아래와 같이 계급 경계값들이 눈에 거슬리게 제시된다.

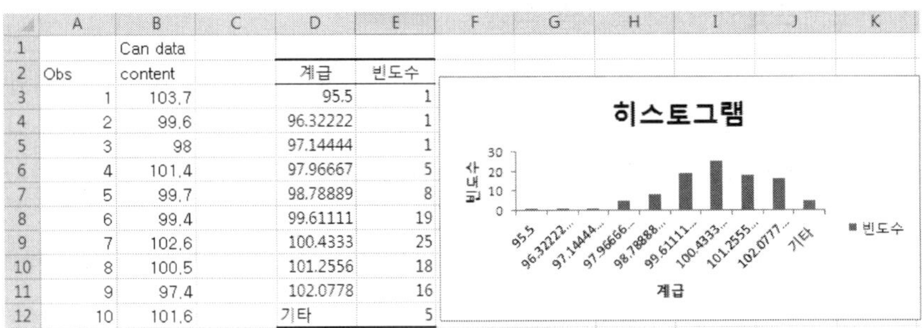

	A	B	C	D	E
1		Can data			
2	Obs	content		계급	빈도수
3	1	103.7		95.5	1
4	2	99.6		96.32222	1
5	3	98		97.14444	1
6	4	101.4		97.96667	5
7	5	99.7		98.78889	8
8	6	99.4		99.61111	19
9	7	102.6		100.4333	25
10	8	100.5		101.2556	18
11	9	97.4		102.0778	16
12	10	101.6		기타	5

도표 2.5.13 기본설정에 의한 빈도분포표와 히스토그램

따라서 미리 원하는 계급 경계값들을 작업표에 입력하고 그 범위를 "계급 구간"에 지정하는 것이 좋은 습관이다.

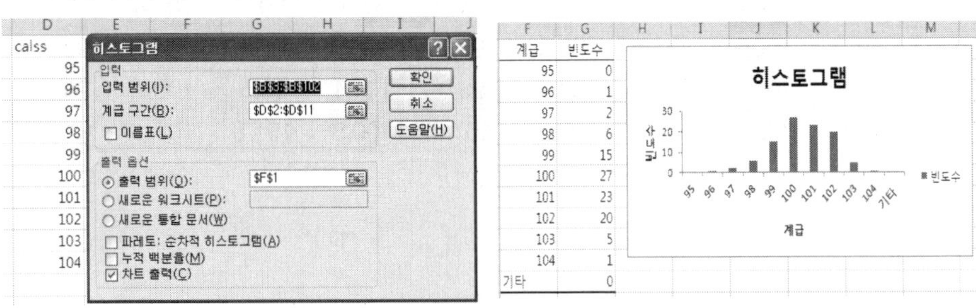

calss
95
96
97
98
99
100
101
102
103
104

계급	빈도수
95	0
96	1
97	2
98	6
99	15
100	27
101	23
102	20
103	5
104	1
기타	0

도표 2.5.14 사전에 정해진 계급 경계값들에 의한 빈도분포표와 히스토그램

막대를 선택한 뒤, 오른쪽 마우스에서 "데이터계열서식"을 선택한다. 선택 후, 계열옵션에서 간격너비를 0%로 고치고, 차트제목과 축제목을 적절히 수정한다. 그러면 우리는 [도표 2.5.15]와 같은 히스토그램을 얻는다.

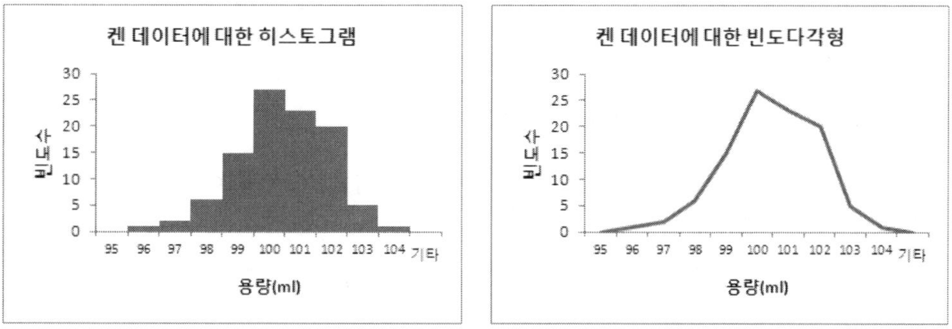

도표 2.5.15 최종 히스토그램과 빈도다각형

이제 히스토그램을 토대로 빈도다각형을 작성해 보자. 히스토그램을 선택한 뒤, [삽입]에서 "꺾은선형"을 선택하면 우리는 위와 같은 빈도다각형을 볼 수 있다.

주의 여기서 다시 한 번 엑셀이 계급구간에 값들을 할당하는 방법을 상기하자. [예 2.5.2]의 (풀이 1)에서도 언급했던 대로 [도표 2.5.14]에서 첫 번째 빈도(0)는 첫 번째 경계값(95) 이하인 빈도이고, 마지막 빈도(0)는 마지막 경계값(104)을 초과하는 빈도이며, 나머지 계급 경계값 옆에 전시된 빈도는 그 이전 경계값보다는 크고 그 경계값보다는 작거나 같은 값들의 빈도이다. 따라서 [도표 2.5.14]의 빈도분포표는 [도표 2.5.16]과 같이 표현될 수 있다. 이 표에서 (96, 97]은 "96보다는 크고 97보다는 같거나 작은" 실수 구간을 뜻한다.

	A	B	C	D	E
1	class	빈도수		class	빈도수
2	95	0		~95]	0
3	96	1		(95,96]	1
4	97	2		(96,97]	2
5	98	6		(97,98]	6
6	99	15	=>	(98,99]	15
7	100	27		(99,100]	27
8	101	23		(100,101]	23
9	102	20		(101,102]	20
10	103	5		(102,103]	5
11	104	1		(103,104]	1
12	기타	0		(104~	0
13					

도표 2.5.16 엑셀 빈도분포표의 의미

앞에서 살펴본 대로 엑셀에서는 빈도분포표나 이를 토대로 작성된 히스토그램에서 계급 경계점들과 일치하는 데이터 값들은 그 경계점들의 왼쪽에 있는 계급들에 할당된다. 그런데 대부분의 통계 소프트웨어들(Minitab, SAS, SPSS 등)에서는 이와는 달리 계급 경계점들과 일치하는 데이터 값들은 그 경계점들의 오른쪽에 있는 계급들에 할당된다.

따라서 우리는 이런 차이점을 알고 대처할 필요가 있다. ■

| 과제 2.5.3 | [도표 2.5.15]의 히스토그램과 빈도다각형의 세로축을 밀도로 변경하라.

| 과제 2.5.4 | 캔 데이터에 대한 누적상대빈도다각형(오자이브)를 작성하라. [도움말] "데이터 분석 도구"를 이용하는 것도 한 가지 방법일 것임.

(2) 함수 COUNTIF를 이용한 방법

① 계급 경계값들의 열을 만든다. 여기서는 D3:D13까지 95에서 104까지의 정수를 사용한다.

② E4에 다음과 같은 수식을 입력한다([도표 2.5.20] 참조).

=COUNTIF($B$3:$B$102,"<="&D4) − COUNTIF($B$3:$B$102,"<="&D3)

함수 COUNTIF에 대해서는 [도표 2.5.24]와 엑셀 도움말을 참고하기 바란다.

③ E4 선택한 후 채우기 핸들(fill handle)로 E12까지 채운다. E3와 E13에 대해서는 [도표 2.5.17]의 F열에서 보는 바와 같이 각각 95 이하 빈도와 104 초과 빈도를 구하기 위한 수식을 써넣는다. 그러면 우리는 [도표 2.5.17]의 D열과 같은 빈도분포표를 보게 된다.

	A	B	C	D	E	F	G	H	I
1		Can data							
2	Obs	content		class	frquency				
3	1	103.7		95	0	=COUNTIF($B$3:$B$102,"<="&D3)			
4	2	99.6		96	1	=COUNTIF($B$3:$B$102,"<="&D4) - COUNTIF($B$3:$B$102,"<="&D3)			
5	3	98		97	2				
6	4	101.4		98	6				
7	5	99.7		99	15				
8	6	99.4		100	27				
9	7	102.6		101	23				
10	8	100.5		102	20				
11	9	97.4		103	5				
12	10	101.6		104	1	=COUNTIF($B$3:$B$102,"<="&D12) - COUNTIF($B$3:$B$102,"<="&D11)			
13	11	97.2			0	=COUNTIF($B$3:$B$102,">"&D12)			
14	12	98.7		Total=	100				
15	13	99.7							

도표 2.5.17 COUNTIF 함수에 의한 계급별 빈도분포표: 캔 데이터

(3) 함수 FREQUENCY를 이용한 방법

① 계급 경계값들의 열을 만든다. 여기서는 F27:F36까지 95에서 104까지의 정수를 사용한다.

② G27에 다음과 같은 수식을 입력한다([도표 2.5.18] 참조):

=FREQUENCY($B$3:$B$102,F27:F36)

그리고 이 수식을 [도표 2.5.18]에서와 같이 배열수식으로 입력한다. (함수 FREQUENCY와 배열수식 입력에 대해서는 [예 2.5.2]를 참조하라.)

ODD =FREQUENCY(B3:B102,F27:F36)

	E	F	G	H	I
26		class	Frequency		
27		95	=FREQUENCY(B3:B102,F27:F36)		
28		96			
29		97			
30		98			
31		99			
32		100			
33		101			
34		102			
35		103			
36		104			
37					
38					

도표 2.5.18 FREQUENCY 함수를 배열수식으로 입력하는 과정

그러면 우리는 [도표 2.5.19]와 같은 빈도분포표를 보게 된다.

G27 {=FREQUENCY(B3:B102,F27:F36)}

	E	F	G	H	I
26		class	Frequency		
27		95	0		
28		96	1		
29		97	2		
30		98	6		
31		99	15		
32		100	27		
33		101	23		
34		102	20		
35		103	5		
36		104	1		
37			0		
38					

도표 2.5.19 함수 FREQUENCY에 의한 빈도분포표: 캔 데이터

2.5.4 일변량 양적 데이터에 대한 기술통계 구하기

우리는 [데이터 분석] 애드인의 [기술통계법] 도구를 이용하거나 엑셀함수들을 이용하여 기술통계들을 구할 수 있다. 자주 사용되는 일변량 통계함수들의 목록은 [도표 2.5.24]에 제시되어 있다.

예 2.5.4 [예 2.5.3]에서 다룬 캔 데이터를 다시 고려하자. 이 데이터에 대한 여러 기술통계들을 구하라.

풀이 1 먼저 엑셀 애드인인 "데이터 분석" 도구를 이용하여 기술통계들을 구해 보자. [도구] > [데이터 분석] > "통계 데이터 분석" 대화상자에서 "기술 통계법"을 선택하여 [도표 2.5.20]과 같은 "기술 통계법" 대화상자를 연다.

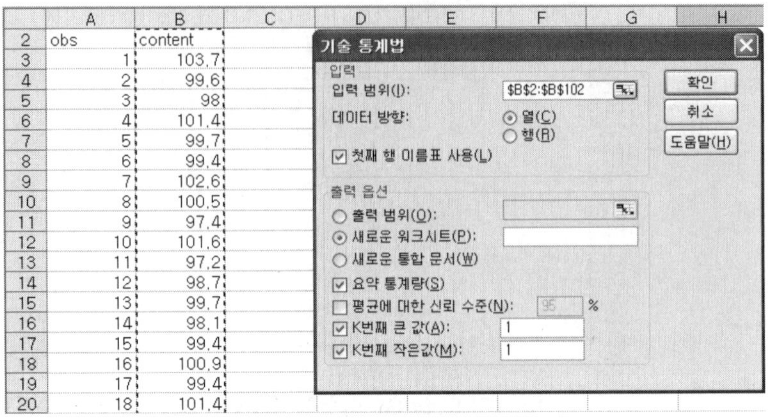

도표 2.5.20 "기술 통계법" 대화상자

"기술 통계법" 대화상자에서 다음 항목들에 적절히 대응을 한다.

① 입력 범위: content가 들어 있는 범위. 여기서는 $B$2:$B$102를 지정한다.

② 출력 옵션

- 출력 위치를 적절하게 선택한다. 여기서는 "새로운 워크시트"를 지정한다.
- 출력물들로 "요약 통계량"과 "K번째 큰 값, 작은 값"을 선택한다.

그러면 우리는 [도표 2.5.21]과 같은 결과를 얻는다. 여기서 표준편차와 분산은 각각 표본표준편차와 표본분산이다. 그리고 표준오차는 표본평균의 표집분포의 표준편차로서 $s/\sqrt{n}$ 으로 계산된다(7장 참조).

	A	B
1	content	
2		
3	평균	100.023
4	표준 오차	0.147756659
5	중앙값	100
6	최빈값	99.7
7	표준 편차	1.477566591
8	분산	2.18320303
9	첨도	0.478723873
10	왜도	-0.426576841
11	범위	8.2
12	최소값	95.5
13	최대값	103.7
14	합	10002.3
15	관측수	100
16		

도표 2.5.21 기술통계

풀이 2 이번에는 엑셀 함수를 이용하여 캔 데이터에 대한 기술통계들을 구해 보자. [도표 2.5.22]는 [데이터 분석] 도구의 기술통계에 대응되는 엑셀 수식들이다. 함수의 인수들 앞에 나오는 Can!는 작업표 이름을 가리킨다. ■

	A	B	C	D	E	F	G	H
1		content						
2								
3	평균	100.023	=AVERAGE(Can!$B$3:$B$102)					
4	표준 오차	0.147756659	=STDEV(Can!$B$3:$B$102)/SQRT(COUNT(Can!$B$3:$B$102))					
5	중앙값	100	=MEDIAN(Can!$B$3:$B$102)			=QUARTILE(Can!$B$3:$B$102,2)		
6	최빈값	99.7	=MODE(Can!$B$3:$B$102)					
7	표준 편차	1.477566591	=STDEV(Can!$B$3:$B$102)					
8	분산	2.18320303	=VAR(Can!$B$3:$B$102)					
9	첨도	0.478723873	=KURT(Can!$B$3:$B$102)					
10	왜도	-0.426576841	=SKEW(Can!$B$3:$B$102)					
11	범위	8.2	=MAX(Can!$B$3:$B$102) - MIN(Can!$B$3:$B$102)					
12	최소값	95.5	=MIN(Can!$B$3:$B$102)			=QUARTILE(Can!$B$3:$B$102,0)		
13	최대값	103.7	=MAX(Can!$B$3:$B$102)			=QUARTILE(Can!$B$3:$B$102,4)		
14	합	10002.3	=SUM(Can!$B$3:$B$102)					
15	관측수	100	=COUNT(Can!$B$3:$B$102)					
16								

도표 2.5.22 함수를 이용한 몇몇 기술통계

예 2.5.5 [예 2.1.4]에서 소개된 간장 데이터에 대한 제25 백분위수(즉 0.25 분위수)를 구해 보자. (간장 데이터는 작업표 'stemlength'에 저장되어 있다.)

풀이 우리는 [도표 2.5.23]에서 보는 바와 같이 엑셀에서 백분위수를 구하는 방법이 2.2.1절에서 소개한 바와 같이 방법 E임을 알 수 있다([예 2.2.5] 참조). P25에서와 같이 첨자를 사용하는 것에 대해서는 "13장 엑셀 실습"을 참고하기 바란다. ■

	A	B	C	D	E
1	stemlength				
2	74				
3	77		방법 E에 의한 P_{25} =	92.5	=PERCENTILE(A1:A41, 0.25)
4	80				=QUARTILE(A1:A41,1)
5	82				
6	84				

도표 2.5.23 함수를 이용한 제25백분위수(0.25 분위수) 계산

도표 2.5.24 일변량 통계함수들

함수	인수	인수의 뜻	돌려주는 값
AVERAGE	num1,...	숫자 또는 이들의 배열이나 참조	인수들의 평균, $\bar{x}$
GEOMEAN	num1,...	숫자 또는 이들의 배열이나 참조	인수들의 기하평균, $\bar{x}_G$
HARMEAN	num1,...	숫자 또는 이들의 배열이나 참조	인수들의 조화평균, $\bar{x}_H$
TRIMMEAN	array	데이터의 배열이나 범위나 참조	데이터의 양쪽 끝에서 각각 per/2를 제외한 나머지 데이터의 절단평균, $\bar{x}_{T(\mathrm{per}/2)}$
	per	제외시킬 비율(0과 1 사이의 값)	
MEDIAN	num1,...	숫자 또는 이들의 배열이나 참조	인수들의 중위수, $\tilde{x}$
MODE	num1,...	숫자 또는 이들의 배열이나 참조	인수들의 최빈수, $\check{x}$
AVEDEV	num1,...	숫자 또는 이들의 배열이나 참조	인수들의 평균편차, $MD(\bar{x})$
STDEV	num1,...	숫자 또는 이들의 배열이나 참조	인수들의 표본표준편차, s
STEDVP	num1,...	숫자 또는 이들의 배열이나 참조	인수들의 (모)표준편차, s'
VAR	num1,...	숫자 또는 이들의 배열이나 참조	인수들의 표본분산, s^2

도표 2.5.24 일변량 통계함수들(계속)

함수	인수	인수의 뜻	돌려주는 값
VARP	num1,...	숫자 또는 이들의 배열이나 참조	인수들의 (모)분산, s'^2
KURT	num1,...	숫자 또는 이들의 배열이나 참조	인수들의 적률(초과)첨도, $\hat{\alpha}_4$
SKEW	num1,...	숫자 또는 이들의 배열이나 참조	인수들의 적률왜도, $\hat{\alpha}_3$
STANDARDIZE	x	데이터 값	표준점수. 2.2.5절의 (3) 참조
	mean	평균	
	sd	표준편차	
FREQUENCY	data	데이터 배열	빈도들의 열(수식을 배열수식으로 입력해야 함). 2.5.2절과 6.4.3절 참조.
	boundaries	계급경계값들의 열	
MAX	num1,...	숫자, 빈칸, 논리값이나 숫자로 표시되는 텍스트, 또는 이들의 배열이나 참조	인수들의 최대치
MIN	num1,...	숫자 또는 이들의 배열이나 참조	인수들의 최소치
LARGE	array	데이터의 배열이나 범위	k번째 큰 값
	k	순위(1~n)	
SMALL	array	데이터의 배열이나 범위	k번째 작은 값
	k	순위(1~n)	
COUNT	val1,...	여러 데이터 형식을 나타내는 값들, 또는 이들의 배열이나 참조	인수들 가운데 숫자들의 개수
COUNTA	val1,...	칸들 또는 값들	공백이 아닌 칸들이나 값들의 개수
COUNTBLANK	range	데이터의 범위	비어있는 칸들의 개수
COUNTIF	range	조건을 검사할 범위	조건에 맞는 칸들의 수. 2.5.2절 참조
	criteria	숫자, 수식, 텍스트 형식의 조건*	
RANK	x	데이터 값	x의 순위, $r(x)$
	ref	데이터의 배열이나 범위	
	order	순위 결정 방법(0: 내림차, 기본설정; 그 밖의 숫자: 오름차)	
PERCENTRANK	array	데이터의 배열이나 범위	x의 분위, $pr(x) = \dfrac{r(x)-1}{n-1}$
	x	데이터 값	
	sig	유효자릿수(≥1). 기본은 세 자리.	
PERCENTILE	array	데이터의 배열이나 범위	p 분위수, $f_p = x_{((n-1)p+1)}$
	p	분위수의 위치(0~1사이의 실수)	
QUARTILE	array	데이터의 배열이나 범위	q번째 사분위수, Q_q (0: $x_{(1)}$, 1: Q_1, 2: Q_2, 3: Q_3, 4: $x_{(n)}$)
	q	사분위수의 위치(0,1,2,3,4)	

[*] 수식이나 텍스트는 겹 따옴표로 둘러싸서 나타낸다. 텍스트에서 와일드카드 문자 *(여러 글자)와 ?(한 글자)를 사용할 수 있다.

연습문제 2장

1 다음은 세 도시의 가구당 월평균 소득을 누적백분율 다각형(오자이브)으로 나타낸 것이다.

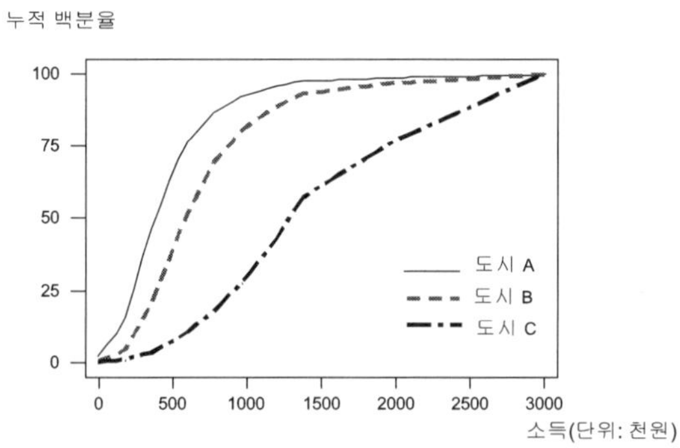

(1) 각 도시의 중위수를 비교하라.

(2) 각 도시에서 소득이 1000인 가구의 백분위를 그래프에 표시하라.

(3) 세 도시의 평균소득을 비교하라.

(4) 세 도시의 소득분포의 밀도곡선을 스케치하라.

2 다음은 한 체조대회에서 한 선수의 공연에 대해 심판들이 매긴 점수들(−2점에서 +2점)에 대한 층계함수–오자이브(누적상대빈도 다각형)이다.

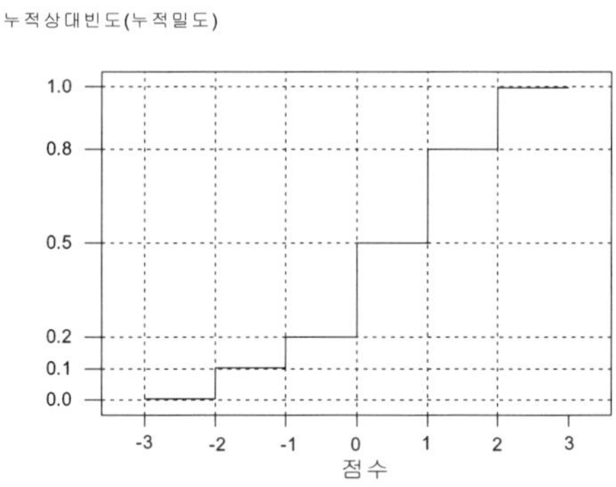

(1) 이 선수가 받은 점수들의 상대빈도들을 구하라.

점수	
상대빈도	

(2) 이 선수가 받은 점수들의 평균을 계산하라.

(3) 이 선수가 받은 점수들의 평균을 그래프에 면적으로 나타내어라.

3 다음 표는 한 통계학 수강반 학생들의 한 달 용돈(x)을 조사한 결과이다. 이들의 한 달 용돈액수의 평균 $\bar{x}$, 중위수 $\tilde{x}$, 최빈수 $\check{x}$, 표준편차 s'를 구하라.

용돈액수(단위: 만 원), x_i	백분율(%), $100p_i$
10	10
15	20
20	30
25	20
30	20
합계	100

4 토끼의 체중은 평균이 10 ㎏이고 표준편차가 3 ㎏인 정규분포를 따른다. 그리고 양의 체중은 평균이 40 ㎏이고 표준편차가 10 ㎏인 정규분포를 따른다.

(1) 토끼의 체중과 양의 체중 가운데 어느 쪽의 산포가 더 크다고 할 수 있는지 밝혀라. [도움말: 변동계수(coefficient of variation, CV)를 비교하라.]

(2) 어떤 농부가 키운 토끼 한 마리의 체중은 13 ㎏이고 양 한 마리의 체중은 47 ㎏이다. 이 토끼와 양 중 어느 쪽이 자기 집단에서 상대적으로 더 무겁다고 말할 수 있는가? (도움말: 각 체중이 자기 집단에서 평균으로부터 몇 배의 표준편차만큼 떨어져 있는지(즉 표준점수)를 비교하라.)

5 다음은 한국 농가와 미국 농가에서 얻은 벼의 간장 데이터에 대한 요약통계량들이다(표본크기는 각각 400). 한국 농가와 미국 농가 중 어느 쪽이 벼의 간장 데이터의 산포가 더 크다고 할 수 있는가?

- 한국 농가(단위 cm): 평균=100, 표준편차=20
- 미국 농가(단위 인치): 평균=40, 표준편차=10

6 한 궁사가 화살을 쏠 때 알과녁에 맞으면 1로, 빗맞으면 0으로 기록하였다. 다음은 이 궁사가 무수히 화살을 쏜 기록을 상대빈도분포표로 정리한 것이다. 이 표로부터 이 궁사의 명중

률이 p임을 알 수 있다.

값	상대빈도
1(맞음)	p
0(빗맞음)	$1-p$
합계	1

(1) 이 데이터의 평균과 분산을 구하라.

(2) 이 궁사가 지금 활을 한 번 쏘려하고 있다. 그가 받을 점수는 랜덤변수(확률변수, random variable)이다. 그 이유를 설명하라.

7 다음 밀도곡선과 분포곡선에 평균, 중위수, 최빈수를 나타내어라.

(1) 오른쪽으로 꼬리를 뻗은 분포

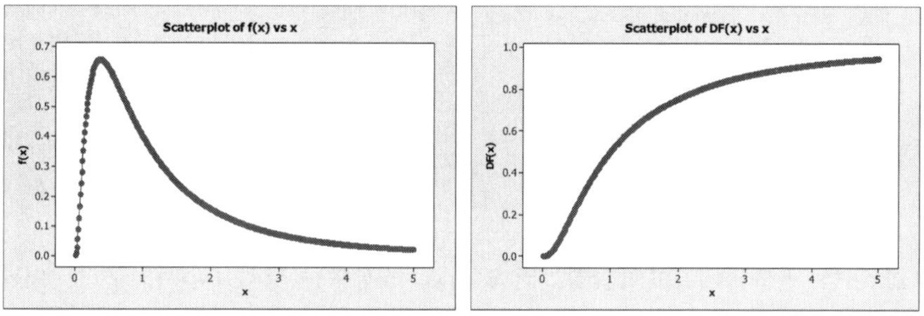

(2) 대칭인 분포

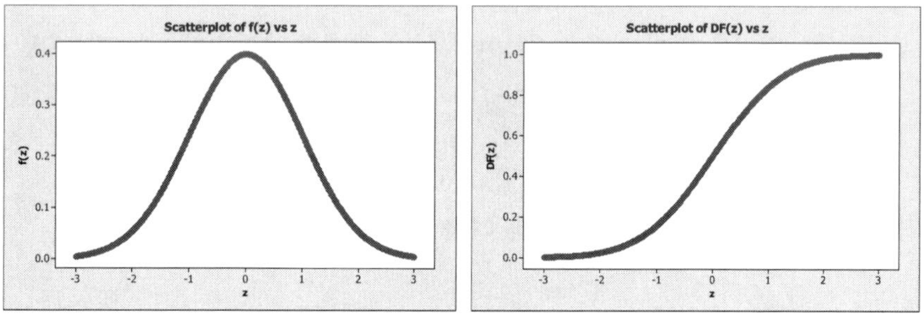

8 다음은 알팔파의 수율데이터에 대한 줄기그림이다. 제25, 50, 75 백분위수들을 구하라.

```
Stem-and-leaf of Yield  N  = 24
Leaf Unit = 0.010

 3   23  778
 4   24  9
```

```
5    25  9
7    26  24
8    27  5
8    28
10   29  39
(3)  30  469
11   31  179
8    32  023567
2    33  1
1    34  0
```

9 다음은 통계학 수강학생 중 랜덤하게 뽑힌 10명의 신상기록이다.

번호	성별	가족수	키	몸무게	운동량	학년
1	1	4	175	70	2	1
2	2	3	161	51	1	1
3	2	5	166	56	2	1
4	1	3	164	61	2	2
5	2	2	159	59	2	2
6	1	4	181	75	3	1
7	1	4	161	54	2	4
8	2	6	156	51	1	3
9	1	2	169	66	2	1
10	1	4	176	70	3	1

변수설명
번호 (학생들의 식별번호)
성별 (1: 남, 2: 여)
가족수 (가족구성원 명수)
키 (단위 cm)
몸무게 (단위 Kg)
운동량
(1: 적음, 2: 보통, 3: 많음)
학년 (재학 학년)

(1) 다음 변수들의 형(이산형, 연속형)과 측정수준(명목, 순서, 구간, 비)을 밝혀라.
① 성별(　　　)　　　② 가족수(　　　)
③ 키(　　　)　　　④ 운동량(　　　)

(2) 표준 몸무게(단위 Kg)를 산정하는 한 가지 방법은, 자기 키(단위 cm)에서 100을 뺀 값에 0.9를 곱하는 것이다. 이번 학기 통계학 수강학생들의 키는 평균이 165 cm, 표준편차가 10 cm로 나타났다. 이 학생들의 표준 몸무게의 평균과 표준편차를 구하라.

10 다음은 한 소득 빈도분포표와 그에 대한 히스토그램이다. (단위: 천만원)

소득	상대빈도
1	0.1
2	0.5
3	0.3
4	0
5	0.1

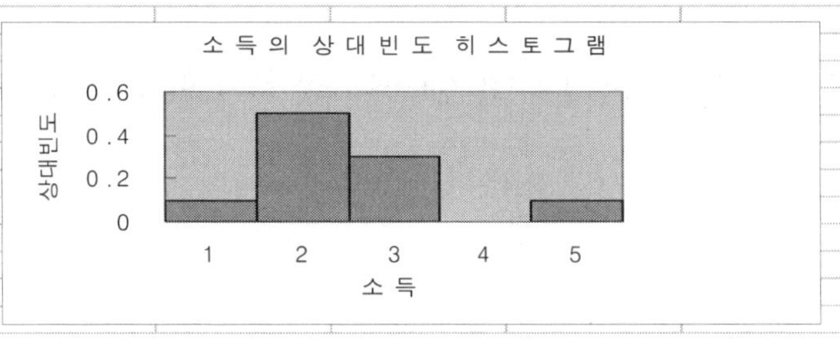

(1) 다음을 구하라.

① 소득의 평균

② 소득의 중위수

③ 소득의 최빈수

(2) 소득의 변동계수를 구하고, 변동계수를 사용하는 용도를 아는 대로 설명하라.

11 어떤 어촌 마을의 작년 소득을 조사해 보니 평균이 5,000만 원, 표준편차가 1,000만 원이었다. 이 마을의 올해 소득은 작년에 비해 모든 어가에서 10%씩 감소하였다. 정부에서는 이 마을의 모든 어가에 보조금으로 1,000만 원씩을 지급하기로 하였다.

(1) 이 마을의 올해 소득의 평균을 구하라.

(2) 이 마을의 올해 소득의 표준편차를 구하라.

12 전염병 조사 연구 중 40명의 기증자들의 모유에서 다음과 같은 개수의 유기염색체를 얻었다. 측정된 자료는 가장 낮은 것부터 높은 순서로 배열하였다. (이 모유 데이터는 작업표 'mothermilk'에 저장되어 있다.)

27	43	52	53	53	53	61	63	63	65
68	70	72	75	93	95	96	97	101	105
110	115	115	115	115	126	127	134	145	152
153	182	190	197	197	282	322	322	342	521

(1) 줄기그림(stem plot)을 그려라. (단, 줄기폭: 100, 잎의 단위: 10)

(2) 방법 M을 사용하여 사분위수들 Q_1, Q_2, Q_3을 구하고, 사분위수범위(IQR)를 구하라.

(3) 아래 축척을 이용하여 상자그림을 그리고, 이 데이터의 분포를 해석하라.

```
---+---+---+---+---+---+---+---+---+---+---+---+---+---+---+---+---+---+---
 -300 -250 -200 -150 -100 -50  0   50  100 150 200 250 300 350 400 450 500 550
```

13 다음은 McGlanery와 Harban(1963)가 모세관 유량계로 190℃에서 측정한 세 종류 고분자 용액의 점도(viscosity) 데이터이다. 줄기그림과 상자그림 전시를 이용하여 이 각 점도 데이터들의 분포를 비교하라. (단, A와 B는 모두 줄기폭이 0.01, 잎의 단위가 0.001이 되도록 작성하고, C는 줄기폭이 0.1, 잎의 단위가 0.01이 되도록 작성하라.) (이 점도 데이터는 작업표 'viscous'에 저장되어 있다.)

번호	A	B	C
1	0.384	0.661	3.54
2	0.376	0.671	3.66
3	0.376	0.688	3.42
4	0.371	0.644	4.10
5	0.385	0.668	4.09
6	0.377	0.648	3.77
7	0.365	0.706	4.17
8	0.384	0.715	3.91
9	0.365	0.647	4.61
10	0.384	0.682	3.87
11	0.378	0.692	
12		0.729	

14 벼 10,000개체의 줄기길이를 재었더니 평균이 64 cm이고 표준편차가 3 cm였다.

(1) 이 벼 10,000개체 가운데 줄기길이가 58 cm에서 70 cm에 속하는 벼 개체는 적어도 몇 %인지 밝혀라. [도움말: 체비셰프의 법칙(부등식)을 상기하라.]

(2) 이 벼 10,000개체의 분포를 조사해 보니 근사적으로 정규분포를 따르는 것으로 밝혀졌다. 줄기길이가 61 cm와 67 cm 사이에 있는 개체들의 비율을 구하라. [도움말: 68.3−95.4−99.7% 규칙]

15 다음은 조선시대 왕 27명의 수명자료이다.

73 62 45 53 38 16 51 28 37 30 56 30 33 56
66 54 40 33 59 36 82 48 44 22 32 67 52

(1) 줄기그림을 그려라.

(2) 방법 M을 사용하여 30백분위수를 구하라.

(3) 30% 절단평균을 구하라.

(4) 방법 M을 사용하여 다섯숫자요약을 하라.

(5) 위의 자료에 외딴점들(outliers)이 있는가?

03

다변량 데이터 탐색

3.1 도표에 의한 다변량 데이터 탐색

이제 다변량 데이터를 탐색해 보자. 먼저 도표에 의해 분포의 전체적인 모양과 변수 간의 관련성을 살펴보자.

3.1.1 질적 데이터

(1) 빈도분포표

우리는 두 개의 질적 변수들을 측정한 데이터를 이변량(또는 이원) 빈도분포표(bivariate, or two-way, frequency table)로 정리하여 변수 간의 관련성을 파악할 수 있다. 이변량 빈도분포표는 교차표(cross tabulation)라고도 한다.

예 3.1.1(a) 다음은 미국에 거주하는 1,507명을 랜덤하게 뽑아서 사형제도에 대한 찬성여부를 측정한 데이터이다.

{(1, 2), (2, 2), (1, 1), (1, 3), (2, 2), (2, 1), ...}

여기서 ( ) 안의 두 값은 각각 인종(1-백인, 2-유색인)과 사형제도에 대한 찬성여부(1-찬성, 2-반대, 3-모름)를 나타낸다.
이 사형제도 데이터에서 백인과 유색인의 사형제도 찬성여부에 대한 교차표는 [도표 3.1.1(a)]와 같이 주어진다. 이 표에서 보듯이 백인과 유색인의 사형제도 찬성률 분포에는 상당한 차이가 관찰된다. ■

도표 3.1.1(a) 사형제도에 대한 인종별 의견: 교차표(괄호 안은 행 백분율이다.)

찬성여부	찬성(1)	반대(2)	모름(3)	전체
백인(1)	947(75.16%)	244(19.37%)	69(5.48%)	1260(100%)
유색인(2)	131(53.04%)	92(37.25%)	24(9.72%)	247(100%)
전체	1078	336	93	1507

질적 변수들이 세 개 이상일 때 우리는 교차표로 정리할 두 개의 변수들을 제외한 나머지 변수들을 통제변수들(control variables, 조절 변수들)로 삼아서 이들의 각 수준별로 교차표를 작성할 수 있다. 또는 여러 개의 교차표들을 압축된 형태인 "그루터기와 깃발 표"(stub-and-banner table, 줄여서 banners)로 나타낼 수 있다.

예 3.1.1(b) [도표 3.1.1(b)]는 통제변수인 state의 두 수준인 New York과 Nebraska 각각에 대해 Gender와 Soda 간의 교차표를 전시하고 있다. 여기서 Gender는 성별을, Soda는 탄

산수의 두 가지 상표 A와 B 중 선호하는 탄산수 상표를 나타낸다. 우리는 State에 따라 성별과 선호하는 탄산수 간의 관계가 크게 다름을 알 수 있다. 즉 뉴욕 주에서 남성은 상표 B를, 여성은 상표 A를 조금 더 선호한다. 반면, 네브라스카 주에서 남성은 상표 B를, 여성은 상표 A를 조금 훨씬 더 선호한다.

도표 3.1.1(b) 통제 변수의 수준별 교차표

	GENDER	SODA	STATE
case 1	MALE	A	NEBRASKA
case 2	FEMALE	B	NEW YORK
case 3	FEMALE	B	NEBRASKA
case 4	FEMALE	A	NEBRASKA
case 5	MALE	B	NEW YORK
...	...	...	...

	STATE: NEW YORK			STATE: NEBRASKA		
	SODA: A	SODA: B		SODA: A	SODA: B	
G:MALE	20	30	50	5	45	50
G:FEMALE	30	20	50	45	5	50
	50	50	100	50	50	100

예 3.1.1(c) [도표 3.1.1(c)]는 Football을 깃발로 Baseball, Tennis, Boxing을 그루터기로 사용한 그루터기와 깃발표를 전시하고 있다. 여기서 ALWAYS와 USUALLY는 각각의 경기를 관전하는데 "항상 흥미를 가진다"와 "대개 흥미를 가진다"를 나타낸다. 여기서 값들은 행 백분율들이다. 예컨대, 야구경기 관전에 항상 흥미를 가지는 사람들 중 92.31%는 항상 미식축구경기 관전에 흥미를 가진다. 또 야구경기 관전에 대개 흥미를 가지는 사람들 중 61.54%는 항상 미식축구경기 관전에 흥미를 가진다. 그런데 테니스의 경우에는 이 두 부류에 차이가 없고, 복싱의 경우에는 이 두 부류가 반대의 경향을 보이고 있다.

도표 3.1.1(c) 그루터기와 깃발표

STATISTICA BASIC STATS	Stub-and-Banner Table: Row Percent		
Factor	FOOTBALL ALWAYS	FOOTBALL USUALLY	Row Total
BASEBALL: ALWAYS	92.31	7.69	66.67
BASEBALL: USUALLY	61.54	38.46	33.33
BASEBALL: Total	82.05	17.95	100.00
TENNIS: ALWAYS	87.50	12.50	66.67
TENNIS: USUALLY	87.50	12.50	33.33
TENNIS: Total	87.50	12.50	100.00
BOXING: ALWAYS	77.78	22.22	52.94
BOXING: USUALLY	100.00	0.00	47.06
BOXING : Total	88.24	11.76	100.00

(2) 막대그래프

우리는 두 개의 질적 변수들에 대해 통제된 막대그래프나 통제된 분할막대그래프 또는 모자이크 플롯을 작성하여 두 변수 간의 관계를 살펴볼 수 있다.

- 통제된 (집단별) 막대그래프란 한 변수를 통제변수로 삼아서 이 변수의 각 수준별로 작성된 막대그래프를 말한다.

• 분할막대그래프(segmented bar graph)란 "상대빈도" 막대그래프에서 막대를 수직 또는 수평으로 잇대어 놓은 막대그래프의 변형이다.
• 모자이크 플롯(Mosaic plot)이란 두 개의 질적 변수의 빈도나 백분율을 동시에 표현한 이변량 막대그래프이다.

우리는 또 두 개의 질적 변수들을 삼차원 막대그래프로 나타낼 수도 있다.

예 3.1.2 [예 3.1.1]의 사형제도 찬성여부 데이터에 대해 인종별 막대그래프, 인종별 분할막대그래프, 모자이크 플롯, 그리고 삼차원 막대그래프는 [도표 3.1.2]와 같이 작성될 수 있다. 이들은 사형제도에 대한 의견의 분포가 인종별로 차이가 있음을 뚜렷이 드러낸다. ■

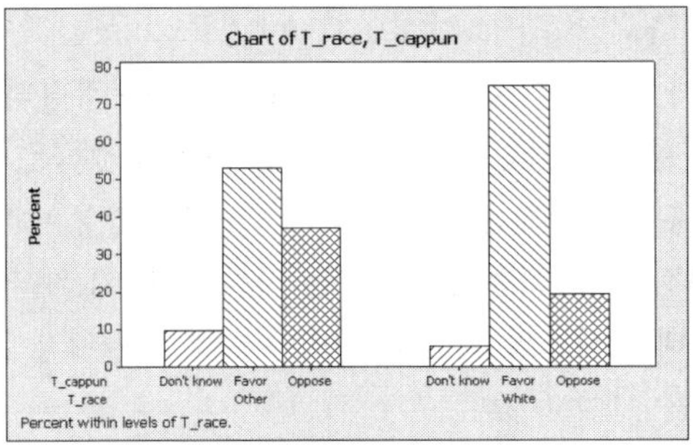

(1) 인종별 막대그래프

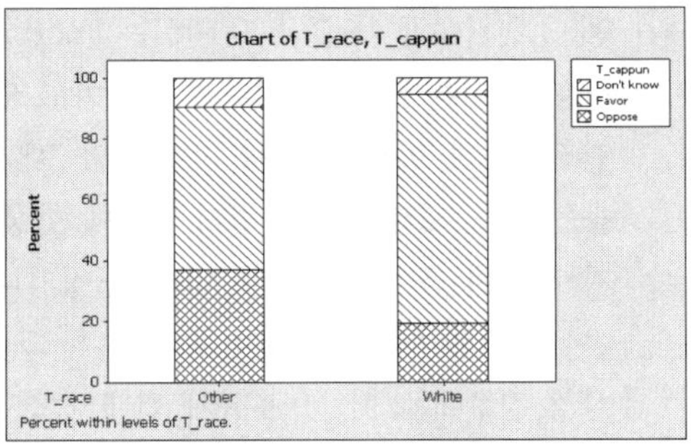

(2) 인종별 분할막대그래프

도표 3.1.2(a) 사형제도에 대한 인종별 의견

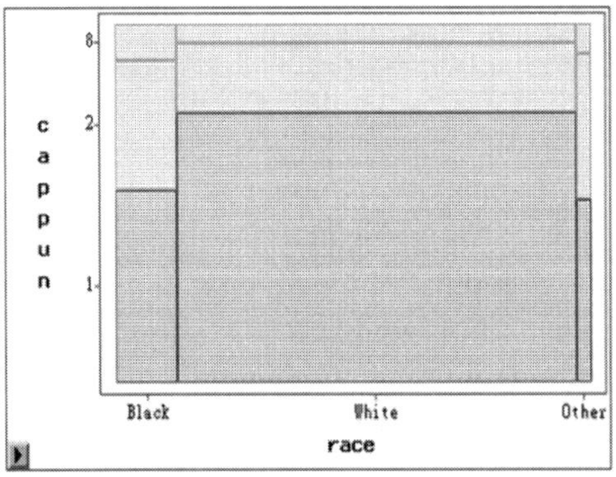

(1) 모자이크 플롯: 인종 관점

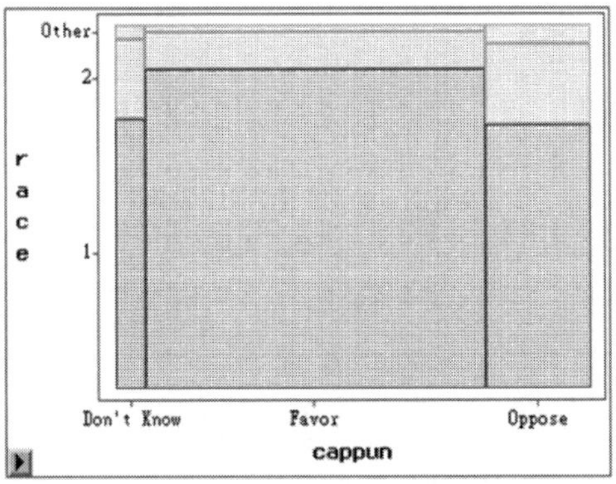

(2) 모자이크 플롯: 의견 관점

도표 3.1.2(b) 사형제도에 대한 인종별 의견

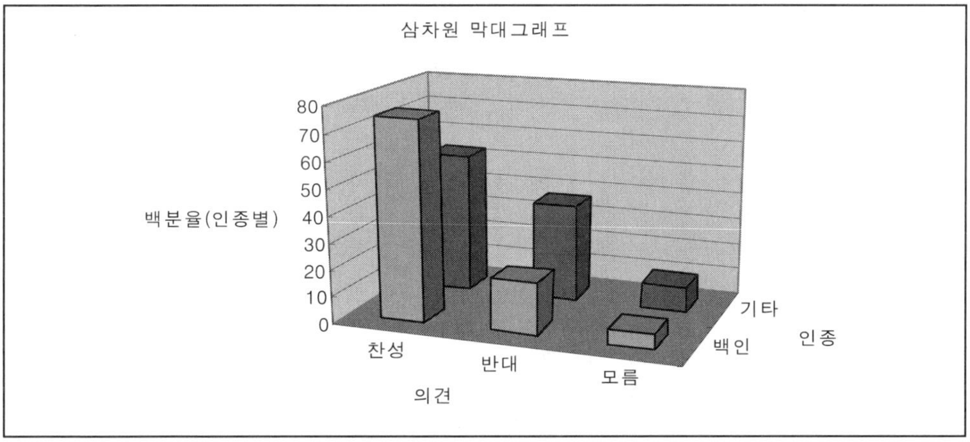

도표 3.1.2(c) 사형제도에 대한 인종별 의견: 삼차원 막대그래프

3.1.2 양적 데이터

(1) 빈도분포표와 히스토그램

두 개의 양적 변수들에 대한 이변량 빈도분포표는, 일변량 빈도분포표에서와 같이 각 변수의 값을 묶어서 계급을 형성한 후에 계급의 빈도를 교차표로 정리함으로써 작성된다. 우리는 또 이렇게 작성된 이변량 빈도분포표를 3차원 히스토그램으로 나타낼 수 있다. 빈도곡면(frequency(or density) surface)은 평활화된(smoothed) 3차원 히스토그램이다.

예 3.1.3 다음은 Fisher의 붓꽃 데이터(관측수 150) 가운데 꽃잎길이(petal length)와 꽃받침길이(sepal length)이다(이 데이터는 iris.xls에 저장되어 있다). [도표 3.1.4]의 교차표는 이 붓꽃 데이터를 이변량 빈도분포표로 나타낸 것이다. 그리고 [도표 3.1.5]는 이를 삼차원 히스토그램으로 시각화한 것이다. 우리는 이 그래프들로부터 두 개의 봉우리들을 볼 수 있는데, 이는 이 데이터가 적어도 두 개의 서로 다른 집단들로부터 나왔다는 것을 시사한다. ■

도표 3.1.3 Fisher의 붓꽃 데이터

	sepal length	petal length	sepal length	petal length	sepal length	petal length	sepal length	petal length	sepal length	petal length
1	50	14	48	16	51	19	60	50	51	30
2	64	56	59	51	67	44	54	17	57	41
3	65	46	55	38	62	48	66	46	65	58
4	67	56	63	50	49	14	52	39	69	54
5	63	51	64	53	51	14	60	45	54	13
6	46	14	52	14	56	45	50	15	51	14

도표 3.1.3 Fisher의 붓꽃 데이터(계속)

	sepal length	petal length	sepal length	petal length	sepal length	petal length	sepal length	petal length	sepal length	petal length
7	69	51	49	14	58	41	44	14	72	61
8	62	45	54	45	50	16	50	35	65	51
9	59	48	79	64	46	14	55	37	61	47
10	46	10	44	13	60	45	58	39	56	36
11	61	46	67	57	57	35	47	13	69	49
12	60	51	50	16	57	15	46	15	64	53
13	65	52	58	40	50	14	69	57	68	55
14	56	39	44	13	77	61	62	43	55	40
15	65	55	77	67	63	56	74	61	48	16
16	58	51	63	49	58	51	59	42	48	14
17	68	59	47	16	57	42	51	15	45	13
18	51	17	55	44	72	58	50	13	57	50
19	57	45	50	33	54	15	56	49	57	17
20	62	54	72	60	52	15	60	40	51	15
21	77	67	48	14	71	59	73	63	55	40
22	63	47	51	16	64	55	67	58	66	44
23	67	57	61	49	60	48	49	15	68	48
24	76	66	48	19	63	56	67	47	54	17
25	49	45	50	16	49	33	63	44	51	15
26	55	13	50	12	56	42	54	15	52	15
27	67	52	61	56	57	42	56	41	58	51
28	70	47	64	56	55	14	63	49	67	50
29	64	45	43	11	49	15	61	47	63	60
30	61	40	58	12	77	69	64	43	53	15

도표 3.1.4 Fisher의 붓꽃 데이터 중 꽃받침길이와 꽃잎길이에 대한 교차표

꽃잎길이 / 꽃받침길이	(0,10]	(10,20]	(20,30]	(30,40]	(40,50]	(50,60]	(60,70]	계
(40,50]	1	27	01	3	1	0	0	32
(50,60]	0	22	1	11	18	5	0	57
(60,70]	0	0	0	1	23	25	0	49
(70,80]	0	0	0	0	0	3	9	12
계	1	49	1	15	42	33	9	150

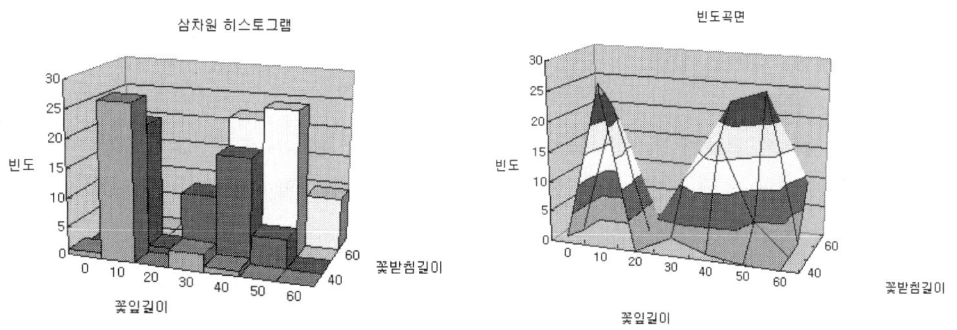

도표 3.1.5 Fisher의 붓꽃 데이터에 대한 삼차원 히스토그램과 빈도곡면

(2) 산점도(scatter plot)와 표면도(surface plot)

산점도는 이변량 양적 데이터를 변수공간(variable space)에 타점한 것이다. 우리는 산점도로부터 밀도나 분포, 군집, 외딴점, 연관성, 변수 간의 관계 등을 시각적으로 파악할 수 있다.

도표 3.1.6 꽃받침길이와 꽃잎길이 간의 산점도[사진: 각시 붓꽃(백승훈, 사색의 향기)]

예 3.1.4 [도표 3.1.6]은 Fisher의 붓꽃데이터에 제시된 꽃받침길이와 꽃잎길이 간의 산점도이다. 우리는 이 산점도로부터 군집과 선형성을 관찰할 수 있다. ■

우리는 또 삼변량 양적 데이터를 3차원 산점도나 표면도(surface plot)로 나타낼 수 있다. 표면도란 삼차원 산점도에서 높이 축을 표면형태로 나타낸 것이다. 우리는 또 세 개 이상의 변수들에 대한 다변량 양적 데이터를 산점도행렬(scatter plot matrix)로 전시하여 변수들 간의 관계를 파악해볼 수 있다. 산점도행렬이란 두 변수씩 짝을 지어서 그린 쌍별 산점도들(pairwise scatter plots)을 행렬 형태로 배치한 것이다.

예 3.1.5 [도표 3.1.7]은 Allegheny 국립공원에 서식하는 31그루의 검은 벚나무(black cherry trees)의 지름(diameter, 단위 inch), 높이(height, 단위: feet), 부피(volume, 단위:

세제곱 feet)를 측정한 데이터이다(이 데이터는 trees.xls에 저장되어 있다). [도표 3.1.8]은 이 데이터를 삼차원 산점도, 표면도, 그리고 산점도 행렬로 전시한 것이다. 우리는 산점도행렬로부터 지름과 부피 간에 비교적 강한 선형 관계를 볼 수 있다. 그리고 삼차원 산점도와 표면도로부터 지름과 높이가 커질수록 부피가 커지는 경향을 볼 수 있다. 표면도에서 돌출이 보이는 것은 각 눈(mesh)에서 연속적인 표면을 생성하기 위해서 내삽(interpolation)이 사용되었기 때문이다. ■

도표 3.1.7 벚나무 데이터

번호	지름	높이	부피	번호	지름	높이	부피
1	8.3	70	10.3	16	12.9	74	22.2
2	8.6	65	10.3	17	12.9	85	33.8
3	8.8	63	10.2	18	13.3	86	27.4
4	10.5	72	16.4	19	13.7	71	25.7
5	10.7	81	18.8	20	13.8	64	24.9
6	10.8	83	19.7	21	14.0	78	34.5
7	11.0	66	15.6	22	14.2	80	31.7
8	11.0	75	18.2	23	14.5	74	36.3
9	11.1	80	22.6	24	16.0	72	38.3
10	11.2	75	19.9	25	16.3	77	42.6
11	11.3	79	24.2	26	17.3	81	55.4
12	11.4	76	21.0	27	17.5	82	55.7
13	11.4	76	21.4	28	17.9	80	58.3
14	11.7	69	21.3	29	18.0	80	51.5
15	12.0	75	19.1	30	18.0	80	51.0
				31	20.6	87	77.0

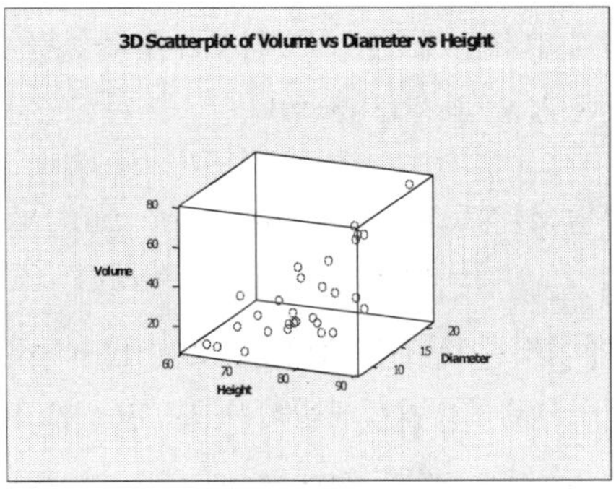

(1) 삼차원 산점도

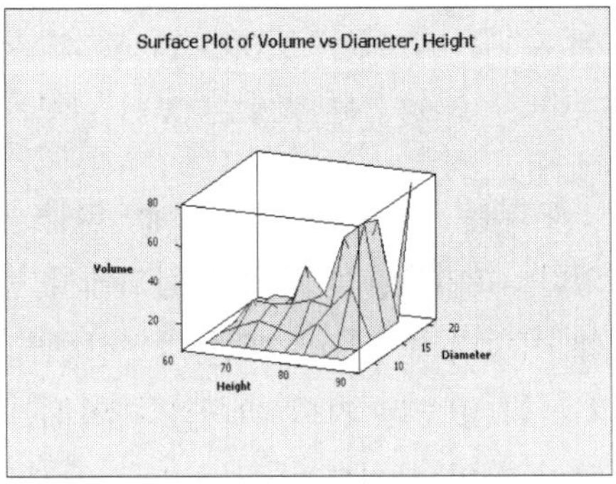

(2) 표면도

도표 3.1.8(a) 벚나무의 부피*지름*높이에 대한 산점도와 표면도

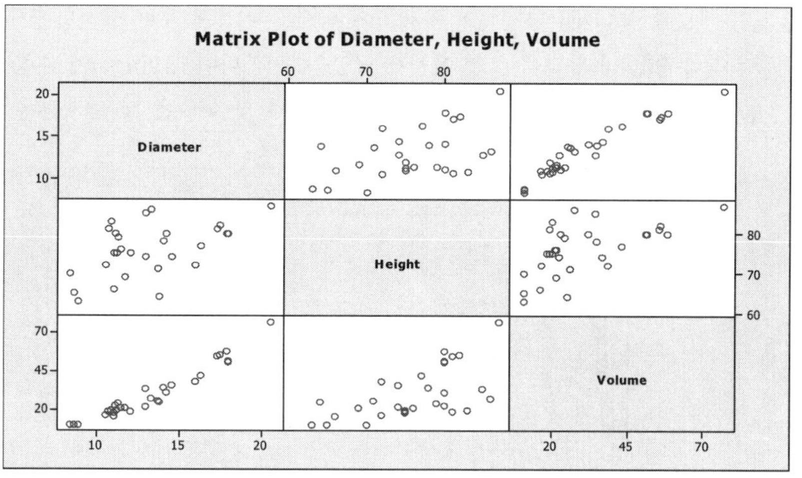

도표 3.1.8(b) 산점도 행렬: 벚나무의 부피, 지름, 높이

3.1.3 시계열데이터와 공간데이터

(1) 시계열산점도(time series scatter plot)와 (꺾은)선 그래프(line graph)

시계열산점도란 시계열 데이터가 시간에 따라 어떤 추이를 보이는지를 나타낸 그림이다. 시계열산점도는 흔히 시간을 가로축으로 변수를 세로축으로 삼아서 시간에 따른 변수값을 타점해 나간다. 그리고 데이터 점들을 시간 순으로 직선으로 연결한 것이 꺾은선 그래프이다.

예 3.1.6 [도표 3.1.9]는 1749년 1월에서 2004년 9월까지 255년간 관측된 월평균 태양흑점수 데이터에 대한 시계열산점도이다. 우리는 태양흑점수 시계열산점도로부터 대략 11년의 주기를 관찰할 수 있다. (공식적인 태양흑점수 데이터는 벨기에의 Sunspot Index Data Center와 미국의 National Oceanic and Atmospheric Administration에 의해 보고되고 있다.) ■

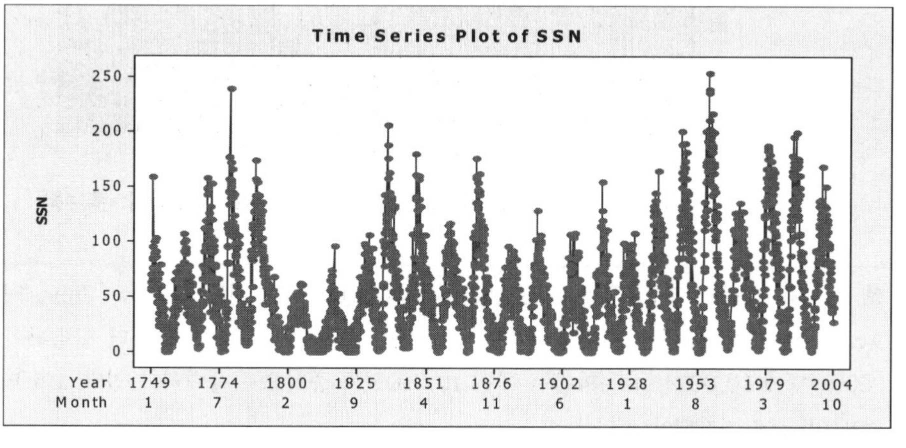

도표 3.1.9 월평균태양흑점수 데이터(1749년 1월 ~ 2004년 10월)에 대한 시계열 산점도

예 3.1.7 [도표 3.1.10]은 성경의 창세기에 나오는 인물들 중에서 아담에서 이삭까지 21명의 인물들의 수명(age)과 그들이 첫 아들을 낳았을 때의 나이(firstage)에 대한 시계열산점도이다. 수명이 표시되지 않은 사람은 에녹이고, 500세에 첫 아들을 낳은 사람은 노아이다. ■

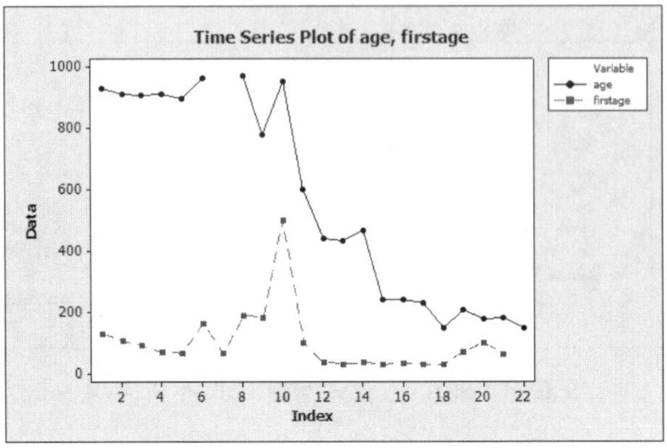

도표 3.1.10 성경인물들의 나이 데이터

예 3.1.8 [도표 3.1.11]은 2002년부터 2009년까지의 월별 소비자물가지수에 대한 꺾은선 그래프와 전년동월비(%)에 대한 막대그래프를 함께 전시한 것이다. 우리는 지난 6년간 소비자물가지수가 선형추세를 따라 증가해 온 것을 볼 수 있다. 그리고 전년동월비(%)[= 100 × (금년 당월 − 전년 동월)/전년 동월]에는 사이클이 존재하며 2006년 이후에 사이클의 주기와 진폭이 더 커지고 있는 것을 볼 수 있다. (출처: "2009년 12월 및 연평균 소비자물가동향", 통계청) ■

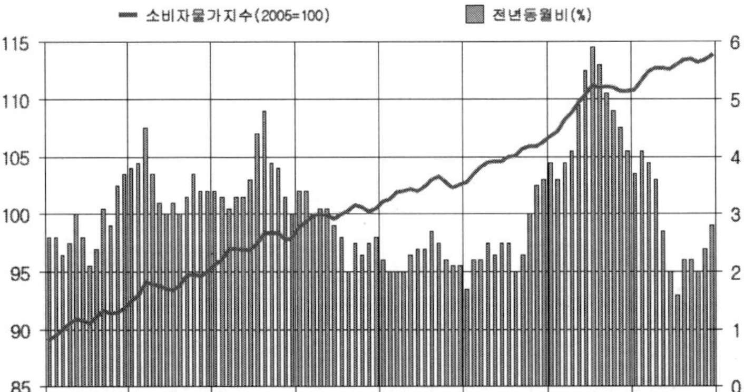

도표 3.1.11 소비자물가지수 및 전년동월비 등락률 추이(출처: 통계청)

예 3.1.9 [도표 3.1.12]는 1983년부터 2005년까지의 연도별 Dow Jones Industrial Average(DJIA)에 대한 시계열산점도와 꺾은선 그래프이다. 1995년부터 급등하기 시작하여 2000년경에 10,000선을 돌파한 후에는 10,000선을 중심으로 등락하고 있다. (이 데이터는 작업표 'djia'에 저장되어 있다.) ■

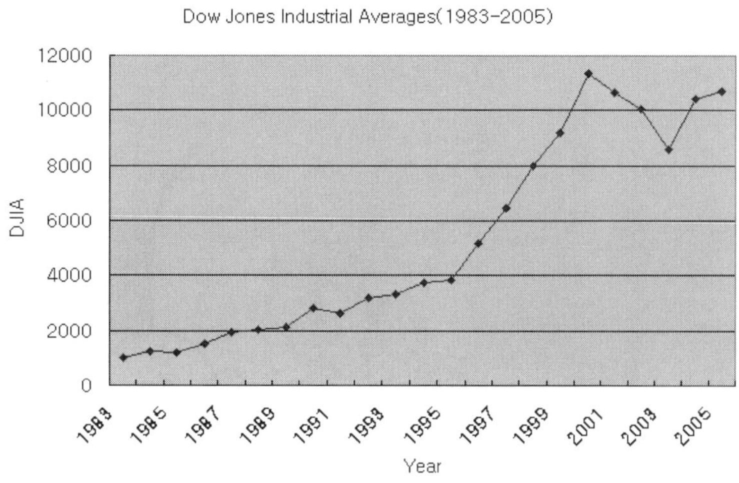

도표 3.1.12 다우존스산업평균지수(DJIA)의 시계열산점도

(2) 통계지도

통계지도(cartogram)는 지역과 관련된 통계치를 지도 위에 나타낸 것이다. 우리는 통계지도로부터 수치와 지역의 관련성을 보고자 한다.

예 3.1.10 [도표 3.1.13]은 나폴레옹의 1812년 모스크바 행군을 나타내는 지도로서 Charles Minard(1869)에 의해 작성된 것이다. 이것은 그의 군대가 여행한 방향, 통과한 장소들, 기아와 부상으로 죽은 수, 그들이 겪은 엄동의 온도들을 지리정보로 나타내고 있다. ■

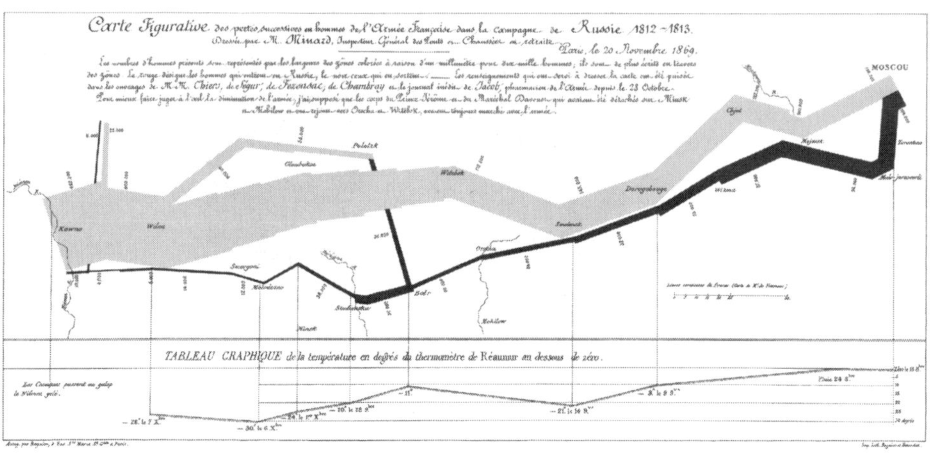

도표 3.1.13 나폴레옹의 1812 모스크바 행군도(Charles Minrad, 1869)

예 3.1.11 아래는 고용동향을 지리정보와 함께 나태내고 있다. 지도에 제시된 숫자들은 2009년 11월의 실업률을 전년동월비(%)[= 100 × (금년 당월 − 전년 동월)/전년 동월]로 나타낸 것

이다. 우리는 수도권과 동부권은 전년 동월에 비해 실업률이 증가한 반면에 충청과 서부권은 실업률이 감소했음을 알 수 있다. ■

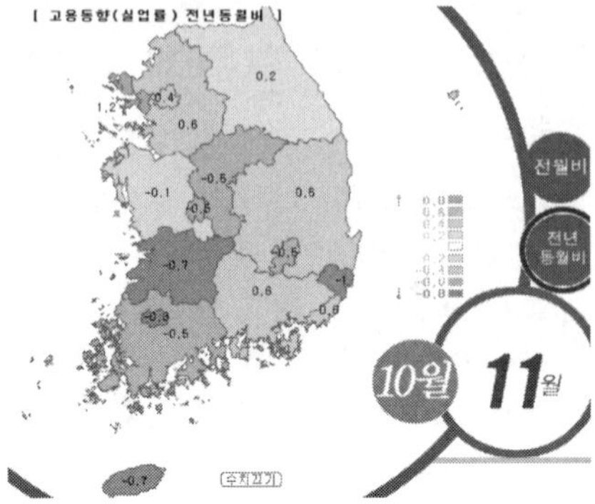

도표 3.1.14 지도에 표시한 2009년 11월의 고용동향(출처: 통계청)

예 3.1.12 아래는 2016년 4월 13일에 실시된 제20대 국회의원선거의 결과를 통계지도로 나타내고 있다. 오른쪽 통계지도는 광역자치단체별로 각 당이 차지한 물리적 면적을 나타내고 있고, 왼쪽의 통계지도는 광역자치단체별로 각 당이 차지한 의석수 면적을 나타내고 있다. 새누리당이 물리적 면적을 많이 차지하고 있지만, 의석수 면적은 새누리당과 더불어민주당이 엇비슷함을 알 수 있다. 국민의당은 물리적 면적과 의석수 면적이 비슷하다. ■

도표 3.1.15 지도에 표시한 제20대 국회의원선거 결과(출처: KBS)

3.2 수치에 의한 다변량 데이터 탐색

다변량 데이터에 대해 비교와 추론과 같은 관계파악을 구체화하려면 수치적인 척도들이 필요하다.

3.2.1 연관성(association)의 척도

이제 연관성의 척도들에 대해 간단히 살펴보자. 우리는 두 변수 간의 연관성을 크게 다음과 같은 두 가지 입장에서 생각해 볼 수 있다.

- 공변동(covariation)의 입장에서: 한 변수의 변화가 다른 한 변수에 의해 수반되는 정도
- 예측성(predictability, 예측가능성)의 입장에서: 종속변수의 범주가 독립변수의 범주로부터 예측될 수 있는 정도

양적 이변량 데이터에 대해서는 이 두 입장이 동일한 의미를 가지게 되는 하나의 압도적인 연관성 척도(즉 상관계수 r)가 사용되고 있다. 그러나 질적 이변량 데이터(순서형이나 명목형)의 경우에는 이 두 가지 입장 가운데 어느 하나를 따르는 다양한 연관성 척도들이 제안되어 왔고, 저마다의 영역에서 사용되고 있다. 연관성의 척도는 크기(magnitude)와 방향(direction)을 가질 수 있다.

(1) 양적 이변량 데이터: 크기와 방향

양적 이변량 데이터에 대한 연관성 척도로는 피어슨의 상관계수 r이 널리 사용된다. r은 크기와 방향($-1 \sim 1$)을 모두 가진다. 우리는 이에 대해 3.3절에서 상세히 다룰 것이다.

(2) 순서형 이변량 데이터

순서형 이변량 데이터에 대한 연관성 척도들은 크기와 방향($-1 \sim 1$)을 모두 가진다.

- 스피어맨의 ρ
- 켄달의 τ

(3) 명목형 이변량 데이터

명목형 이변량 데이터에 대한 연관성 척도들은 크기($0 \sim 1$)만 가진다.

- 굿맨-크러스칼의 λ
- 굿맨-크러스칼의 τ

- 불확실성 계수 U

| 관찰 3.2.1 | 이 명목형 측도들은 모두 비례감소불순도 측도로서 예측성의 입장에서 제안되었다.

| 관찰 3.2.2 | 우리는 최적 척도법(optimal scaling)을 사용하여 명목형 데이터를 양적 데이터로 변환시킬 수 있다.

(4) 이진형(binary) 이변량 데이터

두 개의 값만을 가지는 이진형 변수는 양적 변수로 간주되며, 따라서 이진형 이변량 데이터에 대한 연관성 측도는 크기와 방향을 모두 가질 수 있다. 크기가 n인 표본을 뽑아서 [표 3.2.1]과 같이 두 이진형 변수들 x와 y에 의해 분류한 교차표[즉 분할표(contingency table)]를 고려하자.

도표 3.2.1 2×2 분할표

x \ y	0(실패)	1(성공)	계
0(비노출)	n_{11}	n_{12}	n_{1+}
1(노출)	n_{21}	n_{22}	n_{2+}
계	n_{+1}	n_{+2}	n

- 승산비(odds ratio, OR) 또는 교차곱비(cross-product ratio)는 2×2 분할표 데이터인 경우에 널리 쓰이며, 크기(0 ~ ∞)만 가진다.

$$OR = \frac{n_{11}/n_{21}}{n_{12}/n_{22}} = \frac{n_{11}/n_{12}}{n_{21}/n_{22}} = \frac{n_{11}n_{22}}{n_{12}n_{21}}. \tag{3.2.1}$$

  승산비가 1에 가깝다면 두 변수가 연관성이 거의 없음을 시사한다.

- 로그 승산비(log odds ratio, LOR)는 승산비에 자연로그를 취한 값으로 크기와 방향(−∞ ~ ∞)을 모두 가진다.

$$LOR = \log(OR) = \log n_{11} + \log n_{22} - \log n_{12} - \log n_{21}. \tag{3.2.2}$$

  로그 승산비가 0에 가깝다면 두 변수가 연관성이 거의 없음을 시사한다.

| 관찰 3.2.3 | LOR의 표집분포(6장 참조)는 다음과 같이 주어진다. 우리는 이를 이용해서 OR이나 LOR에 대한 추론을 할 수 있을 것이다.

$$LOR \dot{\sim} N\left(E[LOR], \frac{1}{n_{11}} + \frac{1}{n_{12}} + \frac{1}{n_{21}} + \frac{1}{n_{22}}\right). \tag{3.2.3}$$

예 3.2.1 아래표는 신입생과 2학년 학생들에게 일자리 보유를 물어서 정리한 표이다.

학년 \ 일자리보유여부	No	Yes	계
신입생(취업교육미수료)	25	12	37
2학년(취업교육수료)	11	14	25
계	36	26	62

신입생에 대해, 일자리를 가지지 못할 승산은 25/12 = 2.0833. 2학년에 대해, 일자리를 가지지 못할 승산은 11/14 = 0.7857. 따라서 신입생과 2학년 간에 일자리를 가지지 못할 승산비는 $2.083/0.7857 \doteq 2.65$. 즉 신입생이 일자리를 보유하지 못할 승산은 2학년의 그것에 비해 약 2.65배가 된다. 또 로그 승산비는 $\log(2.65) \doteq 0.97$. 또는 신입생에 대해, 일자리를 가질 승산은 12/25 = 0.4800. 2학년에 대해, 일자리를 가질 승산은 14/11 = 1.2727. 따라서 일자리를 가질 승산비는 $0.4800/1.2727 \doteq 0.38$. 즉 신입생이 일자리를 보유할 승산은 2학년의 그것에 비해 약 0.38배가 된다. 따라서 로그 승산비는 $\log(0.38) \doteq -0.97$. ■

- 상대위험(relative risk or risk ratio, RR)은 개체가 처리(treatment)에 노출(exposure)되었는지 여부에 따른 성공(또는 사건발생) 확률의 비를 나타낸다. 즉

$$RR = \frac{\text{노출된 경우의 사건발생 확률}}{\text{노출되지 않은 경우의 사건발생 확률}} = \frac{n_{22}/n_{2+}}{n_{12}/n_{1+}}.$$

| 관찰 3.2.4 | RR에 로그를 취한 LRR의 표집분포(6장 참조)는 다음과 같이 주어진다. 우리는 이를 이용해서 RR에 대한 추론을 할 수 있을 것이다.

$$LRR \dot{\sim} N\left(E[LRR], \frac{1}{n_{12}}\frac{n_{11}}{n_{1+}} + \frac{1}{n_{22}}\frac{n_{21}}{n_{2+}}\right). \tag{3.2.4}$$

예 3.2.2 ([예 3.2.1]의 계속) 일자리 예에서 취업교육에 노출된 여부에 따른 일자리 보유의 상대위험은 다음과 같이 주어진다.

$$RR = \frac{14/25}{12/37} \doteq 1.73.$$

즉 취업교육에 노출된 경우가 그렇지 않은 경우에 비해 일자리를 보유할 가능성이 1.73배가 된다. ■

| 관찰 3.2.5 | 이 경우에 피어슨의 상관계수(3.3절 참조)는 다음과 같이 주어진다.

$$r = \frac{n_{11}n_{22} - n_{12}n_{21}}{\sqrt{n_{1+}n_{2+}n_{+1}n_{+2}}} \tag{3.2.5}$$

$$= \frac{218}{\sqrt{865800}} = 0.234 \quad \text{([예 3.2.1]의 경우)}$$

3.2.2 변수들 간의 연관성과 그 원인

두 변수 A와 B가 연관성을 가지는 것으로 드러났다면, 우리는 그 연관성의 원인이 무엇인지 설명할 수 있어야 한다. 대개 연관성의 원인은 다음 세 가지 가운데 하나가 될 것이다. 인과관계, 공통반응, 또는 혼동. 아래 그림들에서 화살표는 (적어도 부분적인) 인과관계를 나타내며, 점선은 두 변수 간에 연관성이 관찰됨을 나타낸다.

(1) 인과관계(causation)

B의 변화는 A의 변화에 기인한다. 즉, B는 A의 결과이다.

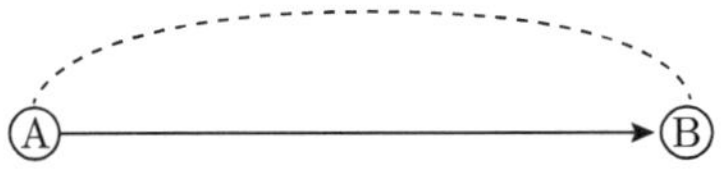

예 안전띠 착용과 피해감소: 양의 상관관계
흡연과 폐암발생: 양의 상관관계

(2) 공통반응(common response)

A와 B의 변화는 제삼의 변수 C의 변화에 기인한다. 즉, A와 B는 모두 C의 결과이다.

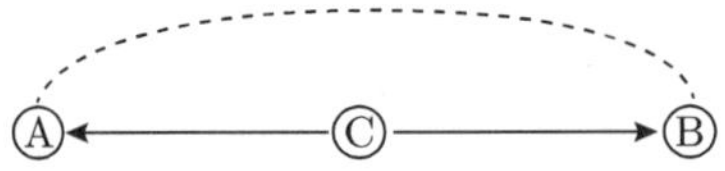

예 수능성적과 대학에서의 평균평점: 양의 상관관계
우리나라 냉장고 보급율과 위암환자 수: 양의 상관관계 – 냉장고에 든 음식을 섭취하는 것이 위암발병의 한 원인이 된다?

(3) 혼동(confounding)

B의 변화는 A의 변화뿐 아니라 제삼의 변수 C의 변화에도 기인한다. 즉, B는 A의 결과와 C의 결과의 합이다.

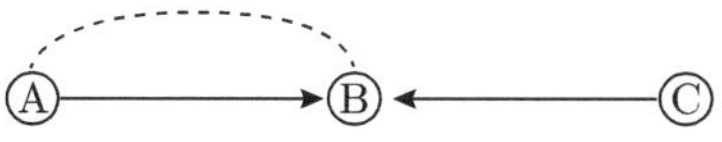

예 초봉과 학력수준: 음의 상관관계 – 심프슨의 역설(Simpson's paradox)

3.2.3 심프슨(Simpson)의 역설과 통계적 통제

관찰연구에서 한 가지 문제점의 원천은 피험자들이 처리이외에도 몇몇 중요한 점에서 서로 다르다는 것이다. 때때로 이런 차이들은 더 작고 더 동질적인 하부집단들을 비교함으로써 조정될 수 있다.

예를 들어, 대학원 입학에서의 성차별에 대한 한 관찰연구가 버클리소재 캘리포니아 대학(UCB)에 의해 실시되었다. 연구기간 동안에 이 대학의 대학원 지원자 수는 남학생이 8,442명, 여학생이 4,321명이었고, 남학생의 합격률은 대략 44%, 여학생의 합격률은 대략 35%로 나타났다. 남학생과 여학생이 전체적으로 자질이 동등하다고 가정할 때(그리고 이 가정을 반박할 만한 증거는 존재하지 않는다)이와 같은 합격률 차이는 입학사정에서 성차별이 있었다는 것을 시사하는 강한 증거처럼 보인다.

각 전공은 독자적인 입학사정을 실시하였으므로 전공별로 합격률을 살펴본다면 여성에 대해서 성차별을 한 전공을 알아낼 수 있을 것이다. 그런데 이때 수수께끼 같은 일이 벌어졌다. 전공별로 보았을 때 여성에 대한 성차별이 존재하는 것처럼 보이지 않았다. 어떤 전공들은 남학생을 선호했지만 다른 전공들은 여학생을 선호하였다. 전체적으로, 성차별이 있었다고 굳이 말한다면 그것은 오히려 남학생에 대한 것이었다.

이 문제에는 100여 개 전공이 관련되어 있으므로 전체 양상을 여기서 살펴보기는 어렵다. 그러나 가장 큰 여섯 전공이 전체 지원자수의 1/3을 담당하고, 이 전공들에 대한 양상이 전체 양상을 잘 반영하고 있으므로 이 여섯 개의 주요전공들의 양상을 살펴보자. [도표 3.2.2]는 주요전공별 남학생과 여학생 지원자수와 합격률이다.

각 전공에서 여학생 합격률은 남학생 합격률과 대동소이하다. 한 가지 예외는 전공 A인데, 이곳에서는 남학생에 대해서 성차별을 한 것처럼 보인다. 그럼에도 불구하고 여섯 전공을 종합하면, 남학생은 44%가 합격했고, 여학생은 30%만이 합격했다. 이것은 역설적이다. 그러나 이 역설[이런 종류의 역설을 심프슨의 역설(Simpson's paradox)이라고 한다]을 설명할 길은 있다.

도표 3.2.2 주요전공별 남녀 응시자수와 합격률

성별 전공	남	여	전체
A	825(62%)	108(82%)	933(64%)
B	560(63%)	25(68%)	585(63%)
C	325(37%)	593(34%)	918(35%)
D	417(33%)	375(35%)	792(34%)
E	191(28%)	393(24%)	584(25%)
F	373(6%)	341(7%)	714(6%)
전체	2,691(44%)	1,835(30%)	4,526(39%)

- 처음 두 전공은 상대적으로 들어가기가 쉬운데, 남학생들의 50% 이상이 이 두 전공에 지원했다.
- 다른 네 전공은 상대적으로 들어가기가 어려운데, 여학생들의 90% 이상이 이 네 전공에 지원했다.

따라서 남학생들은 주로 들어가기가 쉬운 전공에 지원했으며, 여학생들은 주로 들어가기가 어려운 전공에 지원했던 것이다. 즉, 전공 선택에 의한 효과가 존재하고 있으며, 이 효과는 성별에 의한 효과와 혼동(교락)되고 있었던 것이다. [표 3.2.2]에서와 같이 전공 선택이 통제되었을 때 남녀학생에 대한 합격률 차이는 거의 존재하지 않는다. 많은 관찰연구에서 이와 비슷한 과정에 의해 혼동 인자들을 통제하는 것이 가능하다. 동질적인 하부집단에 대해서 개별적인 비교를 실시하라.

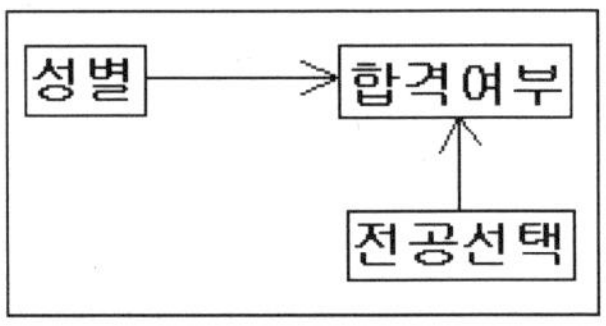

그런데 우리가 보다 신중하게 합격률을 구했더라면 위와 같은 역설적인 상황은 벌어지지 않았을 것이다. 즉 위에서 사용한 남녀학생에 대한 합격률은 전공의 규모를 고려하지 않은 단순한 합격률이었다. 우리가 이 대신 전공의 규모를 고려한 가중평균 합격률을 사용했더라면 위와 같은 혼동을 피할 수 있었을 것이다. 총지원자수에 대비한 특정전공 지원자수의 비율을 해당전공의 가중값으로 삼아 남녀별 가중평균 합격률을 구해보면 다음과 같다.

- 남학생에 대한 가중 합격률 = 39%
- 여학생에 대한 가중 합격률 = 43%

이 결과는 전공별 합격률에서 볼 수 있는 양상과 어긋나지 않으며 따라서 역설적이지 않다. 여기서 보는바와 같이, 가중평균은 혼동인자(전공선택)를 통제해준다. 그리고 이 가중평균들은 남학생에 대한 성차별을 시사하고 있다.

3.3 이변량 양적 데이터에 대한 연관성 분석

◎ 기호 약속

이변량 데이터: $(x_i, y_i), i = 1, 2, \ldots, n$

3.3.1 이변량 연관성의 측도들

(1) 공분산(covariance)

공분산은 편차곱의 평균이다.

$$s'_{xy} = \sum_{i=1}^{n} (x_i - \overline{x})(y_i - \overline{y}) / n. \tag{3.3.1}$$

여기서 그리고 3.3절의 나머지 부분에서 s'_{xy}(그리고 s'_x과 s'_y) 대신에 분모가 $(n-1)$인 표본공분산 s_{xy}(그리고 표본표준편차들 s_x과 s_y)를 사용해도 무방하다.

| 관찰 3.3.1 | 공분산은 위치변환에 불변적이다.

| 관찰 3.3.2 | 공분산은 척도변환에 불변적이지 않다.

(2) 상관계수(correlation coefficient)

상관계수는 정규화된(normalized) 공분산이다. 다른 말로, 상관계수는 표준화된 편차곱들의 평균이다.

$$r = \frac{s'_{xy}}{s'_x s'_y} = \frac{1}{n} \sum_i \left(\frac{x_i - \overline{x}}{s'_x} \right) \left(\frac{y_i - \overline{y}}{s'_y} \right) \tag{3.3.2}$$

$$= \frac{\sum (x_i - \overline{x})(y_i - \overline{y})}{\sqrt{\sum (x_i - \overline{x})^2 \sum (y_i - \overline{y})^2}} \tag{3.3.3}$$

| 과제 3.3.1 | $-1 \leq r \leq 1$임을 보여라.

(도움말: $\sum_i \left\{ \left| \dfrac{x_i - \bar{x}}{s'_x} \right| - t \left| \dfrac{y_i - \bar{y}}{s'_y} \right| \right\}^2 \geq 0$를 이용하라.)

| 관찰 3.3.3 | 상관계수는 위치변환뿐 아니라 척도변환에도 불변적이다.

◎ 상관계수에 대한 여러 해석

- 변수공간(variable space)에서 $(x,\ y)$의 산점도를 고려하면, r은 한 직선을 점들에 얼마나 잘 적합시킬 수 있는지를 나타낸다.
- x와 y를 원점을 지나는 n차원 관측공간(observation space)의 벡터들이라고 보면, r은 그들의 사이각이 얼마나 작은지를 나타낸다.
- x와 y의 밀도(또는 빈도) 곡선을 고려하면, r은 그 두 곡선들의 형상이 얼마나 닮았는지를 나타낸다.

다음 그림은 두 개의 관측 (2, 3), (4, 5)를 각각 변수공간과 관측공간에 나타낸 것이다.

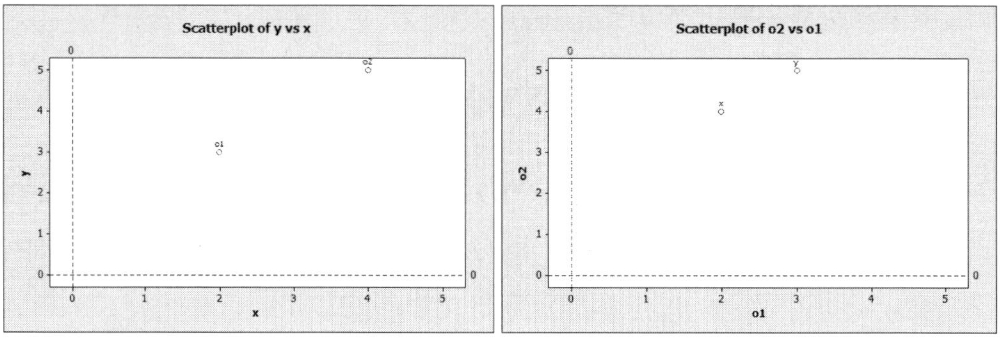

(a) 변수공간의 두 관측점　　(b) 관측공간의 두 변수벡터

도표 3.3.1 변수공간과 관측공간

| 관찰 3.3.4 | 상관계수는 두 변수 간의 선형관계의 측도이다.

| 관찰 3.3.5 | 우리가 변동을 표준편차의 크기로 파악할 때, 상관계수는 y의 총변동 가운데 x의 변동이 설명해주는 변동의 비율이다.

(3) 결정계수(coefficient of determination), R^2

결정계수란 y의 총제곱합 가운데 x에 의해 설명되는 제곱합의 비율로 이 경우에는 r^2과 같다.

예 3.3.1 [예 3.1.3] Fisher의 붓꽃데이터에서 꽃받침길이(x)와 꽃잎길이(y) 간의 공분산과

상관계수 그리고 결정계수는 다음과 같이 계산된다.

$$s'_{xy} = 126.582,\ s'_x = 8.253,\ s'_y = 17.594$$
$$r_{xy} = s'_{xy}/(s'_x s'_y) = 0.872$$
$$R^2 = r_{xy}^2 = 0.760$$ ■

3.3.2 직선에 의한 산점도 적합

두 변수가 직선관계를 보여준다면 우리는 데이터에 가장 적합한 직선을 찾아내야 할 것이다.

$$\hat{y} = a + bx. \tag{3.3.4}$$

(1) 좋은 적합의 기준

① 최소절대편차원리(principle of least absolute deviations). y의 절대편차합이 최소화되도록 계수들(기울기와 절편)을 정하라.

- 이 원리에 의한 적합선은 최소절대편차 회귀선 또는 중위수회귀선이라고 한다.

② 최소제곱원리(principle of least squares). y의 편차제곱합이 최소화되도록 계수들을 정하라.

- 이 원리에 의한 적합선은 최소제곱회귀선 또는 평균회귀선이라고 한다. 최소제곱회귀선의 기울기와 절편은 다음과 같이 주어진다.

$$b = \frac{s'_{xy}}{s'^2_x} = \frac{\sum(x_i - \bar{x})(y_i - \bar{y})}{\sum(x_i - \bar{x})^2}, \tag{3.3.5}$$

$$a = \bar{y} - b\bar{x}. \tag{3.3.6}$$

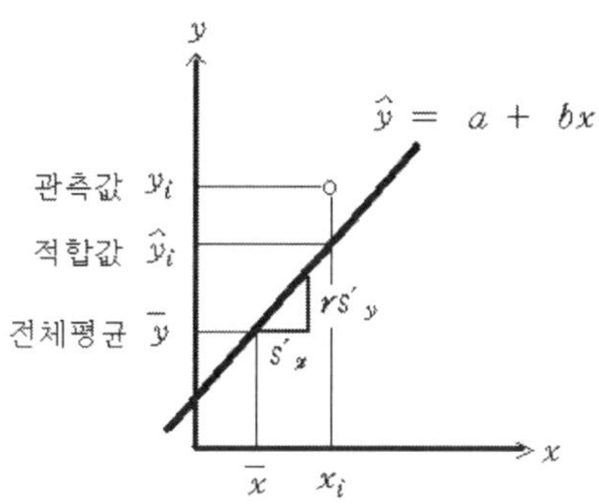

도표 3.3.2 최소제곱회귀선

| 관찰 3.3.6 | 최소제곱회귀선은 항상 $(\bar{x}, \bar{y})$를 지난다.

(2) 상관계수와 최소제곱회귀선의 기울기 간의 관계

여기서 상관계수 r과 회귀직선의 기울기 b의 관계를 살펴보자.

| 관찰 3.3.7 | 회귀직선의 기울기가 b이므로 x가 s'_x 만큼 증가하면 y는 평균적으로 $b\,s'_x$ 만큼 증가한다.

| 관찰 3.3.8 | 상관계수가 r이므로 x가 s'_x 만큼 증가하면 y는 평균적으로 $r\,s'_y$ 만큼 증가한다. (상관계수에 관한 관찰 [3.3.5])

| 관찰 3.3.9 | 위의 두 관찰에서 $b\,s'_x = r\,s'_y$가 성립하므로, 우리는 $b = \frac{s'_y}{s'_x} r$의 관계가 있음을 알 수 있다.

예 3.3.2 [예 3.1.3] Fisher의 붓꽃데이터에서 꽃받침길이(sepallength) x와 꽃잎길이(petallength) y 간의 최소제곱회귀선의 기울기와 절편은 다음과 같이 계산된다.

$$b = s'_{xy} / s'^2_x = 126.582/8.253^2 = 1.858,$$

$$a = \bar{y} - b\bar{x} = 37.58 - (1.858)(58.433) = -71.01.$$

따라서 최소제곱회귀선은 [도표 3.3.3]에서 보는 바대로 다음과 같이 주어진다.

$$\hat{y} = -71.01 + 1.858x.$$ ■

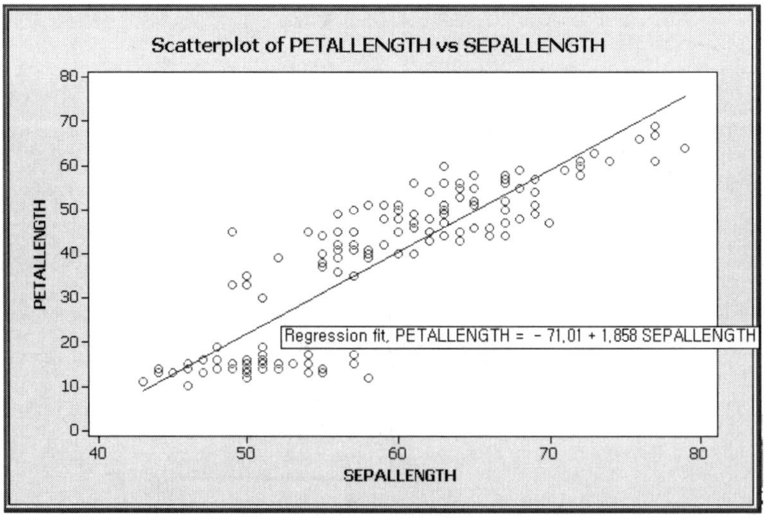

도표 3.3.3 붓꽃데이터에 대한 최소제곱회귀선

(3) "회귀"라는 용어의 유래

Galton과 Pearson은 아버지와 아들 키에 대한 연구에서 인간의 키가 평범으로 돌아가는 현상(regression to mediocrity), 즉 회귀현상에 주목하였다. 실제로 대부분의 시험-재시험(test-retest) 상황에서 하위집단은 대체로 올라가고 상위 집단은 평균적으로 떨어진다. 우리는 이런 현상을 회귀효과(regression effect)라고 한다.

이제 회귀분석법은 회귀라는 용어의 유래와 관계없이 한 변수(즉 종속변수)가 다른 변수들(즉 독립변수들)에 어떻게 의존하는지를 다루는 방법을 통칭하고 있다. 우리는 11장에서 회귀분석과 상관분석에 대해 상세히 다룰 것이다.

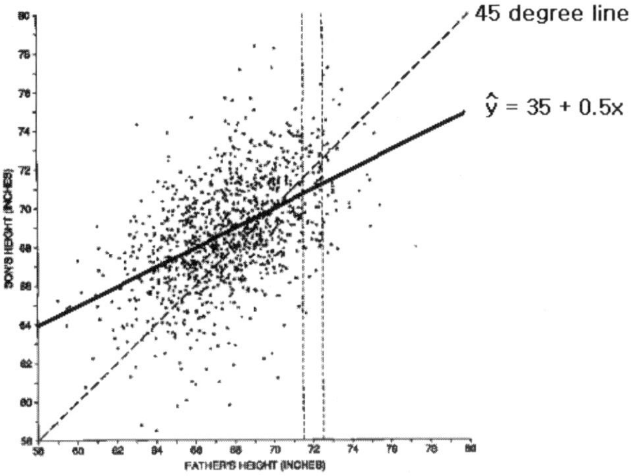

도표 3.3.4 K. Pearson이 측정한 1078 쌍의 (아버지, 아들)의 키

| 과제 3.3.2 | Galton과 Pearson의 1078명의 아버지와 아들들의 키 데이터에 대한 요약통계들은 다음과 같이 주어진다. 이로부터 최소제곱회귀선의 기울기와 절편을 구해보자.

- 아버지들의 키 x: 평균 $\doteq$ 68인치, SD $\doteq$ 2.7인치
- 아들들의 키 y: 평균 $\doteq$ 69인치, SD $\doteq$ 2.7인치
- 상관계수 $r \doteq 0.5$, 결정계수 $R^2 = r^2 \doteq 0.25$

3.4 엑셀 실습 3: 이변량 데이터 요약

3.4.1 이변량 질적 데이터에 대한 막대그래프 작성

예 3.4.1 [예 3.1.1]의 사형제도 데이터를 다시 고려하자. (이 데이터는 작업표 Capital에 저장되어 있다.) 이 데이터에 대해 인종별 막대그래프, 인종별 분할막대그래프, 그리고 삼차원 막대그래프를 작성하라.

풀이 ① 인종별 막대그래프 작성

먼저 [도표 3.4.1]과 같이 데이터를 입력한 후 차트 마법사를 실행한다.

	A	B	C	D	E
1		사형제도에 대한 인종별 의견			
2					
3		찬성	반대	모름	합
4	백인	947	244	69	1260
5	기타	131	92	24	247
6					

도표 3.4.1 사형제도 데이터

단계 1 [삽입]의 "세로 막대형"의 "묶은 세로 막대형"을 선택한다.

단계 2 [차트도구]의 "데이터선택" 탭에서 "데이터 범위"에 $A$3:$D$5를 입력한다.

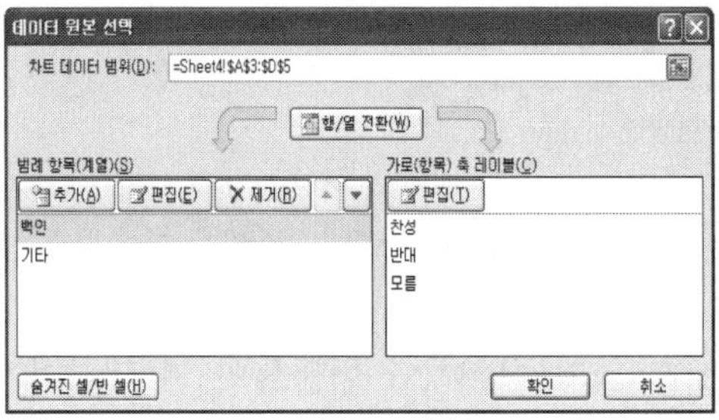

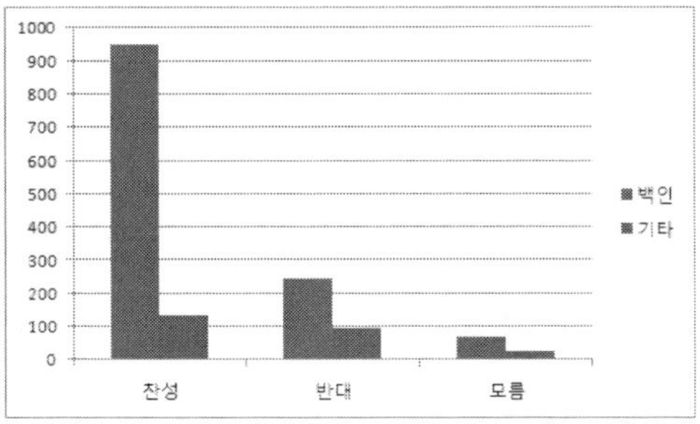

도표 3.4.2(1) 차트 마법사 1, 2단계: 사형제도 데이터에 대한 인종별 막대그래프

단계 3 차트 레이아웃에서 차트제목과 축 제목을 적절하게 입력한다.

단계 4 막대를 선택 후 "데이터계열서식"에서 막대의 무늬와 색을 적절히 선택한다.

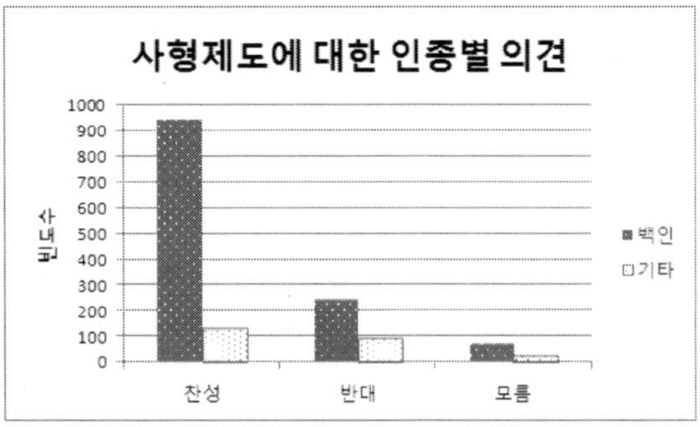

도표 3.4.2(2) 사형제도 데이터에 대한 인종별 막대그래프

② 인종별 분할막대그래프 작성

단계 1 [삽입]에서 “세로 막대형”의 “100% 기준 세로 막대형”을 선택한다.

단계 2 [차트도구] > [디자인] “데이터 선택” 탭에서 “차트데이터 범위”에 $A$3: $D$5를 입력하고 데이터 방향으로 “열”을 선택한다.

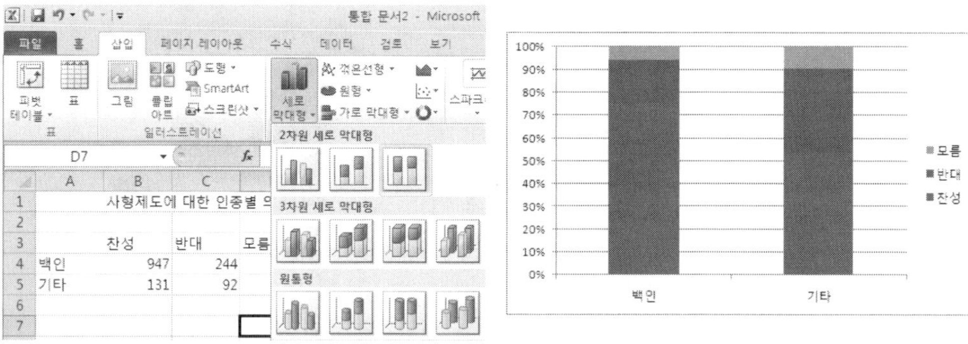

도표 3.4.3(1) 1, 2단계: 사형제도 데이터에 대한 인종별 분할막대그래프

단계 3 [차트도구] > [레이아웃]에서 제목들을 적절하게 입력한다.

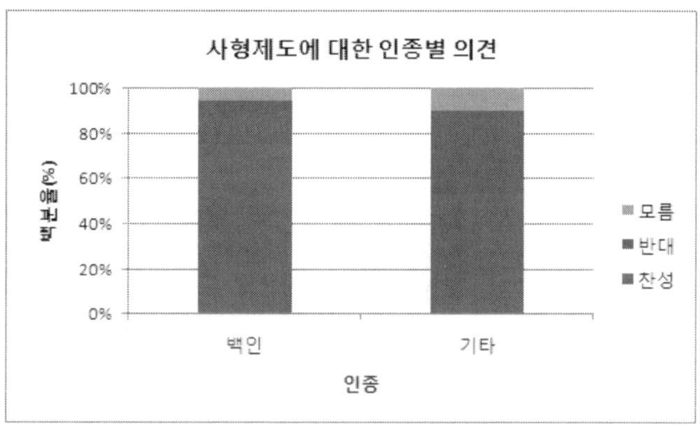

도표 3.4.3(2) 사형제도 데이터에 대한 인종별 분할막대그래프

③ 사형제도에 대한 인종별 의견의 삼차원 막대그래프

먼저 [도표 3.4.4]와 같이 인종별 백분율 데이터를 작성한다. 이때 인종별로 백분율의 합이 100이 되는지 확인한다.

H4 =B4/SUM($B$4:$D$4)*100

	A	B	C	D	E	F	G	H	I	J	K
1		사형제도에 대한 인종별 의견					사형제도에 대한 인종별 백분율				
2											
3		찬성	반대	모름	합			찬성	반대	모름	합
4	백인	947	244	69	1260		백인	75.15873	19.36508	5.47619	100
5	기타	131	92	24	247		기타	53.03644	37.24696	9.716599	100
6											

도표 3.4.4 사형제도에 대한 의견의 인종별 백분율 데이터

단계 1 [삽입] "세로 막대형"의 "3차원 세로 막대형"을 선택한다.

단계 2 [차트도구] > [디자인] "데이터 선택" 탭에서 "데이터 범위"에 $G$3:$J$5를 입력하고 데이터 방향으로 "행"을 선택한다.

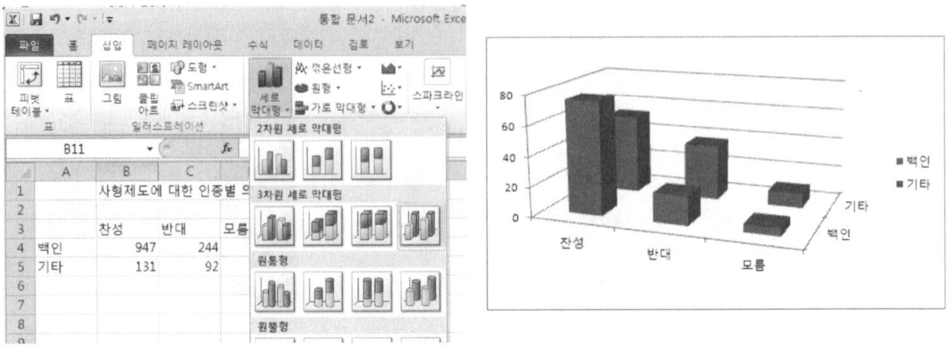

도표 3.4.5(1) 단계 1, 2: 사형제도 데이터에 대한 인종별 삼차원 막대그래프

단계 3 [차트도구] > [레이아웃]에서 "차트제목"과 "축 제목"을 적절하게 입력하고 "범례" 탭에서 "범례 표시"를 해제하면 [도표 3.4.5(2)]의 삼차원 막대그래프를 얻는다. ■

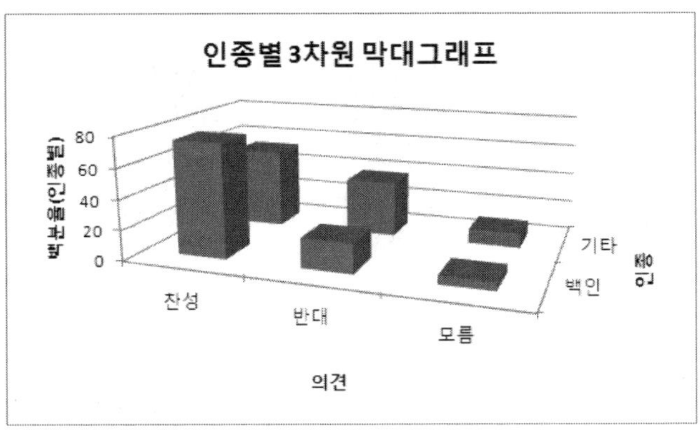

도표 3.4.5(2) 사형제도 데이터에 대한 인종별 삼차원 막대그래프

3.4.2 이변량 양적 데이터에 대한 히스토그램과 빈도곡면 작성

예 3.4.2 [예 3.1.3]에서 고려한 Fisher의 붓꽃 데이터를 다시 고려하자. 꽃받침길이(sepal length)와 꽃잎길이(petal length) 간의 삼차원 히스토그램과 빈도곡면을 작성하여 보자.

풀이 먼저 [도표 3.1.4]에 제시된 교차표 데이터를 아래와 같이 입력한다.(이 데이터는 작업표 iris에 저장되어 있다.)

SYMBOL					sepallength by petallength						
Setosa											
Virginica				0	10	20	30	40	50	60	계
Versicolor			40	1	27	0	3	1	0	0	32
Virginica			50	0	22	1	11	18	5	0	57
Virginica			60	0	0	0	1	23	25	0	49
Setosa			70	0	0	0	0	0	3	9	12
Virginica			계	1	49	1	15	42	33	9	150
Versicolor											

도표 3.4.6 붓꽃데이터에서 꽃받침길이와 꽃잎길이 간의 교차표

① 붓꽃 데이터에 대한 삼차원 히스토그램 작성

단계 1 [삽입]에서 "세로 막대형"의 "3차원 세로 막대형"을 선택한다.

단계 2 [차트도구] > [디자인] "데이터 선택"의 "차트 데이터 범위"에 $I$4:$P$8을 입력한다.

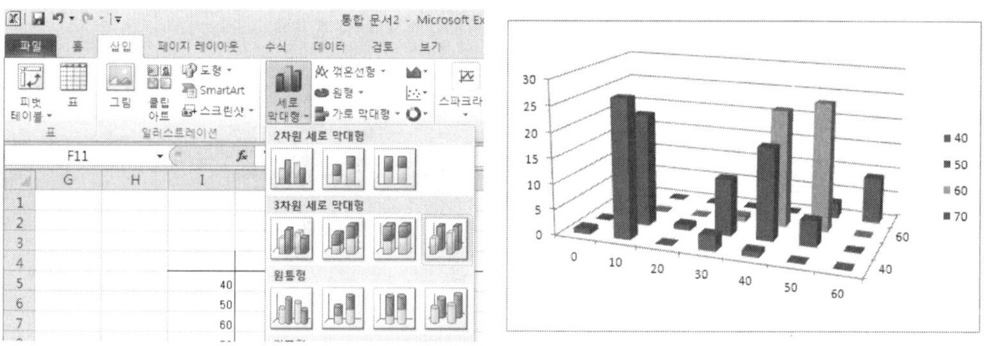

도표 3.4.7(1) 단계 1, 2: 붓꽃 데이터에 대한 3차원 히스토그램

단계 3 [차트도구] > [레이아웃]에서 "차트제목"과 "축 제목"을 적절하게 입력하고 "범례" 탭에서 "범례 표시"를 해제한다.

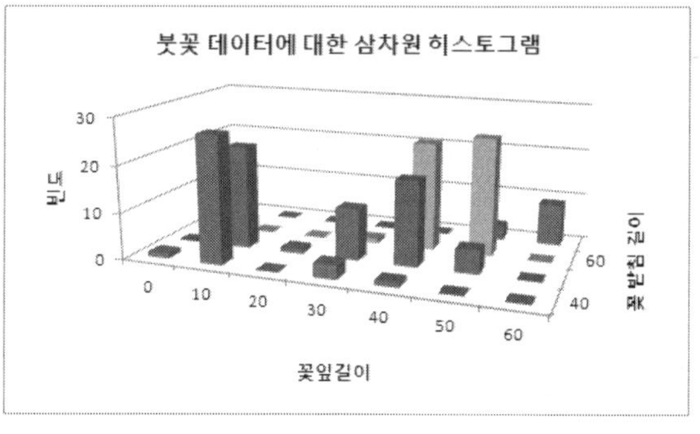

도표 3.4.7(2) 붓꽃 데이터에 대한 3차원 히스토그램

추가단계 아무 막대에서 RMB(오른쪽 마우스 단추) 메뉴를 열어서 "데이터 계열 서식"을 선택한다. "데이터 계열 서식" 대화상자의 "계열옵션"에서 "간격 깊이"와 "간격 너비"를 각각 0으로 설정한다.

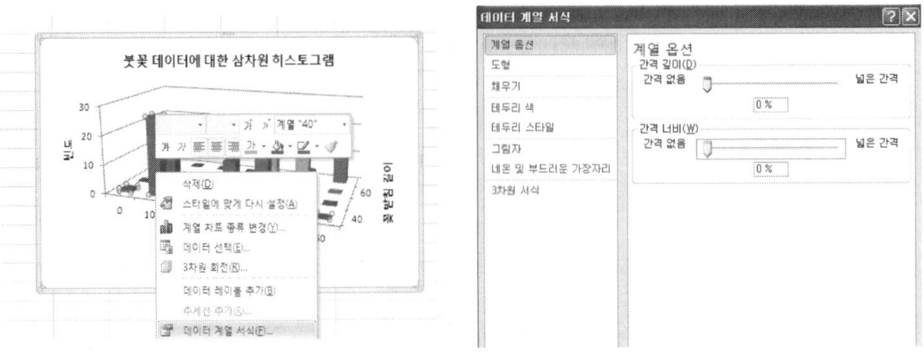

도표 3.4.7(3) 추가단계: 붓꽃 데이터에 대한 3차원 히스토그램

그러면 우리는 다음과 같이 완성된 3차원 히스토그램을 얻는다.

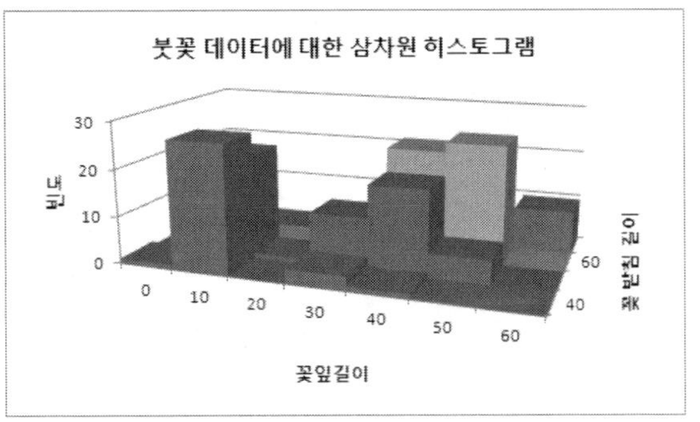

도표 3.4.8 붓꽃 데이터에 대한 3차원 히스토그램 최종

② 붓꽃 데이터에 대한 빈도곡면 작성

우리는 처음부터 빈도곡면을 작성할 수도 있지만, 간단하게 3차원 히스토그램을 빈도곡면으로 전환시킬 수 있다.

전환단계 [삽입]의 "차트 종류" 대화상자를 열어서 "표면형" > "3차원 표면형"을 선택한다. 그러면 우리는 빈도곡면을 보게 된다. 제목을 "3차원 히스토그램"에서 "빈도곡면"으로 바꾸어준다. 그러면 우리는 최종 빈도곡면에 도달한다. ■

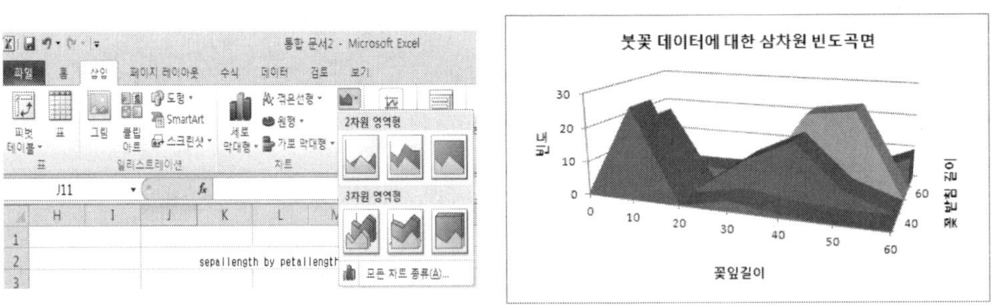

도표 3.4.9 전환단계: 붓꽃 데이터에 대한 빈도곡면

3.4.3 이변량 양적데이터에 대한 산점도와 최소제곱회귀선 작성

예 3.4.3 다음은 어느 단체의 회원 51명의 키(height), 몸무게(weight), 성별(gender), 그리고 혈액형(bloodtype)을 기록한 데이터이다.(이 회원 데이터는 엑셀 작업표 members에 저장되어 있다.) (1) 키와 몸무게에 대해 산점도를 작성하고 최소제곱회귀선을 적합시킨 후 그 결과를 해석하라. (2) 키와 몸무게에 대해 공분산, 상관계수, 결정계수를 구하라.

도표 3.4.10 회원 데이터

ID	Height	Weight	Gender	BloodType	ID	Height	Weight	Gender	BloodType
1	179	54	m	B	27	160	53	f	O
2	162	53	f	O	28	168	58	f	O
3	170	57	m	A	29	164	55	f	B
4	177	73	m	O	30	173	74	m	B
5	167	55	m	B	31	183	71	m	O
6	167	78	m	A	32	170	52	m	A
7	160	48	f	A	33	169	57	f	AB
8	171	55	m	B	34	160	48	f	A
9	158	53	f	A	35	161	49	f	O
10	180	74	m	A	36	178	73	m	A
11	163	51	f	B	37	159	50	f	O
12	170	59	f	A	38	181	78	m	AB
13	175	59	m	B	39	169	55	m	A
14	171	65	m	B	40	166	59	f	A
15	160	50	f	A	41	178	74	m	B
16	158	59	f	A	42	169	71	m	B
17	158	45	f	AB	43	178	68	m	A
18	180	63	m	O	44	160	47	f	O
19	160	46	f	B	45	173	70	m	AB
20	173	61	m	B	46	158	50	f	A
21	171	68	m	AB	47	160	65	f	A
22	152	38	f	B	48	167	48	f	O
23	173	64	m	AB	49	163	53	m	B
24	173	52	m	O	50	177	64	m	A
25	163	56	m	O	51	165	45	f	O
26	162	52	f	O					

풀이 1 (키와 몸무게에 대한 산점도 작성과 최소제곱회귀선 적합) 먼저 이 데이터를 아래와 같이 엑셀 작업표로 읽어 들인다.

	A	B	C	D	E
1		Members' data			
2	ID	Height	Weight	Gender	BloodType
3	1	179	54	m	B
4	2	162	53	f	O
5	3	170	57	m	A
6	4	177	73	m	O
7	5	167	55	m	B
8	6	167	78	m	A
9	7	160	48	f	A
10	8	171	55	m	B

도표 3.4.11 작업표로 읽어 들인 회원 데이터

단계 1 [삽입]: "분산형"을 선택한다.

단계 2 [차트도구]>[디자인]: "데이터 선택" 탭에서 "추가" 단추를 누른 후, "X 값": $B$3:$B$53, "Y 값": $C$3:$C$53을 적절히 입력한다.

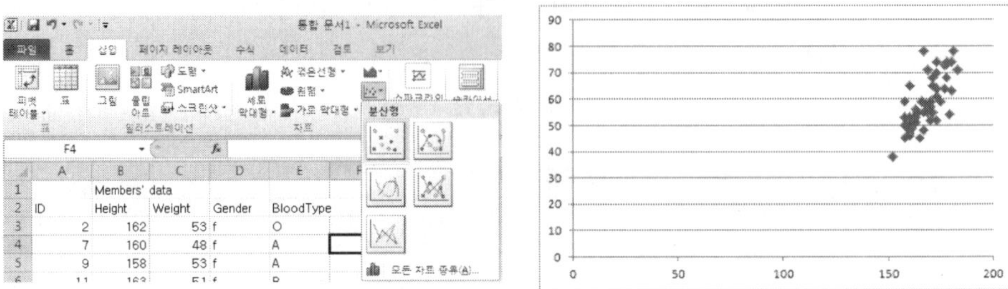

도표 3.4.12 차트 단계 1, 2: 회원 데이터에 대한 산점도

단계 3 [차트도구] > [레이아웃]: "차트제목"과 "축제목"을 적절하게 입력하고, "눈금선" 탭에서 "Y축 눈금선"을 해제시킨다. 그리고 "범례" 탭에서 "범례 표시"를 해제시킨다.

단계 4 X축 눈금의 아무 값에서 오른쪽 마우스 메뉴를 연 후 "축 서식"을 선택한다. "축 서식" 대화상자의 "눈금" 탭에서 "최소값"을 150으로, "최대값"을 190으로 수정한다. 마찬가지 방법으로 Y 축 "눈금"의 최소값을 30으로, 최대값을 90으로 변경한다.

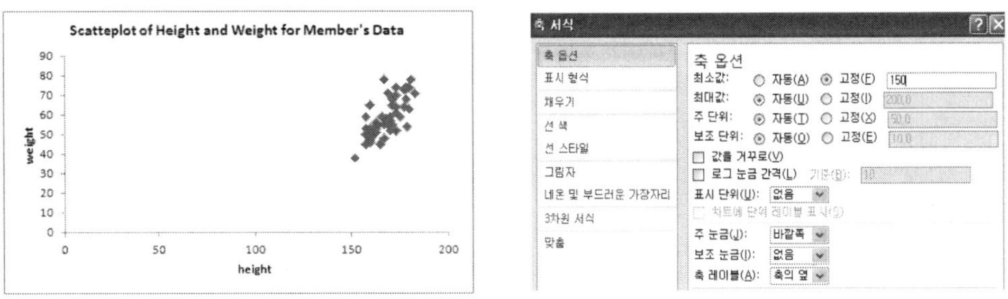

도표 3.4.13 차트 단계 3, 4: 회원 데이터에 대한 산점도

그러면 우리는 아래와 같은 산점도를 얻는다.

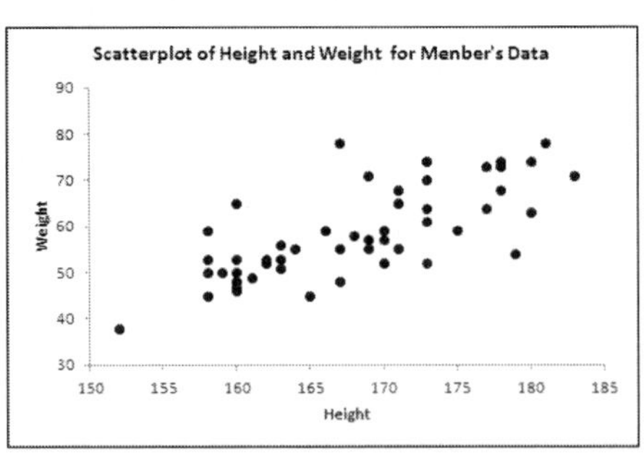

도표 3.4.14 회원 데이터에 대한 최종 산점도

추가 단계 ① 산점도 위의 아무 데이터 점에서 오른쪽 마우스 메뉴를 연 후 "추세선 추가"를 선택한다.

② "추세선" 대화상자의 "종류" 탭에서 "추세/회귀 유형"으로 "선형"을 선택하고, "수식을 차트에 표시"와 "R-제곱값을 차트에 표시"를 선택한다.

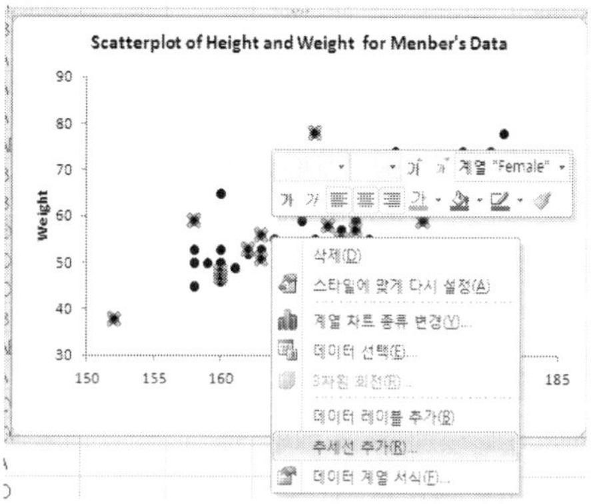

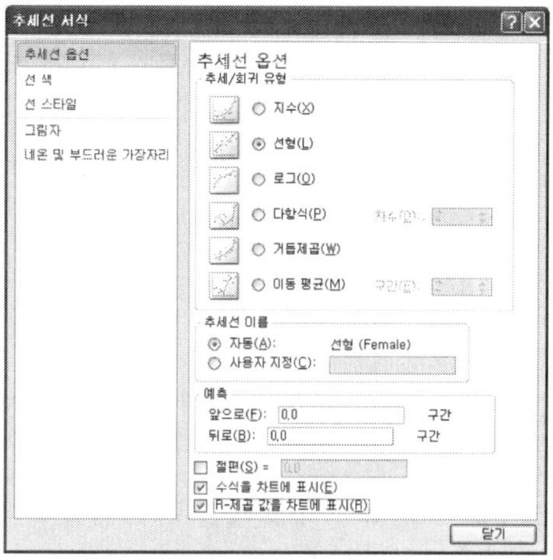

도표 3.4.15 추가 단계: 회원 데이터에 대한 산점도에 적합선 추가

그러면 우리는 다음과 같이 최소제곱회귀선과 회귀식 그리고 결정계수의 값이 추가된 산점도를 보게 된다. 산점도는 대략 직선적인 경향을 보이지만, 결정계수의 값(0.5413)으로 미루어 볼 때 직선의 강도는 그다지 세다고 보기는 어렵다.

■

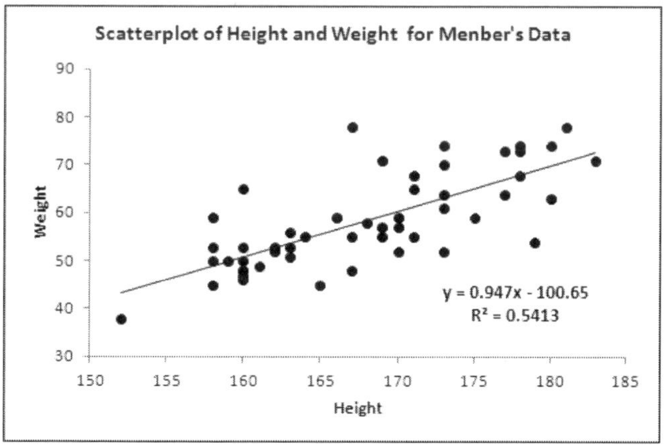

도표 3.4.16 회원 데이터에 대한 산점도 적합선

풀이 2 (키와 몸무게에 대해 공분산, 상관계수 그리고 결정계수를 계산. 그리고 이 두 변수에 대해 최소제곱회귀계수 계산) 우리는 함수 COVAR, CORREL, RSQ, SLOPE, 그리고 INTERCEPT를 이용하여 아래와 같이 이변량 통계량들을 계산할 수 있다. (이들을 포함한 이변량 통계함수들은 [도표 3.4.18]에 제시되어 있다.) 우리는 회귀계수들과 결정계수가 [도표 3.4.16]의 적합선과 함께 제시된 값들과 동일함을 알 수 있다. 함수 LINEST는 11장에서 다루어질 것이다. ■

	A	B	C	D	E	F	G	H	I	J
1		Members' data					Bivariate Statistics for Height and Weight			
2	ID	Height	Weight	Gender	BloodType					
3	1	179	54	m	B		53.72549	=COVAR(C3:C53,B3:B53)		
4	2	162	53	f	O		0.735759	=CORREL(C3:C53,B3:B53)		
5	3	170	57	m	A		0.541341	=RSQ(C3:C53,B3:B53)		
6	4	177	73	m	O		0.947017	=SLOPE(C3:C53,B3:B53)		
7	5	167	55	m	B		-100.654	=INTERCEPT(C3:C53,B3:B53)		
8	6	167	78	m	A					
9	7	160	48	f	A					

도표 3.4.17 함수들을 이용한 이변량 통계량 계산: 회원 데이터

| 과제 3.4.1 | [예 3.4.3]의 회원데이터를 다시 고려하자. 이 데이터에 대해 성별로 각각 키와 몸무게에 대해 산점도를 작성하고 최소제곱회귀선을 적합시킨 후 그 결과를 비교하라.

보너스 이를 아래와 같이 하나의 그래프로 작성하라.

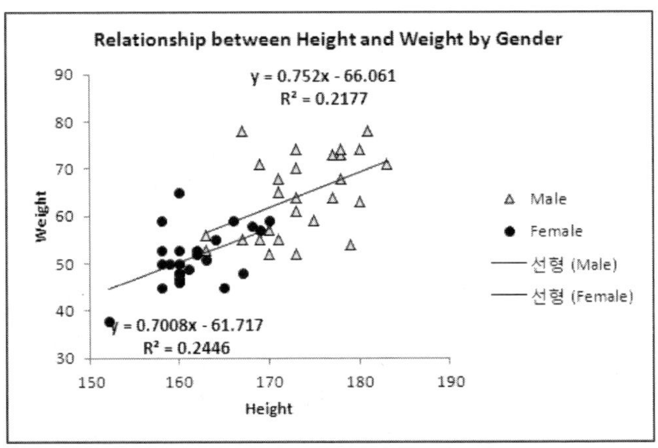

단계 1 성별로 자료정렬

단계 2 성별로 각각 산점도 작성(추가 버튼 2번 누름)

단계 3 성별로 각각 추세선 추가

도표 3.4.18 이변량 통계함수들

<table>
<tr><th>함수</th><th>인수</th><th>인수의 뜻</th><th>돌려주는 값</th></tr>
<tr><td rowspan="2">COVAR</td><td>array1</td><td>데이터의 배열이나 범위</td><td rowspan="2">공분산</td></tr>
<tr><td>array2</td><td>데이터의 배열이나 범위</td></tr>
<tr><td rowspan="2">CORREL 또는 PEARSON</td><td>array1</td><td>데이터의 배열이나 범위</td><td rowspan="2">피어슨의 상관계수 r</td></tr>
<tr><td>array2</td><td>데이터의 배열이나 범위</td></tr>
<tr><td rowspan="2">RSQ</td><td>y_vals</td><td>종속변수의 알려진 값들</td><td rowspan="2">결정계수; 독립변수가 한 개인 경우는 상관계수의 제곱과 일치한다.</td></tr>
<tr><td>x_vals</td><td>독립변수(들)의 알려진 값들</td></tr>
<tr><td rowspan="2">SLOPE</td><td>y_vals</td><td>종속변수의 알려진 값들</td><td rowspan="2">단순선형회귀모형에서 기울기</td></tr>
<tr><td>x_vals</td><td>독립변수(들)의 알려진 값들</td></tr>
<tr><td rowspan="2">INTERCEPT</td><td>y_vals</td><td>종속변수의 알려진 값들</td><td rowspan="2">단순선형회귀모형에서 절편</td></tr>
<tr><td>x_vals</td><td>독립변수(들)의 알려진 값들</td></tr>
<tr><td rowspan="4">LINEST</td><td>y_vals</td><td>종속변수의 알려진 값들</td><td rowspan="4">(중)선형회귀모형에서 회귀계수들과 회귀통계량들(회귀계수들에 대한 표준오차들, $\hat{y}$의 표준오차, F 통계량과 자유도, 회귀제곱합, 잔차제곱합) {mn,mn−1,...,m1,b;sen,sen−1,...,se1,seb;r 2,sey;F,df;ssreg,ssresid}</td></tr>
<tr><td>x_vals</td><td>독립변수(들)의 알려진 값들</td></tr>
<tr><td>constant</td><td>상수항이 0이 아닌지 여부. False이면 0, True이거나 생략되면 0이 아님.</td></tr>
<tr><td>stats</td><td>회귀계수 이외의 통계량들 계산 여부. TRUE이면 계산, FALSE이거나 생략되면 계산하지 아니함.</td></tr>
<tr><td rowspan="4">TREND</td><td>y_vals</td><td>종속변수의 알려진 값들</td><td rowspan="4">독립변수(들)의 새로운 값(들)에서 선형 추세값</td></tr>
<tr><td>x_vals</td><td>독립변수(들)의 알려진 값들</td></tr>
<tr><td>new_x_vals</td><td>독립변수(들)의 새로운 값(들)</td></tr>
<tr><td>constant</td><td>상수항이 0이 아닌지 여부. False이면 0, True이거나 생략되면 0이 아님.</td></tr>
<tr><td rowspan="4">LOGEST</td><td>y_values</td><td>종속변수의 값들의 영역</td><td rowspan="4">(중)지수 회귀모형에서 회귀계수들과 회귀 통계량들(회귀계수들에 대한 표준오차들, $\hat{y}$의 표준오차, F 통계량과 자유도, 회귀제곱합, 잔차제곱합) {mn,mn−1,...,m1,b;sen,sen−1,...,se1,seb;r 2,sey;F,df;ssreg,ssresid}</td></tr>
<tr><td>x_values</td><td>독립변수의 값들의 영역</td></tr>
<tr><td>constant</td><td>상수항이 1이 아닌지 여부. False이면 1, True이거나 생략되면 1이 아님.</td></tr>
<tr><td>stats</td><td>회귀계수 이외의 통계량들 계산 여부. TRUE이면 계산, FALSE이거나 생략되면 계산하지 아니함.</td></tr>
<tr><td rowspan="4">GROWTH</td><td>y_vals</td><td>종속변수의 알려진 값들</td><td rowspan="4">독립변수(들)의 새로운 값(들)에서 지수 추세값</td></tr>
<tr><td>x_vals</td><td>독립변수(들)의 알려진 값들</td></tr>
<tr><td>new_x_vals</td><td>독립변수(들)의 새로운 값(들)</td></tr>
<tr><td>constant</td><td>상수항이 1이 아닌지 여부. False이면 1, True이거나 생략되면 1이 아님.</td></tr>
</table>

3.4.4 시계열 데이터에 대한 시계열산점도와 꺾은선 그래프 작성

예 3.4.4 [예 3.1.8]에서 다룬 다우존스 데이터에 대해 시계열산점도와 꺾은선 그래프를 작성하라.

풀이 먼저 이 데이터를 아래와 같이 엑셀 작업표로 읽어 들인다.

	A	B	C
1	DJIA Data		
2	Year	DJIA	
3	1983	1027.04	
4	1984	1252.74	
5	1985	1198.87	
6	1986	1537.73	
7	1987	1927.31	
8	1988	2015.25	
9	1989	2144.64	
10	1990	2810.15	

도표 3.4.19 DJIA 데이터(일부)

단계 1 [삽입] : "꺾은선형" 가운데 "데이터 표식이 있는 꺾은선형"을 선택한다.

단계 2 [차트도구] > [디자인] : "데이터 선택" 탭에서 "추가" 단추를 누른 후, "이름": "$B$2, "X값": $B$3:$B$25, "X축 레이블": A$3:$A$25를 적절히 입력한다.

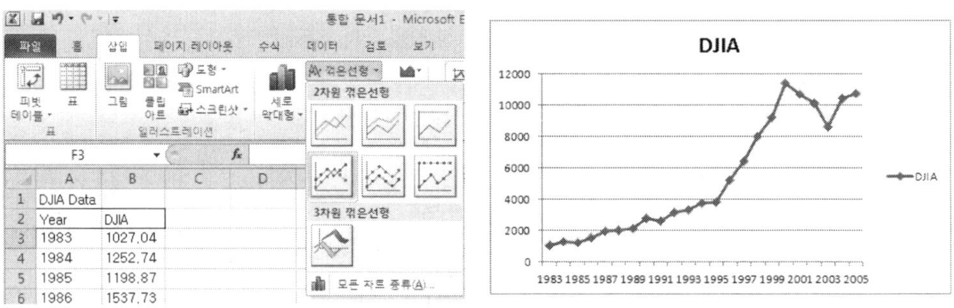

도표 3.4.20 차트 마법사 1, 2 단계: DJIA 데이터에 대한 시계열산점도

단계 3 [차트도구] > [레이아웃]에서 차트제목과 축제목을 적절하게 입력하고, "범례 표시"를 해제시켜서 시계열산점도를 얻는다. ■

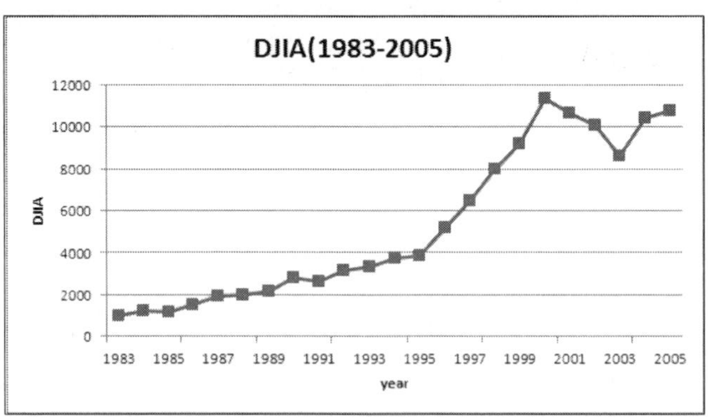

도표 3.4.21 DJIA 데이터에 대한 시계열산점도

3.4.5 이변량 질적 데이터에 대한 빈도분포표 작성

우리는 엑셀의 "피벗 테이블/피벗 차트 마법사"(줄여서, 피벗 마법사)를 이용하여 이변량 빈도분포표, 즉 교차표[그리고 더 나아가 이원분류표(two-way {classification} table)]와 이에 대한 막대그래프를 작성할 수 있다. "피벗 마법사"를 이용하려면 데이터가 다음과 같은 형식으로 준비되어 있어야 한다.

- 각 변수는 한 열에 위치해야 하고, 첫 행에는 변수이름이 있어야 한다.
- 모든 변수는 인접한 열들에 위치해야 한다.
- 교차표나 이원분류표에서 행 범주나 열 범주로 사용될 변수들은 이산 수치형이거나 문자형이어야 한다(즉 범주형이어야 한다).

예 3.4.5 다음은 세 영업사원의 세 주간에 걸친 판매실적이다. 각 주 별로 영업사원과 품목 간의 교차표를 작성하라. (이 판매실적 데이터는 엑셀 작업표 'sales'에 저장되어 있다.)

	A	B	C	D
1	**Who**	**Week**	**What**	**Amount**
2	Joe	3	Beer	18
3	Beth	4	Food	17
4	Janet	5	Beer	14
5	Joe	3	Food	12
6	Joe	4	Beer	19
7	Janet	5	Car	12
8	Joe	3	Food	19
9	Beth	4	Beer	15
10	Janet	5	Beer	19
11	Joe	3	Car	20
12	Joe	4	Beer	16
13	Beth	5	Food	12
14	Beth	3	Beer	16
15	Joe	4	Food	17
16	Joe	5	Beer	14
17	Janet	3	Car	19
18	Joe	4	Food	17
19	Beth	5	Beer	20
20	Janet	3	Food	18
21	Joe	4	Beer	14
22	Joe	5	Food	12
23	Janet	3	Beer	18
24	Janet	4	Car	17
25	Janet	5	Food	12

도표 3.4.22 판매실적 데이터

풀이 ⓪ [삽입] > [피벗 테이블] > [피벗 차트]로 [피벗 마법사]를 시작한다. 피벗 테이블만을 작성하려면 [삽입] > [피벗 테이블]로 [피벗 마법사]를 시작한다. "피벗 차트"로 선택하면 피벗 테이블과 함께 피벗 차트[이변량 {분할}막대 그래프]를 전시한다.

♣ Excel 2003에서는 [데이터] > [피벗 테이블/피벗 차트 보고서]로 [피벗 마법사]를 시작한다.

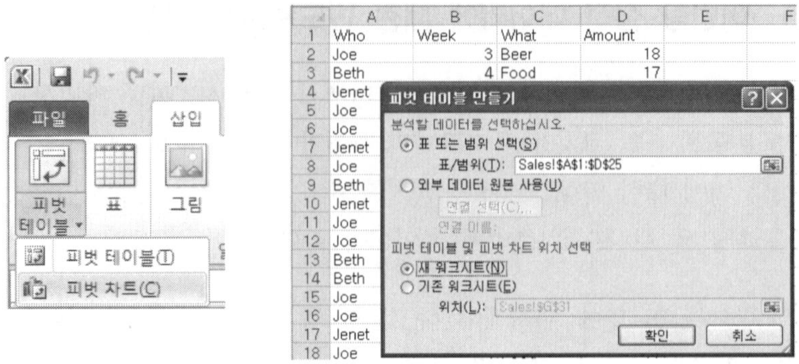

도표 3.4.23 피벗 마법사를 열어서 데이터 영역과 피벗 보고서 작성위치를 지정하기

① [도표 3.4.23]에서와 같이 데이터 영역을 지정한다. 이 데이터 영역은 인접한 범위이어야 한다.

② [도표 3.4.23]에서와 같이 피벗 보고서를 작성할 위치를 지정한다.

③ 위와 같은 단계를 마치면 [도표 3.4.24]와 같은 피벗 테이블과 피벗 차트의 틀이 전시된다.

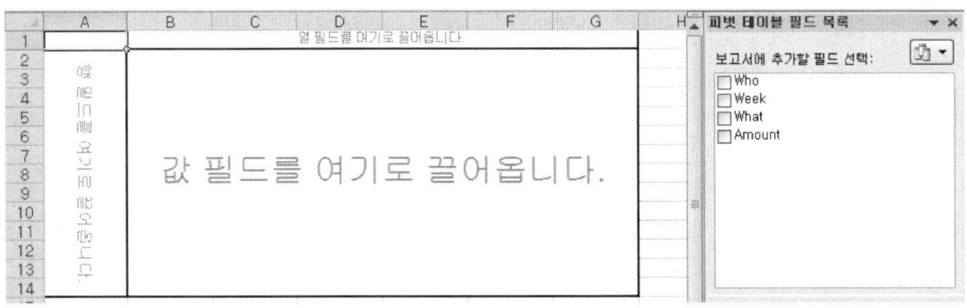

도표 3.4.24(a) 피벗 테이블의 틀과 필드 목록

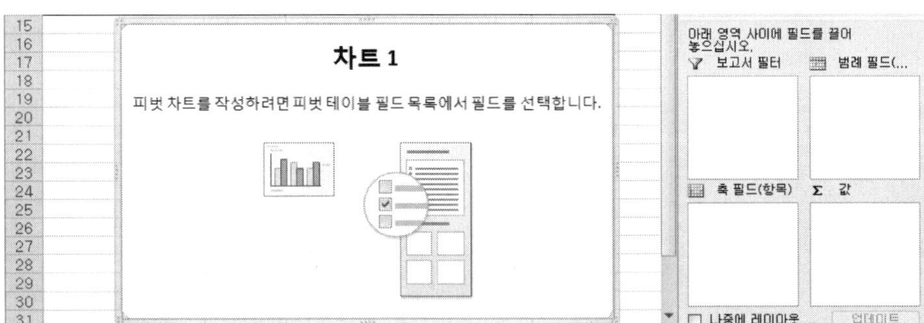

도표 3.4.24(b) 피벗 차트의 틀과 레이아웃 영역

④ 피벗 테이블이나 피벗 테이블의 틀이나 레이아웃 영역에서, 오른쪽의 변수목록으로부터 적절한 변수를 마우스로 열 필드, 행 필드, 데이터 필드, 또는 페이지 필드, 범례 필드에 끌어다 놓는다. 필요할 경우에, 페이지 필드에는 교차표를 통제할 제3의 변수, 즉 범주형 공변량(covariate)을 둔다. 여기서는 위 도표의 오른쪽에서와 같이,

• "Week"를 보고서 필터(페이지 필드)에, "Who"를 행 필드에, "Week"를 열 필드에, 그리고 "Amount"를 데이터 필드 그리고 "What"를 범례 필드에 배치한다.

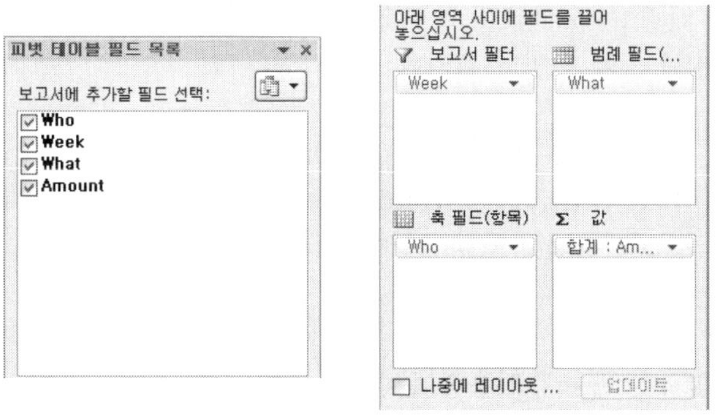

도표 3.4.25 피벗 테이블의 필드 목록과 레이아웃

⑤ 피벗 테이블이나 피벗 차트의 틀 또는 레이아웃 영역에서, 오른쪽의 변수목록으로부터 적절한 변수를 마우스로 페이지 필드, 열 필드, 행 필드, 데이터 필드, 또는 페이지 필드에 끌어다 놓는다. 필요할 경우에, 페이지 필드에는 교차표를 통제할 제3의 변수, 즉 범주형 공변량(covariate)을 둔다. 여기서는 위 도표의 오른쪽에서와 같이,

• "Week"를 페이지 필드에, "Who"를 행 필드에, "Week"를 열 필드에, 그리고 "Amount"를 데이터 필드에 배치한다.

그러면 우리는 아래와 같은 피벗 테이블과 피벗 차트를 얻는다.

	A	B	C	D	E
1	Week	(모두)			
2					
3	합계 : Amount	What			
4	Who	Beer	Car	Food	총합계
5	Beth	51		29	80
6	Janet	51	48	30	129
7	Joe	81	20	77	178
8	총합계	183	68	136	387

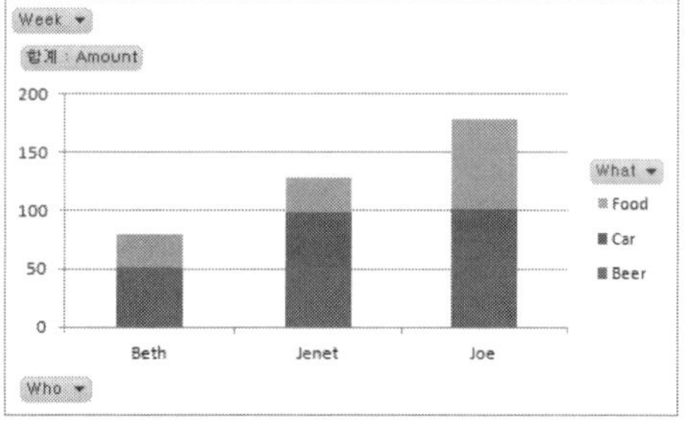

도표 3.4.26 일차 완성된 피벗 테이블과 피벗 차트: 이원분류표와 누적막대그래프

• 이렇게 전시된 피벗 테이블과 피벗 차트는 각각 이원분류표와 누적(stacked) 막대 그래프에 다름 아니다. (만일 다른 종류의 막대그래프가 전시되었다면, 피벗 차트의 그림영역(figure region)에서 RMB 메뉴를 열어서 "계열 차트 종류 변경"을 선택하여 "차트종류"를 "누적세로막대형"으로 바꾸면 된다.)
• 우리는 피벗 테이블이나 피벗 차트에서 각 변수이름의 옆에 있는 ▾를 눌러서 내용을 세분화하거나 통합하여 볼 수 있다.
• 또 우리는 데이터 필드에 할당된 변수에 적용된 함수를 다른 함수로 바꾸어 적용해

볼 수도 있다.

- 이뿐 아니라 우리는 피벗 차트의 그림영역(figure region)에서 RMB 메뉴를 열어서 "계열 차트 종류 변경"을 선택하여 "차트종류"를 바꾸거나 "차트옵션"으로 차트 제목 등에 다양한 효과를 줄 수 있다.

그런데 이 도표들은 교차표(cross tabulation)와 이에 대한 누적막대그래프가 아니라 이원분류표(two-way classification table)와 이에 대한 누적막대그래프이다. 이런 도표를 작성하는 것이 목표일 수도 있지만, 여기서 우리의 목표는 교차표를 작성하는 것이다.

- 이원분류표를 교차표로 바꾸려면 "피벗 데이터 필드" 대화상자에서 데이터 필드에 할당된 변수에 적용할 함수를 "개수(count)"로 바꾸어 주면 된다.
- 우리는 피벗 테이블이나 피벗 차트의 데이터영역에서 "피벗 데이터 필드" 대화상자를 열 수 있다.

⑥ 아래 도표에서와 같이, 피벗 테이블의 데이터 영역(데이터 칸이나 데이터 필드)의 RMB 메뉴나 레이아웃 영역의 LMB 메뉴 가운데 [값 필드 설정]을 선택하여 [피벗 테이블 필드] 대화상자를 연다.

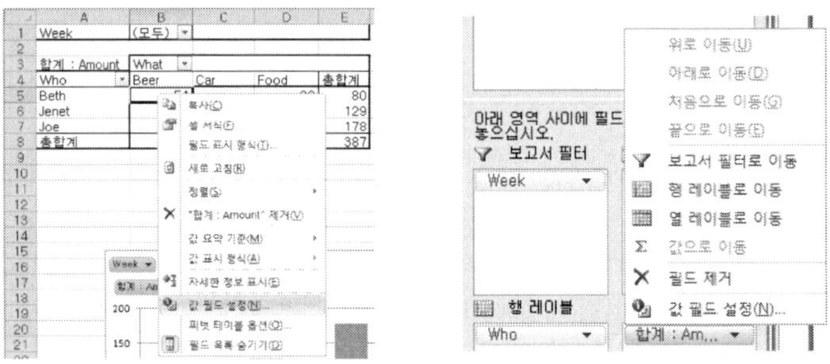

도표 3.4.27 피벗 테이블에서 [값 필드 설정] 대화상자 열기

또는 아래 도표의 왼쪽에서와 같이, 피벗 차트의 데이터 영역(데이터 필드)에서 RMB 메뉴 가운데 [값 필드 설정]을 선택하여 [값 필드 설정] 대화상자를 연다.

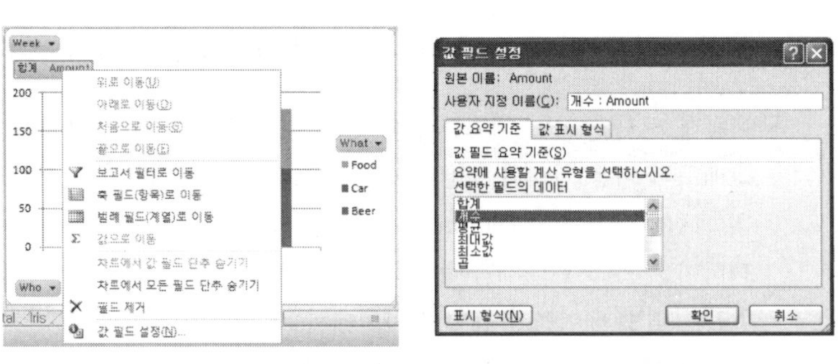

도표 3.4.28 피벗 차트에서 [값 필드 설정] 대화상자 열기

⑦ 위 도표의 오른쪽에서와 같이, [값 필드 설정] 대화상자에서 "사용할 함수"로 "개수"를 선택한다. 그러면 우리는 교차표 형태의 피벗 테이블과 이에 따른 포개진 막대그래프 형태의 피벗 차트를 보게 된다.

- 데이터 필드에 수치형 변수가 할당되면 사용할 함수로 "합계"가, 문자형 변수가 할당되면 "개수"가 기본적으로 설정된다.
- "페이지" 변수 Week에서 (모두) 대신에, 예컨대, "3"을 선택하면 제3주의 교차표와 분할막대그래프가 전시된다.

	A	B	C	D	E
1	Week	(모두)			
2					
3	개수 : Amount	What			
4	Who	Beer	Car	Food	총합계
5	Beth	3		2	5
6	Janet	3	3	2	8
7	Joe	5	1	5	11
8	총합계	11	4	9	24

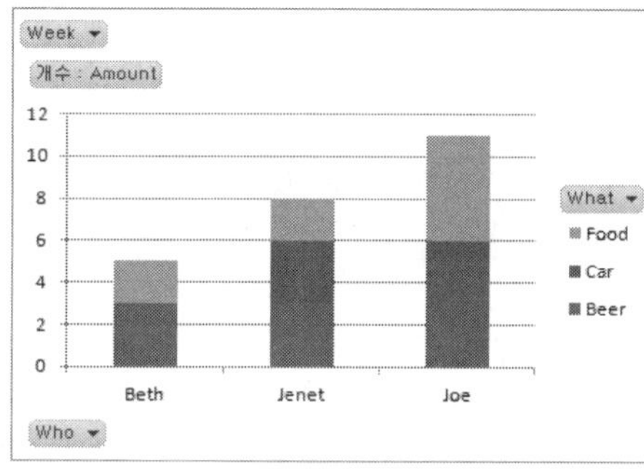

도표 3.4.29 이차 완성된 피벗 테이블과 피벗 차트: 교차표와 누적막대그래프

⑧ 이번에는 피벗 테이블에서 데이터 필드의 변수를 Amount에서 Who로 바꾸고, 또 피벗 차트에서 누적막대그래프를 분할(segmented) 막대그래프로 바꾸어 보자.

- 피벗 테이블의 데이터 필드에서 마우스로 Amount를 오른쪽의 필드 목록으로 다시 끌어다 놓고 그 대신에 필드 목록의 Who를 데이터 필드에 끌어다 놓는다. 그러면 아래와 같은 피벗 테이블(교차표)을 보게 된다.
- 그리고 피벗 차트(누적막대그래프)의 그림영역(figure region)에서 RMB 메뉴를 열어서 "계열 차트 종류 변경"을 선택하여 "차트종류"를 "100% 기준 누적세로막대형"으로 바꾸면 아래와 같은 분할막대그래프를 얻을 수 있다. ■

	A	B	C	D	E
1	Week	(모두)			
2					
3	개수 : Who	What			
4	Who	Beer	Car	Food	총합계
5	Beth	3		2	5
6	Janet	3	3	2	8
7	Joe	5	1	5	11
8	총합계	11	4	9	24

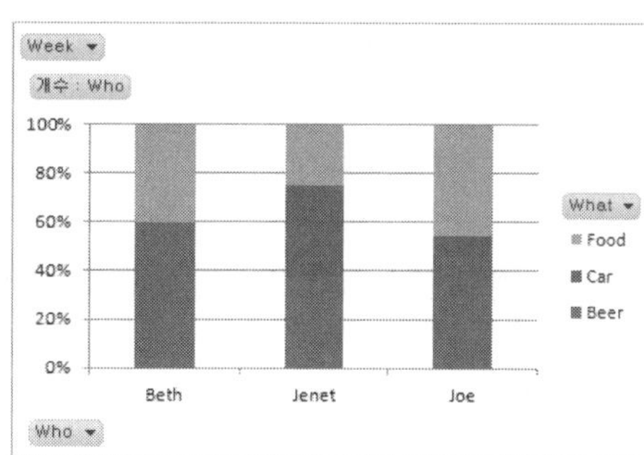

도표 3.4.30 삼차 완성된 피벗 테이블과 피벗 차트: 교차표와 분할막대그래프

3.4.6 이변량 양적 데이터에 대한 빈도분포표 작성

우리는 엑셀의 피벗 마법사를 이용하여 양적 데이터에 대해서도 이변량 빈도분포표, 즉 교차표를 작성할 수 있다. 우리는 두 가지 방법으로 이런 목적을 달성할 수 있다.

① 사후적 방법: 먼저 피벗마법사 기능을 이용하여 두 양적 변수에 대한 교차표를 작성한 후 그룹화 기능을 이용하여 계급화 한다.

② 사전적 방법: 먼저 각 데이터 값을 적절한 계급값으로 바꾸어 준 후 피벗 마법사를 이용하여 교차표를 작성한다. 이 방법을 위해서 우리는 다음과 같은 함수들을 이용하여 데이터 값을 계급화할 수 있다.

도표 3.4.31 올림/내림/정수화 관련 함수

함수	인수	인수의 뜻	돌려주는 값
CEILING	num	숫자	num을 sig의 배수로 올린 수
	sig	유효자릿수	
FLOOR	num	숫자	num을 sig의 배수로 내린 수
	sig	유효자릿수	
ROUND	num	숫자	num을 dig로 반올림한 수
	dig	소수점이하 자릿수	
INT	num	숫자	num을 넘지 않는 가장 큰 정수

예 3.4.6 [예 3.4.3]의 회원 데이터에서 성별로 Height와 Weight에 대한 교차표를 작성하라.

풀이 1 [사후적 방법: 계급폭 10] 피벗 마법사를 실행하여 데이터 영역으로 ID에서 Gender까지 지정한 후 Gender를 페이지 필드에, Height를 행 필드에, Weight를 열 필드에, 그리고 예컨대 BloodType를 데이터 필드에 할당하면 우리는 다음과 교차표를 얻는다.

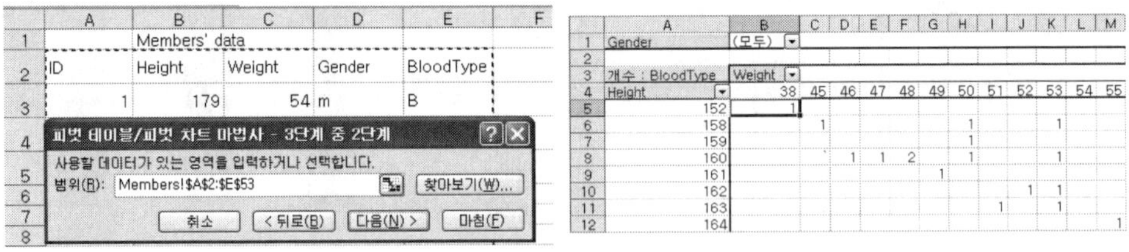

도표 3.4.32 사후적 방법: 계급화 전의 교차표

그런데 이 교차표는 Height와 Weight에 대해 계급화가 되어 있지 않다. 우리는 다음

과 같이 행변수와 열변수를 계급으로 묶을 수 있다. 먼저 행 영역에서 RMB로 "그룹화" 대화상자를 연다. 시작을 150, 끝을 190, 그리고 단위(즉 계급폭)를 10으로 설정한다. 그 다음 열 영역에서도 마찬가지로 "그룹화" 대화상자를 열어서 시작을 30, 끝을 80, 그리고 단위를 10으로 설정한다.

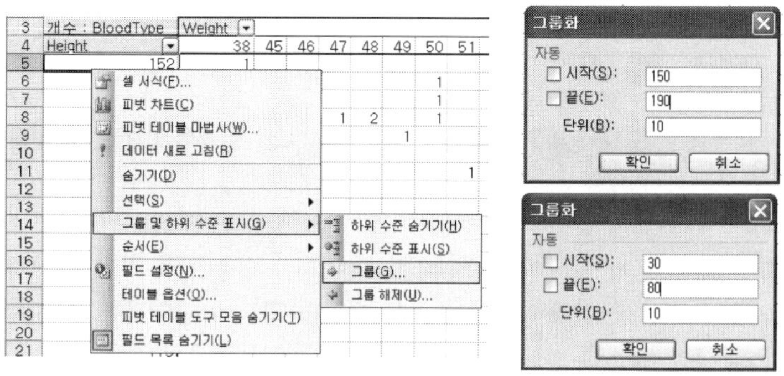

도표 3.4.33 사후적 방법: 계급경계값과 계급폭 지정

그러면 우리는 다음과 같은 계급화 된 교차표와 대응되는 삼차원 히스토그램을 얻는다.

Gender	(모두)					
개수 : BloodType	Weight					
Height	30-39	40-49	50-59	60-69	70-80	총합계
150-159	1	1	4			6
160-169		7	13	1	2	23
170-179			7	6	5	18
180-190				1	3	4
총합계	1	8	24	8	10	51

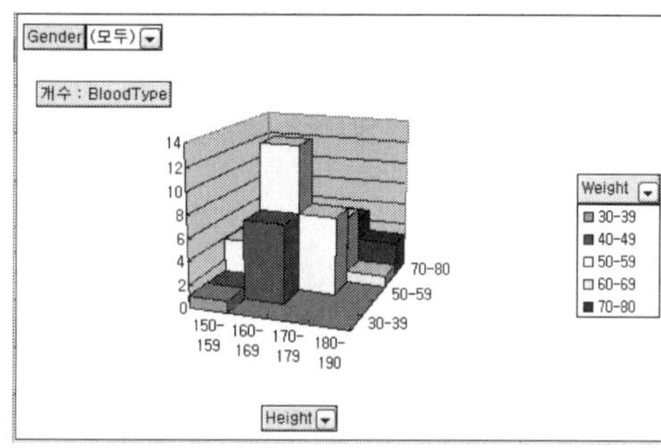

도표 3.4.34 사후적 방법: 계급화된 교차표와 삼차원 히스토그램

참고 테이블이 0행-열-값 필드로 보이지 않을 때의 조치

- 테이블 영역에서 RMB: 피벗 테이블 옵션 > 피벗 테이블 옵션 대화상자에서 표시 탭을 누른 후 > 클래식 피벗 레이아웃 표시에 체크한다.

풀이 2 [사전적 방법: 계급폭 5] 아래 표와 같이 Height와 Weight로부터 각각 계급간격을 5로 하여 Height_floor와 Weight_floor를 만든다. (여기서 우리는 sig = 5로 하여 FLOOR 함수를 사용하였다.)

=FLOOR(B3,5)

	A	B	C	D	E	F	G
2	ID	Height	Weight	Gender	BloodType	Height_floor	Weight_floor
3	1	179	54	m	B	175	50
4	2	162	53	f	O	160	50
5	3	170	57	m	A	170	55
6	4	177	73	m	O	175	70
7	5	167	55	m	B	165	55
8	6	167	78	m	A	165	75
9	7	160	48	f	A	160	45
10	8	171	55	m	B	170	55
11	9	158	53	f	A	155	50
12	10	180	74	m	A	180	70

도표 3.4.35 사전적 방법: FLOOR 함수를 이용한 계급화

그 다음 피벗 마법사를 실행하여 데이터 영역으로 Gender에서 Weight_floor까지 지정한 후 Gender를 페이지 필드에, Height_floor를 행 필드에, Weight_ floor를 열 필드에, 그리고 예컨대 BloodType을 데이터 필드에 할당하면 우리는 다음과 교차표를 얻는다. ■

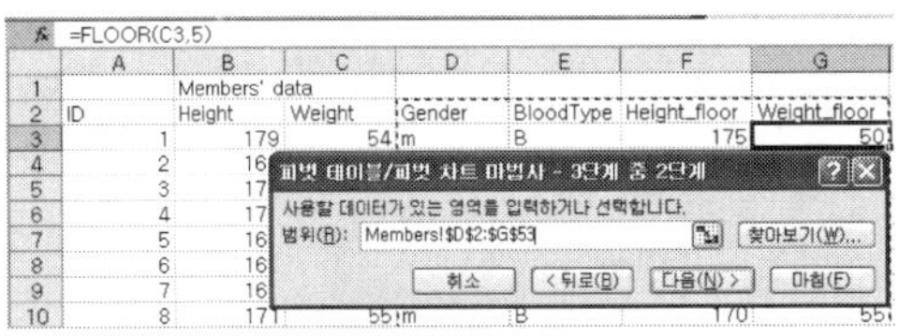

	A	B	C	D	E	F	G	H	I	J
1	Gender	(모두)								
2										
3	개수 : BloodType	Weight_floor								
4	Height_floor	35	45	50	55	60	65	70	75	총합계
5	150	1								1
6	155		1	3	1					5
7	160		5	6	2		1			14
8	165		2		5			1	1	9
9	170			2	3	2	2	2		11
10	175			1	1	1	1	3		7
11	180					1		2	1	4
12	총합계	1	8	12	12	4	4	8	2	51

도표 3.4.36 사전적 방법: 계급화된 교차표

| 과제 3.4.2 | [예 3.4.3]의 회원 데이터에 대해, ① 성별(행변수)과 혈액형(열변수)에 대한 교차표를 작성하라. ② 성별 혈액형의 막대그래프와 성별 혈액형의 분할막대그래프를 각각 작성하고 결과를 해석하라.

| 과제 3.4.3 | [예 3.4.3]의 회원 데이터의 키와 몸무게에 대해서, 삼차원 히스토그램과 빈도곡면을 작성하고 결과를 해석하라.

| 과제 3.4.4 | [예 3.1.3]에서 고려한 Fisher의 붓꽃 데이터를 다시 고려하자. ① 종(species, 또는 SYMBOL)별로 꽃받침길이(sepal length) x와 꽃잎길이(petal length) y 간의 산점도들을 작성하고 각각에 대해 최소제곱 적합선과 상관계수 그리고 결정계수를 구한 후, 이를 해석하라. ② 종별로 꽃받침길이(sepal length) x와 꽃잎길이(petal length) y 간의 교차표(계급폭을 각각 10으로 하여)와 이를 토대로 한 삼차원 히스토그램을 작성한 후, 이 결과를 해석하라. (이 데이터는 아래와 같이 엑셀 작업표 'iris'에 저장되어 있다.)

	A	B	C	D	E	F
1	Fisher's Iris Data					
2	SEPALLENGTH	SEPALWIDTH	PETALLENGTH	PETALWIDTH	SPECIES	SYMBOL
3	50	33	14	2	1	Setosa
4	64	28	56	22	3	Virginica
5	65	28	46	15	2	Versicolor
6	67	31	56	24	3	Virginica
7	63	28	51	15	3	Virginica
8	46	34	14	3	1	Setosa
9	69	31	51	23	3	Virginica
10	62	22	45	15	2	Versicolor
11	59	32	48	18	2	Versicolor
12	46	36	10	2	1	Setosa

도표 3.4.37 Fisher의 붓꽃 데이터

연습문제
3장

1 심프슨의 역설(Simpson's paradox)에 대해 조사해 보자.

2 선형 변환된 데이터의 공분산과 상관계수는 어떻게 되겠는가? 구체적으로, x와 y의 공분산과 상관계수를 각각 s'_{xy}와 r_{xy}로 나타내자. 이때 $u = a + bx$, $v = c + dy$로 정의되는 u와 v의 공분산 s'_{uv}와 상관계수 r'_{xy}를 구하라.

3 3.3.2절의 최소제곱회귀계수를 유도해 보라.

4 Pearson의 아버지와 아들 키 데이터에 대해 최소제곱회귀선을 구하라.

5 12명의 여학생들이 참여한 한 실험에서, 무릎을 5도 만큼 기울였을 때와 45도 만큼 기울였을 때 오금의 힘을 역계를 사용하여 측정하였다. 다음은 이 두 변수[Force5(x)와 Force45(y)]를 측정한 이변량 데이터에 대한 산점도에 최소제곱회귀선(regression line) $\hat{y} = a + bx$을 나타낸 그림이다.

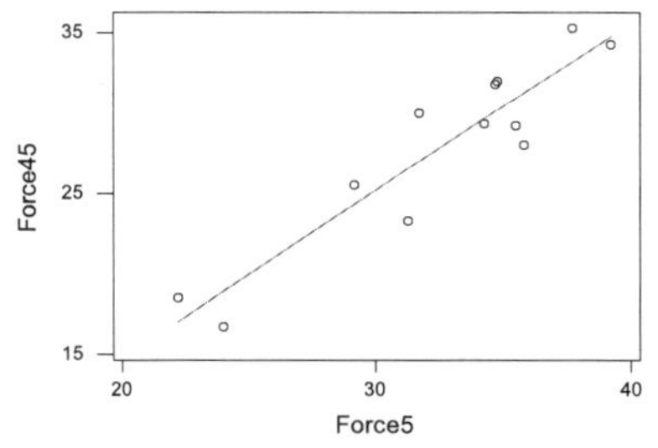

(1) 이 두 변수 간의 상관계수는 r=0.9로 계산되었다. ① 상관계수는 무엇을 측정하는가? ② 이 상관계수의 계산과정을 설명하라.

(2) ① "최소제곱" 회귀선이란 무엇인가? ② 회귀(regression)라는 용어의 유래에 대해서 설명하라.

(3) Force5와 Force45의 표준편차들 SD5=5.0와 SD45=6.0, 그리고 상관계수 r

=0.9로부터 회귀선의 기울기 b를 구하라.

(4) 회귀선의 기울기 b와 Force5와 Force45의 평균들 Mean5=30과 Mean45=25로부터 회귀선의 절편 a를 구하라.

6 다음은 몇 나라의 혈액형 분포를 비교한 것이다. 이 그래프의 종류를 식별하고, 각국의 혈액형 분포의 특징을 기술하라.

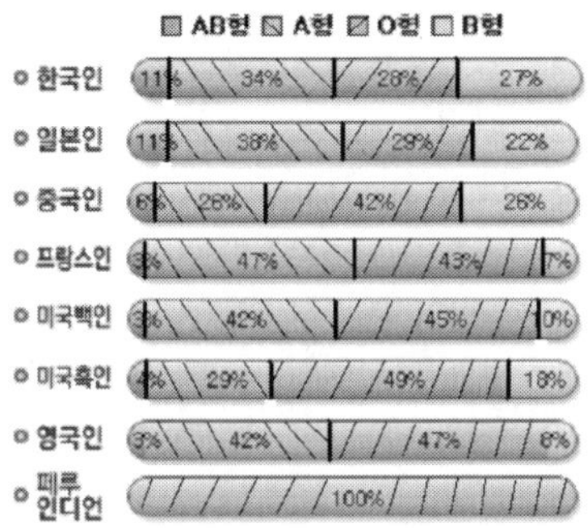

*대한적십자사 혈액관리본부 홍보자료 참조

7 [도표 3.5.1]은 미국 플로리다 주에서 발생한 살인사건들에 대한 인종별 사형판결 백분율이다. [도표 3.5.2]는 희생자의 인종을 고려한 인종별 사형판결의 백분율이다.

도표 3.5.1 인종별 사형 판결의 백분율

살인자	판결		사형판결의 백분율
	사형	기타	
흑	59	2,448	2.4
백	72	2,185	3.2

도표 3.5.2 희생자의 인종을 고려한 인종별 사형판결의 백분율

희생자	살인자	판결		사형판결의 백분율
		사형	기타	
흑	흑	11	2,209	0.5
	백	0	111	0.0
백	흑	48	239	16.7
	백	72	2,074	3.4

(1) [도표 3.5.1]로부터 승산비(odds ratio, OR)를 구하여 살인자의 인종과 사형판결 여부 간에 관련성이 있는지 판단해 보아라. 그리고 어떤 인종이 극형판결을 받는 비율이 높은지 해석하라.

(2) [도표 3.5.2]에서 희생자의 인종별로 어떤 인종이 극형판결을 받는 비율이 높은지 해석하라.

(3) 우리는 (1)과 (2)로부터 두 도표에서 흑인살인자와 백인살인자에 대한 사형판결의 백분율이 상반되게 나타남을 알 수 있다. 살인자의 인종, 사형판결 여부 그리고 희생자의 인종 간의 관계를 화살표로 나타내고 이 현상을 심프슨의 역설로 설명하라.

(4) [도표 3.5.2]로부터 "가중평균"을 사용하여 흑인살인자와 백인살인자에 대한 사형판결의 백분율을 "올바르게" 구하라.

8 아래는 "1,000고지 세 번 돌파… 허망한 추락"이라는 동아일보(2002.04.10.) 기사와 함께 제시된 종합주가지수(KOSPI)에 대한 시계열산점도(1985~2000)이다. 종합주가지수가 어떻게 산정되는지 조사하고, 지난 10년간의 동향을 시계열산점도로 제시하라. 그리고 이 시계열 산점도와 그 시계열산점도를 비교하여 해석하라.

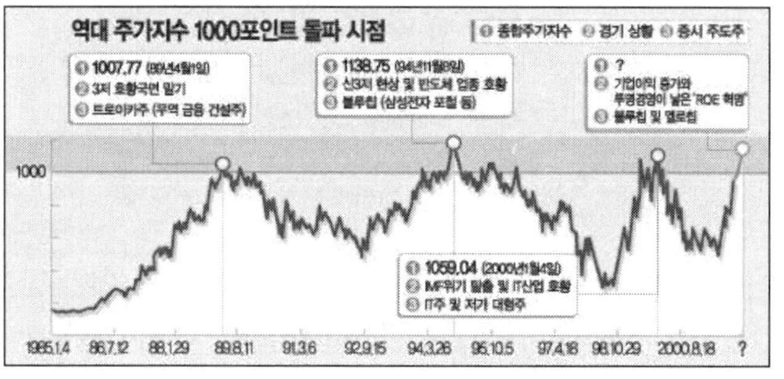

9 다음은 11개의 로켓 엔진으로부터 발생하는 수소(hydrogen)와 탄소(carbon)의 발생량 데이터와 이에 대한 산점도이다. 이 데이터에 대해 최소제곱회귀선은 "carbon = 18.1 + 0.791 hydrogen"로 추정이 되었고, 표본상관계수는 0.891로 계산되었다.

	A	B
1	hydrogen	carbon
2	120	105
3	82	110
4	90	99
5	8	22
6	38	50
7	20	50
8	2.8	7.3
9	66	74
10	2	7.7
11	20	45
12	85	51

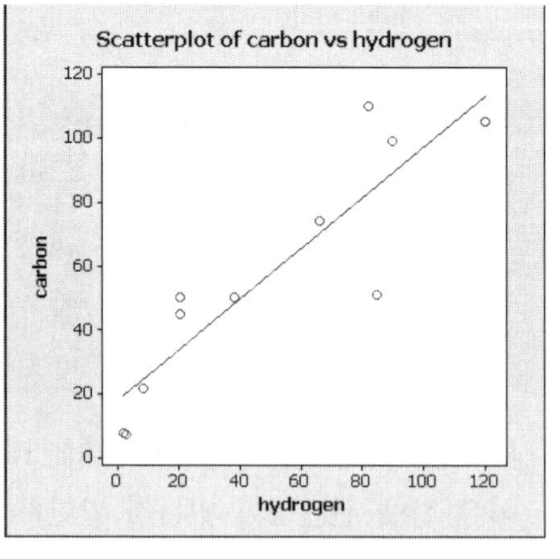

(1) 상관계수는 무엇을 측정하는가?

(2) 수소의 발생량은 탄소의 발생량을 추정하는 데 얼마나 도움이 되는가?

(3) 질소(nitrogen)의 발생량은 수소의 발생량과 다음 관계를 가지는 것으로 알려져 있다. nitrogen = 3 − 0.5 hydrogen. 질소와 탄소의 상관계수를 계산하라.

(4) 수소(hydrogen)의 발생량이 100일 때 탄소(carbon)의 발생량의 평균을 추정하라.

(5) ① “최소제곱” 회귀선이란 무엇인가? ② 회귀(regression)라는 용어의 유래에 대해서 설명하라.

04

확률

이 장에서는 사건의 확률과 그 개념에 대하여 소개하기로 한다. 우선 표본공간, 실험, 사건 등의 개념을 공부하도록 한다.

4.1 표본공간과 사건

우리는 흔히 어떤 사건이 발생할 가능성의 측도로 그 사건의 확률(probability)을 사용한다. 확률에 대한 엄밀한 정의를 위해서 1.1.5절에서 소개한 랜덤실험을 다시 살펴보자. 랜덤실험(random experiment)이란 결과를 관측할 수 있고 재현성이 있는 과정으로서, 다음의 세 가지 성질을 만족시킨다.

① 개별 결과를 미리 알 수 없다.
② 가능한 결과 전체의 집합은 알려져 있다.
③ 결과들의 장기적 패턴(즉, 분포)이 존재하며 예측 가능하다.

앞으로 우리가 다루는 모든 실험은 랜덤실험으로 국한될 것이므로 이제부터는 랜덤실험을 간단히 실험이라고 부를 것이다. 예를 들어 과녁을 향하여 활을 쏜다고 가정하자. 그 결과로 활이 과녁에 명중하거나 또는 과녁을 빗나가는 두 가지 경우가 발생할 것이다. 이 경우에 활을 쏘는 행위를 실험(experiment) 또는 시행(trial), 실험의 모든 가능한 결과의 집합을 표본공간(sample space)이라 정의한다. 표본공간은 주로 S라 표기되는데, 이 예에서는 표본공간 $S=\{$명중, 빗나감$\}$이다. 표본공간의 각 원소(즉 실험의 개별 결과)는 표본점(sample point)이라고도 한다.

예 4.1.1 농구선수가 자유투를 두 번 던진다고 하자. 이때 표본공간을 적어라.

풀이 이 실험은 자유투를 두 번 던지는 것이다. 자유투가 성공하면 s, 실패하면 f라고 표기하자. 그러면 표본공간 S는 다음과 같다.

$$S=\{(s,s),(s,f),(f,s),(f,f)\}.$$

■

정의 4.1.1 사건과 사건의 발생

표본공간 S의 임의의 부분집합 E를 사건(event) 또는 사상이라고 정의한다. 즉 어느 한 사건이란 어떤 실험의 가능한 결과(들)의 집합을 의미한다. 만약 어느 실험의 한 결과가 사건 E에 포함된다면, 사건 E가 발생했다고 한다.

예 4.1.2 앞의 예에서, 만약 $E=\{(s,s),(s,f)\}$라고 한다면, E는 사건이라고 할 수 있는가?

풀이 $E=\{(s,s),(s,f)\}\subset S=\{(s,s),(s,f),(f,s),(f,f)\}$이므로, E는 사건이며 맨 처음의 자유투에서 성공하는 사건이라고 한다. ■

정의 4.1.2

우리는 각 사건들로부터 다음과 같은 복합사건 또는 사건관계를 정의할 수 있다. 합사건, 곱사건, 여사건, 그리고 배반사건([도표 4.1.1]의 벤다이어그램(Venn diagram)들을 참조하라).

① 표본공간 S의 두 사건 E와 F에 대하여, 새로운 사건 $E\cup F$를 사건 E 또는 F 내의 모든 결과들로 구성된 집합으로 정의한다. 만약 사건 E 또는 F가 발생했다면, 사건 $E\cup F$가 발생했다고 한다. 사건 $E\cup F$를 사건 E와 F의 합사건(union)이라고 한다.

② 같은 방법으로 사건 $E\cap F$를 사건 E 그리고 F 내의 모든 결과들로 구성된 집합으로 정의한다. 만약 사건 E 와 F가 발생했다면, 사건 $E\cap F$가 발생했다고 한다. 사건 $E\cap F$를 사건 E와 F의 곱사건(intersection)이라고 한다.

③ 새 사건 E^C를 표본공간 S 내의 모든 결과(들) 중 사건 E에 속하지 않는 것들로 구성된 집합으로 정의한다. 만약 사건 E가 발생하지 않았다면, 사건 E^C가 발생했다고 한다. 사건 E^C를 사건 E의 여사건(complement)이라고 한다.

④ 사건 E와 F의 곱사건이 공집합일 때, 즉 $E\cap F = \varnothing = \{\}$일 때, 사건 E와 F는 상호(서로) 배반(mutually exclusive) 관계에 있다.

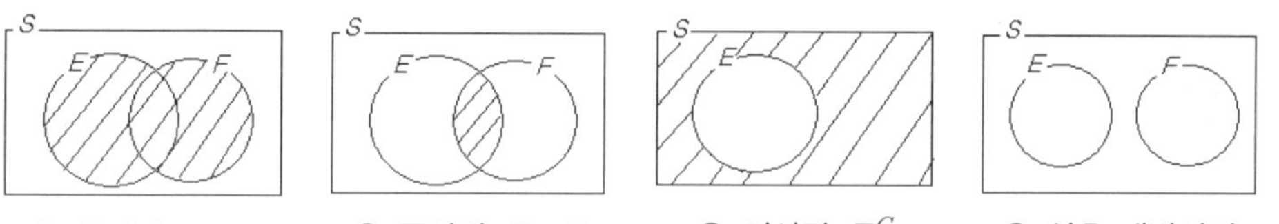

① 합사건 $E\cup F$ ② 곱사건 $E\cap F$ ③ 여사건 E^C ④ 상호 배반사건

도표 4.1.1 복합사건들 또는 사건관계들을 나타내는 벤다이어그램들

예 4.1.3 앞의 예에서, 만약 $E=\{(s,s),(s,f)\}$이고 $F=\{(f,s)\}$라면, 두 사건의 합사건은 다음과 같이 주어지며, 적어도 한 번 자유투에서 성공하는 사건이다.

$$E\cup F=\{(s,s),(s,f),(f,s)\}.$$

또 두 사건의 곱사건은 다음과 같이 주어지며, 어떤 결과도 발생하지 않는 사건이다.

$$E\cap F=\varnothing=\{\ \}.$$

따라서 사건 E와 F는 배반사건이다. 사건 E의 여사건은 다음과 같이 주어지며, 맨 처음 자유투에서 실패하는 사건이라 할 수 있다.

$$E^C = \{(f,s),(f,f)\}. \quad ■$$

사건 E, F, G의 합사건, 곱사건에 관한 대수학적인 성질은 집합의 그것과 동일함을 다음 정리에서 살펴보기로 한다.

| 성질 4.1.1 | 사건 E, F, G가 있을 때, 다음이 성립한다.

① 교환법칙 $E \cup F = F \cup E$

② 결합법칙 $(E \cup F) \cup G = E \cup (F \cup G)$

③ 분배법칙 $(E \cup F) \cap G = (E \cap G) \cup (F \cap G)$

④ 교환법칙 $E \cap F = F \cap E$

⑤ 결합법칙 $(E \cap F) \cap G = E \cap (F \cap G)$

⑥ 분배법칙 $(E \cap F) \cup G = (E \cup G) \cap (F \cup G)$ □

사건 E, F의 합사건, 곱사건, 여사건에 대한 대수학적인 성질을 다음의 De Morgan의 법칙에서 살펴보도록 하자.

| 성질 4.1.2 | (De Morgan의 법칙)

① 합의 여사건 $(E \cup F)^C = E^C \cap F^C$

② 곱의 여사건 $(E \cap F)^C = E^C \cup F^C$

증명 ① w를 $(E \cup F)^C$의 한 결과라고 하자. 그러면

$$w \in (E \cup F)^C \Rightarrow w \notin E \cup F \Rightarrow w \notin E \wedge w \notin F \Rightarrow w \in E^C \wedge w \in F^C \Rightarrow w \in E^C \cap F^C,$$

여기서 $\wedge$는 연접(conjunction, 논리곱)을 뜻하고 and라고 읽는다.

② 같은 방법으로 증명한다. □

◎ 여러 사건들에 대한 합사건과 곱사건

두 개 이상의 사건에 대하여도 비슷한 방법으로 합사건과 곱사건을 정의할 수 있다. 사건 $E_1, E_2, \cdots$에 대하여 합사건 $\bigcup_{k=1}^{\infty} E_k$은 적어도 한 사건 E_k, $k = 1, 2, \cdots$에 속한 모든 결과들의 집합을, 곱사건 $\bigcap_{k=1}^{\infty} E_k$은 모든 사건 E_k, $k = 1, 2, \cdots$에 속한 결과들의 집합으로 정의한다.

4.2 사건의 확률과 독립성

4.2.1 확률에 대한 관점들

확률이라는 용어는 우리의 일상생활에서도 흔히 사용되고 있다. 그러나 확률이 무엇을 의미하는지, 그리고 그것이 어떻게 정당화되고 어떻게 적용되어야 하는지에 대해서는 아직도 논란 가운데 있다. 우리가 어떠한 방법으로 통계적 추론을 하는가는 우리가 확률을 어떻게 정의하느냐하는 것과 매우 밀접하게 관련되어 있다.

확률이란 용어는 다양하게 사용되고 있는데, 우리는 이를 두 가지로 묶어 볼 수 있다. 존재론적 입장(ontological standpoint)과 인식론적 입장(epistemological standpoint). 확률에 대한 관점이나 입장에 따라서 확률을 사용하는 방식이 달라지게 되며 이는 결국 통계학 전반에 대한 입장을 규정하게 된다.

존재론적 또는 객관적 관점(objective viewpoint)에서는 확률을 한 시스템에 대한 우리의 지식에 의존하지 않는 그 시스템의 내재적 성질로 간주한다. 우리는 이 관점을 따르는 고전적 확률과 상대빈도적 확률을 살펴볼 것이다. 인식론적 또는 주관적 관점(subjective viewpoint)은 확률을 어떤 진술(명제)에 대한 믿음의 강도(a measure of belief in some statement)로 간주한다. 우리는 이 관점에 의한 주관적 확률을 살펴볼 것이다.

(1) 고전적 확률(classical probability)

고전적 확률은 등확률 모형에 대해서 다음과 같이 정의된다.

$$P(A) = |A|/|S|,\ |A|: \text{사건 } A\text{의 크기 (원소의 개수, 면적 등)}$$

고전적 확률의 문제점으로는 흔히 이 정의가 동어 반복에 의한 정의라는 것이 지적된다.

(2) 상대빈도적 확률(frequentist probability)

상대빈도적 확률은 확률을 상대빈도의 극한값으로 정의한다. 따라서 경험적 데이터로부터 확률의 근삿값을 다음과 같이 추정할 수 있다.

$$P(A) \doteq f_A/n,\ f_A: \text{사건 } A\text{의 출현횟수}$$

상대빈도적 확률의 문제점으로는 총 빈도 n이 얼마나 커야 상대 빈도가 확률값에 수렴하는지를 미리 한정할 수 없다는 점이 지적된다. 즉 우리가 주어진 오차한계를 만족하는 관찰횟수를 미리 한정할 수 없다는 것이다.

(3) 주관적 확률(subjective probability)

주관적 확률은 식견(informed opinion)이 있는 판단에 의해 다음과 같이 정의된다.

$$P(A) = \text{사건 } A\text{가 발생할 가능성에 대한 주관적 판단값}$$

주관적 확률의 문제점으로는 측정도구개발이 어렵다는 점이 지적된다.

| 과제 4.2.1 | 20세기 제2사분세기에 벌어진 보어(Neils Bohr)와 아인슈타인(Albert Einstein)의 랜덤성에 관한 논쟁에 대해 조사해 보자.

- 양자현상이 우리가 현재 이해하지 못하는 숨겨진 변수들에 의해 확정되기 때문에 "겉보기" 랜덤성을 보이는 것인지, 아니면 그들이 거시 시스템들과는 다르게 "참" 랜덤성을 보이는 것인지를 둘러싼 논쟁
- 우리는 한 방사능 핵이 언제 분열할지 전혀 알 수 없지만 아무 주어진 시간 안에 분열할 확률은 정확히 알 수 있다. 이로부터 많은 수의 원자들을 가지는 한 시료의 반감기를 계산할 수 있으며 아무 요구되는 시간 후에 잔존하는 비율을 계산할 수 있다.
- 간섭실험에서, 우리는 한 입자가 스크린의 어느 지점을 때릴지 전혀 알 수 없지만 아무 특정 지역들 안에 도착할 확률은 정확히 알 수 있다.
- 한 광자(photon)가 한 쌍의 분극 필터들(polarising filters)에 접근할 때 이것이 전송될지 또는 흡수될지 미리 알 수 없다. 그러나 많은 수의 광자들이 관련되면, 전송될 비율을 정확히 알 수 있다.

(4) 공리적 확률

확률공리들(axioms of probability)이란 우리가 확률에 대해 가지고 있는 입장에 관계없이 사건들에 확률을 부여할 때 그 사건의 확률들이 만족시켜야 할 조건이다. 여기서는 콜모고로프의 공리체계를 소개할 것이다.

표본공간이 S인 어떤 실험을 행한다고 하자. 표본공간 S의 임의의 사건 E에 대하여, 사건 E가 발생할 확률 $P(E)$는 다음 3종류의 공리(axioms)를 만족한다고 가정한다.

① 비음성(nonnegativity) 공리

$$0 \le P(E) \le 1.$$

② 확실성(certainty) 공리

$$P(S) = 1.$$

③ 가산 가법성(countable additivity) 공리. 서로 배반인 사건 $E_1, E_2, \cdots$에 대하여 (즉, $E_i \cap E_j = 0,\ i \neq j$)

$$P(\bigcup_{i=1}^{\infty} E_i) = \sum_{i=1}^{\infty} P(E_i).$$

(5) 확률계산(probability calculus)

어떤 사건의 확률을 구하고자 할 때 우리는 다음과 같은 두 가지 기본적인 방법을 고려하게 된다.

- 표본점 나열법: 그 사건에 속하는 결과들, 즉 표본점들을 나열하고 각 표본점의 확률을 합한다.
- 사건 합성법: 그 사건을 더 단순한 사건들의 합성으로 표현하고 확률법칙들을 이용하여 그 단순한 사건들의 확률들을 합성한다.

우리는 4.2.2절, 4.2.3절, 4.3절에서 이런 두 가지 방법을 각각 또는 섞어서 사용하여 사건의 확률을 구하는 예들과 법칙들을 보게 될 것이다.

4.2.2 확률법칙들

확률에 관한 몇몇 정리를 살펴보도록 한다.

| 성질 4.2.1 | 포함된 사건 간의 차사건 확률. 사건들 $S \supseteq E \supseteq F$에 대하여,

$$P(E \backslash F) = P(E) - P(F),$$

여기서 $E \backslash F$는 [도표 4.2.0]에서 보는 바의 차사건을 나타낸다. 즉 $E \backslash F = E \cap F^C$.

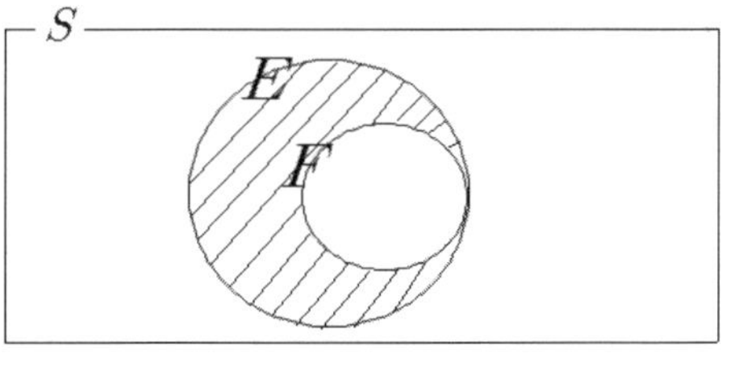

도표 4.2.0 벤다이어그램: 차사건 $E \backslash F$

증명 사건 E는 다음과 같은 두 개의 배반사건들로 분해된다.

$$E = (E \backslash F) \cup F.$$

따라서 공리 3에 의해

$$P(E) = P(E \backslash F) + P(F).$$

이로부터

$$P(E \backslash F) = P(E) - P(F). \qquad \square$$

| 성질 4.2.2 | 여사건 확률. 어떤 사건 E에 대하여,

$$P(E^C) = 1 - P(E).$$

증명 1 $1 = P(S) = P(E \cup E^C) = P(E) + P(E^C)$

$\therefore\ P(E^C) = 1 - P(E).$ $\square$

증명 2 $E^C = S \backslash E.$

따라서 [성질 4.2.1]에 의해

$P(E^C) = P(S) - P(E) = 1 - P(E).$ $\square$

즉 어떤 사건이 발생하지 않을 확률은 1에서 그 사건이 발생할 확률을 빼주면 된다.

세 번째 정리는 두 사건 E, F의 합사건이 발생할 확률을 각 사건의 확률로 표현하고 있다.

| 성질 4.2.3 | 합사건 확률(Inclusion-exclusion formula: 포제공식)

$$P(E \cup F) = P(E) + P(F) - P(E \cap F).$$

증명 1 $P(E \cup F) = P(E \cup (E^C \cap F)) = P(E) + P(E^C \cap F)$ $(\because E \cap (E^C \cap F) = \varnothing).$

그런데

$$P(F) = P(E \cap F) + P(E^C \cap F).$$

따라서

$$P(E \cup F) = P(E) + P(F) - P(E \cap F). \qquad \square$$

위의 성질은 벤다이어그램을 이용하여 증명할 수도 있다. 합사건 $E \cup F$를 서로 배반인 세 영

역으로 아래 그림처럼 나누어 보자.

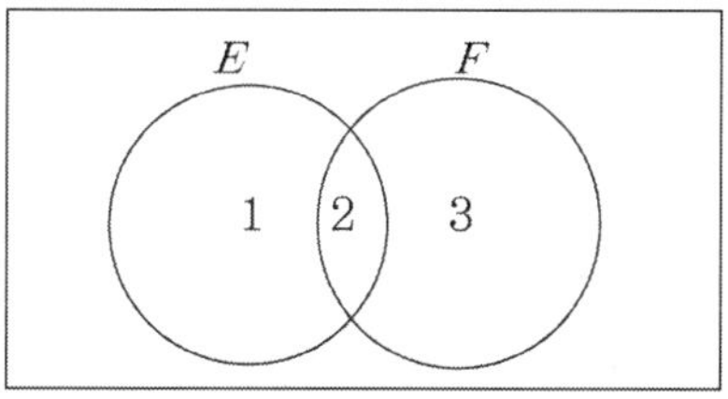

도표 4.2.1 벤다이어그램: 합사건 $E\cup F$

영역 1은 사건 F에 속하지 않은 사건 E 내의 모든 점들을, 영역 2는 사건 E와 그리고 사건 F 에 동시에 속하는 모든 점들을, 그리고 영역 3은 사건 E에 속하지 않은 사건 F 내의 모든 점들을 각각 나타내고 있다. 우리는 [도표 4.1.1]을 통하여 다음 관계가 성립함을 알 수 있다.

$$E\cup F=1\cup 2\cup 3;\ E\cap F=2;\ E=1\cup 2;\ F=2\cup 3.$$

그런데 영역 1, 2, 3은 서로 배반이므로, 다음 관계식이 성립한다.

$$P(E\cup F)=P(1)+P(2)+P(3),\ P(E\cap F)=P(2),$$
$$P(E)=P(1)+P(2),\ P(F)=P(2)+P(3).$$

따라서

$$P(E\cup F)=\{P(E)-P(2)\}+P(2)+\{P(F)-P(2)\}=P(E)+P(F)-P(E\cap F).$$ □

증명 2 사건 $E\cup F$는 다음과 같은 세 개의 배반사건들로 분해된다.

$$E\cup F=(E\backslash(E\cap F))\cup(E\cap F)\cup(F\backslash(E\cap F)),$$

따라서 공리 3과 [성질 4.2.1]에 의해

$$\begin{aligned}P(E\cup F)&=P(E\backslash(E\cap F))+P(E\cap F)+P(F\backslash(E\cap F))\\&=P(E)-P(E\cap F)+P(E\cap F)+P(F)-P(E\cap F)\\&=P(E)+P(F)-P(E\cap F).\end{aligned}$$ □

예 4.2.1 주사위 두 개를 동시에 던지는 실험을 한다. 이때 사건 E는 주사위의 합이 홀수일 사건을, 사건 F는 적어도 하나의 주사위의 눈이 1일 사건을 각각 나타낸다. 이때 $P(E\cup F)$를 구하라.

풀이 먼저 표본점 나열법으로 사건 E, F, 그리고 $E\cap F$의 확률을 구해 보자.

$S = \{(i,j) | i=1,2,3,4,5,6; j=1,2,3,4,5,6\}$, $|S| = 6\times 6 = 36$

$E = \{(i,j) | i=1,3,5; j=2,4,6$ 또는 $i=2,4,6; j=1,3,5\}$, $|E| = 3\times 3+3\times 3 = 18$

$F = \{(i,j) | i=1; j=1,2,3,4,5,6$ 또는 $i=2,3,4,5,6; j=1\}$, $|F| = 1\times 6+5\times 1 = 11$

$F^C = \{(i,j) | i=2,3,4,5,6; j=2,3,4,5,6\}$, $|F^C| = 5\times 5 = 25$

$E\cap F = \{(1,2),(1,4),(1,6),(2,1),(4,1),(6,1)\}$, $|E\cap F| = 6$

$P(E) = \frac{18}{36} = \frac{1}{2}$, $P(F) = \frac{11}{36} = 1-P(F^C) = 1-\frac{25}{36}$, $P(E\cap F) = \frac{6}{36} = \frac{1}{6}$.

$\therefore\ P(E\cup F) = P(E)+P(F)-P(E\cap F) = \frac{1}{2}+\frac{11}{36}-\frac{6}{36} = \frac{23}{36}$. ■

| 과제 4.2.2 | 포제공식을 이용하여 다음과 같은 세 사건들의 합사건의 확률을 써보아라. $P(A\cup B\cup C)=$

4.2.3 조건확률과 독립성

(1) 조건확률

어떤 실험을 행하였을 때, 그 결과에 관련된 부분적인 정보만이 주어졌거나 또는 원하는 확률을 보다 쉽게 구하기 위하여 조건확률(conditional probability)의 개념을 필요로 한다.

예 4.2.2 주사위 두 개를 동시에 던지는 실험에서, 모든 가능한 경우가 발생할 확률이 동일하다고 가정한다. 우리가 원하는 것은 두 주사위의 합이 9 이하일 확률을 계산하는 것이다. 그런데 적어도 한 주사위의 눈이 5라는 부분적인 정보를 얻게 되었을 때, 두 주사위의 합이 9 이하일 확률을 구해 보자.

풀이 적어도 한 주사위의 눈이 5라는 사건 E는 다음과 같이 표현된다.

$$E = \{(5,1),(5,2),(5,3),(5,4),(5,6),(1,5),(2,5),(3,5),(4,5),(6,5),(5,5)\}.$$

맨 처음의 실험에서 각 결과가 발생할 확률은 모두 동일하므로, 사건 E 내의 어떤 결과가 발생할 확률도 모두 같게 된다. 따라서 사건 E 내의 어떤 결과가 나올 확률은 1/11이다. 이 중에서 합이 9 이하일 경우는 모두 8가지이므로, 구하려는 확률은 8/11이 된다. ■

위 예에서 사건 E를 적어도 한 주사위의 눈이 5라는 사건을, 사건 F를 두 주사위 눈의 합이 9 이하라는 사건을 각각 나타낸다고 하자. 그러면 이 예에서 구한 확률은 "사건

E가 주어졌다는 조건에서 사건 F가 발생할 조건확률"이라고 하고 다음과 같이 표기한다.

$$P(F|E).$$

사건 E가 발생하였다는 조건하에서 사건 F가 발생하기 위해서는, 실제적 발생점은 사건 E와 F 내에 위치하여야 한다. 즉, 사건 E가 발생하였다는 조건은 E가 새로운 표본공간이 됨을 의미하며, 이 조건하에서 사건 F의 발생은 사건 E와 F가 동시에 발생함을 의미하게 된다. 다음 정의를 살펴보자.

정의 4.2.1

(조건확률) $P(E) > 0$일 때

$$P(F|E) = \frac{P(E \cap F)}{P(E)}. \tag{4.2.1}$$

우리는 무조건확률을 표본공간의 발생을 조건으로 하는 조건확률로 간주할 수 있다.

$$P(F) = P(F \cap S) = \frac{P(F \cap S)}{P(S)} = P(F|S).$$

즉 무조건확률이 표본공간이라는 확실한 사건의 발생을 조건으로 하는 조건확률이라면, 조건확률은 한 임의의 사건을 새로운 표본공간으로 삼았을 때의 조건확률이다.

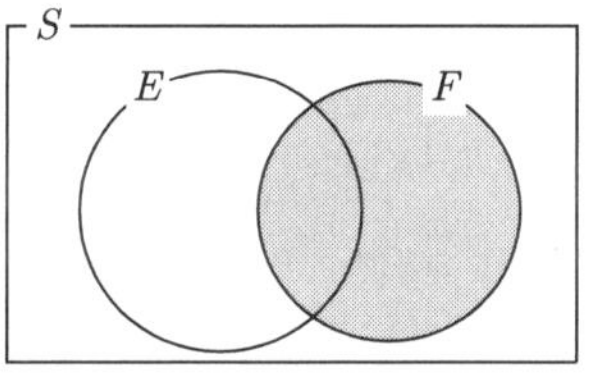

① $P(F) = P(F|S)$

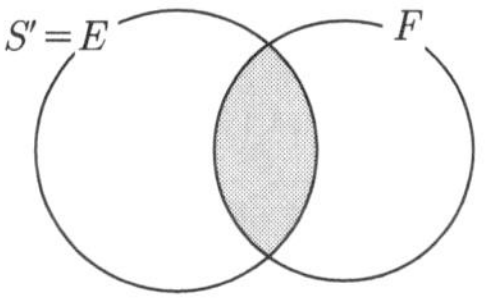

② $P(F|E) = P(F|S')$

도표 4.2.2 무조건확률과 조건확률

예 4.2.2(계속) [예 4.2.2]를 조건확률을 이용하여 다시 풀어보자.

풀이 앞에서와 동일하게 적어도 한 주사위의 눈이 5라는 사건을 E로 나타내고 두 주사위의 눈금들의 수의 합이 9 이하인 사건을 F로 나타내면,

$$P(E) = 11/36, \ P(F) = 31/36, \ P(E \cap F) = 8/36.$$

따라서 [정의 4.2.1]에 의해

$$P(F|E)=\frac{P(F\cap E)}{P(E)}=\frac{8/36}{11/36}=\frac{8}{11}.$$ ■

(2) 곱사건의 확률

조건확률에 대한 위 정의로부터 우리는 곱사건의 확률을 다음과 같이 유도할 수 있다.

$$P(E\cap F)= P(E)P(F|E). \tag{4.2.2}$$

곱사건의 확률은 확률계산의 근본법칙(the fundamental law of probability calculus)이라고도 한다.

| 과제 4.2.3 | 다음과 같은 세 사건들의 곱사건의 확률을 써보아라.
$P(A\cap B\cap C)$ =.

예 4.2.3 만약 어느 가정의 자녀가 둘인 경우에 다음 조건이 주어졌을 때, 두 자녀 모두 딸일 확률을 각각 구하라. [아기를 출산할 때 아들(s) 또는 딸(d)일 확률은 서로 같다고 가정한다.]

① 나이든 자녀가 딸일 경우
② 적어도 한 자녀는 딸일 경우

풀이 사건들을 다음과 같이 정의하자.

사건 G=두 자녀 모두 딸일 사건 $=\{(d,d)\}$
사건 E_1=나이든 자녀가 딸일 사건 $=\{(d,d),(d,s)\}$
사건 E_2=적어도 한 자녀가 딸일 사건 $=\{(d,d),(d,s),(s,d)\}$
$G\cap E_1=\{(d,d)\}$, $G\cap E_2=\{(d,d)\}$

그러면 우리는 다음과 같이 확률들을 구할 수 있다.

① $P(G|E_1)=\dfrac{P(G\cap E_1)}{P(E_1)}=\dfrac{1/4}{2/4}=\dfrac{1}{2}$

② $P(G|E_2)=\dfrac{P(G\cap E_2)}{P(E_2)}=\dfrac{1/4}{3/4}=\dfrac{1}{3}$ ■

(3) 독립사건

만약 다음 등식이 성립하면, 두 사건 E와 F는 독립(independent)이라고 정의한다.

$$P(F|E)=P(F),\quad P(E)>0. \tag{4.2.3}$$

식(4.2.2)에 의해, 식(4.2.3)은 다음과 동일하다.

$$P(E \cap F) = P(E)P(F). \tag{4.2.4}$$

즉 사건 E와 F가 독립이라는 것은, 사건 E가 발생하였다는 사실이 사건 F가 발생할 확률에 아무런 영향도 주지 못함을 의미한다. 두 사건 E와 F가 독립이 아니면, 두 사건은 종속(dependent)이라고 한다.

비교 두 사건 E와 F가 상호배반이라면, $P(E \cap F) = P(\varnothing) = 0$.

예 4.2.4 52장의 카드에서 랜덤으로 한 장을 뽑는다. 사건 E와 F를 다음과 같이 정의하자. 사건 E와 F는 독립임을 보여라.

사건 E = 뽑힌 카드가 에이스일 사건,
사건 F = 뽑힌 카드가 스페이드일 사건.

풀이 $P(E) = \frac{4}{52} = \frac{1}{13}$이고 $P(E|F) = \frac{1}{13}$이므로 $P(E|F) = P(E)$이 성립한다.
따라서 식(4.2.3)의 정의에 의해 E와 F는 독립이다. ■

| 과제 4.2.4 | 셋 이상의 사건에 대해서는 상호(서로) 독립(mutually independent)이라는 개념과 쌍으로 독립(pairwise independent)이라는 개념이 있다. 서로 어떻게 다른지 조사해 보아라.

4.3 베이즈 공식(Bayes' formula)

사건 E와 F가 주어졌다고 하자. 이때 사건 F는 다음과 같이 표현될 수 있다.

$$F = (E \cap F) \cup (E^C \cap F).$$

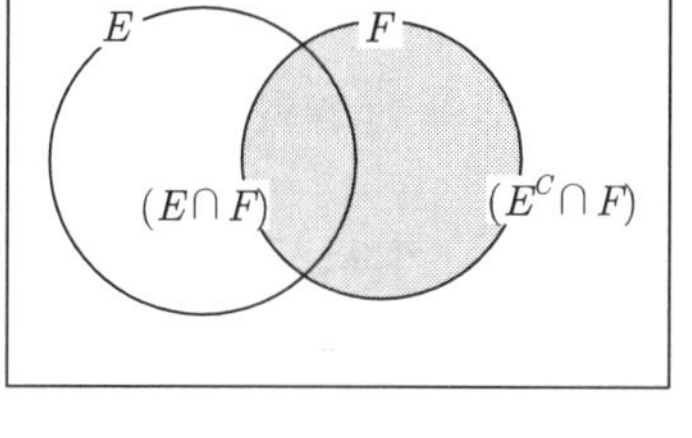

그런데 사건 $E \cap F$와 $E^C \cap F$는 서로 배반이므로 확률공리 3으로부터

$$P(F) = P(E \cap F) + P(E^C \cap F) = P(E)P(F|E) + P(E^C)P(F|E^C)$$
$$= P(E)P(F|E) + (1 - P(E))P(F|E^C)$$

위의 식에 의하면, 사건 F의 확률은 E가 발생하였다는 조건에서 사건 F의 조건확률과 E가 발생하지 않았다는 조건에서 사건 F의 조건확률의 가중평균으로 주어진다. 이때 각 조건확률의 가중값은 조건으로 주어진 사건 E가 발생할 확률과 발생하지 않을 확률이다.

위의 식을 다음과 같이 일반화하여 보자. 사건들 $E_1, E_2, \cdots, E_n$은 서로 배반인 사건들이고 이들의 합사건은 표본공간 S가 된다고 하자. 즉

$$E_i \cap E_j = \varnothing\ ,\ i \neq j\ ;\ \bigcup_{i=1}^{n} E_i = S.$$

이때 $\{E_1, E_2, \cdots, E_n\}$는 표본공간 S의 한 분할(a partition)이라고 한다. 그런데

$$F = (E_1 \cap F) \cup (E_2 \cap F) \cup \cdots \cup (E_n \cap F) = \bigcup_{i=1}^{n} (E_i \cap F)$$

이고 사건 $E_i \cap F$, $i = 1, 2, \cdots, n$ 들은 서로 배반이므로, 우리는 다시 확률공리 3으로부터 다음 등식을 얻는다.

$$P(F) = P\left(\bigcup_{i=1}^{n} (E_i \cap F)\right) = \sum_{i=1}^{n} P(E_i \cap F) = \sum_{i=1}^{n} P(E_i)P(F|E_i). \qquad (4.3.1)$$

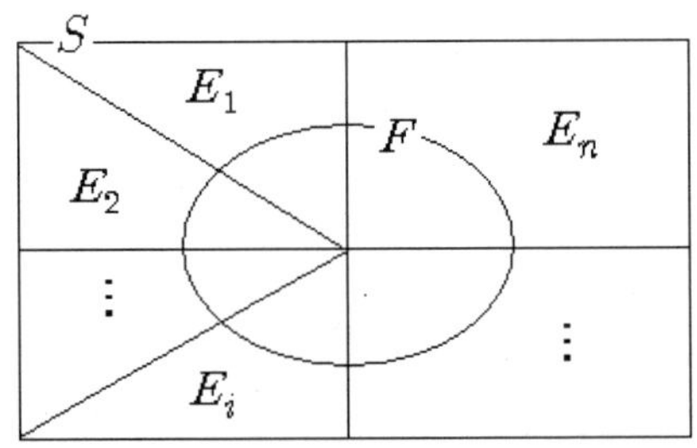

도표 4.3.1 S의 한 분할 $\{E_1, E_2, \cdots, E_n\}$과 사건 F

식(4.3.1)은 $\{E_1, E_2, \cdots, E_n\}$ 가운데 한 사건만은 반드시 발생하여야 하고, 그 발생한 사건에 대한 조건확률을 계산함으로써 확률 $P(F)$를 구할 수 있음을 나타낸다. 즉 확률 $P(F)$는 조건확률 $P(F|E_i)$들의 가중평균이라고 할 수 있다. 식(4.3.1)은 전확률

의 법칙(the law of total probability)이라고 한다.

사건 F가 발생하였다는 가정하에서, 사건 E_i의 조건확률을 구해 보자. 우리는 조건확률의 정의와 식(4.3.1)을 이용하여 다음 관계를 유도할 수 있다.

$$P(E_i|F)=\frac{P(E_i\cap F)}{P(F)}=\frac{P(E_i)P(F|E_i)}{\sum_{j=1}^{n}P(E_j)P(F|E_j)}. \tag{4.3.2}$$

식(4.3.2)는 베이즈 공식(Bayes' formula)이라고 한다. 여기서 $P(E_i)$는 사전확률(prior probability)을, $P(F|E_i)$는 우도(likelihood) 또는 데이터 확률(data probability)을, 그리고 $P(E_i|F)$는 사후확률(posterior probability)을 나타낸다. 이 식은 사전확률이 데이터를 통해서 사후확률로 수정되는 과정을 보여 준다. 우리는 베이즈 공식을 다음과 같이 달리 해석할 수도 있다. 베이즈 공식은 F라는 결과가 발생했을 때 가능한 원인들 $\{E_1, E_2, \cdots, E_n\}$ 가운데 특정원인 E_i가 실제 원인이 되었을 확률을 계산하는 과정이다.

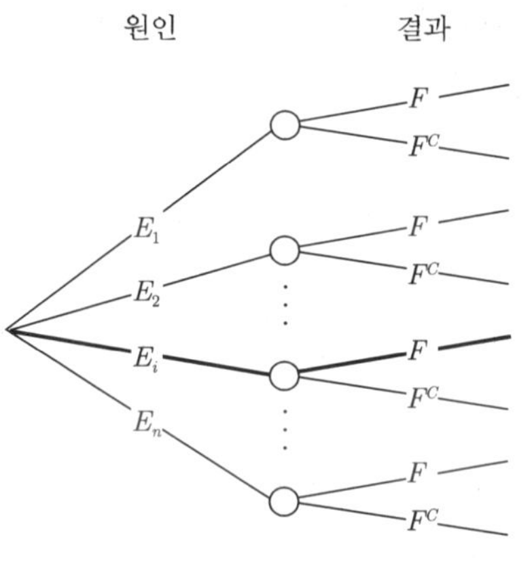

도표 4.3.2 확률나무로 표현된 베이즈 공식

예 4.3.1 혈액 검사를 통하여 어떤 질병이 있는지를 판별한다고 한다. 질병이 있는 경우에 질병이 있다고 옳게 진단할 확률은 95%이고, 질병이 없는 경우에 질병이 없다고 옳게 진단할 확률은 90%라고 한다. 실제로 전체 모집단의 1% 만이 질병이 있는 경우에 검사 결과가 양성으로 나타났을 때, 그 사람이 질병이 있을 확률을 구하라.

풀이 다음과 같이 사건들을 정의하자.

D=질병이 있음
T=검사 결과가 양성

우리는 조건확률 $P(D|T)$를 구하려고 한다. 베이즈 공식을 이용하면,

$$P(D|T) = \frac{P(D \cap T)}{P(T)} = \frac{P(D)P(T|D)}{P(D)P(T|D) + P(D^c)P(T|D^c)}$$
$$= \frac{(0.01)(0.95)}{(0.01)(0.95) + (0.99)(0.1)} = 0.087.$$

즉 놀랍게도 검사 결과가 양성인 사람들 중 단지 8.7%만이 진짜로 그 질병을 가지고 있음을 보여 준다. 다른 한편 모집단 중 1%만이 질병이 있었지만 검사 결과가 양성인 경우에 질병이 있을 확률이 8.7%로 늘어남을 알 수 있다. ■

4.4 엑셀 실습 4: 확률

4.4.1 베이즈 공식

예 4.4.1 베이즈 정리를 이용한 확률계산 항공기를 생산하는 한 회사는 특정한 부품을 세 업체(A1, A2, A3)로부터 공급받고 있다. 세 업체의 점유율은 각각 30%, 50%, 20%이다. 과거의 실적을 보면 세 업체에서 공급한 부품 가운데 불량품(B)의 비율은 각각 2%, 1%, 5%에 이른다. 다음 물음에 답하라.

① 세 업체로부터 공급받은 부품들 가운데 랜덤하게 한 부품을 선택할 때 이 부품이 불량품일 확률을 구하라.

② 랜덤하게 선택된 한 부품을 검사해보니 불량품이었다. 이 부품이 각 업체로부터 공급되었을 확률을 구하라.

풀이 [도표 4.4.1]에서와 같이 B열에 사전확률들 P(Ai)들을 입력하고, C열에 우도들을 P(B|Ai)들을 입력한다. 그리고 D열에 사전확률과 우도의 곱 P(Ai)*P(B|Ai)을 계산한다.

① [도표 4.4.1(1)]에서와 같이 D열의 합이 랜덤하게 선택된 한 부품이 불량품일 확률 P(B)가 된다.

D6 =SUM(D3:D5)

	A	B	C	D	E
1		prior prob.	data prob. Likelihood		posterior prob.
2	i	P(Ai)	P(B|Ai)	P(Ai)*P(B|Ai)	P(Ai|B)
3	1	0.3	0.02	0.006	0.285714286
4	2	0.5	0.01	0.005	0.238095238
5	3	0.2	0.05	0.01	0.476190476
6			sum	0.021	=P(B)
7					

도표 4.4.1(1) 전확률: 항공기 부품문제

② 랜덤하게 선택된 한 부품이 불량품이라는 조건하에서 그 부품이 공장 Ai로부터 공급되었을 확률, 즉 사후확률 P(Ai|B)는 [도표 4.4.1(2)]에서와 같이 D열을 D열의 합 P(B)로 나눈 값들이다. ■

E3 ▾ fx =D3/$D$6

	A	B	C	D	E
1		prior prob.	data prob. Likelihood		posterior prob.
2	i	P(Ai)	P(B|Ai)	P(Ai)*P(B|Ai)	P(Ai|B)
3	1	0.3	0.02	0.006	0.285714286
4	2	0.5	0.01	0.005	0.238095238
5	3	0.2	0.05	0.01	0.476190476
6			sum	0.021	=P(B)
7					

도표 4.4.1(2) 베이즈 공식: 항공기 부품문제

4.4.2 고전적 확률모형에 대한 확률계산

많은 경우에 있어서 확률계산, 특히 고전적 확률모형에서는 경우의 수를 필요로 한다. 엑셀은 경우의 수를 계산하기 위해 아래 표와 같은 함수들을 준비해 두고 있다.

도표 4.4.2 조합함수들

함수	인수	인수의 뜻	돌려주는 값
FACT	number	수	계승(factorial)
FACTDOUBLE	number	수	이중계승(double factorial)
PRODUCT	num1,...	수	수들의 곱
COMBIN	n	개체수	조합(combination)의 수, 이항계수
	k	조합의 크기	
PERMUT	n	개체수	순열(permutation)의 수
	k	순열의 크기	
MULTINOMIAL	num1,...	각 조합의 크기 (이들의 합이 개체수임)	다항계수

예 4.4.2 15개의 흰 공과 14개의 검은 공이 있는 상자에서 13개의 공을 랜덤으로 꺼낸다. 이때 꺼낸 공이 11개는 흰 공이고 2개는 검은 공일 사건 A의 확률을 구하라.

풀이

$$P(A) = \frac{\binom{15}{11}\binom{14}{2}}{\binom{29}{13}} =$$

0.00183035	=COMBIN(15,11)*COMBIN(14,2)/COMBIN(29,13)

여기서 $\binom{n}{k}$는 n개체에서 k개체를 뽑는 조합의 수 $\frac{n!}{k!(n-k)!}$를 나타내는 기호로서 $_nC_k$와 같이 표기되기도 하며 이항계수(binomial coefficient)라고 한다. ■

예 4.4.3 어느 교실에 학생들이 40명 있다. 이때 어느 두 학생도 같은 날 생일이 아닐 사건 B의 확률을 구하라.

풀이

$$P(B) = \frac{(365)_{40}}{365^{40}} =$$

0.10876819	=PERMUT(365,40)/365^40

여기서 $(n)_k$는 n개체에서 k개체를 뽑는 순열의 수 $\frac{n!}{(n-k)!}$를 나타내는 기호로서 $_nP_k$로 표기되기도 한다. ■

예 4.4.4 52장으로 된 카드덱을 잘 섞어 4명에게 각각 13장씩 나누어 준다. 이때 다음 확률을 구하라.

① 4명 중 1명이 모두 다이아몬드인 사건 C의 확률
② 4명 모두 각각 킹 1장씩 받는 사건 D의 확률

풀이

$$P(C) = \frac{4 \times \binom{39}{13\ 13\ 13}}{\binom{52}{13\ 13\ 13\ 13}} =$$

6.29908E-12	=4*MULTINOMIAL(13,13,13)/MULTINOMIAL(13,13,13,13)

$$P(D) = \frac{4! \times \binom{48}{12\ 12\ 12\ 12}}{\binom{52}{13\ 13\ 13\ 13}} =$$

0.105498199	=FACT(4)*MULTINOMIAL(12,12,12,12)/MULTINOMIAL(13,13,13,13)

여기서 $\binom{n}{k_1\ k_2\ k_3}$는 n개체를 k_1, k_2, k_3개체들의 조합들로 나누는 경우의 수 $\frac{n!}{k_1!k_2!k_3!}$를 나타내는 기호로서 다항계수(multinomial coefficient)라고 한다. ■

연습문제 4장

1 5개의 흰 공과 4개의 검은 공이 있는 상자에서 3개의 공을 랜덤으로 꺼낸다. 이때 꺼낸 공이 하나는 흰 공이고 두개는 검은 공일 사건 A의 확률을 구하라.

2 어느 교실에 학생들이 11명 있다. 이때 어느 두 학생도 같은 날 생일이 아닐 사건 B의 확률을 구하라.

3 52장으로 된 카드덱을 잘 섞어 4명에게 각각 13장씩 나누어 준다(Bridge). 이때 다음 각 사건의 확률을 구하라.

(1) 4명 중 1명이 모두 스페이드일 사건 C
(2) 4명 모두 각각 에이스 1장씩 받을 사건 D

4 본문의 성질 4.1.1.(교환, 결합, 분배법칙)을 증명하라.

5 52장의 카드덱에서 카드 한 장을 랜덤으로 고른다. 선택된 카드가 에이스일 사건을 A, 하트일 사건을 B라고 하였을 때, 사건 A와 B는 서로 독립인지, 아니면 종속인지를 보여라.

6 사건 E와 F는 서로 독립일 때, 사건 E와 F^C도 독립임을 보여라.

7 200명의 성인 중 1명만이 걸리는 희귀한 병의 검사법을 개발했다. 임상실험을 통하여 관찰하여 보니, 이 검사법은 병이 있는 성인의 99%가 양성반응을, 병이 없는 성인의 10%가 양성반응을 보인다.

(1) 랜덤하게 선택된 한 성인이 이 검사를 받아 양성반응을 보일 확률을 구하라.
(2) 랜덤하게 선택된 한 성인이 이 검사에서 양성반응을 보였다. 이 사람이 이 질병에 걸렸을 확률은 얼마인가?

8 갑에게 종이쪽지 하나를 주면서, O 또는 X를 표기하라고 한다. 갑이 O라고 표기할 확률은 1/3이다. 갑이 이 쪽지를 을에게 넘겼을 때, 을은 쪽지에 표기된 대로 그냥 두거나 변경하여 적을 수 있다. 을이 이 쪽지를 병에게 주고, 병은 쪽지에 적힌 내용을 그냥 두거나 변경

하여 적어서 정에게 건넨다. 정도 마찬가지이다. 을, 병, 정이 표기를 바꿀 확률을 각각 2/3이라고 할 때,

(1) 갑이 맨 처음 쪽지에 O라고 표기할 확률을 구하라.
(2) 최종 표기가 O일 확률을 구하라.
(3) 최종 표기가 O로 드러났다. 갑이 O로 표기하였을 확률을 구하라.

9 사건 A_1, A_2, A_3가 표본공간 S의 부분집합일 때, 확률 $P(A_1 \cup A_2 \cup A_3)$를 전개하라.

10 비 오는 날 다섯 명의 손님이 식당에 도착할 때 그들의 우산을 맡기고, 떠날 때 무작위로 한 우산씩 가져간다고 하자.

(1) 아무도 자신의 우산을 가져가지 못할 확률을 구하라.
(2) 5명 중 2명만이 자신의 우산을 가져갈 확률을 구하라.

11 두 개의 주사위를 던져서 드러나는 면의 눈금의 수를 관찰하는 실험에서, 다음과 같은 세 사건을 고려하자.

(1) A: 첫 번째 주사위가 홀수인 사건, B: 첫 번째 주사위가 5 이상인 사건, C: 눈금의 합이 7인 사건. 이 세 사건들이 쌍으로 독립인가? 서로 독립인가?
(2) D: 첫 번째 주사위가 홀수인 사건, E: 두 번째 주사위가 짝수인 사건, F: 눈금의 합이 홀수인 사건. 이 세 사건들이 쌍으로 독립인가? 서로 독립인가?
(3) G: 첫 번째 주사위가 1, 2, 또는 3인 사건, H: 두 번째 주사위가 3, 4, 또는 5인 사건, I: 눈금의 합이 9인 사건. 이 세 사건들이 쌍으로 독립인가? 서로 독립인가?

12 다음 각 경우의 확률은 어떤 개념(정의)에 의한 것인지 밝혀라.

(1) 프랑스의 유력 스포츠 전문지 레프키는 9일 예선 E조에서 한국이 16강전에 진출할 확률을 25%로 전망하면서 멕시코에 대해서는 이보다 낮은 20% 확률을 제시하였다.
(2) 박재홍 선수가 타석에 들어섰다. 그는 올해 100번 타석에 나서서 25개의 안타를 쳐냈다. 따라서 그가 이번 타석에서 안타를 칠 확률은 0.25라고 할 수 있다.
(3) 주사위 한 개를 던져서 나타나는 눈금의 수를 관찰하는 실험에서, 주사위에 흠이 없다고 가정하면 이번 시행에서 눈금의 수가 짝수가 될 확률은 3/6이다.

13 3교대로 운영되는 공장이 있다. 어떤 날 제품의 불량률을 조별로 나누어 보니, 아침 조(08~16시)에서는 0.1%, 오후 조(16~24시)에서는 0.2%, 새벽 조(0~8시)에서는 0.3%의 불량이 나왔다고 한다. 각 조별 생산량은 전체 생산량 중 아침 조는 35%, 오후 조는 35%, 새벽 조는 30%이다.

(1) 그날 하루 전체의 불량률은 얼마인가?

(2) 만일 하나의 불량품이 나왔다면 이것이 새벽 조에서 만들어진 제품일 확률은 얼마인가?

05

확률변수와 확률분포

5.1 확률변수

실험을 행할 때 그 결과 자체보다는 그 결과의 어떤 함수에 관심이 있는 경우가 대부분이다. 확률변수(random variable, 랜덤변수)란 표본공간 S에서 정의된 실수값의 함수를 의미한다. 즉 확률변수란 표본공간 내의 임의의 한 원소에 대하여 단지 하나의 실수만을 대응시키는 관계이다. $X(s)=x,\ s\in S$. 예를 들어 동전을 1회 던지는 실험에서 표본공간은 $S=\{H, T\}$이다. 여기서 H는 앞면을 T는 뒷면을 나타낸다. 이때 우리는 다음 함수관계를 이용하여 확률변수 X를 정의할 수 있다.

$$X : \begin{cases} H & \to & 1 \\ T & \to & 0 \end{cases}.$$

즉 확률변수 X는 $X(H)=1, X(T)=0$인 함수가 된다. X가 취하는 값은 실험의 결과에 따라 랜덤하게 표현되므로 X를 확률변수라고 한다. 확률변수 X가 취할 수 있는 모든 가능한 값들의 집합은 X의 치역(range)이라고 하며 흔히 R_X와 같이 표기된다.

이로부터 우리는 확률변수를 다음과 같이 실용적으로 또는 간략하게 규정해 볼 수 있다.

- 우리의 관심사의 관점에서 사건을 정의하기 위한 수단
- 값이 랜덤하게 정해지는 변수
- 모집단 기술수단
- 확률변수가 표본공간 위에서 정의되는 반면에 확률은 사건들의 집합 위에서 정의된다.

예 5.1.1 균일한 동전 3개를 동시에 던지는 실험을 한다. 이때 처음 동전이 앞면이면 X는 1, 그렇지 않으면 0이라고 하고, Y를 동전 3개 중 앞면의 수라고 하자. X와 Y는 각각 확률변수인가?

풀이 균일한 동전 3개를 동시에 던지면 다음과 같이 총 8종류의 결과가 발생한다.

$$\begin{aligned} S=\{&(H,H,H),(H,H,T),(H,T,H),(H,T,T),\\ &(T,H,H),(T,H,T),(T,T,H),(T,T,T)\} \end{aligned}$$

이때 X는 처음 4가지 경우에 1을, 나머지에는 0을 각각 배정하는 함수가 되고, Y도 각각의 결과에 0~3의 정수를 각각 부여하는 함수이므로, X와 Y는 각각 확률변수이다. 이때 X와 Y의 치역은 각각 $R_X = \{0,1\}$, $R_Y = \{0,1,2,3\}$이 된다. ■

확률변수의 값은 실험의 결과에 의해 결정되므로, 우리는 확률변수의 치역의 각 값에 확률을 부여할 수 있다.

예 5.1.2 위의 예에서 확률변수 X와 Y의 값에 대한 확률을 각각 구하라.

풀이 $P\{X=1\}=P\{(H,H,H),(H,H,T),(H,T,H),(H,T,T)\}=1/2$

$P\{X=0\}=P\{(T,H,H),(T,H,T),(T,T,H),(T,T,T)\}=1/2$

$P\{Y=3\}=P\{(H,H,H)\}=1/8$

$P\{Y=2\}=P\{(H,H,T),(H,T,H),(T,H,H)\}=3/8$

$P\{Y=1\}=P\{(H,T,T),(T,H,T),(T,T,H)\}=3/8$

$P\{Y=0\}=P\{(T,T,T)\}=1/8$ ■

5.2 이산형 확률변수

한 확률변수의 치역이 유한(finite)하거나 가산적(countable, 셀 수 있는)인 경우에 그 확률변수는 이산형(discrete)이라고 한다. 예를 들어 인종, 성별, 또는 활을 n번 쏘았을 때 과녁에 맞춘 횟수 등은 모두 이산형 확률변수들이다. 확률변수 X가 이산형일 때 X의 확률분포(probability distribution)는 X의 치역의 각 값에 확률이 어떻게 분포하고 있는지를 나타낸다. 우리는 이산형 확률변수의 확률분포를 확률질량함수나 {누적}분포함수로 표현할 수 있다. 확률질량함수는 이산형 확률변수 X의 치역의 각 값 x가 발생할 사건에 대한 확률 $P\{X=x\}$을 나타낸다. 분포함수는 각 값 x들에 대한 누적사건의 발생확률 $P\{X \leqq x\}$을 나타낸다. [반면에 연속형(continuous) 확률변수는 그 치역이 실수상의 어떤 구간이나 구간들의 결합으로 이루어진다.]

5.2.1 이산형 확률변수의 확률질량함수

이산형 확률변수 X에 대하여 X의 확률(질량)함수(probability {mass} function) $p(x)$는 다음과 같이 정의된다.

$$p(x)=P\{X=x\}.$$

확률질량함수 $p(x)$는 X의 치역 R_X의 각 값 x에서 양수 값을 가진다. 구체적으로, 한 확률질량함수 $p(x)$는 다음 두 조건을 만족시킨다.

① $\begin{cases} p(x)>0, & x \in R_X \\ p(x)=0, & x \notin R_X \end{cases}$,

② $\sum_{x \in R_x} p(x)=1.$

예 5.2.1 균일한 동전 두 개를 한꺼번에 던질 때, X는 앞면이 나오는 횟수이다. 확률변수 X에 대한 확률분포를 구하라.

풀이 X의 치역은 $R_X = \{0,1,2\}$이다. R_X의 각 값에서 확률은 다음과 같이 주어진다.

$$p(0) = P\{X=0\} = P\{TT\} = 1/4$$
$$p(1) = P\{X=1\} = P\{HT, TH\} = P\{HT\} + P\{TH\} = 1/4 + 1/4 = 1/2$$
$$p(2) - P\{X=2\} = P\{HH\} = 1/4$$

이 확률분포를 표로 만들면, 우리는 [도표 5.2.1]과 같은 확률분포표를 얻는다. 우리는 또 [도표 5.2.2]와 같은 확률 막대그래프(가로축에 x의 값을 나타내고, 세로축에 $P\{X=x\}$의 값을 막대나 선으로 나타냄)를 작성함으로써 확률변수 X의 확률분포를 가늠할 수 있다. ■

도표 5.2.1 X의 확률분포표

x	$p(x)$
0	1/4
1	1/2
2	1/4
합	1

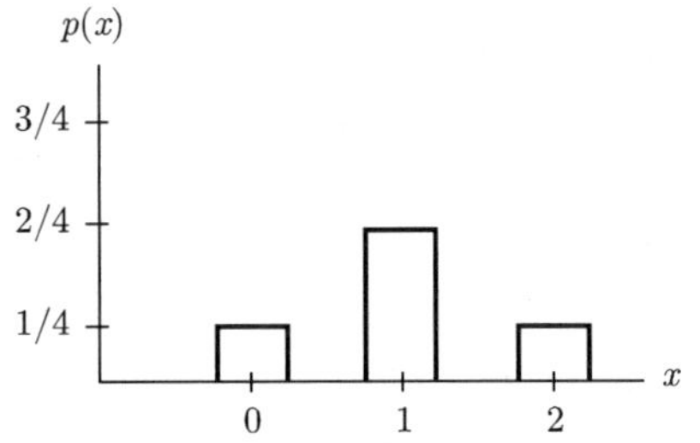

도표 5.2.2 X의 확률 막대그래프

5.2.2 이산형 확률변수의 누적분포함수

확률변수 X의 값이 x일 때, 우리는 확률 $P\{X \le x\}$ 또는 $P\{X > x\}$ 등을 구할 필요가 있다. 이 중에서 누적확률 $P\{X \le x\}$를 {누적}분포함수({cumulative} distribution function) $F(x)$라고 정의한다. 이산형 확률변수 X의 확률질량함수 $p(x)$에 대하여 누적분포함수 $F(x)$는 다음과 같이 주어진다.

$$F(x) = P\{X \le x\} = \sum_{k \le x} p(k).$$

이산형 확률변수의 누적분포함수 $F(x)$는 다음과 같은 성질을 가진다.

① 증가함수이며, $0 \le F(x) \le 1$이다.
② 층계함수이다.
③ 오른쪽에서 연속인 함수이다.(이는 하나의 약속이다.)

예 5.2.2 [예 5.2.1]에서 X의 누적확률들 $F(0)$, $F(1/2)$, $F(1)$, $F(2)$를 각각 구하고, 누적분포함수 $F(x)$를 표와 그래프로 나타내어라.

풀이 X의 누적확률들은 다음과 같이 주어진다.

$$F(0) = P\{X \le 0\} = 1/4,$$
$$F(1/2) = P\{X \le 1/2\} = P\{X \le 0\} = 1/4,$$
$$F(1) = P\{X \le 1\} = P\{X = 0\} + P\{X = 1\} = 3/4,$$
$$F(2) = P\{X \le 2\} = P\{X = 0\} + P\{X = 1\} + P\{X = 2\} = 1.$$

이를 표로 나타낸 것이 [도표 5.2.3]이다. 또 이를 그림으로 나타내면 [도표 5.2.4]와 같은 층계함수(step function)로 표현된다. 우리는 이 그림으로부터 누적분포함수의 세 가지 성질을 확인할 수 있다. ■

도표 5.2.3 X의 누적확률분포

x	$F(x)$
0	1/4
1	3/4
2	1

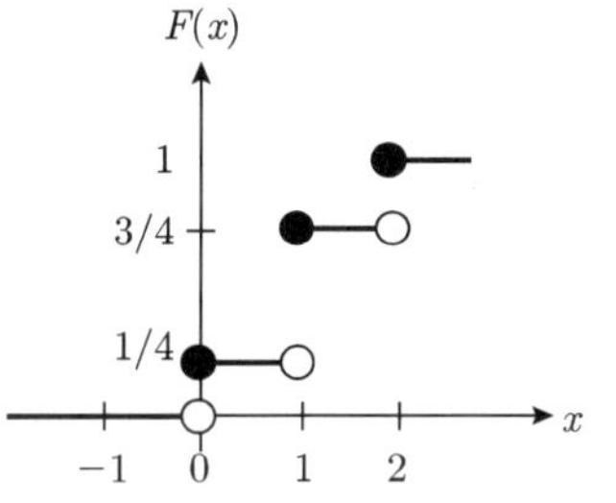

도표 5.2.4 X의 누적확률 층계함수

5.2.3 이산형 확률변수의 기대치

확률분포의 성질을 파악하기 위하여 그 중심위치와 퍼짐정도를 규명하여야 한다. 이 중 중심위치를 위한 기대치(expectation 또는 expected value)의 계산은 확률론에서 매우 중요한 개념 중의 하나이다.

정의 5.2.1 기대치

이산형 확률변수 X의 확률함수 $p(x)$가 주어졌을 때, 우리는 X의 기대치 $E[X]$를 다음과 같이 정의한다.

$$\mu = E[X] = \sum_{x_i \in R_X} x_i p(x_i).$$

다시 말하면 확률변수 X의 기대치란 X의 가능한 값들의 가중평균이라고 할 수 있다. (참고로, 분포함수를 사용한 기대치에 대한 정의는 2.2절의 식(2.2.3)에 제시되어 있다.)

예 5.2.3 위의 예에서 확률변수 X의 기대치를 구하라.

풀이 X의 기대치 $E[X]$는 다음과 같이 계산된다.

$$E[X]=\sum_{x_i \in R_X} x_i p(x_i)=0\times\frac{1}{4}+1\times\frac{1}{2}+2\times\frac{1}{4}=1.$$ ■

5.2.4 확률변수의 함수의 기대치

예 5.2.4 확률변수 X의 확률분포가 다음과 같다. 이때 확률변수 X의 함수인 확률변수 $Y=g(X)=X^2$에 대하여

① Y의 확률분포를 구하고, 그 기대치를 구하라.

② $\sum_{x=-1}^{1} x^2 p(x)$를 계산하여, 그 값을 ①에서의 값과 비교하라.

도표 5.2.5 X의 확률분포

x	$p(x)$
−1	1/3
0	1/3
1	1/3

풀이 ① Y의 확률분포는 다음과 같다.

도표 5.2.6 Y의 확률분포

$y=x^2$	$p_Y(y)=P\{Y=y\}$
1	2/3
0	1/3

따라서 그 기대치는 다음과 같이 계산된다.

$$E[Y]=1\times\frac{2}{3}+0\times\frac{1}{3}=\frac{2}{3}.$$

② $$\sum_{x=-1}^{1} x^2 p(x)=(-1)^2\left(\frac{1}{3}\right)+(0)^2\left(\frac{1}{3}\right)+(1)^2\left(\frac{1}{3}\right)=2/3.$$

따라서 ①, ②에서 각각 구한 기대치는 서로 같은 값임을 알 수 있다. ■

| 성질 5.2.1 | (the Law of the Unconscious Statistician) 이산형 확률변수 X는 x_i, $i\in I=\{1,2,\cdots\}$의 값을 가지고 확률질량함수가 $p(x_i)$라면, X의 함수 $g(X)$의 기대치 $E[g(X)]$는 다음과 같이 전개된다.

$$E[g(X)] = \sum_{i \in I} g(x_i)p(x_i).$$

증명 같은 값을 가지는 $g(x_i)$들을 묶어서 다음 식을 얻는다.

$$\sum_{i \in I} g(x_i)p(x_i) = \sum_j \sum_{i:g(x_i)=y_j} g(x_i)p(x_i) = \sum_j y_j \sum_{i:g(x_i)=y_j} p(x_i)$$
$$= \sum_j y_j P\{g(X) = y_j\} = E[g(X)].$$
□

| 성질 5.2.2 | 만약 a, b가 상수라면,

$$E[aX+b] = aE[X] + b.$$

증명 $E[aX+b] = \sum_i (ax_i + b)p(x_i) = a\sum_i x_i p(x_i) + b\sum_i p(x_i) = aE[X] + b.$ □

5.2.5 이산형 확률변수의 분산

확률변수 X와 확률질량함수 $p(x)$가 주어졌을 때, X의 성질을 규명하기 위한 측도로 중심경향과 퍼짐정도를 생각해 볼 수 있다. 중심경향을 나타내는 기대치 $E[X]$는 X의 가능한 값들의 가중평균이지만, $E[X]$는 분포의 산포(즉 퍼짐 정도)에 관하여는 아무런 정보도 제공하여 주지 못한다. 따라서 X의 값들이 평균 $E[X]$을 중심으로 얼마나 많이 산포되어 있는가의 측도로 절대편차 $|X-\mu|$나 제곱편차 $(X-\mu)^2$의 기대치를 고려해 볼 수 있다. 여기서 $\mu = E[X]$이다. 그런데 절대편차는 수학적으로 다루기가 다소 어려우므로 제곱편차의 기대치가 더 빈번하게 산포의 측도로 사용되고 있다.

정의 5.2.2 분산

확률변수 X의 기대치를 μ라고 할 때, X의 분산(variance) $V[X]$(또는 σ^2)은 다음과 같이 정의된다.

$$\sigma^2 = V[X] = E[(X-\mu)^2]$$

이산확률변수 X의 분산 $V[X]$을 조금 더 정리하여 보자.

$$V[X] = E[(X-\mu)^2] = \sum_i (x_i - \mu)^2 p(x_i) = \sum_i (x_i{}^2 - 2x_i\mu + \mu^2)p(x_i)$$
$$= \sum_i x_i{}^2 p(x_i) - 2\mu\sum_i x_i p(x_i) + \mu^2 \sum_i p(x_i) = E[X^2] - 2\mu^2 + \mu^2$$

$$= E[X^2] - \mu^2.$$

즉 확률변수 X의 분산은 X^2의 기대치와 X의 기대치의 제곱의 차이이다.

예 5.2.5 균일한 동전 두 개를 동시에 던질 때, X는 앞면이 나오는 횟수이다. 이때 X의 분산을 구하라.

풀이 X의 확률분포표는 다음과 같다.

도표 5.2.7 X의 확률분포

x	$p(x)$
0	1/4
1	1/2
2	1/4

이로부터

$$E[X^2] = 0^2 \times \frac{1}{4} + 1^2 \times \frac{1}{2} + 2^2 \times \frac{1}{4} = \frac{3}{2}$$
$$E[X] = 0 \times \frac{1}{4} + 1 \times \frac{1}{2} + 2 \times \frac{1}{4} = 1$$

따라서 분산 $V[X]$는 다음과 같이 주어진다.

$$V[X] = E[X^2] - (E[X])^2 = 1/2.$$ ■

분산 $V[X]$의 양의 제곱근을 확률변수 X의 표준편차(standard deviation) σ 또는 $SD[X]$라고 정의한다. 분산에 관한 유용한 공식으로 다음 식을 살펴보자.

| 성질 5.2.3 | 임의의 상수 a, b에 대하여, 다음 식이 성립한다.

$$V[aX + b] = a^2 V[X].$$

증명 X의 기대치를 μ라고 하면,

$$E[aX + b] = a\mu + b.$$

따라서 우리는 다음 식을 얻는다.

$$\begin{aligned} V[aX+b] &= E[(aX+b) - (a\mu+b)]^2 = E[(aX - a\mu)^2] \\ &= a^2 E[(X-\mu)^2] = a^2 V[X]. \end{aligned}$$ □

5.3 결합확률분포, 주변확률분포, 그리고 조건부확률분포

우리는 여러 확률변수들의 동시적 확률분포를 결합확률분포(joint probability distribution)라고 한다. 여기서는 두 개의 이산형 확률변수들의 결합분포를 중심으로 논의를 진행할 것인데, 이 결과는 쉽게 세 개 이상이거나 연속형인 확률변수들의 경우로 확장될 수 있다.

두 이산형 확률변수들 X와 Y의 결합확률함수(joint probability function) $p(x,y)$는 다음과 같이 정의된다.

$$p(x,y) \equiv P\{X=x, Y=y\}. \tag{5.3.1}$$

그리고 이로부터 X와 Y의 주변확률함수(marginal probability function)는 각각 다음과 같이 정의된다.

$$p_X(x) \equiv \sum_{y \in R_Y} p(x,y) = P\{X=x\}, \tag{5.3.2-1}$$

$$p_Y(y) \equiv \sum_{x \in R_X} p(x,y) = P\{Y=y\}. \tag{5.3.2-2}$$

한편 Y가 주어졌다는 조건하에서 X의 조건부확률함수 $p_{X|Y}(x|y)$와 X가 주어졌다는 조건하에서 Y의 조건부확률함수 $p_{Y|X}(y|x)$는 결합확률함수와 주변확률함수를 이용하여 각각 다음과 같이 정의된다.

$$p_{X|Y}(x|y) \equiv P\{X=x|Y=y\} = p(x,y)/p_Y(y), \tag{5.3.3-1}$$

$$p_{Y|X}(y|x) \equiv P\{Y=y|X=x\} = p(x,y)/p_X(x). \tag{5.3.3-2}$$

그리고 두 확률변수의 곱의 기대치는 결합확률함수를 이용하여 다음과 같이 주어진다.

$$E[XY] = \sum_x \sum_y xy\, p(x,y). \tag{5.3.3-3}$$

참고로, [성질 5.2.1] (the Law of the Unconscious Statistician)은 두 {이산형} 확률변수들 X, Y의 아무 함수 $g(X,Y)$에 대해서도 다음과 같이 적용될 수 있다:

$$E[g(X,Y)] = \sum_x \sum_y g(x,y)\, p(x,y). \tag{5.3.3-4}$$

그러면 식(5.3.3-3)은 $g(x,y) = xy$인 경우이다.

예 5.3.1 아래 표는 두 가지 투자상품 X와 Y의 수익률(%)의 결합확률 $p(x,y)$와 주변확률들을 나타내고 있다. (1) 수익률 X와 Y의 기대치, 분산, 표준편차, 그리고 교차곱의 기대치를 각각 구하라. (2) Y가 주어졌다는 조건하에서 X의 조건부확률함수 $p_{X|Y}(x|y)$를 구하라.

도표 5.3.1 두 가지 투자상품의 수익률의 결합분포와 주변분포

x \ y	$p(x,y)$		$P_X(x)$
	5	10	
2	0.4	0.1	0.5
20	0.2	0.3	0.5
$P_Y(y)$	0.6	0.4	1.0

풀이 (1) 수익률 X와 Y의 기대치, 분산, 표준편차, 그리고 교차곱의 기대치는 다음과 같이 구해진다.

$$E[X] = 2\times0.5 + 20\times0.5 = 11;\ V[X]$$
$$= 2\times2\times0.5 + 20\times20\times0.5 - 11\times11 = 81;\ SD[X] = 9$$
$$E[Y] = 5\times0.6 + 10\times0.4 = 7;\ V[Y]$$
$$= 5\times5\times0.6 + 10\times10\times0.4 - 7\times7 = 6;\ SD[Y] = \sqrt{6}$$
$$E[XY] = 2\times5\times0.4 + 2\times10\times0.1 + 20\times5\times0.2 + 20\times10\times0.3$$
$$= 86$$

(2) 조건부확률함수 $p_{X|Y}(x|y)$는 다음과 같이 주어진다. ■

도표 5.3.2 두 가지 투자상품의 수익률의 조건부분포

x \ y	$p_{X|Y}(x|y)$		$P_X(x)$
	5	10	
2	2/3	1/4	0.5
20	1/3	3/4	0.5
$P_Y(y)$	0.6	0.4	1.0

5.3.1 두 확률변수들의 독립성

정의 5.3.1

X에 의해 정의되는 아무 사건과 Y에 의해 정의되는 아무 사건이 독립이라면, 우리는 두 확률변수 X와 Y가 독립이라 하고 $I(X, Y)$로 표기한다.

$I(X, Y)$의 필요충분조건은 조건부확률과 주변확률이 동일하거나, 결합분포가 주변분포들의 곱과 동일한 것이다. 즉 다음 각 항은 $I(X, Y)$의 필요충분조건이다.

$$p_{X|Y}(x|y) = p_X(x), \ \forall \ x \in R_X, \ y \in R_Y, \tag{5.3.4}$$

$$p(x,y) = p_X(x) p_Y(y), \ \forall \ x \in R_X, \ y \in R_Y. \tag{5.3.5}$$

예 5.3.2 [예 5.3.1]에 제시된 두 가지 수익률 X와 Y가 독립인지 검토하라.

풀이 앞의 예에 제시된 두 가지 수익률 X와 Y는 독립이 아니다. 예컨대, [도표 5.3.2]로부터 $p_X(2) = 0.5 \neq 1/3 = p_{X|Y}(2|5)$. 또는 [도표 5.3.1]로부터 $p(2,5) = 0.4 \neq 0.5 \times 0.6 = p_X(2) p_Y(5)$. ■

참고 5.3.1

확률변수들이 독립이라면, 사건의 독립성에서와 같은 "쌍으로 독립"과 "서로 독립"을 구분할 필요가 없이, 항상 서로 독립이다.

5.3.2 두 확률변수의 연관성 측도

우리는 이변량 양적 데이터에 대한 연관성 측도들(4.5.1절)에서와 같이 두 확률변수들의 공분산(covariance)과 상관계수(correlation coefficient)를 측정할 수 있다.

정의 5.3.2

① 두 확률변수의 공분산은 편차곱의 기대치이다. 즉

$$\sigma_{XY} = Cov[X, Y] = E[(X - \mu_X)(Y - \mu_Y)] = E[XY] - \mu_X \mu_Y. \tag{5.3.6}$$

② 두 확률변수의 상관계수는 표준화된 편차곱의 기대치이다. 즉

$$\rho_{X,Y} = Corr[X, Y] = E\left[\left(\frac{X - \mu_X}{\sigma_X}\right)\left(\frac{Y - \mu_Y}{\sigma_Y}\right)\right] = \frac{\sigma_{XY}}{\sigma_X \sigma_Y}. \tag{5.3.7}$$

| 성질 5.3.1 | $I(X, Y)$이면, $E[XY] = E[X]E[Y]$이고 따라서 $Cov[X, Y] = 0$.

공분산이 0인 두 확률변수는 상관되어 있지 않다(uncorrelated)고 일컬어진다.

| 성질 5.3.2 | ① $-1 \leq \rho_{X,Y} \leq 1$. (〈과제 3.3.1〉과 11.2절을 참조하라.)

② 상관되어 있지 않은 두 확률변수의 상관계수는 0이다.

예 5.3.3 [예 5.3.1]에 제시된 두 가지 수익률 X와 Y의 공분산과 상관계수를 구하라.

풀이 $Cov[X, Y] = E[XY] - E[X]E[Y] = 86 - 11\times 7 = 9,$
$Corr[X, Y] = Cov[X, Y]/(\sigma_X \sigma_Y) = 9/(9\times \sqrt{6}) = 0.408248.$ ■

| 성질 5.3.3 | 상관계수는 선형관계의 측도이다. 즉

$$Corr[a+bX, c+dY] = \frac{bd}{|bd|} Corr[X, Y]. \tag{5.3.8}$$

| 성질 5.3.4 | $I(X, Y)$이면, $Corr[X, Y] = 0.$

| 성질 5.3.5 | ① 두 확률변수가 이변량 정규분포를 따르면 독립성은 무상관과 동치이다. 즉

$$I(X, Y) \Leftrightarrow Corr[X, Y] = 0.$$

② 무상관이 독립성과 동치인 또 다른 경우는 두 확률변수가 모두 베르누이 분포(5.4.2절 참조)를 따를 때이다.

5.3.3 두 확률변수의 선형결합

두 확률변수 X와 Y의 한 선형결합 T를 고려하자.

$$T = a + bX \pm cY. \tag{5.3.9}$$

① T의 기대치와 분산은 다음과 같이 주어진다.

$$\mu_T = a + b\mu_X \pm c\mu_Y, \tag{5.3.10}$$

$$\sigma_T^2 = b^2\sigma_X^2 + c^2\sigma_Y^2 \pm 2bc\,Cov[X, Y]. \tag{5.3.11}$$

만일 $I(X, Y)$이면,

$$\sigma_{TI}^2 = b^2\sigma_X^2 + c^2\sigma_Y^2. \tag{5.3.12}$$

| 성질 5.3.6 | 서로 독립인 정규분포들의 합도 정규분포이다. 즉 정규분포는 컨볼루션(convolution, 중합)에 닫혀 있다.

따라서 만일 $I(X, Y)$이고, X와 Y가 각각 정규분포를 따른다면 다음과 같다.

$$T \sim N(\mu_T, \sigma_{TI}^2). \tag{5.3.13}$$

5.4 이산분포모형들

5.4.1 이산균일분포

확률질량함수가 치역 내의 모든 점에서 동일한 값을 가질 때, 그 분포는 이산균일(discretely uniform, DU)하다고 정의한다.

예 5.4.1 공정한 주사위를 한 번 던지는 실험을 한다. X를 주사위가 나타내는 눈의 수라 할 때, X의 치역과 확률질량함수를 구하라. 이때 이 함수는 이산균일분포를 하는가?

풀이 X의 치역과 확률질량함수는 다음과 같이 주어진다.

- 치역 $R_X = \{1,2,3,4,5,6\}$
- 확률질량함수 $p(x) = 1/6,\ x = 1,2,\cdots,6$

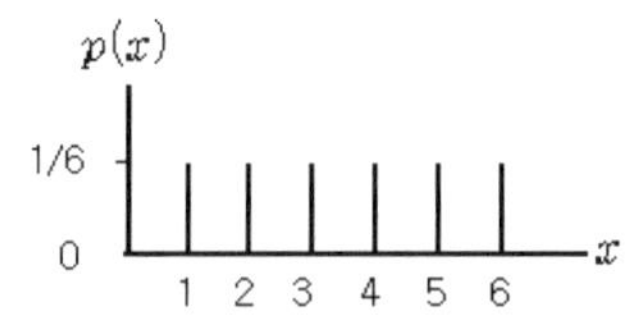

따라서 X는 이산균일분포 $DU(1,6)$를 따른다. ■

위의 예를 일반화하여 확률변수 X가 처음 m개의 자연수에서 이산균일분포(discrete uniform distribution) $DU(1,m)$를 따른다면, 그 확률함수는 다음과 같다.

$$p(x) = \frac{1}{m},\ x = 1,2,\cdots,m. \tag{5.4.1}$$

| 성질 5.4.1 | 확률변수 X가 다음과 같은 식(5.4.1)과 같은 $DU(1,m)$를 따를 때, 확률변수 X의 기대치와 분산은 다음과 같다.

$$E[X] = \frac{m+1}{2},$$

$$\sigma^2 = V[X] = \frac{m^2-1}{12}.$$

증명 $E[X] = \sum x_i p(x_i) = 1 \times \frac{1}{m} + \cdots + m \times \frac{1}{m}$

$$= \frac{1}{m}(1+2+\cdots+m) = \frac{1}{m}\left\{\frac{m(m+1)}{2}\right\} = \frac{m+1}{2},$$

$$E[X^2]=\sum x_i{}^2 p(x_i)=1^2\times\frac{1}{m}+\cdots+m^2\times\frac{1}{m}=\frac{1}{m}(1^2+2^2+\cdots+m^2)$$
$$=\frac{1}{m}\left\{\frac{m(m+1)(2m+1)}{6}\right\}=\frac{(m+1)(2m+1)}{6}.$$

따라서 분산은 다음과 같이 주어진다.

$$V[X]=E[X^2]-(E[X])^2=\frac{(m+1)(2m+1)}{6}-\left\{\frac{(m+1)}{2}\right\}^2=\frac{m^2-1}{12}.$$ ■

예 5.4.2 위의 [예 5.4.1]에서 확률변수 X의 기대치와 분산을 각각 구하라.

풀이 $X\sim DU(1,6)$이므로

$$\mu=E[X]=\frac{6+1}{2}=\frac{7}{2},$$
$$\sigma^2=V[X]=\frac{6^2-1}{12}=\frac{35}{12}.$$ ■

| 과제 5.4.1 | $X\sim DU(a,b)$일 때의 기대치와 분산을 유도해 보자.

5.4.2 베르누이 시행과 이항분포

결과가 단지 두 가지인 시행(trial) 또는 실험을 행한다고 하자. 이때 결과는 성공 또는 실패(여성 또는 남성, 삶 또는 죽음 등)로 표기되며, 서로 배반이 된다.

가령 결과가 성공인 경우 $X=1$, 실패일 때 $X=0$으로 표기한다면, X의 확률함수는 다음과 같다.

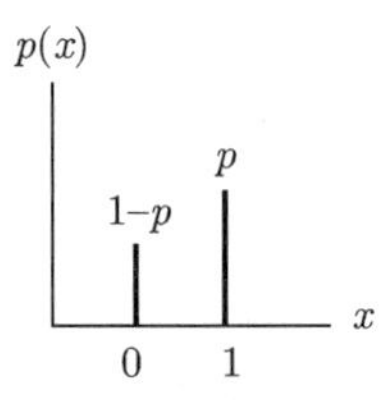

$$p(0)=P\{X=0\}=1-p, \quad (5.4.2)$$
$$p(1)=P\{X=1\}=p,$$

여기서 p는 시행의 성공확률을 나타내며, $0\le p\le 1$이다. 위의 시행(또는 실험)을 성공확률이 p인 베르누이 시행(Bernoulli trial)이라고 한다. 식(5.4.2)를 다시 표현하면,

$$p(x)=p^x(1-p)^{1-x},\ x=0,1.$$

이때 X는 베르누이 분포를 따른다고 하며, $X \sim BER(p)$ 또는 $X \sim B(1,p)$로 표기한다.

| 성질 5.4.2 | 확률변수 X가 베르누이 분포 $X \sim B(1,p)$를 할 때 다음이 성립한다.

$$E[X] = p,$$
$$V[X] = p(1-p).$$

증명 X의 확률분포표는 다음과 같이 주어진다.

도표 5.4.1 X의 확률분포

x	$p(x)$
0	$1-p$
1	p

따라서 확률변수 X의 기대치와 분산은 다음과 같다.

$$E[X] = (0)(1-p) + (1)(p) = p,$$
$$V[X] = E[X^2] - [E(X)]^2 = (0^2)(1-p) + (1^2)(p) - p^2 = p(1-p).$$ □

성공할 확률이 p, 실패할 확률이 $1-p$인 베르누이 시행을 독립적으로 n번 시행한다고 가정하자. 이런 실험은 이항실험(binomial experiment)이라고 한다. 확률변수 X를 n번 시행 중 발생한 성공 횟수라고 하면, 확률변수 X는 모수 (n,p)인 이항분포(binomial distribution)를 한다고 하며 $X \sim B(n,p)$로 표기된다. 특히 $n=1$인 이항확률변수는 베르누이 분포임을 알 수 있다. 모수 (n,p)인 이항확률변수의 확률질량함수는 다음과 같다.

$$P\{X = x\} = p(x) = \binom{n}{x} p^x (1-p)^{n-x}, \ x = 0, 1, \cdots n, \tag{5.4.3}$$

여기서 $\binom{n}{x} = \frac{n!}{x!(n-x)!}$는 n 개체에서 x 개체를 뽑는 조합의 수로서, 흔히 이항계수(binomial coefficient)라고 하며 ${}_nC_x$로 표기되기도 한다. n번의 시행 중 성공이 x번, 실패가 $n-x$번일 경우의 수는 $\binom{n}{x}$이므로, 식(5.4.3)이 성립한다.

우리는 흔히 다음과 같은 확률변수들을 {근사적} 이항분포로 간주할 수 있다.

- 3명의 자녀를 가지기로 계획한 신혼부부가 가질 남자아이의 수
- 한 선수가 10번의 자유투를 던져서 골대에 들어가는 횟수

- 특정제품의 생산 공정에서 뽑은 랜덤표본에 들어 있는 불량품수
- 찬반을 묻는 여론조사에서 단순랜덤표본 중 찬성자의 수
- 특정제품의 대규모 랏(lot)에서 뽑은 단순랜덤표본에 들어 있는 불량품수

| 과제 5.4.2 | 이항분포를 따르는 확률변수들의 그 밖의 사례를 들어보자.

◎ 이항분포 $B(n,p)$의 확률함수의 유도과정

① 사건 $\{X=x\}$에 들어있는 표본점의 개수: x개의 s공과 $n-x$개의 f공을 일렬로 정렬시키는 방법의 수는 $\binom{n}{x}$이다.

② 사건 $\{X=x\}$에 들어있는 각 표본점의 확률: x번의 성공과 $n-x$번의 실패로 구성된 한 표본점의 확률은 $p^x(1-p)^{n-x}$이다.

③ 따라서 확률함수 $p(x) = P\{X=x\}$의 일반형은 다음과 같이 유도된다.

$$p(x)=\binom{n}{x}p^x(1-p)^{n-x},\ x=0,1,\dots,n$$

| 과제 5.4.3 | n과 p에 따라 분포의 형태가 어떻게 변하는지 기술해 보아라.

예 5.4.3 어떤 궁수가 활을 쏠 때, 과녁에 맞출 확률은 $p=0.8$이다. 열 번을 쏘았을 때, 7번만 과녁에 맞출 확률은 얼마인가? (열 번의 시행은 독립이라고 가정한다.)

풀이 확률변수 X를 $n=10$번 중 과녁에 맞출 횟수라 하면, $X\sim B(10,0.8)$. 따라서 $X=7$일 확률은 다음과 같이 주어진다.

$$P\{X=7\}=\binom{10}{7}p^7(1-p)^3=\binom{10}{7}(.8)^7(1-.8)^3=0.201.$$

[도표 5.4.2]는 $B(10,\,0.8)$의 확률함수를 그래프로 나타낸 확률막대그래프이다. ■

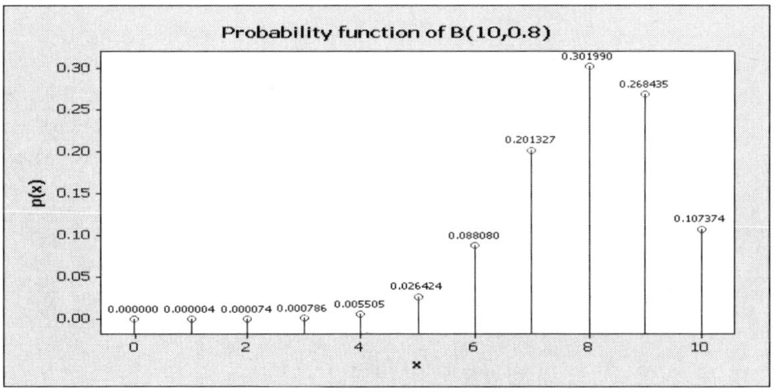

도표 5.4.2 $B(10,\ 0.8)$의 확률막대그래프

| 성질 5.4.3 | $X \sim B(n, p)$의 평균과 분산은 다음과 같다.

$$E[X] = np,$$
$$V[X] = np(1-p).$$

증명 이항실험은 서로 독립인 n개의 베르누이 시행의 합이므로

$$X = X_1 + X_2 + \cdots + X_n,$$

여기서 i번째 시행이 성공이면 $X_i = 1$, 실패일 때 $X_i = 0$이다. 그런데 베르누이 시행에서 기대치와 분산은 각각 p와 $p(1-p)$이므로 식(5.3.10)과 식(5.3.11)에 의해

$$E[X] = np,$$
$$V[X] = np(1-p). \qquad \square$$

예 5.4.4 위의 [예 5.4.3]에서 열 번을 쏘았을 때 과녁에 맞춘 횟수를 X라 할 때, X의 기대치와 분산을 구하라.

풀이 $X \sim B(n=10, p=0.8)$이므로 그 기대치와 분산은 다음과 같이 주어진다.

$$E[X] = np = 10 \times 0.8 = 8,$$
$$V[X] = np(1-p) = 10(0.8)(0.2) = 1.6. \qquad \blacksquare$$

| 성질 5.4.4 | 만약 $X \sim B(n, p)$ $(0 < p < 1)$이면, $P\{X = k\}$는 다음을 만족한다.

① k값에 따라 단조증가하다 다시 단조감소한다.

② $k \le (n+1)p$를 만족하는 제일 큰 자연수 k에서 최댓값을 가진다.

증명 다음 비(ratio)의 값이 k에 따라 1보다 작은지의 여부를 구한다.

$$\frac{P\{X=k\}}{P\{X=k-1\}}=\frac{\binom{n}{k}p^k(1-p)^{n-k}}{\binom{n}{k-1}p^{k-1}(1-p)^{n-k+1}}=\frac{(n-k+1)p}{k(1-p)}.$$

따라서

$$P\{X=k\}\geq P\{X=k-1\} \Leftrightarrow (n-k+1)p \geq k(1-p) \Leftrightarrow k \leq (n+1)p.$$

이로써 위의 두 가지 성질들이 증명된다. □

5.4.3 프아송 분포

이항확률변수의 범위는 $0, 1, \cdots, n$이지만 이 범위를 초과하는 자연수의 값을 취하는 확률변수를 생각해 볼 수 있다. 예를 들어 어느 병원의 병원관리자가 몇 개월의 기간 동안 하루 응급환자의 수를 조사하여 보니 평균 3명의 환자가 응급실을 찾았다는 사실을 알았다. 이때 병원관리자는 어느 특정한 날에 응급환자가 아무도 없을 확률을 구하려고 한다.

확률변수 X가 $0, 1, 2, \cdots$ 중의 어느 값을 취할 때, 우리는 X에 대해 프아송 분포(Poisson distribution) 모형을 고려해 볼 수 있다. 프아송 분포는 흔히 희귀한 사건의 발생횟수에 대한 모형으로 적절하다.

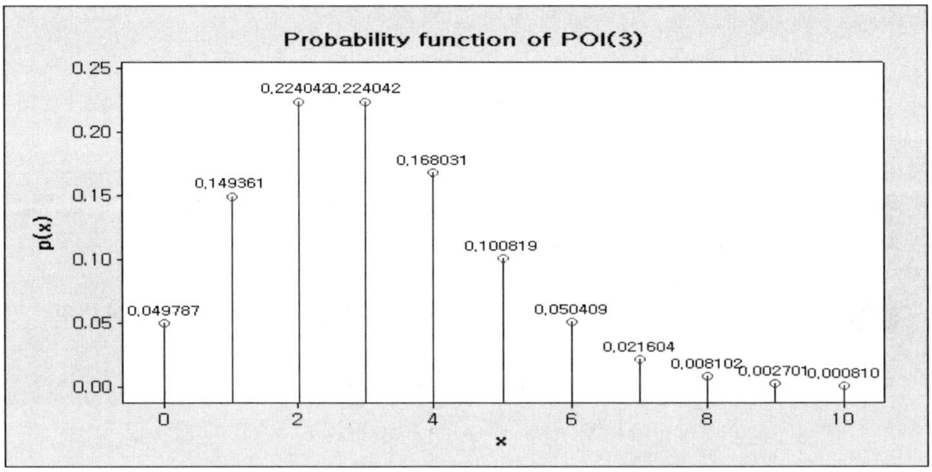

도표 5.4.3 $\{x=10$에서 절단된$\}$ $POI(3)$의 확률막대그래프

정의 5.4.1

이산형 확률변수 X의 확률밀도함수가 다음과 같을 때, X는 프아송 분포를 따른다고 하고 $X \sim POI(m)$이라고 표기한다. $m > 0$에 대해

$$p(x) = P\{X = x\} = \frac{e^{-m} m^x}{x!},\ x = 0, 1, 2, \cdots \tag{5.4.4}$$

식(5.4.4)에 대해 다음이 성립하므로, $p(x)$는 확률질량함수가 된다.

$$\sum_{x=0}^{\infty} p(x) = \sum_{x=0}^{\infty} P\{X = x\} = e^{-m} \sum_{x=0}^{\infty} \frac{m^x}{x!} = e^{-m} e^{m} = 1.$$

| 성질 5.4.5 | 만약 $X \sim POI(m)$이면, 평균과 분산은 다음과 같다.

$$E[X] = m,$$
$$V[X] = m.$$

증명 $E[X] = \sum_{x=0}^{\infty} x \frac{e^{-m} m^x}{x!} = e^{-m} m \sum_{x=1}^{\infty} \frac{m^{x-1}}{(x-1)!} = m,$

$$E[X(X-1)] = \sum_{x=0}^{\infty} x(x-1) \frac{e^{-m} m^x}{x!} = e^{-m} m^2 \sum_{x=2}^{\infty} \frac{m^{x-2}}{(x-2)!} = m^2.$$

$\therefore\ V[X] = E[X^2] - m^2 = m^2 + m - m^2 = m.$ □

| 성질 5.4.6 | 만약 X_1, X_2는 서로 독립이고

$$X_i \sim POI(m_i),\ i = 1, 2$$

이면, $X_1 + X_2$의 분포는

$$X_1 + X_2 \sim POI(m_1 + m_2).$$

증명 $Y = X_1 + X_2$라 놓고 확률변수 Y의 확률밀도함수를 직접 구한다. 또는 자연수를 취하는 y에 대하여,

$$P\{Y = y\} = P\{X_1 + X_2 = y\} = \sum_{x=0}^{y} P\{X_1 = x\} P\{X_2 = y - x\}$$
$$= \sum_{x=0}^{y} \frac{e^{-m_1} {m_1}^x}{x!} \frac{e^{-m_2} {m_2}^{y-x}}{(y-x)!} = e^{-(m_1+m_2)} \sum_{x=0}^{y} \frac{{m_1}^x {m_2}^{y-x}}{x!(y-x)!}$$

$$= e^{-(m_1+m_2)}\frac{1}{y!}\sum_{x=0}^{y}\binom{y}{x}{m_1}^x{m_2}^{y-x} = e^{-(m_1+m_2)}\frac{1}{y!}(m_1+m_2)^y.$$

따라서

$$Y \sim POI(m_1+m_2).$$ □

5.4.4 이항분포의 프아송 근사

프아송 분포는 이항분포의 근사분포로 사용될 수 있으므로 활용폭이 넓다. 이항분포 $B(n,p)$는 $np=m$으로 일정하게 하고 n을 충분히 크게 하면 프아송 분포 $POI(np)$에 접근하게 된다. 이때 이항확률변수는 기대치가 $np=m$이고 분산은 $np(1-p)=m(1-p)$이므로, 프아송 확률변수의 기대치와 분산은 각각 m임을 예상할 수 있다(왜냐하면 $1-p \doteq 1$이므로).

| 성질 5.4.7 | 이항확률변수 $X \sim B(n,p)$는 $np=m$이고 $n\to\infty$일 때 프아송 분포 $POI(np)$로 수렴한다.

$$\binom{n}{x}p^x(1-p)^{n-x} \to \frac{e^{-m}m^x}{x!}.$$

증명 음수가 아닌 정수 x에 대하여

$$\begin{aligned} P\{X=x\} &= \frac{n!}{x!(n-x)!}p^x(1-p)^{n-x} \\ &= \frac{n!}{x!(n-x)!}(m/n)^x(1-m/n)^{n-x} \\ &= \frac{m^x}{x!}\frac{n!}{(n-x)!n^x}\frac{(1-m/n)^n}{(1-m/n)^x} \\ &= \frac{m^x}{x!}\frac{n(n-1)\cdots(n-x+1)!}{n^x}\frac{(1-m/n)^n}{(1-m/n)^x} \to \frac{m^x}{x!}e^{-m}. \end{aligned}$$

($\because$ As $n\to\infty$, $(1-m/n)^n \to e^{-m}$ & $(1-m/n)^x \to 1$) □

예 5.4.5 장식용 꼬마전구를 만드는 제조업자는 약 1%의 불량률이 있다는 사실을 경험을 통하여 알고 있다. 이 꼬마전구 100개들이 한 상자에 불량품이 많아야 2개일 확률을 다음과 같이 구하라(단, 꼬마전구가 불량품일 사건은 서로 독립이라고 가정한다).

① 이항분포를 이용한 정확한 값
② 프아송 근삿값

풀이 X를 100개 중 불량품의 개수라고 하면, $X \sim B(100, 0.01)$이다. 따라서

① $P\{X \le 2\} = \sum_{x=0}^{2} \binom{100}{x} (0.01)^x (0.99)^{100-x} = 0.9206.$

② 평균이 $m = np = 1$이므로 X를 $POI(1)$로 근사하면

$$P\{X \le 2\} = \sum_{x=0}^{2} \frac{e^{-1} 1^x}{x!} = e^{-1}\left(\frac{1}{1} + \frac{1}{1} + \frac{1}{2}\right) = 0.9197.$$

따라서 프아송 근삿값과 참값의 차이, 즉 오차는 0.009로서 상대오차는 1% 미만이다. ■

5.5 연속형 확률변수

앞에서 정의한 이산형 확률변수의 치역은 유한하거나 셀 수 있는 경우였지만, 확률변수의 치역이 실수상의 어떤 구간이나 구간들의 결합으로 이루어지는 경우가 종종 있다. 연속형 확률변수의 예로 어떤 호수의 수심이나 어느 병원에 입원 중인 환자들의 수축기 혈압 등을 들 수 있다.

5.5.1 확률밀도함수와 누적분포함수

(1) 확률밀도함수

정의 5.5.1

연속형 확률변수 X의 확률밀도함수(probability density function) $f(x)$는 다음 조건을 만족하는 적분가능한 함수이다.

① $f(x) \ge 0.$

② $\int_{-\infty}^{\infty} f(x)dx = 1.$

③ 임의의 실수 a, b에 대하여

$$P\{a \le X \le b\} = \int_a^b f(x)dx.$$

예 5.5.1 연속형 확률변수 X의 확률밀도함수 $f(x)$가 다음과 같이 주어졌을 때 아래 질문에 답하라.

$$f(x)=\begin{cases} c(4x-2x^2), & 0<x<2, \\ 0, & \text{그밖}. \end{cases}$$

① c의 값을 구하라.

② $P\{X\leq 1\}$를 구하라.

풀이 ① 확률밀도함수 f의 적분값이 1이어야 하므로

$$\int_0^2 c(4x-2x^2)dx=1;\ c\left[2x^2-\frac{2}{3}x^3\right]_0^2=1;\ c\left(8-\frac{16}{3}\right)=1;\ c\left(\frac{8}{3}\right)=1\ \ \therefore\ c=3/8$$

② $P\{X\leq 1\}=\int_0^1 f(x)dx=\frac{3}{8}\int_0^1(4x-2x^2)dx=\frac{3}{8}\left[2x^2-\frac{2}{3}x^3\right]_0^1=1/2$ ■

(2) 누적분포함수

연속형 확률변수의 {누적}분포함수({cumulative} distribution function) $F(x)$는 다음과 같이 정의된다.

$$F(x)=P\{X\leq x\}=\int_{-\infty}^{x} f(t)dt.$$

예 5.5.2 X의 확률밀도함수가 다음과 같을 때 누적분포함수 $F(x)$를 구하고, 그 분포곡선을 그려라.

$$f(x)=\begin{cases} \frac{3}{8}(4x-2x^2), & 0<x<2, \\ 0, & \text{그밖}. \end{cases}$$

풀이 ① $0<x<2$일 때

$$F(x)=\int_{-\infty}^{x}\frac{3}{8}(4t-2t^2)dt=\int_0^x\frac{3}{8}(4t-2t^2)dt=\frac{3}{8}(2x^2-\frac{2}{3}x^3)=\frac{3}{4}x^2(1-\frac{x}{3})$$

② $x<0$일 때

$$F(x)=0$$

③ $x>2$일 때

$$F(x)=1$$

이로부터 누적분포함수 $F(x)$의 분포곡선은 [도표 5.5.1]과 같이 주어진다. ■

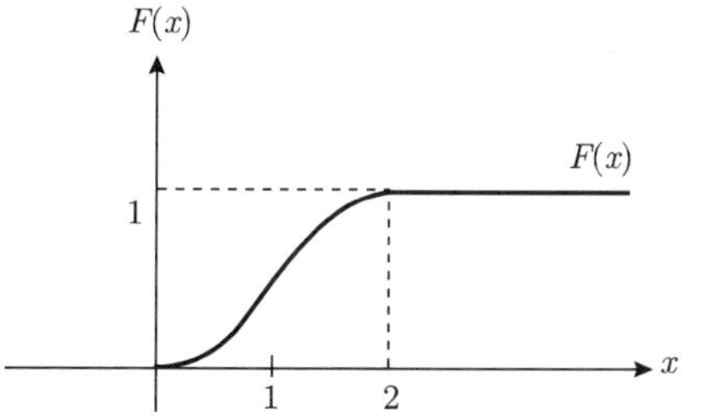

도표 5.5.1 누적분포곡선 $F(x)$

예 5.5.3 Y의 확률밀도함수가 다음과 같을 때 누적분포함수 $G(y)$를 구하고, 그 분포곡선을 그려라.

$$g(y) = \begin{cases} 2y, & 0 < y < 1, \\ 0, & \text{그밖}. \end{cases}$$

풀이 ① $y < 0$일 때

$$G(y) = 0$$

② $0 < y < 1$일 때

$$G(y) = \int_0^y 2t\,dt = y^2$$

③ $y > 1$일 때

$$G(y) = 1$$

이로부터 누적분포함수 $G(y)$의 분포곡선은 [도표 5.5.2]와 같이 주어진다. ■

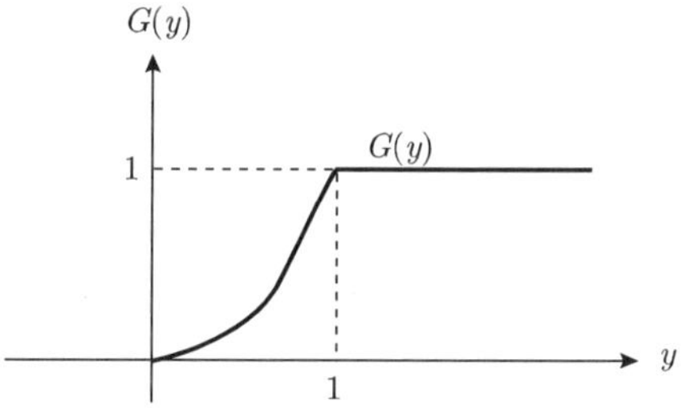

도표 5.5.2 누적분포곡선 $G(y)$

미적분학의 기본정리(the fundamental theorem of calculus)에 의하여, 누적분포함수 $F(x)$와 확률밀도함수 $f(x)$의 관계는 다음과 같다. $F(x)$가 x에서 미분가능하면, $F'(x) = f(x)$ (또는 이로부터 $dF(x) = f(x)dx$).

예 5.5.4 위의 [예 5.5.3]에서 $G'(y)=g(y)$임을 보여라.

풀이 ① $y<0$일 때

$$G'(y)=0=g(y).$$

② $0<y<1$일 때

$$G'(y)=2y=g(y).$$

③ $y>1$일 때

$$G'(y)=0=g(y).$$

그렇지만 누적분포함수 G는 1에서 미분가능하지 않음에 유의하라. 따라서 $G'(1)$이 존재하지 않는다. ■

5.5.2 연속형 확률변수의 기대치와 분산

연속형 확률변수의 기대치는 이산형 확률변수의 기대치 계산에서 $\sum$(합기호)를 $\int$(적분기호)로 바꾸어 주면 된다. X를 연속형 확률변수라고 하고 $f(x)$를 확률밀도함수라고 하면, 매우 작은 $\triangle x>0$에 대하여

$$\begin{aligned}\sum x_i \triangle F(x_i) &= \sum x_i P\{x_i \le X < x_i + \triangle x\}\\ &\doteq \sum x_i f(x_i)\triangle x\\ &\doteq \int xf(x)dx.\end{aligned}$$

따라서

① X의 기대치 $E[X]$는

$$\mu = E[X] = \int_{-\infty}^{\infty} xf(x)dx.$$

② X의 분산 $V[X]$은

$$\sigma^2 = V[X] = E[(X-\mu)^2] = \int_{-\infty}^{\infty}(x-\mu)^2 f(x)dx.$$

③ X의 표준편차 σ는

$$\sigma = \sqrt{V[X]}.$$

예 5.5.5 Y의 확률밀도함수 $g(y)$가 다음과 같을 때 Y의 기대치 $E[Y]$와 분산 $V[Y]$를 각각 구하라.

$$g(y) = \begin{cases} 2y, & 0 < y < 1, \\ 0, & \text{그밖}. \end{cases}$$

풀이 기대치 $E[Y]$와 분산 $V[Y]$는 다음과 같다.

$$E[Y] = \int yg(y)dy = \int_0^1 y(2y)dy = \left[\frac{2}{3}y^3\right]_0^1 = \frac{2}{3},$$

$$V[Y] = E[Y^2] - (E[Y])^2 = \int_0^1 y^2(2y)dy - (2/3)^2$$

$$= \left[2\left(\frac{y^4}{4}\right)\right]_0^1 - \left(\frac{2}{3}\right)^2 = \frac{1}{18}.$$ ■

| 성질 5.5.1 | 확률변수 Y가 0 이상의 값만을 가질 때, 그 기대치는 다음과 같다.

$$E[Y] = \int_0^\infty P\{Y > y\}dy.$$

증명 Y가 연속형이라고 가정하고, Y의 확률밀도함수를 f라고 하자. 그러면 다음 식이 성립한다.

$$\int_0^\infty P\{Y \geq y\}dy = \int_0^\infty \left[\int_y^\infty f(x)dx\right]dy = \int_0^\infty \left[\int_0^x f(x)dy\right]dx$$

$$= \int_0^\infty xf(x)dx = E[Y].$$ □

참고로, Y의 값을 제한하지 않은 경우에 대해 분포함수를 사용한 기대치는 2.2절의 식(2.2.3)에 제시되어 있다.

5.6 연속분포모형들

연속형 확률분포 모형들로는 균일분포(uniform distribution, 균등분포), 지수분포(exponential distribution), 감마분포(gamma distribution), 카이제곱(χ^2)분포

(chi-square distribution), 정규분포(normal distribution) 등이 있지만, 여기에서는 균일분포, 지수분포 그리고 정규분포에 대하여만 다루기로 한다.

5.6.1 균일분포

연속형 확률변수 X의 확률밀도함수 f가 다음과 같을 때, 우리는 X가 구간 (0, 1)에서 균일분포(uniform distribution)를 한다고 하고 $X \sim U(0,1)$로 표기한다.

$$f(x) = \begin{cases} 1, & 0 < x < 1, \\ 0, & \text{그밖}. \end{cases} \tag{5.6.1}$$

이때 $f(x) \geq 0$이고 $\int_{-\infty}^{\infty} f(x)dx = 1$이므로, 식(5.6.1)은 확률밀도함수가 된다. 임의의 $0 < a < b < 1$에 대하여

$$P\{a \leq X \leq b\} = \int_a^b f(x)dx = b - a.$$

즉 $X \sim U(0,1)$가 구간 (0, 1) 내의 어느 소구간에 위치할 확률은 그 소구간의 길이가 된다. 일반적으로 X의 확률밀도함수가 다음과 같이 주어질 때, 우리는 X가 구간 (α, β)에서 균일분포를 한다고 하고 $X \sim U(\alpha,\beta)$로 표기한다.

$$f(x) = \begin{cases} \dfrac{1}{\beta - \alpha}, & \alpha < x < \beta, \\ 0, & \text{그밖}. \end{cases} \tag{5.6.2}$$

우리는 $F(x) = \int_{-\infty}^{x} f(t)dt$를 이용하여 $X \sim U(\alpha,\beta)$의 누적분포함수 $F(x)$를 다음과 같이 구할 수 있다.

$$F(x) = \begin{cases} 0, & x \leq \alpha, \\ \dfrac{x-\alpha}{\beta - \alpha}, & \alpha < x < \beta), \\ 1, & x \geq \beta. \end{cases}$$

[도표 5.6.1]은 $X \sim U(\alpha,\beta)$의 밀도함수 $f(x)$와 분포함수 $F(x)$의 그래프이다.

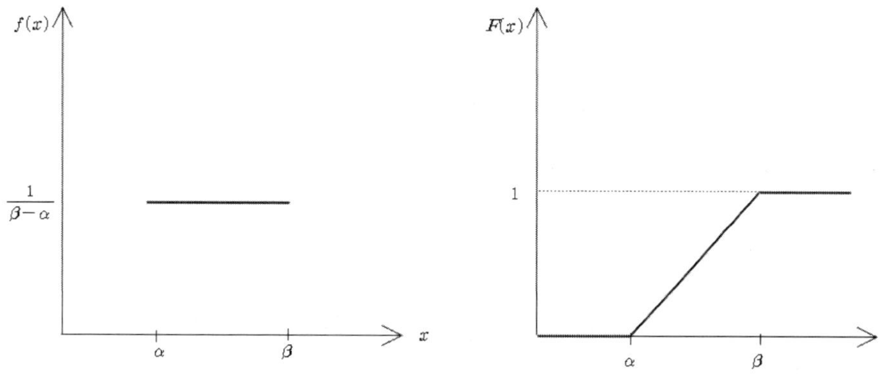

(1) 밀도곡선　　(2) {누적}분포곡선

도표 5.6.1 $X \sim U(\alpha,\beta)$의 확률분포

예 5.6.1 $X \sim U(\alpha,\beta)$일 때

① 기대치 $E[X]$를 구하라.

② 분산 $V[X]$를 구하라.

풀이 ① $E[X] = \int_{-\infty}^{\infty} xf(x)dx = \int_{\alpha}^{\beta} x\frac{1}{\beta-\alpha}dx = \frac{1}{\beta-\alpha}\left[\frac{1}{2}x^2\right]_{\alpha}^{\beta} = \frac{\beta+\alpha}{2}$

즉 $X \sim U(\alpha,\beta)$의 기대치는 그 구간의 한 가운데가 된다.

② 분산을 구하기 위하여 먼저 $E[X^2]$을 계산한다.

$$E[X^2] = \int_{\alpha}^{\beta} x^2\frac{1}{\beta-\alpha}dx = \frac{1}{\beta-\alpha}\left[\frac{1}{3}x^3\right]_{\alpha}^{\beta} = \frac{1}{3}(\beta^2+\alpha\beta+\alpha^2)$$

그러면

$$V[X] = E[X^2]-(E[X])^2 = \frac{1}{3}(\beta^2+\alpha\beta+\alpha^2)-\left(\frac{\beta+\alpha}{2}\right)^2 = \frac{1}{12}(\beta-\alpha)^2$$

즉 $X \sim U(\alpha,\beta)$의 분산은 그 구간의 길이의 제곱에 비례한다. ■

예 5.6.2 $X \sim U(-1,1)$일 때

① $P\left\{|X| > \frac{1}{2}\right\}$를 계산하라.

② 확률변수 $|X|$의 확률밀도함수를 구하라.

풀이 $X \sim U(-1,1)$의 확률밀도함수 $f(x)$는 다음과 같다.

$$f(x) = \begin{cases} 1/2, & -1 < x < 1, \\ 0, & \text{그밖}. \end{cases}$$

① $P\{|X| > 1/2\} = P\{X > 1/2, \text{ or } X < -1/2\}$

$$= \int_{\frac{1}{2}}^{1} 1/2dx + \int_{-1}^{-\frac{1}{2}} 1/2dx = 1/2$$

② 확률변수 $|X|$의 누적분포함수 $F_{|X|}(a)$를 구해 보자. $0 < a < 1$에 대해

$$F_{|X|}(a) = P\{|X| \le a\} = P\{-a \le X \le a\} = \int_{-a}^{a} \frac{1}{2}dx = \frac{1}{2}[x]_{-a}^{a} = a$$

따라서 위의 식을 미분하여 $|X|$의 확률밀도함수 g를 얻는다.

$$g(x) = \begin{cases} 1, & 0 < x < 1, \\ 0, & \text{그밖}, \end{cases}$$ ■

5.6.2 지수분포

연속형 확률변수의 확률밀도함수가 모수 $\lambda > 0$에 대해 다음과 같이 주어질 때, 우리는 X가 척도모수(scale parameter) λ인 지수분포(exponential distribution)를 따른다고 하고 $X \sim \text{EXP}(\lambda)$로 표기한다.

$$f(x) = \begin{cases} \lambda e^{-\lambda x}, & x \ge 0, \\ 0, & \text{그밖}. \end{cases}$$

우리는 $f(x)$를 적분함으로써 X의 누적분포함수 $F(x)$를 구할 수 있다.

$$F(x) = P\{X \le x\} = \int_{0}^{x} \lambda e^{-\lambda a} da = [-e^{-\lambda a}]_{0}^{x} = 1 - e^{-\lambda x} \quad (x \ge 0)$$

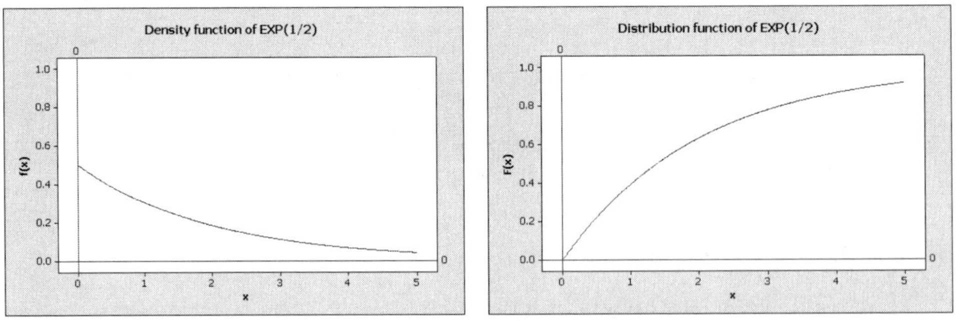

도표 5.6.2 $\lambda = 1/2$인 지수분포의 밀도곡선과 분포곡선

예 5.6.3 어느 기계를 수리하는 데 걸리는 시간 X는 $X \sim \mathrm{EXP}(1/2)$를 따른다. 이때 수리시간이 2시간을 초과할 확률을 구하라.

풀이 $X \sim \mathrm{EXP}(1/2)$의 확률밀도함수 $f(x)$는 다음과 같이 주어진다.

$$f(x) = \begin{cases} \frac{1}{2}e^{-\frac{1}{2}x}, & x > 0, \\ 0, & \text{그밖}. \end{cases}$$

따라서 수리시간이 2시간을 초과할 확률은 다음과 같다.

$$P\{X > 2\} = \int_2^\infty \frac{1}{2}e^{-\frac{1}{2}x}dx = -\left[e^{-\frac{1}{2}x}\right]_2^\infty = e^{-1} = 0.632.$$ ■

예 5.6.4 $X \sim \mathrm{EXP}(\lambda)$일 때$(\lambda > 0)$

① 기대치 $E[X]$를 구하라.
② 분산 $V[X]$를 구하라.

풀이 $X \sim \mathrm{EXP}(\lambda)$의 밀도함수 f는 다음과 같다.

$$f(x) = \begin{cases} \lambda e^{-\lambda x}, & x \ge 0, \\ 0, & \text{그밖}. \end{cases}$$

① 부분적분을 이용하여

$$E[X] = \int_0^\infty x\lambda e^{-\lambda x}dx = \left[-xe^{-\lambda x}\right]_0^\infty + \int_0^\infty e^{-\lambda x}dx = 0 + \left[-\frac{e^{-\lambda x}}{\lambda}\right]_0^\infty = 1/\lambda.$$

② X의 분산을 구하기 위해 먼저 $E[X^2]$을 부분적분을 이용하여 구한다.

$$E[X^2] = \int_0^\infty x^2\lambda e^{-\lambda x}dx = \left[-x^2e^{-\lambda x}\right]_0^\infty + \int_0^\infty 2xe^{-\lambda x}dx = 0 + \frac{2}{\lambda}E[X] = \frac{2}{\lambda^2}.$$

그러면

$$V[X] = E[X^2] - (E[X])^2 = \frac{2}{\lambda^2} - \left(\frac{1}{\lambda}\right)^2 = \frac{1}{\lambda^2}.$$

즉 $X \sim \mathrm{EXP}(\lambda)$의 기대치는 모수 λ의 역수이고, 분산은 모수 λ의 제곱의 역수가 된다. ■

만약 X가 어떤 개체의 수명(즉 생존시간)을 나타낸다면, $P\{X > x\}$는 시간 x를 넘어서 생존할 확률(즉 생존확률)을 나타낸다. 이로부터 우리는 생존함수 $S(x)$를 다음과 같이 정의한다.

$$S(x)=P\{X>x\}.$$

$X\sim \mathrm{EXP}(\lambda)$일 때 우리는 생존함수를 다음과 같이 구할 수 있다.

$$S(x)=P\{X>x\}=1-F(x)=1-(1-e^{-\lambda x})=e^{-\lambda x}.$$

생존시간과 관련해서 지수분포는 다음과 같은 성질을 가지고 있다.

$$P\{X>s+t|X>t\}=P\{X>s\}\quad \forall s,t\geq 0.$$

또는 동일하게

$$P\{X>s+t\}=P\{X>s\}P\{X>t\}\quad \forall s,t\geq 0.$$

이런 성질은 무기억성(memoryless property)이라고 하는데, 이는 개체가 현재 생존해 있다면 그 개체의 잔여 수명의 분포가 {그 동안 살아온 시간을 잊어버리고} 처음의 수명분포와 동일하다는 것을 의미한다.

5.6.3 정규분포

연속형 확률변수 X의 확률밀도함수 f가 다음과 같이 주어질 때, X는 평균이 μ이고 분산이 σ^2인 정규분포(normal distribution)를 한다고 하고 $X\sim N(\mu,\sigma^2)$으로 표기한다. $\mu\in R$, $\sigma^2>0$에 대해

$$f(x)=\frac{1}{\sqrt{2\pi}\,\sigma}e^{-\frac{(x-\mu)^2}{2\sigma^2}},\qquad -\infty<x<\infty,$$

여기서 e는 대략 2.71828인 오일러의 수(Euler's number)이며, π는 3.14159…인 원주율을 나타낸다.

정규분포의 밀도함수의 그래프, 즉 밀도곡선(density curve)은 간단히 정규곡선(normal curve)이라고 한다. 우리는 [도표 5.6.2]로부터 다음과 같은 정규곡선의 성질들을 관찰할 수 있다.

① 정규곡선은 범위가 실수인 종모양(bell-shaped)의 곡선이며, $X=\mu$에 대하여 대칭이다.

② 정규곡선 아래의 면적은 항상 1이다.

③ 정규곡선은 세 개의 변곡점(point of inflection)들을 가진다.

- $x=\mu$는 특히 최대점이다.
- $x=\mu\pm\sigma$

④ 표준편차 σ는 곡선의 퍼짐 정도를 나타낸다.

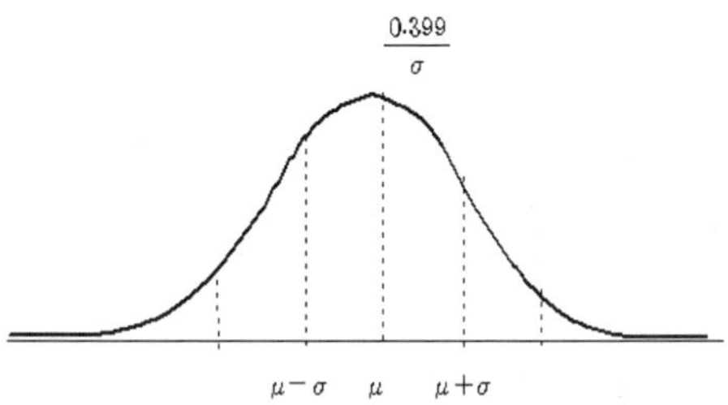

(1) 정규곡선 $X \sim N(\mu,\sigma^2)$

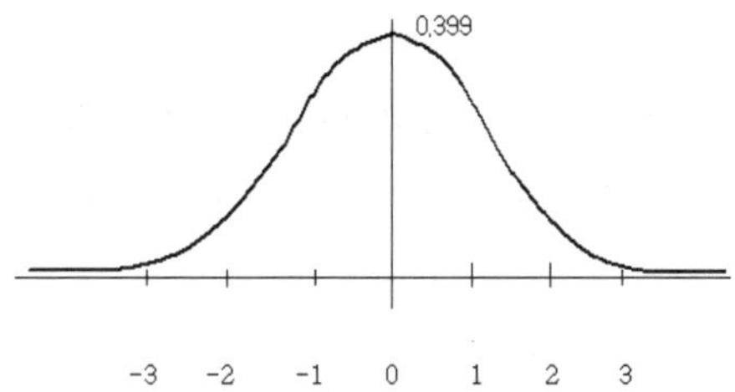

(2) 표준정규곡선 $X \sim N(0,1)$

도표 5.6.3 정규분포의 밀도곡선(정규곡선)

정규분포는 통계학에서 매우 중요한 역할을 하며 주위의 많은 현상들은, 적어도 근사적으로, 정규분포를 따른다고 보아도 된다. 예를 들어 성인 남자 또는 성인 여자들의 신장이나 체중은 정확히는 아니지만 정규분포에 매우 근사하다. 또한 다양한 여러 종류의 수명시간도 근사적으로 정규분포를 한다.

| 성질 5.6.1 | 확률변수 X가 모수 μ,σ^2인 정규분포를 할 때 다음이 성립한다.

① $E[X]=\mu$

② $V[X]=\sigma^2$

증명 ① $$E[X]=\int_{-\infty}^{\infty} x\frac{1}{\sqrt{2\pi}\,\sigma}e^{-\frac{(x-\mu)^2}{2\sigma^2}}dx$$

$$=\int_{-\infty}^{\infty}(\mu+y\sigma)\frac{1}{\sqrt{2\pi}}e^{-\frac{y^2}{2}}dy \quad (\text{여기서 } y=\frac{x-\mu}{\sigma})$$

$$=\mu\int_{-\infty}^{\infty}\frac{1}{\sqrt{2\pi}}e^{-\frac{y^2}{2}}dy+\sigma\int_{-\infty}^{\infty}y\frac{1}{\sqrt{2\pi}}e^{-\frac{y^2}{2}}dy$$

$$=\mu$$

왜냐하면 $\int_{-\infty}^{\infty}\frac{1}{\sqrt{2\pi}\,\sigma}e^{-y^2/2}dy=1$이고, 두 번째 적분항은 피적분함수가 $y=0$에 대하여 기함수이므로 0이 되기 때문이다.

② $V[X]=E\left[(X-\mu)^2\right]$

$$= \frac{1}{\sqrt{2\pi}\,\sigma} \int_{-\infty}^{\infty} (x-\mu)^2 e^{-\frac{(x-\mu)^2}{2\sigma^2}} dx$$

$$= \frac{1}{\sqrt{2\pi}} \int_{-\infty}^{\infty} \sigma^2 y^2 e^{-y^2/2} dy \qquad (\because y = \frac{x-\mu}{\sigma})$$

$$= \frac{\sigma^2}{\sqrt{2\pi}} \left[-ye^{-y^2/2} \Big|_{-\infty}^{\infty} + \int_{-\infty}^{\infty} e^{-y^2/2} dy \right] \text{(부분적분)}$$

$$= \sigma^2$$

■

또 다른 중요한 사실로, 만약 X가 정규분포를 하면 X의 일차 변환인 $Y = aX + b$도 정규분포를 한다는 것이다. 다음 정리에서 자세히 언급한다.

| 성질 5.6.2 | 만약 $X \sim N(\mu, \sigma^2)$이면, X의 일차변환인 $Y = aX + b$의 분포는 다음과 같다.

$$Y = aX + b \sim N(a\mu + b, a^2\sigma^2).$$

증명 $a > 0$로 가정하면, 확률변수 Y의 누적분포함수 F_Y는 다음과 같이 전개된다.

$$F_Y(y) = P\{Y \le y\} = P\{aX + b \le y\} = P\left\{X \le \frac{y-b}{a}\right\} = F_X\left(\frac{y-b}{a}\right).$$

이를 y에 대하여 미분하면 Y의 확률밀도함수가 유도된다.

$$f_Y(y) = F'_Y(y) = \frac{1}{a} f_X\left(\frac{y-b}{a}\right) = \frac{1}{a} \frac{1}{\sqrt{2\pi}\,\sigma} e^{-\frac{\left(\frac{y-b}{a} - \mu\right)^2}{2\sigma^2}} = \frac{1}{\sqrt{2\pi}\,a\sigma} e^{-\frac{(y-b-a\mu)^2}{2a^2\sigma^2}}.$$

이것은 평균이 $a\mu + b$, 분산이 $a^2\sigma^2$인 정규분포 $N(a\mu + b,\ a^2\sigma^2)$의 밀도곡선이다. □

위의 정리로부터 표준화를 거쳐 다음과 같은 관계가 도출된다. (표준화에 대해서는 2.2.5절의 (3) 표준점수를 참조하라.) 만약 $X \sim N(\mu, \sigma^2)$이면

$$Z = \frac{X - \mu}{\sigma} \sim N(0, 1). \tag{5.6.3}$$

평균 $\mu = 0$이고, 분산 $\sigma^2 = 1$인 경우를 특별히 표준정규분포(standard normal distribution)라고 한다. 이때 표준정규 확률변수 Z의 확률밀도함수 ϕ는 다음과 같이 주어진다.

$$\phi(z) = \frac{1}{\sqrt{2\pi}} e^{-\frac{z^2}{2}}, \; z \in R.$$

그리고 Z의 누적분포함수 Φ는 다음과 같다.

$$\Phi(z) = \frac{1}{\sqrt{2\pi}} \int_{-\infty}^{z} e^{-\frac{x^2}{2}} dx.$$

연속형 확률변수가 a와 b 사이의 값을 가질 확률은 a와 b 사이의 확률밀도함수 곡선 아래의 면적으로 표현된다. [도표 5.6.3]은 표준정규분포곡선과 그 곡선 아래의 개략의 면적을 보여 준다.

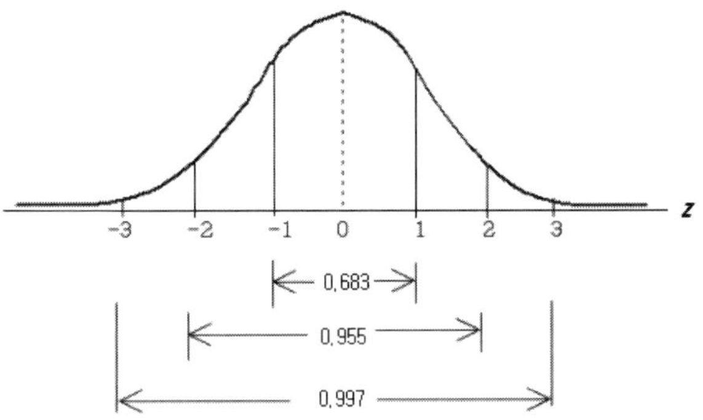

도표 5.6.4 표준정규곡선의 개략의 면적

예를 들어

$$P\{-1 \le Z \le 1\} = 0.683,$$
$$P\{-2 \le Z \le 2\} = 0.955.$$

표준정규분포곡선 아래의 보다 정확한 면적을 구한 표가 부록의 [도표 A.4]에 주어져 있다.

[도표 5.6.5]에서 보는 바와 같이, 표준정규분포에서 오른쪽 꼬리의 면적이 α가 되는 가로축의 값, 즉 표준정규분포의 $(1-\alpha)$-분위수를 Z_α로 나타내기로 하자. 이런 기호는 정규분포로부터 확률이나 분위수를 구할 때 편리함을 제공한다. 이 도표에서 $N(\mu, \sigma^2)$의 $(1-\alpha)$-분위수를 x_α는 [성질 5.6.2] 또는 식(5.6.3)로부터 다음과 같이 주어진다:

$$x_a = \mu + \sigma Z_\alpha.$$

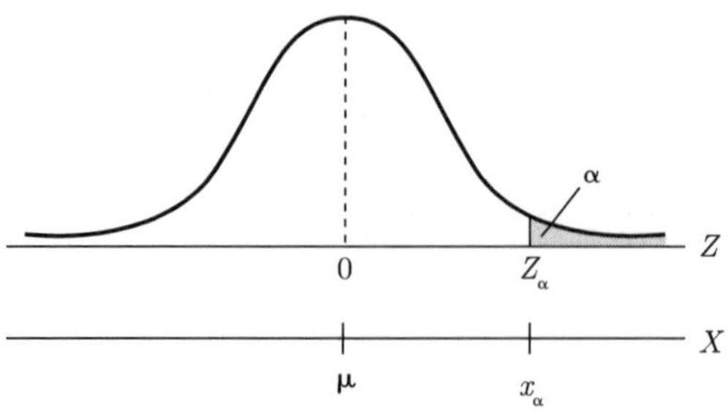

도표 5.6.5 표준정규분포의 (1−α)−분위수 Z_α

예 5.6.5 $Z \sim N(0,1)$일 때 다음을 구하라.

① $P\{-1 \le Z \le 1\}$

② $P\{Z \ge 1.58\}$

풀이 ① $P\{-1 \le Z \le 1\} = 2P\{0 \le Z \le 1\}$
$= 2(0.84134 - 0.5) = 2(0.34134) = 0.68268$

또는

$P\{-1 \le Z \le 1\} = P\{Z \le 1\} - P\{Z \le -1\} = 0.84134 - (1 - 0.84134) = 0.68268$

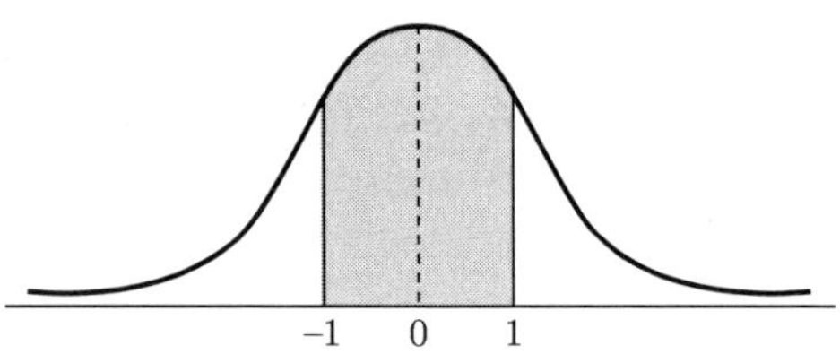

② $P\{Z \ge 1.58\} = 1 - P\{Z \le 1.58\} = 1 - 0.94295 = 0.05705$ ■

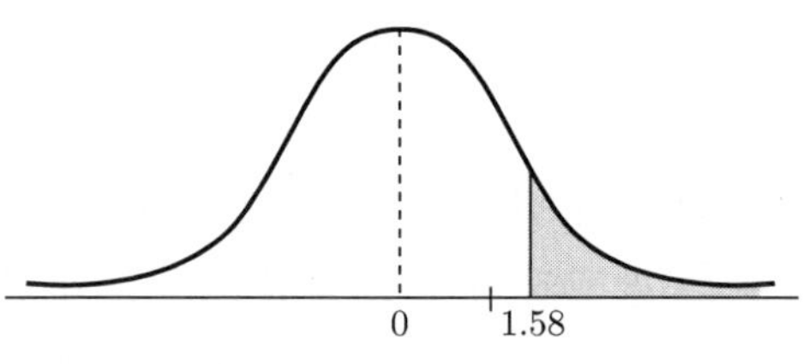

예 5.6.6 어느 모집단의 총 콜레스테롤 값(cholesterol values)은 평균 $\mu = 200$ $(mg/100ml)$, 표준편차 $\sigma = 20(mg/100ml)$인 정규분포를 따른다고 한다. 이때 다음 질문에 답하라.

① $P\{X \ge 240\}$를 계산하라.

② $P\{X \geq x\} = 0.10$를 만족하는 $x_{0.1}$(즉 0.9 분위수)를 구하라.

풀이 ① $P\{X \geq 240\} = P\left\{\dfrac{X-200}{20} \geq \dfrac{240-200}{20}\right\}$

$= P\{Z \geq 2.0\} = 1 - P\{Z \leq 2.0\} = 1 - 0.97725 = 0.02275$

② $P\{X \geq x\} = 0.1$. { }안을 표준화시키면

$$P\left\{\frac{X-200}{20} \geq \frac{x-200}{20}\right\} = 0.1.$$

즉

$$P\left\{Z \geq \frac{x-200}{20}\right\} = 0.1.$$

그런데 $P\{Z \geq Z_{0.1}\} = 0.1$이므로

$$\frac{x-200}{20} = Z_{0.1} = 1.28. \quad \therefore\ x = 200 + 20(1.28) = 225.6$$ ■

5.6.4 이항분포의 정규근사

이항분포에 대한 근사 확률을 구하기 위하여 흔히 다음과 같은 두 가지 근사가 사용된다.

① n이 크고 p가 작은 경우의 프아송 근사(5.4.4절 참조)
② $np(1-p)$가 큰 경우의 정규근사([예 5.7.4] 참조)

확률론의 중요한 정리 가운데 하나인 De Moivre–Laplace 정리는 다음과 같이 진술한다. $X \sim B(n, p)$이고 n이 충분히 크면, X의 분포는 근사적으로 정규분포를 따른다. 즉 n이 클 때, $X \stackrel{\cdot}{\sim} N(np, np(1-p))$.

이와 같은 정규근사는 $np(1-p) \geq 10$일 때 근사의 정도가 높다. 그리고 n이 그다지 크지 않을 때는 이산형 확률변수를 연속형 확률변수로 근사시키는데서 오는 오차를 줄이기 위하여 아래 예에서와 같은 연속성 수정(continuity correction)을 사용할 수 있다. 그러나 n이 크다면(예컨대 $n > 100$), 이런 연속성 수정의 효과는 미미할 것이다.

예 5.6.7 공정한 동전을 40번 던졌을 때 X를 앞면의 수라 하자. 이때 $X=20$일 확률을 구하고, 이를 정규근삿값과 비교하라.

풀이 먼저 $X \sim B(40, 1/2)$이므로 이항분포를 이용한 정확한 확률은 다음과 같이 계산된다.

$$P\{X=20\}=\binom{40}{20}\left(\frac{1}{2}\right)^{20}\left(\frac{1}{2}\right)^{20} \doteq 0.1254.$$

이번에는 $X \sim B(40, 1/2)$를 정규분포로 근사하여 확률을 구해 보자. X의 기대치와 분산은 다음과 같다.

$$E(X)=np=20, \quad V(X)=npq=10.$$

따라서 $X \dot{\sim} N(20,10)$. 이 경우에는 n이 그다지 크지 않으므로 우리는 연속성 수정을 채택함으로써 정규근사의 정확도를 다소 높일 수 있다. 연속성 수정이란, 예컨대, 정수구간 [a, b]를 [a−0.5, b+0.5]로 수정하여 그 구간의 확률을 구하는 것을 말한다. 그러면

$$\begin{aligned} P\{X=20\} &= P\{19.5 \le X \le 20.5\} \text{ (연속성 수정)} \\ &= P\left\{\frac{19.5-20}{\sqrt{10}} \le \frac{X-20}{\sqrt{10}} \le \frac{20.5-20}{\sqrt{10}}\right\} \\ &\doteq P\{-0.16 \le Z \le 0.16\} = 2P\{0 \le Z \le 0.16\} = 0.1272. \end{aligned}$$

■

5.7 엑셀 실습 5: 확률변수와 확률분포

예 5.7.1 기대치와 분산 프로야구 선수 A가 한 게임에서 친 안타 수 X에 대한 확률분포표가 다음과 같다.

x	0	1	2	3	4	5	계
$P\{X=x\}$	0.2	0.3	0.3	0.1	0.05	0.05	1

(1) 안타 수 X에 대한 확률 히스토그램과 기대치, 분산을 구하라.
(2) $P\{1 \le X \le 3\}$을 구하라.

도움말 1 아래의 엑셀함수 SUMPRODUCT를 이용하면 손쉽게 곱의 합을 구할 수 있다. 이 함수와 그 밖의 합산함수에 대해서는 [도표 1.7.10]을 참조하라.

SUMPRODUCT(Array1, Array2, Array3, ...)
배열 간에 대응되는 위치에 있는 값끼리 곱해서 합을 구여 돌려준다. 여기서 배열은 모두 같은 차원이어야 하며, 30개까지의 배열이 나열될 수 있다.

도움말 2 아래의 엑셀함수 PROB를 이용하면 엑셀에 제시된 아무 이산확률분포의 확률값들로부터 손쉽게 어떤 범위의 확률을 구할 수 있다.

PROB(x_range, prob_range, lower_limit, upper_limit)

이산분포에 대해 하한과 상한 사이의 확률값을 돌려준다.
x_range: 이산랜덤변수의 값들
prob_range: 확률값들
lower_limit: 확률을 구하려는 값(또는 하한)
upper_limit: 확률을 구하려는 상한(생략가능)

풀이 우리는 엑셀함수 SUMPRODUCT를 이용하여 기대치와 분산을, 그리고 함수 PROB를 이용하여 주어진 구간의 확률을 구할 수 있다.

C4 =A4-$B$16

	A	B	C
1	[Example 5.7.1] X: the number of hits		
2			
3	x	p(x)	x-E[X]
4	0	0.2	-1.65
5	1	0.3	-0.65
6	2	0.3	0.35
7	3	0.1	1.35
8	4	0.05	2.35
9	5	0.05	3.35
10	Sum	1	
11			
12	세로막대형 > 묶은 세로막대형 >		
13	차트 원본데이터: 계열 탭 선택: 추가 단추를 누른 후		
14	값으로 p(x) 열 선택, X축 레이블로 x열 선택		
15			
16	E[X]= Σxp(x) =	1.65	=SUMPRODUCT(A3:A8,B3:B8)
17	V[X]= E[X^2]-(E[X])^2 =	1.7275	=SUMPRODUCT(A3:A8,A3:A8,B3:B8)-B16^2
18	V[X]= E[(X-E[X])^2]=	1.7275	=SUMPRODUCT(C3:C8,C3:C8,B3:B8)
19	P{1<=X<=3}=	0.7	=PROB(A4:A9,B4:B9,1,3)
20			

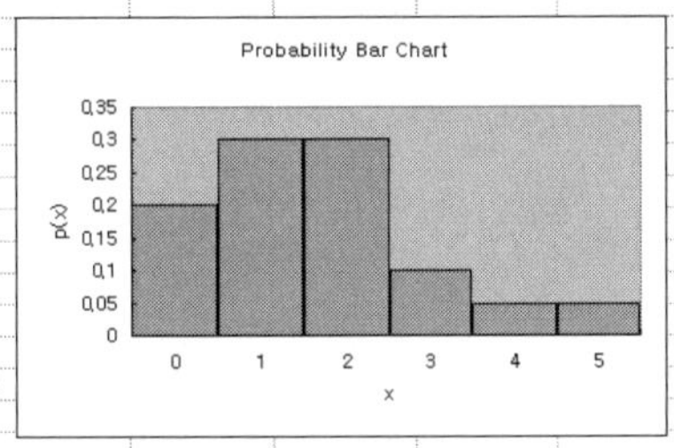

도표 5.7.1 SUMPRODUCT 함수를 이용하여 기대치와 분산 구하기

참고 {밀도} 히스토그램을 그리는 다른 방법: 이 방법을 위해서는 각 막대를 이루는 네 개의 좌표점들이 모두 준비되어야 한다. 다만 중복되는 구간 경계점들의 좌표값[p(x)=0인 값들]은 한 번씩만 나타나야 한다. 이 방법은 동일한 구간 폭을 요구하지 않는다. ■

	A	B
21	x	p(x)
22	-0.5	0
23	-0.5	0.2
24	0.5	0.2
25	0.5	0
26	0.5	0.3
27	1.5	0.3
28	1.5	0
29	1.5	0.3
30	2.5	0.3
31	2.5	0
32	2.5	0.1
33	3.5	0.1
34	3.5	0
35	3.5	0.05
36	4.5	0.05
37	4.5	0
38	4.5	0.05
39	5.5	0.05
40	5.5	0

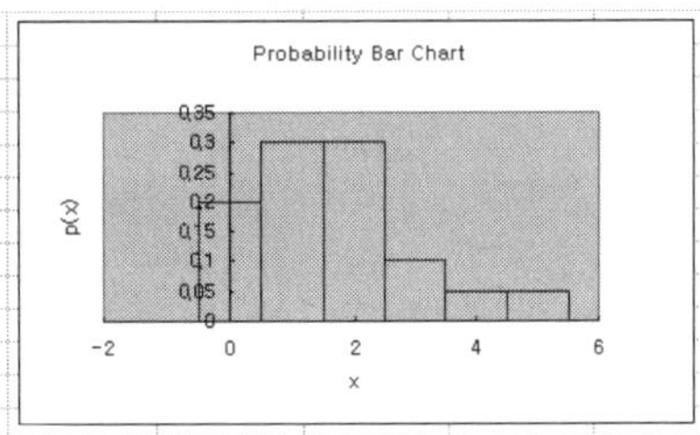

분산형 > 데이터 표식없이 꺾은 선으로 연결된 분산형 >
차트 원본데이터: 데이터 범위: A22:B40

도표 5.7.2 분산형 차트를 이용한 확률막대그래프 작성

예 5.7.2 **이항분포** 어느 프로야구팀의 투수 A는 삼진을 잡을 확률이 0.2이다. 투수 A가 선발출전한 경기에서 5회 동안 20명의 타자를 상대했다. Excel 함수 BINOMDIST를 이용하여 아래 물음에 답하라.

(1) 투수 A가 삼진을 5개 잡을 확률은 얼마인가?
(2) 투수 A가 삼진을 5개 이하 잡을 확률은 얼마인가?
(3) 투수 A가 잡은 삼진수의 확률분포를 그려라.
(4) 투수 B가 삼진을 잡을 확률이 0.3이라면, 투수 A와 투수 B의 삼진수에 대한 확률분포를 비교하라.

BINOMDIST(Number_s, Trials, Probability_s, Cumulative)
시행횟수가 Trials, 성공확률이 Probability_s인 이항분포에서 성공수가 Number_s일 확률(Cumulative=false) 또는 성공수가 Number_s 이하일 확률(Cumulative=true)을 돌려준다.

풀이 (1) 투수 A가 삼진을 5개 잡을 확률은 얼마인가? 투수 A가 잡을 삼진의 수를 X라 하면 $X \sim B(20,0.2)$.

	A	B	C	D	E
1	[Example 5.7.2] 투수A가 잡을 삼진의 수를 X라 하면 X ~ B(20,0.2)				
2					
3	(1) P { X = 5} =	0.174559522	= BINOMDIST(5,20,0.2,0)		
4					

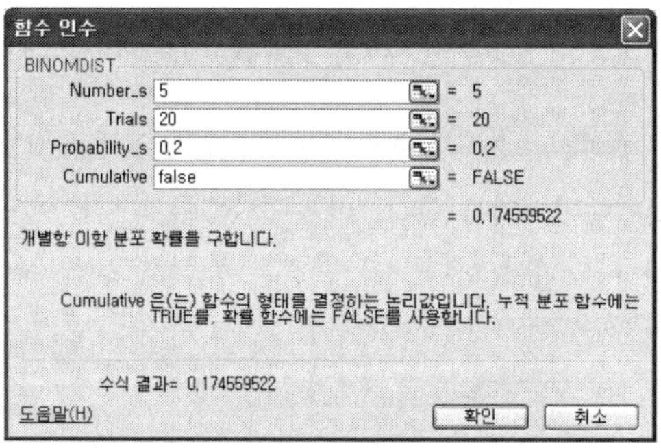

(2) 삼진을 5개 이하 잡을 확률은 얼마인가?

4					
5	(2) P{ X <= 5} =	0.804207785	= BINOMDIST(5,20,0.2,1)		
6					

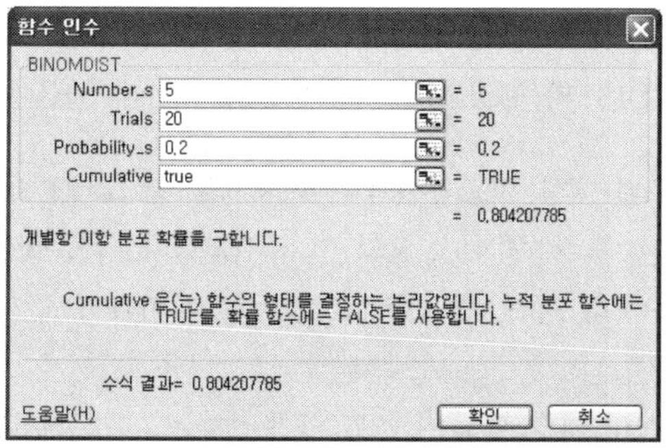

(3) 투수 A가 잡은 삼진수의 확률분포를 그려라.

7	(3) X의 분포: X의 확률함수를 보이자.		
8			
9	x	p(x)	
10	0	0.011529215	= BINOMDIST(A10,20,0.2,0)
11	1	0.057646075	
12	2	0.136909429	
13	3	0.205364143	
14	4	0.218199402	
15	5	0.174559522	
16	6	0.109099701	
17	7	0.05454985	
18	8	0.022160877	
19	9	0.007386959	
20	10	0.002031414	
21	11	0.000461685	
22	12	8.65659E-05	
23	13	1.33178E-05	
24	14	1.66473E-06	
25	15	1.66473E-07	
26	16	1.30057E-08	
27	17	7.65041E-10	
28	18	3.18767E-11	세로막대형 > 묶은 세로막대형 >
29	19	8.38861E-13	차트 원본데이터: 계열 탭 선택: 추가 단추를 누른 후
30	20	1.04858E-14	값으로 p(x) 열 선택, X축 레이블로 x열 선택

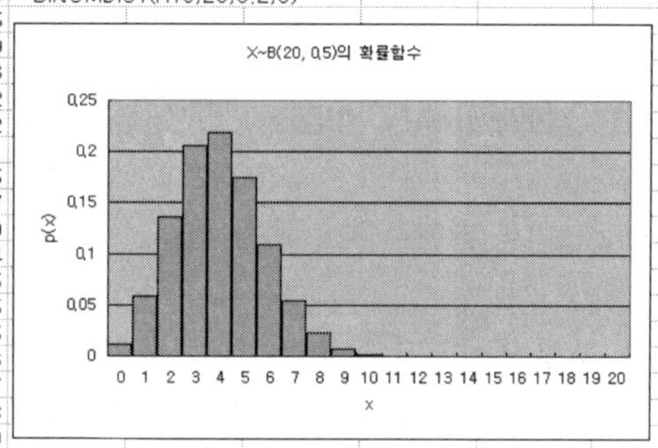

도표 5.7.3 투수 A가 잡은 삼진수의 확률 히스토그램

(4) 투수 B는 삼진을 잡을 확률이 0.3이라면, 투수 A와 투수 B의 삼진수에 대한 분포를 비교하라.

32	(4) 투수B의 삼진수 Y ~ B(20,0.3)		
33			
34	y	$p_Y(y)$	
35	0	0.000797923	= BINOMDIST(A35,20,0.3,0)
36	1	0.006839337	
37	2	0.027845873	
38	3	0.071603672	
39	4	0.130420974	
40	5	0.178863051	
41	6	0.191638983	
42	7	0.164261985	
43	8	0.11439674	
44	9	0.065369566	
45	10	0.030817081	
46	11	0.012006655	
47	12	0.003859282	
48	13	0.001017833	
49	14	0.000218107	
50	15	3.73898E-05	
51	16	5.00756E-06	
52	17	5.04964E-07	
53	18	3.60688E-08	꺽은선형 > 데이터 표식이 있는 꺽은선형 >
54	19	1.62717E-09	차트 원본데이터: 계열 탭 선택: 추가 단추를 두 번 눌러서
55	20	3.48678E-11	X축 레이블로는 x를(한번만), 값으로는 p(x)와 $p_Y(y)$를 각각 선택한다.

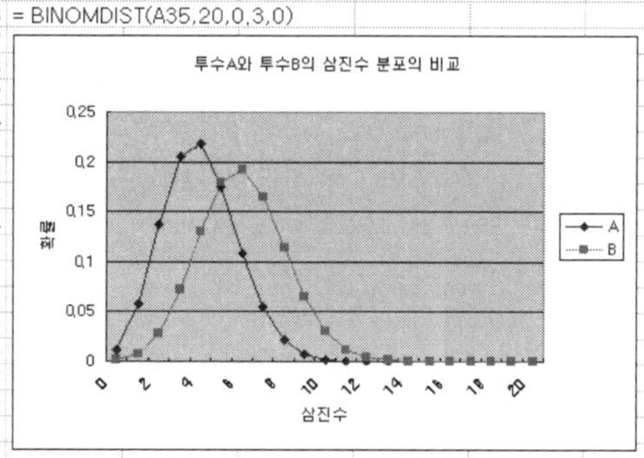

도표 5.7.4 투수 A, B의 삼진수들의 확률 꺽은선 그래프

예 5.7.3 **정규분포** 20대 여성의 키는 평균이 163, 표준편차가 6인 정규분포를 따른다. Excel 함수 NORMDIST와 NORMINV를 이용하여 아래 물음에 답하라.

(1) 20대 여성의 키에 대한 밀도곡선과 분포곡선을 한 그래프에 그려라.
(2) 랜덤하게 선택된 한 20대 여성 A의 키가 160보다 작을 확률은 얼마인가?
(3) 한 20대 여성 B보다 키가 더 작은 20대 여성의 비율이 67%라면, 이 여성 B의 키는 얼마 정도 되겠는가?
(4) 20대 스튜어디스의 키의 평균은 167, 표준편차는 4인 정규분포를 따른다고 한다. 20대 여성의 키와 20대 스튜어디스의 키의 분포를 비교하라.

NORMDIST(x, Mean, Standard_dev, Cumulative)
평균이 Mean, 표준편차가 Standard_dev인 정규분포에서 x의 확률밀도(Cumulative =false) 또는 x까지의 누적확률(Cumulative=true)을 돌려준다.

NORMINV(Probability, Mean, Standard_dev)
평균이 Mean, 표준편차가 Standard_dev인 정규분포에서 누적확률이 Probability인 x값(즉 Probability-분위수)를 돌려준다.

풀이 (1) 20대 여성키에 대한 밀도곡선과 분포곡선을 한 그래프에 그려라. 평균의 아래와 위로 각각 네 배의 표준편차만큼 벌린 범위[즉 163 ± (4)(6) = [139, 187]]에 걸쳐서 밀도곡선과 분포곡선을 작성하자.

B5 =NORMDIST(A5,163,6,0)

	A	B	C	D
1	[Example 5.7.3] X: 20 대 여성의 키, X ~ N(163, 6^2)			
2				
3	(1) X의 밀도곡선 f(x)와 분포곡선 F(x)			
4	x	f(x)	F(x)	
5	139	2.2305E-05	3.16712E-05	=NORMDIST(A5,163,6,1)
6	140	4.2845E-05	6.32092E-05	
7	141	8.0045E-05	0.000122866	
8	142	0.00014545	0.000232629	
9	143	0.00025705	0.00042906	
10	144	0.00044183	0.000770985	
11	145	0.00073864	0.001349898	
12	146	0.00120102	0.002303266	
13	147	0.00189933	0.003830381	
14	148	0.00292138	0.006209665	
15	149	0.00437031	0.009815329	
16	150	0.00635877	0.01513014	
17	151	0.00899849	0.022750132	
18	152	0.01238519	0.033376508	
19	153	0.01657952	0.047790352	
20	154	0.02158627	0.066807201	
21	155	0.02733501	0.09121122	
22	156	0.03366645	0.121672505	
23	157	0.04032845	0.158655254	
24	158	0.04698531	0.202328381	
25	159	0.05324133	0.252492538	
26	160	0.05867755	0.308537539	
27	161	0.0628972	0.36944134	

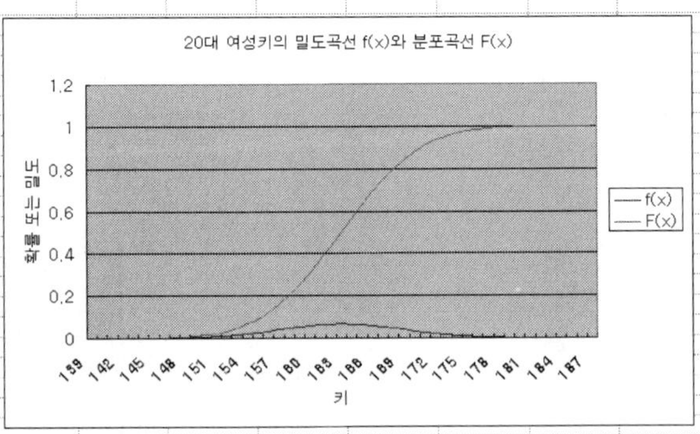

도표 5.7.5(1) 정규분포 N(163, 36)의 밀도곡선과 분포곡선: 동일 세로좌표 사용

28	162	0.06557329	0.433816167
29	163	0.06649038	0.5
30	164	0.06557329	0.566183833
31	165	0.0628972	0.63055866
32	166	0.05867755	0.691462461
33	167	0.05324133	0.747507462
34	168	0.04698531	0.797671619
35	169	0.04032845	0.841344746
36	170	0.03366645	0.878327495
37	171	0.02733501	0.90878878
38	172	0.02158627	0.933192799
39	173	0.01657952	0.952209648
40	174	0.01238519	0.966623492
41	175	0.00899849	0.977249868
42	176	0.00635877	0.98486986
43	177	0.00437031	0.990184671
44	178	0.00292138	0.993790335
45	179	0.00189933	0.996169619
46	180	0.00120102	0.997696734
47	181	0.00073864	0.998650102
48	182	0.00044183	0.999229015
49	183	0.00025705	0.99957094
50	184	0.00014545	0.999767371
51	185	8.0045E-05	0.999877134
52	186	4.2845E-05	0.999936791
53	187	2.2305E-05	0.999968329
54			

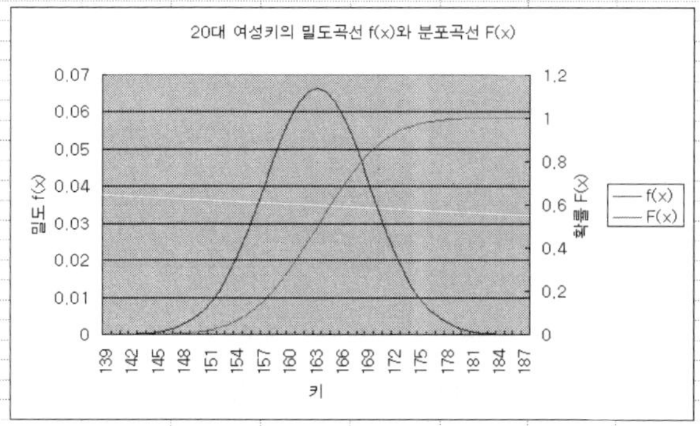

도표 5.7.5(2) 정규분포 N(163, 36)의 밀도곡선과 분포곡선: 보조 세로좌표 사용

참고 세로축에 보조축을 나타내기 위한 방법: 마우스로 분포곡선이나 밀도곡선을 선택한다. > RMB 메뉴에서 "데이터계열 서식"을 선택한다. > "데이터계열 서식" 대화상자에서 "축" 탭을 누른다. > "데이터 계열 지정" 항에서 "보조 축"을 선택한다.

(2) 랜덤하게 선택된 한 20대 여성 A의 키가 160보다 작을 확률은 얼마인가?

55	(2) A의 키도 X ~ N(163, 6^2)를 따른다.			
56	P{X <= 160}=	0.30853754	= NORMDIST(160,163,6,1)	
57				

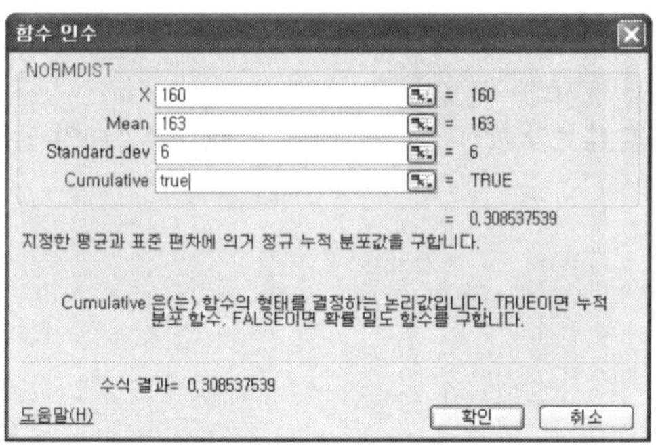

(3) 한 20대 여성 B보다 키가 더 작은 20대 여성의 비율이 67%라면, B의 키는 얼마정도 되겠는가?

58	(3) B의 키 x_B는 0.67 분위수(즉 67 백분위수)에 다름이 아니다.			
59	x_B =	165.639479	= NORMINV(0.67,163,6)	
60				

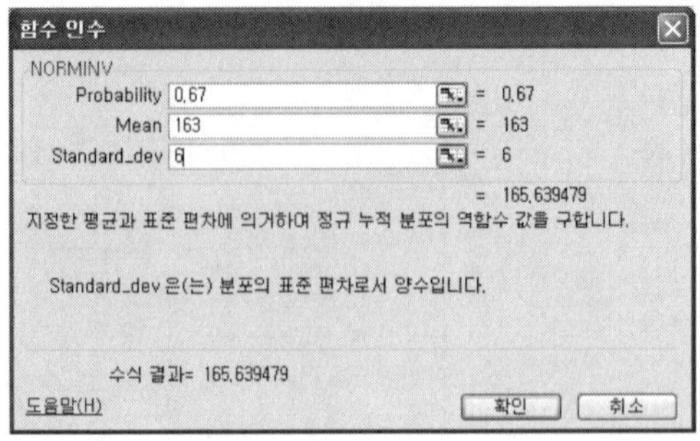

(4) 20대 스튜어디스의 키의 평균은 167, 표준편차는 4인 정규분포를 따른다고 한다. 20대 여성의 키와 20대 스튜어디스의 키의 분포를 비교하라. 두 집단의 밀도곡선과 분포곡선을 각각 비교하자.

61	(4) 20 대 스튜어디스의 키 Y ~ N(167,4^2)의 밀도곡선과 분포곡선		
62	y	$f_Y(y)$	$F_Y(y)$
63	139	2.28368E-12	1.27981E-12
64	140	1.27373E-11	7.39226E-12
65	141	6.67389E-11	4.016E-11
66	142	3.285E-10	2.05226E-10
67	143	1.51897E-09	9.86588E-10
68	144	6.59811E-09	4.46217E-09
69	145	2.69244E-08	1.89896E-08
70	146	1.03212E-07	7.60496E-08
71	147	3.7168E-07	2.86652E-07
72	148	1.25738E-06	1.01708E-06
73	149	3.99594E-06	3.39767E-06
74	150	1.19297E-05	1.06885E-05
75	151	3.34576E-05	3.16712E-05
76	152	8.81489E-05	8.84173E-05
77	153	0.000218171	0.000232629
78	154	0.000507262	0.000577025
79	155	0.001107962	0.001349898
80	156	0.002273391	0.002979763
81	157	0.004382075	0.006209665
82	158	0.007934913	0.012224473
83	159	0.013497742	0.022750132
84	160	0.02156933	0.040059157
85	161	0.032379399	0.066807201
86	162	0.045662271	0.105649774

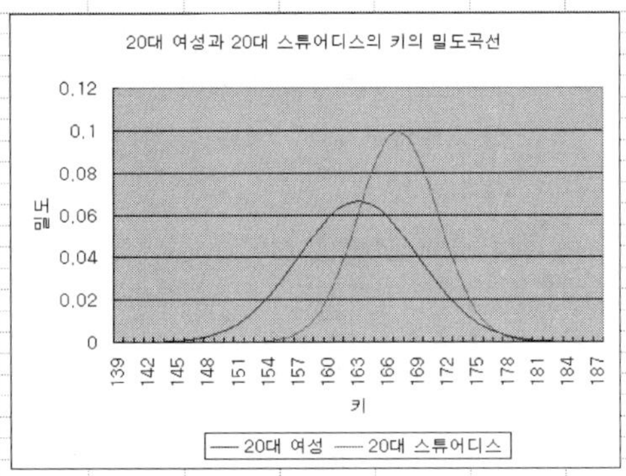

도표 5.7.6(1) N(163, 36)과 N(167, 16)의 밀도곡선 비교

87	163	0.060492681	0.158655254
88	164	0.075284358	0.226627352
89	165	0.088016332	0.308537539
90	166	0.096667029	0.401293674
91	167	0.09973557	0.5
92	168	0.096667029	0.598706326
93	169	0.088016332	0.691462461
94	170	0.075284358	0.773372648
95	171	0.060492681	0.841344746
96	172	0.045662271	0.894350226
97	173	0.032379399	0.933192799
98	174	0.02156933	0.959940843
99	175	0.013497742	0.977249868
100	176	0.007934913	0.987775527
101	177	0.004382075	0.993790335
102	178	0.002273391	0.997020237
103	179	0.001107962	0.998650102
104	180	0.000507262	0.999422975
105	181	0.000218171	0.999767371
106	182	8.81489E-05	0.999911583
107	183	3.34576E-05	0.999968329
108	184	1.19297E-05	0.999989311
109	185	3.99594E-06	0.999996602
110	186	1.25738E-06	0.999998983
111	187	3.7168E-07	0.999999713

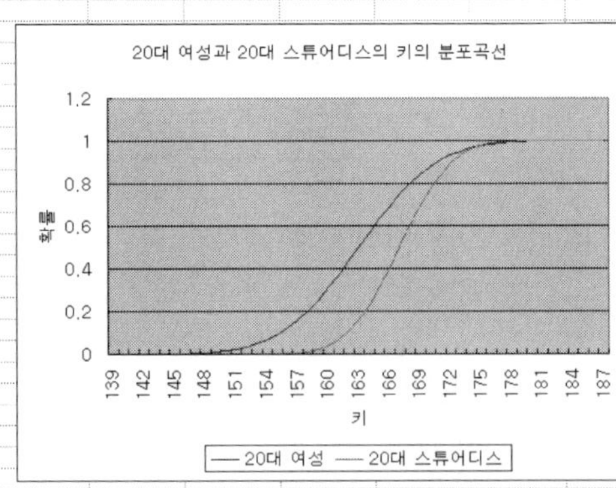

도표 5.7.6(2) N(163, 36)과 N(167, 16)의 분포곡선 비교

예 5.7.4 이항분포의 정규근사 신흥 대도시인 A시의 가구 가운데 30%가 초등학동을 보유하고 있다. A시의 가구 가운데 랜덤하게 60가구를 선발하려고 한다.

(1) 이 60가구 가운데 초등학동을 가진 가구의 수를 X라고 할 때, X의 확률분포는 근사적으로 이항분포 $B(60, 0.3)$를 따른다. 이 분포를 정규분포로 근사시킨 후 두 확률분포를 비교하라.

(2) 이 60가구 가운데 초등학동을 가진 가구의 수가 정확히 15가구일 확률을 각각 이항분포와 정규분포를 사용하여 구하라.

(3 이 60가구 가운데 초등학동을 가진 가구의 수가 15가구 이하일 확률을 각각 이항분포와 정규분포를 사용하여 구하라.

풀이 (1) $X \sim B(60, 0.3) \doteq N(18, 12.6) \sim Y$. 우리는 아래의 단계들로 이항분포의 확률함수 그래프와 정규곡선을 함께 나타낼 수 있다.

단계 1 BINORMDIST( )와 NORMDIST( ) 함수를 이용하여 확률과 밀도를 각각 구한다.

단계 2 위 확률 계열과 밀도 계열을 사용하여 히스토그램을 겹쳐 그린다.

단계 3 밀도(정규근사) 계열을 선택하여 차트종류를 '꺽은선형'으로 고친다.

B5 = BINOMDIST(A5,60,0,3,0)

	A	B	C	D
1	[Example 5.7.4] Normal approximation to Binomial distribution			
2	(1) B(60, 0.3)의 확률함수 p(x)와 N(18=60*0.3, 12.6=60*0.3*0.7)의 밀도곡선 f(y)를 비교하여 보자.			
3				
4	x	p(x)	f(y)	
5	0	5.08022E-10	2.93048E-07	= NORMDIST(A5,18,SQRT(12.6),0)
6	1	1.30634E-08	1.17524E-06	
7	2	1.65159E-07	4.35356E-06	
8	3	1.36846E-06	1.48969E-05	
9	4	8.35738E-06	4.70846E-05	
10	5	4.01154E-05	0.000137466	
11	6	0.000157596	0.000370717	
12	7	0.000521033	0.000923468	
13	8	0.001479361	0.002124878	
14	9	0.003663179	0.004516253	
15	10	0.008006662	0.00886655	
16	11	0.015597393	0.016079158	
17	12	0.027295438	0.026934201	
18	13	0.043192782	0.041675142	
19	14	0.062144717	0.059563782	
20	15	0.081675913	0.078635675	
21	16	0.098448645	0.095893498	
22	17	0.109203539	0.108016695	
23	18	0.111803624	0.112389255	
24	19	0.105919222	0.108016695	
25	20	0.093057602	0.095893498	
26	21	0.07596539	0.078635675	
27	22	0.057713965	0.059563782	
28	23	0.040865789	0.041675142	

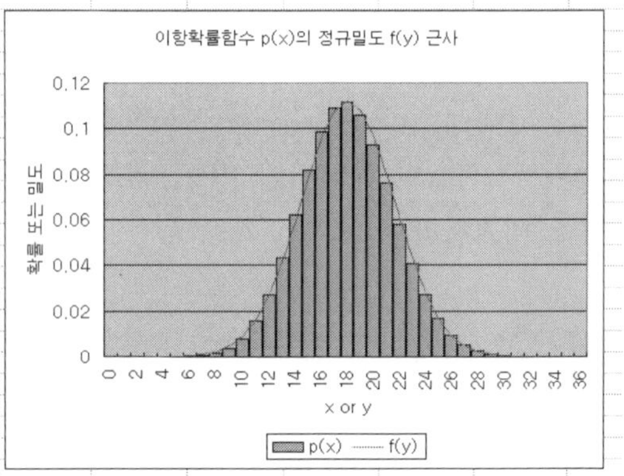

도표 5.7.7 이항분포의 정규근사

(2) 이 60가구 가운데 초등학동을 가진 가구의 수가 정확히 15가구일 확률을 각각 이항분포와 정규분포를 사용하여 구하라.

67	(2) P{X = 15} 계산
68	(2-1) 이항분포 이용
69	P{X = 15} = p(15) =
70	0.081675913 = BINOMDIST(15, 60, 0.3, 0)
71	
72	(2-2) 정규근사 이용 Y ~ N(18, 12.6): 연속성 수정을 반드시 하여야 함
73	P{X = 15} ≒
74	P{ 14.5 <= Y <= 15.5} =
75	0.07856118 = NORMDIST(15.5,18,SQRT(12.6),1) - NORMDIST(14.5,18,SQRT(12.6),1)
76	

(3) 이 60가구 가운데 초등학동을 가진 가구의 수가 15가구 이하일 확률을 각각 이항분포와 정규분포를 사용하여 구하라.

	A	B
76		
77	(3) P{X <= 15} 계산	
78	(3-1) 이항분포 이용	
79	P{X <= 15} =	
80	0.243784093	= BINOMDIST(15, 60, 0.3, 1)
81		
82	(3-2) 정규근사 이용 Y ~ N(18, 12.6): 연속성 수정을 한 경우	
83	P{X <= 15} ≒	
84	P{ Y <= 15.5} =	
85	0.240624474	= NORMDIST(15.5,18,SQRT(12.6),1)
86		
87	(3-2) 정규근사 이용 Y ~ N(18, 12.6): 연속성 수정을 하지 아니한 경우	
88	P{X <= 15} ≒	
89	P{ Y <= 15} =	
90	0.19901236	= NORMDIST(15,18,SQRT(12.6),1)
91		

| 과제 5.6.1 | 다음 지시대로 다양한 분포로부터 난수를 생성하고 이를 히스토그램이나 막대그래프로 나타내어라.

① 0에서 1 사이의 값을 가지는 균일분포인 난수 50개를 생성하라.

② 성공확률 $p=0.5$인 베르누이 분포를 하는 난수 100개를 생성하라.

③ 시행횟수 $n=5$, 성공확률 $p=0.8$인 이항분포를 하는 난수 100개를 생성하라.

④ 평균 $\mu=5$, 분산 $\sigma^2=1$인 정규분포를 하는 난수 50개를 생성하라.

| 과제 5.6.2 | 3개의 동전을 던지는 실험을 한다. 앞면이 나오는 횟수를 X라고 할 때 다음 질문에 답하라.

① 위의 분포를 하는 난수 80개를 생성하라.

② 앞면이 나오는 횟수의 분포표를 작성하라.

③ 이 실험의 이론적인 평균, 표준편차와 난수 80개의 평균, 표준편차를 각각 구하여 비교하라.

도표 5.7.8(1) 엑셀의 이산확률분포 관련 함수들

분포	기대치 중위수 최빈수 분산	확률 p(x)	누적확률 (왼쪽꼬리) F(x)= P{X<=x}	역누적확률 (오른쪽꼬리) S(x)= P{X>=x}	(1−α)분위수 $F^{-1}(1-\alpha)$	P−값 (유의확률)	난수	기타
베르누이 BER(p)		BINOMDIST (x,1,p,0)	BINOMDIST (x,1,p,1)				도구> 데이터분석> 난수생성	
이항 B(n,p)		BINOMDIST (x,n,p,0)	BINOMDIST (x,n,p,1)		CRITBINOM (n,p,α)		도구>	
음이항 NB(s,p)		NEGBINOM DIST(x,s,p) x:실패횟수						
기하 GEO(p)		NEGBINOM DIST(x,1,p) x:실패횟수						

도표 5.7.8(1) 엑셀의 이산확률분포 관련 함수들(계속)

분포	기대치 중위수 최빈수 분산	확률 p(x)	누적확률 (왼쪽꼬리) F(x)= P{X<=x}	역누적확률 (오른쪽꼬리) S(x)= P{X>=x}	(1−α)분위수 $F^{-1}(1-\alpha)$	P−값 (유의확률)	난수	기타
초기하 HG(n,r,N)		HYPGEOM DIST (x,n,r,N)						
프아송 POI(m)		POISSON (x,m,0)	POISSON (x,m,1)				도구>	
이산균일 DU(a,b)							RANDBETWEEN (a,b)	
범주형 CAT(p_1, p_2,⋯,p_k)							도구>	
표의 형태로 제시된 아무 이산분포			PROB(x_ran ge,prob_ran ge,lower_limi t,upper_limit)	주어진 분포에 대해 상하한 사이의 확률을 돌려준다.				5.7절 참조

도표 5.7.8(2) 엑셀의 연속확률분포 관련 함수들

분포	기대치 중위수 최빈수 분산	밀도 f(x)	누적확률 (왼쪽꼬리) F(x)= P{X<=x}	역누적확률 (오른쪽꼬리) S(x)= P{X>=x}	(1−α)분위수 $F^{-1}(1-\alpha)$	P−값 (유의확률)	난수	기타
표준균일 U(0,1)							RAND()	
균일 U(a,b)							RAND()* (b−a)+a 도구>	
지수		EXPONDIST (x,λ,0)	EXPONDIST (x,λ,1)					
베타 BETA (x,α,β,A,B)			BETADIST (x,α,β,A,B)		BETAINV (1−α, α, β,A,B)			
표준베타 BETA (x,α,β)			BETADIST (x,α,β)		BETAINV (1−α,α,β)			
감마		GAMMADIS T (x,α,β,0)	GAMMADIST (x,α,β,1)		GAMMAINV (1−α,α,β)			
와이블		WEIBULL (x,α,β,0)	WEIBULL (x,α,β,1)					
정규 N(μ,$σ^2$)		NORMDIST (x,μ,σ,0)	NORMDIST (x,μ,σ,1)		NORMINV (1−α,μ,σ)	한 모 집 단, 단측 ZTEST (array,μ0,σ)	도구>	100×(1−α)% 오차한계 CONFIDENCE (α,σ,n)
표준정규 N(0,1)		NORMSDIS T (x,0)	NORMSDIST (x,1)		NORMSINV (1−α)		도구>	8.5절 참조
로그정규 LN(μ,$σ^2$)			LOGNORMDI ST (x,μ,σ)					

도표 5.7.8(3) 엑셀의 연속확률분포 관련 함수들

분포	기대치 중위수 최빈수 분산	밀도 f(x)	누적확률 (왼쪽꼬리) F(x)= P{X<=x}	역누적확률 (오른쪽꼬리) S(x)= P{X>=x}	(1−α)분위수 $F^{-1}(1-\alpha)$	P−값 (유의확률)	난수	기타
t 분포 t(df)				TDIST (x,df,1) 양쪽꼬리 TDIST (x,df,2)	TINV (2α,df)	두 모집단 TTEST (array1,array2,tails,type) tails: 1−단측, 2−양측 type: 1−대응, 2−등분산, 3−이분산		8.5절 참조
카이제곱 χ^2(df)				CHIDIST (x,df)	CHINV (α,df)	빈도표 검정 CHITEST (observed_freq, expected_freq)		7.5절 참조 12.5절 참조
F 분포 F(df1,df2)				FDIST (x,df1,df2)	FINV (α,df1,df2)	FTEST(array1, array2)		6.4.5절 참조

연습문제 5-1장

1 어떤 연구에 의하면, 결혼생활 10년 이하인 부부들 중 약 40%가 맞벌이를 한다고 한다. 이 부부들 중 10 부부를 랜덤하게 선택하였을 때, 이 중 맞벌이 부부의 수에 관심이 있다. 이때 다음 확률을 구하라.

(1) 5 부부 이하　　　　(2) 7 부부 이상

2 어떤 궁수가 활을 쏠 때, 과녁에 맞출 확률은 $p=0.8$이다. 열 번을 쏜다고 할 때, 확률 $P\{X=k\}, k=0,1,\cdots,10$의 최댓값과 그때의 k값을 구하라.

3 하수처리장의 직원은 어느 강의 오염여부를 측정하기 위하여 같은 부피의 샘플을 채집하였다. 각 샘플의 대장균 수를 세어 본 결과, 샘플당 평균 대장균 수는 15였다. 대장균 수가 프아송 분포임을 가정하였을 때, 다음 확률을 구하라.

(1) 다음 샘플의 대장균 수가 적어도 10일 확률

(2) 다음 샘플의 대장균 수가 5일 확률

4 만약 $X_i, i=1,\cdots,k$는 서로 독립이고 $X_i \sim POI(m_i), i=1,\cdots,k$일 때, 다음을 보여라.

$$X_1+\cdots+X_k \sim POI(m_1+\cdots+m_k)$$

5 5명의 남학생과 5명의 여학생이 운전면허 시험에 응시하여 필기시험을 치루었다. 어느 두 사람도 동일한 점수를 받지 않았고, 시험점수에 따라 1등부터 10등의 등수를 정하는 바, 10!의 가능한 순위는 랜덤하다고 가정한다. 확률변수 X는 여학생의 순위 중 가장 높은 순위를 나타낸다고 할 때, (만약 1등이 여학생인 경우, $X=1$이다.) $P\{X=i\}, i=1,2,3$을 구하라.

6 확률변수 X의 분포함수 $F(x)$가 다음과 같을 때 아래의 질문에 답하라.

$$F(x)=\begin{cases} 0, & x<0 \\ 1/5, & 0\le x<1 \\ 1/2, & 1\le x<2 \\ 4/5, & 2\le x<3 \\ 9/10, & 3\le x<4 \\ 1, & x\ge 4 \end{cases}$$

(1) X의 확률질량함수 $p(x)$를 구하라.

(2) X의 평균과 분산을 구하라.

7 어느 보험회사에서는 사건 E가 일 년 이내에 발생하면, a원을 보상한다고 한다. 회사에서는 사건 E가 일 년 이내에 발생할 확률을 P로 추정하였을 때, 회사의 기대이익이 a의 10%가 되기 위하여 고객에게 얼마의 보험료를 청구하여야 하는가?

8 망고가 20개 든 과일상자에서 3개는 노란색이고 나머지는 자주색의 망고이다. 이 상자에서 2개의 망고를 랜덤으로 꺼낼 때, 노란색 망고의 수의 기댓값과 분산을 각각 구하라.

9 어느 저금통에 백 원짜리 동전 5개, 오백 원짜리 동전 4개가 있다. 저금통을 흔들어서 두 개의 동전을 한꺼번에 꺼내 X를 두 동전을 합한 금액이라고 할 때, 다음 질문에 답하라.

(1) 확률변수 X의 확률분포를 구하라.

(2) 확률변수 X의 기댓값을 구하라.

(3) 확률변수 X의 분산과 표준편차를 구하라.

10 바둑알 상자에 검은 돌 5개와 흰 돌 5개가 있다. 이 중 두 개를 랜덤으로 골라, 만약 같은 색이면 20원 받고, 다른 색이면 15원을 주어야 한다(−15원을 받는다). 이때 다음을 구하라.

(1) 받게 되는 금액의 기댓값　　　(2) 받게 되는 금액의 분산

11 아래 표는 두 가지 투자상품 X와 Y의 수익률(%)의 결합확률함수 $p(x,y)$를 나타내고 있다.

x \ y	2	4
3	0.36	0.24
6	0.24	0.16

(1) X의 수익률의 평균 μ_X와 분산 σ_X^2을 각각 구하라.

(2) 어떤 투자상품 U의 수익률은 X의 수익률과 $U=2X+3$의 관계를 가지고 있다. U의 수익률의 평균 μ_U와 분산 σ_U^2을 각각 구하라.

(3) Y의 수익률의 기대치 μ_Y와 분산 σ_Y^2을 각각 구하라.

(4) X와 Y가 서로 독립인지 여부를 판정하라? 그 근거는?

(5) X와 Y에 3:1의 비율로 투자하는 상품을 V라 할 때, V의 수익률의 평균 μ_V와 분산 σ_V^2을 각각 구하라.

12 어떤 암은 초기 상태에서 발견될 경우 5년 후 생존율이 80%라고 한다. 4명의 암 초기 환자가 있다고 할 때 5년 후 생존자를 조사하였다.

(1) 5년 후 생존해 있는 환자의 수에 대한 기대치와 분산을 구하라.

(2) 5년 후 생존해 있는 환자의 수가 3명 이상일 확률은 얼마인가?

연습문제 5-2장

1 연속확률변수 X의 확률밀도함수가 다음과 같을 때, 아래 물음에 답하라.

$$f(x) = \begin{cases} k(2x - x^2), & 0 < x < 2, \\ 0, & \text{그밖.} \end{cases}$$

(1) 상수 k의 값을 구하라.

(2) $P\{X > 1\}$를 계산하라.

(3) 누적확률분포함수 $F(x)$를 구하라.

(4) $E[X]$, $V[X]$를 구하라.

2 $X \sim U(0,10)$일 때 다음을 구하라.

(1) $P\{X < 3\}$

(2) $P\{3 < X < 5\}$

(3) 확률변수 X의 확률밀도함수 $f(x)$

(4) 확률변수 X의 누적밀도함수 $F(x)$와 그 그래프

3 전화 한 통화의 시간(단위: 분) X는 근사적으로 $\mathrm{EXP}(1/5)$를 따른다고 한다. 공중전화 부스에 어떤 사람이 지금 막 전화 통화를 한다고 할 때, 물음에 답하라.

(1) 5분 이상을 기다릴 확률

(2) 5~10분 사이를 기다릴 확률

(3) 확률변수 X의 기대치와 분산

4 표준정규분포를 하는 확률변수 Z에 대해 다음을 구하라.

(1) $P\{Z > 0\}$

(2) $P\{-2 < Z < 2\}$

(3) 제30백분위수

5 표준정규분포를 하는 확률변수 Z에 대하여 각 경우의 a를 구하라.

(1) $P\{Z \geq a\} = 0.1$

(2) $P\{|Z| > a\} = 0.95$

(3) $P\{0 \leq Z \leq a\} = 0.45$

(4) $P\{|Z-2| \leq a\} = 0.5$

6 $X \sim N(3,9)$일 때 다음을 구하라.

(1) $P\{2 < X < 5\}$

(2) $P\{|X-3| > 6\}$

(3) 제20백분위수

7 $X \sim U(\alpha,\beta)$일 때 X를 어떻게 선형변환하면 $U(0,1)$이 되겠는가?

8 확률변수 X는 0과 1 사이의 값을 가진다. 즉, $P\{0 \leq X \leq 1\} = 1$이다. 다음을 보여라.

$$V[X] \leq \frac{1}{4},$$

도움말 ① $E[X^2] \leq E[X]$를 보인다. ② $V[X] \leq E[X](1-E[X])$

9 어느 학급의 중간고사 점수는 평균 75, 분산 25인 정규분포를 따른다고 한다.

(1) 만약 당신의 점수가 85점이라면, 85점 이상의 점수를 받는 학생들의 비율은 얼마인가?

(2) 학급의 상위 20%만이 A학점을 받는다면, A를 받기 위한 제일 낮은 점수는 얼마인가?

(3) 기말고사 점수는 평균 60점, 분산 36점인 정규분포를 따른다고 한다. 중간고사 점수와 기말고사 점수가 상대적으로 같은(즉 백분위나 표준점수가 같은) 학생이 있을 때, 그 학생의 중간고사 점수가 68점일 때 그 학생의 기말고사 점수는 얼마인가?

06

표집분포

6.1 확률표본과 표집분포

모집단의 모수에 관한 정보를 얻기 위해, 어떤 변수에 관하여 모집단 전체를 조사하기가 경제적으로나 시간적으로 어려운 경우가 다반사이다. 따라서 모집단에서 하나의 표본을 선택하여 모수(예를 들어, 모집단 평균)에 관한 추론을 하게 된다. 모수란 모집단의 특성을 나타내는 값으로, 모평균 μ 또는 모비율 p 등을 일컫는다.

모집단에서 선택된 크기 n인 하나의 확률표본(a random sample, 랜덤표본) $\{X_1, X_2, \cdots, X_n\}$은 다음 두 성질을 만족한다.

① 확률변수들 $X_1, X_2, \cdots, X_n$은 서로 독립이다.

② 확률변수들 $X_1, X_2, \cdots, X_n$는 동일한 확률분포를 가진다.

확률표본 $\{X_1, X_2, \cdots, X_n\}$의 함수를 통계량(statistic)이라고 하며, 표본평균 $\overline{X}$, 표본비율 $\hat{P}$ 등이 모평균 μ, 모비율 p에 대응되는 통계량들이다. 이 통계량의 값 $\overline{x}$, $\hat{p}$ 등을 이용하여 모수에 관한 추론을 하게 된다.

통계량 가운데 표본평균을 예로 들어보자. 하나의 표본에 대한 표본평균의 값은 주어지고 고정되어 있다. 그렇지만 또 다른 표본을 선택하게 되면, 이 표본에서 구한 표본평균은 앞에서 구한 것과 다를 것이다. 이렇게 확률표본을 반복하여 추출할 때 표본평균의 값이 표본마다 달라지는 현상을 표집변동(sampling fluctuation or variation)이라고 한다. 그리고 이때의 확률분포를 통계량의 표집분포(sampling distribution)라고 하는데, 이 표집분포는 고전적 통계적 추론에서 매우 중요한 역할을 한다.

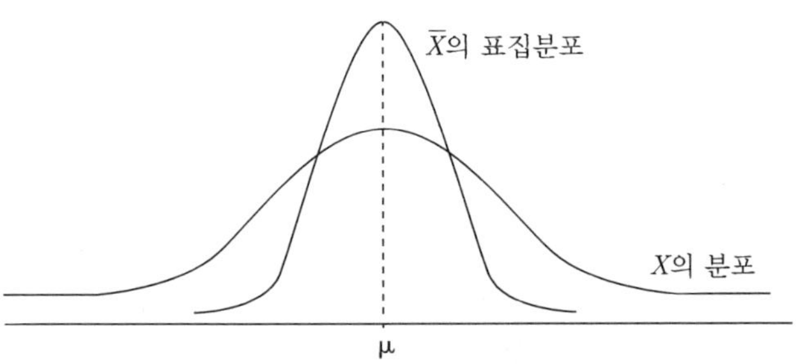

도표 6.1.1 X와 $\overline{X}$의 밀도곡선

예 6.1.1 모집단분포가 다음과 같다. 이 모집단으로부터 표본크기가 2인 확률표본 $\{X_1, X_2\}$을 추출하여 표본평균 $\overline{X} = \frac{1}{2}(X_1 + X_2)$의 분포와 기대치를 구하여 모집단의 그것과 비교하라.

도표 6.1.2(a) 모집단 X의 분포

x	1	2	3
$p(x)$	1/3	1/3	1/3

풀이 확률표본 $\{X_1, X_2\}$는 서로 독립이고 동일한 확률분포를 가지므로, 우선 $Y = X_1 + X_2$의 분포를 구한다. $y = x_1 + x_2$의 가능한 값들은 아래 도표로부터 얻을 수 있다.

도표 6.1.2(b) $y = x_1 + x_2$의 가능한 값들

x_1 \ x_2	$y = x_1 + x_2$			$p_X(x_2)$
	1	2	3	
1	2	3	4	1/3
2	3	4	5	1/3
3	4	5	6	1/3
$p_X(x_1)$	1/3	1/3	1/3	

이 도표로부터 Y의 치역 또는 표본공간은 $S = \{2, 3, 4, 5, 6\}$이고, $\{Y = 3\}$인 사건은 다음과 같이 주어진다.

$$\{X_1 = 1, X_2 = 2\} \text{ 또는 } \{X_1 = 2, X_2 = 1\}.$$

따라서

$$\begin{aligned} P\{Y=3\} &= P\{X_1 = 1, X_2 = 2\} + P\{X_1 = 2, X_2 = 1\} \\ &= P\{X_1 = 1\}P\{X_2 = 2\} + P\{X_1 = 2\}P\{X_2 = 1\} \text{ (독립성)} \\ &= (1/3)(1/3) + (1/3)(1/3) = 2/9. \end{aligned}$$

마찬가지 방법으로 Y와 $\overline{X}$의 확률분포는 각각 다음과 같이 주어진다.

도표 6.1.3(a) Y의 확률분포

y	2	3	4	5	6
$p_Y(y)$	1/9	2/9	3/9	2/9	1/9

도표 6.1.3(b) $\overline{X}$의 확률분포

$\overline{x}$	1	3/2	2	5/2	3
$p_{\overline{X}}(\overline{x})$	1/9	2/9	3/9	2/9	1/9

모평균 $E[X]$와 표본평균의 기대치 $E[\overline{X}]$를 구하면 다음과 같다.

$$E[X] = 1(1/3) + 2(1/3) + 3(1/3) = 2.$$

$$E[\overline{X}]=1\left(\frac{1}{9}\right)+\frac{3}{2}\left(\frac{2}{9}\right)+2\left(\frac{3}{9}\right)+\frac{5}{2}\left(\frac{2}{9}\right)+3\left(\frac{1}{9}\right)=2.$$

[도표 6.1.4]는 모집단의 분포와 표본평균의 분포를 막대그래프로 나타낸 것이다. 두 분포의 중심위치는 서로 같지만, 산포는 표본평균의 경우에 더 작게 됨을 보여 준다. ■

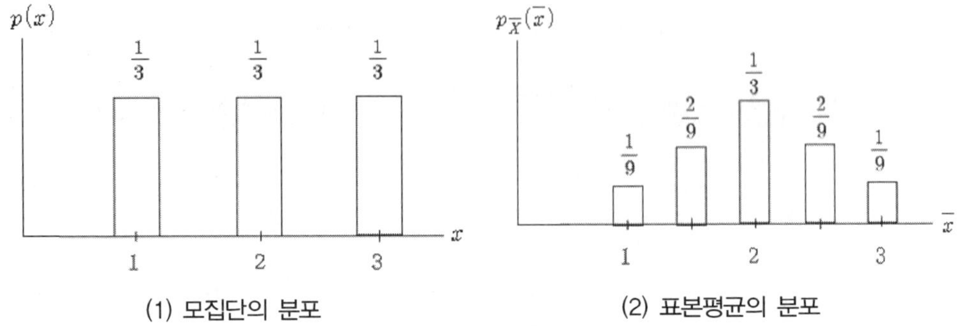

도표 6.1.4 모집단과 표본평균의 분포

6.2 표본평균의 표집분포

6.2.1 표본평균의 기대치와 분산

위의 예에서 확률변수 $Y=X_1+X_2$이므로 Y의 기대치 $E[Y]$는 4임을 예상할 수 있다. 서로 독립인 확률변수의 선형결합(linear combination)에 관하여 정의하고, 선형결합의 평균과 분산에 관한 정리를 증명하여 본다.

정의 6.2.1

확률변수 $X_1,\cdots,X_n$과 상수 $a_1,\cdots,a_n$에 대하여 이 확률변수들의 한 선형결합 Y는 다음과 같이 정의된다.

$$Y=a_1X_1+\cdots+a_nX_n.$$

| 성질 6.2.1 | 확률변수 $X_1,\cdots,X_n$은 독립이고 각각 평균 $\mu_1,\cdots,\mu_n$과 분산 $\sigma_1{}^2,\cdots,\sigma_n{}^2$일 때, 확률변수 $X_1,\cdots,X_n$의 선형결합 $Y=\sum_{i=1}^{n}a_iX_i$의 기대치 $E[Y]$와 분산

$V[Y]$는 다음과 같다(5.3.3절 참조).

$$E[Y] = \mu_Y = a_1\mu_1 + \cdots + a_n\mu_n,$$
$$V[Y] = {\sigma_Y}^2 = {a_1}^2{\sigma_1}^2 + \cdots + {a_n}^2{\sigma_n}^2.$$

증명 선형결합 Y의 기대치와 분산을 구한다.

$$\begin{aligned}
E[Y] &= E[a_1X_1 + \cdots + a_nX_n] \\
&= E[a_1X_1] + \cdots + E[a_nX_n] \ (X_i\text{들의 독립성}) \\
&= a_1E[X_1] + \cdots + a_nE[X_n] \\
&= a_1\mu_1 + \cdots + a_n\mu_n \\
V[Y] &= E\left[(Y-\mu_Y)^2\right] \\
&= E[a_1X_1 + \cdots + a_nX_n - (a_1\mu_1 + \cdots + a_n\mu_n)]^2 \\
&= E[a_1(X_1-\mu_1) + \cdots + a_n(X_n-\mu_n)]^2 \\
&= E\left[\sum_{i=1}^{n}{a_i}^2(X_i-\mu_i)^2 + \sum_{i\neq j}\sum a_ia_j(X_i-\mu_i)(X_j-\mu_j)\right] \\
&= E\left[\sum_{i=1}^{n}{a_i}^2(X_i-\mu_i)^2\right] \ (X_i, X_j\,(i\neq j)\text{의 독립성}) \\
&= \sum_{i=1}^{n}{a_i}^2{\sigma_i}^2
\end{aligned}$$

□

확률변수 $X_1, \cdots, X_n$이 모평균 μ, 모분산 σ^2인 어떤 모집단에서 뽑힌 확률표본이라고 하자. 이때 표본평균 $\overline{X}$는 다음과 같이 주어진다.

$$\overline{X} = \frac{1}{n}(X_1 + \cdots + X_n).$$

이는 [성질 6.2.1]에서 $i = 1, 2, \ldots, n$에 대해 $\mu_i = \mu$, $\sigma_i^2 = \sigma^2$ 그리고 $a_i = 1/n$인 경우이므로 표본평균의 기대치와 분산은 각각 다음과 같다.

$$E[\overline{X}] = a_1\mu_1 + \cdots + a_n\mu_n = \frac{1}{n}(\mu_1 + \cdots + \mu_n) = \frac{1}{n}(n\mu) = \mu,$$
$$V[\overline{X}] = {a_1}^2{\sigma_1}^2 + \cdots + {a_n}^2{\sigma_n}^2 = \left(\frac{1}{n}\right)^2({\sigma_1}^2 + \cdots + {\sigma_n}^2) = \left(\frac{1}{n}\right)^2(n\sigma^2) = \frac{\sigma^2}{n}.$$

모평균 μ, 모분산 σ^2인 아무 모집단으로부터 뽑힌 표본크기 n인 표본평균 $\overline{X}$의 기대치는 모평균가 동일하지만, 분산은 모분산의 $1/n$이고 표준편차는 모표준편차의

$1/\sqrt{n}$ 이다. 따라서 표본평균의 분산은 표본크기에 반비례해서 작아지고, 표본평균의 표준편차는 표본크기의 제곱근에 반비례해서 작아진다.

| 과제 6.2.1 | 모평균 μ, 모분산 σ^2인 어떤 모집단에서 뽑힌 확률표본 $\{X_1, \cdots, X_n\}$의 표본합 $Y = X_1 + X_2 + \cdots + X_n$의 기대치와 분산 그리고 표준편차를 구하라.

예 6.2.1 확률변수 X_1은 평균 3, 분산 4이고, X_2는 평균 8, 분산 9이다. 또한 X_1, X_2는 독립이라고 할 때 $Y = -2X_1 + 3X_2$의 기대치와 분산을 구하라.

풀이 X의 선형결합 Y의 기대치와 분산은 다음과 같다.

$$E[Y] = E[-2X_1 + 3X_2] = -2E[X_1] + 3E[X_2] = -2(3) + 3(8) = 18,$$

$$V[Y] = V[-2X_1 + 3X_2] = 4V[X_1] + 9V[X_2] = 4(4) + 9(9) = 97.$$

■

6.2.2 표본평균의 분포와 중심극한정리

표본평균 $\overline{X}$의 기대치와 분산뿐 아니라 그 표집분포의 형태에 관하여 알아보도록 한다. 모집단이 정규분포를 하면, 선택된 확률변수 $X_1, \cdots, X_n$는 서로 독립이고, 각각 모집단의 분포인 정규분포를 따른다. 또한 모집단의 분포가 정규분포인 경우 표본평균의 분포 역시 정규분포임이 알려져 있다. 우리는 이를 다음과 같이 요약할 수 있다.

| 성질 6.2.2 | 모평균 μ, 모분산 σ^2인 정규모집단에서 확률표본 $\{X_1, \cdots, X_n\}$을 추출하였을 때, 표본평균 $\overline{X}$의 표집분포는 정규분포를 따른다.

$$\overline{X} \sim N\left(\mu, \frac{\sigma^2}{n}\right).$$

| 과제 6.2.2 | 모평균 μ, 모분산 σ^2인 정규모집단에서 뽑힌 확률표본 $\{X_1, \cdots, X_n\}$의 표본합 $Y = X_1 + X_2 + \cdots + X_n$의 표집분포를 구하라.

예 6.2.2 2017년 한국의 성인남자 평균 신장은 174 cm이며, 표준편차는 4.5 cm인 대략적인 정규분포를 따른다고 한다. 이때 15명의 성인남자를 랜덤하게 뽑아 그들의 신장을 잴 때, 평균 신장이 175 cm 이상일 확률을 구하라.

풀이 평균 신장 $\overline{X}$의 분포는 아래 정규분포를 따른다.

$$N\left(174, \frac{4.5^2}{15}\right).$$

$\overline{X}$를 표준화하여 175 cm 이상일 확률을 구해 보자.

$$P\{\overline{X} \geq 175\} = P\left\{Z \geq \frac{175-174}{\sqrt{4.5^2/15}}\right\} = P\{Z \geq 0.9\} = 1 - 0.81594 = 0.18406.$$

즉 15명의 성인 남자의 평균 신장이 175 cm 이상일 확률은 대략 18.4%이다. ■

정규모집단이 아닌 경우에서 선택된 표본평균 $\overline{X}$의 분포는 모집단의 분포형태에 의존하게 된다. 그런데 표본크기가 커지게 되면 모집단의 분포가 어떤 형태를 갖는다 할지라도, 표본평균 $\overline{X}$는 근사적으로 정규분포를 따르게 된다는 사실이 유명한 중심극한정리(Central Limit Theorem)이다.

| 성질 6.2.3 | (중심극한정리) 모평균 μ, 모분산 σ^2인 모집단에서 확률표본 $X_1, \cdots, X_n$을 추출하였을 때, 표본평균 $\overline{X}$의 표집분포는 다음과 같다. 표본크기 n이 충분히 클 경우에,

$$\overline{X} \stackrel{\cdot}{\sim} N\left(\mu, \frac{\sigma^2}{n}\right).$$

예 6.2.3 난수표에서 크기 $n = 5$인 랜덤표본을 50번 뽑은 후에 각 표본에서 계산된 표본평균 $\overline{x}$들의 평균과 분산을 구하고 히스토그램을 작성하라. 그리고 이로부터 $\overline{X}$의 기대치와 분산 그리고 표집분포(즉 $\overline{X}$의 확률분포)를 가늠해 보아라.

풀이 난수표는 0 ~ 9까지 10개의 정수가 1/10의 확률로 랜덤하게 나열되어 있는 수들을 모아놓은 것이다. 따라서 [도표 6.2.1]과 같은 이산균일분포 $DU(0,9)$를 하는 모집단에서 랜덤표본을 뽑는 것과 동일하다.

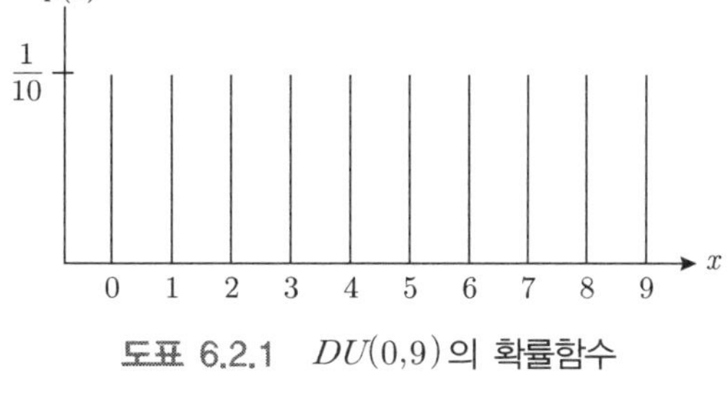

도표 6.2.1 $DU(0,9)$의 확률함수

모집단에서 크기 5인 랜덤표본을 50번 뽑기 위하여 편의상 부록의 난수표의 1행 1열부터 시작하여 차례로 5개씩 내려가면서 50개를 뽑는다. 이를 정리한 것이 [도표 6.2.2]이다.

도표 6.2.2 난수표에서 뽑은 크기 n = 5인 표본

표본번호	관찰값	합	평균	표본번호	관찰값	합	평균
1	6 8 5 4 5	28	5.6	26	8 6 7 0 3	24	4.8
2	6 1 1 3 8	19	3.8	27	8 2 5 2 1	18	3.6
3	8 6 7 0 2	23	4.6	28	2 8 4 8 0	22	4.4
4	4 7 3 5 9	28	5.6	29	5 7 4 9 2	27	5.4
5	3 6 1 9 1	20	4.0	30	0 0 2 4 7	13	2.6
6	7 6 8 4 5	30	6.0	31	7 4 5 7 6	29	5.8
7	1 7 6 5 9	28	5.6	32	9 8 2 2 2	23	4.6
8	0 9 7 3 6	25	5.0	33	4 9 0 2 1	16	3.2
9	8 8 1 5 5	27	5.4	34	9 5 4 6 8	32	6.4
10	9 3 0 8 2	22	4.4	35	0 0 7 6 9	22	4.4
11	3 8 5 6 5	27	5.4	36	6 6 4 6 1	23	4.6
12	9 3 7 6 1	26	5.2	37	7 9 2 6 5	29	5.8
13	4 3 0 6 0	13	2.6	38	3 7 4 8 4	26	5.2
14	1 2 7 3 0	13	2.6	39	3 0 0 7 9	19	3.8
15	2 2 0 1 3	8	1.6	40	4 1 6 0 7	18	3.6
16	3 6 4 8 4	25	5.0	41	1 7 7 6 3	24	4.8
17	4 8 7 8 7	34	6.8	42	3 6 6 0 8	23	4.6
18	4 4 1 2 2	13	2.6	43	9 1 2 6 1	19	3.8
19	4 4 9 7 7	31	6.2	44	0 2 2 6 5	15	3.0
20	4 0 7 4 1	16	3.2	45	1 6 8 1 1	17	3.4
21	2 5 9 2 3	21	4.2	46	4 8 5 8 0	25	5.0
22	3 1 7 5 6	22	4.4	47	7 5 4 8 8	32	6.4
23	6 2 5 4 7	24	4.8	48	0 9 6 6 8	29	5.8
24	9 4 0 7 5	25	5.0	49	4 7 9 8 5	33	6.6
25	0 6 0 5 0	11	2.2	50	4 4 5 4 8	25	5.0

각 표본들의 평균들 $\bar{x}$의 평균과 표본분산을 각각 구하면

$$\bar{x}\text{의 평균} = 4.568,$$
$$\bar{x}\text{의 표본분산} = 1.509159.$$

우리는 이 값들이 이론적으로 구해지는 $\bar{X}$의 기대치와 분산과 큰 차이가 없음을 확인할 수 있다. $DU(0,9)$의 기대치와 분산은 각각 $\mu=(0+9)/2=4.5$, $\sigma^2=(10^2-1)/12^2=99/12=8.25$이므로

$$E[\overline{X}] = \mu = 4.5, \quad V[\overline{X}] = \frac{\sigma^2}{n} = 8.25/5 = 1.65.$$

또한 이들 표본평균들의 히스토그램은 [도표 6.2.3]과 같다. 모집단의 분포가 이산균일분포임에도 불구하고, 표본의 크기가 5밖에 안 되는 표본평균 $\overline{X}$의 분포는 정규분포에 가까움을 알 수 있다. 표본의 크기가 $n = 10, 20, 30$ 등으로 더 커진다면 좀 더 정규분포에 근사한 형태로 나타날 것이다(6.4.2절 참조). ■

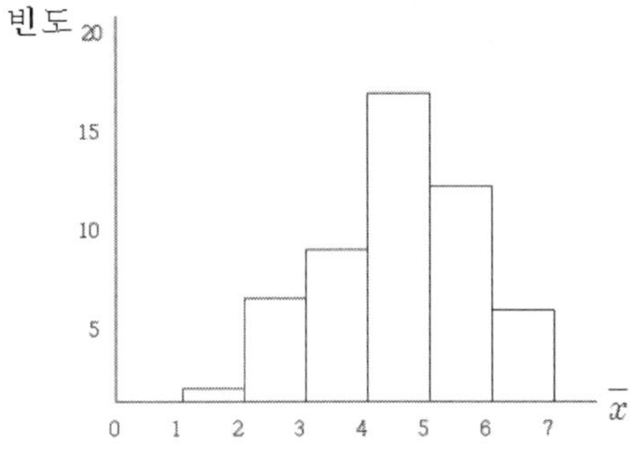

도표 6.2.3 표본평균의 히스토그램(n=5)

예 6.2.4 2017년 한국의 성인 여자 평균 체중은 56 kg이며, 표준편차는 4 kg이라고 한다. 이때 36명의 성인 여성을 랜덤하게 뽑아 그들의 체중을 측정할 때, 평균 체중이 55 kg 이하일 확률을 구하라.

풀이 중심극한 정리에 의하여, 36명의 성인 여성의 평균 체중 $\overline{X}$는

$$\overline{X} \dot{\sim} N\left(\mu, \frac{\sigma^2}{n}\right) = N\left(56, \frac{4^2}{36}\right).$$

$\overline{X}$를 표준화하여 55 이하의 확률을 구하면,

$$P\{\overline{X} \le 55\} = P\left\{Z \le \frac{55-56}{\sqrt{4^2/36}}\right\} = P\{Z \le -1.5\} = 0.06681. \quad ■$$

| 과제 6.2.3 | 성공확률이 p인 베르누이 모집단[이때 모평균 $\mu = p$, 모분산 $\sigma^2 = p(1-p)$]에서 뽑힌 확률표본 $\{X_1, \cdots, X_n\}$의 표본합 $Y = X_1 + X_2 + \cdots + X_n$의 정확한 표집분포를 밝히고, n이 클 때의 근사적 표집분포를 구하라. (도움말: 이항분포의 정규근사(5.6.4절)를 상기하라.)

6.3 정규분포와 관련된 표집분포

대부분의 통계적 추론에서 모집단 분포를 $N(\mu, \sigma^2)$으로 가정하는 경우가 많다. 우리는 모평균 μ와 모분산 σ^2의 추정이나 가설검정에 관심이 많다. 정규분포 $N(\mu, \sigma^2)$으로부터의 확률표본을 $\{X_1, \cdots, X_n\}$이라고 하자. 통상적으로 모평균 μ와 모분산 σ^2의 추정값으로 표본평균 $\overline{X}$와 표본분산 $S^2 = \frac{1}{n-1}\sum_{i=1}^{n}(X_i - \overline{X})^2$을 사용하게 되는데, 이 통계량 또는 이들 함수의 분포에 관하여 파악하여야 할 것이다.

6.3.1 카이제곱분포

표본분산 S^2의 분포는 모분산 σ^2의 추론에 유용하다. 우리는 통계량 S^2에 적당한 값을 곱하여 카이제곱분포(chi-square distribution)를 하게 할 수 있다.

정의 6.3.1

모평균 $\mu = 0$, 모분산 $\sigma^2 = 1$인 표준정규분포 $N(0,1)$에서의 크기 n인 확률표본을 $\{Z_1, Z_2, \cdots, Z_n\}$이라고 하자. 우리는 카이제곱분포를 다음과 같이 정의한다.

$$Z_1^{\ 2} \sim \chi^2(1),$$
$$Z_1^{\ 2} + Z_2^{\ 2} + \cdots + Z_n^{\ 2} \sim \chi^2(n),$$

여기서 $\chi^2(n)$은 자유도(degree of freedom)가 n인 카이제곱분포를 나타낸다.

카이제곱분포의 밀도곡선은 [도표 6.3.1(b)]에서 보는 바와 같이 자유도에 따라 다르지만 일반적인 형태는 [도표 6.3.1(a)]와 같다.

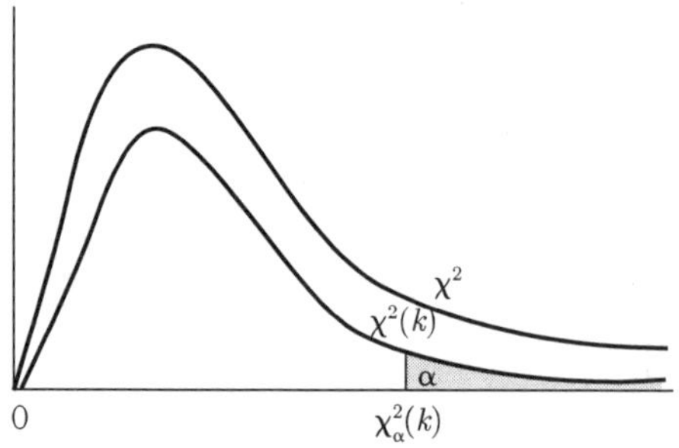

도표 6.3.1(a) $\chi^2(k)$의 밀도곡선

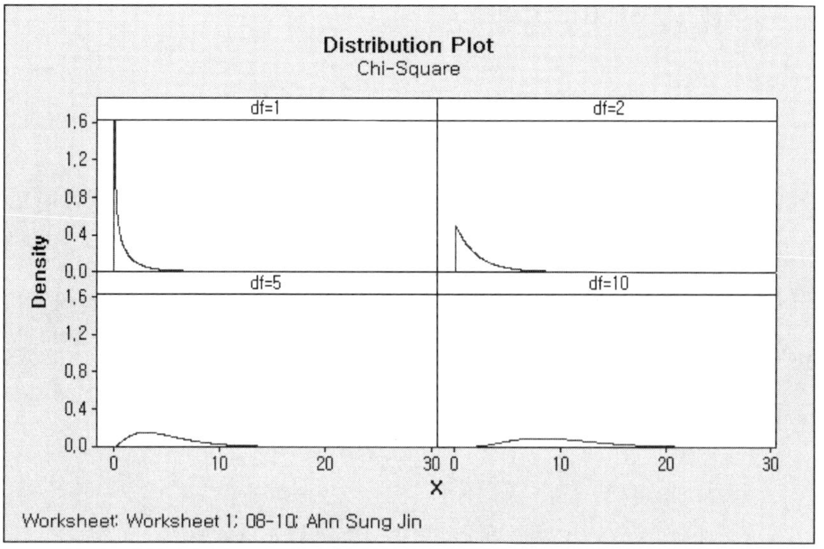

도표 6.3.1(b) 자유도 $df=k$에 따른 $\chi^2(k)$의 밀도곡선

부록의 표에 여러 가지 자유도에 따른 카이제곱분포의 곡선 아래 면적을 계산한 결과가 주어졌다. $\chi^2_\alpha(k)$는 자유도 k인 카이제곱분포의 $100(1-\alpha)$ 백분위수, 즉 오른쪽 꼬리의 확률이 α가 되는 점을 나타낸다. 예를 들어 $\chi^2_{0.05}(5)=11.071$이다.

예 6.3.1 $\{Z_1, Z_2, \cdots, Z_7\}$는 표준정규분포 $N(0,1)$로부터의 확률표본이고, χ_0^2을 다음과 같이 정의하자.

$$\chi_0{}^2 = Z_1{}^2 + \cdots + Z_7{}^2.$$

다음 질문에 답하라.

① $\chi_0{}^2$의 분포는?

② $P\{\chi_0{}^2 \geq a\} = 0.05$를 만족하는 a의 값을 구하라.

풀이 ① $\chi_0{}^2 = Z_1{}^2 + \cdots + Z_7{}^2 \sim \chi^2(7)$

② 부록의 표에서 자유도=7, $\alpha=0.05$인 경우이므로, $a=14.067$이다. ■

카이제곱분포의 중요한 성질인 가법성을 다음 정리에서 증명 없이 서술한다.

| 성질 6.3.1 | (가법성) 임의의 자연수 k_1, k_2에 대하여

$$\chi_1{}^2 \sim \chi^2(k_1)\ ,\ \chi_2{}^2 \sim \chi^2(k_2)$$

이고, ${\chi_1}^2$과 ${\chi_2}^2$이 서로 독립이면

$$ {\chi_1}^2 + {\chi_2}^2 \sim \chi^2(k_1 + k_2). \qquad \square $$

이제 정규모집단에서의 표본분산의 분포에 대한 다음 정리를 공부하도록 한다.

| 성질 6.3.2 | $\{X_1, X_2, \cdots, X_n\}$은 정규분포 $N(\mu, \sigma^2)$에서의 확률표본이고, 두 통계량 $\overline{X}$, S^2을 각각 표본평균과 표본분산이라 하자.

$$ \overline{X} = \frac{1}{n}\sum_{i=1}^{n} X_i, $$

$$ S^2 = \frac{1}{n-1}\sum_{i=1}^{n}(X_i - \overline{X})^2. $$

그러면 다음 두 관계가 성립한다.

① $\overline{X}$와 S^2은 서로 독립이다.

② $\dfrac{(n-1)S^2}{\sigma^2} \sim \chi^2(n-1)$이다.

증명 ① 이 책에서는 증명 없이 받아들이기로 한다.

② 다음 관계식을 살펴보자.

$$ \sum_{i=1}^{n}\left(\frac{X_i - \mu}{\sigma}\right)^2 = \sum_{i=1}^{n}\left(\frac{X_i - \overline{X} + \overline{X} - \mu}{\sigma}\right)^2 $$

$$ = \sum_{i=1}^{n}\left(\frac{X_i - \overline{X}}{\sigma}\right)^2 + \frac{n(\overline{X} - \mu)^2}{\sigma^2} = \frac{(n-1)S^2}{\sigma^2} + \frac{(\overline{X} - \mu)^2}{\sigma^2/n}. $$

여기서 $Z_i = \dfrac{X_i - \mu}{\sigma}$, $i = 1, \cdots, n$들은 서로 독립이며, 표준정규분포 $N(0,1)$을 따르므로

$$ \sum_{i=1}^{n}\left(\frac{X_i - \mu}{\sigma}\right)^2 = \sum_{i=1}^{n} {Z_i}^2 \sim \chi^2(n). $$

또한 $\overline{X} \sim N\left(\mu, \dfrac{\sigma^2}{n}\right)$이므로, 표준화하면

$$\frac{\overline{X}-\mu}{\sigma/\sqrt{n}} \sim N(0,1).$$

따라서 다음이 성립한다.

$$\left(\frac{\overline{X}-\mu}{\sigma/\sqrt{n}}\right)^2 = \frac{(\overline{X}-\mu)^2}{\sigma^2/n} \sim \chi^2(1).$$

그런데 $\overline{X}$와 S^2은 독립이므로, $\frac{n(\overline{X}-\mu)^2}{\sigma^2}$과 $\frac{(n-1)S^2}{\sigma^2}$도 마찬가지로 독립이 된다. 따라서 카이제곱의 가법성에 의해

$$\frac{(n-1)S^2}{\sigma^2} \sim \chi^2(n-1).$$ □

이 표집분포의 자유도를 정보량의 관점에서 살펴보자. $\frac{(n-1)S^2}{\sigma^2} = \frac{\sum_{i=1}^{n}(X_i-\overline{X})^2}{\sigma^2}$ 에서 n개의 편차들 $X_1-\overline{X},\cdots,X_n-\overline{X}$을 모두 더하면 0이 되므로 하나의 자유도 손실이 발생하게 된다. 따라서 자유도가 $(n-1)$인 카이제곱분포를 하게 된다.

예 6.3.2 $\{X_1,X_2,\cdots,X_{10}\}$이 정규분포 $N(4,25)$에서의 확률표본일 때, 표본분산 S^2은 다음과 같이 주어진다.

$$S^2 = \frac{\sum_{i=1}^{n}(X_i-\overline{X})^2}{n-1} = \frac{\sum_{i=1}^{10}(X_i-\overline{X})^2}{9}.$$

다음 물음에 답하라.

① $\frac{9S^2}{25}$의 분포는?

② $P\left\{\sum_{i=1}^{10}(X_i-\overline{X})^2 \le 10\right\}$를 구하라.

③ $P\{S^2 \le 25\}$를 구하라.

풀이 앞의 정리에 의해

① $\frac{(n-1)S^2}{\sigma^2} = \frac{9S^2}{25} \sim \chi^2(n-1) = \chi^2(9)$

② $P\left\{\frac{\sum_{i=1}^{n}(X_i-\overline{X})^2}{\sigma^2}\le\frac{10}{\sigma^2}\right\}=P\left\{\frac{(n-1)S^2}{\sigma^2}\le\frac{10}{\sigma^2}\right\}=P\left\{{\chi_0}^2\le\frac{10}{25}\right\}=1.16222\text{E}-5$ (< 0.005, 표로부터)

③ $P\{S^2\le 25\}=P\left\{\frac{9S^2}{25}\le\frac{9\times 25}{25}\right\}=P\{{\chi_0}^2\le 9\}=0.5627$

(> 0.5, 표로부터) ■

6.3.2 *t*-분포

모집단의 분포가 $N(\mu,\sigma^2)$일 때, 일반적으로 모평균 μ와 모분산 σ^2의 값을 알 수 없는 경우가 많다. μ에 대한 추론 시, 모분산 σ^2의 값이 알려져 있지 않으므로 σ^2의 추정값으로 표본분산 S^2을 사용하게 된다. 모분산 σ^2이 알려져 있을 때, 표본평균을 표준화하면

$$Z=\frac{\overline{X}-\mu}{\sigma/\sqrt{n}}\sim N(0,1).$$

모분산이 알려져 있지 않아서 미지의 σ 대신 표본표준편차 S를 대입한 다음과 같은 통계량을 사용해야 할 때가 자주 있다.

$$\frac{\overline{X}-\mu}{S/\sqrt{n}}.$$

다음에서 t-분포(t-distribution)를 정의하도록 한다.

정의 6.3.2

확률변수 Z은 표준정규분포 $N(0,1)$를 하고, 자연수 k에 대해 $\chi^2(k)$은 자유도 k인 카이제곱분포를 하며, 두 확률변수 Z와 $\chi^2(k)$는 서로 독립이라고 가정할 때 다음과 같이 정의되는 통계량 T는 자유도가 k인 t-분포를 따른다.

$$T=\frac{Z}{\sqrt{\frac{\chi^2(k)}{k}}}\sim t(k),$$

여기서 $t(k)$는 자유도가 k인 t-분포를 나타낸다.

t-분포의 밀도곡선은 자유도에 따라 다르지만 표준정규분포에 비해 중심의 높이는 낮

지만 꼬리부분은 더 두터운 대칭형의 형태이다. 표준정규분포와 t-분포의 확률밀도함수 그래프의 대략적인 형태가 [도표 6.4.2]에 있다.

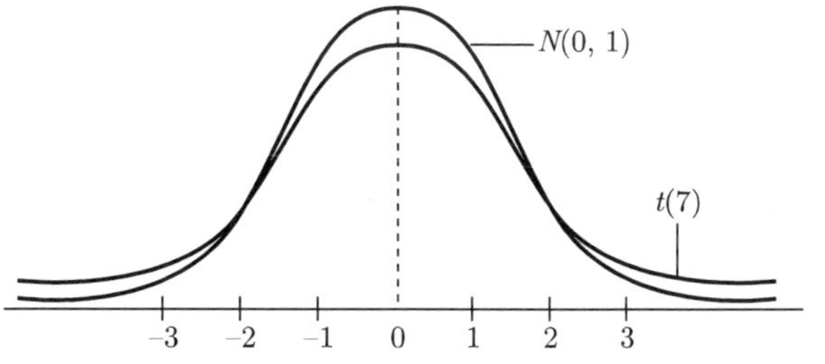

도표 6.3.2 t-분포와 $N(0,1)$의 밀도곡선

부록의 표에 여러 자유도에 따른 t-분포의 곡선 아래 면적을 계산한 결과가 있다. 여기서 $t_\alpha(k)$는 자유도 k인 t-분포의 $100(1-\alpha)$ 백분위수를 나타낸다. 예를 들어 $t_{0.025}(7)=2.365$이다.

| 성질 6.3.3 | $\{X_1, X_2, \cdots, X_n\}$이 모분산 σ^2이 미지인 정규분포 $N(\mu, \sigma^2)$에서의 확률표본일 때, 다음이 성립한다(단, S^2은 크기가 n인 표본분산이다).

$$T=\frac{\overline{X}-\mu}{\frac{S}{\sqrt{n}}}\sim t(n-1).$$

증명 위의 비 T를 다시 적어보면

$$T=\frac{\overline{X}-\mu}{\frac{S}{\sqrt{n}}}=\frac{\frac{\overline{X}-\mu}{\sigma/\sqrt{n}}}{\sqrt{\frac{(n-1)S^2}{\sigma^2}/(n-1)}}.$$

그런데 앞의 정리에 의해

$$\frac{\overline{X}-\mu}{\sigma/\sqrt{n}}\sim N(0,1),$$

$$\frac{(n-1)S^2}{\sigma^2}\sim \chi^2(n-1).$$

이 두 통계량은 서로 독립이므로, t-분포의 정의에 의해 T는 자유도 $n-1$인 t-분포를 따른다. □

예 6.3.3 확률변수 T는 자유도 10인 t-분포를 한다. 이때 다음 식을 만족하는 b를 구하라.

$$P\{-b \le T \le b\} = 0.95.$$

풀이 부록의 표에서 자유도가 10인 행을 찾으면

$$P\{-2.228 \le T \le 2.228\} = 0.95.$$

따라서 $b = 2.228$이다. ■

6.3.3 F-분포

두 정규모집단의 분산을 서로 비교하기 위해 사용하는 F-분포(F-distribution)에 대하여 정의한다.

정의 6.3.3

두 확률변수 U와 V가 $U \sim \chi^2(n)$, $V \sim \chi^2(m)$이며 이들이 서로 독립이라고 가정할 때, 다음과 같이 정의되는 통계량 F는 자유도가 (n, m)인 F-분포를 따른다.

$$F = \frac{U/n}{V/m} \sim F(n, m),$$

여기서 $F(n, m)$는 자유도가 (n, m)인 F-분포에 대한 표기이다.

우리는 F-분포의 정의에서 다음과 같은 관계를 알 수 있다.

$$\text{만일 } F \sim F(n, m)\text{이면, } \frac{1}{F} \sim F(m, n).$$

F-분포의 밀도곡선 역시 자유도에 따라 다르지만 오른쪽으로 꼬리를 뻗은(skewed to the right) 형태이며 아래 도표에 일반적인 형태가 주어져 있다.

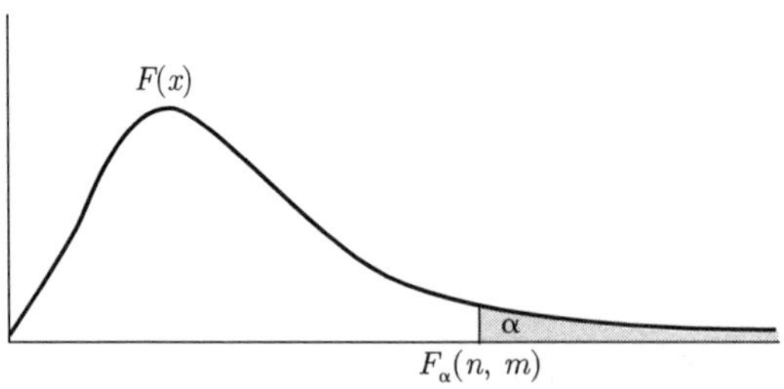

도표 6.3.3 자유도가 (n, m)인 F-분포의 밀도곡선

부록의 표에 자유도 (n, m)에 따른 F-분포의 곡선 아래 면적을 계산한 결과가 주어져 있다. 여기서 $F_\alpha(n, m)$는 자유도 (n, m)인 F-분포의 $100(1-\alpha)$ 백분위수를 나타낸다. 예를 들어 $F_{0.05}(3, 7) = 4.35$이다.

두 정규모집단에서의 표본분산 비의 분포에 대하여 알아보자.

| 성질 6.3.4 | $\{X_1, \cdots, X_n\}$은 정규분포 $N(\mu_1, \sigma_1^2)$에서의 확률표본이고, $\{Y_1, \cdots, Y_m\}$은 $N(\mu_2, \sigma_2^2)$에서의 확률표본일 때, 다음의 비는 자유도가 $(n-1,\ m-1)$인 F-분포임을 보일 수 있다.

$$F = \frac{S_1^2/\sigma_1^2}{S_2^2/\sigma_2^2},$$

여기서 S_1^2, S_2^2은 각각 $\{X_1, \cdots, X_n\}$과 $\{Y_1, \cdots, Y_m\}$의 표본분산을 나타낸다.

증명

$$F = \frac{S_1^2/\sigma_1^2}{S_2^2/\sigma_2^2} = \frac{\dfrac{(n-1)S_1^2}{\sigma_1^2}\Big/(n-1)}{\dfrac{(m-1)S_2^2}{\sigma_2^2}\Big/(m-1)}.$$

그런데

$$\frac{(n-1)S_1^2}{\sigma_1^2} \sim \chi^2(n-1), \quad \frac{(m-1)S_2^2}{\sigma_2^2} \sim \chi^2(m-1)$$

이고 S_1^2과 S_2^2은 서로 독립이므로

$$F \sim F(n-1, m-1).$$

■

예 6.3.4 S_1^2은 정규분포 $N(2, 4)$로부터 크기 $m=10$인 표본의 표본분산, S_2^2은 $N(3, 9)$로부터 크기 $n=9$인 표본의 표본분산이라 하자. 이때 다음 관계를 만족하는 k를 구하라.

$$P\{S_1^2 \geq kS_2^2\} = 0.05.$$

풀이 다음 두 통계량들을 고려하자.

$$\frac{(m-1)S_1^{\ 2}}{\sigma_1^{\ 2}} = \frac{9S_1^{\ 2}}{4} \sim \chi^2(9), \quad \frac{(n-1)S_2^{\ 2}}{\sigma_2^{\ 2}} = \frac{8S_2^{\ 2}}{9} \sim \chi^2(8).$$

이들은 서로 독립이므로 다음이 성립한다.

$$F_0 = \frac{S_1^{\ 2}/\sigma_1^{\ 2}}{S_2^{\ 2}/\sigma_2^{\ 2}} = \frac{S_1^{\ 2}/4}{S_2^{\ 2}/9} \sim F(9,8).$$

한편

$$P\{S_1^2 \geqq kS_2^2\} = P\left\{\frac{S_1^2}{S_2^2} \geqq k\right\} = P\left\{\frac{S_1^2/\sigma_1^2}{S_2^2/\sigma_2^2} \geqq k\frac{\sigma_2^2}{\sigma_1^2}\right\} = P\left\{\frac{S_1^2/4}{S_2^2/9} \geqq k\frac{9}{4}\right\} = 0.05.$$

즉

$$P\left\{F_0 \geqq k\frac{9}{4}\right\} = P\{F_0 \geqq 2.25k\} = 0.05.$$

부록의 F-분포표의 분자의 자유도가 9, 분모의 자유도가 8인 행으로부터 다음을 볼 수 있다.

$$2.25k = F_{0.05}(9,8) = 3.39.$$

이로부터

$$k = 3.39/2.25 = 1.51.$$

■

6.4 엑셀 실습 6: 표집분포

6.4.1 정규확률도(Normal probability plot)

◎ 정규확률도 작성 절차

단계 0 RANK( ) 함수를 이용하여 각 값 x_i에 오름차 순위 $r(x_i) = (i)$를 부여한다.

단계 1 다음과 같이 각 값에 분위(또는 타점위치)를 부여한다.

$$p_i = \frac{r(x_i)}{n+1}.$$

이는 와이블(Weibull) 타점위치이다.

단계 2 NORMINV( )나 NORMSINV( ) 함수를 이용하여 p_i에 대응하는 정규점수 z_i을 구한다(백분위와 정규점수에 대해서는 2.2.4절을 참조하라).

$$z_i = \Phi^{-1}(p_i) = \text{NORMINV}(p_i,\ 0,\ 1) = \text{NORMSINV}(p_i)$$

여기서 $\Phi()$는 표준정규분포의 분포함수를 나타낸다. 이로부터 우리는 정규점수 z_i가 표준정규분포의 p_i-분위수임을 안다.

단계 3 (z_i, x_i)들의 산점도(변수값을 세로축으로 정규점수를 가로축으로 두고)를 그린다. 이 산점도가 바로 정규확률도이다.

- 정규확률도가 직선적인 경향을 보일 때 이 직선의 절편은 평균의 추정치를 제공하고 기울기는 표준편차의 추정치를 제공한다.

> **RANK(Number, Ref, order)**
> 자료의 범위(Ref)에서 Number에 해당하는 값의 오름차 순위(order=1) 또는 내림차 순위(order=0; 기본설정)를 돌려준다. 값들이 중복되면 모두에게 낮은 순위를 부여한다.

참고 우리는 위의 단계들에서 [0 단계]와 [1 단계]를 대신하여 PERCENTRANK() 함수를 이용하여 각 값에 분위(quantile rank; 함수 이름과는 달리 백분위가 아니라 분위를 돌려줌) p_i를 부여할 수 있다(분위에 대해서는 2.2.4절을, 그리고 PERCENTRANK 함수에 대해서는 [도표 2.6.24]를 참조하라). PERCENTRANK 함수는 순위가 $r(x_i)$인 값의 분위 p_i를 다음과 같이 계산한다.

$$p_i = \frac{r(x_i) - 1}{n - 1}.$$

이는 검벨(Gumbel) 타점위치라고 한다.

> **PERCENTRANK(Array, x, sig)**
> 데이터 집합(Array)에서 x에 해당하는 값의 백분위를 돌려준다. sig는 유효자릿수로서 기본은 세 자리이다.

그런데 이 식에 의하면 가장 작은 값(순위가 1)의 타점위치는 0이고 가장 큰 값(순위가 n)의 타점위치는 1이다. 그러나 이런 타점위치에 대응되는 표준정규분포의 분위수는 각각 $-\infty$와 $+\infty$로서 정의되지 않는다. 실제로, 정규확률도를 작성할 때 권장되는 타점위치는 다음과 같이 정의되는 블롬(Blom)의 타점위치이다.

$$p_i = \frac{r(x_i) - 3/8}{n + 1/4}.$$

예 6.4.1 국가별 와인소비량과 10만 명당 심장병에 의한 사망자수 데이터가 다음과 같다. (이 와인소비량 데이터는 엑셀 작업표 WineConsumption에 저장되어 있다.) 10만 명당 심장병에 의한 사망자수에 대한 정규확률도를 작성하고 이 사망자수 데이터가 정규분포로부터 나왔는지를 시각적으로 판정하라. 그리고 만일 그렇다면 정규분포의 평균과 표준편차를 이 정규확률도로부터 추정하라.

풀이 사망자수의 요약통계량 값들은 다음과 같다(데이터 > 데이터분석 > 기술통계법). 아래에 제시된 세 개의 정규확률도들의 결과를 비교하여 보자. ■

사망자수	
평균	191.0526
표준 오차	15.69119
중앙값	199
최빈값	211
표준 편차	68.39629
분산	4678.053
첨도	-0.71574
왜도	-0.06811
범위	229
최소값	71
최대값	300
합	3630
관측수	19

D2 =RANK(C2,$C$2:$C$20,1)

	A	B	C	D	E	F	G
1	번호	와인	사망자수	Rank	QuantileRank	NormalScore	
2	1	2.5	211	12	0.6	0.253347	=NORMINV(E2,0,1)
3	2	3.9	167	6	0.3	-0.5244	
4	3	2.9	131	5	0.25	-0.67449	
5	4	2.4	191	9	0.45	-0.12566	
6	5	2.9	220	14	0.7	0.524401	
7	6	0.8	297	18	0.9	1.281552	
8	7	9.1	71	1	0.05	-1.64485	
9	8	0.8	211	12	0.6	0.253347	
10	9	0.7	300	19	0.95	1.644854	
11	10	7.9	107	3	0.15	-1.03643	
12	11	1.8	167	6	0.3	-0.5244	
13	12	1.9	266	16	0.8	0.841621	
14	13	0.8	227	15	0.75	0.67449	
15	14	6.5	86	2	0.1	-1.28155	
16	15	1.6	207	11	0.55	0.125661	
17	16	5.8	115	4	0.2	-0.84162	
18	17	1.3	285	17	0.85	1.036433	
19	18	1.2	199	10	0.5	-1.4E-16	
20	19	2.7	172	8	0.4	-0.25335	
21					=D20/(COUNT($D$2:$D$20) + 1)		

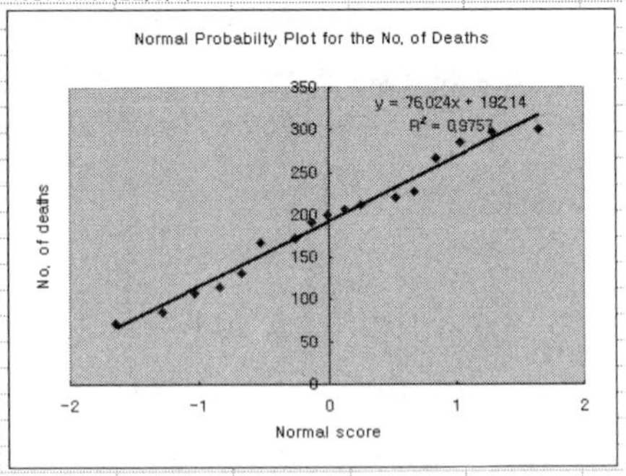

도표 6.4.1(1) 와이블 타점위치를 사용한 정규확률도

D2 | =PERCENTRANK($C$2:$C$20,C2)

	A	B	C	D	E	F
1	번호	와인	사망자수	분위(p_i)	정규점수(z_i)	
2	1	2.5	211	0.611	0.281926	=NORMINV(D2,0,1)
3	2	3.9	167	0.277	-0.59178	
4	3	2.9	131	0.222	-0.76546	
5	4	2.4	191	0.444	-0.14084	
6	5	2.9	220	0.722	0.588793	
7	6	0.8	297	0.944	1.589268	
8	7	9.1	71	0	#NUM!	
9	8	0.8	211	0.611	0.281926	
10	9	0.7	300	1	#NUM!	
11	10	7.9	107	0.111	-1.22123	
12	11	1.8	167	0.277	-0.59178	
13	12	1.9	266	0.833	0.966088	
14	13	0.8	227	0.777	0.762101	
15	14	6.5	86	0.055	-1.59819	
16	15	1.6	207	0.555	0.138304	
17	16	5.8	115	0.166	-0.97009	
18	17	1.3	285	0.888	1.21596	
19	18	1.2	199	0.5	-1.4E-16	
20	19	2.7	172	0.388	-0.28454	
21						

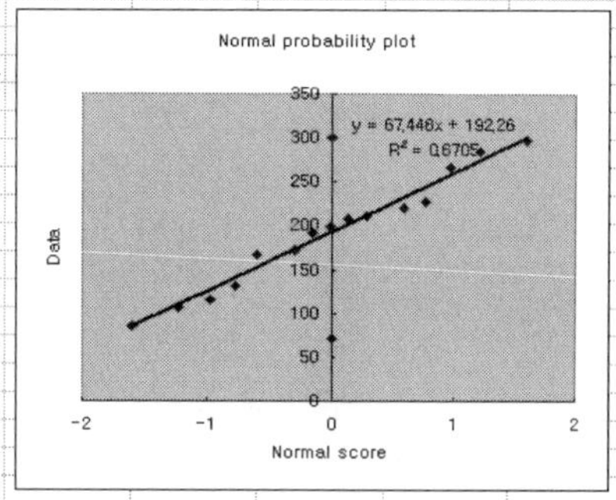

도표 6.4.1(2) PERCENTRANK() 함수(검벨 타점위치)를 사용한 정규확률도

D2 | =RANK(C2,$C$2:$C$20,1)

	A	B	C	D	E	F	G
1	번호	와인	사망자수	Rank	QuantileRank	NormalScore	
2	1	2.5	211	12	0.6038961	0.263445	=NORMINV(E2,0,1)
3	2	3.9	167	6	0.2922078	-0.54695	
4	3	2.9	131	5	0.2402597	-0.70547	
5	4	2.4	191	9	0.4480519	-0.13058	
6	5	2.9	220	14	0.7077922	0.546946	
7	6	0.8	297	18	0.9155844	1.375969	
8	7	9.1	71	1	0.0324675	-1.8457	
9	8	0.8	211	12	0.6038961	0.263445	
10	9	0.7	300	19	0.9675325	1.845705	
11	10	7.9	107	3	0.1363636	-1.0968	
12	11	1.8	167	6	0.2922078	-0.54695	
13	12	1.9	266	16	0.8116883	0.884135	
14	13	0.8	227	15	0.7597403	0.705467	
15	14	6.5	86	2	0.0844156	-1.37597	
16	15	1.6	207	11	0.5519481	0.130585	
17	16	5.8	115	4	0.1883117	-0.88413	
18	17	1.3	285	17	0.8636364	1.096804	
19	18	1.2	199	10	0.5	-1.4E-16	
20	19	2.7	172	8	0.3961039	-0.26344	
21					=(D20 - 3/8)/(COUNT($D$2:$D$20) + 1/4)		

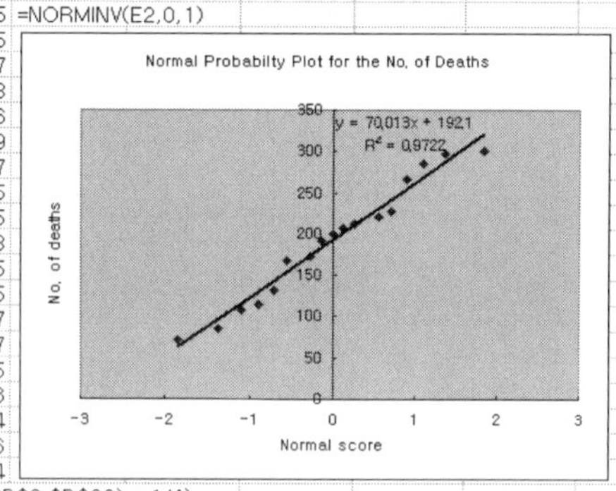

도표 6.4.1(3) 블롬 타점위치를 사용한 정규확률도

6.4.2 중심극한정리

예 6.4.2 [예 6.2.3]에서와 같이 DU(0, 9)에서 n = 5, 10, 30인 랜덤표본들을 각각 1,000번씩 뽑아서 이 표본들의 평균의 표집분포가 표본크기 n이 커짐에 따라 점점 정규분포를 닮아가는지를 모의실험적으로 확인해 보자.

풀이 우리는 두 가지 방법으로 DU(0,9)으로부터 랜덤표본을 얻을 수 있다. 한 가지 방법은 RANDBETWEEN 함수를 이용하는 것이고, 다른 한 가지는 데이터 분석 도구의 난수생성 대화상자에서 "이산분포"를 이용하는 것이다. 여기서는 후자의 방법을 이용하기로 하자. 난수생성 대화상자에서 "이산분포"를 이용하려면 먼저 아래와 같이 난수를 뽑을 분포가 엑셀 작업표에 입력되어 있어야 한다. 난수생성 대화상자에서 변수의 개수(표본크기)를 5로, 난수의 개수(표본들의 개수)를 1000으로, 분포를 이산분포로 지정하고 '표본값과 확률 입력 범위'에 x값과 확률값의 위치를 지정하자.

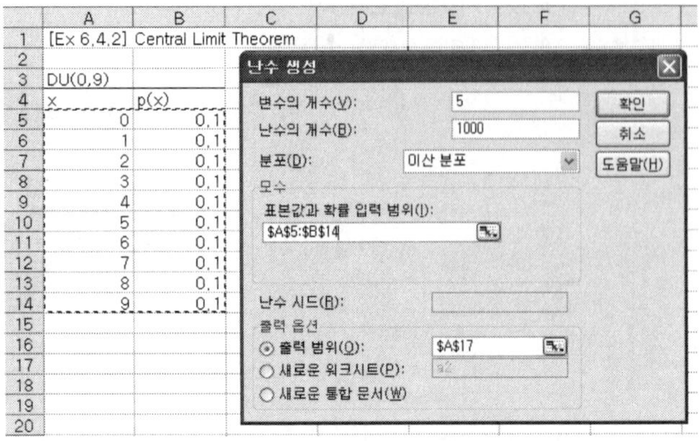

그러면 우리는 다음과 같은 난수들의 표본들을 얻게 된다. 크기가 5인 각 표본의 평균을 구하자. 이 1,000개의 평균들의 분포는 표본평균의 근사적인 표집분포를 제공할 것이다. (우리가 1,000개가 아니라 10,000개 또는 그 이상의 표본들을 얻었더라면 더욱 정확한 표집분포를 가지게 되었을 것이다.)

16	x1	x2	x3	x4	x5	mean(5)	
17	3	2	9	8	1	4.6	=AVERAGE(A17:E17)
18	0	4	1	6	1	2.4	
19	1	1	7	1	0	2	
20	6	7	9	9	4	7	
21	9	4	1	8	8	6	
22	2	8	7	6	0	4.6	
23	6	7	2	5	0	4	
24	2	7	8	6	1	4.8	

데이터 분석도구의 히스토그램 대화상자를 이용하여 1,000개의 표본평균들에 대한 히스토그램을 작성한 결과는 아래와 같다. 히스토그램 대화상자를 이용하여 히스토그램을 작성할 때는 먼저 적절한 계급구간을 정해 두는 것이 좋다. 여기서는 계급구간들로 (0, 1], (2, 3], …, (8, 9], (9, 10]로 정하였다. (엑셀의 히스토그램 대화상자나 FREQUENCY 함수에서의 계급구간 지정에 대해서는 2.5절을 참고하기 바란다.)

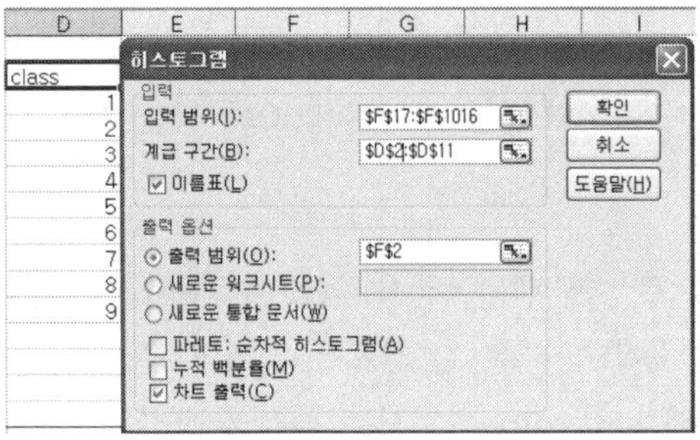

class	빈도수
1	4
2	19
3	115
4	251
5	284
6	229
7	82
8	14
9	1

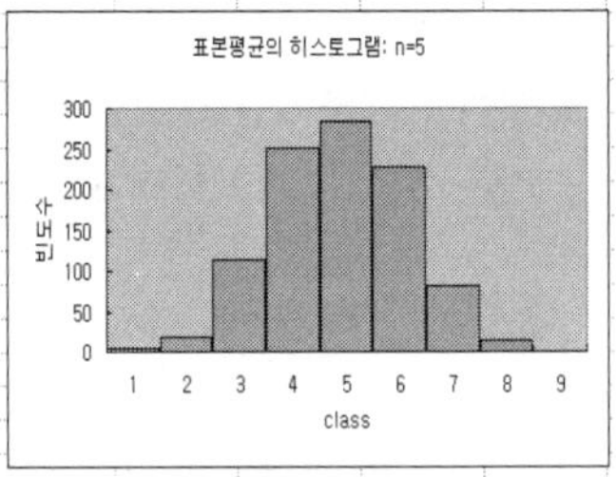

아래는 n=5, 10, 30일 때 표본평균들의 "밀도"히스토그램들이다. n이 커짐에 따라 중심부분의 밀도가 점점 높아지면서 정규분포의 형태를 따라가는 것을 알 수 있다. ■

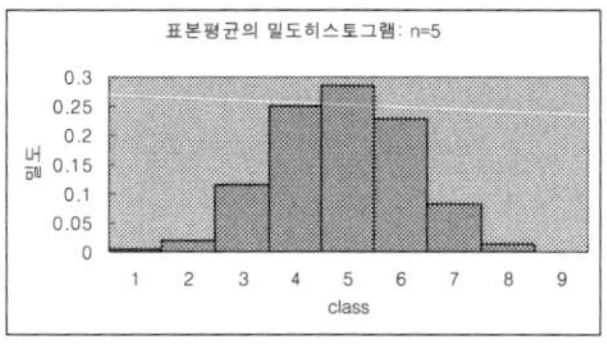

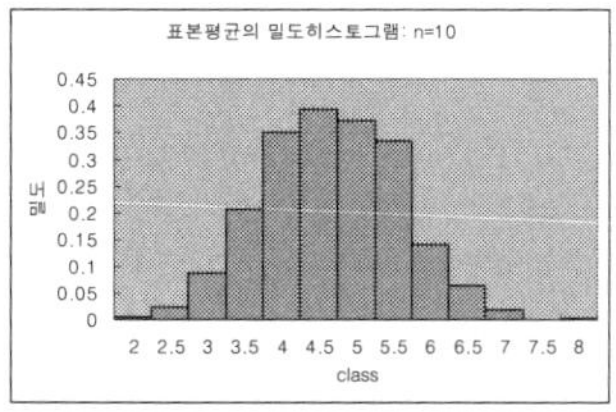

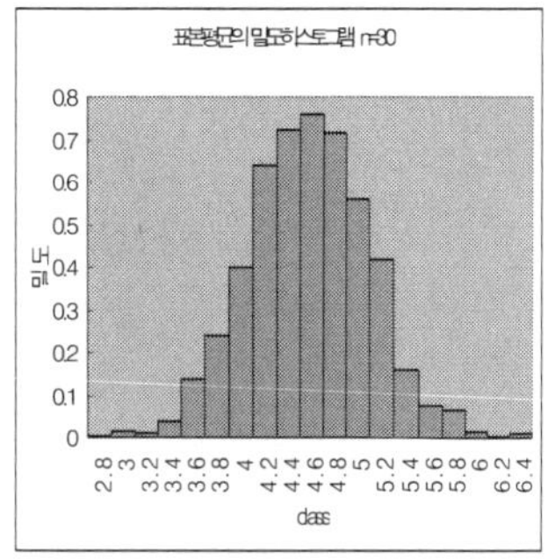

| 과제 6.4.1 | 엑셀함수 RANDBETWEEN을 이용하여 DU(1, 6)(즉 공정한 주사위)으로부터 뽑힌 크기가 5인 랜덤표본의 평균의 표집분포(sampling distribution)(평균, 표준편차, 그리고 밀도곡선)를 모의실험적으로 밝혀라. [도움말] 함수 RANDBETWEEN(a,b)은 DU(a,b)에서 한 개의 난수를 뽑아서 돌려준다.

6.4.3 카이제곱분포

예 6.4.3 표준정규분포를 이용하여 자유도가 10인 카이제곱분포를 따르는 난수를 발생시키고, 난수의 경험적 분포를 그려라.

풀이 **단계 1** $N(0,1)$를 따르는 난수를 10개씩 1,000번 발생시킨다.

단계 2 SUMSQ( ) 함수를 이용해서 발생시킨 10개의 난수의 제곱합을 구한다.

단계 3 제곱합들의 최댓값과 최솟값을 구한 뒤 적절한 계급수와 계급구간을 구한다.

단계 4 FREQUENCY 함수를 이용하여 각 계급의 도수를 구한 뒤 히스토그램을 그린다.

■

SUMQ(범위)
범위 내에 있는 자료들의 제곱합을 구하는 함수

FREQUENCY(Data_array, Bins_array)
Data_array 범위 내의 데이터를 Bins_array 계급으로 범주화하여 빈도를 구하는 함수

• 배열을 이용하는 방법

단계 1 계급 옆에 도수를 계산할 부분의 영역을 선택(블록설정)한다.

단계 2 블록이 설정된 상황에서 =FREQUENCY 함수를 적용한다.

단계 3 함수적용 후 'Shift키+Ctrl키+Enter키'를 동시에 누른다.

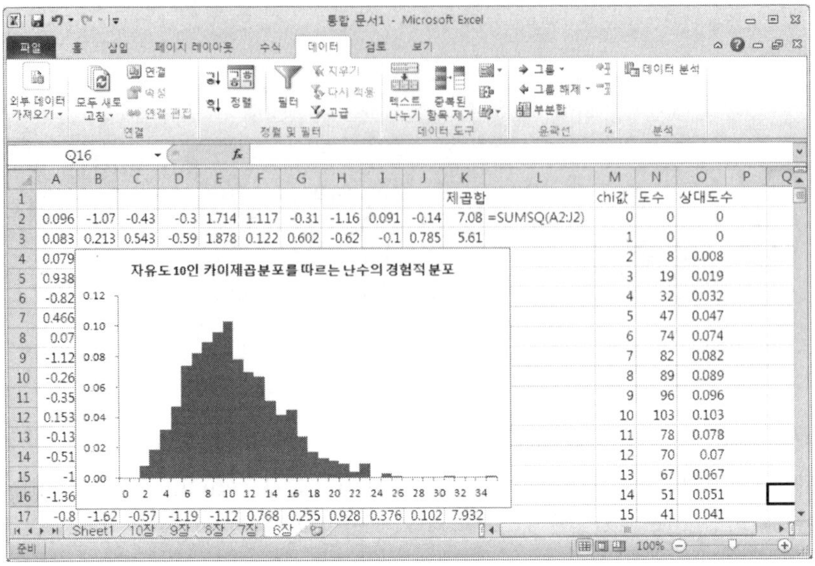

예 6.4.4 자유도(df=3, 8, 15)에 따른 카이제곱분포의 형태를 비교하라.

풀이

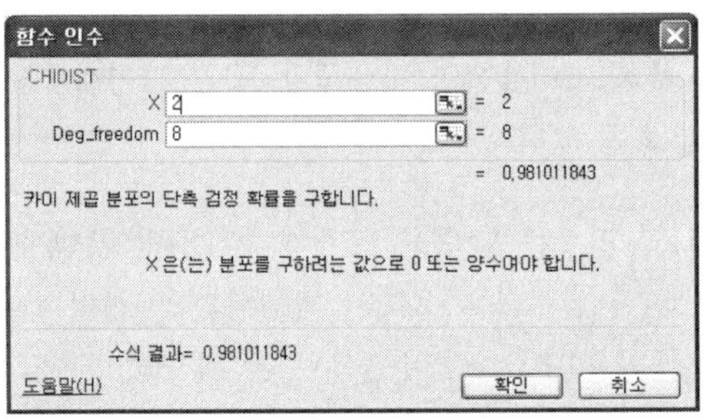

CHIDIST(x, deg_freedom)
자유도가 deg_freedom인 카이제곱분포에서 'x'보다 크거나 같을 확률을 구해주는 함수

따라서 $P(a < x < b)$의 구간의 확률을 구하기 위해서는 $P(x < b) - P(x < a)$의 확률을 구한다. 즉 $P(X < b)$=1−CHIDIST(X, df). ■

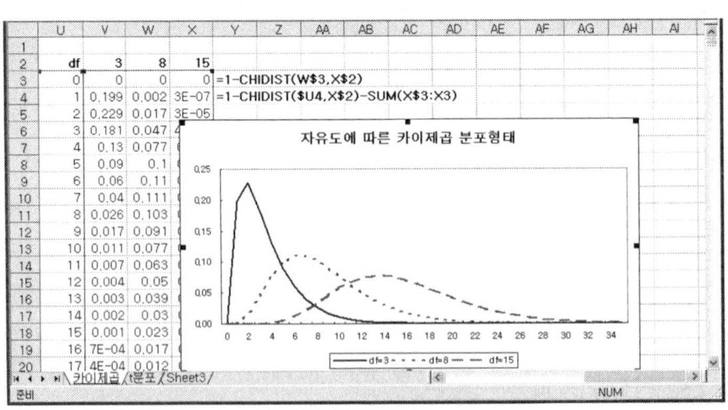

6.4.4 *t*-분포

예 6.4.5 표준정규분포를 이용하여 자유도가 9인 t-분포를 따르는 난수를 발생시키고, 난수의 경험적 분포를 그려라.

풀이 **단계 1** $N(0,1)$를 따르는 난수를 10개씩 1,000개 발생시킨다.

단계 2 AVERAGE와 STDEV 함수를 이용해서 발생시킨 10개의 난수의 평균을 표준화시킨다.

단계 3 표준화시킨 값들의 최댓값과 최솟값을 구한 뒤 적절한 계급수와 계급구간을 구한다.

단계 4 FREQUENCY 함수를 이용하여 각 계급의 빈도를 구한 뒤 히스토그램을 그린다. ■

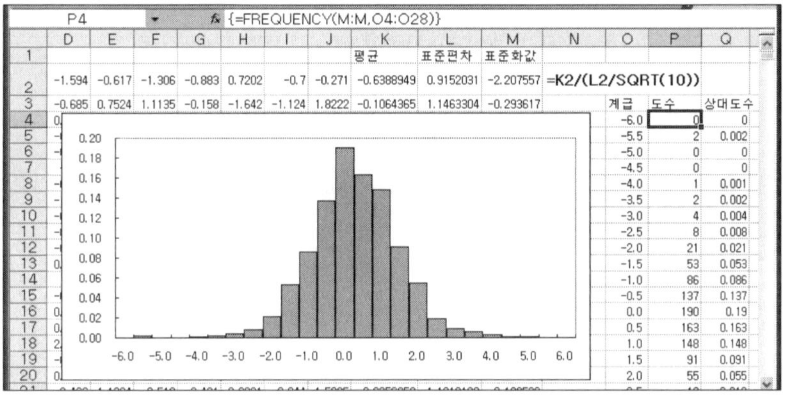

예 6.4.6 자유도가 12인 t-분포에서 확률변수가 2보다 클 확률을 구하라.

풀이

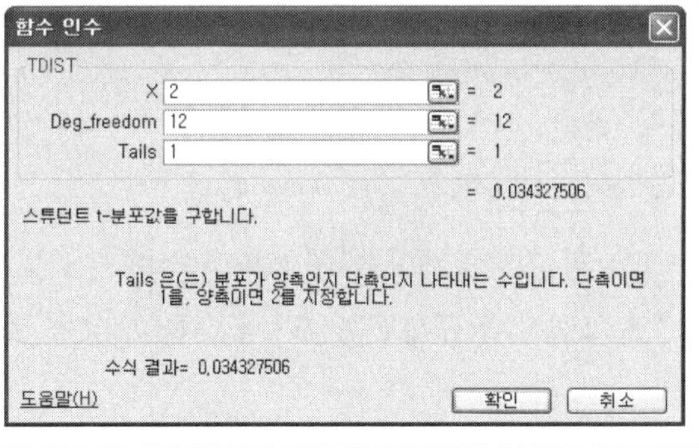

TDIST(X, Deg_freedom, Tails)
자유도가 Deg_freedom인 t-분포에서 X값보다 클 단측확률(Tails=1) 혹은 양측확률(Tails=2)을 구하는 함수

예 6.4.7 t-분포표를 작성하라.

풀이

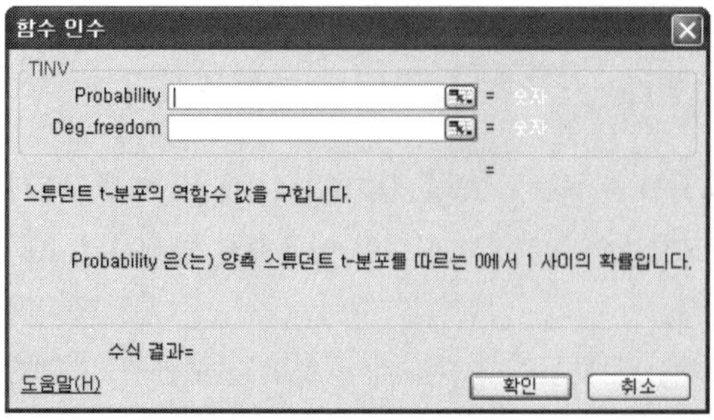

TINV(Probability, Deg_freedom)
자유도가 Deg_freedom인 t-분포에서 특정 값보다 클 양측확률이 Prboability가 되는 특정 값 'x'를 구하는 함수

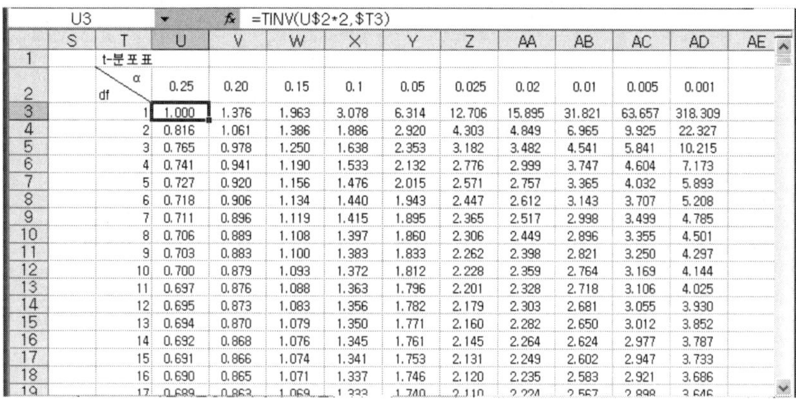

U3 =TINV(U$2*2,$T3)

	S	T	U	V	W	X	Y	Z	AA	AB	AC	AD	AE
1		t-분포표											
2		α / df	0.25	0.20	0.15	0.1	0.05	0.025	0.02	0.01	0.005	0.001	
3		1	1.000	1.376	1.963	3.078	6.314	12.706	15.895	31.821	63.657	318.309	
4		2	0.816	1.061	1.386	1.886	2.920	4.303	4.849	6.965	9.925	22.327	
5		3	0.765	0.978	1.250	1.638	2.353	3.182	3.482	4.541	5.841	10.215	
6		4	0.741	0.941	1.190	1.533	2.132	2.776	2.999	3.747	4.604	7.173	
7		5	0.727	0.920	1.156	1.476	2.015	2.571	2.757	3.365	4.032	5.893	
8		6	0.718	0.906	1.134	1.440	1.943	2.447	2.612	3.143	3.707	5.208	
9		7	0.711	0.896	1.119	1.415	1.895	2.365	2.517	2.998	3.499	4.785	
10		8	0.706	0.889	1.108	1.397	1.860	2.306	2.449	2.896	3.355	4.501	
11		9	0.703	0.883	1.100	1.383	1.833	2.262	2.398	2.821	3.250	4.297	
12		10	0.700	0.879	1.093	1.372	1.812	2.228	2.359	2.764	3.169	4.144	
13		11	0.697	0.876	1.088	1.363	1.796	2.201	2.328	2.718	3.106	4.025	
14		12	0.695	0.873	1.083	1.356	1.782	2.179	2.303	2.681	3.055	3.930	
15		13	0.694	0.870	1.079	1.350	1.771	2.160	2.282	2.650	3.012	3.852	
16		14	0.692	0.868	1.076	1.345	1.761	2.145	2.264	2.624	2.977	3.787	
17		15	0.691	0.866	1.074	1.341	1.753	2.131	2.249	2.602	2.947	3.733	
18		16	0.690	0.865	1.071	1.337	1.746	2.120	2.235	2.583	2.921	3.686	
19		17	0.689	0.863	1.069	1.333	1.740	2.110	2.224	2.567	2.898	3.646	

| 과제 6.4.2 | 이항분포를 하는 확률변수에 대하여 중심극한정리를 적용하려고 한다. 다음 질문에 답하라.

① 이항분포 $B(n=10, p=0.3)$을 따르는 난수 b_1, b_2, b_3, b_4, b_5에 각각 80개의 난수를 생성하라.

② b_1, b_2, b_3, b_4, b_5의 평균인 변수 avg를 생성하라.

③ 변수 b_1과 변수 avg의 기술통계량을 구하고 히스토그램을 각각 그려라.

④ 변수 avg의 히스토그램이 정규분포곡선과 비슷한 모양을 보이는가?

6.4.5 F-분포

예 6.4.8 표준정규분포를 이용하여 분자의 자유도 3, 분모의 자유도 5인 F-분포를 따르는 난수를 발생시키고, 난수의 경험적 분포를 그려라.

풀이 **단계 1** $N(0,1)$를 따르는 난수를 8개씩 1000개를 발생시킨다.

단계 2 SUMSQ( ) 함수를 이용해서 처음 3개의 난수 제곱합을 구한 뒤 자유도 3으로 나눈다.

단계 3 SUMSQ( ) 함수를 이용해서 뒤의 5개 난수 제곱합을 구한 뒤 자유도 5도 나눈다.

단계 4 단계 2에서 구한 값과 단계 3에서 구한 값의 비율을 구한다.

단계 5 FREQUENCY 함수를 이용하여 각 계급의 도수를 구한 뒤 히스토그램을 그린다. ■

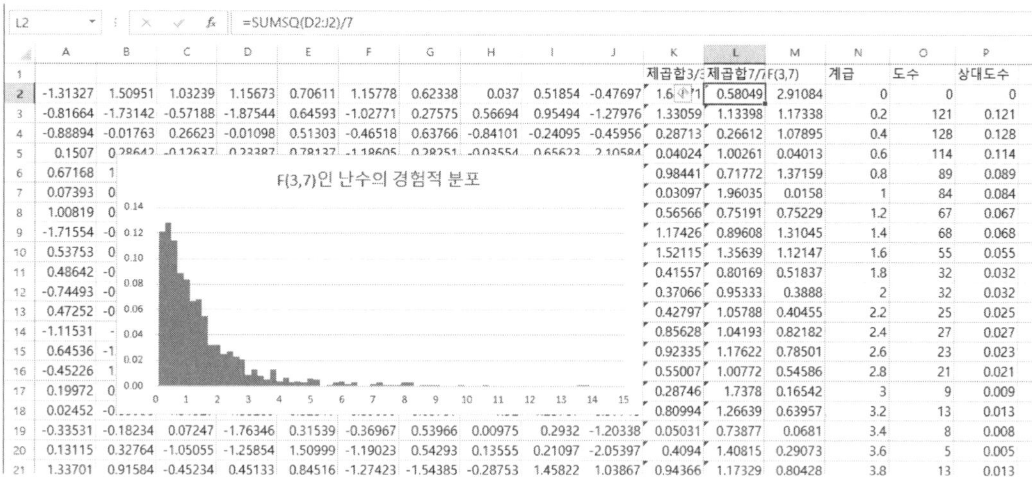

예 6.4.9 α=0.05인 F-분포표를 작성하라.

풀이

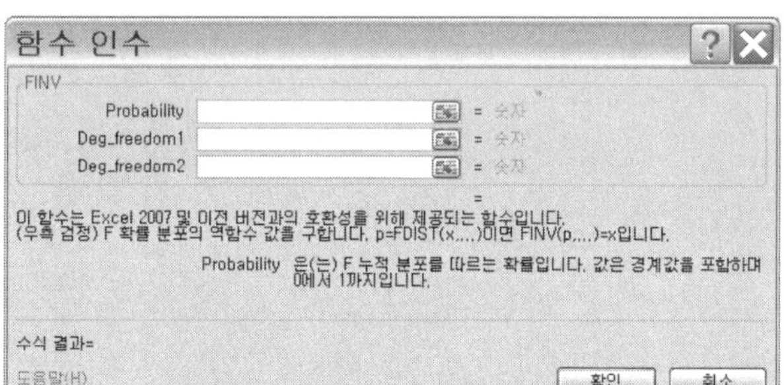

FINV(Probability, Deg_freedom1, Deg_freedom2)
분자의 자유도가 Deg_freedom1, 분모의 자유도가 Deg_freedom2인 F-분포에서 특정 값보다 클 확률이 Probability가 되는 특정값 x를 구하는 함수

B3 =FINV(0.05,B$2,$A3)

	A	B	C	D	E	F	G	H	I	J	K	L	M	N	O
2	분자 분모	1	2	3	4	5	6	7	8	9	10	12	15	20	25
3	1	161.45	199.50	215.71	224.58	230.16	233.99	236.77	238.88	240.54	241.88	243.91	245.95	248.01	249.26
4	2	18.51	19.00	19.16	19.25	19.30	19.33	19.35	19.37	19.38	19.40	19.41	19.43	19.45	19.46
5	3	10.13	9.55	9.28	9.12	9.01	8.94	8.89	8.85	8.81	8.79	8.74	8.70	8.66	8.63
6	4	7.71	6.94	6.59	6.39	6.26	6.16	6.09	6.04	6.00	5.96	5.91	5.86	5.80	5.77
7	5	6.61	5.79	5.41	5.19	5.05	4.95	4.88	4.82	4.77	4.74	4.68	4.62	4.56	4.52
8	6	5.99	5.14	4.76	4.53	4.39	4.28	4.21	4.15	4.10	4.06	4.00	3.94	3.87	3.83
9	7	5.59	4.74	4.35	4.12	3.97	3.87	3.79	3.73	3.68	3.64	3.57	3.51	3.44	3.40
10	8	5.32	4.46	4.07	3.84	3.69	3.58	3.50	3.44	3.39	3.35	3.28	3.22	3.15	3.11
11	9	5.12	4.26	3.86	3.63	3.48	3.37	3.29	3.23	3.18	3.14	3.07	3.01	2.94	2.89
12	10	4.96	4.10	3.71	3.48	3.33	3.22	3.14	3.07	3.02	2.98	2.91	2.85	2.77	2.73
13	11	4.84	3.98	3.59	3.36	3.20	3.09	3.01	2.95	2.90	2.85	2.79	2.72	2.65	2.60
14	12	4.75	3.89	3.49	3.26	3.11	3.00	2.91	2.85	2.80	2.75	2.69	2.62	2.54	2.50
15	13	4.67	3.81	3.41	3.18	3.03	2.92	2.83	2.77	2.71	2.67	2.60	2.53	2.46	2.41
16	14	4.60	3.74	3.34	3.11	2.96	2.85	2.76	2.70	2.65	2.60	2.53	2.46	2.39	2.34
17	15	4.54	3.68	3.29	3.06	2.90	2.79	2.71	2.64	2.59	2.54	2.48	2.40	2.33	2.28
18	16	4.49	3.63	3.24	3.01	2.85	2.74	2.66	2.59	2.54	2.49	2.42	2.35	2.28	2.23
19	17	4.45	3.59	3.20	2.96	2.81	2.70	2.61	2.55	2.49	2.45	2.38	2.31	2.23	2.18
20	18	4.41	3.55	3.16	2.93	2.77	2.66	2.58	2.51	2.46	2.41	2.34	2.27	2.19	2.14
21	19	4.38	3.52	3.13	2.90	2.74	2.63	2.54	2.48	2.42	2.38	2.31	2.23	2.16	2.11
22	20	4.35	3.49	3.10	2.87	2.71	2.60	2.51	2.45	2.39	2.35	2.28	2.20	2.12	2.07

Sheet1 Sheet2 Sheet3

연습문제 6장

1 $T \sim t(n-1)$일 때, $T^2 \sim F(1, n-1)$임을 보여라.

2 다음을 보여라.

$$F_{\alpha}(m,n) = \frac{1}{F_{1-\alpha}(n,m)}.$$

(단, $F_{\alpha}(m,n)$는 자유도가 m, n인 F-분포의 $100(1-\alpha)$ 백분위수이다.)

3 부록의 χ^2분포표를 이용하여 다음을 구하라.

(1) 자유도 10인 상위 5% 백분위수

(2) 자유도 12에서 26.217의 왼쪽 곡선 아래의 면적

(3) 자유도 5인 하위 2.5% 백분위수

(4) 자유도 7에서 14.067의 오른쪽 곡선 아래의 면적

4 부록의 t-분포표를 이용하여 다음을 구하라.

(1) 자유도 5인 상위 2.5% 백분위수

(2) 자유도 10에서 1.372의 왼쪽 곡선 아래의 면적

(3) 자유도 7인 하위 5% 백분위수

(4) 자유도 29에서 2.045의 오른쪽 곡선 아래의 면적

5 부록의 F-분포표를 이용하여 다음을 구하라.

(1) 자유도 (3, 4)인 상위 1% 백분위수

(2) 자유도 (5, 8)에서 3.69의 오른쪽 곡선 아래의 면적

(3) 자유도 (4, 3)인 하위 1% 백분위수

(4) 자유도 (5, 9)에서 3.48와 6.06 사이의 곡선 아래 면적

6 어느 비행기회사에서 발표한 자료에 의하면, 승객 1인당 평균 짐의 무게는 10 ㎏이고, 표준

편차는 2 kg이라고 한다. 어떤 날 랜덤으로 추출한 100명 승객들의 평균 짐의 무게가 11 kg 이상일 확률은 얼마인가?

7 성공률이 0.4 시행 횟수가 $n = 10$인 이항분포에서, 엑셀을 이용하여 다음 물음에 답하라.

(1) 크기가 5인 확률표본 하나를 뽑아라.

(2) 크기가 5인 확률표본을 100개 뽑아라.

(3) 크기가 5인 확률표본의 표본평균의 히스토그램을 그리고, 표본평균의 평균을 구하라.

8 대학을 마친 사람들의 IQ점수는 평균 120, 표준편차 10인 정규분포를 한다고 한다. 이때 다음 질문에 답하라.

(1) 대학을 마친 사람을 랜덤으로 한 사람 선택하였을 때, IQ 점수가 110과 130 사이에 있을 확률을 구하라.

(2) 대학을 마친 사람 16명을 랜덤으로 뽑았을 때, IQ점수의 평균이 125 이상일 확률을 구하라.

9 $\{X_1, \cdots, X_9\}$는 평균 $\mu = 4$, 모분산 σ^2이 미지인 정규분포 $N(4, \sigma^2)$에서의 확률표본이다. (표본분산 $S^2 = 1.2^2$). 다음 질문에 답하라.

(1) $\dfrac{5(\overline{X} - \mu)}{2}$의 분포를 구하라.

(2) $P\{\overline{X} \le 5\}$를 구하라.

10 $\{X_1, \cdots, X_9\}$는 정규분포 $N(5, 16)$에서의 확률표본일 때, 다음 질문에 답하라(단, S^2은 표본분산이다).

(1) $\dfrac{8S^2}{16}$의 분포는?

(2) $P\left\{\sum_{i=1}^{9}(X_i - \overline{X})^2 \le 144\right\}$를 구하라.

(3) $N(5, 16)$에서 크기 9인 확률표본 $\{x_1, \cdots, x_9\}$를 뽑아라.

(4) $\sum_{i=1}^{9}\left(x_i - \overline{x}\right)^2$를 구하여 144와 비교하라.

11 2008년 한국의 성인남자 평균 신장은 173.4 cm이며, 표준편차는 4.3 cm인 대략적인 정규분포를 따른다고 한다. 이때 15명의 성인남자를 랜덤하게 뽑아 그들의 신장을 잴 때, 평균 신장이 175 cm 이상일 확률을 구하라.

12 2008년 한국의 성인 여자 평균 체중은 54.7 kg이며, 표준편차는 3.7 kg이라고 한다. 이때 36명의 성인 여성을 랜덤하게 뽑아 그들의 체중을 측정할 때, 평균 체중이 55 kg 이하일 확률을 구하라.

13 중간고사 점수는 N(75, 25)이고, 기말고사 점수는 N(60, 36)이다. 학점은 중간고사와 기말고사 점수의 합계로 구한다. 단, 중간고사 점수와 기말고사 점수는 서로 관련이 없다고 가정하자.

(1) 중간고사 점수와 기말고사 점수의 합이 150점 이상일 확률은 얼마인가?

(2) 학급의 상위 20%만 A학점을 받는다면, A학점을 받기 위한 제일 낮은 점수는 얼마인가?

14 2013년 학교건강조사에 의하면 중고등학생의 70%가 근시라고 한다. 전교 학생수가 320명인 한 고등학교가 있다. 그 학교 학생 중 200명 이상이 근시일 확률은 얼마인가?

07

추정

7.1 추정의 기본개념

7.1.1 점추정의 개념

어떤 분포를 하는 확률변수의 분포함수 형태는 알지만, 분포함수의 모수에 대하여는 미지인 경우가 자주 있다. 예를 들어 혈압을 나타내는 변수 X가 다음과 같은 밀도함수를 가지는 지수분포(exponential distribution)임은 알고 있지만 척도모수 λ의 값을 모르는 경우이다.

$$f(x;\lambda)=\lambda e^{-\lambda x}, \quad x>0,\ \lambda>0.$$

이때 척도모수 λ가 취할 수 있는 값 전체의 집합 $\Omega_\lambda=\{\lambda \mid \lambda>0\}$을 모수공간(parameter space)이라고 한다.

미지의 모수 θ에 관한 정보를 얻기 위해, 확률표본 $\{X_1, X_2, \cdots, X_n\}$을 선택하였다. 이 확률표본의 관찰값들 $\{x_1, x_2, \cdots, x_n\}$을 이용하여 미지의 모수 θ의 값을 추정하려고 한다. 모수 θ를 추정하기 위해 사용한 확률표본의 한 함수 $U(X_1, X_2, \cdots, X_n)$를 θ의 한 추정량(estimator)이라고 하고, 이 추정량에 확률표본의 관찰값들을 사용하여 계산된 $U(x_1, x_2, \cdots, x_n)$을 θ의 한 추정치(estimate)라고 한다. 이와 같은 추정량(치)이 미지의 모수 θ에 관하여 어느 한 값만을 추정하므로 점추정(point estimation)이라고 한다. 예를 들어 표본평균은 모평균의 점추정량이고 표본비율은 모비율의 점추정량이다.

예 7.1.1 A대학교 학생들의 한 달 평균 용돈을 파악하고자, 이 중 5명 학생들의 용돈을 조사하였다. 평균 용돈은 얼마로 추정할 수 있을까?

$$X_1=70 \quad X_2=50 \quad X_3=80 \quad X_4=60 \quad X_5=80$$

풀이 모평균 μ를 추정하기 위하여 다음 세 종류의 점추정량을 생각하여 보자.

$$\hat{\mu}_1=\overline{X}=\frac{X_1+X_2+X_3+X_4+X_5}{5}=68,$$

$$\hat{\mu}_2=\widetilde{X}=70,$$

$$\hat{\mu}_3=\frac{\min(X_i)+\max(X_i)}{2}=\frac{50+80}{2}=65.$$

$\hat{\mu}_1$은 표본평균을, $\hat{\mu}_2$은 표본중위수를, 그리고 $\hat{\mu}_3$은 표본범위의 중심을 각각 나타내고 있다. 세 가지 방법은 서로 다른 추정량이지만 모두 '합리적인(reasonable)' 추정량이라 할 수 있다. ■

이제 위 예에서 제시된 세 종류의 '합리적인' 점추정량들 가운데 어떤 것이 더욱 바람직한 것인지 따져보자. 이를 위해 우리는 추정량의 표집분포에 관하여 살펴볼 필요가 있다. 추정량의 표집분포는 표본에서 구한 추정치들이 모수의 참값에 얼마나 가까이 분포하는지에 대한 정보를 제공한다. 우리는 점추정량의 바람직한 성질로서 불편성(unbiasedness), 효율성(efficiency), 일치성(consistency) 등을 들 수 있다.

(1) 불편성

먼저, 불편성은 점추정량의 중심위치에 관한 성질이다. 어떤 추정량 $\hat{\theta}$의 표집분포가 참값 θ를 중심으로 대칭이라면 이는 바람직한 성질이라고 할 수 있다.

정의 7.1.1

모수 θ의 추정량 $\hat{\theta}$가 다음 조건을 만족하면, $\hat{\theta}(X_1,\cdots,X_n)$을 θ의 불편추정량(unbiased estimator)이라고 한다.

$$E[\hat{\theta}]=\theta.$$

불편추정량이 아닌 추정량을 편향추정량(biased estimator)이라고 하며, 특별히 $E[\hat{\theta}]-\theta$을 $\hat{\theta}$의 편향(bias)이라고 한다. 아래 도표는 불편추정량과 편향추정량의 밀도곡선을 보여 준다. ([도표 1.3.1]의 과녁그림을 참조하라.)

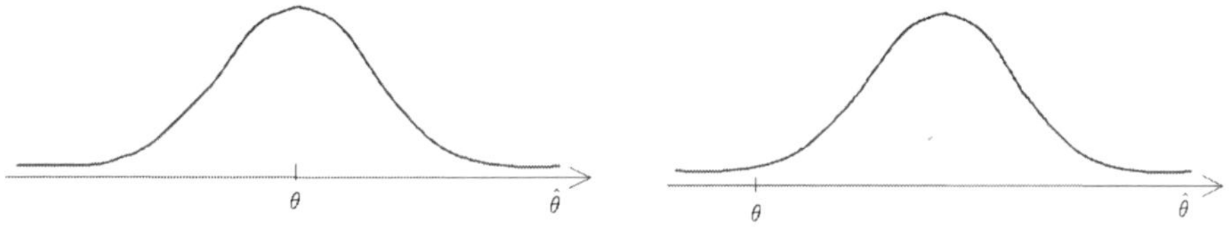

도표 7.1.1 불편추정량과 편향추정량의 분포

예 7.1.2 모평균 μ, 모분산 σ^2인 모집단에서 확률표본 $\{X_1, X_2, X_3\}$를 추출하였다. 다음은 모평균 μ의 추정량들이다. 이 가운데 모평균 μ의 불편추정량은 어떤 것인가?

$$\hat{\mu}_1=\frac{1}{3}(X_1+X_2+X_3),\ \hat{\mu}_2=\frac{1}{4}(X_1+2X_2+X_3),\ \hat{\mu}_3=\frac{1}{4}(2X_1+X_2+X_3).$$

풀이

$$E[\hat{\mu}_1]=\mu,\ E[\hat{\mu}_2]=\mu,\ E[\hat{\mu}_3]=\frac{4}{3}\mu.$$

따라서 $\hat{\mu}_1$, $\hat{\mu}_2$은 μ의 불편추정량이고, $\hat{\mu}_3$은 편향추정량이다. ■

| 관찰 7.1.1 | ① 표본평균 $\overline{X}$는 모평균 μ에 대한 불편추정량이다.

② 표본중위수 $\widetilde{X}$는 모평균 μ에 대한 불편추정량이다.

③ 표본비율 $\hat{p}$은 모비율 p에 대한 불편추정량이다.

④ 표본분산 S^2은 모분산 σ^2에 대한 불편추정량이다.

(2) 효율성

둘째로, 효율성은 불편추정량의 산포에 관한 성질이다. 불편성은 추정량의 좋은 특징임에 틀림없지만, 그 추정량이 모수의 참값을 기준으로 얼마나 가까이 분포하는지에 대하여 아무런 정보도 주지 못한다. [도표 7.1.2]에서 모수 θ에 대한 두 불편추정량 $\hat{\theta}_1$, $\hat{\theta}_2$의 밀도곡선을 보여준다.

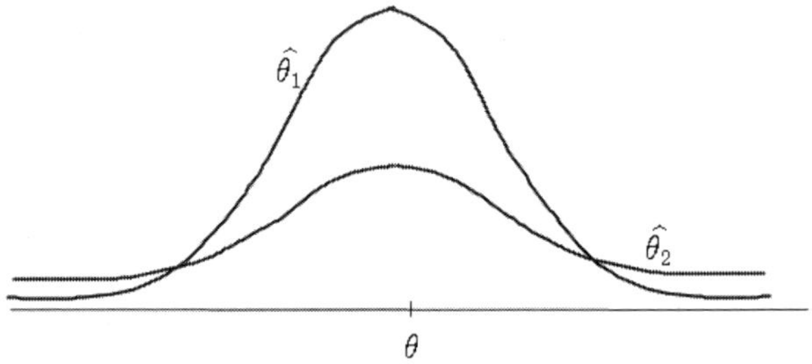

도표 7.1.2 두 불편추정량 $\hat{\theta}_1$와 $\hat{\theta}_2$의 밀도곡선

이 그림에서 추정량 $\hat{\theta}_1$의 분포가 $\hat{\theta}_2$에 비해 θ 주변에 밀집해 있으므로, 추정량 $\hat{\theta}_1$가 $\hat{\theta}_2$에 비해 더 정밀하다고 할 수 있다. 이와 같이 산포의 정도를 재는 측도로 추정량의 표준편차를 사용하는데, 이를 추정량의 표준오차(SE, standard error)라고 한다. 여기서 표준편차는 분산의 양의 제곱근이다.

정의 7.1.2

두 불편추정량 $\hat{\theta}_1$와 $\hat{\theta}_2$에 대해 다음이 성립하면, 추정량 $\hat{\theta}_1$이 $\hat{\theta}_2$보다 효율적(efficient)이다.

$$SE[\hat{\theta}_1] < SE[\hat{\theta}_2].$$

예 7.1.3 앞의 [예 7.1.2]에서 제시된 두 불편추정량 $\hat{\mu}_1$과 $\hat{\mu}_2$ 중에서 더 효율적인 것은?

풀이 우리는 두 추정량의 표준오차를 각각 다음과 같이 구할 수 있다.

$$V[\hat{\mu}_1] = \frac{1}{9}(V[X_1] + V[X_2] + V[X_3]) = \frac{\sigma^2}{3},$$
$$V[\hat{\mu}_2] = \frac{1}{16}(V[X_1] + 4V[X_2] + V[X_3]) = \frac{3}{8}\sigma^2.$$

이로부터

$$SE[\hat{\mu}_1] = \sqrt{V[\hat{\mu}_1]} = \frac{\sigma}{\sqrt{3}} < SE[\hat{\mu}_2] = \sqrt{V[\hat{\mu}_2]} = \sigma\sqrt{\frac{3}{8}}.$$

따라서 불편추정량 $\hat{\mu}_1$이 $\hat{\mu}_2$ 보다 더 효율적인 추정량이다. ■

| 관찰 7.1.2 | 정규분포에서 표본평균 $\overline{X}$은 표본중위수 $\widetilde{X}$ 보다 효율적인 추정량이다.

| 과제 7.1.1 | 불편추정량과 편향추정량 간의, 또는 편향추정량들 간의 우수성 비교는 어떤 기준으로 할 수 있겠는가?

(3) 일치성

끝으로, 일치성은 점추정량의 대표본 성질이다.

정의 7.1.3

확률표본의 크기 n이 커짐에 따라 추정량 $\hat{\theta}_n$가 θ에 수렴한다면, $\hat{\theta}_n$는 θ에 대한 일치추정량(consistent estimator)이라고 한다.

| 관찰 7.1.3 | ① 표본평균 $\overline{X}$는 μ의 일치추정량이다.

② 표본비율 $\hat{p}$는 p의 일치추정량이다.

③ 표본분산 S^2는 σ^2의 일치추정량이다.

④ 일치추정량은 추정량의 기대치가 모수에 수렴하고, 추정량의 분산이 0에 수렴한다.

위 관찰의 ①과 ②에서와 같이 표본크기가 커짐에 따라 표본평균이 모평균에 한없이 접근하는 현상을 특히 대수율(law of large numbers, 큰 수의 법칙)이라고 한다. 중심극한정리와 대수율은 통계학에서 가장 중요한 정리에 속한다. [도표 7.1.3]은 표본크기가 커짐에 따라 표본평균이 모평균에 수렴하는 것을 보여 준다.

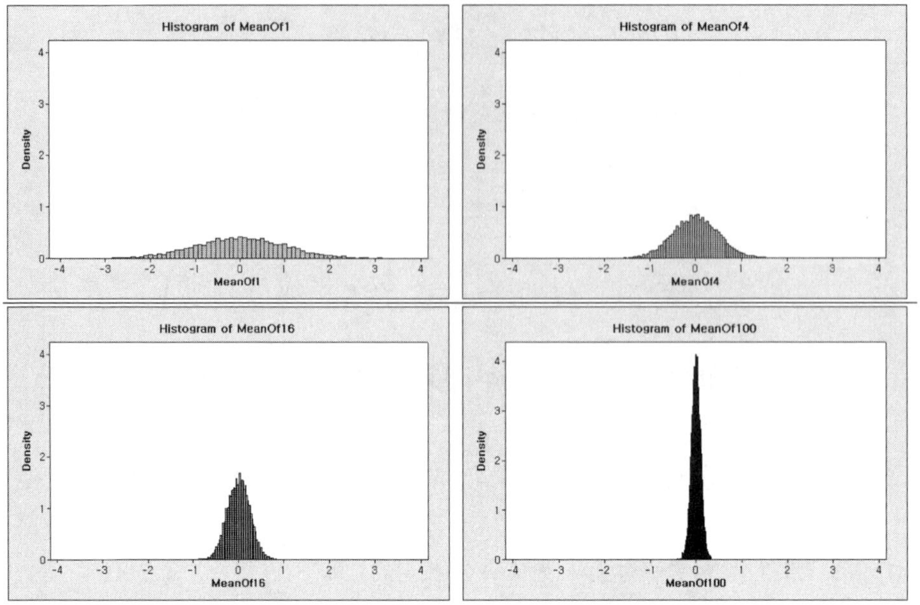

도표 7.1.3 대수율의 사례: $N(0, 1)$로부터의 랜덤표본평균 데이터

7.1.2 구간추정의 개념

점추정법을 보완하여, 점추정량과 오차의 개념을 함께 고려한 추정법이 구간추정(interval estimation)이다. 즉 구간추정은 모수 θ의 값이 어떤 구간 내에 위치할 것이라고 추정하는 것이다.

정의 7.1.4

> 일반적으로 어떤 모수 θ에 대하여 두 통계량 L, U가 있어 다음 조건을 만족한다고 하자.
>
> $$P\{L(X_1,\cdots,X_n) \le \theta \le U(X_1,\cdots,X_n)\} = 1-\alpha.$$

그러면 아래 구간은 θ의 $100(1-\alpha)\%$ 랜덤구간(random interval)이라고 한다.

$$[L(X_1,\cdots,X_n),\, U(X_1,\cdots,X_n)].$$

그리고 실제 표본에서 이에 대응되는 아래 구간은 θ의 $100(1-\alpha)\%$ 신뢰구간(confidence interval)이라고 한다.

$$[L(x_1,\cdots,x_n),\, U(x_1,\cdots,x_n)].$$

이때 $L(x_1,\cdots,x_n)$을 신뢰하한(lower limit), $U(x_1,\cdots,x_n)$을 신뢰상한(upper limit),

그리고 $(1-\alpha)$를 이 신뢰구간의 신뢰수준(level of confidence)이라고 한다.

7.2 몇몇 모수들에 대한 점추정

모집단의 모수인 모평균 μ, 모비율 p, 모분산 σ^2, 모표준편차 σ에 대한 점추정에 대하여 생각해 보자.

7.2.1 모평균의 점추정

모평균을 추정하기 위하여 모집단에서 추출한 표본의 표본평균을 사용함이 일반적이다. 무한 모집단인 경우에 모평균 μ, 모분산 σ^2일 때 표본평균 $\overline{X}=\frac{1}{n}\sum_{i=1}^{n}X_i$의 기대치와 분산은 다음과 같다.

$$E[\overline{X}]=\mu,$$
$$V[\overline{X}]=\frac{\sigma^2}{n}.$$

즉 $\overline{X}$는 모평균 μ의 불편추정량이고, $\overline{X}$의 분산은 모분산의 $1/n$로 적어진다. 또한 $\overline{X}$의 표준오차는 다음과 같이 주어진다.

$$SE[\overline{X}]=\frac{\sigma}{\sqrt{n}},$$

여기서 σ는 모표준편차이다.

모표준편차 σ에 관한 정보가 없거나 그 값을 모른다면 표본표준편차 s를 이용하여 모표준편차 σ를 추정한다.

$$s=\sqrt{\frac{\sum_{i=1}^{n}(X_i-\overline{X})^2}{n-1}}.$$

이때 $\overline{X}$의 표준오차의 추정치는 다음과 같이 주어진다.

$$\widehat{SE}[\overline{X}]=\frac{s}{\sqrt{n}}.$$

우리는 지금까지 설명한 것을 다음과 같이 요약할 수 있다.

> **요약** 평균 μ, 분산 σ^2인 모집단에서 확률표본 $\{X_1, \cdots, X_n\}$을 추출하였을 때 모평균 μ의 추정값 $\overline{X}$의 성질:
> - 추정량 $\hat{\mu} = \overline{X}$
> - 추정량의 기대치 $E[\overline{X}] = \mu$
> - 표준오차 $SE[\overline{X}] = \sigma / \sqrt{n}$
> - 표준오차의 추정량 $\widehat{SE}[\overline{X}] = s / \sqrt{n}$

$\overline{X}$의 분포는 μ를 중심으로 대칭이며, 표준편차는 $\dfrac{\sigma}{\sqrt{n}}$이므로 X의 분포에 비해 μ를 중심으로 더욱 밀집된 분포를 나타낸다.

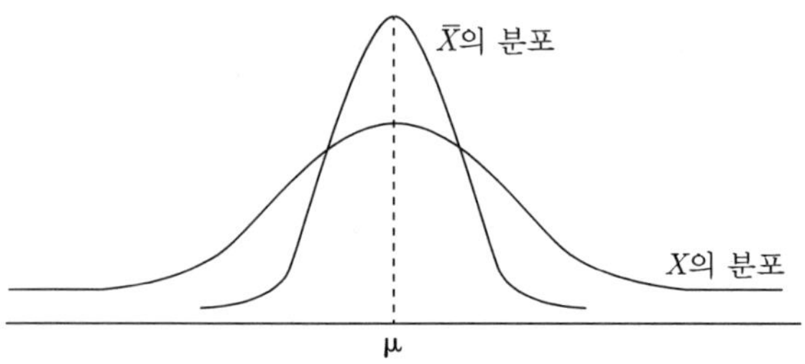

도표 7.2.1 X와 $\overline{X}$의 밀도곡선

예 7.2.1 어느 회사 제품의 테니스 라켓 무게는 275 g이라고 표시되어 있다. 이 회사 제품 10개의 라켓을 랜덤하게 골라 다음과 같은 자료를 얻었다. 라켓의 평균 무게와 표준오차를 각각 추정하라.

274	275	280	277	272	270	278	271	279	276

풀이 이 자료로부터 표본평균 $\overline{X}$와 표본표준편차를 계산하자.

$$\overline{X} = \frac{1}{n}\sum_{i=1}^{n} X_i = \frac{2752}{10} = 275.2,$$

$$S = \sqrt{\frac{1}{n-1}\sum(X_i - \overline{X})^2} = \sqrt{\frac{1}{9}\left(\sum X_i^{\,2} - 10\overline{X}^2\right)} = 3.425.$$

따라서 모평균과 표준오차의 추정치는 다음과 같다.

$$\hat{\mu} = \overline{X} = 275.2,$$

$$\widehat{SE}[\overline{X}] = \frac{S}{\sqrt{n}} = \frac{3.425}{\sqrt{10}} = 1.083.$$

■

7.2.2 모비율의 점추정

지지율, 성공률, 명중률과 같은 모집단의 특정한 속성인 모비율 p에 대한 추정을 하려고 한다. 무한모집단에서 크기 n인 랜덤 표본을 추출하여 특정 속성이 있는 개체들의 수를 X라고 하면, X는 이항분포 $B(n, p)$를 따르므로 기대치와 분산은 다음과 같이 주어진다.

$$E[X] = np,$$
$$V[X] = np(1-p).$$

이때 모비율 p의 추정량으로 다음과 같은 표본비율 $\hat{p}$을 주로 사용한다.

$$\hat{p} = \frac{X}{n}.$$

그런데 $\hat{p}$의 기대치와 분산은 다음과 같이 주어진다.

$$E[\hat{p}] = E\left[\frac{X}{n}\right] = \frac{E[X]}{n} = p,$$
$$V[\hat{p}] = V\left[\frac{X}{n}\right] = \frac{V[X]}{n^2} = \frac{p(1-p)}{n}.$$

모비율 p의 값을 모르는 경우 표본비율의 표준오차의 추정치는 다음과 같다.

$$\widehat{SE}[\hat{p}] = \sqrt{\frac{\hat{p}(1-\hat{p})}{n}}.$$

참고 X_i를 다음과 같이 정의하자.

$$X_i = \begin{cases} 1, & \text{특정한 속성을 가진 경우(성공)}, \\ 0, & \text{그밖(실패)}. \end{cases}$$

그러면 X_i는 베르누이 분포를 따른다. 즉, $X_i \sim BER(p)$. 그리고 표본비율 $\hat{p}$는 표본평균 $\overline{X} = \sum_{i=1}^{n} X_i / n$이 된다.

요약 모비율 p인 모집단에서 확률표본 $X_1, \cdots, X_n$을 추출하였을 때 모비율 p의 추정값인 $\hat{p}$의 성질:

- 추정량 $\hat{p} = \dfrac{\sum_{i=1}^{n} X_i}{n} = \dfrac{X}{n}$

- 추정량의 기대치 $E[\hat{p}] = p$
- 표준오차 $SE[\hat{p}] = \sqrt{\dfrac{p(1-p)}{n}}$
- 표준오차의 추정량 $\widehat{SE}[\hat{p}] = \sqrt{\dfrac{\hat{p}(1-\hat{p})}{n}}$

예 7.2.2 보건관계자가 어느 도시 20세 이상 남성의 흡연율을 조사하기 위해, 크기 $n=100$인 표본을 추출하였다. 흡연자수를 조사한 결과 $x=30$명으로 나타났다. 흡연율의 추정치와 그 표준오차를 구하라.

풀이 흡연률 p의 추정치와 그 표준오차의 추정치는 다음과 같이 계산된다.

$$\hat{p} = \frac{X}{n} = \frac{30}{100},$$

$$\widehat{SE}[\hat{p}] = \sqrt{\frac{\hat{p}(1-\hat{p})}{n}} = \sqrt{\frac{0.3(1-0.3)}{100}} = 0.0458.$$ ■

7.2.3 모분산의 점추정

모집단의 흩어진 정도를 나타내는 모분산 σ^2의 추정치로 다음과 같은 표본분산 S^2을 주로 사용한다.

$$S^2 = \frac{1}{n-1}\sum_{i=1}^{n}(X_i - \overline{X})^2.$$

다음과 같이 S^2의 기대치 $E[S^2]$은 σ^2이므로, S^2은 σ^2의 불편추정량이 된다.

$$\begin{aligned} E[S^2] &= E\left[\frac{1}{n-1}\sum_{i=1}^{n}(X_i - \overline{X})^2\right] \\ &= \frac{1}{n-1}E\left[\sum_{i=1}^{n}\{X_i - \mu - (\overline{X} - \mu)\}^2\right] \\ &= \frac{1}{n-1}E\left[\sum_{i=1}^{n}(X_i - \mu)^2 - n(\overline{X} - \mu)^2\right] \\ &= \frac{1}{n-1}\left(n\sigma^2 - n \cdot \frac{\sigma^2}{n}\right) = \sigma^2 \end{aligned}$$

한편 모표준편차 σ의 추정량으로 표본표준편차 S를 사용하지만, S의 기대치 $E[S]$는 다음과 같이 주어지므로 S는 σ의 불편추정량은 아니다.

$$E[S] < \sigma.$$

표본크기 n이 커짐에 따라 편향은 무시할 정도임이 알려져 있다.

> **요약** 모분산 σ^2인 모집단에서 확률표본 $X_1, \cdots, X_n$을 추출하였을 때 모분산 σ^2의 추정량 S^2의 성질:
>
> - 표본분산 $\hat{\sigma}^2 = S^2 = \frac{1}{n-1}\sum_{i=1}^{n}(X_i - \overline{X})^2$; $E[S^2] = \sigma^2$
> - 표본표준편차 $\hat{\sigma} = S$; $E[S] < \sigma$

예 7.2.3 앞의 테니스라켓 예에서 모분산 σ^2과 모표준편차 σ의 추정치를 각각 구하라.

풀이 모분산의 추정치는 표본분산 S^2이고, 모표준편차의 추정치는 표본표준편차 S이다.

$$\hat{\sigma}^2 = S^2 = 11.73,$$
$$\hat{\sigma} = S = 3.425.$$

■

7.3 구간추정

모집단의 모수인 모평균 μ, 모비율 p, 모분산 σ^2 등에 대한 구간추정에 대하여 알아보자.

7.3.1 모평균의 구간추정

모평균을 추정하기 위하여 표본평균 $\overline{X}$을 사용함은 이미 밝힌 바 있다. 무한 모집단에서의 $\overline{X}$의 기대치와 분산은 다음과 같이 주어진다.

$$E[\overline{X}] = \mu,$$
$$V[\overline{X}] = \frac{\sigma^2}{n}.$$

따라서 모분산 σ^2의 값이 주어졌거나 그렇지 않은 경우로 나누어 본다. 또한 표본크기 n의 값이 크면 모집단의 분포가 주어지지 않더라도 중심극한정리에 의해 표본평균

$\overline{X}$가 정규분포를 따름을 이용할 수 있으므로 표본의 크기 n에 따라 나누어 구간 추정하여 보자.

- 모집단이 정규분포이고, 모분산 σ^2이 기지일 때
- 모집단이 정규분포이고, 모분산 σ^2이 미지일 때
- 표본크기 n이 큰 경우

(1) 모집단이 정규분포이고, 모분산 σ^2이 기지일 때

평균 μ, 분산 σ^2인 정규모집단에서 확률표본 $\{X_1, \cdots, X_n\}$을 추출하였을 때, 표본평균 $\overline{X}$는 정규분포를 따른다.

$$\overline{X} \sim N\left(\mu, \frac{\sigma^2}{n}\right).$$

그리고 표본평균을 표준화시킨 확률변수 Z는 표준정규분포를 따른다.

$$Z = \frac{\overline{X} - \mu}{\sigma / \sqrt{n}} \sim N(0, 1).$$

$Z_{\alpha/2}$를 표준정규분포의 $(1-\alpha/2)$ 분위수라고 하자. 그러면 $Z_{\alpha/2}$는 아래 도표에서와 같이 그 점을 초과하는 오른쪽 꼬리의 면적이 $\alpha/2$가 된다. 부록의 표준정규분포표에는 분위수들과 확률값들이 주어져 있다.

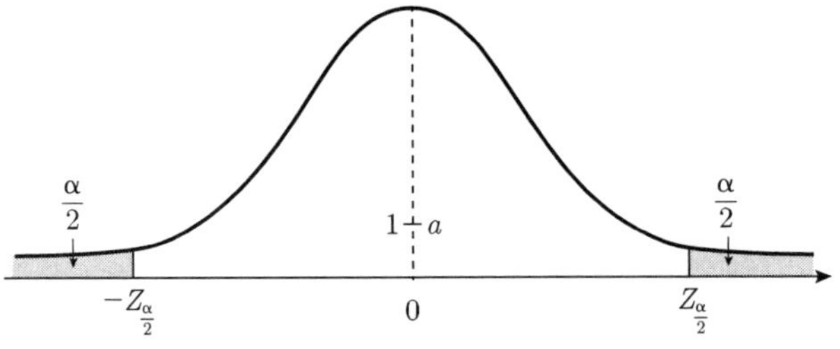

도표 7.3.1 α에 따른 $Z_{\alpha/2}$

이로부터 우리는 다음과 같은 확률적 표현을 얻을 수 있다.

$$P\left\{-Z_{\alpha/2} \le Z = \frac{\overline{X} - \mu}{\sigma / \sqrt{n}} \le Z_{\alpha/2}\right\} = 1 - \alpha.$$

이를 정리하면,

$$P\left\{ \overline{X} - Z_{\alpha/2}\frac{\sigma}{\sqrt{n}} \le \mu \le \overline{X} + Z_{\alpha/2}\frac{\sigma}{\sqrt{n}} \right\} = 1-\alpha.$$

이로부터 모평균 μ의 $100(1-\alpha)\%$ 신뢰구간은 다음과 같이 주어진다.

$$\left(\overline{X} - Z_{\alpha/2}\frac{\sigma}{\sqrt{n}},\ \overline{X} + Z_{\alpha/2}\frac{\sigma}{\sqrt{n}} \right).$$

우리는 이 신뢰구간을 다음과 같이 간략히 표현할 수 있다.

$$100(1-\alpha)\% \quad CI(\mu) \ = \ \overline{X} \pm Z_{\alpha/2}\frac{\sigma}{\sqrt{n}},$$

여기서 $Z_{\alpha/2}\frac{\sigma}{\sqrt{n}}$는 $100(1-\alpha)\%$ 오차한계(margin of error, 오차범위)로서 표준정규분포의 $1-\alpha/2$ 분위수인 $Z_{\alpha/2}$와 표준오차인 $\frac{\sigma}{\sqrt{n}}$의 곱으로 표현된다.

(2) 모집단이 정규분포이고, 모분산 σ^2이 미지일 때

소표본이고 모분산 σ^2을 모르는 경우 σ^2의 추정값으로 표본분산 S^2을 사용하면 표준정규분포가 아니라 t-분포가 됨을 앞에서 언급한 바가 있다.

$$T = \frac{\overline{X} - \mu}{s/\sqrt{n}} \sim t(n-1).$$

따라서 자유도 $n-1$과 유의수준 α에 따른 t-분포의 $(1-\alpha/2)$ 분위수 $t_{\alpha/2}(n-1)$를 부록에서 구하여 다음 식을 얻는다.

$$P\left\{ -t_{\alpha/2}(n-1) \le T = \frac{\overline{X} - \mu}{s/\sqrt{n}} \le t_{\alpha/2}(n-1) \right\} = 1-\alpha.$$

이를 정리하면

$$P\left\{ \overline{X} - t_{\alpha/2}(n-1)\frac{s}{\sqrt{n}} \le \mu \le \overline{X} + t_{\alpha/2}(n-1)\frac{s}{\sqrt{n}} \right\} = 1-\alpha.$$

이로부터 모평균 μ의 $100(1-\alpha)\%$ 신뢰구간은 다음과 같이 주어진다.

$$\left(\overline{X} - t_{\alpha/2}(n-1)\frac{s}{\sqrt{n}},\ \overline{X} + t_{\alpha/2}(n-1)\frac{s}{\sqrt{n}} \right).$$

우리는 이 신뢰구간을 다음과 같이 간략히 표현할 수 있다.

$$100(1-\alpha)\% \quad CI(\mu) = \overline{X} \pm t_{\alpha/2}(n-1)\frac{s}{\sqrt{n}},$$

여기서 $t_{\alpha/2}(n-1)\frac{s}{\sqrt{n}}$는 $100(1-\alpha)\%$ 오차한계로서 자유도가 $n-1$인 t-분포의 $1-\alpha/2$ 분위수인 $t_{\alpha/2}(n-1)$와 {추정된} 표준오차인 $\frac{s}{\sqrt{n}}$의 곱으로 표현된다.

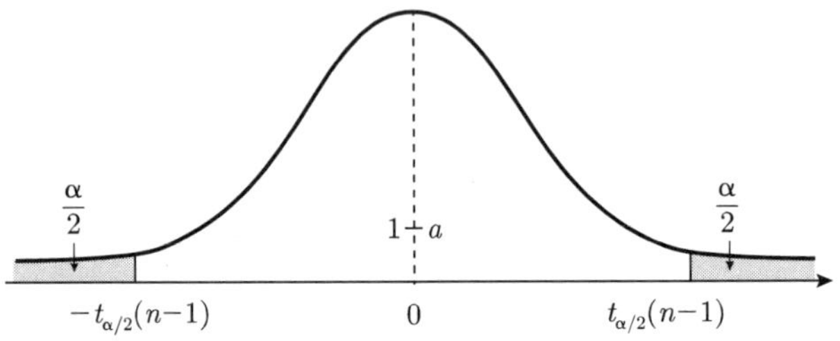

도표 7.3.2 α에 따른 $t_{\alpha/2}(n-1)$

(3) 표본크기 n이 큰 경우

표본크기 n이 충분히 큰 대표본인 경우에는 모집단의 분포를 모르더라도 중심극한정리에 의해 다음과 같이 정규분포로 근사된다.

$$\overline{X} \dot{\sim} N\left(\mu, \frac{\sigma^2}{n}\right).$$

만약 모분산 σ^2을 모르는 경우에 σ^2의 추정치로 표본분산 S^2을 사용한다면, 우리는 다음 근사 관계를 얻는다.

$$\frac{\overline{X}-\mu}{s/\sqrt{n}} \dot{\sim} N(0,1).$$

이로부터 우리는 다음과 같은 확률적 표현을 얻을 수 있다.

$$P\left\{-Z_{\alpha/2} \le \frac{\overline{X}-\mu}{s/\sqrt{n}} \le Z_{\alpha/2}\right\} = 1-\alpha.$$

이를 정리하면,

$$P\left\{\overline{X}-Z_{\alpha/2}\frac{s}{\sqrt{n}} \le \mu \le \overline{X}+Z_{\alpha/2}\frac{s}{\sqrt{n}}\right\} = 1-\alpha.$$

따라서 모평균 μ의 $100(1-\alpha)\%$ 신뢰구간은 다음과 같이 주어진다.

$$\left(\overline{X}-Z_{\alpha/2}\frac{s}{\sqrt{n}},\ \overline{X}+Z_{\alpha/2}\frac{s}{\sqrt{n}}\right).$$

우리는 이 신뢰구간을 다음과 같이 간략히 표현할 수 있다.

$$100(1-\alpha)\%\ \ CI(\mu)\ =\ \overline{X}\pm Z_{\alpha/2}\frac{s}{\sqrt{n}},$$

여기서 $Z_{\alpha/2}\frac{s}{\sqrt{n}}$는 $100(1-\alpha)\%$ 오차한계로서 표준정규분포의 $1-\alpha/2$ 분위수인 $Z_{\alpha/2}$와 {추정된} 표준오차인 $\frac{s}{\sqrt{n}}$의 곱으로 표현된다.

요약 평균 μ, 분산 σ^2인 모집단에서 확률표본 $\{X_1,\cdots,X_n\}$을 추출하였을 때, 모평균 μ의 $100(1-\alpha)\%$ 신뢰구간:

① 모집단이 정규분포이고, 모분산 σ^2이 기지

$$\left(\overline{X}-Z_{\alpha/2}\frac{\sigma}{\sqrt{n}},\ \overline{X}+Z_{\alpha/2}\frac{\sigma}{\sqrt{n}}\right)\ \text{또는}\ \overline{X}\pm Z_{\alpha/2}\frac{\sigma}{\sqrt{n}}$$

② 모집단이 정규분포이고, 모분산 σ^2이 미지

$$\left(\overline{X}-t_{\alpha/2}(n-1)\frac{s}{\sqrt{n}},\ \overline{X}+t_{\alpha/2}(n-1)\frac{s}{\sqrt{n}}\right)\ \text{또는}\ \overline{X}\pm t_{\alpha/2}(n-1)\frac{s}{\sqrt{n}}$$

③ 표본크기 n이 큰 경우

$$\left(\overline{X}-Z_{\alpha/2}\frac{s}{\sqrt{n}},\ \overline{X}+Z_{\alpha/2}\frac{s}{\sqrt{n}}\right)\ \text{또는}\ \overline{X}\pm Z_{\alpha/2}\frac{s}{\sqrt{n}}$$

예 7.3.1 ([예 7.2.1]에서 계속) 어느 회사 제품의 테니스 라켓 10개를 랜덤하게 골라 조사한 결과, 평균과 표준편차가 각각 다음과 같았다(테니스 라켓 무게는 정규분포를 한다고 가정하자).

$$\overline{X}=275.2,\ \ s=3.425.$$

(1) 모분산이 $\sigma^2=9$로 알려져 있다고 하자. 이 회사의 테니스 라켓 평균 무게에 대한 95% 신뢰구간을 구하라.

(2) 모분산이 σ^2이 미지라고 하자. 회사의 테니스 라켓 평균 무게에 대한 95% 신뢰구간을 구하라.

풀이 (1) 모집단이 정규분포이고 모분산 σ^2이 기지인 경우이므로, 유의수준 $\alpha=0.05$에 대한 μ의 95% 신뢰구간은 다음과 같다.

$$\bar{x} \pm Z_{\alpha/2}\frac{\sigma}{\sqrt{n}} = \bar{x} \pm Z_{0.025}\frac{\sigma}{\sqrt{10}} = 275.2 \pm 1.96\frac{3}{\sqrt{10}}$$
$$= 275.2 \pm 1.86 = (273.34\ ,\ 277.06)$$

(2) 모집단이 정규분포이고 모분산 σ^2이 미지인 경우이므로, 유의수준 $\alpha=0.05$에 대한 μ의 95% 신뢰구간은 다음과 같다.

$$\bar{x} \pm t_{\alpha/2}(n-1)\frac{s}{\sqrt{n}} = \bar{x} \pm t_{0.025}(9)\frac{s}{\sqrt{10}} = 275.2 \pm 2.262\frac{3.425}{\sqrt{10}}$$
$$= 275.2 \pm 2.450 = (272.750\ ,\ 277.650)$$

■

예 7.3.2 어느 대학교 신입생의 한 달 평균 용돈이 얼마인가를 조사하기 위해, $n=49$명의 학생을 랜덤하게 추출하여 계산한 결과 평균과 표준편차가 각각 다음과 같았다. 이 학교 신입생들의 한 달 평균 용돈의 99% 신뢰구간을 구하라.

$$\bar{x} = 450000(\text{원}),\quad s = 90000(\text{원}).$$

풀이 $n=49$명의 대표본이므로 신입생의 한 달 용돈은 근사적으로 정규분포임을 이용할 수 있다. 따라서 유의수준 $\alpha=0.01$에서 μ의 99% 신뢰구간은 다음과 같다.

$$\bar{x} \pm Z_{\alpha/2}\frac{s}{\sqrt{n}} = 450000 \pm (2.58)\frac{90000}{\sqrt{49}}$$
$$= 450000 \pm 33171 = (416829\ ,\ 483171)$$

■

(4) 표준오차 대신에 상대표준오차로 표현된 경우의 신뢰구간

때때로 표준오차(SE) 대신에 상대표준오차(relative standard error, RSE)를 다루는 것이 더 편리할 때가 있다. 다음 예들을 보자.

예 7.3.3 어떤 기관의 추정된 운영비는 ₩40억이고 추정된 RSE는 2%이다. 운영비에 대한 95% 신뢰구간을 구하라. (정규분포가정)

풀이 추정된 SE는 ₩40억 × 0.02 = ₩0.8억이다. 따라서 근사적인 95% CI는

₩40억 ± 1.96 × ₩0.8억, 즉 ₩40억 ± ₩1.586억
또는 (₩38.432억, ₩41.568억).

■

예 7.3.4 어떤 기관의 운영비는 총 예산액의 6%로 추정되었고, 추정된 RSE는 2%이다. 운영비에 대한 99% 신뢰구간을 총 예산액에 대한 퍼센트(percentage)로 표현하라. (정규분포가정)

풀이 추정된 SE는 $6\% \times 0.02 = 0.12\%$. 따라서 근사적인 99% CI는

$6\% \pm 2.575 \times 0.12\%$, 즉 $6\% \pm 0.309\%$
또는 $(5.791\%,\ 6.309\%)$. ■

7.3.2 모비율의 구간추정

모비율 p인 모집단에서 크기 n인 표본을 추출하였을 때 특정 속성이 있는 표본의 개수를 X라 하면, X는 이항분포를 따름을 앞에서(5.4.2절) 다루었다. 또 n이 충분히 클 때 X의 분포는 근사적으로 다음과 같은 정규분포를 따름도 앞에서(5.6.4절) 살펴보았다.

$$X \dot{\sim} N(np,\ np(1-p)).$$

이로부터 우리는 n이 충분히 클 때 표본비율 $\hat{p}=\dfrac{X}{n}$의 분포가 다음과 같이 정규분포로 근사됨을 알 수 있다(이것은 $BER(p)$로부터의 랜덤표본에 중심극한정리를 적용한 것에 다름 아니다!).

$$\hat{p} \dot{\sim} N\left(p,\ \frac{p(1-p)}{n}\right).$$

따라서 n이 충분히 클 때 이를 표준화시킨 확률변수 Z는 표준정규분포로 근사된다.

$$Z = \frac{\hat{p}-p}{\sqrt{\dfrac{p(1-p)}{n}}} \dot{\sim} N(0,1).$$

그런데 n이 충분히 큰 경우에 분모인 표준오차항에서 미지인 p 대신에 $\hat{p}$를 사용해도 우리는 여전히 표준정규분포 근사를 사용할 수 있다.

$$Z = \frac{\hat{p}-p}{\sqrt{\dfrac{\hat{p}(1-\hat{p})}{n}}} \dot{\sim} N(0,1).$$

이로부터 우리는 다음과 같은 확률적 표현을 얻을 수 있다.

$$P\left\{-Z_{\alpha/2} \le Z = \frac{\hat{p}-p}{\sqrt{\frac{\hat{p}(1-\hat{p})}{n}}} \le Z_{\alpha/2}\right\} = 1-\alpha.$$

이를 정리하면,

$$P\left\{\hat{p}-Z_{\alpha/2}\sqrt{\frac{\hat{p}(1-\hat{p})}{n}} \le p \le \hat{p}+Z_{\alpha/2}\sqrt{\frac{\hat{p}(1-\hat{p})}{n}}\right\} = 1-\alpha.$$

이로부터 모비율 p의 $100(1-\alpha)\%$ 신뢰구간은 다음과 같이 주어진다.

$$\left(\hat{p}-Z_{\alpha/2}\sqrt{\frac{\hat{p}(1-\hat{p})}{n}},\ \hat{p}+Z_{\alpha/2}\sqrt{\frac{\hat{p}(1-\hat{p})}{n}}\right).$$

우리는 이 신뢰구간을 다음과 같이 간략히 표현할 수 있다.

$$100(1-\alpha)\%\ CI(p)\ =\ \hat{p}\pm Z_{\alpha/2}\frac{\sqrt{\hat{p}(1-\hat{p})}}{\sqrt{n}},$$

여기서 $Z_{\alpha/2}\frac{\sqrt{\hat{p}(1-\hat{p})}}{\sqrt{n}}$는 $100(1-\alpha)\%$ 오차한계로서 표준정규분포의 $1-\alpha/2$ 분위수인 $Z_{\alpha/2}$와 표준오차인 $\frac{\sqrt{\hat{p}(1-\hat{p})}}{\sqrt{n}}$의 곱으로 표현된다.

> **요약** 표본크기 n이 충분히 클 경우, 모비율 p의 $100(1-\alpha)\%$ 신뢰구간:
>
> $$\left(\hat{p}-Z_{\alpha/2}\sqrt{\frac{\hat{p}(1-\hat{p})}{n}},\ \hat{p}+Z_{\alpha/2}\sqrt{\frac{\hat{p}(1-\hat{p})}{n}}\right) \text{ 또는 } \hat{p}\pm Z_{\alpha/2}\frac{\sqrt{\hat{p}(1-\hat{p})}}{\sqrt{n}}.$$

예 7.3.5 랜덤하게 선택된 대학생 130명 중 안경을 쓴 학생의 수는 52명이었다. 대학생의 안경 쓴 비율에 대한 추정치와 95% 신뢰구간을 구하라.

풀이 확률변수 X를 n=130명 중 안경을 쓴 학생의 수로 둔다면,

$$\hat{p} = \frac{X}{n} = \frac{52}{130} = 0.40,$$

$$\begin{aligned} 95\%\ CI(p)\ &= \hat{p}\pm Z_{\alpha/2}\sqrt{\frac{\hat{p}(1-\hat{p})}{n}} = 0.40\pm 1.96\sqrt{\frac{0.40(1-0.40)}{130}} \\ &= 0.40\pm 0.084 = (0.316\ ,\ 0.482) \end{aligned}$$

■

7.3.3 모분산의 구간추정

어떤 공정에서 생산물의 특성값이 정해진 한계값을 넘지 않아야 되는 경우가 종종 있다. 또는 야구선수의 평균타율이 동일하더라도 게임마다 편차나 변동이 큰 선수가 있게 마련이다. 이런 경우 모분산에 대한 추론이 중요할 수 있다. 모분산의 추론을 위하여 모집단의 정규성을 가정하여야 한다.

우리는 표본분산 S^2을 이용하여 모분산 σ^2에 추론을 하게 된다.

$$S^2 = \frac{\sum_{i=1}^{n}(X_i - \overline{X})^2}{n-1}.$$

표본분산에 적당한 값을 곱하여 변화시키면 다음과 같은 자유도 $n-1$인 카이제곱통계량을 얻을 수 있다.

$$\chi_0^2 = \frac{\sum_{i=1}^{n}(X_i - \overline{X})^2}{\sigma^2} = \frac{(n-1)S^2}{\sigma^2} \sim \chi^2(n-1).$$

이로부터 우리는 다음과 같은 확률적 표현을 얻을 수 있다.

$$P\{\chi^2_{1-\alpha/2}(n-1) \le \chi_0^2 \le \chi^2_{\alpha/2}(n-1)\} = 1-\alpha.$$

즉

$$P\left\{\chi^2_{1-\alpha/2}(n-1) \le \frac{(n-1)S^2}{\sigma^2} \le \chi^2_{\alpha/2}(n-1)\right\} = 1-\alpha.$$

이를 정돈하면,

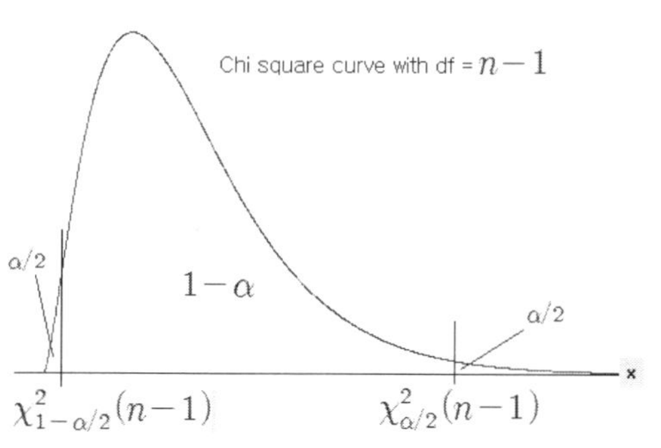

도표 7.3.3 α에 따른 $\chi_{\alpha/2}$와 $\chi_{1-\alpha/2}$

$$P\left\{\frac{(n-1)S^2}{\chi^2_{\alpha/2}(n-1)}\right) \le \sigma^2 \le \frac{(n-1)S^2}{\chi^2_{1-\alpha/2}(n-1)}\right\} = 1-\alpha.$$

이로부터 모분산 σ^2에 대한 100(1−α)% 신뢰구간은 다음과 같이 주어진다.

$$\left(\frac{(n-1)s^2}{\chi^2_{\alpha/2}(n-1)}, \frac{(n-1)s^2}{\chi^2_{1-\alpha/2}(n-1)}\right).$$

> **요약** 모집단이 정규분포를 할 때, 모분산 σ^2의 100(1−α)% 신뢰구간:
>
> $$\left(\frac{(n-1)s^2}{\chi^2_{\alpha/2}(n-1)}, \frac{(n-1)s^2}{\chi^2_{1-\alpha/2}(n-1)}\right).$$

예 7.3.6 다음은 어떤 품종의 애완견 15마리의 수명을 기록한 것이다. 애완견의 수명은 정규분포임을 가정하였을 때, 모분산 σ^2의 95% 신뢰구간을 구하라(단위=년).

도표 7.3.4 15마리 애완견의 수명

14.3	13.7	15.0	14.1	12.7	16.3	18.2	15.4
12.0	15.3	16.0	13.2	12.5	14.6	15.8	

풀이 표본크기 $n=15$, 표본분산 $s^2 = \frac{1}{n-1}\sum_{i=1}^{n}(X_i-\overline{X})^2 = 2.745$이므로, 모분산 σ^2의 95% 신뢰구간은 다음과 같이 주어진다.

$$\left(\frac{(n-1)S^2}{\chi^2_{0.025}(n-1)}, \frac{(n-1)S^2}{\chi^2_{0.975}(n-1)}\right)$$

$$\doteq \left(\frac{(15-1)2.745}{26.119}, \frac{(15-1)2.745}{5.62872}\right) = (1.471, 6.827).$$ ■

7.4 추정을 위한 표본크기의 결정

앞에서는 주어진 표본의 자료를 이용하여 모수를 추정하는 문제를 다루었다. 그렇지만 표본조사 또는 연구에서 '적정한 표본의 크기가 얼마인가?' 라는 의문이 종종 발생한다. 적정 표본크기는 표본조사 또는 연구의 목적에 근거하여 구하여야 할 것이다. 아래에서 모평균과 모비율의 구간추정에서 표본크기를 구하는 방법을 알아보도록 한다.

7.4.1 모평균 추정에서의 표본크기

앞에서 다룬 표준오차와 신뢰구간의 공식을 보면, 대부분 분모에 $\sqrt{n}$ 항이 있다. 따라서 표본크기 n이 증가하면, 표준오차는 감소하며 신뢰구간의 길이는 짧아져 더욱 정밀하게 된다. 하지만 n이 커지면 자료를 구하거나 다룰 때 비용도 많이 들고 시간이 많이 소요되는 단점도 있다.

모분산 σ^2이 알려진 경우, 모평균 μ의 추정치인 표본평균 $\overline{X}$의 분포는 대표본인 경우 근사적으로 정규분포를 따름을 다룬 바 있다.

$$\overline{X} \dot{\sim} N\left(\mu, \frac{\sigma^2}{n}\right).$$

$\overline{X}$의 표집분포는 아래 그림에 제시되어 있다. 이 그림에서 d는 모평균 μ에서의 거리를 나타내며 유의수준 α 그리고 표준오차와 다음의 관계를 가진다.

$$P\left\{|\overline{X}-\mu| \le Z_{\alpha/2}\frac{\sigma}{\sqrt{n}}\right\} = 1-\alpha, \tag{7.4.1}$$

$$d = Z_{\alpha/2}\frac{\sigma}{\sqrt{n}}. \tag{7.4.2}$$

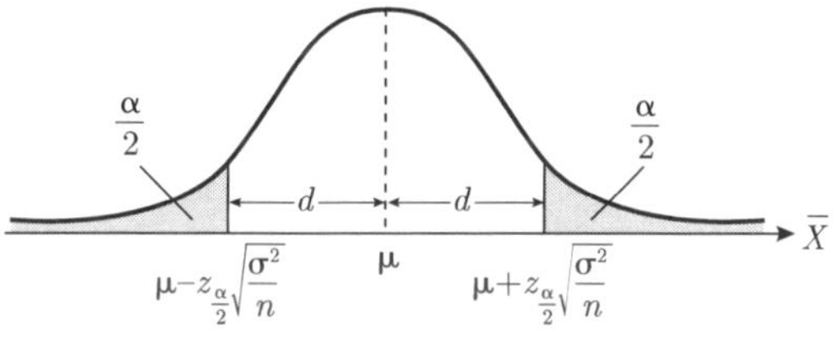

도표 7.4.1 표본평균의 표집분포

즉 d는 정밀도(precision) 또는 오차한계(margin of error; ME)를 나타내며, n을 크게 하면 원하는 만큼 d를 정밀하게 할 수 있다. $Z_{0.05/2} = 1.96$은 모든 표본평균 중 95%가 모평균 μ의 1.96배의 표준오차 내에 포함될 것임을 의미한다. 위의 식을 n에 관하여 정리하면,

$$n = \left(\frac{Z_{\alpha/2}\sigma}{d}\right)^2. \tag{7.4.3}$$

이때 미지의 모수인 σ^2은 예비표본(pilot sample)의 표본분산 또는 다른 사전정보를

이용하여 추정할 수 있다.

| 관찰 7.4.1 | 식(7.4.2)에는 세 개의 미지수가 있다(표준편차가 알려져 있다는 전제하에). 신뢰수준 $1-\alpha$, 오차한계 d, 그리고 표본크기 n. 구간추정이 신뢰수준 $1-\alpha$와 표본크기 n이 주어졌을 때 오차한계 d를 구하는 문제인 반면에, 표본크기 결정은 신뢰수준 $1-\alpha$와 오차한계 d가 주어졌을 때 n을 구하는 문제이다.

예 7.4.1 신경안정제로 많이 사용하는 의약품 30정 한 세트의 평균 소매가를 추정하기 위해 시중 약국을 랜덤으로 선택할 예정이다. 95%의 신뢰로 추정 소매가와 모평균인 평균 소매가의 차이를 200원 이내로 하고자 한다. 예비표본에 근거하여 평균 소매가의 표준편차 σ를 1,000(원)으로 추정하였을 때, 몇 개의 시중 약국을 선택하여야 하는가?

풀이 위의 공식을 사용하면 표본크기는 다음과 같이 계산된다.

$$n=\left(\frac{Z_{\alpha/2}\,\sigma}{d}\right)^2=\left(\frac{1.96\times 1000}{200}\right)^2$$
$$=96.04.$$

이로부터 표본크기 n은 97 이상이어야 한다. ■

7.4.2 모비율 추정에서의 표본크기

미지의 모비율 p에 대하여, 표본비율 $\hat{p}$의 표집분포는 n이 크면 근사적으로 정규분포를 따른다.

$$\hat{p} \mathrel{\dot{\sim}} N\!\left(p,\ \frac{p(1-p)}{n}\right). \tag{7.4.4}$$

정밀도 d를 모비율 p로부터의 거리라고 하면 우리는 다음 관계를 얻을 수 있다.

$$d=Z_{\alpha/2}\sqrt{\frac{p(1-p)}{n}}\,. \tag{7.4.5}$$

예컨대 $Z_{0.05/2}=1.96$를 사용하면 모든 표본비율 중 95%가 모비율 p의 1.96 표준오차 내에 포함될 것임을 의미한다. 이 식을 n에 관하여 정리하면,

$$n=\left(\frac{Z_{\alpha/2}\sqrt{p(1-p)}}{d}\right)^2. \tag{7.4.6}$$

미지의 모수 p는 예비표본의 표본비율 또는 다른 사전 정보를 이용하여 추정할 수 있다. 만약 p에 대한 추정치를 구할 수 없는 경우에는, $p(1-p)$가 최대가 되도록 p = 1/2을 대입하면 가장 큰(안전한, 보수적인) 표본크기를 구하게 된다.

> **요약** 모비율 추정에서의 표본크기
>
> 모비율 p의 추정에서 $100(1-\alpha)\%$의 신뢰로 오차한계가 d인 표본크기는 다음과 같다.
>
> ① p의 추정값이 $\hat{p}$인 경우: $n = \left(\dfrac{Z_{\alpha/2} \sqrt{\hat{p}(1-\hat{p})}}{d} \right)^2$
>
> ② p에 대한 정보가 없을 경우: $n = \dfrac{1}{4} \left(\dfrac{Z_{\alpha/2}}{d} \right)^2$
>
> ③ p에 대한 정보가 없고 $100(1-\alpha)$=95.4(%)인 경우: $n = \left(\dfrac{1}{d} \right)^2$

예 7.4.2 2014년 전국의 대학생 흡연율을 조사한 결과 흡연율의 추정치가 64%였다. 만약 95%의 신뢰수준으로 오차한계가 3% 포인트 이내가 되게 하려면 표본크기를 얼마로 하여야 하는가?

풀이 평균흡연율 p의 추정치로 표본비율 $\hat{p}=0.64$을 사용하면 표본크기는 다음과 같이 주어진다.

$$n = \left(\frac{Z_{\alpha/2} \sqrt{\hat{p}(1-\hat{p})}}{d} \right)^2 = \left(\frac{1.96 \sqrt{0.64(1-0.64)}}{0.03} \right)^2$$

$$= 983.45.$$

이로부터 표본크기는 적어도 984이 되어야 한다. 만일 p에 대한 정보가 없었다면, 우리는 p = 0.5를 사용하여 다음과 같은 표본크기를 얻을 수 있다.

$$n = \left(\frac{1.96 \sqrt{0.5(1-0.5)}}{0.03} \right)^2$$

$$= 1067.1.$$

이로부터 표본크기는 적어도 1068이 되어야 한다. ■

| 연구 7.4.1 | 그런데 식(7.4.4)와 이로부터 유도된 식(7.4.6)은 중심극한정리를 이용한

근사적인 결과이다. 우리는 체비셰프의 부등식(2.2.2절)과

$$\sigma^2(\hat{p}) = \frac{p(1-p)}{n} \le \frac{1}{4n}$$

임을 이용하여 다음과 같은 확률적 표현을 얻을 수 있다.

$$P\{|\hat{p}-p| \le d\} = P\{|\hat{p}-p| \le k\sigma(\hat{p})\} \ge 1 - \frac{\sigma^2(\hat{p})}{d^2} \ge 1 - \frac{1}{4nd^2}. \qquad (7.4.7)$$

식(7.4.7)은 p에 대한 정보와 무관하게, 주어진 표본크기(n)에 대해 오차의 한계(d)에 따른 신뢰수준의 하한($1-1/4nd^2$)을 제공한다. 주어진 신뢰수준의 하한과 오차한계로부터 표본크기가 다음과 같이 도출된다.

$$n = \frac{1}{4\alpha d^2}. \qquad (7.4.8)$$

식(7.4.7) ~ (7.4.8)과 [도표 7.4.2]에 의하면 n=1000일 때 신뢰수준{의 하한} 94.9%에 해당하는 오차한계는 d=7% 포인트이다. 그리고 d=3% 포인트를 신뢰수준{의 하한} 94.4%로 보장하려면 n=5000이 되어야 한다. 끝으로, 95% 신뢰수준으로 d=5% 포인트를 보장하는 n=2000이고 d=10% 포인트를 보장하는 n=500이다. (여전히 주어진 유의수준에서 오차한계를 반으로 줄이려면 표본크기는 4배가 되어야 한다.)

도표 7.4.2 표본크기(n)와 오차의 한계(d)에 따른 신뢰수준의 하한($1-1/(4nd^2)$)

n \ d	0.01	0.02	0.03	0.04	0.05	0.06	0.07	0.08	0.09	0.1
100	–	–	–	–	0.0000	0.3056	0.4898	0.6094	0.6914	0.7500
300	–	–	0.0741	0.4792	0.6667	0.7685	0.8299	0.8698	0.8971	0.9167
500	–	–	0.4444	0.6875	0.8000	0.8611	0.8980	0.9219	0.9383	0.9500
700	–	0.1071	0.6032	0.7768	0.8571	0.9008	0.9271	0.9442	0.9559	0.9643
900	–	0.3056	0.6914	0.8264	0.8889	0.9228	0.9433	0.9566	0.9657	0.9722
1000	–	0.37500	0.72222	0.84375	0.90000	0.93056	0.94898	0.96094	0.96914	0.97500
2000	–	0.68750	0.86111	0.92188	0.95000	0.96528	0.97449	0.98047	0.98457	0.98750
3000	0.16667	0.79167	0.90741	0.94792	0.96667	0.97685	0.98299	0.98698	0.98971	0.99167
4000	0.37500	0.84375	0.93056	0.96094	0.97500	0.98264	0.98724	0.99023	0.99228	0.99375
5000	0.50000	0.87500	0.94444	0.96875	0.98000	0.98611	0.98980	0.99219	0.99383	0.99500

7.5 엑셀 실습 7: 한 모집단에 대한 추정

예 7.5.1 모평균에 대한 신뢰구간 심장박동수 데이터에서 심장박동수 1의 평균에 대한 95% 신뢰구간을 구하라.

(1) 모분산=100(표준편차=10)으로 알려져 있는 경우의 신뢰구간

단계 1 심장박동수 1에 대한 평균과 표준편차를 구한다.

단계 2 NORMSINV( )를 이용하여 표준정규분포값을 구한다.

단계 3 모평균에 대한 신뢰구간을 계산한다.

> NORMSINV(probability)
> 표준정규분포에서 특정값 z보다 작을 확률이 probability 가 되는 z 값을 구하는 함수

- 95% 신뢰구간의 경우 probability = 1 − α/2 = 0.975가 된다.
  따라서 NORMSINV(1 − 0.05/2) = 1.96

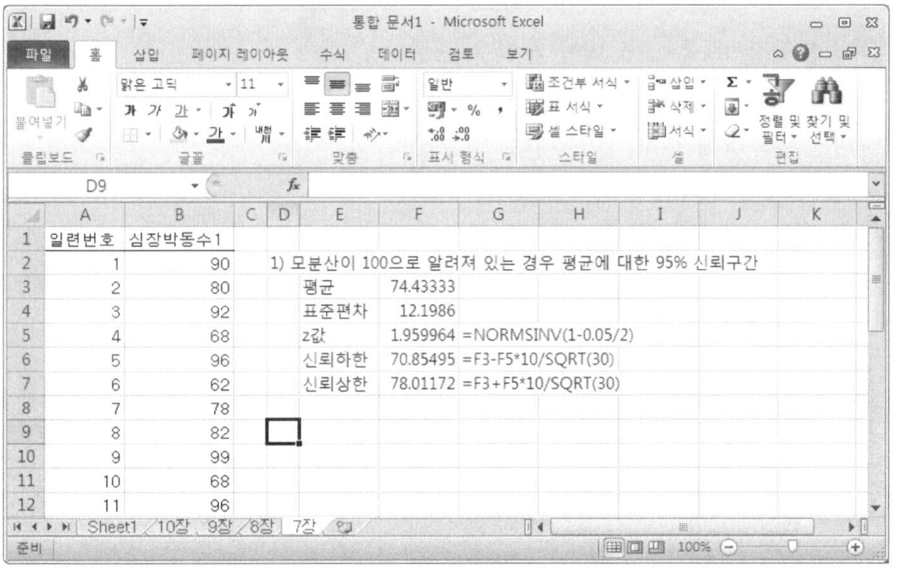

(2) 모분산이 알려져 있지 않은 경우 신뢰구간

단계 1 심장박동수1에 대한 평균과 표준편차를 구한다.

단계 2 TINV( )를 이용하여 자유도에 따른 t-분포값을 구한다.

단계 3 모평균에 대한 신뢰구간을 계산한다.

TINV(Probability, Deg_freedom)
자유도가 Deg_freedom 인 t-분포에서 특정 값보다 클 양측확률이 Probability가 되는 특정 값 x를 구하는 함수

- 95% 신뢰구간의 경우 Probability=α가 된다.
  따라서 TINV(0.05, 30−1)=2.04523

	D	E	F	G	H	I	J	K	L
10	2) 모분산이 알려져 있지 않은 경우 평균에 대한 95% 신뢰구간								
11		평균	74.43333						
12		표준편차	12.1986						
13		t값	2.04523	=TINV(0.05,30-1)					
14		신뢰하한	69.8783	=F11-F13*F12/SQRT(30)					
15		신뢰상한	78.98836	=F11+F13*F12/SQRT(30)					
16									

예 7.5.2 모분산에 대한 신뢰구간 심장박동수 데이터에서 심장박동수 1의 분산에 대한 95% 신뢰구간을 구하라.

단계 1 심장박동수 1에 대한 분산을 구한다.

단계 2 CHIINV( )를 이용하여 자유도에 따른 χ^2값을 구한다.

단계 3 모분산에 대한 신뢰구간을 계산한다.

CHIINV(Probability, deg_freedom)
자유도가 deg_freedom인 χ^2분포에서 특정값보다 클 확률이 Probability가 되는 특정값 x를 구하는 함수

	A	B	C	H	I	J	K	L	M	N
1	일련번호	심장박동수1								
2	1	90		분산	148.8057	=VAR(B2:B31)				
3	2	80		chi값1	45.72229	=CHIINV(0.05/2,30-1)				
4	3	92		chi값2	16.04707	=CHIINV(1-0.05/2,30-1)				
5	4	68		신뢰하한	94.38213	=(30-1)*I2/I3				
6	5	96		신뢰상한	268.9193	=(30-1)*I2/I4				
7	6	62								
8	7	78								

| 과제 7.5.1 | 15마리 애완견의 수명을 기록한 데이터 [도표 7.3.3]을 이용하여 다음 질문에 답하라. 애완견의 수명은 정규분포임을 가정하였을 때, 모평균 μ의 95% 신뢰구간을 구하라.

연습문제 7장

1 습관적으로 조깅하는 사람들의 육체적 조건을 측정하기 위하여 $n=20$명을 랜덤하게 선택하여 그들의 최대 산소섭취량(VO_2 max; maximum volume oxygen)을 측정하였다. 그 결과가 다음과 같을 때 모평균 μ에 대한 95% 신뢰구간을 구하라(단, 최대 산소 섭취량은 정규분포임을 가정한다).

$$\bar{x}=47.5 \text{ mL/kg}, \quad s=4.8 \text{ mL/kg}$$

2 운동을 규칙적으로 하지 않는 사람들의 육체적 조건을 측정하기 위하여 $n=36$명을 랜덤하게 선택하여 최대 산소섭취량(VO_2 max)를 측정하였다. 그 결과가 다음과 같을 때, 모평균 μ에 대한 90% 신뢰구간을 구하라(단, 최대 산소섭취량은 정규분포를 따른다고 가정한다).

$$\bar{x}=37.5 \text{ mL/kg}, \quad s=5.1 \text{ mL/kg}$$

3 어느 도시의 성인 흡연율은 $p=0.4$ 정도인 것으로 알려졌다. 크기 $n=100$ 표본을 뽑았을 때, 표본비율 $\hat{p}$이 0.35와 0.45 사이에 있을 확률을 구하라.

4 보건복지가족부에 의하면 2009년 상반기 성인 남자의 흡연율은 41%라고 한다. 하반기 흡연율을 추정하려고 하는데 95% 오차의 한계가 3% 포인트 이내가 되도록 하려면 표본의 크기를 얼마로 하여야 하는가?

5 중년에 담배를 피울 경우 늙어 치매로 고통 받을 확률이 높아지는 것으로 나타났다. 노인 400명을 랜덤으로 뽑아 조사한 결과, 중년에 흡연한 164명 중 121명이 치매로 고통 받고 있음이 밝혀졌다. 치매에 걸릴 확률의 95% 신뢰구간을 구하라.

6 남아 신생아 체중에 관한 연구에서 12명의 자료가 다음과 같다(단, 신생아 체중은 정규분포임을 가정한다). 모분산 σ^2이 0.9로 주어졌을 때, 남아 신생아 평균 체중의 90% 신뢰구간을 구하라.

3.1 2.7 3.5 3.3 2.9 3.0

3.6 3.8 3.2 3.3 2.7 3.1

7 LDL 콜레스테롤(low-density-lipoprotein cholesterol)을 관리하기 위하여 운동-식이요법이 효과가 있다고 한다. 14명의 남자를 랜덤으로 선택하여 이 요법을 일정기간 적용한 후, LDL 콜레스테롤의 감소량을 조사한 결과가 다음과 같다(단, LDL 콜레스테롤 감소량은 정규분포를 따른다). LDL 콜레스테롤(mmol/L) 감소량의 95% 신뢰구간을 구하라.

4.61 6.42 5.40 4.54 3.98 3.82 5.01
4.34 3.80 4.56 5.35 3.89 2.25 4.24

8 어느 도시 성인 남녀의 LDL 콜레스테롤(mmol/L)의 평균을 추정하려고 한다. 과거의 자료에 의하면 표준편차는 5.230이라고 한다. 95% 오차한계가 1(mmol/L) 이내가 되려면 표본크기는 얼마인가?

9 체질량지수(body mass index, BMI)란 체중(kg)을 키(m)의 제곱으로 나눈 값이며, 지방의 양을 측정하는 일종의 비만 측정법이다. 진성당뇨가 있는 중년 남성 중 랜덤으로 선택한 49명의 체질량지수의 평균 $\overline{x}$은 25 kg/m², 표준편차 s는 2.7 kg/m²이었다. 이때 중년 남성의 평균 체질량지수의 95% 신뢰구간을 구하라.

10 2003년도 기록에 의하면 이승엽 선수는 타석 479번 중 144개의 안타를 만들었다. 이승엽 선수의 평균 타율의 추정치와 95% 신뢰구간을 구하라.

11 2006년 전국의 대학생 흡연율을 조사한 결과 흡연율의 추정치가 43%였다. 만약 95%의 신뢰수준으로 오차한계가 3% 포인트 이내가 되게 하려면 표본크기를 얼마로 하여야 하는가? 만일 흡연율에 대한 정보가 없었다면 표본크기를 얼마로 하여야 하는가?

08

통계적 가설검정

8.1 통계적 가설검정의 기본 개념

8.1.1 가설과 가설검정

통계적 추론의 한 가지 유형인 추정(모수에 관한 점추정과 구간추정)은 앞 장에서 다루었는바, 우리는 이 장에서 통계적 추론의 다른 한 가지 유형인 통계적 가설검정(statistical hypothesis test, 통계적 가설검증)을 다룰 것이다. 통계적 가설검정이란 모집단의 미지의 모수에 대한 어떤 주장이나 진술을 모집단에서 추출한 표본에 근거하여 기각여부를 결정하는 과정이다. 다음의 예들을 통하여 가설의 개념을 살펴보자.

예 8.1.1 2008년 어느 지역의 가구당 월 평균 수입은 '340'만 원이라는 통계조사기관의 발표가 있었는 바, 한 연구자는 그 지역의 가구당 월 평균 수입이 350만 원을 밑돌 것이라는 의심을 하고 있었다.

예 8.1.2 2006년 어느 지역 대학생의 흡연율이 '0.43'이라고 한국건강관리협회에서 발표하였는 바, 한 연구자는 그 지역의 대학생 흡연율이 50%를 넘을 것이라고 주장을 하여 왔었다.

예 8.1.3 어느 피고인이 법정에서 자신의 무죄를 주장하였다.

위 예들에서와 같은 모수에 대한 주장이나 진술을 {통계적} 가설(hypothesis)이라고 한다. 우리는 [예 8.1.1]로부터 우리는 다음과 같은 한 쌍의 가설들을 세울 수 있다. 그 지역의 가구당 월 평균 수입을 μ로 나타낼 때,

$$H_0 : \mu = 350 \quad vs \quad H_1 : \mu < 350,$$

여기서 H_0를 귀무가설(null hypothesis)이라고 하고, H_1을 대립가설(alternative hypothesis)이라고 한다. 귀무가설 H_0는 대립가설과 상반되는 것으로, 모수 간에 차이가 없다거나 관련성이 없다는 주장을 지칭하는 경우가 많다. 귀무가설을 기각할 만한 충분한 증거가 있어야만 귀무가설을 기각하여 대립가설을 수용하게 되므로, 귀무가설을 기각하지 못하는 것이 꼭 귀무가설이 옳다는 검정을 한 것은 아니다. (우리는 편의상 "귀무가설을 기각하지 않는다"는 표현을 간단히 "귀무가설을 채택한다"고 표현하기도 할 것이다.)

귀무가설을 기각하거나 채택할 때 사용하는 통계량을 검정통계량(test statistic)이라고 한다. 귀무가설 H_0를 기각하는 검정통계량의 영역을 기각역(rejection region) 또는 위험역(critical region), 그렇지 않은 영역을 채택역(acceptance region)이라고 한다.

가설검정의 결과는 H_0를 기각하거나 기각하지 않는(줄여서, 채택하는) 것밖에 없다. 따라서 표본에 근거하여 내린 결정에는 다음과 같은 두 가지 오류의 가능성이 있다. 즉 귀무가설 H_0가 참인 데도 불구하고 H_0를 기각하거나, H_0가 거짓임에도 H_0를 기각하지 않는 경우이다.

도표 8.1.1 가설검정의 결과

결정 \ 실제현상	H_0 사실	H_0 거짓
H_0 채택	올바른 검정	제2종 오류
H_0 기각	제1종 오류	올바른 검정

이상적인 가설검정법은 제1종 오류(Type Ⅰ error)와 제2종 오류(Type Ⅱ error)를 모두 범하지 않거나, 두 종류의 오류를 범할 확률을 동시에 줄이는 것이다. 그렇지만 표본크기가 일정할 때 제1종 오류의 가능성을 줄이면 제2종 오류의 가능성이 커지므로 두 오류의 가능성을 동시에 줄일 수는 없다.

따라서 제1종 오류만 관리하여 귀무가설 H_0가 참일 때 이를 기각하는 확률을 지정하여 지정된 확률 이하인 검정법을 찾는 방법을 사용한다. 이런 검정법을 특히 유의성검정(test of significance)이라고 한다. 우리는 앞으로 유의성검정에 초점을 맞출 것이다. 제1종 오류를 범할 확률의 허용한계를 유의수준(significance level)이라고 하며, 흔히 α로 나타낸다.

제1종 오류: 귀무가설 H_0가 사실일 때 H_0를 기각하는 오류
제2종 오류: 대립가설 H_1이 사실일 때 H_0를 기각하지 못하는 오류
유의수준: 제1종 오류를 범할 확률의 허용한계

참고 가설검정(test of hypotheses)에서는 사전에 주어진 제1종 오류의 크기(α)와 제2종 오류의 크기(β)를 모두 만족시키는 검정법(기각역과 표본크기로 구성되는)을 설계하고자 한다.

8.1.2 유의성검정의 논리

우리는 때로 어떤 경험이나 관찰을 통해서 기존의 통념이나 이론이 잘못되었을지도 모른다는 의심을 하게 되고 더 나아가 기존의 통념과는 다른 주장이나 이론을 세우고 이를 입증하고 싶어 한다.

• 통계적 가설(statistical hypothesis). 통계적 가설이란 모집단{의 모수}에 대한 어

떤 {검정 가능한} 주장이다.

- 검정법(a test). 검정법이란 가설을 받아들일지 말지를 결정해 주는 규칙이나 절차이다.
- 검정통계량(test statistic). 검정통계량이란 가설을 검정하기 위해 사용하는 통계량이다.

| 관찰 8.1.1 | 표본 데이터는 한 가설이 사실이 아닐 것이라는 강한 시사를 해 줄 수는 있지만, 그 가설이 사실이라는 것을 증명할 수는 없다(왜?).

우리는 이 관찰로부터 입증하려고 하는 가설(이 가설은 흔히 대립가설이나 연구가설이라고 한다)을 직접 공략하는 것은 무모하다는 것을 안다. 따라서 우리는 기존의 가설(귀무가설이나 영가설이라고 한다)을 공격함으로써 그 반사이익을 거두려는 전략을 택하게 된다.

이로부터 우리는 항상 다음과 같은 한 쌍의 가설들을 설정하고 검정에 임하게 되는 것이다.

- 귀무(영) 가설, H_0 : 기존의 주장, 기각하려고 하는 가설, 차이가 없다, 효과가 없다는 유형의 가설
- 대립(대안) 가설, 연구가설(research hypothesis), H_1 : 새로운 주장, 입증하려고 하는 가설

예 8.1.4 재판과정에서

H_0: 피고는 무죄이다. H_1: 피고는 유죄이다.

예 8.1.5 새로운 약품개발 연구에서

H_0: 비타민 C는 감기예방에 효과가 없다. H_1: 비타민 C는 감기예방에 효과가 있다.

| 관찰 8.1.2 | 연구자는 결정적인 반증이 없는 한 기존의 주장을 버리지 않는 보수적(안전한) 태도를 가져야 한다(왜?). 즉 H_0가 참이라고 가정하였을 때 표본 데이터(구체적으로, 검정통계량)가 H_0를 반증하는 정도를 평가하여 H_0를 기각할지 여부를 결정하게 된다.

◎ 유의성검정(test of significance)

현 표본이 H_0에 반하는 증거를 충분히 담고 있는지를 검정하려는 절차(Fisher). 즉 "유의성검정법"은 제1종 오류에 초점을 맞추고 있다. 반면에 "가설검정법"은 제1종 오

류와 제2종 오류를 모두 통제하고자 하는 검정법이다.

우리는 앞으로 유의성검정을 중심으로 통계적 가설검정에 대해 설명해 나갈 것이다.

◎ P-값 또는 유의확률(P-value or significance probability)

H_0가 사실이라는 가정하에서 검정통계량이 관찰된 검정통계량 값 이상의 극단적인 값을 가질 확률. 이는 현 표본이 H_0를 뒷받침해주는 강도(strength)를 나타낸다. P-값은 H_0이 사실일 확률을 나타내는 것이 아니라, 현 표본이 보여주는 만큼 강한 또는 더 강한 H_0에 대한 반증이 얻어질 확률을 나타내는 것이다. 흔히 P-값이 낮을수록 H_0에 대한 반증의 강도가 높다고 해석한다.

◎ 유의수준(significance level)

- 허용할 수 있는 제1종 오류의 크기.
- 우리가 H_0에 대한 결정적인 반증이라고 받아들일 수 있는 유의확률 값 수준.
- 보통 α로 나타내며, 문제에 따라 보통 0.1, 0.05, 0.01, 또는 0.001 등이 사용된다.

◎ 유의성검정(test of significance) 절차

① 영가설 H_0과 대립가설 H_1를 세운다.

② 유의수준 α를 정한다.

③ 검정통계량을 정한다.

④ P-값을 구하거나 기각역을 구한다.

⑤ 결론을 내린다.

- P-값이 α보다 작거나 같으면, 또는 검정통계량이 기각역에 들어가면, "이 검정은 유의수준 α에서 통계적으로 유의하다(유의수준 α에서 H_0를 기각한다, 유의수준 α에서 H_0과 통계적으로 식별 가능한 차이를 보이고 있다)"고 결론을 내린다.
- P-값이 α보다 크면, 또는 검정통계량이 기각역에 들어가지 않으면, "이 검정은 유의수준 α에서 통계적으로 유의하지 못하다(유의수준α에서 H_0를 기각할 수 없다, 유의수준 α에서 H_0과 통계적으로 식별 가능한 차이를 보이고 있지 않다)"고 결론을 내린다.

8.1.3 기각역 절차와 P-값 절차

가설검정에서 기각역은 양쪽인 경우도 있지만, 한쪽으로만 나타나는 경우도 있다. 기각역이 양쪽인 경우를 양측검정(two-sided test), 한쪽인 경우를 단측검정(one-sided test)이라고 한다. 예를 들어 모수 μ의 검정에서 귀무가설 $H_0: \mu = 285$에 대한 대립가설은 다음과 같이 세 가지로 제시될 수 있다. 이 가운데 처음 둘은 단측가설, 마지막은 양측가설이라고 한다.

① $H_1: \mu > 285$

② $H_1: \mu < 285$

③ $H_1: \mu \neq 285$

영(귀무)가설은 '같다', '차이가 없다', '효과가 없다'의 의미(=)를 가지고, 대립가설은 '다르다', '차이가 있다', '효과가 있다'의 의미(≠, >, <)의 형태를 가진다. 이때 대립가설의 형태에 따라서 양측검정과 단측검정으로 나눌 수 있다.

양측검정은 같지 않다(≠)의 의미를 가진다. 즉, 귀무가설을 기각하는 영역이 양쪽에 있다.

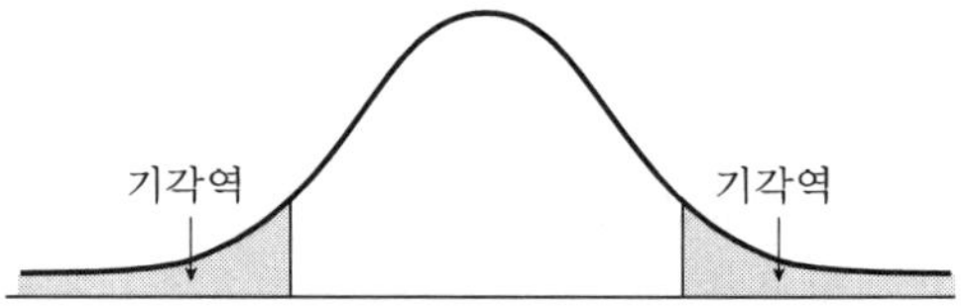

단측검정은 더 크다(>) 혹은 더 작다(<)의 의미를 가진다. 즉, 귀무가설을 기각하는 영역이 한쪽에 있다.

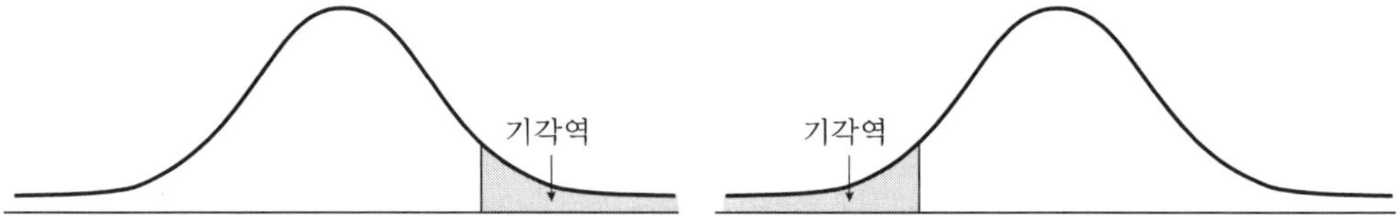

예를 들어 다음과 같은 단측(one-sided) 대립가설을 살펴보자.

$$H_0: \mu = \mu_0 \quad vs \quad H_1: \mu > \mu_0 .$$

만약 모분산 σ^2이 기지이고 정규모집단이라면, 우리는 $\overline{X}$가 μ_0 보다 큰 어떤 값 $\overline{x}_U$ 보다 클 때 H_0를 기각하려 할 것이다. 구체적으로, H_0 하에서 $\overline{X}$를 표준화한 검정통계량 Z_0의 값이 Z_α 보다 크다면, 우리는 유의수준 α로 H_0를 기각하게 된다.

$$Z_0 = \frac{\overline{X} - \mu_0}{\sigma / \sqrt{n}} \geq Z_\alpha .$$

바로 이것이 기각역이다.

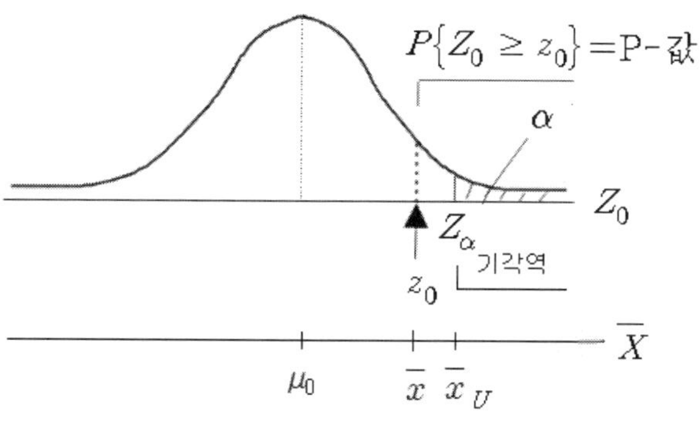

도표 8.1.2 유의수준 α, 기각역, 그리고 P–값

그런데 검정통계량 Z_0의 값 z_0에 대하여 H_0를 기각하려면 유의수준을 $P\{Z_0 \geq z_0\}$ 이상으로 하면 될 것이다. 즉 어떤 검정통계량의 관측된 값에 대한 P–값(P–value) 또는 유의확률(significance probability)이란 이 관측값이 H_0를 기각하게 하는 최소의 유의수준, 즉 $P\{Z_0 \geq z_0\}$을 말한다.

$$P\text{–값} = P\{Z_0 \geq z_0\}.$$

따라서 우리는 P–값이 유의수준 α보다 작거나 같으면 귀무가설 H_0를 기각한다.

| 과제 8.1.1 | [도표 8.1.2]에서 유의수준 α에 대응되는 기각역은 $Z_0 = \dfrac{\overline{X} - \mu_0}{\sigma/\sqrt{n}} \geq Z_\alpha$로 제시되어 있다. 우리는 이 기각역을 표준화되기 전의 통계량 $\overline{X}$를 이용하여 $\overline{X} \geq \overline{x}_U$와 같은 형태로 표현할 수도 있다. 이때 $\overline{x}_U$는 어떻게 설정되어야 하는가?

예 8.1.6 테니스 라켓 제조회사에서는 라켓 A의 평균 무게가 285 g이라고 주장한다. 이와 같은 주장을 확인하기 위하여 크기 100인 표본을 랜덤하게 추출하여 무게를 측정한 결과, 평균 $\overline{x} = 285.8$, 표준표준편차 $s = 3.1$이었다. 이 데이터로부터 라켓의 평균 무게는 285 g이라고 확신할 수 있는지 유의수준 $\alpha = 0.05$에서 검정하라.

풀이 제조회사의 주장에 의하면 라켓 평균 무게가 285 g이므로, 다음과 같은 가설을 세운다.

$$H_0 : \mu = 285 \quad vs \quad H_1 : \mu \neq 285,$$

여기서 H_0는 귀무가설이고, H_1은 대립가설이다.

귀무가설의 기각 여부를 판단하는 통계량으로 표본평균 $\overline{X}$를 사용한다. 대립가설이 양측이므로(two-sided), $\overline{X}$의 값이 $\mu=285$에서 충분히 멀어질 때 귀무가설 H_0를 기각하면 될 것이다. $n=100$인 대표본이므로 표본평균 $\overline{X}$는 근사적으로 $N(\mu, \sigma^2/n)$를 따르며, 귀무가설 하에서 $\overline{X}$를 표준화시킨 검정통계량 Z_0는 근사적으로 표준정규분포를 따른다.

$$Z_0=\frac{\overline{X}-\mu_0}{s/\sqrt{n}}\sim N(0,1).$$

따라서 Z_0의 값 z_0이 다음과 같은 양측(two-sided) 기각역에 들어가면 H_0를 기각하는 결정을 한다.

$$|Z_0|\geq Z_{\alpha/2}=Z_{0.025}=1.96.$$

또는 다음과 같이 P–값이 유의수준 α보다 작으면 H_0를 기각한다.

$$\text{P–값} = P\{|Z_0|\geq|z_0|\}\leqq\alpha=0.05.$$

기각역과 채택역은 아래 그림에 제시되어 있다.

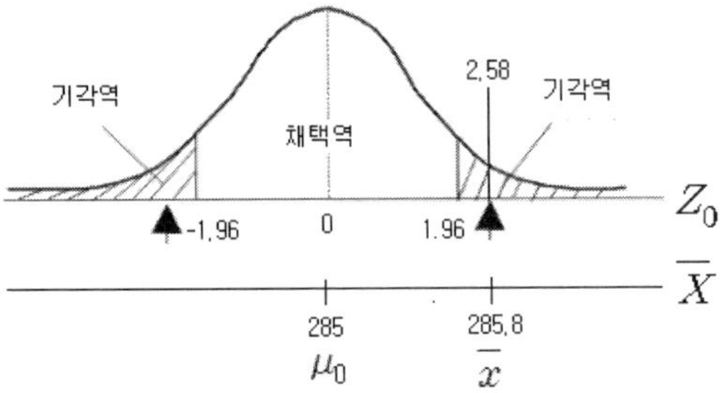

이제 검정통계량의 값을 계산하여 보자. $\overline{x}=285.8$, $s=3.1$이므로 Z_0의 값 z_0은 다음과 같이 주어진다.

$$z_0=\frac{\overline{X}-\mu_0}{s/\sqrt{n}}=\frac{285.8-285}{3.1/\sqrt{100}}=2.58\geq 1.96.$$

검정통계량의 값이 기각역에 속하므로, 우리는 유의수준 $\alpha=0.05$로 귀무가설 H_0를 기각한다. 즉 제조회사의 주장은 근거가 부족하다고 판정한다.

이번에는 P–값을 구해 보자.

$$\begin{aligned}P\text{–값}&=P\{|Z_0|\geq|z_0|\}=P\{|Z_0|\geq 2.58\}=2(1-0.99506)\\&=0.00988\leqq\alpha=0.05.\end{aligned}$$

P–값이 유의수준 α보다 작으므로, 유의수준 $\alpha=0.05$로 귀무가설 H_0를 기각한다. ■

위의 예에서 만약 유의수준을 $\alpha = 0.01$로 기각확률을 더 엄격히 한다면, 어떤 결과가 나올 것인가? 유의수준 $\alpha = 0.01$인 경우, $Z_{\alpha/2} = Z_{0.005} = 2.576$에 대하여 z_0는 다음과 같이 가까스로 기각역에 속하고, $P-$값 역시 가까스로 α보다 작으므로, 우리는 가까스로 귀무가설 H_0를 기각하게 된다.

$$z_0 = 2.58 \geq Z_{0.005} = 2.576,$$
$$\text{P−값} = 0.00988 \leq \alpha = 0.01.$$

8.2 모평균의 검정

모집단에서 추출한 확률표본을 이용하여 가정한 모평균과 동일한지를 검정하고자 한다. 모평균의 가설검정을 위하여 표본평균 $\overline{X}$을 사용하는데 모집단에 관하여 다음의 세 경우로 나누어 다루기로 한다.

① 모분산 σ^2이 기지인 정규모집단
② 모분산 σ^2이 미지인 정규모집단
③ 임의의 모집단에서 대표본인 경우

8.2.1 모분산이 기지인 정규모집단에서 모평균에 대한 가설검정

모분산 σ^2이 기지인 정규모집단에서 모평균 μ에 대한 양측검정을 고려하자.

$$H_0 : \mu = \mu_0 \quad vs \quad H_1 : \mu \neq \mu_0 .$$

우리는 표본평균 $\overline{X}$를 이용하여 검정을 하게 된다. 표본평균 $\overline{X}$의 표집분포는 정규분포를 따른다.

$$\overline{X} \sim N\left(\mu, \frac{\sigma^2}{n}\right).$$

따라서 $\overline{X}$를 표준화한 검정통계량 Z_0의 분포는 다음과 같다.

$$Z_0 = \frac{\overline{X} - \mu_0}{\frac{\sigma}{\sqrt{n}}} \sim N(0, 1).$$

우리는 Z_0의 값 z_0이 다음과 같은 기각역에 속하면 유의수준 α에서 H_0를 기각하게 된다.

$$|Z_0| \geq Z_{\alpha/2}.$$

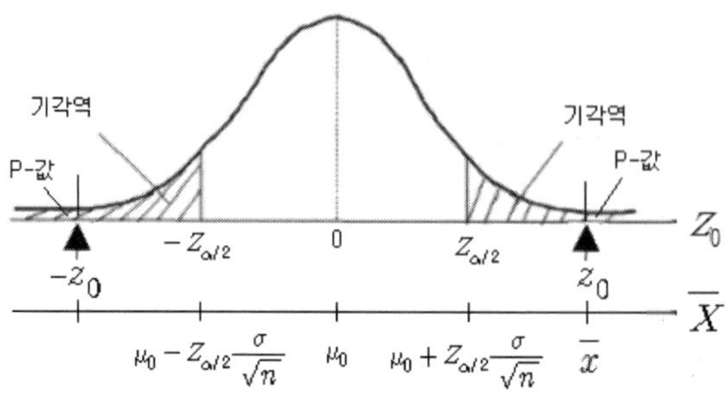

도표 8.2.1 양측 기각역과 P-값: Z-검정

또는 다음과 같이 P-값이 유의수준 α보다 작으면 H_0를 기각한다.

$$P\text{-값} = P\{|Z_0| \geq |z_0|\} \leq \alpha.$$

위의 검정법은 정규분포를 이용하였으므로 Z-검정법(normal test 또는 Z-test)이라고도 한다.

> **요약** 모분산 σ^2이 기지인 정규모집단에서 모평균의 검정
>
> $$H_0 : \mu = \mu_0 \quad vs \quad H_1 : \mu \neq \mu_0$$
>
> ① {검정}통계량 $\overline{X}$
>
> ② 검정통계량 Z_0의 분포 $Z_0 = \dfrac{\overline{X} - \mu_0}{\sigma / \sqrt{n}} \sim N(0, 1)$
>
> ③ 기각역 $|Z_0| \geq Z_{\alpha/2}$
>
> P-값 $= P\{|Z_0| \geq |z_0|\} \leq \alpha$ 이면 H_0를 기각

예 8.2.1 직업연극인이 2008년 연극창작활동으로 얻은 수입의 월 평균액이 36만 원으로 집계됐다고, 어느 리서치 전문기관에서 발표하였다. 11명의 연극인을 랜덤 추출하여 다음 자료를 얻었다고 하자. 직업연극인의 월수입이 분산 $\sigma^2 = 3.1^2$인 정규분포를 따른다고 가정할 때, 이 기관의 주장이 옳은지 여부를 유의수준 $\alpha = 0.05$에서 유의성검정하라.

37 35 38 39 36 41 43 32 35 38 41

풀이 우리는 연극인의 월 수입평균 μ에 대한 가설을 다음과 같이 세울 수 있다.

$$H_0: \mu = 36 \quad vs \quad H_1: \mu \neq 36.$$

그리고 검정통계량 Z_0의 값 z_0를 계산하면 다음과 같다($\overline{X}=37.7$).

$$z_0 = \frac{\overline{X}-\mu_0}{\frac{\sigma}{\sqrt{n}}} = \frac{37.7-36}{\frac{3.1}{\sqrt{11}}} = 1.82.$$

따라서 검정통계량의 값 z_0이 기각역에 속하지 아니한다.

$$z_0 = 1.82 < Z_{\alpha/2} = Z_{0.025} = 1.96.$$

또는

$$\begin{aligned} P\text{-값} &= P\{|Z_0| \geq |z_0|\} = 2P\{Z_0 \geq 1.82\} = 2(1-0.9656) \\ &= 0.06876 > \alpha = 0.05. \end{aligned}$$

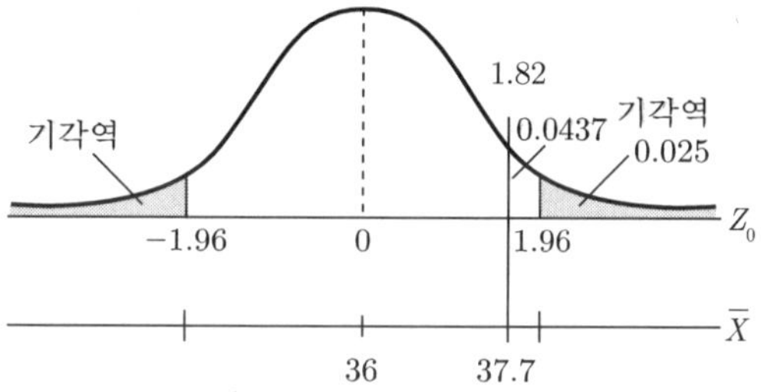

이로부터 유의수준 0.05에서 직업연극인의 월 평균수입이 36만 원이 아니라고 결론을 내리지 못한다. ■

8.2.2 모분산이 미지인 정규모집단에서 모평균에 대한 가설검정

모분산 σ^2이 미지인 정규모집단에서 모평균 μ에 대한 다음과 같은 단측검정을 고려하자.

$$H_0: \mu = \mu_0 \quad vs \quad H_1: \mu > \mu_0.$$

우리는 표본평균 $\overline{X}$를 이용하여 검정을 하게 된다. 표본평균 $\overline{X}$의 표집분포는 정규분포를 따른다.

$$\overline{X} \sim N\left(\mu, \frac{\sigma^2}{n}\right).$$

그러나 미지의 모표준편차 σ 대신 표본표준편차 s를 사용하여 $\overline{X}$를 표준화시킨 검정통계량 T_0의 분포는 다음과 같이 t-분포를 따른다.

$$T_0 = \frac{\overline{X} - \mu_0}{s/\sqrt{n}} \sim t(n-1).$$

따라서 T_0의 값 t_0가 다음과 같은 기각역에 속하면, 유의수준 α에서 H_0를 기각하게 된다.

$$T_0 \geq t_\alpha(n-1).$$

또는 다음과 같이 $P-$값이 유의수준 α보다 작으면 H_0를 기각한다.

$$P-\text{값} = P\{T_0 \geq t_0\} \leqq \alpha.$$

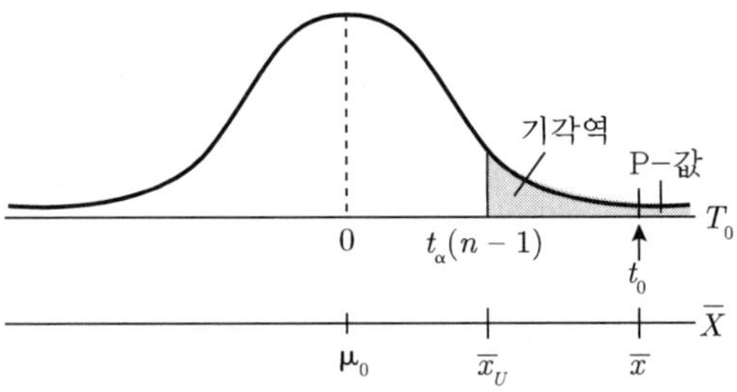

도표 8.2.2 단측 기각역과 P–값: t-검정

이 검정은 t-분포를 이용하므로 t-검정법(t−test)이라고 한다.

> **요약** 모분산 σ^2이 미지인 정규모집단에서 모평균의 검정
>
> $$H_0 : \mu = \mu_0 \quad vs \quad H_1 : \mu > \mu_0$$
>
> ① {검정}통계량 $\overline{X}$
>
> ② 검정통계량 T_0의 분포 $T_0 = \dfrac{\overline{X} - \mu}{s/\sqrt{n}} \sim t(n-1)$
>
> ③ 기각역 $T_0 \geq t_\alpha(n-1)$
>
> P−값 $= P\{T_0 \geq t_0\} \leqq \alpha$이면 H_0를 기각, $T_0 \sim t(n-1)$.

예 8.2.2 위의 예에서 직업연극인 월수입의 분산 σ^2의 값이 주어지지 않았을 경우, 기관의 주장이 옳은지 아니면 그보다 많은지를 유의수준 $\alpha = 0.10$에서 유의성검정하라.

풀이 우리는 연극인의 평균 월수입 μ의 단측검정을 위한 가설을 다음과 같이 세울 수 있다.

$$H_0 : \mu = 36 \quad vs \quad H_1 : \mu > 36.$$

그리고 검정통계량 T_0의 값 t_0를 계산하면 다음과 같다($\overline{X} = 37.7, S = 3.2$).

$$t_0 = \frac{\overline{X} - \mu_0}{\frac{S}{\sqrt{n}}} = \frac{37.7 - 36}{\frac{3.2}{\sqrt{11}}} = 1.76.$$

따라서 검정통계량 T_0의 값 t_0이 기각역에 속하므로 유의수준 $\alpha = 0.1$로 H_0를 기각하게 된다.

$$t_0 = 1.76 > t_{0.10}(10) = 1.372.$$

또는 검정통계량 $T_0 \sim t(10)$, $t_0 = 1.76$이므로, $P-$값은 0.054이고 따라서 유의수준 0.1에서 귀무가설을 기각한다.

$$P-\text{값} = P\{T_0 \geq 1.76 | \mu = 36\} = 0.054 < \alpha = 0.10.$$

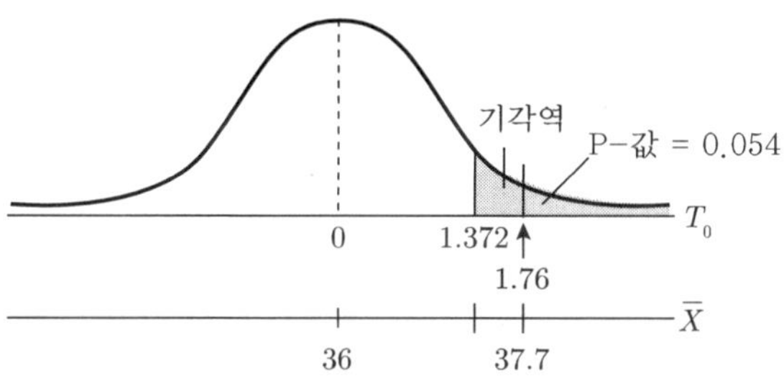

즉 유의수준 0.1에서 직업연극인의 월 평균수입이 36만 원보다 크다고 결론 내린다. ■

8.2.3 대표본인 경우 임의의 모집단에서 모평균에 대한 가설검정

대표본인 경우 임의의 모집단에서 모평균 μ에 대한 다음과 같은 단측검정을 고려하자.

$$H_0 : \mu = \mu_0 \quad vs \quad H_1 : \mu < \mu_0 .$$

우리는 표본평균 $\overline{X}$를 이용하여 검정을 하게 된다. 대표본이므로 중심극한정리에 의하여 표본평균 $\overline{X}$의 표집분포는 근사적으로 정규분포를 따른다.

$$\overline{X} \dot{\sim} N\left(\mu, \frac{\sigma^2}{n}\right).$$

그리고 미지의 모표준편차 σ 대신 표본표준편차 s를 사용하여 $\overline{X}$를 표준화한 검정통계량 Z_0의 분포는 다음과 같이 정규분포로 근사된다.

$$Z_0 = \frac{\overline{X} - \mu_0}{s/\sqrt{n}} \overset{\cdot}{\sim} N(0, 1).$$

따라서 Z_0의 값 z_0이 다음과 같은 기각역에 속하면, 유의수준 α에서 H_0를 기각한다.

$$Z_0 \leq -Z_\alpha .$$

또는 다음과 같이 $P-$값이 유의수준 α보다 작으면 H_0를 기각한다.

$$\text{P-값} = P\{Z_0 \leq z_0\} \leq \alpha .$$

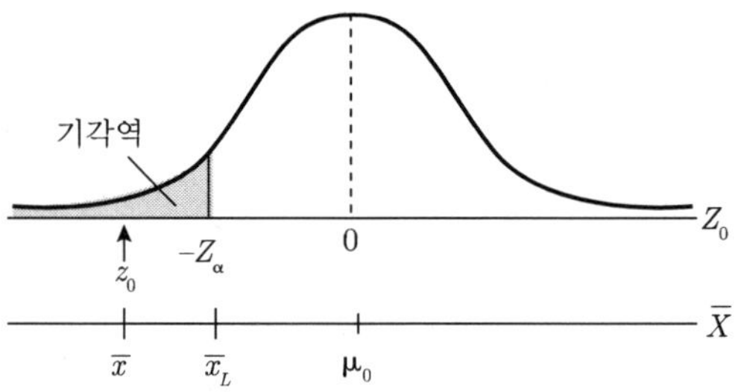

도표 8.2.3 단측 기각역과 $P-$값: Z-검정

> **요약** 대표본인 경우 임의의 모집단에서 모평균의 검정
>
> $$H_0 : \mu = \mu_0 \quad vs \quad H_1 : \mu < \mu_0$$
>
> ① {검정}통계량 $\overline{X}$
>
> ② 검정통계량 Z_0의 분포 $Z_0 = \frac{\overline{X} - \mu_0}{s/\sqrt{n}} \overset{\cdot}{\sim} N(0, 1)$
>
> ③ 기각역 $Z_0 \leq -Z_\alpha$
>
> P-값 $= P\{Z_0 \leq z_0\} \leq \alpha$이면 H_0를 기각

예 8.2.3 어느 통신회사에서 조사한 성인 일인당 인사성 대화의 평균통화시간은 1분 47초라고 한다. 100명의 성인을 랜덤 추출하여 통화시간을 조사한 결과, 평균 $\overline{x} = 105$ 표본분산 $S^2 = 7.2^2$으로 나타났다. 이 회사의 주장이 옳은지 아니면 그보다 적은지를 유의수준 $\alpha = 0.01$에서 유의성검정하라(단위=초).

풀이 우리는 성인 일인당 평균통화시간 μ의 단측검정을 위한 가설을 다음과 같이 세울 수 있다.

$$H_0: \mu = 107 \quad vs \quad H_1: \mu < 107.$$

그리고 검정통계량 Z_0의 값 z_0를 계산하면 다음과 같다.

$$z_0 = \frac{\overline{X} - \mu_0}{\frac{s}{\sqrt{n}}} = \frac{105 - 107}{\frac{7.2}{\sqrt{100}}} = -2.78.$$

따라서 검정통계량 z_0의 값이 기각역에 속하므로 유의수준 $\alpha = 0.01$로 H_0를 기각한다.

$$z_0 = -2.78 < -Z_\alpha = -Z_{0.01} = -2.33.$$

또는 검정통계량 $Z_0 \sim N(0,1)$, $z_0 = -2.78$이므로, P-값은 0.0027이고 따라서 유의수준 0.01에서 귀무가설을 기각한다:

$$P\text{-값} = P(Z \le -2.78) = 0.0027 < \alpha = 0.01.$$

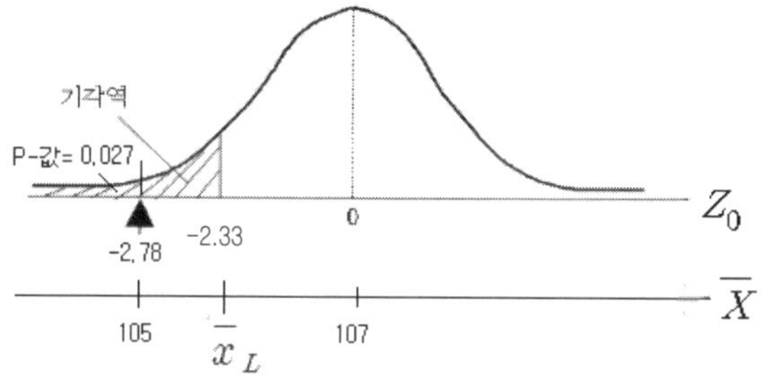

즉 유의수준 0.01에서 성인 일인당 평균통화시간은 107초보다 적다고 결론 내린다. ■

8.3 모비율의 검정(이항검정)

모비율 p에 대한 양측가설을 고려하자.

$$H_0: p = p_0 \quad vs \quad H_1: p \ne p_0.$$

우리는 표본비율 $\hat{p}$을 이용하여 이런 가설을 검정하게 된다. 확률변수 X를 크기 n인 표본에서 특정한 속성을 가진 개체들의 수라 하면, 확률변수 X의 분포는 다음과 같은 이항분포를 따른다.

$$X \sim B(n, p).$$

따라서 표본비율 $\hat{p} = X/n$의 기대치와 분산은 다음과 같이 주어진다.

$$E[\hat{p}] = p,$$
$$V[\hat{p}] = \frac{p(1-p)}{n}.$$

표본크기 n이 충분히 크면 $\hat{p}$의 표집분포는 중심극한정리에 의하여 근사적으로 정규분포를 따른다.

$$\hat{p} \mathrel{\dot{\sim}} N\left(p, \frac{p(1-p)}{n}\right).$$

이로부터 귀무가설하에서 $\hat{p}$를 표준화한 Z_0의 분포는 표준정규분포에 근사한다.

$$Z_0 = \frac{\hat{p} - p_0}{\sqrt{\frac{p_0(1-p_0)}{n}}} \mathrel{\dot{\sim}} N(0, 1).$$

따라서 Z_0의 값이 다음과 같은 기각역에 속하면, 유의수준 α에서 H_0를 기각한다.

$$|Z_0| \geq Z_{\alpha/2}.$$

또는 다음과 같이 P–값이 유의수준 α보다 작으면 H_0를 기각한다.

$$P\text{–값} = P\{|Z_0| \geq |z_0|\} \leq \alpha.$$

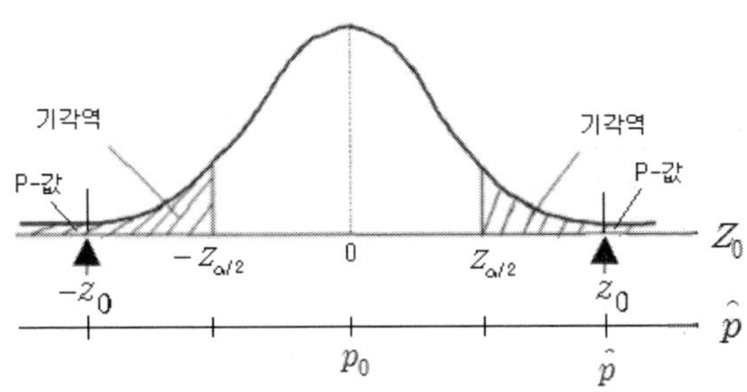

도표 8.3.1 양측 기각역과 P–값: Z–검정

모비율에 대한 검정은 이항검정(binomial test)이라고도 한다. 다항검정(multinomial test)은 12.2절에서 소개될 것이다.

요약 대표본인 경우 임의의 모집단에서 모비율의 검정

$$H_0 : p = p_0 \quad vs \quad H_1 : p \neq p_0$$

① {검정}통계량 $\hat{p}$

② 검정통계량 Z_0의 분포 $Z_0 = \dfrac{\hat{p} - p_0}{\sqrt{\dfrac{p_0(1-p_0)}{n}}} \dot{\sim} N(0,1)$

③ 기각역 $|Z_0| \geq Z_{\alpha/2}$

P-값 = $P\{|Z_0| \geq |z_0|\} \leq \alpha$이면 H_0를 기각

예 8.3.1 지역사회건강조사에 따르면 2016년 전국 흡연율은 22.5%였다. 경남지역 남녀 200명을 랜덤추출하여 흡연율을 조사해 보니 21%이었다. 경남지역의 흡연율이 전국의 흡연율과 다르다고 할 수 있는지 유의수준 $\alpha = 0.05$로 유의성검정하라.

풀이 우리는 이 지역의 흡연율 p에 대한 가설을 다음과 같이 세울 수 있다.

$$H_0 : p = 0.225 \quad vs \quad H_1 : p \neq 0.225.$$

그리고 검정통계량 Z_0의 값 z_0를 계산하면 다음과 같다.

$$z_0 = \frac{\hat{p} - p_0}{\sqrt{\dfrac{p_0(1-p_0)}{n}}} = \frac{0.210 - 0.225}{\sqrt{\dfrac{0.225(1-0.225)}{200}}} = -0.508.$$

따라서 검정통계량 z_0의 값이 기각역에 속하지 않으므로 유의수준 0.05로 H_0를 기각하지 못한다.

$$|z_0| = 0.508 < Z_{\alpha/2} = Z_{0.025} = 1.96.$$

검정통계량 $Z \sim N(0,1)$, $z = -0.508$이므로, P-값은 0.61145이고 따라서 유의수준 0.05에서 귀무가설을 기각하지 못한다.

$$P\text{-값} = P\{|Z| \geq 0.508\} = 2P\{Z \leq -0.508\} = 2(1 - 0.69427) = 0.61145 > \alpha = 0.05.$$

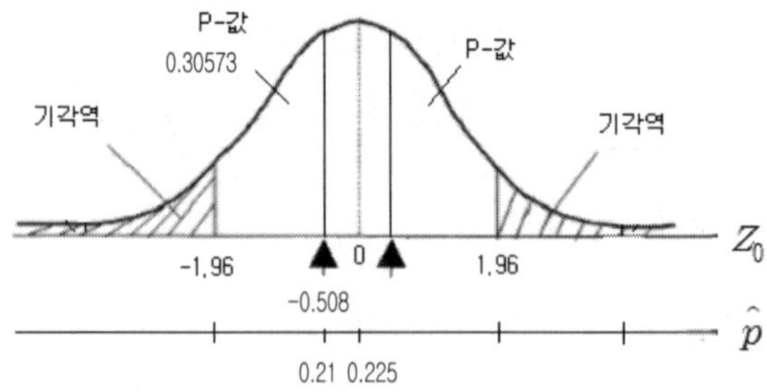

즉 유의수준 $\alpha = 0.05$에서 경남지역의 흡연율이 전국의 흡연율 $p = 0.225$와 다르다고 할 수 없다. ■

8.4 모분산의 검정

가설 $H_0 : \sigma^2 = \sigma_0^2$을 검정하기 위하여 표본분산 S^2을 사용하는 것은 직관적이다. 먼저 다음과 같은 단측 대립가설을 고려하자.

$$H_1 : \sigma^2 > \sigma_0^2 .$$

이런 단측검정의 경우에 위험역(또는 기각역)은 s^2의 값이 큰 영역이 될 것이다. s^2에 상수를 곱한 통계량 χ^2의 분포는 카이제곱분포를 따른다.

$$\chi^2 = \frac{(n-1)s^2}{\sigma^2} \sim \chi^2(n-1).$$

따라서 귀무가설하에서 검정통계량 χ_0^2의 분포도 또한 카이제곱분포를 따른다.

$$\chi_0^2 = \frac{(n-1)s^2}{\sigma_0^2} \sim \chi^2(n-1).$$

이로부터 우리는 다음과 같은 확률적 표현을 얻을 수 있다.

$$P\left\{\chi_0^2 = \frac{(n-1)s^2}{\sigma_0^2} \geq \chi_\alpha^2(n-1)\right\} = \alpha.$$

따라서 유의수준 α에 대한 기각역은 다음과 같이 주어진다.

$$\chi_0^2 = \frac{(n-1)s^2}{\sigma_0^2} \geq \chi_\alpha^2(n-1).$$

또는 다음과 같이 P–값이 유의수준 α보다 작으면 H_0를 기각한다(도표 8.4.1 참조).

$$P\text{–값} = P\{\chi^2(n-1) \geq \chi_0^2\} < \alpha.$$

이번에는 대립가설이 다음과 같이 양측가설로 주어지는 경우를 고려하자.

$$H_1 : \sigma^2 \neq \sigma_0^2 \ .$$

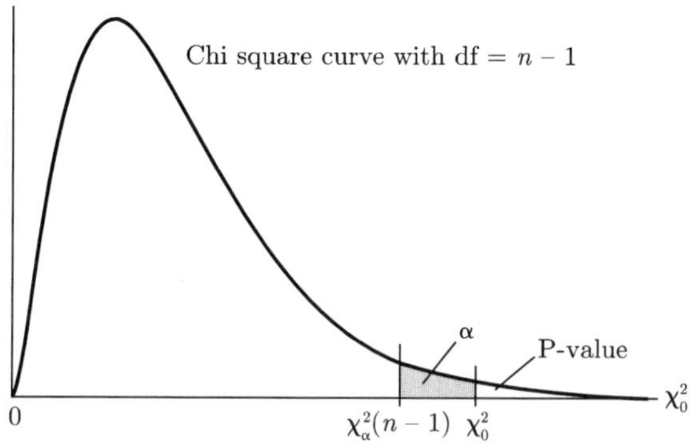

도표 8.4.1 단측 기각역과 P–값: 카이제곱검정

이 경우에 우리는 다음과 같은 확률적 표현을 이용할 수 있다.

$$P\{\chi_0^2 \geq \chi_{\alpha/2}^2(n-1) \text{ 또는 } \chi_0^2 \leq \chi_{1-\alpha/2}^2(n-1)\} = \alpha .$$

이로부터 우리는 다음과 같이 유의수준 α에서 양측 기각역을 얻을 수 있다.

$$\chi_0^2 \geq \chi_{\alpha/2}^2(n-1) \text{ 또는 } \chi_0^2 \leq \chi_{1-\alpha/2}^2(n-1).$$

또는 다음과 같이 P–값이 유의수준 α보다 작으면 H_0를 기각한다.

$$P\text{–값} = 2\min\{P\{\chi^2(n-1) \geq \chi_0^2\},\ P\{\chi^2(n-1) \leq \chi_0^2\}\} < \alpha.$$

요약 정규모집단에서 모분산의 검정

$$H_0 : \sigma^2 = \sigma_0^2$$

① 검정통계량 $\chi_0^2 = \dfrac{(n-1)s^2}{\sigma_0^2} \sim \chi^2(n-1)$

② 기각역 또는 P-값

- 단측 대립가설인 경우

  $(H_1 : \sigma^2 > \sigma_0^2)$: $\chi_0^2 \geq \chi_\alpha^2(n-1)$, P-값 $= P\{\chi^2(n-1) \geq \chi_0^2\}$

  $(H_1 : \sigma^2 < \sigma_0^2)$: $\chi_0^2 \leq \chi_{1-\alpha}^2(n-1)$, P-값 $= P\{\chi^2(n-1) \leq \chi_0^2\}$

- 양측 대립가설인 경우: $\chi_0^2 \geq \chi_{\alpha/2}^2(n-1)$ 또는 $\chi_0^2 \leq \chi_{1-\alpha/2}^2(n-1)$

  P-값 $= 2\min\{P\{\chi^2(n-1) \geq \chi_0^2\},\ P\{\chi^2(n-1) \leq \chi_0^2\}\}$

예 8.4.1 [예 7.3.6]의 애완견 데이터를 다시 고려하자. 애완견의 수명이 정규분포를 따른다고 가정하였을 때, 동물병원에서는 모분산이 1.5를 넘지 않는다고 주장한다. 동물병원의 주장이 맞는지 아니면 이보다 큰지를 유의수준 0.05에서 유의성검정하라.

풀이 우리는 애완견의 수명의 모분산 σ^2와 관련해서 다음과 같은 가설을 세울 수 있다.

$$H_0 : \sigma^2 = 1.5 \quad vs \quad H_1 : \sigma^2 > 1.5.$$

그리고 검정통계량 χ_0^2의 값을 계산하면 다음과 같다.

$$\chi_0^2 = \frac{(n-1)s^2}{\sigma_0^2} = \frac{14 \times 2.745}{1.5} = 25.62.$$

검정통계량 χ_0^2의 값이 기각역에 속하므로 유의수준 $\alpha = 0.05$로 H_0를 기각한다.

$$\chi_0^2 = 25.62 > \chi_{0.05}^2(14) = 23.6848.$$

또는

$$P\text{-값} = P\{\chi^2(n-1) \geq \chi_0^2\} = P\{\chi^2(14) \geq 25.62\} \doteq 0.04 < \alpha = 0.05.$$

따라서 우리는 유의수준 0.05에서 애완견의 수명의 분산이 1.5보다 크다고 결론 내린다. ■

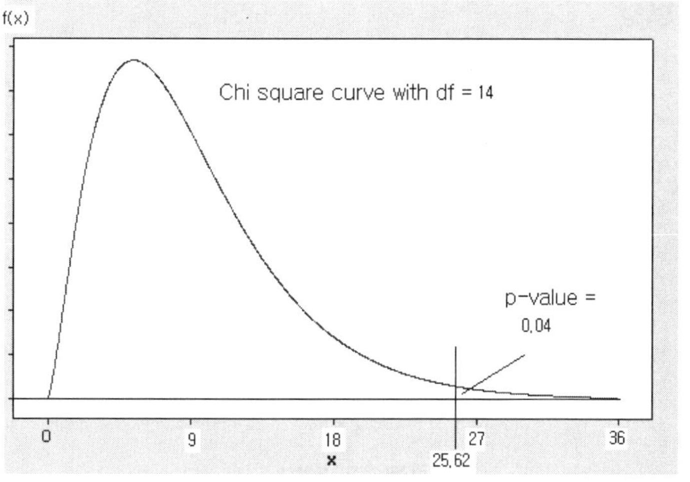

8.5 엑셀 실습 8: 한 모집단에 관한 가설검정

예 8.5.1 한 집단의 모평균에 대한 유의성검정 [도표 1.2.1]의 심장박동수 데이터에서 다음 두 경우에 각각 처음 심장박동수(c1)의 평균이 70이라고 할 수 있는지 5% 유의수준에서 유의성검정하라.

① 모분산이 100(모표준편차=10)으로 알려져 있을 때
② 모분산이 알려져 있지 않을 때

풀이 1 모분산이 100(모표준편차=10)으로 알려져 있을 때

단계 1 귀무가설과 대립가설을 설정한다.
단계 2 심장박동수1에 대한 평균과 표준편차를 구한다.
단계 3 검정통계량을 구한다.
단계 4 NORMSDIST( )를 이용해 유의확률을 구한다.

NORMSDIST(z)
표준정규분포에서 z값보다 작을 확률을 구하는 함수

- 검정통계량이 양수인 경우는 1–NORMDIST(검정통계량) 사용.
  검정통계량이 음수인 경우는 NORMDIST(검정통계량) 사용

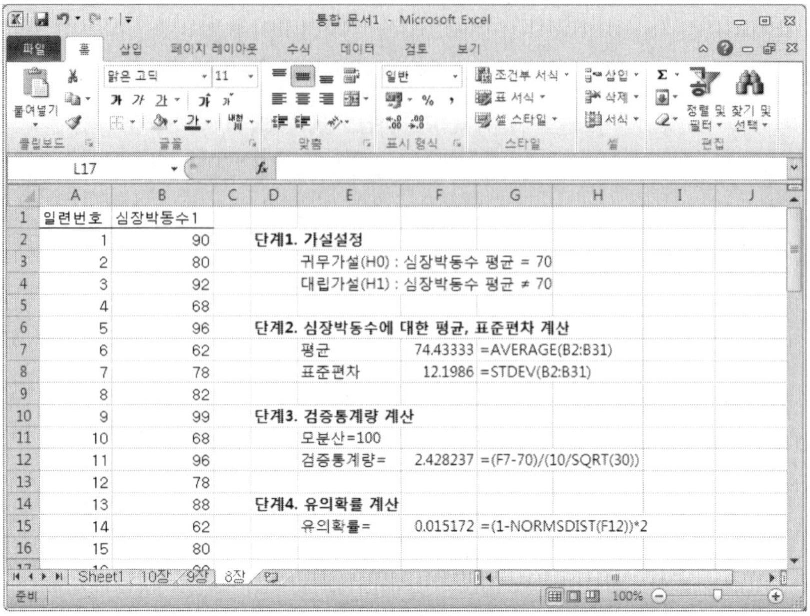

결과해석 유의확률(=0.015172)이 유의수준(=0.05)보다 더 작으므로 귀무가설 기각. 즉, 심장박동수의 평균이 70이라고 할 수 없다.

풀이 2 모분산이 알려져 있지 않을 때

단계 1 귀무가설과 대립가설을 설정한다.

단계 2 심장박동수 1에 대한 평균과 표준편차를 구한다.

단계 3 검정통계량을 구한다.

단계 4 TDIST( )를 이용해 유의확률을 구한다.

TDIST(t,df,tail)
자유도가 df인 t-분포에서 양수 t 값보다 더 큰 값을 가질 확률을 구하는 함수. tail 값이 1이면 단측, 2이면 양측.

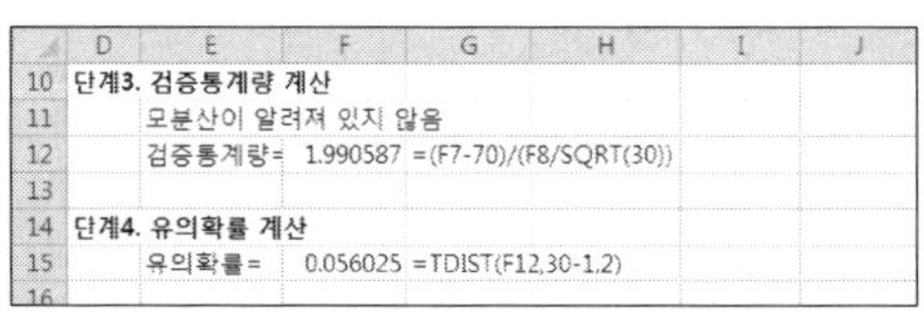

검정결과 유의확률(=0.056025)이 유의수준(=0.05)보다 더 크므로 귀무가설 채택. 즉, 심장박동수의 평균이 70이라고 할 수 있다. ■

예 8.5.2 한 집단의 모평균에 대한 유의성검정 [도표 1.2.1]의 심장박동수 데이터에서 달리기를 한 이후의 두 번째 심장박동수(c2)의 평균이 100보다 크다고 할 수 있는지 10% 유의수준에서 유의성검정하라.

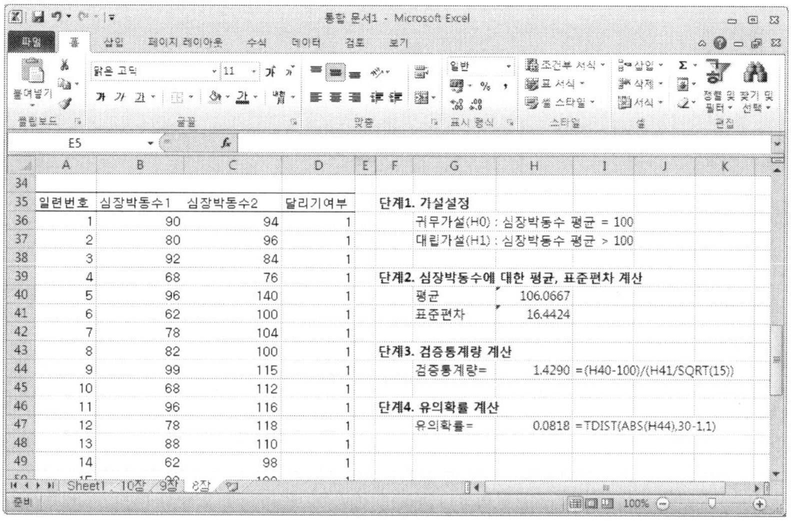

결과해석 유의확률(=0.0818)이 유의수준(=0.10)보다 더 작으므로 귀무가설 기각. 즉, 운동 후 심장박동수의 평균은 100보다 크다고 할 수 있다. ■

| 과제 8.5.1 | 11명의 연극인을 랜덤 추출한 데이터([예 8.2.1])에서 직업 연극인의 월 수입이 정규분포를 따른다고 가정할 때, 다음 질문에 답하라.

① 직업 연극인의 월 평균수입이 36(만 원)이라는 리서치 전문기관의 주장이 옳은가를 유의수준 $\alpha = 0.05$에서 유의성검정하라.

② ①의 유의성검정에 대한 P-값을 구하라.

연습문제 8장

1 어느 단체에서는 단체 내의 중년 남성의 체질량지수가 26 ㎏/㎡ 미만이라고 주장하고 있다. 이 단체 내의 중년 남성 중 랜덤으로 선택한 49명의 체질량지수를 조사한 결과 평균은 25, 표준편차 2.7이었다. 이 단체의 주장이 맞는지를 유의수준 5%에서 검정하라.

2 조깅화 제조업체에서는 운동화 A의 평균 수명이 800 ㎞라고 주장한다. 이를 확인하기 위하여 $n=10$개의 운동화 A를 실험한 결과가 다음과 같았다. (단, 운동화 A는 정규분포임을 가정한다). 평균 수명이 800 ㎞ 미만이라고 할 수 있는지를 유의수준 10%에서 검정하라.

$$\bar{x}=780$$
$$s=55$$

3 LDL 콜레스테롤을 관리하기 위하여 상당기간 운동–식이요법을 시행하면 평균 4.3 mmol/L의 LDL 콜레스테롤 감소효과가 있다고 주장한다. 이 주장이 근거가 있는지를 조사하기 위하여 이 요법을 시행한 사람 중 14명을 랜덤으로 선택하여 LDL 콜레스테롤의 감소량을 조사한 결과가 다음과 같다(단, LDL 콜레스테롤 감소량은 정규분포를 따른다고 한다). 이 주장이 근거가 있는지를 유의수준 5%에서 검정하라.

4.61	6.42	5.40	4.54	3.98
3.82	5.01	4.34	3.80	4.56
5.35	3.89	2.25	4.24	

4 위의 [문제 3]에서 모분산 $\sigma^2=3.2^2$이라는 사실이 주어졌을 때, 위의 주장이 근거가 있는지를 유의수준 5%에서 검정하라.

5 중년에 흡연하는 경우 늙어 치매로 고통 받을 확률이 75%까지 높아진다는 미국 M대학의 연구결과가 있었다. 노인 400명을 랜덤으로 뽑아 조사한 결과, 중년에 흡연한 164명 중 121명이 치매로 고통 받고 있음이 밝혀졌다. 치매에 걸릴 확률이 75% 미만이라고 할 수 있는지를 유의수준 5%에서 검정하라.

6 신생아 체중에 관한 연구에서 만삭에 태어난 평균 출생 체중은 3.3 ㎏이라고 한다. 12명의 신생아를 랜덤으로 뽑아 얻은 자료가 다음과 같다(단, 신생아 체중은 정규분포임을 가정한

다). 이 연구결과가 맞는지를 유의수준 10%에서 검정하라.

3.1	2.7	3.5	3.3	2.9	3.0
3.6	3.8	3.2	3.3	2.7	3.1

7 습관적으로 조깅을 하면 최대 산소섭취량(VO_2 max)이 적어도 50 mL/kg 정도는 된다는 스포츠화 제조업체의 주장이 있었다. 이를 확인하기 위하여 $n=20$명을 랜덤하게 선택하여 그들의 최대 산소섭취량을 측정한 결과 다음을 얻었다(최대 산소섭취량은 정규분포임을 가정한다). 최대 산소섭취량의 평균이 50 mL/kg 미만이라고 할 수 있는지 유의수준 10%에서 검정하라.

$$\bar{x} = 47.5\,\text{mL/kg}$$
$$s = 4.8\,\text{mL/kg}$$

8 건강한 30대 초반 여성들의 평균 확장기 혈압은 74.5 mmHg라고 한다. 당뇨를 앓고 있는 30대 초반 여성들 중 11명을 랜덤하게 뽑아 그들의 평균 확장기 혈압을 조사한 결과가 다음과 같았다(단, 확장기 혈압은 정규분포임을 가정한다). 당뇨를 앓고 있는 30대 초반 여성들의 평균 확장기 혈압이 74.5 mmHg라고 할 수 있는지 유의수준 5%에서 검정하라.

71.5	74.3	76.2	72.7	73.5
77.2	70.3	69.7	72.1	70.6
69.5				

9 위의 문제 (3, 5, 6, 7, 8)에서 각 가설검정에 대한 $P-$값을 각각 구하라.

10 [예 7.3.6]의 애완견 데이터를 다시 고려하자. 애완견의 수명이 정규분포를 따른다고 가정하였을 때, 동물병원에서는 모분산이 기존에 알려진 것과는 달리 1.5가 아닐 것이라고 주장한다. 동물병원의 주장이 맞는지 여부를 유의수준 0.05에서 유의성검정하라.

11 2006년 전국의 대학생 흡연율이 '0.43'이라는 건강관리협회의 발표가 있었다. 강원지역에 거주하는 남녀 대학생 50명을 랜덤 추출하여 흡연율을 조사해 보니 $\hat{p}=0.40$이었다. 강원지역 대학생의 흡연율은 전국의 흡연율과 다르다고 할 수 있는지 여부를 유의수준 $\alpha=0.05$로 유의성검정하라.

12 2013년 학교건강조사에 의하면 중·고등학생의 70%가 근시라고 한다. 2017년에도 중·고등학생의 근시비율이 70%라고 할 수 있는지 확인하기 위하여 중·고등학생 200명을 조사한 결과 근시인 학생은 152명이었다. 2017년 중·고등학생의 근시비율이 70%라고 할 수 있는지 여부를 유의수준 10%에서 검정하라.

09

두 모집단에 대한 추론

9.1 두 모집단 비교를 위한 실험설계

거의 모든 사회 영역에서 기존의 전통방식을 수정하거나 발전시키려는 행위나 시도가 이루어지고 있다. 교육방식, 생산 공정, 보건 계통뿐 아니라 심지어 운동 경기에서도 두 가지 또는 그 이상의 기술이나 방식을 비교하려는 연구가 활발히 진행되고 있다. 이를 위해서는 실험이나 관측이 선행되어야 하며, 수집된 데이터를 분석함으로써 통계적인 추론이나 결론에 도달할 수 있을 것이다. 여기서는 단지 두 가지 방법이나 처리(treatment)를 비교하는 내용을 다룰 것이다.

처리란 일반적으로 비교하려는 방법을 지칭하며, 하나의 처리에 한 집단의 실험개체들(실험단위들, experimental units)이 노출되어 있고, 또 다른 처리를 또 다른 한 집단의 실험개체에 적용하여 그 반응들(responses)을 조사함으로써 두 모집단의 비교연구를 수행할 수 있다. 예를 들어 비교연구(comparative study)에서 두 가지 처리란 약물의 복용과 비복용, 두 가지 훈련 방식, 두 종류의 공정 등을 일컫는다.

실험개체란 환자, 운동선수, 생산품 등과 같이 각 처리가 적용되는 개체를 말하고, 반응이란 혈압, 점수, 수명 등과 같이 각 실험개체로부터 측정되는 변수를 말한다. 그리고 실험계획(experimental design, 실험설계)이란 실험개체들을 어떻게 선택하여 어떤 처리에 적용할지를 계획하는 것을 말한다. 우리는 실험계획에서 다음과 같은 두 가지 특징이 구현되도록 유의해야 한다.

① 개체들을 두 처리에 랜덤배정(random assignment)

② 비교요인이 아닌 다른 요인들의 효과를 상쇄하기 위한 짝짓기(pairing 또는 matching)

두 모집단 비교를 위한 실험설계에서, 특징 ①은 처리 1에 해당하는 모집단에서 한 랜덤표본을 선택하고 처리 2에 해당하는 모집단에서 이와 독립적으로 다른 한 랜덤표본을 선택하는 것을 의미한다. 이렇게 얻어진 서로 독립인 두 랜덤표본을 독립표본(independent samples)이라고 한다.

특징 ②는 실험 개체들을 동질적인 쌍으로 선택하여 각 쌍의 한 개체에는 처리 1을, 다른 한 개체에는 처리 2를 랜덤하게 적용하는 것이다. 이러한 표본을 대응표본(paired samples, 짝진 표본, 쌍체 표본)이라고 한다.

9.2 독립표본을 이용한 두 모평균의 차이에 관한 추론

독립표본으로부터 두 모집단의 모평균 차이에 관한 추론을 하기 위하여 우리는 다음 가정을 필요로 한다.

도표 9.2.1 독립표본의 데이터 구조
① $\{X_1,\cdots,X_m\}$은 평균 μ_1, 분산 $\sigma_1{}^2$인 모집단 1에서의 확률표본이다.
② $\{Y_1,\cdots,Y_n\}$은 평균 μ_2, 분산 $\sigma_2{}^2$인 모집단 2에서의 확률표본이다.
③ 확률표본들 $\{X_1,\cdots,X_m\}$과 $\{Y_1,\cdots,Y_n\}$는 서로 독립이다.

두 모집단의 평균 μ_1, μ_2를 비교하거나 두 처리 간 평균의 동일성에 관한 검정을 하기 위하여 각 모집단의 표본평균에 의존하게 하는데 한 모집단인 경우와 마찬가지 로 다음의 네 가지 경우로 나누어 알아보자.

① 두 모분산 $\sigma_1{}^2, \sigma_2{}^2$이 기지인 정규모집단

② 두 모분산 $\sigma_1{}^2, \sigma_2{}^2$이 미지인 정규모집단

- $\sigma_1{}^2 = \sigma_2{}^2$인 경우
- $\sigma_1{}^2 \neq \sigma_2{}^2$인 경우

③ 임의의 모집단에서 대표본인 경우

9.2.1 두 모분산이 기지인 정규모집단

두 모분산 $\sigma_1{}^2, \sigma_2{}^2$이 기지인 정규모집단에서 모평균 차이에 대한 추론을 위하여, 표본평균 $\overline{X}$, $\overline{Y}$와 그 분포를 이용한다. 표본평균 $\overline{X}$, $\overline{Y}$는 다음과 같이 각각 정규분포를 따른다.

$$\overline{X} \sim N\left(\mu_1, \frac{\sigma_1{}^2}{m}\right),$$

$$\overline{Y} \sim N\left(\mu_2, \frac{\sigma_2{}^2}{n}\right).$$

그런데 이들은 서로 독립이므로 $\overline{X} - \overline{Y}$도 정규분포를 따른다.

$$\overline{X} - \overline{Y} \sim N\left(\mu_1 - \mu_2, \frac{\sigma_1{}^2}{m} + \frac{\sigma_2{}^2}{n}\right).$$

따라서 $\overline{X}-\overline{Y}$를 표준화시킨 통계량 Z는 표준정규분포를 따른다.

$$Z=\frac{\overline{X}-\overline{Y}-(\mu_1-\mu_2)}{\sqrt{\frac{{\sigma_1}^2}{m}+\frac{{\sigma_2}^2}{n}}}\sim N(0,1).$$

이로부터 우리는 다음과 같은 확률적 표현을 얻을 수 있다.

$$P\left\{-Z_{\alpha/2}\le Z=\frac{\overline{X}-\overline{Y}-(\mu_1-\mu_2)}{\sqrt{\frac{{\sigma_1}^2}{m}+\frac{{\sigma_2}^2}{n}}}\le Z_{\alpha/2}\right\}=1-\alpha.$$

우리는 이를 정돈하여 모평균 차 $\mu_1-\mu_2$의 $100(1-\alpha)\%$ 신뢰구간을 다음과 같이 구할 수 있다.

$$\left(\overline{X}-\overline{Y}-Z_{\alpha/2}\sqrt{\frac{{\sigma_1}^2}{m}+\frac{{\sigma_2}^2}{n}}\,,\ \overline{X}-\overline{Y}+Z_{\alpha/2}\sqrt{\frac{{\sigma_1}^2}{m}+\frac{{\sigma_2}^2}{n}}\right).$$

이번에는 두 모집단 평균의 동일성에 대한 양측검정을 고려하자.

$$H_0: \mu_1=\mu_2 \quad vs \quad H_1: \mu_1\neq\mu_2$$

귀무가설하에서 $\overline{X}-\overline{Y}$를 표준화시킨 검정통계량 Z_0는 표준정규분포를 따른다.

$$Z_0=\frac{\overline{X}-\overline{Y}}{\sqrt{\frac{{\sigma_1}^2}{m}+\frac{{\sigma_2}^2}{n}}}\sim N(0,1).$$

검정통계량 Z_0의 값 z_0이 다음과 같은 기각역에 속하면, 유의수준 α에서 H_0를 기각한다.

$$|Z_0|\ge Z_{\alpha/2}\ .$$

또는 다음과 같이 $P-$값이 유의수준 α 보다 작으면 H_0를 기각한다.

$$P-\text{값} = P\{|Z_0|\ge|z_0|\} < \alpha.$$

요약 두 모분산 σ_1^2, ${\sigma_2}^2$이 기지인 정규모집단에서 두 모평균에 관한 추론:

① $\mu_1 - \mu_2$의 $100(1-\alpha)\%$ 신뢰구간

$$\left(\overline{X} - \overline{Y} - Z_{\alpha/2}\sqrt{\frac{{\sigma_1}^2}{m} + \frac{{\sigma_2}^2}{n}}, \quad \overline{X} - \overline{Y} + Z_{\alpha/2}\sqrt{\frac{{\sigma_1}^2}{m} + \frac{{\sigma_2}^2}{n}} \right)$$

② $H_0: \mu_1 = \mu_2 \ vs \ H_1: \mu_1 \neq \mu_2$에 대한 유의성검정

기각역: $|Z_0| = \left| \dfrac{\overline{X} - \overline{Y}}{\sqrt{\dfrac{{\sigma_1}^2}{m} + \dfrac{{\sigma_2}^2}{n}}} \right| \geq Z_{\alpha/2}$

P−값 $= P\{|Z_0| \geq |z_0|\} < \alpha$이면 기각

예 9.2.1 예술정책기관에서 예술인 가구 월평균 수입이 성별(M , F)에 따라 다른 가를 조사하려고 한다. 월평균 수입은 대략 정규분포를 하며 ${\sigma_M}^2 = 13^2$, ${\sigma_F}^2 = 12^2$ 임을 알고 있다. 남녀별로 크기 9인 표본을 각각 추출하여 다음과 같은 자료를 얻었다(단위: 만 원). 이때 남녀별 월평균 수입 μ_M, μ_F 의 차이에 대한 95% 신뢰구간을 구하고, 월 평균 수입이 남녀별로 동일한지를 유의수준 0.05로 검정하라.

도표 9.2.2 예술인 가구의 성별 월평균 수입

M	310	330	317	341	320	305	335	324	305
F	370	350	355	352	385	362	368	375	357

풀이 각 집단 데이터의 평균은 다음과 같이 계산된다.

$$\text{M}: \ m = 9, \quad \overline{x} = 320.8,$$
$$\text{F}: \ n = 9, \quad \overline{y} = 369.1.$$

이 두 집단의 데이터는 분산이 기지인 정규모집단에서의 독립적인 두 표본이므로$\mu_M - \mu_F$의 95% 신뢰구간은 다음과 같이 주어진다.

$$\begin{aligned} &\overline{X} - \overline{Y} \pm Z_{\alpha/2}\sqrt{\frac{{\sigma_1}^2}{m} + \frac{{\sigma_2}^2}{n}} \\ &= (320.8 - 369.1) \pm 1.96\sqrt{\frac{13^2}{9} + \frac{12^2}{9}} \\ &= -48.3 \pm 11.6 = (-59.9, \ -36.7). \end{aligned}$$

우리는 또 월 평균수입이 남녀별로 동일한지를 검정하기 위한 가설을 다음과 같이 세울 수 있다.

$$H_0: \mu_M = \mu_F \quad vs \quad H_1: \mu_M \neq \mu_F.$$

검정통계량 Z_0의 값 z_0를 계산하면 다음과 같다.

$$z_0 = \frac{\overline{X} - \overline{Y}}{\sqrt{\frac{\sigma_1{}^2}{m} + \frac{\sigma_2{}^2}{n}}} = \frac{320.8 - 369.1}{\sqrt{\frac{13^2}{9} + \frac{12^2}{9}}} = -8.19.$$

검정통계량의 값이 기각역에 속하므로 유의수준 0.05로 H_0를 기각한다.

$$|z_0| = 8.19 > Z_{\alpha/2} = Z_{0.025} = 1.96.$$

이때 P-값은 다음과 같이 주어진다.

$$P\text{-값} = P\{|Z_0| \geq |z_0|\} = P\{|Z_0| \geq 8.19\} = 2P\{Z_0 \leq -8.19\} \doteq 0.0001 < \alpha = 0.05.$$

즉 유의수준 0.05에서 남녀별로 월 평균수입이 같지 않다는 결론을 내린다. ■

9.2.2 두 모분산이 미지인 정규모집단

두 모분산 σ_1^2, $\sigma_2{}^2$ 이 미지인 정규모집단에서 모평균 차이에 대한 추론을 위하여 두 모집단의 분산이 동일한 경우와 그렇지 않은 경우로 나누어 다루기로 한다.

(1) 두 모분산이 동일한 경우

표본평균 $\overline{X}$, $\overline{Y}$의 분포는 다음과 같이 각각 정규분포를 따른다.

$$\overline{X} \sim N\left(\mu_1, \frac{\sigma^2}{m}\right),$$

$$\overline{Y} \sim N\left(\mu_2, \frac{\sigma^2}{n}\right).$$

이들은 서로 독립이므로 $\overline{X} - \overline{Y}$의 분포는 다음과 같다.

$$\overline{X} - \overline{Y} \sim N\left(\mu_1 - \mu_2, \sigma^2\left(\frac{1}{m} + \frac{1}{n}\right)\right).$$

우리는 미지의 모분산 σ^2의 불편추정량으로 다음과 같이 정의되는 합동추정량 $S_p{}^2$을 사용할 수 있다.

$$S_p{}^2 = \frac{\sum_{i=1}^{m}(X_i - \overline{X})^2 + \sum_{i=1}^{n}(Y_i - \overline{Y})^2}{m+n-2} = \frac{(m-1)S_1{}^2 + (n-1)S_2{}^2}{m+n-2}.$$

우리는 합동추정량 ${S_p}^2$이 두 집단의 표본분산들의 가중평균임을 알 수 있다. 미지의 모분산 σ^2 대신에 S_p^2를 사용하여 $\overline{X}-\overline{Y}$를 표준화한 통계량 T는 t-분포를 따른다.

$$T=\frac{(\overline{X}-\overline{Y})-(\mu_1-\mu_2)}{S_p\sqrt{\dfrac{1}{m}+\dfrac{1}{n}}}\sim t(m+n-2).$$

이로부터 우리는 $\mu_1-\mu_2$의 $100(1-\alpha)\%$ 신뢰구간을 다음과 같이 얻을 수 있다.

$$\left(\overline{X}-\overline{Y}-t_{\alpha/2}(m+n-2)S_p\sqrt{\frac{1}{m}+\frac{1}{n}}\ ,\ \ \overline{X}-\overline{Y}+t_{\alpha/2}(m+n-2)S_p\sqrt{\frac{1}{m}+\frac{1}{n}}\right).$$

이번에는 두 모집단 평균의 동일성에 대한 양측검정을 고려하자.

$$H_0: \mu_1=\mu_2 \quad vs \quad H_1: \mu_1\neq\mu_2$$

귀무가설하에서 $\overline{X}-\overline{Y}$를 표준화시킨 검정통계량 T_0는 t-분포를 따른다.

$$T_0=\frac{\overline{X}-\overline{Y}}{S_p\sqrt{\dfrac{1}{m}+\dfrac{1}{n}}}\sim t(m+n-2).$$

검정통계량 T_0의 값 t_0이 다음과 같은 기각역에 속하면, 유의수준 α에서 H_0를 기각한다.

$$|T_0|\geq t_{\alpha/2}(m+n-2).$$

또는 다음과 같이 $P-$값이 유의수준 α보다 작으면 H_0를 기각한다.

$$P-\text{값}=P\{|T_0|\geq|t_0|\}\ <\alpha.$$

요약 두 모분산 σ_1^2, ${\sigma_2}^2$이 미지이지만 동일한 경우 정규모집단에서의 두 모평균 차이 $\mu_1-\mu_2$에 관한 추론:

① $\mu_1-\mu_2$의 $100(1-\alpha)\%$ 신뢰구간

$$\left(\overline{X}-\overline{Y}-t_{\alpha/2}(m+n-2)S_p\sqrt{\frac{1}{m}+\frac{1}{n}},\ \overline{X}-\overline{Y}+t_{\alpha/2}(m+n-2)S_p\sqrt{\frac{1}{m}+\frac{1}{n}}\right)$$

② $H_0: \mu_1=\mu_2$ vs $H_1: \mu_1\neq\mu_2$ 에 대한 유의성검정

$$\text{기각역: } |T| = \left| \frac{\overline{X} - \overline{Y} - (\mu_1 - \mu_2)}{S_p \sqrt{\frac{1}{m} + \frac{1}{n}}} \right| \geq t_{\alpha/2}(m+n-2)$$

$$P\text{-값} = P\{|T_0| \geq |t_0|\} < \alpha \text{이면 기각, } T_0 \sim t(m+n-2).$$

예 9.2.2 위의 예에서 예술인 가구의 남녀 별 월수입의 분산 $\sigma_M{}^2$, $\sigma_F{}^2$의 값이 주어지지 않았지만 동일하다고 가정하였을 때, 남녀별 월 평균수입 μ_M, μ_F의 차이에 대한 90% 신뢰구간을 구하고, 월 평균수입이 남녀별로 동일한지를 유의수준 $\alpha = 0.10$에서 검정하라(단, 월 평균수입은 대략 정규분포를 한다).

풀이 두 표본의 데이터에서 평균과 표본분산을 각각 구해 보자.

$$m = 9,\ \bar{x} = 320.8,\ S_1{}^2 = 12.9^2,$$
$$n = 9,\ \bar{y} = 369.1,\ S_2{}^2 = 11.7^2.$$

따라서 합동추정량 $S_p{}^2$은 다음과 같이 계산된다.

$$S_p{}^2 = \frac{(m-1)S_1{}^2 + (n-1)S_2{}^2}{m+n-2} = \frac{8 \times 166.9 + 8 \times 135.9}{9+9-2} = 151.4.$$

이로부터 $\mu_M - \mu_F$의 90% 신뢰구간은 다음과 같이 얻어진다.

$$\begin{aligned} &\overline{X} - \overline{Y} \pm t_{\alpha/2}(m+n-2) S_p \sqrt{\frac{1}{m} + \frac{1}{n}} \\ &= 320.8 - 369.1 \pm (1.746)(12.3)\sqrt{\frac{1}{9} + \frac{1}{9}} \\ &= -48.3 \pm 10.12 = (-58.42,\ -38.18). \end{aligned}$$

여기서 신뢰구간이 '0'을 포함하지 않음에 유의하라.
또 우리는 수입이 남녀별로 동일한지에 대한 가설을 다음과 같이 세울 수 있다.

$$H_0: \mu_M = \mu_F \quad vs \quad H_1: \mu_M \neq \mu_F.$$

우리는 귀무가설 하에서 검정통계량 T_0의 값 t_0를 다음과 같이 구할 수 있다.

$$t_0 = \frac{\overline{X} - \overline{Y} - (\mu_M - \mu_F)}{S_p \sqrt{\frac{1}{m} + \frac{1}{n}}} = \frac{320.8 - 369.1}{12.3\sqrt{\frac{1}{9} + \frac{1}{9}}} = -8.33.$$

검정통계량의 값이 기각역에 속하므로 유의수준 $\alpha = 0.10$로 H_0를 기각한다.

$$|t_0| = 8.33 > t_{\alpha/2}(m+n-2) = t_{0.05}(16) = 1.746$$

이때 P-값은 다음과 같이 주어진다.

$$P\text{-값} = P\{|T_0| \geq |t_0|\} = P\{|T_0| \geq 8.33\} = 2P\{T_0 \leq -8.33\} = 3.26E-7 < \alpha = 0.1.$$

즉 우리는 유의수준 0.1에서 남녀별로 월 평균수입이 같지 않다는 결론을 내린다. 위에서 구한 90% 신뢰구간이 '0'을 포함하지 않았으므로 귀무가설 $H_0: \mu_M = \mu_F$를 기각하게 됨에 유의하라. ■

(2) 두 모분산이 동일하지 않은 경우

두 모분산이 미지이며 서로 동일하지 않은 경우에 정규모집단에서 모평균 차이에 대한 추론문제는 흔히 베렌즈-휘셔(Berens-Fisher)의 문제라고 한다. 이때 표본평균 $\overline{X}$, $\overline{Y}$의 분포는 다음과 같이 각각 정규분포를 따른다.

$$\overline{X} \sim N\left(\mu_1, \frac{\sigma_1^2}{m}\right), \quad \overline{Y} \sim N\left(\mu_2, \frac{\sigma_2^2}{n}\right).$$

이들은 서로 독립이므로 $\overline{X} - \overline{Y}$의 분포는 다음과 같다.

$$\overline{X} - \overline{Y} \sim N\left(\mu_1 - \mu_2, \frac{{\sigma_1}^2}{m} + \frac{{\sigma_2}^2}{n}\right).$$

미지의 모분산 σ_1^2, ${\sigma_2}^2$ 대신에 표본분산 ${S_1}^2$, ${S_2}^2$를 사용하여 $\overline{X} - \overline{Y}$를 표준화한 통계량 T의 분포는 t-분포에 근사한다.

$$T = \frac{(\overline{X} - \overline{Y}) - (\mu_1 - \mu_2)}{\sqrt{\dfrac{{S_1}^2}{m} + \dfrac{{S_2}^2}{n}}} \;\dot{\sim}\; t(\phi),$$

여기서 {웰치-}새터스웨이트({Welch-}Satterthwaite)의 근사적 자유도 ϕ는 다음과 같이 주어진다.

$$\phi = \frac{({S_1}^2/m + {S_2}^2/n)^2}{\dfrac{({S_1}^2/m)^2}{m-1} + \dfrac{({S_2}^2/n)^2}{n-1}}.$$

따라서 이 사실을 이용하여 모평균의 차이에 대한 추론을 다음과 같이 요약하여 본다.

요약 두 모분산 σ_1^2, ${\sigma_2}^2$이 미지이고 동일하지 않은 경우, 정규모집단에서의 두 모평균 차이 $\mu_1 - \mu_2$에 관한 추론:

① $\mu_1 - \mu_2$의 $100(1-\alpha)\%$ 신뢰구간

$$\left(\overline{X}-\overline{Y}-t_{\alpha/2}(\phi)\sqrt{\frac{{S_1}^2}{m}+\frac{{S_2}^2}{n}}\ ,\ \overline{X}-\overline{Y}+t_{\alpha/2}(\phi)\sqrt{\frac{{S_1}^2}{m}+\frac{{S_2}^2}{n}}\right),$$

여기서 그리고 다음에서 $\varnothing = \dfrac{(S_1^2/m+S_2^2/n)^2}{\dfrac{(S_1^2/m)^2}{m-1}+\dfrac{(S_2^2/n)^2}{n-1}}$.

② $H_0: \mu_1 = \mu_2 \ vs \ H_1: \mu_1 \neq \mu_2$에 대한 유의성검정

기각역: $|T_0| = \left|\dfrac{\overline{X}-\overline{Y}}{\sqrt{{S_1}^2/m+{S_2}^2/n}}\right| \geq t_{\alpha/2}(\phi)$

P-값$=P\{|T_0| \geq |t_0|\} < \alpha$이면 기각, $T_0 \sim t(\phi)$.

예 9.2.3 위의 예에서 예술인 가구의 남녀별 월수입의 분산 ${\sigma_M}^2$, ${\sigma_F}^2$의 값을 모르고 동일하지도 않을 경우, 남녀별 월 평균수입 μ_M, μ_F의 차이에 대한 90% 신뢰구간을 구하고, 월 평균수입이 남녀별로 동일한지를 유의수준 $\alpha=0.10$에서 검정하라.

풀이 두 표본의 데이터에서 평균과 표본분산을 각각 구하면 다음과 같다.

$$m=9\ ,\ \overline{x}=320.8 \quad {S_1}^2=12.9^2$$
$$n=9\ ,\ \overline{y}=369.1 \quad {S_2}^2=11.7^2$$

따라서 t-분포의 자유도 ϕ는 다음과 같이 계산된다.

$$\phi = \frac{(12.9^2/9+11.7^2/9)^2}{\dfrac{(12.9^2/9)^2}{8}+\dfrac{(11.7^2/9)^2}{8}} = 16.6 \doteq 17.$$

이로부터 $\mu_M - \mu_F$의 90% 신뢰구간은 다음과 같이 얻어진다.

$$\overline{X}-\overline{Y}\pm t_{\alpha/2}(\phi)\sqrt{\frac{{S_1}^2}{m}+\frac{{S_2}^2}{n}}$$
$$=(320.8-369.1)\pm 1.74\sqrt{\frac{12.9^2}{9}+\frac{11.7^2}{9}}$$
$$=-48.3\pm 10.10=(-58.40\ ,\ -38.20).$$

또 우리는 수입이 남녀별로 동일한지를 검정하기 가설을 다음과 같이 세울 수 있다.

$$H_0: \mu_M = \mu_F \quad vs \quad H_1: \mu_M \neq \mu_F.$$

우리는 검정통계량 T_0의 값 t_0를 다음과 같이 구할 수 있다.

$$t_0 = \frac{\overline{X} - \overline{Y} - (\mu_M - \mu_F)}{\sqrt{\frac{{S_1}^2}{m} + \frac{{S_2}^2}{n}}} = \frac{320.8 - 369.1}{\sqrt{\frac{12.9^2}{9} + \frac{11.7^2}{9}}} = -8.32.$$

검정통계량의 값이 기각역에 속하므로 유의수준 $\alpha = 0.10$로 H_0를 기각한다.

$$|t_0| = 8.32 > t_{\alpha/2}(\phi) = t_{0.05}(17) = 1.74.$$

이때 P–값은 다음과 같이 주어진다.

$$P\text{–값} = P\{|T_0| \geq |t_0|\} = P\{|T_0| \geq 8.32\} = 2P\{T_0 \leq -8.32\} = 2.14E-7 < \alpha = 0.1.$$

즉 유의수준 0.01에서 남녀별로 월 평균수입이 같지 않다는 결론을 내린다. ■

9.2.3 임의의 모집단에서 대표본인 경우

대표본인 경우에 임의의 모집단들에서의 모평균 차이에 대한 추론을 위하여, 우리는 표본평균 $\overline{X}$, $\overline{Y}$와 그 분포를 이용하게 된다. 표본의 크기 m, n이 충분히 큰 경우에 모집단의 분포와 관계없이 표본평균 $\overline{X}$, $\overline{Y}$의 분포는 중심극한정리에 의해 근사적으로 정규분포를 따른다.

$$\overline{X} \dot{\sim} N(\mu_1, {S_1}^2/m),$$

$$\overline{Y} \dot{\sim} N(\mu_2, {S_2}^2/n).$$

이때 표본평균 $\overline{X}$와 $\overline{Y}$는 서로 독립이므로 $\overline{X} - \overline{Y}$의 분포도 정규분포에 근사한다.

$$\overline{X} - \overline{Y} \dot{\sim} N(\mu_1 - \mu_2, {S_1}^2/m + {S_2}^2/n).$$

따라서 $\overline{X} - \overline{Y}$를 표준화시킨 통계량 Z는 근사적으로 표준정규분포를 따른다.

$$Z = \frac{\overline{X} - \overline{Y} - (\mu_1 - \mu_2)}{\sqrt{{S_1}^2/m + {S_2}^2/n}} \dot{\sim} N(0, 1).$$

이 사실을 이용하여 모평균의 차이에 관한 추론을 요약하면 다음과 같다.

요약 대표본인 경우 임의의 모집단에서의 두 모평균 차이 $\mu_1 - \mu_2$에 관한 추론:

① $\mu_1 - \mu_2$의 $100(1-\alpha)\%$ 신뢰구간

$$\left(\overline{X} - \overline{Y} - Z_{\alpha/2}\sqrt{{S_1}^2/m + {S_2}^2/n}\,,\quad \overline{X} - \overline{Y} + Z_{\alpha/2}\sqrt{{S_1}^2/m + {S_2}^2/n}\right)$$

② $H_0: \mu_1 = \mu_2 \ vs \ H_1: \mu_1 \neq \mu_2$에 대한 유의성검정

기각역: $|Z| = \left|\dfrac{\overline{X} - \overline{Y} - (\mu_1 - \mu_2)}{\sqrt{{S_1}^2/m + {S_2}^2/n}}\right| \geq Z_{\alpha/2}$

P-값$= P\{|Z_0| \geq |z_0|\} < \alpha$이면 기각

예 9.2.4 부모의 흡연 여부가 유아들의 건강에 영향을 미치는 여부는 중요한 관심사이다. 집에서 흡연하는 부모에 노출된 유아들과 그렇지 않은 유아들의 오줌 속 니코틴 양을 조사한 결과가 주어졌다. 두 모집단의 모평균 μ_1, μ_2의 차이에 대한 95% 신뢰구간을 구하고, 모평균 μ_1, μ_2의 동일성에 관하여 유의수준 $\alpha = 0.05$에서 검정하라.

도표 9.2.3 흡연/비흡연 부모에 따른 유아들의 오줌 속 니코닌 양

표본 1(비흡연)	$m = 35$	$\overline{x_1} = 31.3$	$s_1 = 37.1$
표본 2(흡연)	$n = 40$	$\overline{x_2} = 116.0$	$s_2 = 60.0$

풀이 $\mu_1 - \mu_2$의 95% 신뢰구간은 다음과 같다.

$$\begin{aligned}
&\overline{X_1} - \overline{X_2} \pm Z_{\alpha/2}\sqrt{S_1^2/m + S_2^2/n} \\
&= (31.3 - 116.0) \pm 1.96\sqrt{37.1^2/35 + 60^2/40} \\
&= -84.7 \pm 22.29 \\
&= (-106.99, -62.41).
\end{aligned}$$

우리는 또 오줌 속 니코틴 양이 집단별로 동일한지를 검정하기 가설을 다음과 세울 수 있다.

$$H_0: \mu_1 = \mu_2 \quad vs \quad H_1: \mu_1 \neq \mu_2.$$

그리고 이를 검정하기 위한 검정통계량 Z_0의 값 z_0는 다음과 같이 계산된다.

$$z_0 = \frac{\overline{X_1} - \overline{X_2}}{\sqrt{S_1^2/n + S_2^2/n}} = \frac{31.3 - 116.0}{\sqrt{37.1^2/35 + 60^2/40}} = -7.448.$$

검정통계량의 값이 기각역에 속하므로 유의수준 $\alpha = 0.05$로 H_0를 기각한다.

$$|z_0| = 7.448 \ > \ Z_{\alpha/2} = Z_{0.025} = 1.96.$$

이때 P-값은 다음과 같이 주어진다.

$$P\text{-값} \ = \ P\{|Z_0| \ge |z_0|\} = P\{|Z_0| \ge 7.448\} = 2P\{Z_0 \le -7.448\} \dot{=} 0.000 < \alpha = 0.05.$$

즉 유의수준 0.05에서 오줌 속 니코틴 함유 평균값이 두 집단별로 동일하지 않다고 결론 내린다. ■

9.3 대응표본을 이용한 두 모평균의 차이에 관한 추론

두 모집단의 추론을 위하여 각 모집단에서 하나의 표본을 선택하여 독립적인 2개의 표본을 얻었다. 그러나 어느 실험에서 두 처리를 비교하기 위하여 개체들을 선택할 경우 다른 교락인자들(confounding factors, 혼동인자들)로 인하여 그들을 비교하기가 쉽지 않을 수 있다.

이런 경우 대응표본을 이용한다. 대응표본 자료의 각 개체나 대응된 개체 쌍에 대한 전-후(또는 사례-대조) 차이를 구함으로써 일표본문제로 환원시킬 수 있다. 즉 각 개체나 쌍에 대하여 관심 있는 반응값을 두 번 측정한다. 각 쌍에서 처리를 적용할 때는 랜덤하게 하여야 한다. 즉 각 쌍의 개체 하나에 처리 1이나 처리 2 중 하나를 랜덤하게 선택하여 적용하여야 한다. 각 쌍의 반응값의 차이를 이용하여 두 모평균의 차이에 관한 추론을 하며, 이런 계획을 대응비교(paired comparison)라고 한다. 대응비교의 자료구조는 다음과 같다.

도표 9.3.1 대응비교의 자료구조에 대한 가정

쌍	실험단위	
1	처리1	처리2
2	처리2	처리1
⋮	⋮	
n	처리2	처리1

쌍 간은 이질적이어도 되지만, 쌍 내는 동질적이어야 함

처리 1의 반응값을 X, 처리 2의 반응값을 Y라고 하면, 각 쌍 (X_i, Y_i), $i = 1, 2, \cdots, n$은 서로 독립이지만, 쌍 내의 X_i, Y_i는 통상 서로 독립적이지 않음에 유의

하여야 한다. 만약 실험개체의 짝짓기(또는 쌍)가 효과적이라면 X_i가 크면 Y_i도 덩달아 클 것으로 예상된다.

두 반응의 차이들 $D_i = X_i - Y_i$, $i = 1,2,\cdots,n$를 평균 μ_D, 분산 $\sigma_D{}^2$인 정규분포에서의 확률표본이라고 가정한다. 여기서 μ_D는 처리효과 차이의 평균을 의미한다. 만약 처리효과의 차이 μ_D가 '0'이면, 두 처리의 효과가 동일하다는 의미이고, μ_D가 음수이면, 처리 2의 평균 반응값이 처리 1의 평균 반응값보다 크다는 것을 나타낸다. $\{D_1,\cdots,D_n\}$을 한 모집단으로부터의 한 랜덤표본으로 간주하여, 모평균 μ_D에 대한 추론을 이용한다.

요약 모평균 차이 μ_D에 관한 추론:

- 가정: 차이 $D_i \sim N(\mu_D, \sigma_D{}^2)$, $i = 1,2,\cdots,n$

① μ_D에 관한 $100(1-\alpha)\%$ 신뢰구간

$$\overline{D} \pm t_{\alpha/2}(n-1)S_D/\sqrt{n},$$

여기서 그리고 아래에서 $\overline{D} = \sum_{i=1}^{n} D_i/n$, $S_D{}^2 = \dfrac{\sum_{i=1}^{n}(D_i - \overline{D})^2}{n-1}$.

② μ_D에 관한 유의성검정: $H_0: \mu_D = \mu_{D0}$ vs $H_1: \mu_D \neq \mu_{D0}$

- 귀무가설 하에서 검정통계량 $T_0 = \dfrac{\overline{D} - \mu_{D0}}{S_D/\sqrt{n}} \sim t(n-1)$
- P-값$= P\{|T_0| \geq |t_0|\} < \alpha$이면 기각, $T_0 \sim t(n-1)$.

예 9.3.1 운동기술의 습득에 있어서 정신훈련의 효과를 알아보기 위하여 8명의 성인남자를 랜덤하게 선택하였다. 정신훈련을 하지 않고 테스트한 점수와 소정의 정신훈련을 마친 후 테스트한 점수를 아래와 같이 각각 기록하였다.

도표 9.3.2 정신훈련 전후의 운전기술 습득점수

번호	훈련 전(X)	훈련 후(Y)	차이($D = Y - X$)
1	110	145	35
2	153	161	8
3	81	137	56
4	134	161	27
5	97	135	38
6	127	156	29

도표 9.3.2 정신훈련 전후의 운전기술 습득점수(계속)

번호	훈련 전(X)	훈련 후(Y)	차이($D=Y-X$)
7	132	138	6
8	138	147	9

만약 차이 $D_i = Y_i - X_i$가 정규분포를 한다고 가정했을 때

① 모평균의 차이 μ_D의 95% 신뢰구간을 구하라.

② 정신훈련 후 점수의 증가가 있는지를 유의수준 5%에서 검정하라.

풀이 ① $\overline{D}=26$, $S_D=17.52$, $t_{0.025}(7)=2.365$이므로 모평균의 차이 μ_D의 95% 신뢰구간은 다음과 같이 얻어진다.

$$\overline{D}\pm_{0.025}(n-1)S_D/\sqrt{n}=26\pm t_{0.025}(7)17.52/\sqrt{8}$$
$$=26\pm 2.365(17.52/\sqrt{8})=(11.36\ ,\ 40.64).$$

② 우리는 정신훈련의 효과가 있는지를 검정하기 위한 가설을 다음과 같이 세울 수 있다.

$$H_0 : \mu_D = 0 \quad vs \quad H_1 : \mu_D > 0.$$

이를 검정하기 위한 검정통계량 T_0의 값 t_0는 다음과 같이 계산된다.

$$t_0 = \frac{\overline{D}}{S_D/\sqrt{n}} = \frac{26}{17.52/\sqrt{8}} = 4.20.$$

검정통계량의 값이 기각역에 속하므로 유의수준 $\alpha=0.05$로 H_0를 기각한다.

$$\text{기각역: } T_0 \geq t_{0.06}(7)=1.895.$$

이때 $P-$값은 다음과 같이 주어진다.

$$P\text{-값} = P\{T_0 > t_0\} = P\{T_0 > 4.20\} = 0.002 < \alpha = 0.05.$$

즉 유의수준 0.05에서 정신훈련 후 점수의 증가가 있다고 결론내릴 수 있다. ■

9.4 두 모비율의 차이에 관한 추론

두 모집단에서 어떤 특성치의 발생률을 비교하고자 한다. 모집단 1과 2에서 어떤 특성

을 가지는 개체의 비율을 각각 p_1, p_2라고 하자. 예를 들어 '대학생 흡연율에 있어서 강원도와 경남지역이 서로 동일한가' 또는 '산골지역과 도시지역에 거주하는 성인 여자의 고혈압 발생비율이 동일한가' 등이 있다. 우리의 목적은 두 모비율의 차이 $(p_1 - p_2)$에 대한 신뢰구간을 구하거나 두 모비율이 동일하다는 귀무가설 $H_0: p_1 = p_2$를 검정하려는 데 있다.

모집단 1로부터 크기 m인 표본을 선택하여 성공횟수를 X라고, 모집단 2로부터 크기 n인 독립표본을 선택하여 성공횟수를 Y라고 각각 표기한다. 각 표본의 표본비율 $\hat{p_1}$, $\hat{p_2}$는 다음과 같이 정의된다.

$$\hat{p}_1 = X/m,\ \hat{p}_2 = Y/n.$$

이들의 기대치과 분산은 각각 다음과 같이 주어진다.

$$E[\hat{p_1}] = p_1\ ,\ E[\hat{p_2}] = p_2$$

$$V[\hat{p_1}] = \frac{p_1(1-p_1)}{m},\ \ V(\hat{p_2}) = \frac{p_2(1-p_2)}{n}.$$

두 표본비율 $\hat{p_1}$, $\hat{p_2}$는 서로 독립이라고 가정하였으므로, 두 표본비율의 차이 $\hat{p_1} - \hat{p_2}$의 기대치와 분산은 각각 다음과 같이 주어진다.

$$E[\hat{p_1} - \hat{p_2}] = p_1 - p_2$$

$$V[\hat{p_1} - \hat{p_2}] = \frac{p_1(1-p_1)}{m} + \frac{p_2(1-p_2)}{n}.$$

두 모비율 p_1, p_2의 추정치로 표본비율 $\hat{p_1}$, $\hat{p_2}$을 각각 사용하여 $\hat{p_1} - \hat{p_2}$의 분산의 추정치를 $\hat{V}[\hat{p_1} - \hat{p_2}]$을 다음과 같이 구한다.

$$\hat{V}[\hat{p_1} - \hat{p_2}] = \frac{\hat{p_1}(1-\hat{p_1})}{m} + \frac{\hat{p_2}(1-\hat{p_2})}{n}.$$

따라서 대표본 m, n에 대하여 $\hat{p_1} - \hat{p_2}$를 표준화한 통계량 Z는 근사적으로 표준정규분포를 따른다.

$$Z = \frac{\hat{p_1} - \hat{p_2} - (p_1 - p_2)}{\sqrt{\frac{\hat{p_1}(1-\hat{p_1})}{m} + \frac{\hat{p_2}(1-\hat{p_2})}{n}}} \sim N(0, 1).$$

우리는 이로부터 아래와 같이 $(p_1 - p_2)$의 $100(1-\alpha)\%$ 신뢰구간을 구할 수 있다.

> 대표본에서 두 모비율의 차이 $(p_1 - p_2)$에 대한 $100(1-\alpha)\%$ 근사 신뢰구간:
>
> $$\hat{p_1} - \hat{p_2} \pm Z_{\alpha/2}\sqrt{\frac{\hat{p_1}(1-\hat{p_1})}{m} + \frac{\hat{p_2}(1-\hat{p_2})}{n}}.$$

이제 두 모비율에 관한 검정을 다루기로 한다. 다음과 같은 양측검정을 고려하자.

$$H_0: p_1 = p_2 \ \ vs \ \ H_1: p_1 \neq p_2.$$

귀무가설 $H_0: p_1 = p_2$는 두 모비율이 서로 동일하다는 의미이므로, 공통 모비율인 p의 합동추정량 $\hat{p}$를 다음과 같이 구한다.

$$\hat{p} = \frac{X+Y}{m+n}.$$

충분히 큰 m, n에 대하여 귀무가설 $H_0: p_1 = p_2$하에서 $\hat{p_1} - \hat{p_2}$는 근사적으로 정규분포를 하며 그 기대치와 분산의 추정량은 각각 다음과 같다.

$$E[\hat{p_1} - \hat{p_2}] = 0, \quad \hat{V}[\hat{p_1} - \hat{p_2}] = \sqrt{\hat{p}(1-\hat{p})\left(\frac{1}{m} + \frac{1}{n}\right)}.$$

따라서 귀무가설하에서 이를 표준화한 통계량 Z_0는 근사적으로 정규분포를 따른다.

$$Z_0 = \frac{\hat{p_1} - \hat{p_2}}{\sqrt{\hat{p}(1-\hat{p})\left(\frac{1}{m} + \frac{1}{n}\right)}} \stackrel{\cdot}{\sim} N(0,1).$$

검정통계량 Z_0의 값 z_0이 다음과 같은 기각역에 속하면, 유의수준 α에서 H_0를 기각한다.

$$|Z_0| \geq Z_{\alpha/2}.$$

또는 다음과 같이 $P-$값이 유의수준 α보다 작으면 H_0를 기각한다.

$$P-\text{값} = P\{|Z_0| \geq |z_0|\} < \alpha.$$

요약 표본크기가 충분히 큰 m, n에 대한 모비율의 차이 $(p_1 - p_2)$에 대한 검정:

- 가설 $H_0: p_1 = p_2 \ vs \ H_1: p_1 \neq p_2$
- 귀무가설 하에서 검정통계량 $Z_0 = \dfrac{\hat{p_1} - \hat{p_2}}{\sqrt{\hat{p}(1-\hat{p})\left(\dfrac{1}{m} + \dfrac{1}{n}\right)}}$
- 기각역 또는 P-값

  기각역: $|Z_0| \geq Z_{\alpha/2}$

  P-값 $= P\{|Z_0| \geq |z_0|\} < \alpha$이면 기각

예 9.4.1 한국금연연구소에서는 대학생 흡연율이 한국과 일본에서 차이가 있는지를 알아보기 위하여, 2003년 7월부터 일 년 동안 부산 · 경남지역 대학생 중 2,700명, 또한 일본 홋카이도 지역 대학생 중 3,000명에 대하여 조사한 결과 다음과 같은 자료를 얻었다.

도표 9.4.1 우리나라와 일본의 대학생 흡연율

	표본크기	흡연자 수
한국 대학생	2700	1153
일본 대학생	3000	738
계	5700	1891

부산 · 경남지역 대학생의 흡연율을 p_1, 홋카이도 지역 대학생의 흡연율을 p_2라 할 때,

① 모비율의 차이 $p_1 - p_2$에 대한 95% 신뢰구간을 구하라.

② 두 지역 대학생의 흡연율이 서로 동일하지 않은지를 유의수준 5%에서 검정하라.

풀이 ① 부산 · 경남지역 대학생 흡연율의 추정값을 $\hat{p_1}$, 홋카이도 지역 대학생 흡연율의 추정값을 $\hat{p_2}$, 공통의 모비율 p의 합동추정량을 $\hat{p}$이라 할 때 이들은 각각 다음과 같이 계산된다.

$$\hat{p_1} = \frac{X}{m} = \frac{1153}{2700} = 0.427,$$

$$\hat{p_2} = \frac{Y}{n} = \frac{738}{3000} = 0.246,$$

$$\hat{p} = \frac{X+Y}{m+n} = \frac{1153+738}{2700+3000} = 0.332.$$

따라서 대표본에서 $(p_1 - p_2)$의 95% 신뢰구간은 다음과 같이 주어진다.

$$\hat{p_1} - \hat{p_2} \pm Z_{0.025}\sqrt{\frac{\hat{p_1}(1-\hat{p_1})}{m} + \frac{\hat{p_2}(1-\hat{p_2})}{n}}$$

$$= (0.427 - 0.246) \pm 1.96\sqrt{\frac{0.427(1-0.427)}{2700} + \frac{0.246(1-0.246)}{3000}}$$
$$= 0.181 \pm 0.024$$
$$= (0.157\,,\ 0.205)\,.$$

② 우리는 두 지역별로 대학생 흡연율이 차이가 있는지를 검정하기 위한 가설을 다음과 같이 세울 수 있다.

$$H_0: p_1 = p_2 \ vs \ H_1: p_1 \neq p_2.$$

그리고 귀무가설하에서 검정통계량 Z_0의 값 z_0를 다음과 같이 구할 수 있다.

$$Z = \frac{\widehat{p_1} - \widehat{p_2}}{\sqrt{\hat{p}(1-\hat{p})\left(\frac{1}{m} + \frac{1}{n}\right)}} = \frac{0.427 - 0.246}{\sqrt{0.332(1-0.332)\left(\frac{1}{2700} + \frac{1}{3000}\right)}} = 14.489.$$

검정통계량의 값이 기각역에 속하므로 유의수준 $\alpha = 0.05$로 H_0를 기각한다.

$$\text{기각역: } |Z| \geq Z_{0.025} = 1.96.$$

이때 $P-$값은 다음과 같이 주어진다.

$$P\text{-값} = P\{|Z_0| \geq |z_0|\} = P\{|Z_0| \geq 14.489\} = 2P\{Z_0 \leq -14.489\}$$
$$= 0.000 < \alpha = 0.05.$$

즉 유의수준 0.05에서 두 지역의 흡연율은 서로 다르다고 결론 내린다. ■

9.5 두 모분산의 비에 관한 추론

이제 두 모집단의 분포의 변동성을 비교하는 문제를 다루고자 한다. 우리는 여기서도 독립표본의 데이터구조를 필요로 한다.

도표 9.5.1 독립표본의 데이터 구조
① $\{X_1, \cdots, X_m\}$은 평균 μ_1, 분산 ${\sigma_1}^2$인 모집단 1에서의 확률표본이다.
② $\{Y_1, \cdots, Y_n\}$은 평균 μ_2, 분산 ${\sigma_2}^2$인 모집단 2에서의 확률표본이다.
③ 확률표본들 $\{X_1, \cdots, X_m\}$과 $\{Y_1, \cdots, Y_n\}$는 서로 독립이다.

모분산비 σ_1^2/σ_2^2에 관한 추론은 표본분산비 S_1^2 / S_2^2를 토대로 이루어지는데, 여기서

표본분산들은 다음과 같이 주어진다.

$$S_1^2 = \frac{1}{m-1}\sum_{i=1}^{m}(X_i - \overline{X})^2, \quad S_2^2 = \frac{1}{n-1}\sum_{i=1}^{n}(Y_i - \overline{Y})^2.$$

이때 다음과 같은 모분산비와 표본분산비의 비 F는 F-분포를 따른다.

$$F = \frac{S_1^2/S_2^2}{\sigma_1^2/\sigma_2^2} = \frac{S_1^2/\sigma_1^2}{S_2^2/\sigma_2^2} \sim F(m-1, n-1).$$

이로부터 우리는 다음과 같은 확률적 표현을 얻는다.

$$P\{F_{1-\alpha/2}(m-1,n-1) < F < F_{\alpha/2}(m-1,n-1)\} = 1-\alpha.$$

이를 정돈하면,

$$P\left\{\frac{S_1^2}{S_2^2}\frac{1}{F_{\alpha/2}(m-1,n-1} \le \frac{\sigma_1^2}{\sigma_2^2} \le \frac{S_1^2}{S_2^2}\frac{1}{F_{1-\alpha/2}(m-1,n-1)}\right\} = 1-\alpha.$$

우리는 이로부터 모분산의 비 σ_1^2/σ_2^2에 대한 100(1−α)% 신뢰구간을 다음과 같이 구할 수 있다.

> 두 정규모집단의 모분산비 σ_1^2/σ_2^2에 관한 100(1−α)% 신뢰구간:
>
> $$\left(\frac{s_1^2}{s_2^2}\frac{1}{F_{\alpha/2}(m-1,n-1)}, \frac{s_1^2}{s_2^2}\frac{1}{F_{1-\alpha/2}(m-1,n-1)}\right)$$

이제 두 모분산의 비에 관한 검정을 다루기로 한다. 귀무가설 $H_0 : \sigma_1^2/\sigma_2^2 = 1$은 두 모분산이 서로 동일하다는 의미이므로, 귀무가설하에서 검정통계량 F_0의 분포는 F-분포를 따른다.

$$F_0 = \frac{S_1^2/\sigma_1^2}{S_2^2/\sigma_2^2} = \frac{S_1^2}{S_2^2} \sim F(m-1, n-1).$$

대립가설이 단측($H_1 : \sigma_1^2/\sigma_2^2 > 1$)인 경우에 우리는 이로부터 다음과 같은 확률적 표현을 얻을 수 있다.

$$P\{F_0 > F_\alpha(m-1, n-1)\} = \alpha.$$

따라서 유의수준 α에서 기각역은 다음과 같이 주어진다.

$$F_0 = \frac{s_1^2}{s_2^2} \geq F_\alpha(m-1, n-1).$$

또는 다음과 같이 P-값이 유의수준 α보다 작으면 H_0를 기각한다.

$$P\text{-값} = P\{F \geq F_0\} < \alpha.$$

대립가설이 양측($H_1 : \sigma_1^2/\sigma_2^2 \neq 1$)인 경우에 우리는 다음과 같은 확률적 표현을 얻을 수 있다.

$$P\{F_0 \geq F_{\alpha/2}(m-1, n-1) \text{ 또는 } F_0 \leq F_{1-\alpha/2}(m-1, n-1)\} = \alpha.$$

이로부터 유의수준 α에서 양측 기각역은 다음과 같이 주어진다.

$$F_0 \geq F_{\alpha/2}(m-1, n-1) \text{ 또는 } F_0 \leq F_{1-\alpha/2}(m-1, n-1).$$

또는 다음과 같이 P-값이 유의수준 α보다 작으면 H_0를 기각한다.

$$P\text{-값} = 2P\{F \geq F_0'\} < \alpha,$$

여기서 $F_0' = \max(S_1^2, S_2^2)/\min(S_1^2, S_2^2)$는 접힌(folded) F 통계량으로서, 분자의 자유도는 더 큰 분산을 가지는 표본에 대응되고 분모의 자유도는 더 작은 분산을 가지는 표본에 대응된다.

요약 두 정규모집단의 모분산비에 관한 검정:

① 가설 $H_0 : \sigma_1^2/\sigma_2^2 = 1$

② 검정통계량 $F_0 = \dfrac{S_1^2}{S_2^2} \sim F(m-1, n-1)$

③ 기각역 또는 P-값

- 단측 대립가설($H_1 : \sigma_1^2/\sigma_2^2 > 1$)인 경우
  $F_0 \geq F_\alpha(m-1, n-1)$
  $P\text{-값} = P\{F \geq F_0\} < \alpha.$
- 양측 대립가설($H_1 : \sigma_1^2/\sigma_2^2 \neq 1$)인 경우
  $F_0 \geq F_{\alpha/2}(m-1, n-1)$ 또는 $F_0 \leq F_{1-\alpha/2}(m-1, n-1)$
  $P\text{-값} = 2P\{F \geq F_0'\} < \alpha$, $F_0' = \max(S_1^2, S_2^2)/\min(S_1^2, S_2^2)$

예 9.5.1 기계 A에서 생산하는 제품과 기계 B에서 생산하는 제품의 변동을 비교해 보고자 한다. 기계 A에서 생산하는 제품 중 12개를, 기계 B에서 생산하는 제품 중 10개를 각각 랜덤으로 선택하여 각각의 표본분산을 측정한 결과 다음을 얻었다(두 모집단은 각각 정규분포임을 가정한다).

$$s_A^2 = 2.3^2, \ s_B^2 = 1.5^2.$$

① 두 모집단의 분산비에 대한 95% 신뢰구간을 구하라.

② 기계 A에서 생산하는 제품의 변동이 기계 B에서 생산하는 제품의 변동보다 큰지를 유의수준 $\alpha = 0.05$에서 검정하라.

풀이 기계 A와 B에서 생산되는 제품의 표본크기와 변동은 다음과 같다.

$$m = 12, \ s_1^2 = 2.3^2,$$
$$n = 10, \ s_2^2 = 1.5^2.$$

① 따라서 $\dfrac{\sigma_1^2}{\sigma_2^2}$에 관한 95% 신뢰구간은 다음과 같이 얻어진다.

$$\begin{aligned}
&\left(\frac{s_1^2}{s_2^2}\frac{1}{F_{\alpha/2}(m-1,n-1)}, \frac{s_1^2}{s_2^2}\frac{1}{F_{1-\alpha/2}(m-1,n-1)}\right)\\
&=\left(\frac{2.3^2}{1.5^2}\frac{1}{F_{0.025}(11,9)}, \frac{2.3^2}{1.5^2}\frac{1}{F_{0.975}(11,9)}\right)\\
&=\left(\frac{2.3^2}{1.5^2}\frac{1}{3.91}, \frac{2.3^2}{1.5^2}\frac{1}{0.279}\right)\\
&=(0.76, 6.81).
\end{aligned}$$

② 우리는 두 모집단의 비가 1보다 큰지를 검정하기 위한 가설을 다음과 같이 세울 수 있다.

$$H_0 : \frac{\sigma_1^2}{\sigma_2^2} = 1 \quad vs \quad H_{1}: \sigma_1^2 > \sigma_2^2.$$

검정통계량 F_0의 값은 다음과 같이 계산된다.

$$F_0 = \frac{s_1^2}{s_2^2} = \frac{2.3^2}{1.5^2} = 2.35.$$

검정통계량의 값이 기각역에 속하지 않으므로 유의수준 $\alpha = 0.05$로 H_0를 기각하지 못한다.

$$F_0 = 2.35 < F_{0.05}(11,9) = 3.10.$$

이때 P-값은 다음과 같이 주어진다.

$$P\text{-값} = P\{F \geq F_0\} = P\{F \geq 2.35\} = 0.105 > \alpha = 0.05.$$

즉 유의수준 0.05에서 두 기계의 변동성이 동일하다는 것을 부정하지 못한다. ■

9.6 엑셀 실습 9: 두 모집단에 대한 추론

예 9.6.1 독립표본에서 두 집단의 평균차이 검정 [도표 1.2.1]의 심장박동수 데이터에서 달리기를 한 집단과 하지 않은 집단의 처음 심장박동수(c1)에 차이가 있다고 할 수 있는지를 다음 단계들을 거쳐서 5% 유의수준에서 가설검정하라.

단계 1 두 집단의 분산이 같은 분산의 동일성 검정을 실시한다.
단계 2 분산이 같은지 다른지에 따라 집단의 평균이 같은지 다른지 검정한다.

풀이 **단계 1** 두 집단의 분산의 동질성검정[데이터→데이터분석→F-검정]

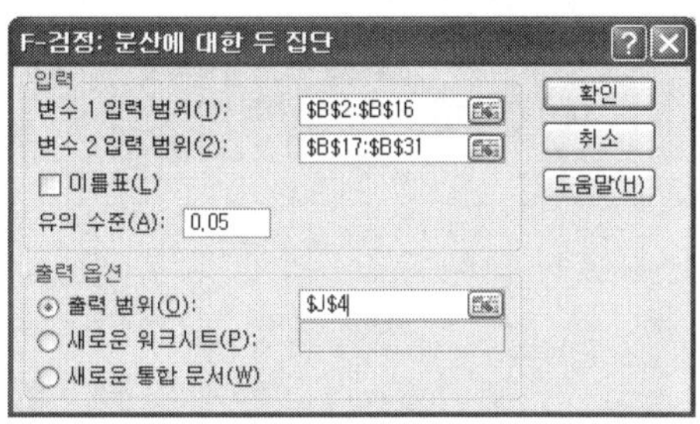

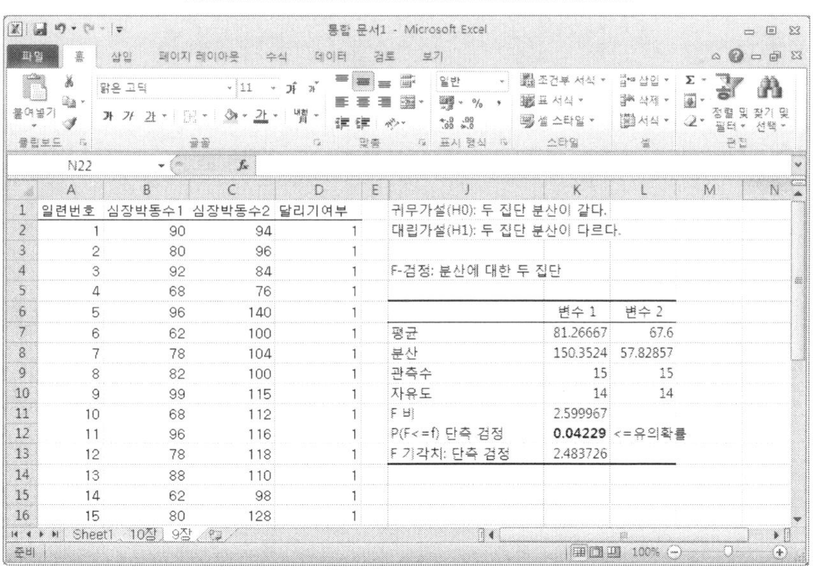

	A	B	C	D
1	일련번호	심장박동수1	심장박동수2	달리기여부
2	1	90	94	1
3	2	80	96	1
4	3	92	84	1
5	4	68	76	1
6	5	96	140	1
7	6	62	100	1
8	7	78	104	1
9	8	82	100	1
10	9	99	115	1
11	10	68	112	1
12	11	96	116	1
13	12	78	118	1
14	13	88	110	1
15	14	62	98	1
16	15	80	128	1

귀무가설(H0): 두 집단 분산이 같다.
대립가설(H1): 두 집단 분산이 다르다.

F-검정: 분산에 대한 두 집단

	변수 1	변수 2
평균	81.26667	67.6
분산	150.3524	57.82857
관측수	15	15
자유도	14	14
F 비	2.599967	
P(F<=f) 단측 검정	**0.04229**	<=유의확률
F 기각치: 단측 검정	2.483726	

분석결과 계산된 유의확률(=0.04229)은 단측검정에 대한 유의확률이다. 이 값에 두 배를 하여 양측 유의확률을 구하면 0.08458이고 이는 유의수준(=0.05)보다 크므로 귀무가설을 기각하지 못한다. 즉 5% 유의수준에서 두 집단의 분산이 동일하다고 아니할 수 없다.

단계 2 두 집단의 평균차이검정[데이터 → 데이터분석 → 이분산 가정 두집단]

(앞의 [단계 1]에 의해 등분산 가정하에 두 집단 평균 차이를 검정해야 하지만 여기서는 "안전하게" 이분산 가정하에 두 집단 평균 차이를 검정하기로 하자.)

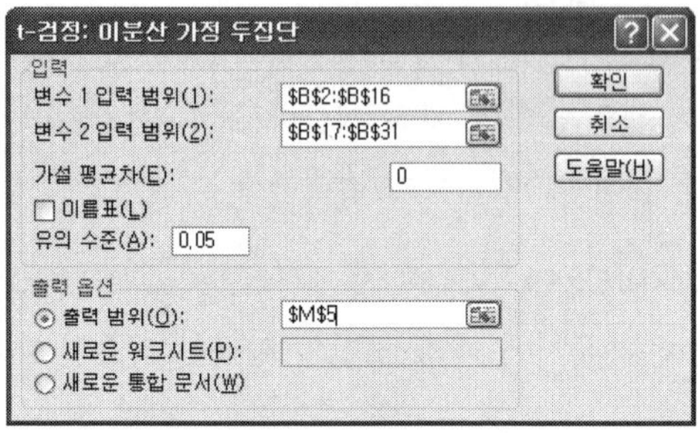

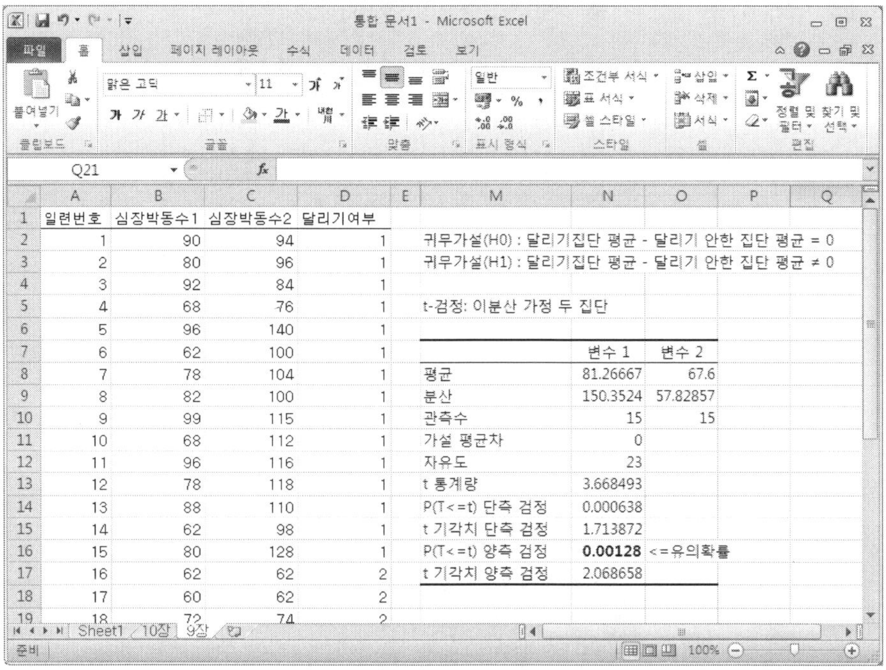

결과해석 유의확률(=0.00128)이 유의수준(=0.05)보다 더 작으므로 귀무가설 기각. 즉, 달리기 집단(평균=81.2667)이 달리기 안한 집단(평균=67.6)에 비하여 심장박동수가 더 많다고 할 수 있다. ■

| 과제 9.6.1 | 예술인 가구의 남녀별 월수입을 기록한 [도표 9.2.2]를 이용하여 다음 질문에 답하라. 남녀별 월수입은 각각 정규분포임을 가정하였을 때, 남녀별 월 평균 수입의 차이 $\mu_M - \mu_F$에 대한 95% 신뢰구간을 구하고, 월 평균 수입이 남녀별로 동일한지를 가설검정하라(유의수준 α는 0.05이다).

예 9.6.2 **대응표본에서 두 집단의 평균차이 검정** [도표 1.2.1]의 심장박동수 데이터에서 운동 전후 심장박동수에 차이가 20 이상이라고 할 수 있는지 5% 유의수준에서 가설검정하라.

풀이 [데이터 → 데이터분석 → t-검정: 쌍체 비교]

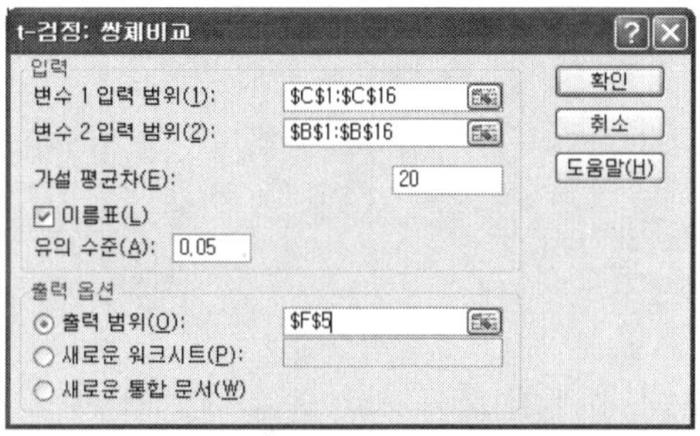

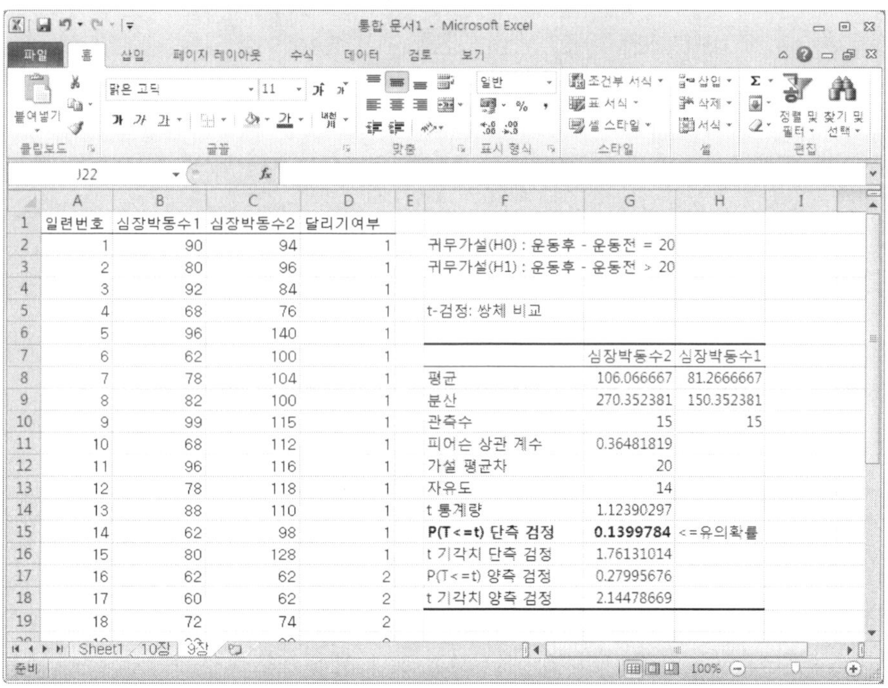

	A	B	C	D	E	F	G	H
1	일련번호	심장박동수1	심장박동수2	달리기여부				
2	1	90	94	1		귀무가설(H0) : 운동후 - 운동전 = 20		
3	2	80	96	1		귀무가설(H1) : 운동후 - 운동전 > 20		
4	3	92	84	1				
5	4	68	76	1		t-검정: 쌍체 비교		
6	5	96	140	1				
7	6	62	100	1			심장박동수2	심장박동수1
8	7	78	104	1		평균	106.066667	81.2666667
9	8	82	100	1		분산	270.352381	150.352381
10	9	99	115	1		관측수	15	15
11	10	68	112	1		피어슨 상관 계수	0.36481819	
12	11	96	116	1		가설 평균차	20	
13	12	78	118	1		자유도	14	
14	13	88	110	1		t 통계량	1.12390297	
15	14	62	98	1		**P(T<=t) 단측 검정**	**0.1399784**	<=유의확률
16	15	80	128	1		t 기각치 단측 검정	1.76131014	
17	16	62	62	2		P(T<=t) 양측 검정	0.27995676	
18	17	60	62	2		t 기각치 양측 검정	2.14478669	
19	18	72	74	2				

결과해석 유의확률(=0.13998)이 유의수준(=0.05)보다 더 크므로 귀무가설 채택. 즉, 운동후는 운동전에 비하여 심장박동수가 20 정도 증가했다고 할 수 있다. ■

| 과제 9.6.2 | 성인 남녀 각 8명의 정신 훈련 전과 후의 운동기술 테스트 점수를 기록한 데이터 [도표 9.3.2]를 이용하여 다음 질문에 답하라. 차이 $D_i = X_i - Y_i$가 대략 정규분포임을 가정할 때

① 모평균의 차이 μ_D의 95% 신뢰구간을 구하라.

② 정신 훈련 후 점수의 증가가 있는지를 유의수준 $\alpha = 0.05$에서 검정하라.

연습문제 9장

1 신생아 체중에 관한 연구에서 성별에 따른 차이가 있는지에 관심이 있다고 한다. 랜덤으로 선택한 남아 12명과 여아 11명의 체중에 관한 데이터가 다음과 같다. (단, 신생아 체중은 대략 정규분포임을 가정한다.)

신생아 체중 데이터(단위: kg)						
남아	3.1	2.7	3.5	3.3	2.9	3.0
	3.6	3.8	3.2	3.3	2.7	3.1
여아	3.2	2.6	2.7	3.1	3.3	2.8
	2.7	2.9	3.2	3.1	3.0	

(1) 모분산 $\sigma_1^2 = \sigma_2^2 = 0.8$로 주어졌을 때, 남아와 여아의 평균체중 차이에 관한 95% 신뢰구간을 구하고, 남아의 평균체중이 여아보다 더 무거운지를 유의수준 0.05에서 검정하라.

(2) 모분산을 모를 때, ① 이분산 가정하에 그리고 ② 등분산 가정하에: 남아와 여아의 평균체중 차이에 관한 95% 신뢰구간을 구하고, 남아의 평균체중이 여아의 평균체중과 차이가 있는지 여부를 유의수준 0.05에서 검정하라.

2 건강한 30대 초반 여성들과 당뇨가 있는 30대 초반 여성들의 확장기혈압을 잰자료가 다음과 같다(단, 확장기혈압은 정규분포임을 가정한다).

30대 초반 여성들의 확장기혈압 데이터						
건강한 그룹	77.2	74.5	73.3	71.5	76.4	72.5
	74.9	75.5	75.1	70.3	76.1	74.1
당뇨가 있는 그룹	71.5	74.3	76.2	72.7	73.5	77.2
	70.3	69.7	72.1	70.6	69.5	

건강한 그룹과 당뇨가 있는 그룹의 모분산이 서로 동일하다고 할 때, 두 그룹 간의 평균 확장기 혈압의 차이에 대한 90% 신뢰구간을 구하고, 당뇨가 있을 경우 평균 확장기 혈압이 감소하였는지를 유의수준 5%에서 검정하라.

3 위의 당뇨에 관한 자료를 이용하여 건강한 그룹과 당뇨가 있는 그룹의 모분산이 서로 동일하지 않다고 가정하였을 때, 두 그룹간의 평균 확장기 혈압의 차이에 대한 90% 신뢰구간을 구하고, 당뇨가 있을 경우 평균 확장기 혈압이 감소하였는지를 유의수준 5%에서 검정하라.

4 진성당뇨가 있는 중년 남성 중 49명을, 건강한 중년 남성 중 58명을 랜덤으로 골라 체질량지수(body mass index, BMI)를 측정한 결과가 각기 다음과 같다.

	표본크기	평균(kg/㎡)	표준편차
진성당뇨군	49	25	2.7
정상군	58	24	2.5

이때 두 그룹 간의 평균 체질량지수 차이에 관한 95% 신뢰구간을 구하고, 이로부터 중년 남성에 있어서 체질량지수와 당뇨 간의 어떤 관련성이 있는지 여부를 유의수준 5%에서 검정하라.

5 LDL 콜레스테롤(low-density-lipoprotein cholesterol)을 관리하기 위하여, 14명의 남성을 랜덤하게 선택하여 운동-식이요법 적용 전과 후의 LDL 콜레스테롤의 감소량을 조사한 결과 다음과 같다(단, LDL 콜레스테롤 감소량은 대략 정규분포이다).

$$
\begin{array}{ccccc}
4.61 & 6.42 & 5.40 & 4.54 & 3.98 \\
3.82 & 5.01 & 4.34 & 3.80 & 4.56 \\
5.35 & 3.89 & 2.25 & 4.24 &
\end{array}
$$

이때 LDL 콜레스테롤 감소량의 99% 신뢰구간을 구하고, 운동-식이요법 후 LDL 콜레스테롤 양이 감소하였는지를 유의수준 $\alpha = 0.01$에서 검정하라(단위: mmol/L).

6 [문제 2]의 자료를 이용하여, 두 모분산 σ_1^2와 σ_2^2의 비에 관한 95% 신뢰구간을 구하고, 두 모분산이 서로 동일한지 여부를 유의수준 $\alpha = 0.05$로 검정하라.

7 중년에 흡연하는 경우 늙어 치매로 발전할 확률이 높아지는 것으로 나타났다. 노인 400명을 랜덤으로 뽑아 조사한 결과, 중년에 흡연한 164명 중 121명이, 그리고 중년에 흡연하지 않은 236명 중 140명이 치매로 고통 받고 있음이 밝혀졌다. 중년에 흡연한 경우와 그렇지 않았을 경우 치매에 걸릴 확률의 차이에 대한 90% 신뢰구간을 구하고, 두 그룹 간에 치매에 걸릴 확률이 서로 동일한지 여부를 유의수준 0.1에서 검정하라.

10

분산분석

지금까지는 두 모평균을 비교하는 문제를 다루었다. 이 장에서는 이를 확장하여 세 개 이상의 모평균을 비교하는 방법을 다루기로 한다. 가령 모집단의 수가 2인 경우에는 두 표본의 평균의 차이 $\bar{x}_1 - \bar{x}_2$ 를 계산하여 이표본 t-검정을 적용하였지만, 모집단의 수가 예를 들어 5개로 증가한다면 t-검정을 10번이나 수행하여야 한다. 모집단의 수가 증가할수록 작업량이 많이 늘어나는 것도 문제이지만, 보다 근본적인 문제점은 10번의 t-검정 중 적어도 한 개의 검정이 제1종 오류를 범할 확률이 증가한다는데 있다. 따라서 여러 그룹의 모평균을 한꺼번에 동시에 비교하는 방법이 필요하게 된다. 이 방법이 바로 분산분석법(analysis of variance, ANOVA)이다.

10.1 분산분석법의 원리

k개의 정규모집단 $y_i \sim N(\mu_i, \sigma_i^2)$, $i = 1, \ldots, k$를 고려하자. 여기서 모분산 σ_i^2들은 미지이지만 등분산($\sigma_1^2 = \cdots = \sigma_k^2 = \sigma^2$)이다. 우리는 각 모집단으로부터 독립적으로 크기가 n인 랜덤표본을 뽑아서 이를 토대로 k개의 정규모집단의 모평균 간에 차이가 있다고 할 수 있는지 즉,

$$H_0: \mu_1 = \cdots = \mu_k \quad 대 \quad H_1: \mu_i 가\ 모두\ 같지는\ 않다.$$

에 대한 유의성검정을 하려고 한다.

모집단 y_i, $i = 1, \ldots, k$로부터 독립적으로 크기가 n인 랜덤표본 $y_{i1}, \cdots, y_{in}$를 뽑는다면, 그 데이터 구조는 아래 표와 같이 정리될 수 있다.

도표 10.1.1 독립표본들의 데이터 구조

집단번호 i	관측값	합	평균
1	$y_{11}, \cdots, y_{1n}$	$y_{1.}$	$\bar{y}_{1.}$
2	$y_{21}, \cdots, y_{2n}$	$y_{2.}$	$\bar{y}_{2.}$
⋮	⋮	⋮	⋮
k	$y_{k1}, \cdots, y_{kn}$	$y_{k.}$	$\bar{y}_{k.}$
전체		$y_{..}$	$\bar{\bar{y}}$

우리는 표본평균 $\bar{y}_{i.}$의 분포가 $\bar{y}_{i.} \sim N(\mu_i, \sigma^2/n)$, $i = 1, \ldots, k$로 주어짐을 알고 있다. 만일 k=2라면 우리는 t-검정을 실시하여 위의 가설에 대한 유의성을 검정할 수

있다. 따라서 우리는 원 가설을 $\binom{k}{2}$ 쌍의 가설들

$$H_0: \mu_i = \mu_j \quad 대 \quad H_1: \mu_i \neq \mu_j, \ (i \neq j)$$

로 쪼개어 각 쌍에 대해 t-검정을 실시하는 것을 생각해 볼 수 있다. 그런데 이러한 방법의 한 가지 문제점은 k가 클 경우 검정해야 할 가설이 너무 많아진다는 것이고, 더 큰 문제점은 전체검정의 유의수준을 통제하기가 어려워진다는 것이다. 따라서 우리는 원가설을 한 번에 검정할 수 있는 방법을 강구해내야 한다. 다행스럽게도 그러한 검정법이 존재하며 그것은 이상스럽게도 분산비에 대한 F-검정의 모습으로 나타난다. 이제부터 그 F-검정의 논리를 따라가 보자.

분산분석의 실마리는 모집단의 공통분산 σ^2의 불편추정량을 구하는 두 가지 방법에 들어있다. σ^2의 불편추정량은 t-검정에서와 같이 합동추정량 S_p^2를 우선 생각할 수 있다. 그리고 또 한 가지 방법은 랜덤표본에서 구한 표본평균의 분산과 모분산의 관계 $\sigma_{\bar{y}}^2 = \sigma^2/n$, 즉 $\sigma^2 = n\,\sigma_{\bar{y}}^2$ 를 이용하는 것이다.

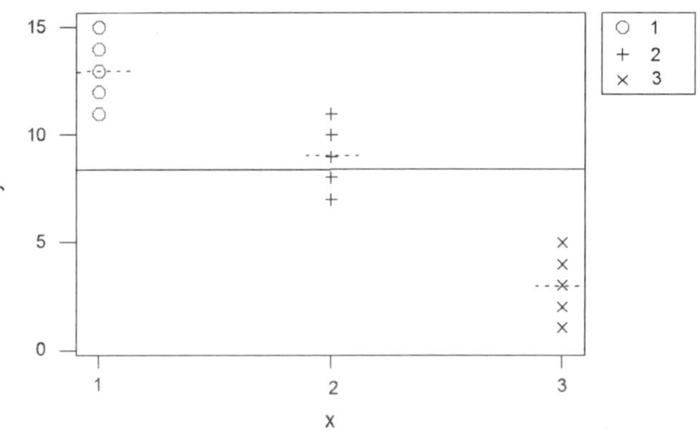

도표 10.1.2 x의 수준별 반응 y의 분포

(1) 공통분산 σ^2의 합동추정량 S_p^2

두 모평균에 대한 t-검정에서와 마찬가지 방법으로 합동추정량 S_p^2을 구할 수 있다.

$$S_p^2 = \frac{\sum_{j=1}^{n}(y_{1j} - \overline{y_{1.}})^2 + \ldots + \sum_{j=1}^{n}(y_{kj} - \overline{y_{k.}})^2}{(n-1) + \ldots + (n-1)} : 평균제곱편차 \tag{10.1.1}$$

$$= \frac{(n-1)S_1^2 + \ldots + (n-1)S_k^2}{(n-1) + \ldots + (n-1)} : 표본분산들의 가중평균$$

(2) H_0가 사실이라는 가정하에서 공통분산 σ^2의 또 다른 불편추정량 S_0^2

영가설 "H_0: μ_i가 모두 같다"가 사실이라면 우리는 k개의 랜덤표본집합들 $y_{i1}, \ldots, y_{in}$, $i = 1, \ldots, k$를 모집단 $y \sim N(\mu, \sigma^2)$로부터 서로 독립적으로 뽑힌 k개의 크기 n인 랜덤표본집합들로 볼 수 있다. 따라서 각 랜덤표본의 평균들 $\overline{y}_{1.}, \ldots, \overline{y}_{k.}$는 모집단 $\overline{y} \sim N(\mu, \sigma^2/n)$로부터 뽑힌 크기 k인 랜덤표본을 형성한다. 이로부터 표본평균의 분산 $\sigma_{\overline{y}}^2 = \sigma^2/n$에 대한 불편추정량 $S_{\overline{y}}^2$은 다음과 같이 구할 수 있다.

$$S_{\overline{y}}^2 = \sum_{i=1}^{k} (\overline{y_{i.}} - \overline{\overline{y}})^2 / (k-1). \tag{10.1.2}$$

즉 H_0가 사실이라는 가정하에서 공통분산 σ^2의 또 다른 불편추정량 S_0^2는 다음과 같이 주어진다.

$$S_0^2 = n\, S_{\overline{y}}^2 . \tag{10.1.3}$$

> **요약** S_p^2는 항상 공통분산 σ^2의 불편추정량이며, H_0가 사실일 때 S_0^2도 공통분산 σ^2의 불편추정량이다.

| 관찰 10.1.1 | 공통분산 σ^2의 두 불편추정량비 S_0^2 / S_p^2는 H_0가 사실이라면 1에 가까울 것이고 H_0가 사실이 아니라면 1보다 훨씬 클 것이다.

| 관찰 10.1.2 | [관찰 10.1.1]로부터 S_0^2 / S_p^2는 "개념적으로" 원가설의 유의성검정을 위한 검정통계량의 역할을 수행할 수 있다는 것을 알 수 있다.

| 관찰 10.1.3 | S_0^2과 S_p^2는 독립이다.

| 관찰 10.1.4 | 모분산비에 대한 유의성검정에서와 마찬가지로 공통분산 σ^2의 두 불편추정량의 상수곱의 비율

$$\frac{(k-1)\, S_0^2 / \sigma^2 / (k-1)}{(kn-k)\, S_p^2 / \sigma^2 / (kn-k)} = S_0^2 / S_p^2 = n S_{\overline{y}}^2 / S_p^2 \tag{10.1.4}$$

는 H_0가 사실이라면 분자의 자유도가 $k-1$, 분모의 자유도가 $kn-k$인 F-분포, 즉 $F_{(k-1,\, kn-k)}$를 따른다.

| 관찰 10.1.5 | [관찰 10.1.4]로부터 $F = nS_{\bar{y}}^2 / S_p^2$ 이 "기능적으로도" 원가설의 유의성 검정을 위한 검정통계량의 역할을 수행할 수 있다는 것을 알 수 있다.

| 관찰 10.1.6 | P-값=공통분산 σ^2의 두 불편추정량비 $nS_{\bar{y}}^2 / S_p^2$ 가 실제로 얻어진 공통분산 σ^2의 두 불편추정값비 $ns_{\bar{y}}^2 / s_p^2$ 보다 크거나 같을 확률

$$= P\left\{nS_{\bar{y}}^2 / S_p^2 \geq ns_{\bar{y}}^2 / s_p^2\right\},\ nS_{\bar{y}}^2 / S_p^2 \sim F_{(k-1,\, kn-k)}$$

$$= P\left\{F \geq ns_{\bar{y}}^2 / s_p^2\right\},\ F \sim F_{(k-1,\, kn-k)}$$

10.2 일원배치법

10.2.1 반복수가 동일한 일원배치법

일원배치법이란 반응값에 영향을 주는 인자(factor, 요인)의 수가 단지 하나일 때이다.

인자의 수준수가 k일 때, k개의 모평균을 비교하고자 각 모집단에서 독립적으로 크기 n인 표본을 추출하였다. 우리는 이 데이터 구조를 다음과 같이 표로 정리해 볼 수 있다.

도표 10.2.1 일원배치법의 데이터 구조: 반복수가 동일한 경우

인자의 수준			
1	2	…	k
y_{11}	y_{21}		y_{k1}
⋮	⋮		⋮
y_{1n}	y_{2n}		y_{kn}
$\bar{y}_{1\cdot}$	$\bar{y}_{2\cdot}$	…	$\bar{y}_{k\cdot}$

이 데이터에 대하여 다음과 같은 모형을 가정하자.

$$y_{ij} = \mu_i + \epsilon_{ij}, \tag{10.2.1}$$

여기서 μ_i는 i번째 처리의 평균 반응값을, ϵ_{ij}는 i번째 처리 중 j번째 반복값의 오차항을 의미하며, ϵ_{ij}는 서로 독립이며 정규분포 $N(0\ ,\ \sigma^2)$을 따른다고 가정한다. 데이터 전체의 모평균, 즉 전체 평균 μ를 다음과 같이 놓자.

$$\mu = \frac{\sum_{i=1}^{k} \mu_i}{k}.$$

그러면 식(10.2.1)은 다음과 같이 표현된다.

$$y_{ij} = (\mu_i - \mu) + \mu + \epsilon_{ij} = \mu + \tau_i + \epsilon_{ij}, \tag{10.2.2}$$

여기서 $\tau_i = \mu_i - \mu$를 i번째 처리효과(treatment effect)라고 하며, 이는 다음의 제약을 만족한다.

$$\sum_{i=1}^{k} \tau_i = 0. \tag{10.2.3}$$

$\overline{y}_{i.}$를 i번째 처리의 관측값들의 평균이라 하고 $\overline{\overline{y}}$를 전체 관측값들의 평균이라고 하면 이들은 다음과 같이 주어진다.

$$\overline{y}_{i.} = \frac{\sum_{j=1}^{n} y_{ij}}{n}, \quad \overline{\overline{y}} = \frac{\sum_i \sum_j y_{ij}}{nk}.$$

$y_{ij} - \overline{\overline{y}}$를 총편차, $y_{ij} - \overline{y}_i$를 표본내 편차, $\overline{y}_i - \overline{\overline{y}}$를 표본간 편차라고 할 때, 총편차는 다음과 같이 분해된다.

$$y_{ij} - \overline{\overline{y}} = (y_{ij} - \overline{y}_{i.}) + (\overline{y}_{i.} - \overline{\overline{y}})$$

이 등식을 제곱하여 kn개의 점에서 더해주면 다음과 같이 정리된다.

$$\sum_{i=1}^{k}\sum_{j=1}^{n}(y_{ij} - \overline{\overline{y}})^2 = \sum_{i=1}^{k}\sum_{j=1}^{n}(y_{ij} - \overline{y}_{i.})^2 + n\sum_{i=1}^{k}(\overline{y}_{i.} - \overline{\overline{y}})^2$$

우리는 이 식을 다음과 같이 표현할 수 있다.

	전체제곱합 =	잔차제곱합 +	처리제곱합
	SST	SSE	$SStr$
자유도	$kn-1$	$k(n-1)$	$k-1$

여기서 SST는 전체제곱합(total sum of squares), SSE는 잔차제곱합(residual sum of squares) 또는 오차제곱합(error sum of squares), 그리고 $SStr$는 처리제곱

합(treatment sum of squares)이라고 한다.

각 제곱합에 대응하는 자유도(degrees of freedom, df)를 생각해 보자. 전체제곱합 SST의 자유도는 변수 y의 표본분산의 분모항인 $kn-1$이고, 처리제곱합 $SStr$의 자유도는 k개의 처리 간의 차이를 나타내는 $k-1$이며, 나머지 $k(n-1)$은 잔차제곱합 SSE의 자유도가 된다. 이를 분산분석표로 나타내면 다음과 같다.

도표 10.2.2 분산분석표: 반복수가 동일한 일원배치법

변동요인	제곱합(SS)	자유도(df)	평균제곱(MS)	F
처리(집단간)	$SStr$	$k-1$	$MStr$	$MStr/MSE$
잔차(집단내)	SSE	$k(n-1)$	MSE	
전체	SST	$kn-1$		

분산분석표의 검정통계량 F는 $MStr$(k개 처리간의 평균변동)과 MSE(k개 처리내의 평균변동)를 비교하는 값이다. 이 값이 1에 가까우면 k개의 모평균이 동일하다는 귀무가설을 기각하지 못한다.

결국 이 분산분석표는 다음과 같은 유의성검정을 요약한 표에 다름이 아니다.

① 가설 $H_0: \mu_1 = \mu_2 = \cdots = \mu_k$ vs H_1 : H_0가 참이 아니다

(또는 $H_0: \tau_1 = \tau_2 = \cdots = \tau_k = 0$)

② 귀무가설하에서의 검정통계량

$$F_0 = \frac{MStr}{MSE}$$

③ 기각역 또는 $P-$값

기각역 $F_0 \geq F_\alpha(k-1, k(n-1))$

$P-$값$= P\{F \geq F_0\} < \alpha$이면 H_0를 기각한다

예 10.2.1 대화상대의 연령에 따른 경어체 사용 빈도를 조사하기 위하여 일본인 여성 15명을 선택하였다. 이 중 5명은 그들보다 연하의 대화상대와, 5명은 그들과 동등한 연령의 대화상대와, 나머지 5명은 그들보다 연상인 대화상대와의 경어체 사용 문장의 수(100문장 중)를 조사하였다(설명을 위해 자료를 약간 수정함). 대화상대에 따른 경어체 사용 문장의 수에 차이가 있는지를 가설검정하라.

도표 10.2.3 대화상대에 다른 경어체 사용빈도

대화상대		
연하(1)	동등(2)	연상(3)
0	57	50
0	13	40
50	50	100
17	50	33
0	50	71

풀이 분산분석표를 작성하기 위한 계산과정

$$\bar{y}_1. = 13.4, \quad \bar{y}_2. = 44, \quad \bar{y}_3. = 58.8, \quad \bar{\bar{y}} = 38.73$$

$$s_1^2 = \frac{\sum (y_{1j} - \bar{y}_i.)^2}{n-1} = 472.8, \quad s_2^2 = \frac{\sum (y_{2j} - \bar{y}_i.)^2}{n-1} = 309.5,$$

$$s_3^2 = \frac{\sum (y_{3j} - \bar{y}_i.)^2}{n-1} = 735.7$$

$$SST = \sum_{i=1}^{3}\sum_{j=1}^{5}(y_{ij} - \bar{\bar{y}})^2 = 11432.93,$$

$$SStr = \sum_{i=1}^{3}\sum_{j=1}^{5}(\bar{y}_i. - \bar{\bar{y}})^2 = 5\sum_{i=1}^{3}(\bar{y}_i. - \bar{\bar{y}})^2 = 5360.93$$

$$SSE = \sum_{i=1}^{3}\sum_{j=1}^{5}(y_{ij} - \bar{y}_i.)^2 = 6072$$

도표 10.2.4 대화상대에 따른 경어체 사용빈도에 대한 분산분석표

변동요인	제곱합	자유도	평균제곱	F	P-값(Prob>F)
처리	5360.93	2	2680.47	5.30	0.0224
잔차	6072	12	506		
전체	11432.93	14	816.64		

검정통계량 F_0의 값이 기각역에 포함되므로(동일하게 P-값이 유의수준보다 작으므로) 유의수준 $\alpha = 0.05$에서 귀무가설 H_0: $\mu_1 = \mu_2 = \mu_3$를 기각한다:

$$F_0 = 5.30 > F_{0.05}(2,12) = 3.89.$$

이때 P-값은 다음과 같이 주어진다.

$$P\text{-값} = P\{F \geq F_0\} = P\{F \geq 5.30\} = 0.0224 < \alpha = 0.05.$$

즉 유의수준 0.05에서 대화상대에 따라 경어체 사용 빈도에 유의한 차이가 있다는 결론을 내린다. ■

10.2.2 다중비교

만약 귀무가설을 기각하게 되면, k개의 모평균이 모두 동일하지는 않다는 의미이므로 어느 모평균들의 차이가 유의한지를 분석하는 다중비교(multiple comparison)를 행할 수 있다. 예를 들어 3개의 모평균이 동일하다는 귀무가설을 기각하였을 때, 다중비교를 통하여 세 모평균 모두 서로 다를 수 있으며, 또는 한 모평균과 나머지 두 모평균이 다를 수도 있음을 알 수 있다.

다중비교방법으로 Fisher의 최소유의차(least significant difference, LSD), Bonferroni 방법, Scheffé의 방법, 그리고 Sidak 방법 등이 있지만 여기에서는 최소유의차 방법만을 다루기로 한다.

(1) 최소유의차 방법

첫 번째 모평균과 두 번째 모평균의 동일성 여부에 대한 가설을 검정하기 위한 절차를 살펴보자.

① 가설 $H_0 : \mu_1 = \mu_2 \quad \text{vs} \quad H_1 : \mu_1 \neq \mu_2$

② 검정통계량

$$\frac{\overline{y}_{1\cdot} - \overline{y}_{2\cdot}}{\sqrt{\frac{1}{n}\widehat{\sigma^2} + \frac{1}{n}\widehat{\sigma^2}}} = \frac{\overline{y}_{1\cdot} - \overline{y}_{2\cdot}}{\sqrt{\frac{2}{n}\widehat{\sigma^2}}},$$

여기서 $\widehat{\sigma^2}$는 잔차의 평균제곱이다.

③ 기각역

$$\frac{|\overline{y}_{1\cdot} - \overline{y}_{2\cdot}|}{\sqrt{\frac{2}{n}\widehat{\sigma^2}}} \geq t_{\alpha/2}(k(n-1)) \quad \Leftrightarrow \quad |\overline{y}_{1\cdot} - \overline{y}_{2\cdot}| \geq t_{\alpha/2}(k(n-1))\sqrt{\frac{2}{n}\widehat{\sigma^2}} \tag{10.2.4}$$

우리는 이 기각역으로부터 두 모평균의 차이가 유의하려면 두 표본평균의 차이가 최소한 $t_{\alpha/2}(k(n-1))\sqrt{\frac{2}{n}\widehat{\sigma^2}}$ 보다는 커야 함을 알 수 있는데, 이 값을 최소유의차(LSD)라고 한다. 따라서 LSD를 먼저 계산한 다음, 두 수준 간의 표본평균의 차 $|\overline{y}_{1\cdot} - \overline{y}_{2\cdot}|$를 구하여 이 값이 LSD보다 크면 두 모평균의 차이가 유의하다는 결론을 내리면 될 것이다.

이 방법은 이표본 t-검정에 근거하지만 모든 경우의 조합에 대한 이표본 t-검정의 유의수준은 α보다 커짐에 유의하여야 한다.

예 10.2.2 경어체 사용 빈도 데이터에 관한 앞 예제에서 우리는 $\alpha = 0.05$에서 귀무가설 $H_0: \mu_1 = \mu_2 = \mu_3$를 기각한 바 있다. 이때 3개의 모평균에 대한 다중비교를 하라.

풀이 우리는 각 집단의 평균들과 LSD를 다음과 같이 구할 수 있다.

$$\bar{y}_{1\cdot} = 13.4, \quad \bar{y}_{2\cdot} = 44, \quad \bar{y}_{3\cdot} = 58.8$$

$$|\bar{y}_{1\cdot} - \bar{y}_{2\cdot}| = 30.6, \quad |\bar{y}_{1\cdot} - \bar{y}_{3\cdot}| = 45.4, \quad |\bar{y}_{2\cdot} - \bar{y}_{3\cdot}| = 14.8$$

$$\begin{aligned} LSD &= t_{\alpha/2}(k(n-1)) \sqrt{\frac{2}{n}\hat{\sigma}^2} \\ &= t_{0.025}(12) \sqrt{\frac{2}{5}\hat{\sigma}^2} = (2.179)\sqrt{\frac{2}{5}(506)} \\ &= 31.00 \end{aligned}$$

평균차이들 가운데 31을 넘는 것은 $|\bar{y}_{1\cdot} - \bar{y}_{3\cdot}|$ 뿐이다. 따라서 μ_1과 μ_2, μ_2와 μ_3의 경우에는 각각 차이가 없다는 귀무가설을 기각할 수 없지만, μ_1과 μ_3는 차이가 없다는 귀무가설을 기각할 수 있음을 알 수 있다. 우리는 이 검정결과를 다음과 같이 나타낼 수 있다.

도표 10.2.5 차이가 없다고 간주되는 모평균들의 집단

모평균	1	2	3
	───────	───────	
		───────	───────

Bonferroni 방법, Scheff의 방법 그리고 Sidak 방법도 이와 동일한 결과를 산출한다 ■

10.2.3 반복수가 다른 일원배치법

앞에서는 k개의 모집단에서 추출한 표본의 크기가 모두 동일한 경우를 다루었다. 그런데 표본의 크기가 동일하지 않은 경우, 즉 인자의 수준 수가 k일 때 각 모집단에서 크기 n_i, $i = 1, \ldots, k$인 표본을 추출하였을 때 데이터 구조는 다음과 같다.

도표 10.2.6 일원배치법의 데이터 구조: 반복수가 다른 경우

인자의 수준			
1	2	$\cdots$	k
y_{11}	y_{21}		y_{k1}
$\vdots$	$\vdots$		$\vdots$
y_{1n_1}	$\vdots$		y_{kn_k}
	y_{2n_2}		
$\bar{y}_{1\cdot}$	$\bar{y}_{2\cdot}$	$\cdots$	$\bar{y}_{k\cdot}$

위 데이터에 대하여 식(10.2.1)과 동일한 모형을 가정한다. i번째 모집단에서 추출한 표본크기가 n_i이므로, 총 데이터 크기는 $N=\sum_{i=1}^{k} n_i$이다. 자료 전체의 모평균 μ를 다음과 같이 놓자.

$$\mu = \sum_{i=1}^{k} \frac{n_i}{N} \mu_i .$$

그러면 식(10.2.1)은 식(10.2.2)와 동일하게 되며, 식(10.2.3)의 제약조건과는 조금 다르게 다음 제약조건을 만족한다.

$$\sum \frac{n_i}{N} \tau_i = 0. \qquad (10.2.5)$$

전체제곱합은 반복수가 같은 경우와 마찬가지로 다음과 같이 잔차제곱합과 처리제곱합으로 나누어진다.

$$\sum_{i=1}^{k}\sum_{j=1}^{n_i} (y_{ij} - \overline{\overline{y}})^2 = \sum_{i=1}^{k}\sum_{j=1}^{n_i} (y_{ij} - \overline{y}_{i\cdot})^2 + \sum_{i=1}^{k} n_i (\overline{y}_{i\cdot} - \overline{\overline{y}})^2,$$

	전체제곱합	잔차제곱합	처리제곱합
자유도	$N-1$	$N-k$	$k-1$

여기서 i번째 처리의 관측값들의 평균은 $\overline{y}_{i\cdot} = \dfrac{\sum^{n_i} y_{ij}}{n_i}$이고, 전체 관측값들의 평균은 $\overline{\overline{y}} = \dfrac{\sum_i \sum_j y_{ij}}{N}$이다. 이를 분산분석표로 나타내 보자.

도표 10.2.7 분산분석표: 반복수가 다른 일원배치법

변동요인	제곱합(SS)	자유도(df)	평균제곱(MS)	F
처리(집단 간)	$SStr$	$k-1$	$MStr$	$MStr/MSE$
잔차(집단 내)	SSE	$N-k$	MSE	
전체	SST	$N-1$		

예 10.2.3 A대학교 대학생들이 한 달간 사용하는 평균용돈이 학년 간에 서로 동일한지를 조사하기 위하여 학년별로 랜덤 추출하여 다음과 같은 데이터를 얻었다. 이때 학년에 따른 한 달 평균용돈에 차이가 있는지를 유의수준 5%로 가설검정하라.

도표 10.2.8 학년별 용돈 데이터

용돈			
1학년	2학년	3학년	4학년
15	15	20	21
7	16	15	20
10	12	14	15
5		25	

풀이 분산분석표를 작성하기 위한 계산과정

$$\bar{y}_1. = 9.25,\ \bar{y}_2. = 14.33,\ \bar{y}_3. = 18.5,\ \bar{y}_4. = 18.67$$

$$SST = \sum_i \sum_j (y_{ij} - \bar{\bar{y}})^2 = 318.857$$

$$SStr = 125.773$$

$$SSE = 193.083$$

도표 10.2.9 학년별 용돈데이터에 대한 분산분석표

변동요인	제곱합	자유도	평균제곱	F	P-값(Prob>F)
처리	125.77381	3	41.9246032	2.17	0.1546
잔차	193.083333	10	19.3083333		
전체	318.857143	13	24.5274725		

검정통계량 F_0의 값이 기각역에 포함되지 않으므로(동일하게 P-값이 유의수준보다 크므로) 유의수준 $\alpha = 0.05$에서 귀무가설 $H_0 : \mu_1 = \mu_2 = \mu_3 = \mu_4$를 기각하지 못한다.

$$F = 2.17 < F_{0.05}(3,10) = 3.71.$$

이때 P-값은 다음과 같이 주어진다.

$$P\text{-값} = P\{F \geq F_0\} = P\{F \geq 2.17\} = 0.1546 > \alpha = 0.05.$$

즉 유의순준 0.05에서 대학생들의 한 달간 평균용돈이 학년 간에 서로 차이가 없다는 주장을 부정하지 못한다. ■

10.3 엑셀 실습 10: 분산분석

예 10.2.1 일원배치 분산분석 [도표 1.2.1]의 심장박동수 데이터에서 평소운동량에 따라 처음 심장박동수(c1)에 차이가 난다고 할 수 있는지 5% 유의수준에서 가설검정하라.

풀이 [데이터 → 데이터분석 → 분산분석: 일원배치법]

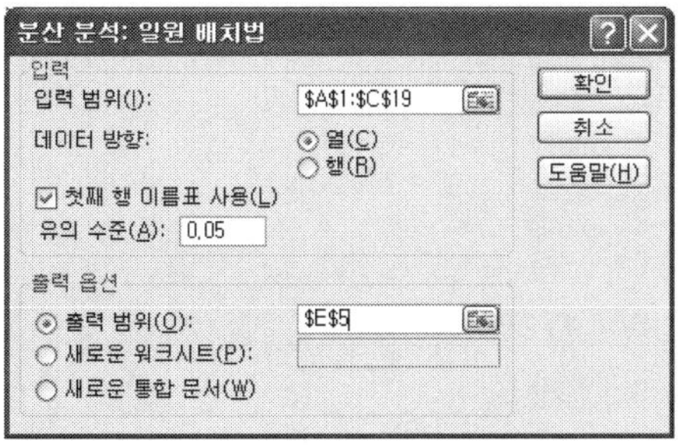

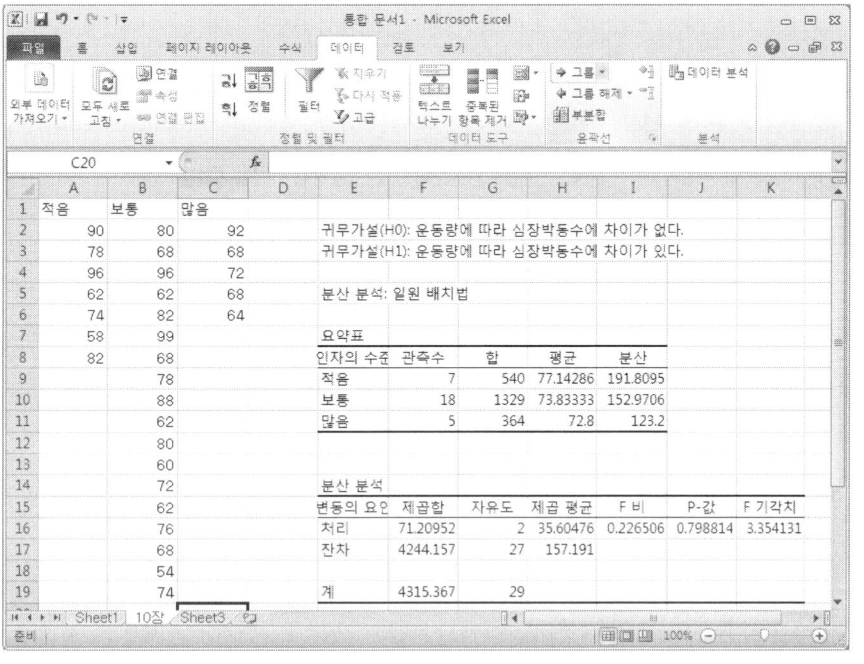

결과해석 유의확률(=0.798814)이 유의수준(=0.05)보다 크므로 귀무가설 채택. 즉, 운동량에 따라 심장박동수에 차이가 있다고 할 수 없다. ■

| 과제 10.3.1 | 대화상대의 연령에 따른 경어체 사용 빈도를 조사하기 위하여 한국인 남성 18명을 선택하였다. 이 중 6명은 그들보다 연하의 대화상대와, 6명은 그들과 동등한 연령의 대화상대와, 나머지 6명은 그들보다 연상인 대화상대와의 경어체 사용 문장의 수(100문장 중)를 조사하였다(설명을 위해 자료를 약간 수정함).

대화상대		
연하(1)	동등(2)	연상(3)
17	29	89
33	53	55
0	30	38
0	33	33
0	33	50
0	60	82

이때 대화상대에 따른 경어체 사용 문장의 수에 차이가 있는 지를 유의성검정하라. 또한 Fisher의 최소유의차를 사용하여 세 모평균에 대한 다중비교를 하라(유의수준 $\alpha = 0.05$이다).

연습문제 10장

1 흡연이 남성호르몬 수준과 연관이 있는지를 조사하고자 한다. 남성들의 연령은 35~45세까지이고, 네 조건의 그룹 A_1, A_2, A_3, A_4는 각각 다음과 같다.

A_1= 담배를 전혀 핀 적이 없는 그룹

A_2= 연구 시작하기 적어도 6개월 전에 금연하는 그룹

A_3= 하루에 10개비 이하를 피우는 그룹

A_4= 하루에 20개비 이상을 피우는 그룹

각 그룹은 5명씩이고 남성호르몬 수준의 단위는 $\mu g/dL$라 할 때, 다음의 자료를 얻었다. 분산분석표를 작성하고, 네 조건의 그룹 간에 남성호르몬의 수준 차이가 있는지를 유의수준 10%에서 검정하라.

A_1	A_2	A_3	A_4
0.44	0.46	0.42	0.44
0.56	0.51	0.43	0.40
0.96	0.85	0.76	0.34
0.72	0.93	0.82	0.47
0.87	0.76	0.60	0.60

2 4개의 그룹 A_1, A_2, A_3, A_4가 있다. 다음과 같은 계산값이 주어졌을 때, 분산분석표를 작성하고 4그룹의 평균이 동일한지를 유의수준 $\alpha = 0.05$에서 가설검정하라.

A_1	$n_1 = 89$ $\bar{y}_1. = -0.2$ $s_1 = 0.18$	A_2	$n_2 = 107$ $\bar{y}_2. = -0.26$ $s_2 = 0.13$
A_3	$n_3 = 63$ $\bar{y}_3. = -0.13$ $s_3 = 0.17$	A_4	$n_4 = 54$ $\bar{y}_4. = -0.24$ $s_4 = 0.18$

3 공부방법에 따라 시험점수가 다른지를 조사하기 위하여, 3종류 공부방법을 대학생에게 적용하였다.

방법 1: 오로지 읽기만 하는 그룹

방법 2: 읽으면서 밑줄을 긋는 그룹

방법 3: 읽으면서 요약하는 그룹

다음과 같은 자료를 얻었을 때, 분산분석표를 얻기 위한 가정을 적고 분산분석표를 작성하여 3종류의 공부방법 효과가 동일한지를 가설검정하라(유의수준$\alpha = 0.05$).

시험점수		
방법 1	방법 2	방법 3
15	15	18
14	14	18
16	25	18
13	10	16
11	12	18
14	14	20

4 다음은 다섯 종류의 약제를 살포한 후에 조사한 실험구의 식물체당 해충의 수이다.

해충의 수				
A	B	C	D	E
11	6	8	14	7
4	4	6	27	4
4	3	4	8	9
5	6	11	18	14

다섯 종류의 약제 살포에 따른 해충의 수가 모두 동일한지를 가설검정하라.

11

상관과 회귀

11.1 회귀분석

여러 변수들 사이의 연관성을 알아내려는 연구들이 도처에 많이 진행되고 있다. 회귀분석이란 종속변수(dependent variable)라고 하는 한 변수가 독립변수(independent variable)라고 하는 다른 여러 변수들에 의해 얼마나 잘 설명되거나 예측되는지를 추정하고 분석하는 통계적 방법을 말한다.

예를 들어, 산모와 신생아의 체중 간의 관련성에 관심이 있다고 하자. 이때 표본은 50명의 산모와 그 신생아의 체중으로 구성된다. 또 다른 예로, 만성병 환자의 병원 입원기간을 생각해 볼 수 있다. 그 기간은 환자의 연령, 결혼 상태, 성별 그리고 수입 등에 밀접한 관련이 있을지 모른다.

회귀모형에서는 흔히 독립변수들의 값이 고정되었을 때 종속변수의 분포를 다루고 연구한다.

예 11.1.1 40마리의 생쥐를 방사능에 노출시켰을 때 그 생존기간을 조사하였다. [도표 11.1.1]은 방사능의 양과 생쥐들의 생존시간 간의 관계를 보여 준다. ■

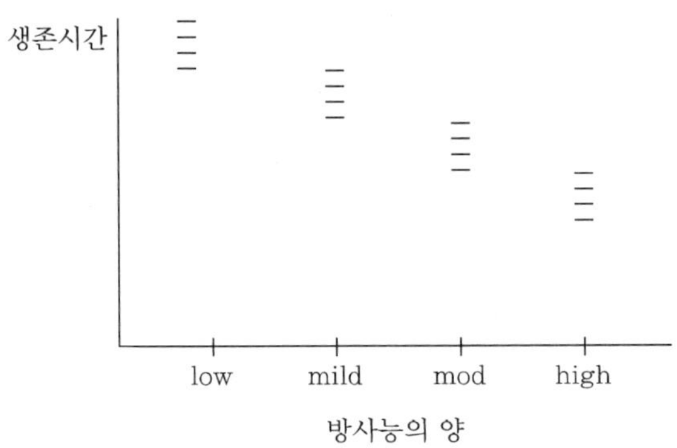

도표 11.1.1 방사능 양에 따른 생쥐들의 생존시간

위의 예에서 우리는 어떤 수준의 방사능 양에 대한 생존시간의 변동을 연구하게 된다. 여기에서 생존시간을 종속변수 또는 반응변수(response variable)라고 하고, 생존시간에 영향을 주는 방사능 양을 독립변수 또는 설명변수(explanatory variable, predictor variable)라고 한다. 종속변수는 종종 y로, 독립변수들은 $x_1, x_2, \cdots, x_k$ 로 표기된다.

11.1.1 단순선형회귀모형

이 절에서는 종속변수를 예측하기 위한 독립변수의 수가 하나인 단순선형회귀모형(simple linear regression model)의 기본개념에 관하여 다루기로 한다. 일반적으로 종속변수는 연속형이며 정규분포를 따른다고 가정한다. 단순선형모형은 다음과 같이 정의된다.

$$y = \beta_0 + \beta_1 x + \varepsilon, \tag{11.1.1}$$

여기서 y는 종속변수를, β_0와 β_1은 회귀계수들(regression coefficients)을, x는 독립변수를 나타낸다. 그리고 ε은 평균 0, 분산 σ^2인 정규분포를 따르는 오차항(error term)을 각각 나타난다. $\beta_0, \beta_1, \sigma^2$은 미지의 회귀모수들(regression parameters)이다. 독립변수의 수가 단지 하나이기 때문에 "단순"이라고 하며 독립변수의 형태가 "회귀계수에 대해 일차"이므로 선형이라고 한다.

데이터가 $(x_1, y_1), \cdots, (x_n, y_n)$일 때 단순선형모형 식(11.1.1)은 다음과 같이 구체적으로 표현된다:

$$y_i = \beta_0 + \beta_1 x_i + \varepsilon_i, \ i = 1, 2, \cdots, n, \tag{11.1.2}$$

여기서 $\varepsilon_1, \cdots, \varepsilon_n$은 서로 독립이며 $N(0, \sigma^2)$을 따른다.

예 11.1.2 30명의 수축기혈압(SBP, systolic blood pressure)과 연령(AGE)에 관한 데이터가 아래에 주어졌다. 이 데이터를 산점도(scatter plot)로 나타내고 두 변수 간의 관련성을 검토하라.

도표 11.1.2 수축기혈압 데이터

개체	y(SBP)	x(AGE)	개체	y(SBP)	x(AGE)
1	144	39	16	130	48
2	220	47	17	135	45
3	138	45	18	114	17
4	145	47	19	116	20
5	162	65	20	124	19
6	142	46	21	136	36
7	170	67	22	142	50
8	124	42	23	120	39
9	158	67	24	120	21
10	154	56	25	160	44

도표 11.1.2 수축기혈압 데이터(계속)

개체	y(SBP)	x(AGE)	개체	y(SBP)	x(AGE)
11	162	64	26	158	53
12	150	56	27	144	63
13	140	59	28	130	29
14	110	34	29	125	25
15	128	42	30	175	69

풀이 수축기혈압을 세로축(종속변수 축)에, 연령을 가로축(독립변수 축)에 두고 작성한 두 변수 간의 산점도는 아래와 같다.

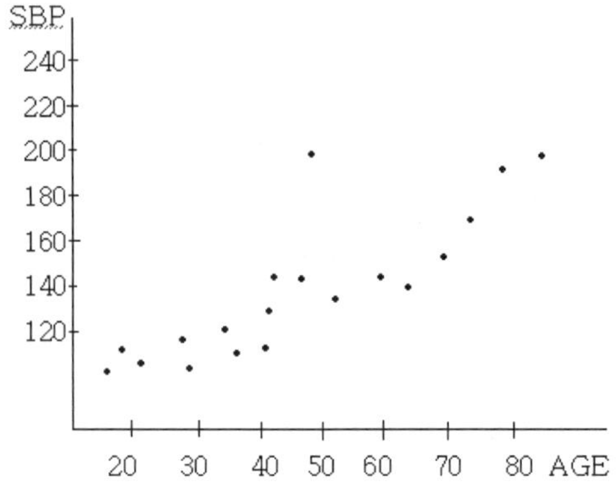

도표 11.1.3 수축기혈압과 연령 간의 산점도

우리는 이 산점도로부터 연령이 커질수록 수축기혈압이 증가하는 경향이 있으며, 그 경향은 50대 이후에 더욱 뚜렷해지는 것을 엿볼 수 있다. 이 관련성의 정도를 어떻게 측정할 수 있을까? ■

11.1.2 최소제곱회귀선

이제 주어진 데이터에 대한 회귀직선을 구하는 방법을 알아보도록 하자.

정의 11.1.1

단순선형회귀모형에서 데이터 점들과 회귀직선 간의 수직거리들의 제곱합 $\sum_{i=1}^{n}(y_i - \beta_0 - \beta_1 x_i)^2$ 을 최소로 하는 β_0와 β_1의 추정량을 최소제곱추정량(least squares estimator)이라고 하며, 흔히 $\widehat{\beta_0}$, $\widehat{\beta_1}$이나 b_0, b_1으로 표기된다. 그리고 최소제곱추정량을 회귀계수로 가지는 회귀선은 최소제곱회귀선이라고 한다.

즉 최소제곱회귀선이란 [도표 11.1.4]에서 데이터 점들과 회귀직선 간의 수직 거리 $d_i = y_i - \beta_0 - \beta_1 x_i$들의 제곱합을 최소화하는 직선 $\hat{y} = b_0 + b_1 x$이다. 여기서 b_0은 회귀직선의 절편을, b_1은 기울기를 나타낸다. 그리고 '^'는 추정되었음을 의미한다.

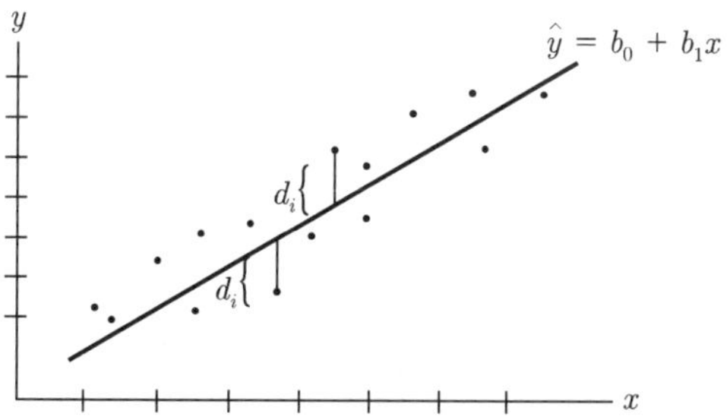

도표 11.1.4 회귀직선과 편차

| 성질 11.1.1 | 단순선형회귀모형에서 β_0와 β_1의 최소제곱추정량은 다음과 같이 주어진다.

$$b_1 = \frac{\sum(x_i - \overline{x})(y_i - \overline{y})}{\sum(x_i - \overline{x})^2},$$

$$b_0 = \overline{y} - b\overline{x}.$$

증명 우리는 다음 오차제곱합을 최소로 하는 β_0와 β_1를 구하는 것이다.

$$Q = \sum_{i=1}^{n}(y_i - \beta_0 - \beta_1 x_i)^2.$$

위 식을 β_0와 β_1에 관하여 편미분하여 다음 식을 얻는다.

$$\frac{\partial}{\partial \beta_0} Q = -2\sum(y_i - \beta_0 - \beta_1 x_i)$$

$$\frac{\partial}{\partial \beta_1} Q = -2\sum x_i(y_i - \beta_0 - \beta_1 x_i).$$

β_0와 β_1의 추정량을 b_0와 b_1으로 표기하고, 위의 두 식을 0으로 놓아 다음을 얻는다.

$$nb_0 + b_1\sum x_i = \sum y_i,$$

$$b_0\sum x_i + b_1\sum x_i^2 = \sum x_i y_i.$$

우리는 위의 두 식을 풀어서 b_1과 b_0를 얻는다.

$$b_1 = \frac{S_{xy}}{S_{xx}},\ b_0 = \overline{y} - b_1\overline{x}.$$

여기서 $S_{xy}=\sum(x_i-\overline{x})(y_i-\overline{y})$, $S_{xx}=\sum(x_i-\overline{x})^2$이다. □

예 11.1.3 앞 예제의 수축기혈압 데이터에서 최소제곱회귀직선을 구하라.

풀이 SBP를 종속변수 y로, AGE를 독립변수 x로 두고 최소제곱 회귀계수들을 구해 보자. 우리는 다음과 같은 계산결과를 얻는다.

$$n=30,\ \overline{y}=142.53,\ \overline{x}=45.13$$

$$\sum y_i=4276,\ \sum x_i=1354,\ \sum x_iy_i=199576,\ \sum x_i^2=67894$$

$$b_1=\frac{\sum x_iy_i-\frac{\sum x_i\sum y_i}{n}}{\sum x_i^2-\frac{(\sum x_i)^2}{n}}=\frac{199576-\frac{(1354)(4276)}{30}}{67894-\frac{(1354)^2}{30}}=0.97$$

$$b_0=\overline{y}-b_1\overline{x}=142.53-(0.97)(45.13)=98.71$$

따라서 추정된 회귀선은 다음과 같이 주어지며, [도표 11.1.5]에 전시되어 있다.

$$\hat{y}=98.71+0.97x.$$ ■

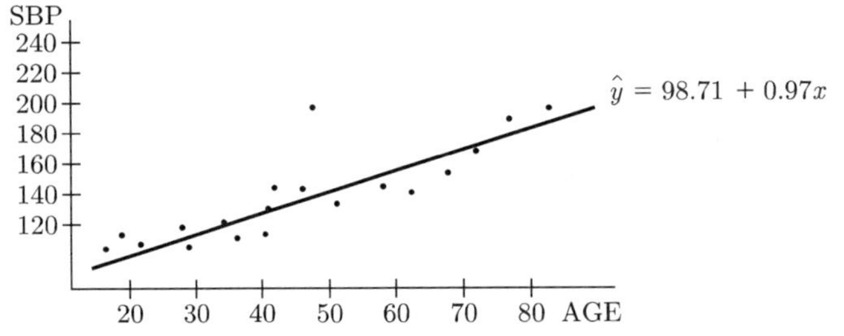

도표 11.1.5 수축기혈압 데이터의 최소제곱회귀선

실제 반응값 y_i와 회귀선에 의해 추정된 값, 즉 추정치 $\hat{y_i}$의 차이를 잔차(residual)라고 한다.

$$e_i=y_i-\hat{y_i}.$$

잔차가 작을수록 추정된 회귀선이 관측 데이터를 잘 설명한다고 할 수 있다. [도표 11.1.6]에서 보듯이 잔차와 오차는 서로 다른 값이다. 한마디로, 잔차는 오차의 추정치이다.

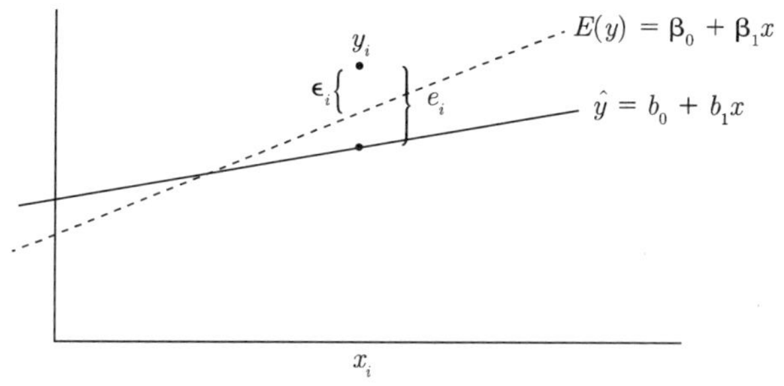

도표 11.1.6 오차 ϵ_i와 잔차 e_i

11.1.3 회귀모형의 유의성에 대한 분산분석

독립변수 x를 사용하지 않는 모형이라면, 종속변수의 예측값으로 반응값의 평균인 $\overline{y}$를 사용할 것이다. 따라서 $\overline{y}$를 예측값으로 사용하는 경우에 이에 따른 오차는 $y_1 - \overline{y}$, $\cdots$, $y_n - \overline{y}$의 제곱합으로 표현하게 된다.

$y_i - \overline{y}$를 총편차, $y_i - \hat{y_i}$를 회귀선에 의해 설명되지 않는 편차, $\hat{y_i} - \overline{y}$를 회귀선에 의해 설명되는 편차라고 할 때, 총편차는 아래 그림처럼 다음과 같이 분해된다.

$$y_i - \overline{y} = (y_i - \hat{y_i}) + (\hat{y_i} - \overline{y}).$$

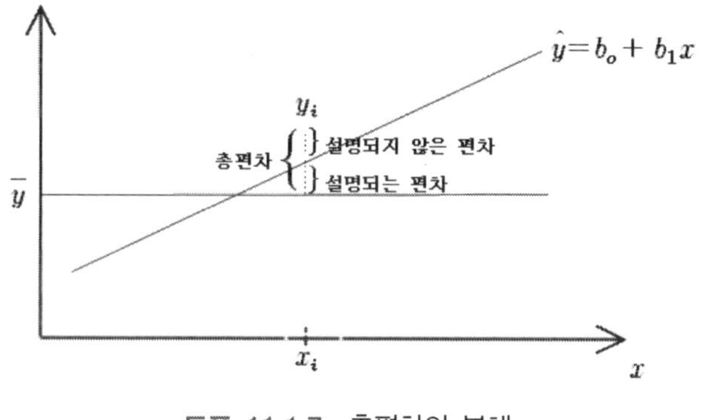

도표 11.1.7 총편차의 분해

위의 등식을 제곱하여, n개의 점에서 모두 더해주면 다음과 같이 정돈된다.

$$\sum_{i=1}^{n}(y_i - \overline{y})^2 = \sum_{i=1}^{n}(y_i - \hat{y_i})^2 + \sum_{i=1}^{n}(\hat{y_i} - \overline{y})^2 + 2\sum_{i=1}^{n}(y_i - \hat{y_i})(\hat{y_i} - \overline{y})$$

$$= \sum(y_i - \hat{y_i})^2 + \sum(\hat{y_i} - \overline{y})^2.$$

우리는 이 식을 다음과 같이 표현할 수 있다.

	전체제곱합 =	잔차제곱합 +	회귀제곱합
	SST	SSE	SSR
자유도	$n-1$	$n-2$	1

여기서 SST는 전체제곱합(total sum of squares), SSE는 잔차제곱합(residual sum of squares) 또한 오차제곱합(error sum of squares) 그리고 SSR은 회귀제곱합(regression sum of squares)을 각각 나타낸다.

각 제곱합에 대응하는 자유도를 생각해 보자. 전체제곱합의 자유도는 변수 y의 표본분산의 분모항인 $n-1$이 되며, 회귀제곱합의 자유도는 1이며, 나머지 $n-2$는 잔차제곱합의 자유도가 된다. 이를 대부분의 통계패키지가 산출하는 분산분석표로 정리하여 본다.

도표 11.1.8 회귀모형의 유의성에 대한 분산분석표

변동요인	제곱합	자유도	평균제곱	F
회귀	SSR	1	MSR	MSR/MSE
잔차	SSE	$n-2$	MSE	
전체	SST	$n-1$		

이 분산분석표와 관련해서 우리는 다음 사항들에 주목할 필요가 있다.

① 전체제곱합 중 회귀제곱합이 차지하는 비율을 결정계수(the coefficient of determination)라 하는데, 이는 독립변수(들)의 설명력의 측도이다.

$$R^2 = \frac{SSR}{SST}.$$

② 평균제곱오차(the mean square error)는 오차 ε의 분산 σ^2의 불편추정량이다.

$$MSE = \frac{SSE}{n-2}.$$

예 11.1.4 [예 11.1.2]의 수축기혈압 데이터에 대해 단순선형회귀모형의 유의성을 검토하기 위한 분산분석표를 작성하고 유의수준 0.05에서 검정하라.

풀이 우리는 아래 분산분석표로부터 $P-$값=0.0008이 유의수준 0.05보다 작으므로 회귀모형이 유의하다고 즉 연령이 최고수축기혈압을 추정(설명)하는 데 유의하다고 결론을 내릴 수 있다. 그런데 결정계수가 0.43이므로 최고수축기혈압의 변동 가운데 연령의 설명력은 50%가 되지 않는다.

도표 11.1.9 회귀모형의 유의성에 대한 분산분석표: 수축기혈압 데이터

변동요인	제곱합	자유도	평균제곱	F	P-값
회귀	6394.0	1	6394.0	21.3	0.00008
잔차	8393.4	$n-2=28$	299.8		
전체	14787.5	$n-1=29$			

$F_0 = 21.3 > F_{0.05}(1,28) = (2.05)^2 = 4.20$

결정계수 $R^2 = \dfrac{SSR}{SST} = \dfrac{6394.0}{14787.5} = 0.43$

σ^2의 불편추정량 $MSE = 299.8$ ■

11.1.4 회귀계수에 관한 추론

만약 독립변수 x의 어떤 고정된 값에서 종속변수 y가 정규분포를 한다면, 모수 β_0와 β_1에 대한 신뢰구간을 구하거나 가설검정을 할 수 있게 된다.

| 성질 11.1.2 | 회귀직선의 기울기의 추정량 b_1이 최소제곱추정량일 때, b_1의 표집분포는 다음과 같이 주어진다.

$$b_1 \sim N\left(\beta_1, \frac{\sigma^2}{\sum(x_i - \overline{x})^2}\right).$$

증명 우리는 b_1을 다음과 같이 표현할 수 있다.

$$b_1 = \frac{\sum(x_i - \overline{x})(y_i - \overline{y})}{\sum(x_i - \overline{x})^2} = \frac{\sum(x_i - \overline{x})y_i}{\sum(x_i - \overline{x})^2}.$$

① 이로부터 b_1은 y_i들의 선형결합이고, y_i들은 식(11.1.2)로부터 서로 독립인 정규분포를 따른다. 따라서 b_1은 정규분포를 따른다.

② $E[b_1] = \dfrac{\sum(x_i - \overline{x})(E[y_i])}{\sum(x_i - \overline{x})^2} = \dfrac{\sum(x_i - \overline{x})(\beta_0 + \beta_1 x_i)}{\sum(x_i - \overline{x})^2} = \beta_1$

③ $V[b_1] = \dfrac{\sum(x_i - \overline{x})^2 V[y_i]}{\left[\sum(x_i - \overline{x})^2\right]^2} = \dfrac{\sigma^2}{\sum(x_i - \overline{x})^2}$ □

| 성질 11.1.3 | 회귀직선의 절편의 추정량이 최소제곱추정량일 때, b_0의 표집분포는 다음과 같이 주어진다.

$$b_0 \sim N\left(\beta_0, \left(\frac{1}{n} + \frac{\overline{x^2}}{\sum(x_i - \overline{x})^2}\right)\sigma^2\right).$$

이제 가정한 선형회귀모형의 유의성을 아래 가설을 통하여 검정하여 보자.

$$H_0 : \beta_1 = 0 \quad vs \quad H_1 : \beta_1 \neq 0 .$$

$H_0 : \beta_1 = 0$라는 조건하에서 T_0의 분포는 다음과 같이 주어진다.

$$T_0 = \frac{b_1}{\sqrt{\hat{V}[b_1]}} = \frac{b_1}{\sqrt{\frac{MSE}{\sum(x_i - \overline{x})^2}}} \sim t(n-2).$$

그런데 F-분포는 t-분포와 다음 관계를 가진다.

$$F(1, v) = t^2(v).$$

| 과제 11.1.1 | 위 관계로부터 다음과 같은 F-분포는 F-분포의 꼬리확률 간의 관계를 확인하여 보자.

$$F_\alpha(1, v) = (t_{\alpha/2}(v))^2.$$

이로부터 다음 관계가 유도된다.

$$T_0^2 = \frac{b_1^{\,2}}{\frac{MSE}{\sum(x_i - \overline{x})^2}} = \frac{SSR}{MSE} = \frac{b_1^{\,2}\sum(x_i - \overline{x})^2}{MSE} = \frac{MSR}{MSE} \sim F(1, n-2)$$

단순회귀모형 $y_i = \beta_0 + \beta_1 x_i + \varepsilon_i$에서 우리는 기울기에 대한 다음 가설을 유의수준 α에서 아래와 같이 검정할 수 있다.

$$H_0 : \beta_1 = 0 \quad vs \quad H_1 : \beta_1 \neq 0 .$$

① 검정통계량

$$F_0 = \frac{MSR}{MSE}.$$

② 기각역 $F_0 \geq F_\alpha(1, n-2)$

$P-$값$= P\{F > F_0\} < \alpha$이면 기각

따라서 우리는 분산분석표의 회귀모형의 유의성에 대한 F-검정이 바로 회귀선의 기울기의 유의성에 대한 t-검정과 동일한 것임을 알 수 있다.

예 11.1.5 [예 11.1.2]의 수축기혈압 데이터에서 $T^2 = F$ 임을 보여라.

풀이 우리는 아래의 계산결과로부터 β_1의 유의성에 대한 t-검정과 회귀모형의 유의성에 대한 t-검정이 동일하다는 것을 경험적으로 확인할 수 있다.

① 검정통계량의 값

$T_0 = 4.62$, $F_0 = 21.33$

$\therefore\ T_0^2 = F_0$

② 기각역의 경계값

$t_{0.025}(28) = 2.05$

$F_{0.05}(1,28) = (2.05)^2 = 4.20$

③ 기각역

$T_0 > t_{0.025}(v)$ 또는 $T_0 < -t_{0.025}(v)$

$F_0 > F_{0.05}(1\,,\,v)$ ■

11.2 상관분석

상관(correlation)이란 변수와 변수 사이의 연관성을 의미하여, 상관계수(correlation coefficient)는 두 양적 변수 간의 직선적 관련성의 정도를 나타낸다. 두 확률변수 X, Y의 모상관계수 ρ는 다음과 같이 정의된다.

$$\rho = \frac{Cov[X\,,\,Y]}{\sqrt{V[X]\,V[Y]}}\,.$$

상관계수는 두 변수 X와 Y의 직선적인 관계의 정도를 재는 측도이다. 모상관계수 ρ의 추정량인 표본상관계수(sample correlation coefficient) r은 다음과 같다.

$$r = \frac{\widehat{Cov}[X\,,\,Y]}{\sqrt{\hat{V}[X]\,\hat{V}[Y]}} = \frac{\sum_{i=1}^{n}(x_i-\bar{x})(y_i-\bar{y})}{\sqrt{\sum_{i=1}^{n}(x_i-\bar{x})^2\sum_{i=1}^{n}(y_i-\bar{y})^2}}$$

$$= \frac{\sum x_i y_i - \frac{(\sum x_i)(\sum y_i)}{n}}{\sqrt{\left\{\sum x_i^{\,2} - \frac{(\sum x_i)^2}{n}\right\}\left\{\sum y_i^{\,2} - \frac{(\sum y_i)^2}{n}\right\}}}$$

표본상관계수 r 은 -1과 1 사이의 값만 가질 수 있으며, 만약 변수 x와 y 간에 명확한 직선관계 $y = a + bx$가 성립한다면, 표본상관계수는 $r = \pm 1$이 된다. 표본상관계수는 어떤 표본이 주어졌을 때의 두 변수의 직선적 관련성의 측도이다.

예 11.2.1 여중생의 신장(Height), 체중(Weight)과 제자리멀리뛰기(Standing Broad Jump, SBJ) 간의 상관관계를 연구하고자, 2000년 11월 강릉시의 모 중학교 1년생 11명을 랜덤하게 뽑아 작성한 데이터가 아래에 주어졌다. 이때 세 변수들의 산점도와 표본상관계수를 구하라.

도표 11.2.1 강릉시 중학교 1년생들의 체격과 체력 데이터

개체번호	신장	체중	제자리멀리뛰기
1	139.5	31.5	1.52
2	144.9	30.7	1.75
3	146.9	40.0	1.72
4	150.1	37.0	1.43
5	148.5	41.0	1.40
6	150.5	39.7	1.84
7	152.0	37.6	1.59
8	153.0	46.6	1.62
9	153.7	55.0	1.38
10	157.0	41.5	1.71
11	157.8	48.5	1.60

풀이 아래 그림에 신장 대 체중, 신장 대 제자리멀리뛰기, 그리고 체중 대 제자리멀리뛰기의 산점도를 산점도행렬로 전시하였다. 산점도행렬에서 신장이 크면 체중도 많이 나가고, 체중이 많이 나가면 신장도 커지는 경향이 있음을 알 수 있다. 한편 신장이 커지더라도 제자리멀리뛰기의 값에는 큰 연관성이 없는 경향을 볼 수 있다. 즉 신장과 체중 간에는 밀접한 관계가 있는 것으로 보이지만, 신장과 제자리멀리뛰기 간의 관계는 약하다고 볼 수 있다.

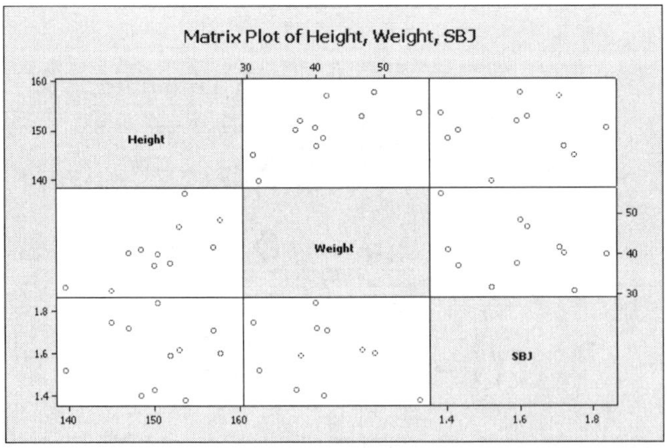

도표 11.2.2 신장, 체중, 제자리멀리뛰기의 산점도행렬

한편 체중과 신장의 표본상관계수 r_1과 제자리멀리뛰기와 신장의 표본상관계수 r_2는 다음과 같다.

$$r_1 = 0.7331, \quad r_2 = 0.0144. \qquad ■$$

산점도의 다양한 형태와 이에 따른 상관계수의 크기를 살펴보자. 아래 각 산점도에 대해 상관계수의 대략적인 크기를 살펴보자.

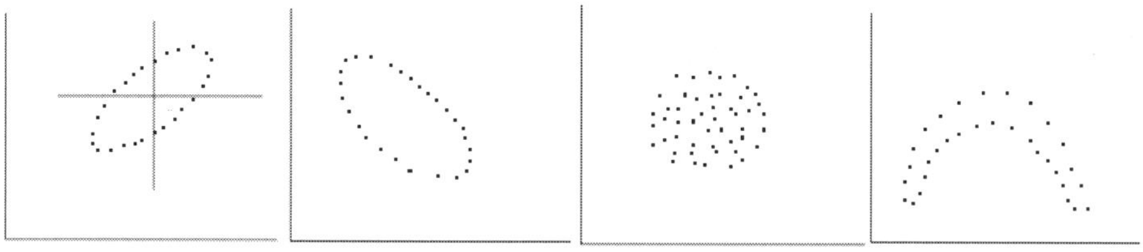

① 양의상관　② 음의상관　③ 무상관　④ 무상관

도표 11.2.3 산점도의 형태와 상관계수의 크기 간의 관계

① 대부분의 점들이 제1상한과 제3상한에 위치하므로 $\sum(x_i - \overline{x})(y_i - \overline{y}) > 0$가 된다. 따라서 $r > 0$이며, 이를 양의 상관이 있다고 한다.
② 대부분의 점들이 제2상한과 제4상한에 위치하므로 $\sum(x_i - \overline{x})(y_i - \overline{y}) < 0$가 된다. 따라서 $r < 0$이며, 이를 음의 상관이 있다고 한다.
③ +인 점들과 −인 점들이 서로 상쇄되므로 $r = 0$이며, 이를 상관관계가 없다고 한다.
④ 두 변수 간의 관계가 특정한 곡선의 형태를 따르지만, +인 점들과 −인 점들이 서로 상쇄된다. 따라서 $r = 0$이며, 무상관이라고 한다.

표본상관계수 r은 직선의 기울기 크기를 재는 측도가 아님에 유의하여야 한다. 다음 그림을 보자. 이 그림의 각 경우에 모두 $r^2 = 1$이지만 직선의 기울기는 모두 다름을 알 수 있다. r^2은 직선 근방에 점들이 얼마나 조밀하게 모여 있는지를 재는 측도라고 할 수 있다.

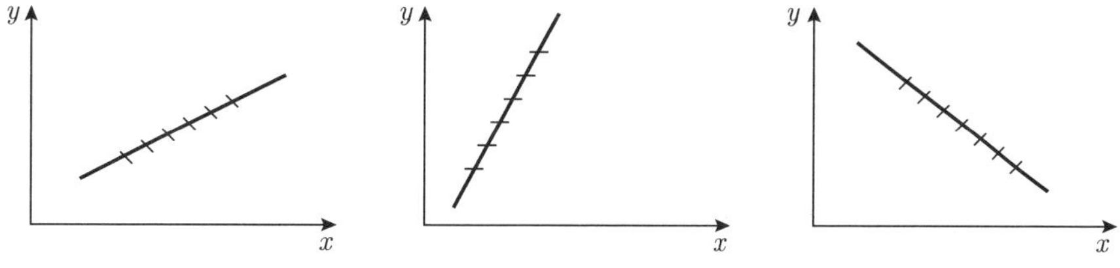

도표 11.2.4 모든 점들이 한 직선 위에 위치하는 경우

우리는 모집단 상관계수가 $\rho=0$인지 여부에 관심이 있다. 즉 두 변수들이 실제적으로 상관관계가 있는지를 검정하고자 한다. 두 변수 X, Y가 이변량 정규분포를 하는 경우, 다음의 가설에 대한 유의성검정을 유의수준 α에서 아래와 같이 실시할 수 있다.

$$H_0: \rho=0 \ \ vs \ \ H_1: \rho \neq 0$$

① 귀무가설 하의 검정통계량

$$T_0 = \frac{r}{\sqrt{\dfrac{1-r^2}{n-2}}} \sim t(n-2).$$

② 기각역: $T_0 \geq t_{\alpha/2}(n-2)$ 또는 $T_0 \leq t_{-\alpha/2}(n-2)$.

$P-$값$=P\{|T_0| \geq |t_0|\} > \alpha$이면 기각

회귀모형에서는 종속변수 Y의 기대치가 다음과 같이 독립변수의 함수로 표현된다.

$$E[Y]=\beta_0+\beta_1 x.$$

따라서 만약 $\beta_1=0$면, y와 x는 독립이 된다. 기울기에 대한 다음 가설에 대한 유의성검정을 위한 검정통계량을 다시 살펴보자.

$$H_0: \beta_1=0 \quad vs \quad H_1: \beta_1 \neq 0$$

$$T_0 = \frac{b_1}{\sqrt{\hat{V}[b_1]}} = \frac{b_1}{\sqrt{\dfrac{MSE}{\sum(x_i-\overline{x})^2}}} = \frac{r}{\sqrt{\dfrac{1-r^2}{n-2}}}.$$

즉 기울기에 대한 유의성검정통계량은 상관계수의 유의성을 위한 검정통계량과 동일하다.

예 11.2.2 [예 11.1.2]의 수축기혈압 데이터에서 다음 두 통계량의 값이 동일함을 보여라.

$$T_0^{(1)} = \frac{b_1}{\sqrt{\hat{V}[b_1]}} \text{ 과 } T_0^{(2)} = \frac{r}{\sqrt{\dfrac{1-r^2}{n-2}}}.$$

풀이 ① $T_0^{(1)} = \dfrac{b_1}{\sqrt{\hat{V}(b_1)}} = 4.62$

② $r = \dfrac{199576 - \dfrac{(1354)(4276)}{30}}{\left\{\left(67894 - \dfrac{1354^2}{30}\right)\left(624260 - \dfrac{4276^2}{30}\right)\right\}^{\frac{1}{2}}} = 0.66$이므로

$$T_0^{(2)} = \frac{r}{\sqrt{\dfrac{1-r^2}{n-2}}} = \frac{0.66}{\sqrt{\dfrac{1-0.66^2}{30-2}}} = 4.62$$ ■

모집단에서 추출한 표본상관계수 r을 토대로 모상관계수가 0이 아닌 어떤 값인지에 대한 가설 $H_0: \rho = \rho_0 (\neq 0)$을 검정하려면 검정통계량으로 $T_0 = \dfrac{r}{\sqrt{(1-r^2)/(n-2)}}$를 사용할 수 없다. 왜냐하면 $\rho = 0$일 때는 r의 분포가 대칭이지만, $\rho \neq 0$이면 r은 비대칭인 분포를 하기 때문이다. 그렇지만 다행스럽게도 r의 적당한 변환을 통하여 근사적인 정규분포를 하게 할 수 있다. 아래에 Fisher의 z 변환을 이용한 검정방법을 기술하였다.

① Fisher의 z 변환은 r의 함수로서 다음과 같이 정의된다.

$$z(r) = \frac{1}{2}\ln\left(\frac{1+r}{1-r}\right),$$

여기서 ln은 자연로그를 나타낸다. 이때 $z(r)$는 근사적으로 정규분포를 따른다.

$$z(r) \stackrel{\cdot}{\sim} N\left(\frac{1}{2}\ln\left(\frac{1+\rho}{1-\rho}\right), \frac{1}{n-3}\right).$$

② 따라서 $H_0: \rho = \rho_0$하에서 아래 검정통계량은 근사적으로 표준정규분포를 따른다.

$$Z_0 = \frac{z(r) - z(\rho_0)}{\sqrt{\dfrac{1}{n-3}}} \stackrel{\cdot}{\sim} N(0,1),$$

여기서 $z(\rho_0) = \dfrac{1}{2}\ln\left(\dfrac{1+\rho_0}{1-\rho_0}\right)$.

③ 이때 양측 대립가설 $H_1: \rho \neq \rho_0$에 대한 기각역과 P–값은 다음과 같이 주어진다.

기각역: $|Z_0| \geq z_{\alpha/2}$,

P–값$= P\{|Z_0| \geq |z_0|\} < \alpha$이면 기각.

예 11.2.3 [예 11.1.2]의 수축기혈압 데이터에서 유의수준 0.05에서 아래 가설을 검정하라.

$$H_0: \rho = 0.85 \quad vs \quad H_1: \rho \neq 0.85.$$

풀이 ρ_0가 0이 아니므로 상관계수에 대한 유의성검정을 하려면 Fisher의 z 변환을 이용해야 한다.

$$n=30,\ r=0.66,$$
$$z(r)=\frac{1}{2}\ln\left(\frac{1+r}{1-r}\right)=\frac{1}{2}\ln\left(\frac{1+0.66}{1-0.66}\right)=0.7928,$$
$$z(\rho_0)=\frac{1}{2}\ln\left(\frac{1+\rho_0}{1-\rho_0}\right)=\frac{1}{2}\ln\left(\frac{1+0.85}{1-0.85}\right)=1.2561.$$

검정통계량의 값은 다음과 같이 계산된다.

$$Z_0=\frac{z(r)-z(\rho_0)}{\sqrt{\frac{1}{n-3}}}=\frac{0.7928-1.2561}{\sqrt{\frac{1}{30-3}}}=-2.41.$$

검정통계량의 값이 기각역에 속하므로 유의수준 $\alpha=0.05$로 H_0를 기각한다:

$$\text{기각역: } |Z_0|\ge Z_{0.025}=1.96.$$

이때 P-값은 다음과 같이 주어진다.

$$P\text{-값}=P\{|Z_0|\ge|z_0|\}=P\{|Z_0|\ge 2.41\}=2P\{Z_0\le -2.41\}$$
$$=0.016<\alpha=0.05.$$

■

11.3 회귀모형에서 잔차의 역할

단순선형회귀모형에서 오차항 ε에 대한 가정을 다시 한 번 검토해 보자(11.1절 참조): $\varepsilon_i \sim IND\ N(0,\sigma^2),\ i=1,2,\cdots n.$

① 평균 0
② 등분산성(homoscedasticity)
③ 독립성
④ 정규성

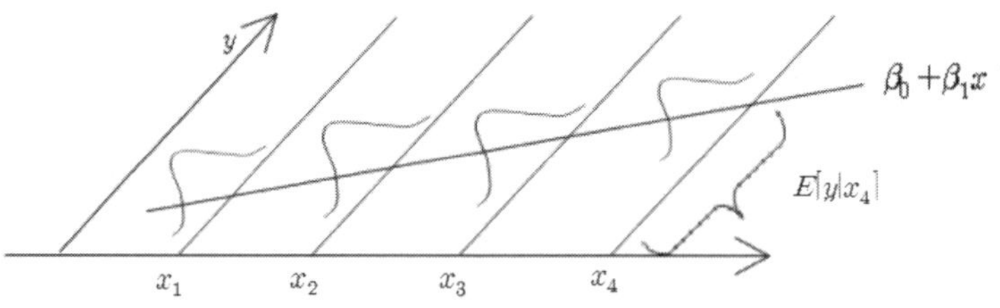

도표 11.3.1 단순선형회귀모형에서 오차항

우리는 오차항에 관한 이 모든 가정을 행렬을 이용하여 간단히 표현할 수 있다.

$$\underline{\varepsilon} \sim N(\underline{0}, I\sigma^2).$$

위 그림에서 등분산성의 가정은 다음을 의미한다.

$$V[y \mid x_1] = V[y \mid x_2] = V[y \mid x_3] = V[y \mid x_4] = \sigma^2.$$

우리는 이 가정을 잔차를 통하여 검토할 수 있다. 잔차 e_i는 $e_i = y_i - \hat{y}_i$로 정의되며, e_i의 분포는 다음과 같이 주어진다.

$$e_i \sim N(0, \sigma^2(1-h_{ii})), \ i = 1, \cdots, n, \tag{11.3.1}$$

여기서 지렛대(leverage) $h_{ii} = \frac{1}{n} + \frac{(x_i - \overline{x})^2}{\sum_{i=1}^{n}(x_i - \overline{x})^2}$이며, x_i가 $\overline{x}$에서 멀수록 큰 값을 가진다. $i = 1, 2, \cdots, n$에 따라서 잔차 e_i의 분산이 달라지므로, 우리는 잔차를 표준화할 필요가 있다. 여기서는 두 종류의 표준화잔차를 소개한다.

① 스튜던트화 잔차(studentized residual)

$$r_i = \frac{e_i}{s\sqrt{1-h_{ii}}},$$

여기서 $s^2 = MSE$이며 σ^2의 불편추정량이다.

② 외스튜던트화 잔차(externally studentized residual)

$$r_i{}^* = \frac{e_i}{s(i)\sqrt{1-h_{ii}}},$$

여기서 $s^2(i)$은 i번째 개체를 제외한 $n-1$개의 개체를 이용하여 σ^2을 추정한 값이다. 이 값은 $t(n-3)$인 분포를 따른다.

우리는 잔차(또는 r_i나 $r_i{}^*$)와 $\hat{y}_i$ 간의 산점도를 그려봄으로써 모형의 진단을 할 수 있다. e_i와 y_i가 통상적으로 상관관계가 있기 때문에 가로축에 y_i 대신 $\hat{y}_i$를 사용하여야 한다.

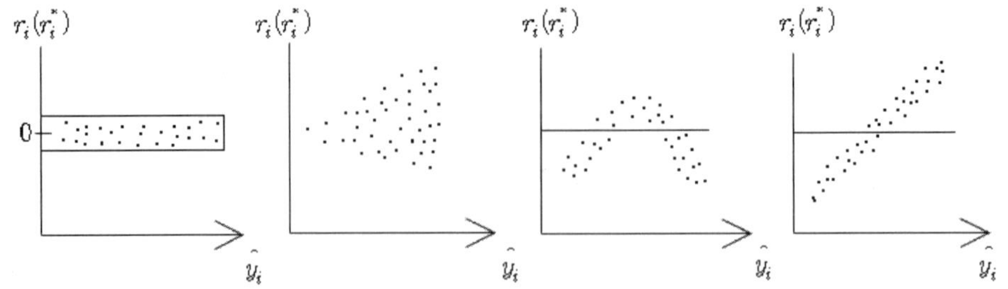

① ② ③ ④

도표 11.3.2 잔차의 패턴

① 오차에 아무런 문제점이 없음을 알 수 있다. 즉 오차의 등분산성의 가정이 만족되었다고 할 수 있다.

② 오차의 등분산성 가정이 위배되었고, 분산이 종속변수 y에 따라 증가함을 볼 수 있다.

③ 비선형성을 보여주고 있다. 이차항 등이 포함된 곡선회귀가 바람직할 수 있다. 독립변수 또는 종속변수의 변수변환이 요청된다.

④ 채택한 독립변수 이외의 다른 독립변수를 고려해야 할 경우이다.

11.4 엑셀 실습 11: 회귀/상관 분석

예 11.4.1 상관분석 [예 6.4.1]에 제시된 와인소비량 데이터에서 와인소비량이 심장병에 의한 사망자수와 관계가 있다고 할 수 있는지 상관분석을 실시하라.

풀이 **방법 1** CORREL( ) 함수를 이용한다.

CORREL(array1, array2)
두 변수 간의 상관계수를 구하는 함수

방법 2 [도구→데이터분석→상관분석] 이용

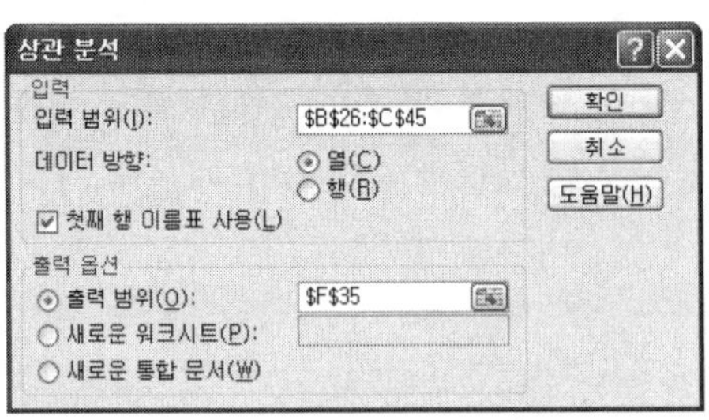

결과해석 와인소비량과 심장병 사망자수 간에는 부적상관(r=−0.8428, p=.000)이 있는 것으로 나타났다. 즉, 와인소비량이 증가할수록, 심장병에 의한 사망자수는 감소한다고 할 수 있다.

$$\textbf{검정통계량} = \frac{r}{\sqrt{\frac{1-r^2}{n-2}}} = \frac{-0.8428}{\sqrt{\frac{1-(-0.8428)^2}{19-2}}} \sim t(19-2)$$ ■

예 11.4.2 **회귀분석** [예 6.4.1]에 제시된 와인소비량 데이터에서 와인소비량이 심장병에 의한 사망자수에 영향을 준다고 할 수 있는지 산점도를 그리고, 회귀분석을 실시하라.

풀이 ① 산점도 작성

단계 1 와인소비량(x축), 심장병 사망자수(y축)에 대한 분산형 그래프를 그린다.

단계 2 계열을 선택하고 추세선을 추가하고, 옵션에서 수식을 차트에 표현을 선택한다.

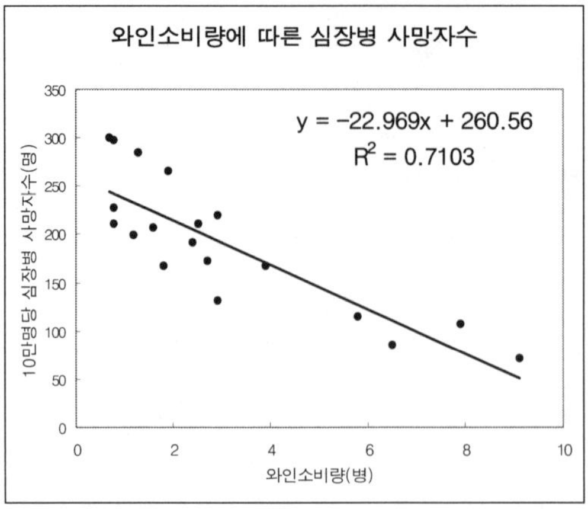

② 와인소비량이 심장병 사망자수에 미치는 영향력 분석 [데이터 → 데이터분석 →회귀분석]

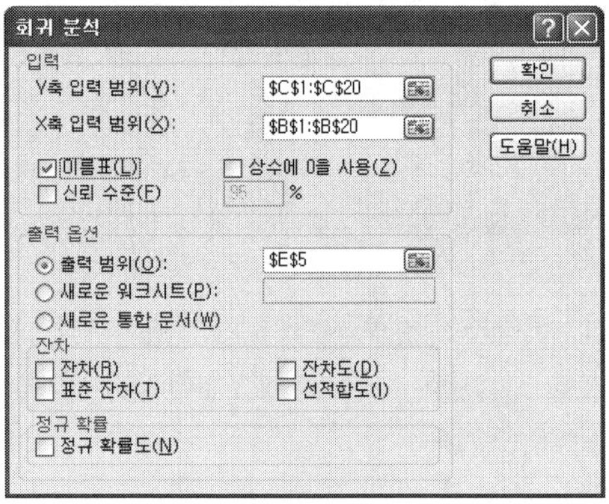

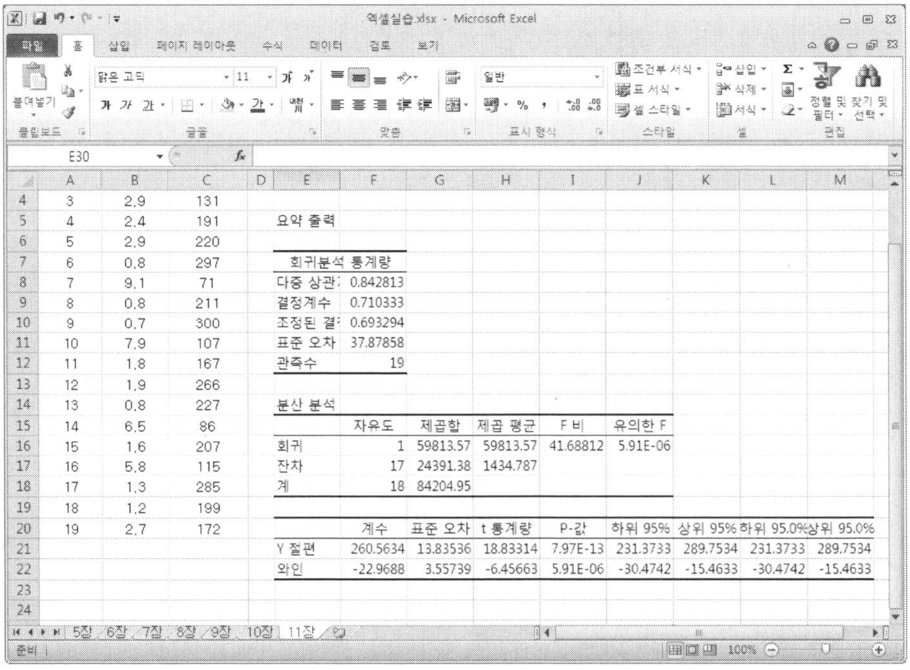

	A	B	C
4	3	2.9	131
5	4	2.4	191
6	5	2.9	220
7	6	0.8	297
8	7	9.1	71
9	8	0.8	211
10	9	0.7	300
11	10	7.9	107
12	11	1.8	167
13	12	1.9	266
14	13	0.8	227
15	14	6.5	86
16	15	1.6	207
17	16	5.8	115
18	17	1.3	285
19	18	1.2	199
20	19	2.7	172

요약 출력

회귀분석 통계량	
다중 상관계	0.842813
결정계수	0.710333
조정된 결정	0.693294
표준 오차	37.87858
관측수	19

분산 분석

	자유도	제곱합	제곱 평균	F 비	유의한 F
회귀	1	59813.57	59813.57	41.68812	5.91E-06
잔차	17	24391.38	1434.787		
계	18	84204.95			

	계수	표준 오차	t 통계량	P-값	하위 95%	상위 95%	하위 95.0%	상위 95.0%
Y 절편	260.5634	13.83536	18.83314	7.97E-13	231.3733	289.7534	231.3733	289.7534
와인	-22.9688	3.55739	-6.45663	5.91E-06	-30.4742	-15.4633	-30.4742	-15.4633

분석결과 해석 와인소비량은 심장병에 의한 사망자수에 영향을 주는 것으로 나타났다 ($t=-6.45663$, $p=.000$). 와인소비량이 1병 증가할수록, 심장병에 의한 사망자수는 10만 명당 약 23명 정도 감소한다고 할 수 있다.

회귀직선의 식: $y=260.5634-22.9688x$ ■

| 과제 11.4.1 | 25종류의 미국 담배의 1개비당 무게(weight, g)와 니코틴 함유량(nicotine, mg)을 측정한 데이터가 아래에 주어졌다. (이 데이터는 엑셀 작업표 'AmericanTobacco'에 저장되어 있다.)

도표 11.4.1 미국 담배 데이터

상표	weight	nicotine	상표	weight	nicotine
Alpine	0.9853	0.86	MultiFil	1.124	0.78
Benson&H	1.0938	1.06	NewportL	0.8517	0.74
BullDurh	1.165	2.03	Now	0.7851	0.13
CamelLig	0.928	0.67	OldGold	0.9186	1.26
Carlton	0.9462	0.4	PallMall	1.0395	1.08
Chesterf	0.8885	1.04	Raleigh	0.9573	0.96
GoldenLi	1.0267	0.76	SalemUlt	0.9106	0.42
Kent	0.9225	0.95	Tareyton	1.007	1.01
Kool	0.9372	1.12	True	0.9806	0.61
L&M	0.8858	1.02	ViceroyR	0.9693	0.69
LarkLigh	0.9643	1.01	Virginia	0.9496	1.02
Marlboro	0.9316	0.9	WinstonL	1.1184	0.82
Merit	0.9705	0.57			

이 데이터에서 담배 1개비의 무게와 니코틴 함유량의 관계를 엑셀을 이용하여 분석하려고 한다. 다음에 질문에 답하라.

① 두 변수 weight와 nicotine의 산점도를 작성하라.

② 두 변수의 표본상관계수를 구하고, 가설 $H_0: \rho=0$ vs $H_1: \rho \neq 0$을 유의수준 $\alpha=0.05$로 검정하라.

③ 변수 weight를 종속변수로 변수 nicotine을 독립변수로 하여, 단순회귀모형을 가정하여 회귀선을 추정하고, nicotine=1인 경우 무게의 추정값을 구하라.

④ 분산분석표를 작성하여 선형회귀모형의 유의성 $H_0: \beta_1=0$ vs $H_1: \beta_1 \neq 0$을 유의수준 $\alpha=0.05$로 검정하고, 결정계수를 구하고 오차항의 분산 σ^2을 추정하라.

⑤ 적합된 회귀모형에 대하여 표준화된 잔차를 구하고, 이를 이용하여 단순회귀모형의 가정을 검토하라.

연습문제 11장

1 실험실에서 8마리의 동물에 대해 어떤 약의 투약량(x)과 체중의 증가(y)를 측정하였다.

x	1	2	3	4	5	6	7	8
y(단위 : g)	10	12	18	25	36	87	66	91

(1) 이 데이터에 대해 산점도를 작성하고 두 변수의 관계를 기술하라.

(2) 단순선형회귀모형을 가정하여 기울기(β_1)와 절편항(β_0)의 최소제곱추정량을 구하고, 추정된 회귀선을 적어라.

(3) 분산분석표를 작성하고 회귀선의 유의성을 검정하라(유의수준 $\alpha = 0.05$).

2 특별한 종류의 영양 결핍증이 있는 6세부터 12세 어린이들의 체중 y(pound)와 신장 x(inch)의 자료가 주어졌다.

x	64	71	53	67	55	58	77	57	56	51	76	68
y	57	59	49	62	51	50	55	48	42	42	61	57

(1) 독립변수 x와 종속변수 y 사이에 관련성이 있는지를 조사하기 위하여 산점도를 작성하고 두 변수의 관계를 기술하라.

(2) 단순회귀모형을 가정하여 추정된 회귀계수를 구하고 신장의 값이 70(inch)일 경우 체중의 값을 예측하라. 또한 산점도의 그래프에 추정된 회귀선을 동시에 그려라.

(3) 체중 y와 신장 x 사이에 관계가 있는지를 검정하라.
(가설을 세우고 유의수준을 설정하라.)

(4) 결정계수를 구하고, 오차항의 분산 σ^2을 추정하라.

3 통계청에서는 출생, 수명 등에 관한 『인구동태 통계조사』를 실시한다. 다음은 이 조사에서 얻은 자료의 일부이다. 단순선형회귀모형을 가정하였을 때 다음 물음에 답하라.

연도	1999	2000	2001	2002	2003	2004	2005	2006	2007
기대수명(년)	75.6	76.0	76.5	77.0	77.4	78.0	78.6	79.2	79.6

(1) 산점도를 작성하고, 표본상관계수를 구하라.

(2) 연도와 기대수명 사이에 양의 상관이 있는가를 유의수준 5%에서 검정하라.

(3) 추정된 회귀직선을 구하고, 회귀직선의 유의성검정을 하라.
(유의수준 $\alpha = 0.01$).

(4) 회귀계수 β_1에 대하여 다음 가설을 유의수준 $\alpha = 0.01$에서 검정하라.

$$H_0 : \beta_1 = 0 \quad vs \quad H_1 : \beta_1 \neq 0$$

(5) 잔차를 구하여 그 산점도를 작성하고 단순선형회귀모형의 가정을 검토하라.

4 다음은 통계청에서 실시한 2005년 초등학교 여자어린이 체격 검사 현황 중 일부이다. 변수 신장과 체중은 각 학년에서의 평균 신장과 평균 체중의 추정값이다.

학년	신장(cm)	체중(kg)
1	119.3	21.9
2	124.1	24.8
3	130.1	28.4
4	136.2	32.2
5	142.6	35.6
6	150.3	41.6

체중을 종속변수로 신장을 독립변수로 하여, 단순선형회귀모형을 가정할 때 다음 질문에 답하라.

(1) 회귀계수 β_1의 95% 신뢰구간을 구하라.

(2) 회귀계수 β_1에 대하여 다음 가설을 유의수준 $\alpha = 0.05$에서 검정하라.

$$H_0 : \beta_1 = 0 \quad vs \quad H_1 : \beta_1 > 0$$

(3) 신장이 150.3 cm일 때 평균 체중의 95% 신뢰구간을 구하라.

(4) 적합된 회귀모형에 대하여 표준화된 잔차를 구하고, 이를 이용하여 단순회귀모형의 타당성을 검토하라.

5 3장 연습문제 9번을 다시 고려하자. 수소의 발생량을 독립 변수로 탄소의 발생량을 종속변수로 하여 단순선형회귀모형을 가정할 때 다음 질문에 답하라.

(1) 회귀계수 β_1의 95% 신뢰구간을 구하라.

(2) 회귀계수 β_1에 대하여 다음 가설을 유의수준 $\alpha = 0.05$에서 검정하라.

$$H_0 : \beta_1 = 0 \quad vs \quad H_1 : \beta_1 > 0$$

(3) 수소의 발생량이 100일 때 탄소 발생량의 평균에 대한 95% 신뢰구간을 구하라.

(4) 적합된 회귀모형에 대하여 표준화된 잔차를 구하고, 이를 이용하여 단순회귀모형

의 타당성을 검토하라.

(5) 수소의 발생량과 탄소의 발생량 간의 상관계수 ρ에 대하여 다음 가설을 유의수준 $\alpha = 0.05$에서 검정하라.

$$H_0 : \rho = 0 \quad vs \quad H_1 : \rho > 0$$

12

범주형 데이터에 대한 추론

범주형 데이터란 기본적으로 명목척도로 측정된 데이터를 가리킨다. 그러나 우리는 순서형 데이터에서 순서성을 무시함으로써 또 구간형 또는 비형 데이터들을 계급화 함으로써 범주형 데이터로 변환시킬 수 있다. 따라서 범주형 데이터에 대한 분석방법은 실제로는 모든 유형의 데이터 분석에 유용하다. 범주형 데이터는 흔히 빈도분포표(frequency {distribution} table)로 제시된다.

약속 어떤 용어에서 {}로 둘러싼 부분은 생략할 수 있다는 표시이다.

12.1 다항분포와 피어슨의 카이제곱통계량

12.1.1 다항분포

다항분포는 이항분포에서 이항실험을 다항실험(multinomial experiment)으로 확장한 것이다. 한 다항실험은 다음과 같은 성질들을 가지는 통계적 실험이다.

① 이 실험은 n번의 독립된 시행들로 구성된다.
② 각 시행은 k개의 가능한 결과들[이들을 범주들(categories)이라고 부르자]을 가지며, 아무 주어진 시행에서 j번째 범주확률은 p_j로 일정하다. 이때 $p_j \geq 0$, $j = 1, 2, \ldots, k$이고 $\sum_{j=1}^{k} p_j = 1$.

위와 같이 정의된 다항실험에서 j번째 범주가 발생한 횟수를 랜덤변수 X_j로 나타내자. 우리는 각 범주가 발생한 횟수들의 벡터 $\boldsymbol{X} = (X_1, X_2, \cdots, X_k)$의 확률분포를 다항분포(multinomial distribution)라고 하고 $\boldsymbol{X} \sim MN(n; p_1, p_2, \ldots, p_k)$로 나타낸다. 다항분포의 확률함수는 다음과 같이 주어진다.

$$P\{X_1 = x_1, X_2 = x_2, \cdots, X_k = x_k\} \equiv p(x_1, x_2, \cdots x_k)$$
$$= \begin{cases} \dfrac{n!}{x_1! x_2! \cdots x_k!} p_1^{x_1} p_2^{x_2} \cdots p_k^{x_k}, & \sum_{j=1}^{k} x_j = n \\ 0, & \text{그 밖} \end{cases} \tag{12.1.1}$$

[도표 12.1.1]은 $k = 3$인 다항분포, 즉 삼항분포(trinomial distribution) $MN(10; 0.5, 0.1, 0.4)$의 확률함수를 나타내고 있다.

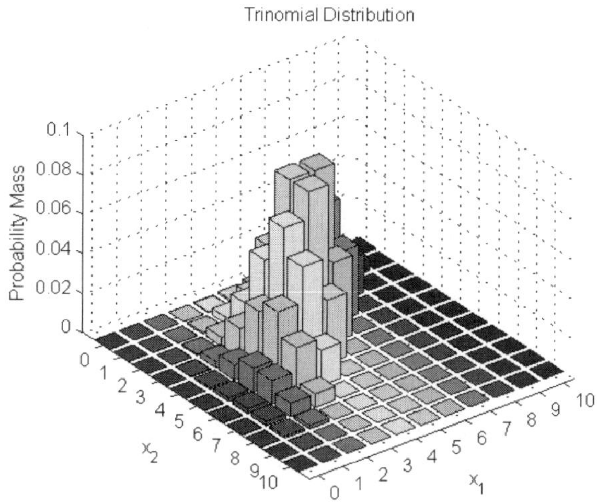

도표 12.1.1 삼항분포 $MN(10;0.5,0.1,0.4)$의 확률분포

다항분포는 다음과 같은 특성을 가진다.

① 범주 j의 발생빈도 X_j는 이항분포 $B(n, p_j)$를 따른다. 따라서 X_j의 기대치와 분산은 각각 다음과 같이 주어진다.

- 기대치 $E[X_j] = np_j$
- 분산 $V[X_j] = np_j(1-p_j)$

② X_i와 X_j의 공분산과 상관계수는 각각 다음과 같이 주어진다$(i \neq j)$.

- 공분산 $Cov[X_i, X_j] = -np_ip_j$
- 상관계수 $Corr[X_i, X_j] = -\sqrt{\dfrac{p_ip_j}{(1-p_i)(1-p_j)}}$

증명 $Cov[X_i, X_j] = -np_ip_j \ (i \neq j)$

지시함수 $I_i(m)$를 다음과 같이 정의하자.

$$I_i(m) = \begin{cases} 1, & m\text{번째 시행이 결과 } i\text{를 낳는다} \\ 0, & \text{그 밖} \end{cases}$$

그러면 결과 i가 나타날 횟수 X_i는 다음과 같이 표현할 수 있다. $X_i = \sum_{k=1}^{n} I_i(m)$. 이로부터

$$Cov[X_i, X_j] = Cov[\sum_{m=1}^{n} I_i(m), \sum_{l=1}^{n} I_j(l)] = \sum_{m=1}^{n}\sum_{l=1}^{n} Cov[I_i(m), I_j(l)]$$

$$= \sum_{m=1}^{n} Cov[I_i(m), I_j(m)] = \sum_{k=1}^{n} (-p_i p_j) = -n p_i p_j \qquad \blacksquare$$

| 관찰 12.1.1 | 주어진 n에 대해 모든 공분산들이 음수가 되는데, 이는 다항 랜덤벡터에서 한 성분이 커지면 다른 한 성분이 작아지게 되는 현상을 반영한다.

한편, 다항분포에서 n=1일 때를 특히 범주분포(categorical distribution)라고 하고 $CAT(p_1, p_2, \ldots, p_k)$로 나타낸다. 이는 이항분포와 베르누이 분포의 관계와 유사하다. 다항표집(multinomial sampling)이란 다항실험에 의한 표집을 가리키는 용어이다.

예 12.1.1 카드 한 벌로부터 랜덤하게 카드 한 장을 뽑은 후 다시 이를 집어넣는 과정을 다섯 번 반복하려고 한다. 스페이드 1장, 하트 1장, 다이아몬드 1장, 그리고 클럽 2장이 나올 확률을 구하라.

예 12.1.2 한 보시기에 10개의 공깃돌들이 들어있다. 이 가운데 2개는 붉은색이고, 3개는 녹색이며, 5개는 푸른색이다. 우리는 이 보시기로부터 복원으로 4개의 공깃돌들을 선택하려고 한다. 2개의 녹색 공깃돌과 2개의 푸른색 공깃돌들이 선택될 확률을 구하라.

12.1.2 카이제곱통계량

칼 피어슨(Karl Pearson, 1900)은 범주형 데이터가 특정 범주분포로부터의 랜덤표본인지를 평가할 수 있는 척도로 다음과 같은 카이제곱통계량을 제안하였고, 이 통계량은 지금까지 널리 사용되어오고 있다.

$$\chi^2 = \sum_{j=1}^{k} \frac{(\text{관측빈도}_j - \text{기대빈도}_j)^2}{\text{기대빈도}_j}. \qquad (12.1.2)$$

우리는 이 통계량이 제안된 배경을 다음과 같이 정리해 볼 수 있다.

① j 번째 범주의 확률을 p_j라 하면, j 번째 범주의 관측빈도 O_j는 $B(n, p_j)$를 따르게 된다. (j = 1, 2 ,⋯, k)
② 그리고 총 빈도 n이 크다면 O_j는 근사적으로 평균이 $E_j = np_j$인 프아송 분포 $POI(E_j)$를 따른다.
③ 그런데 E_j가 크다면 O_j는 근사적으로 정규분포 $N(E_j, E_j)$를 따른다. (5장의 중심극한정리를 참조하라.)

④ 따라서 표준화된 잔차 $Z_j = (O_j - E_j)/\sqrt{E_j}$는 근사적으로 표준정규분포를 따르게 된다.

⑤ 피어슨의 카이제곱통계량은 표준화된 잔차 Z_j들의 제곱합에 다름 아니다.

$$\chi^2 = \sum_{j=1}^{k} \frac{(O_j - E_j)^2}{E_j} = \sum_{j=1}^{k} \frac{(O_j - np_j)^2}{np_j}. \tag{12.1.3}$$

이 카이제곱통계량은 관측빈도들과 기대빈도들 간의 거리의 측도이다. χ^2 값이 크면 데이터가 특정 범주분포로부터의 랜덤표본이 아니라는 것을 시사한다. 피어슨은 $(O_1, O_2, \cdots, O_k)$이 특정 범주분포 $CAT(p_1, p_2, \ldots, p_k)$로부터의 랜덤표본일 때, 즉 $(O_1, O_2, \cdots, O_k)$이 특정 다항분포 $MN(n; p_1, p_2, \ldots, p_k)$을 따를 때 이 χ^2 통계량이 근사적으로 자유도가 $k-1$인 카이제곱분포 $\chi^2_{(k-1)}$를 따름을 보였다. 카이제곱분포에 대해서는 6.3.1절을 참조하라.

$$\chi^2 = \sum_{j=1}^{k} \frac{(O_j - np_j)^2}{np_j} \overset{\cdot}{\sim} \chi^2_{(k-1)}. \tag{12.1.4}$$

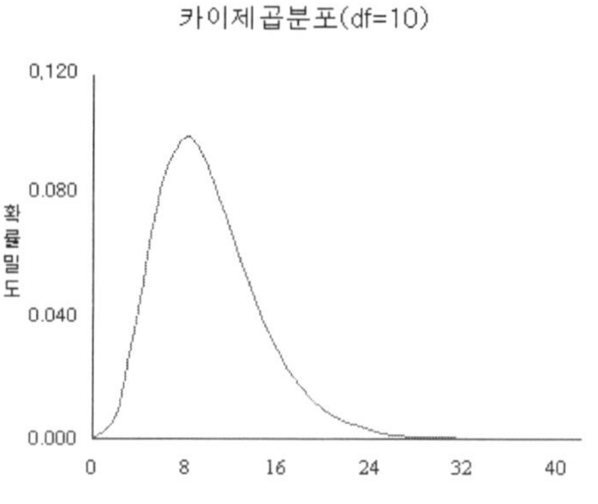

도표 12.1.2 카이제곱분포의 밀도곡선

이 통계량은 모든 범주의 기대빈도가 5 이상일 때 카이제곱분포에 잘 근사한다. 우리는 피어슨의 카이제곱통계량을 이용하여 적합도검정, 동일성검정, 독립성검정 등을 실시할 수 있다. [도표 12.1.3]은 주사위를 60번 던지는 실험으로부터 계산된 카이제곱통계량들의 분포가 자유도가 5인 카이제곱분포에 근사하는 것을 보여준다([예제 12.2.1] 참조).

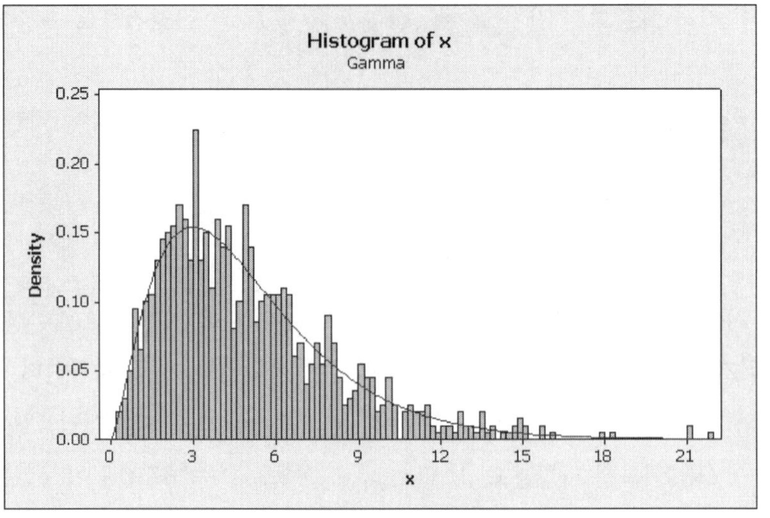

도표 12.1.3 카이제곱통계량의 분포와 $\chi^2_{(5)}$ 밀도곡선

참고 12.1.1

우리는 피어슨의 카이제곱통계량의 대안들로서 다음과 같은 통계량들을 사용할 수 있는데, 이들은 피어슨의 카이제곱통계량과 동일한 자유도를 가지는 카이제곱분포에 근사한다.

① 우도비 통계량(likelihood-ratio test statistic) 또는 이탈 통계량(deviance statistic) G^2

$$G^2 = 2\sum_{j=1}^{k} O_j \log\frac{O_j}{E_j} = -2\sum_{j=1}^{k} O_j \log\frac{p_j}{\hat{p}_j},\ \text{여기서}\ \hat{p}_j = O_j/n$$

② 2배제곱근잔차(double-root residual, DRR) 통계량 $D^2 = \sum_{j=1}^{k} drr_j^2$

$$drr_j = = \begin{cases} \sqrt{4O_j+2} - \sqrt{4E_j+1}\,, & E_j > 0 \\ 1 - \sqrt{4E_j+1}\,, & E_j = 0 \end{cases}$$

참고 12.1.2

범주들의 기대빈도들이 모두 5 이상이라면 피어슨의 카이제곱통계량 X^2과 우도비 통계량 G^2는 모두 카이제곱분포에 상당히 잘 근사한다. 그리고 20% 이하의 범주들에서 기대빈도들이 5 이하(그러나 1 이상)인 경우에도 이들의 카이제곱 근사는 양호하다. 그러나 20% 이상의 범주들에서 기대빈도들이 5 이하이거나 기대빈도가 1보다 작은 범주들이 있는 경우에는 이 통계량들의 카이제곱분포 근사는 빈약하게 된다. 이에 대한 조치로서 우리는 다음과 같은 두 가지 방향을 생각해 볼 수 있다.

① 기준에 미치지 못하는 범주들을 통합한다.

② 통계량의 정확한 분포를 구한다.

12.2 적합도검정(다항검정)

적합도검정(goodness of fit, GOF)이란 한 특정한 통계적 모형이 주어진 관측들에 적합한지를 검정하는 문제들을 총칭하는 이름이다. 여기서는 적합도검정들 가운데 피어슨의 카이제곱 적합도검정을 다룬다. k개의 값을 가질 수 있는 한 범주형 변수 Y를 고려하자. 우리는 Y로부터 크기가 n인 랜덤표본을 뽑아서 [표 12.2.1]과 같이 범주별로 빈도를 구하였다. 피어슨의 카이제곱 적합도검정은 Y의 관측빈도 $O_j(j=1,2,\cdots,k)$들이 범주확률 $p_j = p_{0j}(j=1,2,\cdots,k)$들을 가지는 범주분포로부터의 랜덤표본인지를 검정하기 위한 절차이다. 이 표에서 범주 j의 기대빈도 $E_j = np_{j0}$로 주어진다.

도표 12.2.1 적합도검정을 위한 데이터 구조

범주 j	1	2	$\cdots$	k	합
관측빈도	O_1	O_2	$\cdots$	O_k	n
범주확률	p_{10}	p_{20}	$\cdots$	p_{k0}	1
기대빈도	E_1	E_2	$\cdots$	E_k	n

구체적으로, 피어슨의 카이제곱 적합도검정은 다음과 같은 가설 쌍에 대한 유의성검정이다.

$$H_0: \ (p_1, p_2, \cdots, p_k) = (p_{10}, p_{20}, \cdots, p_{k0})$$
$$H_1: \ H_0\text{가 참이 아니다.}$$

이를 위한 검정통계량은 식(12.1.3)에 제시된 피어슨의 카이제곱통계량이다.

| 관찰 12.2.1 | 피어슨의 카이제곱 적합도검정은 크기가 n으로 고정된 다항표집(multinomial sampling) 데이터에 대해 적용되며 이런 이유로 다항검정(multinomial test)이라고도 한다.

예 12.2.1 한 도박가가 납을 박아 넣은 주사위를 사용한다고 의심을 받고 있다. 그는 그런 혐의를 부인하며 최근 60번의 주사위 데이터를 제시하였다. 이 데이터를 토대로 이 도박가가 사용하는 주사위의 공정성에 문제가 있는지를 5% 유의수준에서 판단해 보자.

3 4 4 6 5 4 3 1 2 1 / 5 3 6 4 4 2 4 3 4 3 / 4 4 3 2 3 2 1 3 2 6
1 3 3 5 4 4 5 3 3 2 / 1 4 1 5 3 1 3 1 4 5 / 2 3 1 4 4 4 2 4 6 3

풀이 이 문제에서 우리는 다음과 같은 가설 쌍을 검정하고자 하는 것이다.

$$H_0:\ p_j = 1/6,\ j = 1, 2, \cdots, 6 \text{ 대 } H_1:\ H_0\text{가 참이 아니다.}$$

우리는 이 주사위 데이터를 다음과 같은 빈도분포표로 정리할 수 있다.

도표 12.2.2 주사위눈금 데이터

주사위 눈금 i	1	2	3	4	5	6	합
관측빈도	9	8	16	17	6	4	60
범주확률	1/6	1/6	1/6	1/6	1/6	1/6	1
기대빈도	10	10	10	10	10	10	60

우리는 이로부터 피어슨의 카이제곱통계량의 값을 다음과 같이 계산할 수 있다.

$$\chi_0^2 = \frac{(9-10)^2}{10} + \frac{(8-10)^2}{10} + \frac{(16-10)^2}{10} + \frac{(17-10)^2}{10} + \frac{(6-10)^2}{10} + \frac{(4-6)^2}{10} = 14.2.$$

이 주사위의 확률들이 모형확률들과 다르지 않다면, 이 카이제곱통계량의 값은 그다지 크지 않을 것이다. 앞 절에서 살펴보았듯이 이 카이제곱통계량은 근사적으로 자유도가 5인 카이제곱 분포를 따른다. 따라서 P–값 = $P\{\chi^2_{(5)} \geq 14.2\}$ = 0.014382. 이로부터 주사위에 흠이 없다는 영가설하에서 제시된 데이터 이상으로 영가설을 밀어내는 표본이 관측될 가능성이 1.4382%라고 판단할 수 있으며, 이는 5% 유의수준에서 영가설을 기각하도록 이끈다. ■

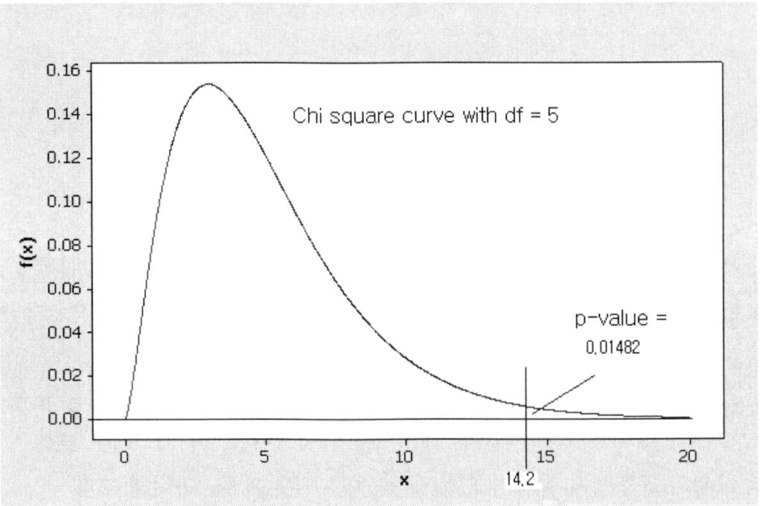

도표 12.2.3 [예제 12.2.1]의 P–값

우리는 피어슨의 적합도검정을 자유도와 관련하여 다음과 같이 두 가지로 나누어 볼 수 있다.

- 영가설에 의해 범주확률들이 특정되는 경우(또는 영가설에 도달하기 위해 모수를 추정할 필요가 없는 경우)
- 영가설에 의해 범주확률들이 특정되지 않는 경우(또는 영가설에 도달하기 위해 모수를 추정해야 하는 경우)

12.2.1 영가설에 의해 범주확률들이 특정되는 경우

위의 주사위 예에서는 영가설이 범주확률들을 특정하고 있다. 따라서 영가설하에서 우리는 범주 j의 기대빈도 E_j를 다음과 같이 구할 수 있다.

$$E_j = np_{j0},\ j = 1, 2, \cdots, k.$$

이로부터 적합성검정을 위한 카이제곱통계량 값은 다음과 같이 주어진다.

$$\chi_0^2 = \sum_{j=1}^{k} \frac{(O_j - E_j)^2}{E_j}.$$

비교하려고 하는 범주분포가 영가설에 의해 명시되므로 카이제곱통계량의 자유도는 $k-1$이다. 따라서 우리는 이 통계량 값을 자유도가 $k-1$인 카이제곱분포와 비교하여 적합성검정을 할 수 있다.

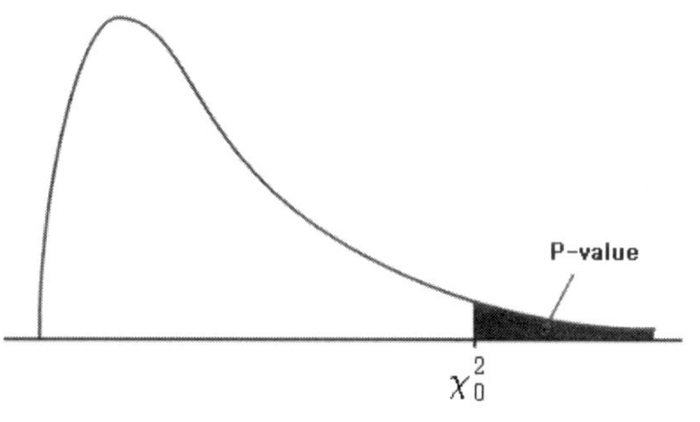

도표 12.2.4 χ_0^2과 P-값과의 관계

예 12.2.2 아래 표의 처음 두 열은 멘델이 유전법칙(독립의 법칙)을 발견하는데 사용되었던 완두콩 교배실험 데이터이다. 이 데이터가 9 : 3 : 3 : 1의 유전법칙에 어긋난다고 볼 수 있는지를 5% 유의수준에서 검정하라.([도표 2.1.1]을 참조하라.)

도표 12.2.5 멘델의 완두콩 교배실험 데이터

완두콩 종류	관측빈도	범주확률	기대빈도
매끄럽고 노란색	315	9/16	313
쭈글쭈글하고 노란색	101	3/16	104
매끄럽고 녹색	108	3/16	104
쭈글쭈글하고 녹색	32	1/16	35
합	556	1	556

풀이 이 문제에서 우리는 다음과 같은 가설 쌍을 검정하고자 하는 것이다.

$$H_0: (p_1, p_2, \cdots, p_k) = (9/16,\ 3/16,\ 3/16,\ 1/16)$$

H_1: H_0가 참이 아니다.

영가설에 의한 범주확률과 이를 토대로 계산된 기대빈도가 [도표 12.2.5]의 마지막 두 열에 제시되어 있다. 이로부터 피어슨의 카이제곱통계량 값은 $\chi^2 = 0.470024$이고 자유도는 4−1=3이므로, P−값 = $P\{\chi^2_{(3)} \geq 0.470024\} = 0.925426$. 따라서 우리는 5% 유의수준에서 이 교배실험 데이터가 9:3:3:1의 유전법칙을 따른다는 영가설을 기각할 수 없다. [실제로 Fisher(1936)는 멘델의 데이터가 너무 좋아서 조작을 의심할 정도였다.] ■

12.2.2 영가설에 의해 범주확률들이 확정되지 않는 경우

이 경우에는 관측빈도들과 비교하려고 하는 범주확률들이 영가설에 의해 확정되어 있지 않으므로 범주확률들을 추정하여야 한다. 범주분포를 확정하기 위해 추정해야 할 모수의 수가 d개라면 카이제곱통계량의 자유도는 $k-1-d$이다. 일단 범주확률들이 $\hat{p}_{j0}$로 추정되었다면, 우리는 영가설하에서 범주 j의 기대빈도 E_j에 대한 추정값을 다음과 같이 구할 수 있다.

$$\hat{E}_j = n\hat{p}_{j0},\ j = 1, 2, \cdots, k.$$

이로부터 적합성검정을 위한 카이제곱통계량 값은 다음과 같이 주어진다.

$$\chi^2 = \sum_{j=1}^{k} \frac{(O_i - \hat{E}_j)^2}{\hat{E}_j}$$

이고 우리는 이를 자유도가 $k-1-d$인 카이제곱분포와 비교하여 적합성검정을 할 수 있다.

예 12.2.3 아래 표의 처음 두 열은 Bortkiewicz(1898)가 프러시아의 10개 군단에서 20년간

말차기(horsekick)에 의해 죽은 기마병수를 정리한 빈도분포표이다. 이 데이터가 프아송 분포로부터 나왔다고 볼 수 없는지를 5% 유의수준에서 검정하라.

도표 12.2.6 말차기에 의해 죽은 기마병수 데이터

죽은 기마병 수(x_j)	관측빈도(O_j)	범주확률($\hat{p}_j$)	기대빈도($\hat{E}_j$)
0	109	0.543551	108.670
1	65	0.331444	66.289
2	22	0.101090	20.218
3	3	0.020555	4.111
4	1	0.003560	0.712
합	200	1	200

풀이 문제에 제시된 가설쌍은 다음과 같다.

H_0: 이 데이터는 프아송 분포로부터의 랜덤표본이다.
H_1: H_0가 참이 아니다.

그런데 영가설에 프아송 분포의 모수인 평균 μ이 명시되어 있지 않다. 이 문제를 해결하는 한 가지 방법은 데이터로부터 모수들을 추정하여 사용하는 것이다. 우리는 이 데이터로부터 평균을 다음과 같이 추정할 수 있다.

$$\hat{\mu} = \bar{x} = \sum_{j=1}^{17} \frac{O_j}{200} x_j = 0.61.$$

이로부터 우리는 검정하려는 가설쌍을 다음과 같이 다시 쓸 수 있다.

H_0: 이 데이터는 $POI(0.61)$로부터의 랜덤표본이다.
H_1: H_0가 참이 아니다.

이 새로운 영가설에 의해 추정된 계급확률 $\hat{p}_i$과 이를 토대로 추정된 기대빈도 $\hat{E}_j$가 [도표 12.2.6]의 마지막 두 열에 제시되어 있다. 이로부터 피어슨의 카이제곱통계량 값은 χ^2=0.599929이고 자유도는 $5-1-1=3$이므로, P-값$=P\{\chi^2_{(3)} \geq 0.599929\}=$ 0.896449이다. 따라서 우리는 5% 유의수준에서 이 기마병 데이터가 프아송 분포로부터 나왔다는 영가설을 기각할 수 없다. 즉 이 기마병 데이터가 프아송 분포로부터 나왔다고 간주하는 것은 합리적이다. ■

예 12.2.4 다음 표의 처음 세 개의 열은 사람의 뇌 무게(brain weight)를 측정하여 빈도분포표로 정리한 데이터이다. 이 데이터가 정규분포로부터 나왔다고 할 수 없는지를 유의성검정하라.(이 표의 둘째 열에서 "a $-<$ b"는 a 이상 b 미만을 뜻한다.)

도표 12.2.7 뇌 무게 데이터					
i	뇌 무게(단위: g)	빈도(O_i)	계급중간값(m_i)	계급확률($\hat{p}_i$)	기대빈도(E_i)
1	1100 미만	0	–	0.0026	1.0816
2	1100 –< 1150	1	1125	0.0073	3.0368
3	1150 –< 1200	10	1175	0.0208	8.6528
4	1200 –< 1250	21	1225	0.0501	20.8416
5	1250 –< 1300	44	1275	0.0928	38.6048
6	1300 –< 1350	53	1325	0.1456	60.5696
7	1350 –< 1400	86	1375	0.1808	75.2128
8	1400 –< 1450	72	1425	0.1772	73.7152
9	1450 –< 1500	60	1475	0.1466	60.9856
10	1500 –< 1550	28	1525	0.0954	39.6864
11	1550 –< 1600	25	1575	0.0494	20.5504
12	1600 –< 1650	12	1625	0.0215	8.9440
13	1650 –< 1700	3	1675	0.0073	3.0368
14	1700 –< 1750	1	1725	0.0020	0.8320
15	1750 이상	0	–	0.0006	0.2496
	합계	416		1	416

풀이 문제에 제시된 가설 쌍은 다음과 같다.

H_0: 이 데이터는 정규분포로부터의 랜덤표본이다.
H_1: H_0가 참이 아니다.

그런데 영가설에 정규분포의 모수들인 평균 μ과 표준편차 σ가 명시되어 있지 않다. 이 문제를 해결하는 한 가지 방법은 데이터로부터 모수들을 추정하여 사용하는 것이다. 우리는 이 데이터로부터 평균과 표준편차를 각각 다음과 같이 추정할 수 있다.

$$\hat{\mu} = \overline{x} = \sum_{j=1}^{17} \frac{O_j}{416} m_j \ = \ 1400.4807,$$

$$\hat{\sigma} = s = \sqrt{\sum_{j=1}^{17} \frac{O_j}{415} \left(m_j - \overline{x}\right)^2} \ = \ 107.30420.$$

이로부터 우리는 검정하려는 가설 쌍을 다음과 같이 다시 쓸 수 있다.

H_0: 이 데이터는 $N(\hat{\mu}, \hat{\sigma}^2)$로부터의 랜덤표본이다.
H_1: H_0가 참이 아니다.

이 새로운 영가설에 의해 추정된 계급 확률 $\hat{p}_j$과 이를 토대로 추정된 기대빈도 $\hat{E}_j$가 [도

표 12.2.7]의 마지막 두 열에 제시되어 있다. 이로부터 피어슨의 카이제곱통계량 값은 $\chi^2 = 11.6945$이고 자유도는 $15-1-2=12$이므로, P-값$=P\{\chi^2_{(12)} \geq 11.6945\}=0.470516$이다. 따라서 우리는 5% 유의수준에서 이 뇌 무게 데이터가 정규분포로부터 나왔다는 영가설을 기각할 수 없다. 즉 이 뇌 무게 데이터가 정규분포로부터 나왔다고 간주하는 것은 합리적이다. ■

12.3 동질성검정

피어슨의 카이제곱통계량은 하부 모집단들의 범주분포의 동질성(homogeneity)을 검정하는 데도 사용될 수 있다. 적합도검정은 한 개의 모집단의 범주분포를 다루는 반면에, 동질성검정은 여러 개의 모집단들의 범주분포들을 다룬다.

c개의 값을 가질 수 있는 한 범주형 변수 Y를 고려하자. 우리는 r개의 하부모집단들에 걸쳐서 이 범주분포가 동일한지 여부를 검정하고자 한다. 우리는 각 하부모집단 i에 대해($i=1,2,\cdots,r$), 주어진 크기 n_{i+}인 표본을 뽑아서 빈도분포를 기록한다. 이 결과가 [표 12.3.1]에 제시된 교차표(cross tabulation or tab)이다. 동질성검정이란 각 행의 관측빈도 n_{ij}들($j=1,2,\cdots,c$)이 모두 동일한 범주확률 $p_{ij}=p_{0j}$들을 가지는 범주분포로부터의 랜덤표본인지를 검정하기 위한 절차이다.

구체적으로 동질성검정은 다음과 같은 가설 쌍에 대한 유의성검정이다.

$$H_0:\ (p_{i1}, p_{i2}, \ldots, p_{ic}) = (p_{01}, p_{02}, \ldots, p_{0c}),\ i=1,2,\ldots,r$$

$H_1:\ H_0$가 참이 아니다.

참고 12.3.1

우리는 [도표 12.3.1]에서와 같이 행(또는 열)의 합계가 고정된 표집법을 곱다항표집(product multinomial sampling)이라고 한다.

도표 12.3.1 동질성검정을 위한 교차표의 구조

모집단 \ 범주	1	2		⋯		c	표본크기
하부모집단 1	n_{11}	n_{12}		⋯		n_{1c}	n_{1+}
하부모집단 2	n_{21}	n_{22}		⋯		n_{2c}	n_{2+}
⋮	⋮						⋮
하부모집단 r	n_{r1}	n_{r2}				n_{rc}	n_{r+}
합계	n_{+1}	n_{+2}		⋯		n_{+c}	n

이제 동질성검정을 위한 통계량에 대해 살펴보자. 우리는 동질성검정문제를 r개 하부모집단들에 대한 동시 적합성검정(simultaneous GOF test) 문제라고 생각할 수 있다. 그러면 동질성검정을 위한 카이제곱통계량은 각 하부모집단별 카이제곱통계량의 합이 될 것이다.

$$\chi^2 = \sum_{i=1}^{r}\left(\sum_{j=1}^{c}\frac{(n_{ij}-E_{ij})^2}{E_{ij}}\right). \tag{12.3.1}$$

이제 전체 카이제곱통계량의 자유도를 따져보자. 만일 영가설하에서 비교하려고 하는 공통확률분포 $(p_{01}, p_{02}, \ldots, p_{0c})$가 알려져 있다면, 이 카이제곱통계량의 자유도는 각 하부모집단별 카이제곱통계량의 자유도 $(c-1)$들의 합 $r(c-1)$이 될 것이다. 그러나 우리는 이 확률들을 알지 못하므로 데이터로부터 c개의 확률들 중 $(c-1)$개의 확률값들을 추정해야만 공통확률분포를 확정할 수 있다. 따라서 카이제곱통계량의 자유도는 다음과 같이 주어진다.

$$\text{df} = r(c-1) - (c-1) = (r-1)(c-1). \tag{12.3.2}$$

우리는 영가설하에서 공통확률분포 $(p_{01}, p_{02}, \ldots, p_{0c})$를 다음과 같이 추정할 수 있다.

$$\hat{p}_{0j} = n_{+j}/n, \ j = 1, 2, \ldots, c. \tag{12.3.3}$$

이제 동질성을 검정하려고 하는 가설 쌍은 다음과 같이 확정된다.

$$H_0: (p_{i1}, p_{i2}, \ldots, p_{ic}) = (\hat{p}_{01}, \hat{p}_{02}, \ldots, \hat{p}_{0c}), \ i = 1, 2, \ldots, r$$

H_1: H_0가 참이 아니다.

따라서 영가설하에서 기대빈도 E_{ij}에 대한 추정값은 다음과 같이 주어진다.

$$\hat{E}_{ij} = n_{i+}\hat{p}_{0j} = n_{i+}n_{+j}/n, \ i = 1, 2, \ldots, r, \ j = 1, 2, \ldots, c. \tag{12.3.4}$$

이로부터 동질성검정을 위한 카이제곱통계량값은 다음과 같이 주어진다.

$$\chi^2 = \sum_{i=1}^{r}\sum_{j=1}^{c}\left(\frac{(n_{ij}-\hat{E}_{ij})^2}{\hat{E}_{ij}}\right). \tag{12.3.5}$$

우리는 이 카이제곱통계량을 자유도가 $(r-1)(c-1)$인 카이제곱분포와 비교하여 동질성검정을 할 수 있다.

예 12.3.1 여성 모집단과 남성 모집단의 TV 시청 패턴에 차이가 있는지를 알아보기 위하여 남녀 각각 250명씩을 랜덤하게 뽑아서 그들이 선호하는 프로그램들을 조사하였다. [도표 12.3.2]는 이 조사결과를 교차표로 정리한 것이다. 성별에 따라 선호하는 프로그램이 다르다고 할 수 있는지를 유의수준 5%에서 검정하라.

도표 12.3.2 성별로 선호하는 TV 프로그램에 대한 교차표([ ]안은 기대빈도임)

프로그램(j) / 성별(i)	드라마	연예	뉴스	계
남성	90[100]	40[45]	120[105]	250
여성	110[100]	50[45]	90[105]	250
계	200	90	210	500

풀이 우리는 이 문제에서 다음과 같은 가설 쌍을 검정하려고 하는 것이다.

$$H_0: (p_{i1}, p_{i2}, p_{i3}) = (p_{01}, p_{02}, p_{03}),\ i = 1, 2$$
$$H_1: H_0\text{가 참이 아니다.}$$

영가설하에서 공통확률분포 (p_{01}, p_{02}, p_{03})는 (200/500, 90/500. 210/500) = (0.4, 0.18, 0.42)로 추정된다. 따라서 우리는 영가설하에서 기도빈도를 다음과 같이 추정할 수 있다.

$$\hat{E}_{11} = (250)(200)/500 = 100,\ \hat{E}_{12} = (250)(90)/500 = 45,$$
$$\hat{E}_{13} = (250)(210)/500 = 105$$
$$\hat{E}_{21} = \hat{E}_{11},\ \hat{E}_{22} = \hat{E}_{12},\ \hat{E}_{23} = \hat{E}_{13}$$

이로부터 영가설하에서 카이제곱통계량의 값은 다음과 같이 주어진다.

$$\chi_0^2 = \frac{(90-100)^2}{100} + \frac{(40-45)^2}{45} + \frac{(120-105)^2}{105} + \frac{(110-100)^2}{100} + \frac{(50-45)^2}{45} + \frac{(90-105)^2}{105} = 7.3968$$

영가설하에서 이 카이제곱통계량은 자유도가 df = (2−1)(3−1) = 2인 카이제곱분포를 따르므로 P−값은 다음과 같이 주어진다.

$$P\text{−값} = P\{\chi^2_{(2)} \geq 7.3968\} = 0.024763.$$

이 P−값은 주어진 유의수준 5%보다 작으므로 우리는 성별로 선호 TV 프로그램이 동일하다는 영가설을 기각할 수 있다. ■

12.4 독립성검정

우리는 피어슨의 카이제곱통계량을 이용하여 두 범주형 변수 간의 독립성(independence)을 검정할 수 있다. 각각 c개와 r개의 값을 가질 수 있는 두 범주형 변수 X와 Y를 고려하자. 만일 X와 Y가 독립이라면 [정의 5.3.1]에 의해 두 변수의 아무 결합확률 $p_{X,Y}(i,j) = p_{ij}$는 두 주변확률 $p_X(i)=p_{i+}$와 $p_Y(j)=p_{+j}$의 곱으로 표현된다. 즉 모든 $i=1,2,\ldots,r$와 $j=1,2,\ldots,c$에 대해,

$$p_{ij} = p_{i+}p_{+j}. \tag{12.4.1}$$

따라서 독립성검정은 다음과 같은 가설 쌍에 대한 유의성검정이다.

$H_0:\ p_{ij} = p_{i+}\,p_{+j},\ i = 1,2\ldots,r,\ j= 1,2\ldots,c$

$H_1:\ H_0$가 참이 아니다.

우리는 이 가설로부터 독립성검정문제를 rc개 범주들에 대한 적합성(관측빈도 n_{ij}들이 범주확률 p_{ij}들을 가지는 범주분포로부터의 랜덤표본인지에 대한 적합성)검정문제로 간주할 수 있다. 따라서 독립성검정을 위한 카이제곱검정통계량은 다음과 같이 주어진다.

$$\chi^2 = \sum_{i=1}^{r}\sum_{j=1}^{c}\frac{(n_{ij}-E_{ij})^2}{E_{ij}}. \tag{12.4.2}$$

만일 p_{ij}들이 알려져 있다면, 즉 행변수 X와 열변수 Y의 주변확률분포들이 알려져 있다면, 전체 카이제곱통계량의 자유도는 $rc-1$이다. 그러나 그들은 알려져 있지 않다. 즉 우리가 데이터로부터 X의 주변분포 $(p_{1+},p_{2+},\cdots,p_{r+})$와 Y의 주변분포 $(p_{+1},p_{+2},\cdots,p_{+c})$를 추정해야만 영가설하에서 결합확률분포가 확정된다. 우리는 X의 주변분포를 위해 $(r-1)$개의 확률값들을 추정해야 하고 Y의 주변분포를 위해 $(c-1)$개의 확률값들을 추정해야 한다. 따라서 카이제곱통계량의 자유도는 다음과 같이 주어진다.

$$\text{df} = (rc-1) - (r-1) - (c-1) = (r-1)(c-1). \tag{12.4.3}$$

이 자유도는 동질성검정에서와 같은 자유도이다.

우리는 행변수의 주변분포 $(p_{1+},p_{2+},\cdots,p_{r+})$를 다음과 같이 추정할 수 있다.

$$\hat{p}_{i+} = n_{i+}/n,\ i = 1,2,\ldots,r. \tag{12.4.4}$$

마찬가지로 우리는 열변수의 주변분포 $(p_{+1},p_{+2},\cdots,p_{+c})$를 다음과 같이 추정할 수

있다.

$$\hat{p}_{+j} = n_{+j}/n, \ j = 1, 2, \ldots, c. \tag{12.4.5}$$

우리는 이로부터 영가설하에서 결합확률들 p_{ij}를 다음과 같이 추정할 수 있다.

$$\hat{p}_{ij} = \hat{p}_{i+}\hat{p}_{+j} = n_{i+}n_{+j}/n^2, i = 1, 2 \ldots, r, \ j = 1, 2, \ldots, c. \tag{12.4.6}$$

따라서 영가설하에서 기대빈도 E_{ij}에 대한 추정값은 다음과 같이 주어진다.

$$\hat{E}_{ij} = n\hat{p}_{ij} = n\hat{p}_{i+}\hat{p}_{+j} = n_{i+}n_{+j}/n, \ i = 1, 2, \ldots, r, \ j = 1, 2, \ldots, c. \tag{12.4.7}$$

우리는 이 추정값이 동질성검정에서의 기대빈도의 추정값과 같음을 알 수 있다. 이로부터 독립성검정을 위한 카이제곱통계량값은 다음과 같이 주어진다.

$$\chi^2 = \sum_{i=1}^{r}\sum_{j=1}^{c} \frac{(n_{ij} - \hat{E}_{ij})^2}{\hat{E}_{ij}}. \tag{12.4.8}$$

우리는 이를 자유도가 $(r-1)(c-1)$인 카이제곱분포와 비교하여 독립성검정을 할 수 있다.

참고 12.4.1

우리는 [도표 12.4.1]에서와 같이 총합계가 고정된 표집법을 다항표집(multinomial sampling)이라고 한다. 그리고 이때의 교차표를 특별히 분할표(contingency table)라고 한다.

| 관찰 12.4.1 | 독립성검정을 위한 절차(카이제곱통계량과 자유도)는 동질성검정을 위한 절차와 동일하다. 다른 것은 가설과 표집법뿐이다.

도표 12.4.1 독립성검정을 위한 교차표(분할표)

열변수, Y / 행변수, X	1	2		⋯		c	합계
1	n_{11}	n_{12}		⋯		n_{1c}	n_{1+}
2	n_{21}	n_{22}		⋯		n_{2c}	n_{2+}
⋮	⋮						⋮
r	n_{r1}	n_{rc}				n_{rc}	n_{r+}
합계	n_{+1}	n_{+2}		⋯		n_{+c}	n

예 12.4.1 듣는 손(오른손잡이, 왼손잡이, 양손잡이)과 성별 간에 연관성이 있는지 알아보기 위하여 25 ~ 34세 사이에 속하는 2,237명을 랜덤하게 뽑아서 아래 분할표로 정리하였다. 듣는 손과 성별 간에 연관성이 있다고 할 수 있는지를 유의수준 5%에서 검정하라.

도표 12.4.2 성별과 듣는 손 간의 분할표([ ]안은 기대빈도임)

성별(i) \ 듣는 손(j)	오른손잡이	왼손잡이	양손잡이	계
남성	934 [955.8641]	113 [97.7805]	20 [13.3554]	1,067
여성	1,070 [1048.136]	92 [107.2195]	8 [14.6446]	1,170
계	2,004	205	28	2,237

풀이 우리는 이 문제에서 다음과 같은 가설 쌍을 검정하려고 하는 것이다.

$$H_0: \ p_{ij} = p_{i+}p_{+j}, \ i = 1,2, \ j = 1,2,3$$

$$H_1: \ H_0\text{가 참이 아니다.}$$

영가설 하에서 결합확률들 p_{ij}들은 식(12.4.6)에 의해 [도표 12.4.3]과 같이 추정된다.

도표 12.4.3 성별과 듣는 손의 추정된 결합분포

성별(i) \ 듣는 손(j)	오른손잡이	왼손잡이	양손잡이	계
남성	0.429497	0.043711	0.00597	
여성	0.468545	0.04793	0.006547	
계				1.000000

이 표로부터 또는 식(12.4.7)으로부터 영가설하에서 기대빈도 E_{ij}에 대한 추정값은 [표 12.4.2]의 [ ]과 같이 주어진다. 따라서 영가설하에서 카이제곱통계량의 값은 다음과 같이 주어진다.

$$\chi_0^2 = \frac{(934-955.8641)^2}{955.8641} + \cdots + \frac{(8-14.6446)^2}{14.6446} = 11.8061.$$

영가설하에서 이 카이제곱통계량은 자유도가 df = (2−1)(3−1) = 2인 카이제곱분포를 따르므로 P−값은 다음과 같이 주어진다.

$$P\text{−값} = P\{\chi^2_{(2)} \geq 11.8061\} = 0.00273.$$

이 P−값은 주어진 유의수준 5%보다 작으므로 우리는 성별과 듣는 손 간에 연관성이 없다는 영가설을 기각할 수 있다. ■

12.5 엑셀 실습 12: 범주형 데이터 분석

범주형 데이터 분석과 관련해서 엑셀은 적합성이나 동질성/독립성 검정을 위한 함수 CHITEST를 제공한다. 그런데 CHITEST는 관측빈도들과 기대빈도들을 인수로 받아서 P-값을 돌려줄 뿐이므로 그 용도가 제한적이다. 따라서 카이제곱분포와 관련된 두 함수들 CHIDIST와 CHIINV를 함께 살펴보도록 하자.

도표 12.5.1 카이제곱분포와 관련된 함수들

함수	인수	인수의 뜻	돌려주는 값
CHITEST	o_range	관측빈도들의 범위	P-값
	e_range	기대빈도들의 범위	
CHIDIST	x	분위수 즉 변수의 값 (>0)	χ^2 분포에서 오른쪽 꼬리의 확률
	df	자유도	
CHIINV	prob	확률	χ^2 분포에서 오른쪽 꼬리의 확률이 prob인 분위수의 값, 즉 (1−prob)−분위수
	df	자유도	

예 12.5.1 [예 12.2.2]에서 멘델의 완두콩 교배실험 데이터를 다시 고려하자. 이 데이터가 9:3:3:1의 유전법칙에 어긋난다고 할 수 있는지를 5% 유의수준에서 검정하라.

풀이 [도표 12.5.2]를 참고로 하여 다음 단계들을 따라서 카이제곱 적합성검정을 해 보자.

단계 1 교배실험의 관측데이터를 "Observed" 아래에 B3:B6와 같이 입력하고, 영가설에 의한 확률을 "Prob" 아래에 C3:C6과 같이 입력하자.

단계 2 "Observed"와 "Prob"를 곱하여 D3:D6와 같이 기대빈도 "Expected"를 얻는다.

단계 3 적당한 위치(예컨대 D11)에 "p-value="을 입력하고 그 오른편 칸에 "=CHITEST(B3:B6, D3:D6)"를 입력한다. 그러면 우리는 E11에서 보는 바와 같은 P-값 0.925426을 보게 된다. 물론 우리는 이 P-값이 유의수준 0.05보다 매우 크므로 이 데이터가 9:3:3:1의 유전법칙을 따른다는 영가설을 기각할 수 없다.

	A	B	C	D	E	F	G
1	Mendel's data						
2	Type	Observed	Prob	Expected	chi^2		
3	1	315	9/16	312.75	0.016187	=((B3-D3)^2)/D3	
4	2	101	3/16	104.25	0.101319		
5	3	108	3/16	104.25	0.134892		
6	4	32	1/16	34.75	0.217626		
7	Sum	556	1	556	0.470024	=SUM(E3:E6)	
8							
9				p-value=	0.925426	=CHITEST(B3:B6,D3:D6)	
10					0.925426	=CHIDIST(E7,3)	
11							
12				chi^sq=	0.470024	=CHIINV(E9,3)	
13							

도표 12.5.2 교배실험 데이터에 대한 적합성검정

보너스 단계 1 이번에는 명시적으로 카이제곱통계량의 값을 구한 후 이를 이용하여 P-값을 구해보자. "chi^2" 아래 E3에 "=((B3−D3)^2)/D3"를 입력한 후 자동 채우기로 E6까지 채운다. E7에 "=SUM(E3:E6)"를 입력하면 χ_0^2의 값 0.470024를 볼 수 있다. E10에 "=CHIDIST (E7, 3)"를 입력하면 P−값 0.925426을 볼 수 있다.

보너스 단계 2 우리는 CHIINV 함수를 이용하여 카이제곱통계량의 값을 얻을 수도 있다. 예컨대, E12에 "=CHIINV(E9,3)"를 입력하면 우리는 카이제곱통계량의 값 0.470024를 볼 수 있다. ■

예 12.5.2 [예 12.4.1]의 성별과 듣는 손 간의 분할표를 다시 고려하자. 성별과 듣는 손 간에 연관성이 있다고 할 수 있는지를 5% 유의수준에서 검정하라.

풀이 [그림 12.5.2]를 참고로 하여 다음 단계들을 따라서 카이제곱 독립성검정을 해 보자.

단계 1 관측빈도들을 (관측)에서와 같이 2×3 분할표 형태로 입력한 후 SUM 함수를 이용하여 각 행들과 열들의 합을 구한다.

단계 2 기대빈도들을 (기대)에서와 같이 구한다. 예컨대, (남성, 오른손) 칸의 기대빈도는 "=1067*2004/2237" 또는 "=E2*B4/E4"에 의해 주어진다. H2 칸에 입력된 수식은 "열 별로" 자동 채우기를 이용하기 위한 형식이다. "행 별로" 자동 채우기를 위한 수식은 다소 바뀔 것이다.

단계 3 이제 관측빈도표와 기대빈도표를 이용하여 P−값을 구해보자. G7 칸에 "p−value="을 입력하고 H7에 "=CHITEST(B2:D3,H2J3)"를 입력한다. 그러면 우리는 P−값 0.002731을 보게 된다. 이 P−값이 유의수준 0.05보다 매우 작으므로 우리는 성별과 듣는 손이 독립적이라는 영가설을 기각하게 된다.

H2 =$E2*$B$4/$E$4

	A	B	C	D	E	F	G	H	I	J	K
1	(관측)	오른손	왼손	양손	합		(기대)	오른손	왼손	양손	합
2	남성	934	113	20	1067		남성	955.8641	97.78051	13.35539	1067
3	여성	1070	92	8	1170		여성	1048.136	107.2195	14.64461	1170
4	합	2004	205	28	2237		합	2004	205	28	2237
5											
6	(확률)	오른손	왼손	양손	합						
7	남성	0.427297	0.043711	0.00597	0.476978		p-value=	0.002731	=CHITEST(B2:D3,H2:J3)		
8	여성	0.468545	0.04793	0.006547	0.523022						
9	합	0.895843	0.091641	0.012517	1						
10											

도표 12.5.3 듣는 손 데이터에 대한 독립성검정

보너스 단계 영가설하에서 범주확률들을 추정해 보자. 먼저 관측빈도표의 행 합계와 열 합계로부터 행 주변확률들과 열 주변확률들을 구한다. 예컨대,

남성의 주변확률 0.476978 "= E2/$E$4", 여성은 자동 채우기
오른손의 주변확률 0.895843 "=B4/$E$4", 왼손과 양손은 자동 채우기

그 다음 행 주변확률과 열 주변확률을 곱하여 각 칸의 범주확률을 구하여

(확률) 표와 같이 결합확률분포표를 완성한다. 예컨대,

(남성, 오른손)의 {결합}범주확률 0.427297 "=E7*B9", 나머지는 적당히 수정하여 자동 채우기 ■

| 과제 12.5.1 | [예 12.2.1]의 주사위눈금 문제를 엑셀로 확인하라.

| 과제 12.5.2 | [예 12.2.4]의 뇌무게 문제를 엑셀로 확인하라.

| 과제 12.5.3 | [예 12.3.1]의 TV 시청패턴 문제를 엑셀로 확인하라.

연습문제 12장

1 다음은 멘델이 유전법칙(분리의 법칙)을 확립하는 데 사용되었던 완두콩에 대한 7가지 교배 실험 데이터이다.

완두콩의 교배실험 데이터

	우성표현형	열성표현형
씨앗의 형태	5,474	1,850
배젖의 색깔	6,022	2,001
씨앗껍질의 색깔	705	224
콩깍지 형태	882	299
콩깍지 색깔	428	152
꽃의 위치	651	20
줄기 길이	787	277
합계	14,949	5,010

이 데이터(각각으로 또 전체적으로)가 3 : 1의 표현형비(1:2:1의 유전자형비)로부터 벗어나고 있는지를 5% 유의수준으로 검정하라.

2 어떤 해에 배심원단의 연령별 구성비가 전체인구의 연령별 구성비와 차이가 있는지를 알아보기 위하여 빈도분포표로 정리한 결과가 다음과 같다. 66명의 배심원들이 전체인구로부터 랜덤하게 선정되었다고 할 수 있는지를 5% 유의수준으로 검정하라.

연령별 배심원수

연령대	배심원수	인구 구성비(%)	기대빈도
21 –< 40	5	42	
41 –< 50	9	23	
51 –< 60	19	16	
61 이상	33	19	
합	66	100	66

3 어린이들의 독서 패턴이 성별로 차이가 있는지를 알아보기 위하여 남자 어린이 100명과 여자 어린이 200명을 각각 랜덤하게 뽑았다. 이 아이들이 즐겨보는 책들을 성별로 정리하

여 아래 교차표를 얻었다. 성별에 따라 선호하는 책이 다르다고 할 수 있는지를 유의수준 5%에서 검정하라.

성별로 선호하는 TV 프로그램에 대한 교차표

성별 \ 프로그램	만화	과학책	위인전	계
남자 어린이	50	30	20	100
여자 어린이	50	80	70	200
계	100	110	90	300

4 한중일 세 나라의 혈액형 분포에 차이가 있는지 알아보기 위하여 각 나라별로 1,000명씩 랜덤하게 선정하여 그들의 혈액형을 조사하여 정리한 결과가 아래 교차표이다. 한중일 삼국의 혈액형 분포가 다르다고 할 수 있는지를 5% 유의수준으로 검정하라.

한중일 삼국의 혈액형에 대한 교차표

나라 \ 혈액형	A형	B형	O형	AB형	합계
한국	115	334	284	267	1,000
중국	57	262	424	257	1,000
일본	105	386	287	222	1,000

5 거주지별로 아기식품광고효과에 차이가 있는지 알아보기 위하여 도시, 근교, 시골에서 각각 68, 36, 49 가구를 랜덤하게 선정하여 조사한 결과를 아래의 교차표로 정리하였다. 거주지별로 아기식품광고효과에 차이가 있다고 할 수 있는지를 5% 유의수준으로 검정하라.

거주지별 식품광고효과에 대한 교차표

응답 \ 거주지	도시	근교	시골
긍정적	30	19	21
부정적	38	17	28
표본크기	68	36	49

6 성별과 결혼상태가 연관성이 있는지 알아보기 위하여 랜덤하게 25～54세에 속하는 103명을 뽑아서 분할표로 정리한 결과가 아래와 같다. 성별과 결혼상태가 연관성이 있다고 할 수 있는지를 5% 유의수준으로 검정하라.

결혼상태 \ 성별	남	여
결혼한 적이 없음	21	9
결혼	20	39
홀로 됨(사별, 이혼, 별거)	7	7

7 고용상태가 결혼상태와 연관되어 있는지 알아보기 위하여 25 ~ 44세에 속하는 981명을 랜덤하게 뽑아서 분할표로 정리한 결과가 아래와 같다. 고용상태와 결혼상태가 연관성이 있다고 할 수 있는지를 5% 유의수준으로 검정하라.

결혼상태 \ 고용상태	고용	실업	비노동인구
결혼한 적이 없다	638	27	35
결혼	133	8	12
홀로 됨(사별, 이혼, 별거)	102	6	20

8 다음은 1991년 사회 총조사에서 980명에 대해 그들의 성별과 지지정당을 조사한 결과이다. 성별과 지지정당 간에 독립적이라 할 수 있는지를 5% 유의수준으로 검정하라.

성별 \ 지지당	민주당	무소속	공화당	계
여성	279	73	225	577
남성	165	47	191	403
계	444	120	416	980

9 [예 3.1.1]의 [도표 3.1.1]에 제시된 인종별 사형제도에 대한 의견데이터를 고려하자. 인종과 사형제도에 대한 의견 간에 연관성이 있다고 할 수 있는지를 5% 유의수준으로 검정하라.

10 3.2.4절에 제시된 [도표 3.2.1]을 다시 고려하자. 전공별로 성별 합격률에 차이가 있다고 할 수 있는지를 5% 유의수준으로 검정하라.

13

엑셀 실습 0: 기본작업

이 장에서는 엑셀의 기본작업들을 소개한다.

(1) 열 제목에 단위 주기

- 열 제목과 단위를 같은 칸에 두 줄로 주려면 편집모드에서 〈ALT〉 + 〈ENTER〉를 눌러서 그 칸에 캐리지 리턴(carriage return)을 추가해야 한다. 다시 한 줄 모드로 전환하려면 편집모드에서 〈Backspace〉를 누른다.
- cm^3 대신에 cm^3와 같이 (위)첨자를 사용한 단위를 주려면, cm3와 같이 써 넣은 후에 3을 선택한다. 그리고 서식(Format) > 셀(Cells) > 글꼴 탭을 딸깍 > 효과 상자에서 위첨자(Superscript)를 선택하면 3이 위첨자가 된다.

(2) 숫자를 백분율로 표시하기

셀을 선택한 후, 서식 메뉴에서 셀을 딸깍한다. 표시형식 탭을 딸깍한 다음 범주 상자에서 백분율을 딸깍한다.

(3) 유효숫자 늘리기와 줄이기

Excel은 기본적으로 최대 자릿수를 전시한다. 우리는 자릿수 늘리기(Increase Decimal)와 줄이기(Decrease Decimal) 단추를 눌러서 전시되는 자릿수를 바꿀 수 있다.

(4) 칸의 글자를 강조하기

- 굵은 글씨체(bold)를 사용하려면 칸이나 칸의 글자들을 선택한 후 굵게(bold) 단추를 누른다.
- 칸들에 음영을 주려면 칸들을 선택한 후 채우기 색(Fill Color) 단추를 누른 후 원하는 색을 선택한다.

(5) 셀 조작하기

- 열들의 너비 조작: 열들을 선택한 후 깜박이를 열 제목줄의 아무 오른쪽 경계선에 대고 좌(줄이기) 또는 우(늘리기)로 적당히 움직인다. 한 열에 대해서는 열 제목줄의 오른쪽 경계선을 거듭 딸깍하면 데이터의 크기에 따라 자동으로 너비가 조정된다.
- 글꼴(font style)과 글꼴크기(font size) 조작: 글꼴 상자와 글꼴 크기 상자에서 원하는 글꼴과 크기를 선택한다. 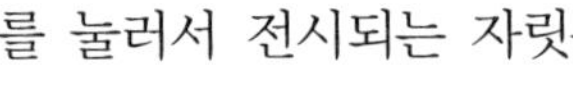
.
- 텍스트의 정렬방식(alignment)을 조작하기: 기본적으로 텍스트는 한 칸에서 왼쪽 정렬로 전시된다. 우리는 정렬 단추들 중 하나를 선택하여 왼쪽, 가운데, 또는 오른쪽 정렬을 지정할 수 있다. .
- 칸들의 테두리들(borders)을 조작하기: 칸들을 선택한 후 테두리 단추를 눌러서 원

하는 테두리 모양을 지정한다. 이보다 더 상세하게 테두리들을 지정하려면, 서식 > 셀 > 테두리 탭을 누른 후 원하는 모양을 선택한다.

(6) 칸에 수식을 전시하기

수식을 복사한 후 전시하려는 칸을 선택해서, 어퍼스트러피(')를 써넣은 후 복사한 수식을 붙여 넣는다.

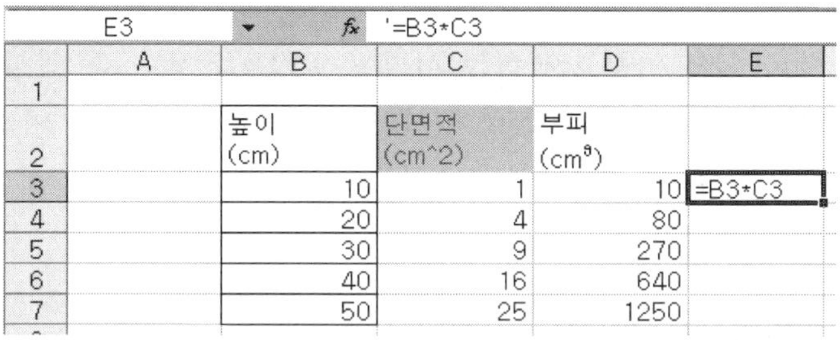

(7) 기호나 특수문자들을 전시하기

① 방법 1: 기호를 입력할 칸을 선택한 후에 메뉴에서 [삽입] > [기호]를 눌러서 기호 대화상자를 연다. 글꼴을, 예컨대, Symbol로 선택하여 원하는 기호를 찾은 후 [삽입]을 누른다.

② 방법 2: 기호를 입력할 칸에 "원하는 기호에 해당하는 글자"를 쓴 후에 그 글자를 선택하고 글꼴(font face)을 "Symbol"로 바꾸어준다.

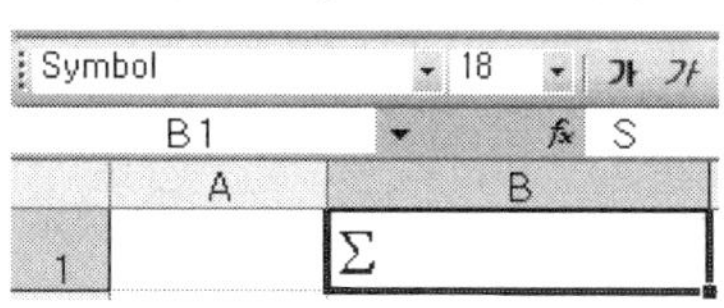

③ 방법 3: Alt 글쇠를 누른 채로, 숫자 글쇠에서 "원하는 기호에 해당하는 숫자"를 입력한다.

참고 방법 2와 3을 이용하려면 미리 기호대조표를 가지고 있어야 한다.

(8) 사각형 영역의 행과 열을 바꾸기

우리는 사각형 영역을 복사한 후 행과 열을 바꾸어서 붙여넣기를 할 수 있다.

- 먼저 행과 열을 바꾸고자 하는 사각형 영역을 선택한 후 복사를 한다.
- 붙여 넣을 영역(복사한 사각형 영역의 외부에 있어야 함)의 왼쪽 위 칸을 선택한 후에 [편집] > [선택하여 붙여 넣기] > "행/열 바꿈"을 선택하면 사각형 영역의 행과 열이 바뀌어서 복사된다.

(9) 행 머리글과 열 머리글을 보이거나 감추기

우리가 엑셀의 작업표를 열면 기본적으로 각 행은 1, 2, 3 등과 같은 숫자로 그리고 각 열은 A, B, C 등과 같은 문자로 된 머리글들(headers)을 가지고 있다. 만일 이런 머리글들이 보이지 않아서 이들을 전시하고자 하거나, 반대로 이런 머리글들이 전시되지 않기를 원한다면 다음과 같은 조치를 취한다.

- [도구] > [옵션] > [화면 표시] 탭 > [창 옵션]에서 "행/열 머리글"에 체크(√)하고 [확인]을 누른다. 그러면 우리는 행/열 머리글이 전시되거나 사라진 작업표를 보게 될 것이다.

{엑셀 2010} 선택 영역을 작업표의 앞 영역에 보이도록 하려면

- [보기] > [틀 고정] > [틀 고정]

(10) 열들의 이름들이나 제목들이 항상 보이도록 하기(창 나누기)

흔히 각 열에는 한 변수의 값들이 저장되고 따라서 우리는 각 열에 이름이나 제목을 주게 된다. 그런데 데이터의 크기가 커지면 아래쪽 행들에서는 그 열들의 이름들을 볼 수 없게 된다. 아무 행에서도 열들의 이름들이 보이도록 하려면 다음과 같은 조치를 취한다.

- 마우스 커서로 이름들이 있는 행의 다음 행의 아무 칸을 선택한다. 예컨대, 두 번째 행에 열 이름들이 있으면 세 번째 행의 아무 칸을 선택한다.
- [옵션] > [창] > [나누기]를 선택한다. 이제 우리가 아무 행으로 가던지 열 이름들이 보인다.

{엑셀 2010} → [보기] > [틀 고정] > [첫 행 고정] 또는 [첫 열 고정]

(11) 자료영역을 블록으로 지정하기

① 자료영역을 블록으로 선택한 후 RMB 메뉴에서 [이름 정의(A)...] 항목을 선택하여 이름 정의 창을 연다.

② 이름 정의 창에서 적절한 이름을 부여한다.

(12) 사용자 정의 상수들을 생성하기

예컨대 아래 표와 같이 pi에 3.141593를, e에 2.718282를, 그리고 g에 9.8이라는 상수를 정의하여 사용하려고 한다고 하자.

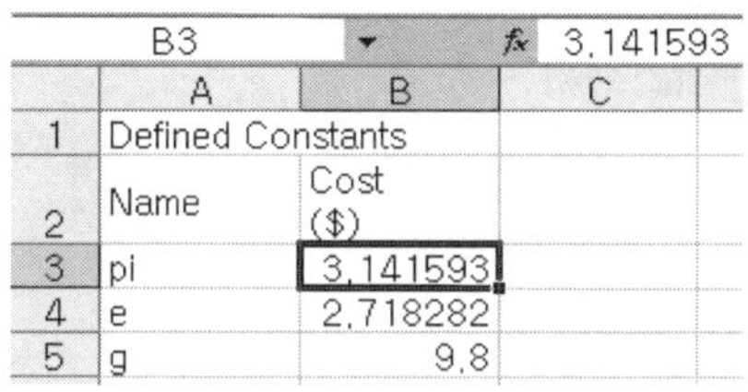

마우스로 3.141593을 써 넣은 B3를 선택하면, 이름상자(Name Box)에 B3가 나타난다. 마우스로 이름상자를 선택하여 "pi"라고 써 넣고 〈Enter〉 글쇠를 누른다. 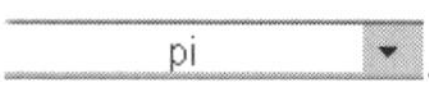

. 이와 같은 작업을 B4의 "e"와 B5의 "g"에 대해서도 실시한다.

- 이제 우리는 pi, e, 그리고 g를 한 상수처럼 수식에 사용할 수 있다.
- 우리가 상수들의 값을 바꾼다면 그 상수를 사용한 수식에서 자동으로 재계산이 이루어진다.
- 이와 같이 정의된 상수들을 제거하기 위한 한 가지 방법은 메뉴막대의 "삽입 > 이름 > 정의"를 이용하는 것이다. 이름 정의 창에서 제거하고자 하는 상수를 선택한 후 "삭제(D)" 단추를 누른다.

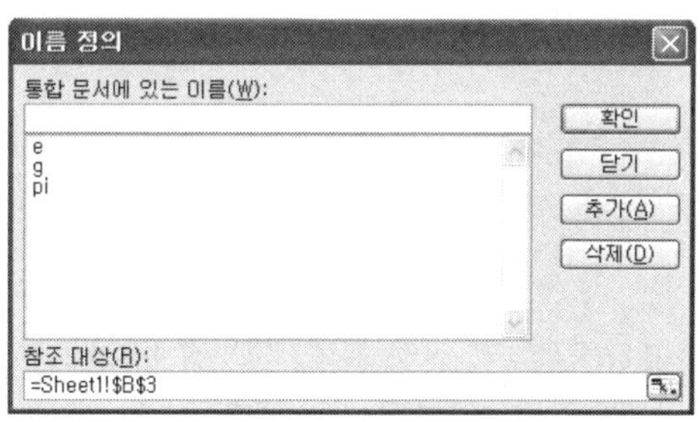

(13) 사용자 정의 함수(user defined function, UDF)들을 생성하기

엑셀에는 많은 함수들이 제공되어 있긴 하지만, 우리는 때때로 직접 필요한 함수를 만들어 써야 한다. 우리는 다음과 같은 단계들을 통해서 사용자 정의 함수(UDF)를 생성할 수 있다.

① 새로운 통합문서에 코드 모듈을 추가한다.

- [도구] > [매크로] > [Visual Basic Editor]을 선택하여(또는 Alt + F1으로) "Visual Basic 편집기"를 연다.
- "프로젝트 탐색기" 페인(pane)에서 VBAProject(Book1)를 선택하고 메뉴에서 [삽입] > [모듈]을 선택하여 빈 "코드 모듈"을 연다.

② 코드 모듈에 UDF를 구현하는 코드를 입력한다.

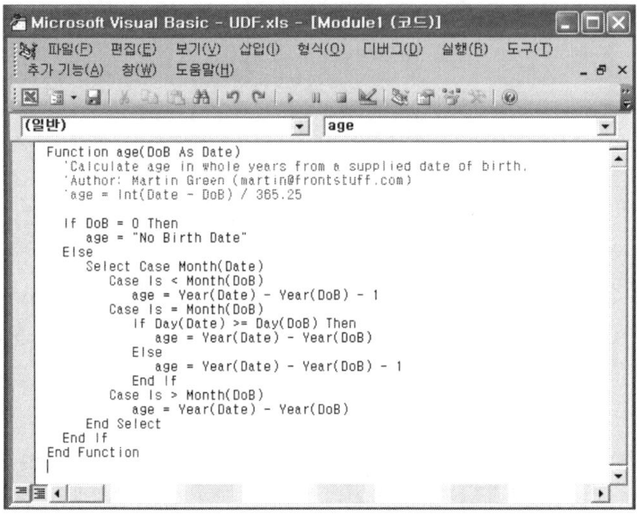

③ 코드 테스트: 엑셀 작업표 창으로 돌아와서 엑셀 작업표에서 UDF를 테스트한다.

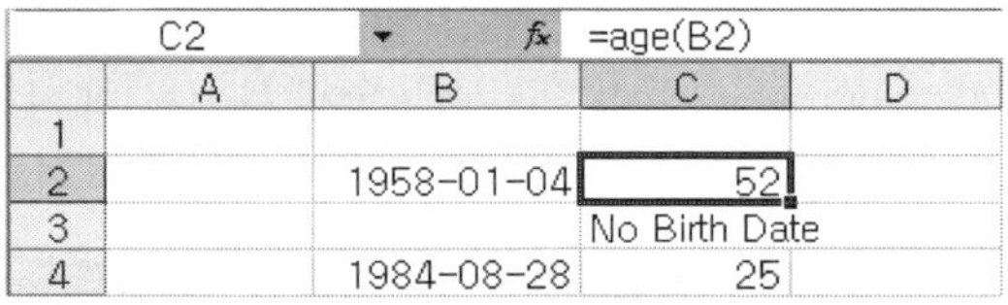

④ UDF에 설명문을 추가하기

- 엑셀 작업표 창에서 [도구] > [매크로] > [매크로]로 "매크로" 대화상자를 연다.
- "매크로" 대화상자의 "매크로 이름" 칸에 매크로 이름을 입력한 후 "옵션"을 눌러서 "매크로 옵션" 대화상자를 연다.
- "매크로 옵션" 대화상자의 "설명" 칸에 적절한 설명을 입력하고 "확인"을 눌러서 "매크로 옵션" 대화상자를 닫는다.
- "취소"를 눌러서 "매크로" 대화상자를 닫는다.
- 이제 함수 마법사에서 "사용자 정의" 함수들 가운데 우리가 작성한 UDF를 선택

하면, 우리는 이 UDF에 대한 설명을 볼 수 있다. 우리는 UDF를 엑셀 함수들과 마찬가지 방법으로 사용할 수 있다.

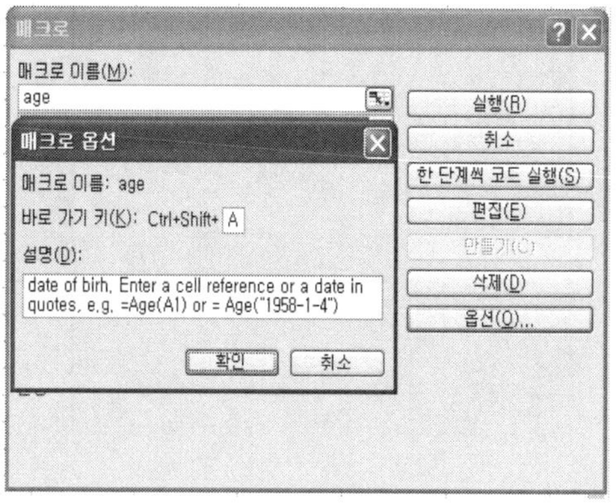

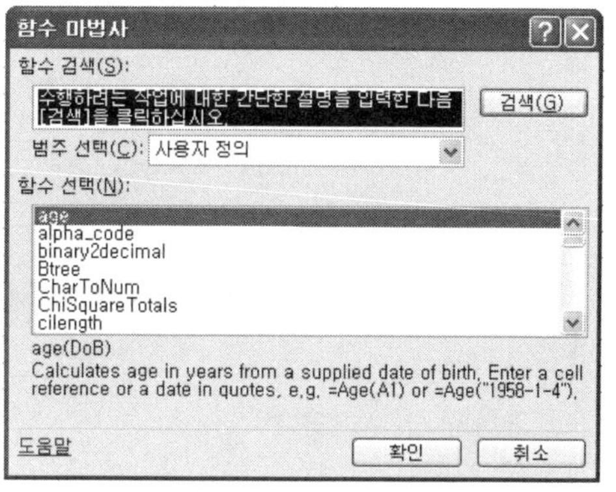

(14) 애드인 생성하기

한 UDF는 이 UDF가 포함되어 있는 통합 문서와 함께 열려 있는 통합 문서들에서만 적용된다. 따라서 우리가 작성한 UDF를 아무 때나 아무 곳에서나 사용하려면 또는 다른 사용자들에게 배포하려면 이 UDF가 포함되어 있는 통합문서를 엑셀 애드인 파일로 저장해야 한다.

① 애드-인으로 저장하기

- [파일] > [다른 이름으로 저장] > "Microsoft Office Excel 추가기능(*.xla)"을 선택한다.
- 저장 위치는 아무 곳이나 가능하지만 내장(built-in) 애드-인들과 함께 제시되도록 하려면 애드-인들의 기본 저장 위치에 저장해야 한다.

② 애드-인에 적절한 설명을 붙이기

애드-인 자체에 설명을 붙이는 것이 좋은 습관이다. 우리가 애드-인을 설치하려고 선택할 때 이 설명이 전시된다.

- 이 애드-인 파일이 저장되어 있는 곳을 찾아가서, 이 애드-인 파일 아이콘에서 오른쪽 마우스 메뉴(상황 메뉴)를 연다. "속성"을 선택하여 "등록 정보" 대화상자를 연다. "요약" 탭에서 "제목" 등을 적절히 입력한다.

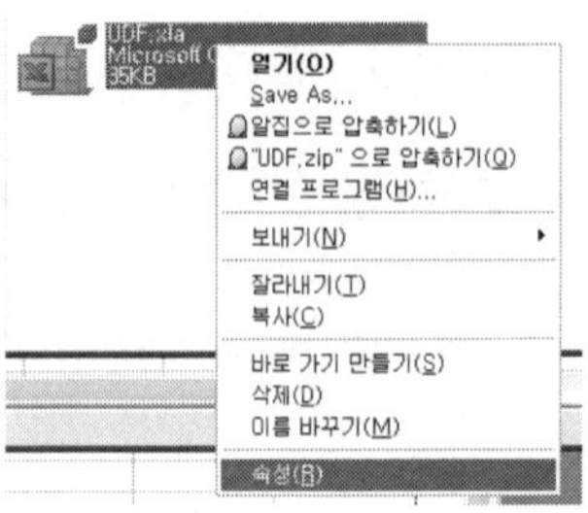
UDF.xla
Microsoft
35KB
열기(O)
Save As...
알집으로 압축하기(L)
"UDF.zip" 으로 압축하기(Q)
연결 프로그램(H)...
보내기(N)
잘라내기(T)
복사(C)
바로 가기 만들기(S)
삭제(D)
이름 바꾸기(M)
속성(R)

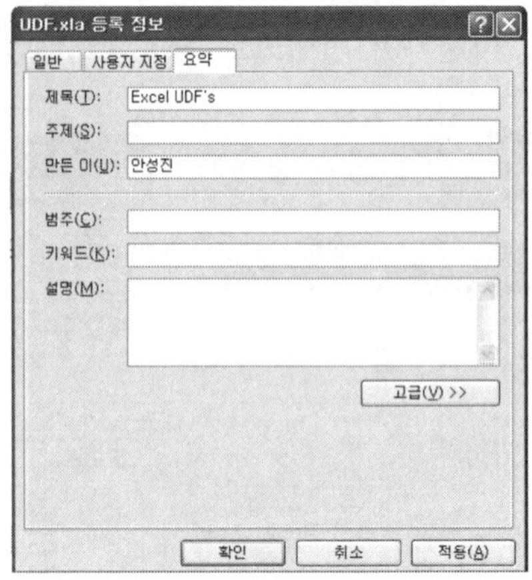
UDF.xla 등록 정보
일반
사용자 지정
요약
제목(T):
Excel UDF's
주제(S):
만든 이(U):
안성진
범주(C):
키워드(K):
설명(M):
고급(V) >>
확인
취소
적용(A)

참고문헌

- 안성진. (2011). 표본분위수와 표본분위의 관계, *Communications of the Korean Statistical Society*, 18(6), 707-716.
- Richard J. Herrnstein and Charles Murray. (1994). *The Bell Curve: Intelligence and Class Structure in American Life*, Free Press.
- Thorndike, E. L. (1918). The nature, purposes, and general methods of measurements of educational products. *National Society for the Study of Educational Products*: Seventeenth Yearbook. (pp. 16-24).
- Zar, Jerrold H. (1984). *Biostatistical Analysis* (2nd Ed.), Prenyice-Hall, Inc., Englewood Cliffs, New Jersey.

부록

도표 A.1 난수표

	1	2	3	4	5	6	7	8	9	10
1	68545	61138	86702	47359	36191	76845	17659	09736	88155	93082
2	38565	93761	43060	12730	22013	36484	48787	44122	44977	40741
3	25923	31756	62547	94075	06050	86703	82521	28480	57492	00247
4	74576	98222	49021	95468	00769	66461	79265	37484	30079	41607
5	17763	36608	91261	02265	16811	48580	75488	09668	47985	44548
6	89468	80319	60900	47777	87170	61254	35206	55724	24036	08576
7	99353	05313	68145	40754	79806	21464	81722	10230	51909	30158
8	80810	36876	01990	84582	19376	68221	09201	32075	50945	07031
9	25236	87548	70879	96945	79983	28941	92483	06690	91330	80392
10	59999	03592	07144	98718	51643	56960	57653	28858	75814	61962
11	46245	43873	13575	24662	56935	35139	10578	98798	06510	68368
12	71493	14917	19535	71068	60128	92602	54360	67083	58324	76214
13	58190	23814	86767	84994	79418	27784	40840	17985	15287	54109
14	44649	04505	23032	45579	76315	40703	72634	66918	67690	02924
15	69283	49858	31635	78433	23716	94675	19932	04129	98508	43760
16	64986	53935	08472	92956	08457	65401	03302	56117	69936	46223
17	10547	48708	58760	51259	67064	05905	82131	70663	17075	00937
18	52651	19794	04968	79214	48393	71523	40925	73919	28639	21494
19	67525	18674	58394	27082	05478	22889	44829	10559	06558	25437
20	38765	67186	91900	92270	04303	68758	03751	73611	09763	03336
21	48881	86343	43025	41716	61644	37214	04404	71267	64937	52480
22	80218	87790	57146	29637	50093	86013	03143	76833	31254	39348
23	57573	55596	12775	09507	98425	92532	83062	76650	99142	75570
24	03574	30644	17295	00403	32002	14118	27995	82772	47938	57860
25	80154	02161	84259	99225	03717	92596	17261	24207	46025	46110
26	18732	23759	65349	44563	23051	04953	59835	85363	12442	47713
27	59893	16788	73550	47630	62185	48515	28391	35566	33351	52925
28	92883	14628	61596	22886	65984	05139	84222	01611	02692	38276
29	69295	50188	73898	88916	79522	68441	66295	88412	96472	34745
30	25477	07852	33299	80404	95297	52461	14039	64202	56639	57744
31	47655	62835	18754	28025	74914	42711	66240	08011	16257	28883
32	14811	27946	98767	36644	78991	13062	90350	81454	04831	97894
33	19291	32801	70824	36100	07270	27659	10047	46434	93985	09104
34	56801	85458	81481	05783	70699	87628	76385	17804	41496	63424
35	58055	24720	27665	96078	50865	81188	31892	27573	28718	15943
36	66625	74535	29884	99765	12763	64605	10352	97943	24671	33967
37	13755	72997	84570	76641	86023	53185	59481	86129	12903	32478
38	63848	80090	08463	17573	80929	48647	32652	87652	46104	16947
39	66137	82394	45244	62603	20463	84002	31202	78646	11710	08756
40	11646	22602	75726	73772	11255	42357	53099	54576	61489	19358
41	21998	99152	21009	19852	06961	14005	79894	94766	41804	87991
42	50752	18802	14734	69393	99899	09482	73864	62001	21677	16623
43	21128	55730	09085	23011	72884	57451	23798	46791	15159	37617
44	18744	86267	31819	58379	16334	97684	33656	98712	95492	46663
45	32340	94171	57146	49922	95184	32539	19352	57329	12958	93014

도표 A.2 누적이항분포표

$$X \sim B(n,p):\ P\{X \le c\} = \sum_{x=0}^{c} \binom{n}{x} p^x (1-p)^{n-x}$$

n	c	p = 0.05	0.1	0.2	0.3	0.4	0.5	0.6	0.7	0.8	0.9	0.95
1	0	0.950	0.900	0.800	0.700	0.600	0.500	0.400	0.300	0.200	0.100	0.050
	1	1.000	1.000	1.000	1.000	1.000	1.000	1.000	1.000	1.000	1.000	1.000
2	0	0.903	0.810	0.640	0.490	0.360	0.250	0.160	0.090	0.040	0.010	0.003
	1	0.998	0.990	0.960	0.910	0.840	0.750	0.640	0.510	0.360	0.190	0.098
	2	1.000	1.000	1.000	1.000	1.000	1.000	1.000	1.000	1.000	1.000	1.000
3	0	0.857	0.729	0.512	0.343	0.216	0.125	0.064	0.027	0.008	0.001	0.000
	1	0.993	0.972	0.896	0.784	0.648	0.500	0.352	0.216	0.104	0.028	0.007
	2	1.000	0.999	0.992	0.973	0.936	0.875	0.784	0.657	0.488	0.271	0.143
	3	1.000	1.000	1.000	1.000	1.000	1.000	1.000	1.000	1.000	1.000	1.000
4	0	0.815	0.656	0.410	0.240	0.130	0.063	0.026	0.008	0.002	0.000	0.000
	1	0.986	0.948	0.819	0.652	0.475	0.313	0.179	0.084	0.027	0.004	0.000
	2	1.000	0.996	0.973	0.916	0.821	0.688	0.525	0.348	0.181	0.052	0.014
	3	1.000	1.000	0.998	0.992	0.974	0.938	0.870	0.760	0.590	0.344	0.185
	4	1.000	1.000	1.000	1.000	1.000	1.000	1.000	1.000	1.000	1.000	1.000
5	0	0.774	0.590	0.328	0.168	0.078	0.031	0.010	0.002	0.000	0.000	0.000
	1	0.977	0.919	0.737	0.528	0.337	0.188	0.087	0.031	0.007	0.000	0.000
	2	0.999	0.991	0.942	0.837	0.683	0.500	0.317	0.163	0.058	0.009	0.001
	3	1.000	1.000	0.993	0.969	0.913	0.813	0.663	0.472	0.263	0.081	0.023
	4	1.000	1.000	1.000	0.998	0.990	0.969	0.922	0.832	0.672	0.410	0.226
	5	1.000	1.000	1.000	1.000	1.000	1.000	1.000	1.000	1.000	1.000	1.000
6	0	0.735	0.531	0.262	0.118	0.047	0.016	0.004	0.001	0.000	0.000	0.000
	1	0.967	0.886	0.655	0.420	0.233	0.109	0.041	0.011	0.002	0.000	0.000
	2	0.998	0.984	0.901	0.744	0.544	0.344	0.179	0.070	0.017	0.001	0.000
	3	1.000	0.999	0.983	0.930	0.821	0.656	0.456	0.256	0.099	0.016	0.002
	4	1.000	1.000	0.998	0.989	0.959	0.891	0.767	0.580	0.345	0.114	0.033
	5	1.000	1.000	1.000	0.999	0.996	0.984	0.953	0.882	0.738	0.469	0.265
	6	1.000	1.000	1.000	1.000	1.000	1.000	1.000	1.000	1.000	1.000	1.000
7	0	0.698	0.478	0.210	0.082	0.028	0.008	0.002	0.000	0.000	0.000	0.000
	1	0.956	0.850	0.577	0.329	0.159	0.063	0.019	0.004	0.000	0.000	0.000
	2	0.996	0.974	0.852	0.647	0.420	0.227	0.096	0.029	0.005	0.000	0.000
	3	1.000	0.997	0.967	0.874	0.710	0.500	0.290	0.126	0.033	0.003	0.000
	4	1.000	1.000	0.995	0.971	0.904	0.773	0.580	0.353	0.148	0.026	0.004
	5	1.000	1.000	1.000	0.996	0.981	0.938	0.841	0.671	0.423	0.150	0.044
	6	1.000	1.000	1.000	1.000	0.998	0.992	0.972	0.918	0.790	0.522	0.302
	7	1.000	1.000	1.000	1.000	1.000	1.000	1.000	1.000	1.000	1.000	1.000

도표 A.2 누적이항분포표(계속)

n	c	p										
		0.05	0.1	0.2	0.3	0.4	0.5	0.6	0.7	0.8	0.9	0.95
8	0	0.663	0.430	0.168	0.058	0.017	0.004	0.001	0.000	0.000	0.000	0.000
	1	0.943	0.813	0.503	0.255	0.106	0.035	0.009	0.001	0.000	0.000	0.000
	2	0.994	0.962	0.797	0.552	0.315	0.145	0.050	0.011	0.001	0.000	0.000
	3	1.000	0.995	0.944	0.806	0.594	0.363	0.174	0.058	0.010	0.000	0.000
	4	1.000	1.000	0.990	0.942	0.826	0.637	0.406	0.194	0.056	0.005	0.000
	5	1.000	1.000	0.999	0.989	0.950	0.855	0.685	0.448	0.203	0.038	0.006
	6	1.000	1.000	1.000	0.999	0.991	0.965	0.894	0.745	0.497	0.187	0.057
	7	1.000	1.000	1.000	1.000	0.999	0.996	0.983	0.942	0.832	0.570	0.337
	8	1.000	1.000	1.000	1.000	1.000	1.000	1.000	1.000	1.000	1.000	1.000
9	0	0.630	0.387	0.134	0.040	0.010	0.002	0.000	0.000	0.000	0.000	0.000
	1	0.929	0.775	0.436	0.196	0.071	0.020	0.004	0.000	0.000	0.000	0.000
	2	0.992	0.947	0.738	0.463	0.232	0.090	0.025	0.004	0.000	0.000	0.000
	3	0.999	0.992	0.914	0.730	0.483	0.254	0.099	0.025	0.003	0.000	0.000
	4	1.000	0.999	0.980	0.901	0.733	0.500	0.267	0.099	0.020	0.001	0.000
	5	1.000	1.000	0.997	0.975	0.901	0.746	0.517	0.270	0.086	0.008	0.001
	6	1.000	1.000	1.000	0.996	0.975	0.910	0.768	0.537	0.262	0.053	0.008
	7	1.000	1.000	1.000	1.000	0.996	0.980	0.929	0.804	0.564	0.225	0.071
	8	1.000	1.000	1.000	1.000	1.000	0.998	0.990	0.960	0.866	0.613	0.370
	9	1.000	1.000	1.000	1.000	1.000	1.000	1.000	1.000	1.000	1.000	1.000
10	0	0.599	0.349	0.107	0.028	0.006	0.001	0.000	0.000	0.000	0.000	0.000
	1	0.914	0.736	0.376	0.149	0.046	0.011	0.002	0.000	0.000	0.000	0.000
	2	0.988	0.930	0.678	0.383	0.167	0.055	0.012	0.002	0.000	0.000	0.000
	3	0.999	0.987	0.879	0.650	0.382	0.172	0.055	0.011	0.001	0.000	0.000
	4	1.000	0.998	0.967	0.850	0.633	0.377	0.166	0.047	0.006	0.000	0.000
	5	1.000	1.000	0.994	0.953	0.834	0.623	0.367	0.150	0.033	0.002	0.000
	6	1.000	1.000	0.999	0.989	0.945	0.828	0.618	0.350	0.121	0.013	0.001
	7	1.000	1.000	1.000	0.998	0.988	0.945	0.833	0.617	0.322	0.070	0.012
	8	1.000	1.000	1.000	1.000	0.998	0.989	0.954	0.851	0.624	0.264	0.086
	9	1.000	1.000	1.000	1.000	1.000	0.999	0.994	0.972	0.893	0.651	0.401
	10	1.000	1.000	1.000	1.000	1.000	1.000	1.000	1.000	1.000	1.000	1.000
11	0	0.569	0.314	0.086	0.020	0.004	0.000	0.000	0.000	0.000	0.000	0.000
	1	0.898	0.697	0.322	0.113	0.030	0.006	0.001	0.000	0.000	0.000	0.000
	2	0.985	0.910	0.617	0.313	0.119	0.033	0.006	0.001	0.000	0.000	0.000
	3	0.998	0.981	0.839	0.570	0.296	0.113	0.029	0.004	0.000	0.000	0.000
	4	1.000	0.997	0.950	0.790	0.533	0.274	0.099	0.022	0.002	0.000	0.000
	5	1.000	1.000	0.988	0.922	0.753	0.500	0.247	0.078	0.012	0.000	0.000
	6	1.000	1.000	0.998	0.978	0.901	0.726	0.467	0.210	0.050	0.003	0.000
	7	1.000	1.000	1.000	0.996	0.971	0.887	0.704	0.430	0.161	0.019	0.002
	8	1.000	1.000	1.000	0.999	0.994	0.967	0.881	0.687	0.383	0.090	0.015
	9	1.000	1.000	1.000	1.000	0.999	0.994	0.970	0.887	0.678	0.303	0.102
	10	1.000	1.000	1.000	1.000	1.000	1.000	0.996	0.980	0.914	0.686	0.431
	11	1.000	1.000	1.000	1.000	1.000	1.000	1.000	1.000	1.000	1.000	1.000

도표 A.2 누적이항분포표(계속)

						p						
n	c	0.05	0.1	0.2	0.3	0.4	0.5	0.6	0.7	0.8	0.9	0.95
12	0	0.540	0.282	0.069	0.014	0.002	0.000	0.000	0.000	0.000	0.000	0.000
	1	0.882	0.659	0.275	0.085	0.020	0.003	0.000	0.000	0.000	0.000	0.000
	2	0.980	0.889	0.558	0.253	0.083	0.019	0.003	0.000	0.000	0.000	0.000
	3	0.998	0.974	0.795	0.493	0.225	0.073	0.015	0.002	0.000	0.000	0.000
	4	1.000	0.996	0.927	0.724	0.438	0.194	0.057	0.009	0.001	0.000	0.000
	5	1.000	0.999	0.981	0.882	0.665	0.387	0.158	0.039	0.004	0.000	0.000
	6	1.000	1.000	0.996	0.961	0.842	0.613	0.335	0.118	0.019	0.001	0.000
	7	1.000	1.000	0.999	0.991	0.943	0.806	0.562	0.276	0.073	0.004	0.000
	8	1.000	1.000	1.000	0.998	0.985	0.927	0.775	0.507	0.205	0.026	0.002
	9	1.000	1.000	1.000	1.000	0.997	0.981	0.917	0.747	0.442	0.111	0.020
	10	1.000	1.000	1.000	1.000	1.000	0.997	0.980	0.915	0.725	0.341	0.118
	11	1.000	1.000	1.000	1.000	1.000	1.000	0.998	0.986	0.931	0.718	0.460
	12	1.000	1.000	1.000	1.000	1.000	1.000	1.000	1.000	1.000	1.000	1.000
13	0	0.513	0.254	0.055	0.010	0.001	0.000	0.000	0.000	0.000	0.000	0.000
	1	0.865	0.621	0.234	0.064	0.013	0.002	0.000	0.000	0.000	0.000	0.000
	2	0.975	0.866	0.502	0.202	0.058	0.011	0.001	0.000	0.000	0.000	0.000
	3	0.997	0.966	0.747	0.421	0.169	0.046	0.008	0.001	0.000	0.000	0.000
	4	1.000	0.994	0.901	0.654	0.353	0.133	0.032	0.004	0.000	0.000	0.000
	5	1.000	0.999	0.970	0.835	0.574	0.291	0.098	0.018	0.001	0.000	0.000
	6	1.000	1.000	0.993	0.938	0.771	0.500	0.229	0.062	0.007	0.000	0.000
	7	1.000	1.000	0.999	0.982	0.902	0.709	0.426	0.165	0.030	0.001	0.000
	8	1.000	1.000	1.000	0.996	0.968	0.867	0.647	0.346	0.099	0.006	0.000
	9	1.000	1.000	1.000	0.999	0.992	0.954	0.831	0.579	0.253	0.034	0.003
	10	1.000	1.000	1.000	1.000	0.999	0.989	0.942	0.798	0.498	0.134	0.025
	11	1.000	1.000	1.000	1.000	1.000	0.998	0.987	0.936	0.766	0.379	0.135
	12	1.000	1.000	1.000	1.000	1.000	1.000	0.999	0.990	0.945	0.746	0.487
	13	1.000	1.000	1.000	1.000	1.000	1.000	1.000	1.000	1.000	1.000	1.000
14	0	0.488	0.229	0.044	0.007	0.001	0.000	0.000	0.000	0.000	0.000	0.000
	1	0.847	0.585	0.198	0.047	0.008	0.001	0.000	0.000	0.000	0.000	0.000
	2	0.970	0.842	0.448	0.161	0.040	0.006	0.001	0.000	0.000	0.000	0.000
	3	0.996	0.956	0.698	0.355	0.124	0.029	0.004	0.000	0.000	0.000	0.000
	4	1.000	0.991	0.870	0.584	0.279	0.090	0.018	0.002	0.000	0.000	0.000
	5	1.000	0.999	0.956	0.781	0.486	0.212	0.058	0.008	0.000	0.000	0.000
	6	1.000	1.000	0.988	0.907	0.692	0.395	0.150	0.031	0.002	0.000	0.000
	7	1.000	1.000	0.998	0.969	0.850	0.605	0.308	0.093	0.012	0.000	0.000
	8	1.000	1.000	1.000	0.992	0.942	0.788	0.514	0.219	0.044	0.001	0.000
	9	1.000	1.000	1.000	0.998	0.982	0.910	0.721	0.416	0.130	0.009	0.000
	10	1.000	1.000	1.000	1.000	0.996	0.971	0.876	0.645	0.302	0.044	0.004
	11	1.000	1.000	1.000	1.000	0.999	0.994	0.960	0.839	0.552	0.158	0.030
	12	1.000	1.000	1.000	1.000	1.000	0.999	0.992	0.953	0.802	0.415	0.153
	13	1.000	1.000	1.000	1.000	1.000	1.000	0.999	0.993	0.956	0.771	0.512
	14	1.000	1.000	1.000	1.000	1.000	1.000	1.000	1.000	1.000	1.000	1.000

도표 A.2 누적이항분포표(계속)

		p										
n	c	0.05	0.1	0.2	0.3	0.4	0.5	0.6	0.7	0.8	0.9	0.95
15	0	0.463	0.206	0.035	0.005	0.000	0.000	0.000	0.000	0.000	0.000	0.000
	1	0.829	0.549	0.167	0.035	0.005	0.000	0.000	0.000	0.000	0.000	0.000
	2	0.964	0.816	0.398	0.127	0.027	0.004	0.000	0.000	0.000	0.000	0.000
	3	0.995	0.944	0.648	0.297	0.091	0.018	0.002	0.000	0.000	0.000	0.000
	4	0.999	0.987	0.836	0.515	0.217	0.059	0.009	0.001	0.000	0.000	0.000
	5	1.000	0.998	0.939	0.722	0.403	0.151	0.034	0.004	0.000	0.000	0.000
	6	1.000	1.000	0.982	0.869	0.610	0.304	0.095	0.015	0.001	0.000	0.000
	7	1.000	1.000	0.996	0.950	0.787	0.500	0.213	0.050	0.004	0.000	0.000
	8	1.000	1.000	0.999	0.985	0.905	0.696	0.390	0.131	0.018	0.000	0.000
	9	1.000	1.000	1.000	0.996	0.966	0.849	0.597	0.278	0.061	0.002	0.000
	10	1.000	1.000	1.000	0.999	0.991	0.941	0.783	0.485	0.164	0.013	0.001
	11	1.000	1.000	1.000	1.000	0.998	0.982	0.909	0.703	0.352	0.056	0.005
	12	1.000	1.000	1.000	1.000	1.000	0.996	0.973	0.873	0.602	0.184	0.036
	13	1.000	1.000	1.000	1.000	1.000	1.000	0.995	0.965	0.833	0.451	0.171
	14	1.000	1.000	1.000	1.000	1.000	1.000	1.000	0.995	0.965	0.794	0.537
	15	1.000	1.000	1.000	1.000	1.000	1.000	1.000	1.000	1.000	1.000	1.000
16	0	0.440	0.185	0.028	0.003	0.000	0.000	0.000	0.000	0.000	0.000	0.000
	1	0.811	0.515	0.141	0.026	0.003	0.000	0.000	0.000	0.000	0.000	0.000
	2	0.957	0.789	0.352	0.099	0.018	0.002	0.000	0.000	0.000	0.000	0.000
	3	0.993	0.932	0.598	0.246	0.065	0.011	0.001	0.000	0.000	0.000	0.000
	4	0.999	0.983	0.798	0.450	0.167	0.038	0.005	0.000	0.000	0.000	0.000
	5	1.000	0.997	0.918	0.660	0.329	0.105	0.019	0.002	0.000	0.000	0.000
	6	1.000	0.999	0.973	0.825	0.527	0.227	0.058	0.007	0.000	0.000	0.000
	7	1.000	1.000	0.993	0.926	0.716	0.402	0.142	0.026	0.001	0.000	0.000
	8	1.000	1.000	0.999	0.974	0.858	0.598	0.284	0.074	0.007	0.000	0.000
	9	1.000	1.000	1.000	0.993	0.942	0.773	0.473	0.175	0.027	0.001	0.000
	10	1.000	1.000	1.000	0.998	0.981	0.895	0.671	0.340	0.082	0.003	0.000
	11	1.000	1.000	1.000	1.000	0.995	0.962	0.833	0.550	0.202	0.017	0.001
	12	1.000	1.000	1.000	1.000	0.999	0.989	0.935	0.754	0.402	0.068	0.007
	13	1.000	1.000	1.000	1.000	1.000	0.998	0.982	0.901	0.648	0.211	0.043
	14	1.000	1.000	1.000	1.000	1.000	1.000	0.997	0.974	0.859	0.485	0.189
	15	1.000	1.000	1.000	1.000	1.000	1.000	1.000	0.997	0.972	0.815	0.560
	16	1.000	1.000	1.000	1.000	1.000	1.000	1.000	1.000	1.000	1.000	1.000

도표 A.2 누적이항분포표(계속)

n	c	p=0.05	0.1	0.2	0.3	0.4	0.5	0.6	0.7	0.8	0.9	0.95
17	0	0.418	0.167	0.023	0.002	0.000	0.000	0.000	0.000	0.000	0.000	0.000
	1	0.792	0.482	0.118	0.019	0.002	0.000	0.000	0.000	0.000	0.000	0.000
	2	0.950	0.762	0.310	0.077	0.012	0.001	0.000	0.000	0.000	0.000	0.000
	3	0.991	0.917	0.549	0.202	0.046	0.006	0.000	0.000	0.000	0.000	0.000
	4	0.999	0.978	0.758	0.389	0.126	0.025	0.003	0.000	0.000	0.000	0.000
	5	1.000	0.995	0.894	0.597	0.264	0.072	0.011	0.001	0.000	0.000	0.000
	6	1.000	0.999	0.962	0.775	0.448	0.166	0.035	0.003	0.000	0.000	0.000
	7	1.000	1.000	0.989	0.895	0.641	0.315	0.092	0.013	0.000	0.000	0.000
	8	1.000	1.000	0.997	0.960	0.801	0.500	0.199	0.040	0.003	0.000	0.000
	9	1.000	1.000	1.000	0.987	0.908	0.685	0.359	0.105	0.011	0.000	0.000
	10	1.000	1.000	1.000	0.997	0.965	0.834	0.552	0.225	0.038	0.001	0.000
	11	1.000	1.000	1.000	0.999	0.989	0.928	0.736	0.403	0.106	0.005	0.000
	12	1.000	1.000	1.000	1.000	0.997	0.975	0.874	0.611	0.242	0.022	0.001
	13	1.000	1.000	1.000	1.000	1.000	0.994	0.954	0.798	0.451	0.083	0.009
	14	1.000	1.000	1.000	1.000	1.000	0.999	0.988	0.923	0.690	0.238	0.050
	15	1.000	1.000	1.000	1.000	1.000	1.000	0.998	0.981	0.882	0.518	0.208
	16	1.000	1.000	1.000	1.000	1.000	1.000	1.000	0.998	0.977	0.833	0.582
	17	1.000	1.000	1.000	1.000	1.000	1.000	1.000	1.000	1.000	1.000	1.000
18	0	0.397	0.150	0.018	0.002	0.000	0.000	0.000	0.000	0.000	0.000	0.000
	1	0.774	0.450	0.099	0.014	0.001	0.000	0.000	0.000	0.000	0.000	0.000
	2	0.942	0.734	0.271	0.060	0.008	0.001	0.000	0.000	0.000	0.000	0.000
	3	0.989	0.902	0.501	0.165	0.033	0.004	0.000	0.000	0.000	0.000	0.000
	4	0.998	0.972	0.716	0.333	0.094	0.015	0.001	0.000	0.000	0.000	0.000
	5	1.000	0.994	0.867	0.534	0.209	0.048	0.006	0.000	0.000	0.000	0.000
	6	1.000	0.999	0.949	0.722	0.374	0.119	0.020	0.001	0.000	0.000	0.000
	7	1.000	1.000	0.984	0.859	0.563	0.240	0.058	0.006	0.000	0.000	0.000
	8	1.000	1.000	0.996	0.940	0.737	0.407	0.135	0.021	0.001	0.000	0.000
	9	1.000	1.000	0.999	0.979	0.865	0.593	0.263	0.060	0.004	0.000	0.000
	10	1.000	1.000	1.000	0.994	0.942	0.760	0.437	0.141	0.016	0.000	0.000
	11	1.000	1.000	1.000	0.999	0.980	0.881	0.626	0.278	0.051	0.001	0.000
	12	1.000	1.000	1.000	1.000	0.994	0.952	0.791	0.466	0.133	0.006	0.000
	13	1.000	1.000	1.000	1.000	0.999	0.985	0.906	0.667	0.284	0.028	0.002
	14	1.000	1.000	1.000	1.000	1.000	0.996	0.967	0.835	0.499	0.098	0.011
	15	1.000	1.000	1.000	1.000	1.000	0.999	0.992	0.940	0.729	0.266	0.058
	16	1.000	1.000	1.000	1.000	1.000	1.000	0.999	0.986	0.901	0.550	0.226
	17	1.000	1.000	1.000	1.000	1.000	1.000	1.000	0.998	0.982	0.850	0.603
	18	1.000	1.000	1.000	1.000	1.000	1.000	1.000	1.000	1.000	1.000	1.000

도표 A.2 누적이항분포표(계속)

n	c	0.05	0.1	0.2	0.3	0.4	0.5	0.6	0.7	0.8	0.9	0.95
19	0	0.377	0.135	0.014	0.001	0.000	0.000	0.000	0.000	0.000	0.000	0.000
	1	0.755	0.420	0.083	0.010	0.001	0.000	0.000	0.000	0.000	0.000	0.000
	2	0.933	0.705	0.237	0.046	0.005	0.000	0.000	0.000	0.000	0.000	0.000
	3	0.987	0.885	0.455	0.133	0.023	0.002	0.000	0.000	0.000	0.000	0.000
	4	0.998	0.965	0.673	0.282	0.070	0.010	0.001	0.000	0.000	0.000	0.000
	5	1.000	0.991	0.837	0.474	0.163	0.032	0.003	0.000	0.000	0.000	0.000
	6	1.000	0.998	0.932	0.666	0.308	0.084	0.012	0.001	0.000	0.000	0.000
	7	1.000	1.000	0.977	0.818	0.488	0.180	0.035	0.003	0.000	0.000	0.000
	8	1.000	1.000	0.993	0.916	0.667	0.324	0.088	0.011	0.000	0.000	0.000
	9	1.000	1.000	0.998	0.967	0.814	0.500	0.186	0.033	0.002	0.000	0.000
	10	1.000	1.000	1.000	0.989	0.912	0.676	0.333	0.084	0.007	0.000	0.000
	11	1.000	1.000	1.000	0.997	0.965	0.820	0.512	0.182	0.023	0.000	0.000
	12	1.000	1.000	1.000	0.999	0.988	0.916	0.692	0.334	0.068	0.002	0.000
	13	1.000	1.000	1.000	1.000	0.997	0.968	0.837	0.526	0.163	0.009	0.000
	14	1.000	1.000	1.000	1.000	0.999	0.990	0.930	0.718	0.327	0.035	0.002
	15	1.000	1.000	1.000	1.000	1.000	0.998	0.977	0.867	0.545	0.115	0.013
	16	1.000	1.000	1.000	1.000	1.000	1.000	0.995	0.954	0.763	0.295	0.067
	17	1.000	1.000	1.000	1.000	1.000	1.000	0.999	0.990	0.917	0.580	0.245
	18	1.000	1.000	1.000	1.000	1.000	1.000	1.000	0.999	0.986	0.865	0.623
	19	1.000	1.000	1.000	1.000	1.000	1.000	1.000	1.000	1.000	1.000	1.000
20	0	0.358	0.122	0.012	0.001	0.000	0.000	0.000	0.000	0.000	0.000	0.000
	1	0.736	0.392	0.069	0.008	0.001	0.000	0.000	0.000	0.000	0.000	0.000
	2	0.925	0.677	0.206	0.035	0.004	0.000	0.000	0.000	0.000	0.000	0.000
	3	0.984	0.867	0.411	0.107	0.016	0.001	0.000	0.000	0.000	0.000	0.000
	4	0.997	0.957	0.630	0.238	0.051	0.006	0.000	0.000	0.000	0.000	0.000
	5	1.000	0.989	0.804	0.416	0.126	0.021	0.002	0.000	0.000	0.000	0.000
	6	1.000	0.998	0.913	0.608	0.250	0.058	0.006	0.000	0.000	0.000	0.000
	7	1.000	1.000	0.968	0.772	0.416	0.132	0.021	0.001	0.000	0.000	0.000
	8	1.000	1.000	0.990	0.887	0.596	0.252	0.057	0.005	0.000	0.000	0.000
	9	1.000	1.000	0.997	0.952	0.755	0.412	0.128	0.017	0.001	0.000	0.000
	10	1.000	1.000	0.999	0.983	0.872	0.588	0.245	0.048	0.003	0.000	0.000
	11	1.000	1.000	1.000	0.995	0.943	0.748	0.404	0.113	0.010	0.000	0.000
	12	1.000	1.000	1.000	0.999	0.979	0.868	0.584	0.228	0.032	0.000	0.000
	13	1.000	1.000	1.000	1.000	0.994	0.942	0.750	0.392	0.087	0.002	0.000
	14	1.000	1.000	1.000	1.000	0.998	0.979	0.874	0.584	0.196	0.011	0.000
	15	1.000	1.000	1.000	1.000	1.000	0.994	0.949	0.762	0.370	0.043	0.003
	16	1.000	1.000	1.000	1.000	1.000	0.999	0.984	0.893	0.589	0.133	0.016
	17	1.000	1.000	1.000	1.000	1.000	1.000	0.996	0.965	0.794	0.323	0.075
	18	1.000	1.000	1.000	1.000	1.000	1.000	0.999	0.992	0.931	0.608	0.264
	19	1.000	1.000	1.000	1.000	1.000	1.000	1.000	0.999	0.988	0.878	0.642
	20	1.000	1.000	1.000	1.000	1.000	1.000	1.000	1.000	1.000	1.000	1.000

도표 A.2 누적이항분포표(계속)

n	c	p 0.05	0.1	0.2	0.3	0.4	0.5	0.6	0.7	0.8	0.9	0.95
21	0	0.341	0.109	0.009	0.001	0.000	0.000	0.000	0.000	0.000	0.000	0.000
	1	0.717	0.365	0.058	0.006	0.000	0.000	0.000	0.000	0.000	0.000	0.000
	2	0.915	0.648	0.179	0.027	0.002	0.000	0.000	0.000	0.000	0.000	0.000
	3	0.981	0.848	0.370	0.086	0.011	0.001	0.000	0.000	0.000	0.000	0.000
	4	0.997	0.948	0.586	0.198	0.037	0.004	0.000	0.000	0.000	0.000	0.000
	5	1.000	0.986	0.769	0.363	0.096	0.013	0.001	0.000	0.000	0.000	0.000
	6	1.000	0.997	0.891	0.551	0.200	0.039	0.004	0.000	0.000	0.000	0.000
	7	1.000	0.999	0.957	0.723	0.350	0.095	0.012	0.001	0.000	0.000	0.000
	8	1.000	1.000	0.986	0.852	0.524	0.192	0.035	0.002	0.000	0.000	0.000
	9	1.000	1.000	0.996	0.932	0.691	0.332	0.085	0.009	0.000	0.000	0.000
	10	1.000	1.000	0.999	0.974	0.826	0.500	0.174	0.026	0.001	0.000	0.000
	11	1.000	1.000	1.000	0.991	0.915	0.668	0.309	0.068	0.004	0.000	0.000
	12	1.000	1.000	1.000	0.998	0.965	0.808	0.476	0.148	0.014	0.000	0.000
	13	1.000	1.000	1.000	0.999	0.988	0.905	0.650	0.277	0.043	0.001	0.000
	14	1.000	1.000	1.000	1.000	0.996	0.961	0.800	0.449	0.109	0.003	0.000
	15	1.000	1.000	1.000	1.000	0.999	0.987	0.904	0.637	0.231	0.014	0.000
	16	1.000	1.000	1.000	1.000	1.000	0.996	0.963	0.802	0.414	0.052	0.003
	17	1.000	1.000	1.000	1.000	1.000	0.999	0.989	0.914	0.630	0.152	0.019
	18	1.000	1.000	1.000	1.000	1.000	1.000	0.998	0.973	0.821	0.352	0.085
	19	1.000	1.000	1.000	1.000	1.000	1.000	1.000	0.994	0.942	0.635	0.283
	20	1.000	1.000	1.000	1.000	1.000	1.000	1.000	0.999	0.991	0.891	0.659
	21	1.000	1.000	1.000	1.000	1.000	1.000	1.000	1.000	1.000	1.000	1.000
22	0	0.324	0.098	0.007	0.000	0.000	0.000	0.000	0.000	0.000	0.000	0.000
	1	0.698	0.339	0.048	0.004	0.000	0.000	0.000	0.000	0.000	0.000	0.000
	2	0.905	0.620	0.154	0.021	0.002	0.000	0.000	0.000	0.000	0.000	0.000
	3	0.978	0.828	0.332	0.068	0.008	0.000	0.000	0.000	0.000	0.000	0.000
	4	0.996	0.938	0.543	0.165	0.027	0.002	0.000	0.000	0.000	0.000	0.000
	5	0.999	0.982	0.733	0.313	0.072	0.008	0.000	0.000	0.000	0.000	0.000
	6	1.000	0.996	0.867	0.494	0.158	0.026	0.002	0.000	0.000	0.000	0.000
	7	1.000	0.999	0.944	0.671	0.290	0.067	0.007	0.000	0.000	0.000	0.000
	8	1.000	1.000	0.980	0.814	0.454	0.143	0.021	0.001	0.000	0.000	0.000
	9	1.000	1.000	0.994	0.908	0.624	0.262	0.055	0.004	0.000	0.000	0.000
	10	1.000	1.000	0.998	0.961	0.772	0.416	0.121	0.014	0.000	0.000	0.000
	11	1.000	1.000	1.000	0.986	0.879	0.584	0.228	0.039	0.002	0.000	0.000
	12	1.000	1.000	1.000	0.996	0.945	0.738	0.376	0.092	0.006	0.000	0.000
	13	1.000	1.000	1.000	0.999	0.979	0.857	0.546	0.186	0.020	0.000	0.000
	14	1.000	1.000	1.000	1.000	0.993	0.933	0.710	0.329	0.056	0.001	0.000
	15	1.000	1.000	1.000	1.000	0.998	0.974	0.842	0.506	0.133	0.004	0.000
	16	1.000	1.000	1.000	1.000	1.000	0.992	0.928	0.687	0.267	0.018	0.001
	17	1.000	1.000	1.000	1.000	1.000	0.998	0.973	0.835	0.457	0.062	0.004
	18	1.000	1.000	1.000	1.000	1.000	1.000	0.992	0.932	0.668	0.172	0.022
	19	1.000	1.000	1.000	1.000	1.000	1.000	0.998	0.979	0.846	0.380	0.095
	20	1.000	1.000	1.000	1.000	1.000	1.000	1.000	0.996	0.952	0.661	0.302
	21	1.000	1.000	1.000	1.000	1.000	1.000	1.000	1.000	0.993	0.902	0.676
	22	1.000	1.000	1.000	1.000	1.000	1.000	1.000	1.000	1.000	1.000	1.000

도표 A.2 누적이항분포표(계속)

n	c	p 0.05	0.1	0.2	0.3	0.4	0.5	0.6	0.7	0.8	0.9	0.95
23	0	0.307	0.089	0.006	0.000	0.000	0.000	0.000	0.000	0.000	0.000	0.000
	1	0.679	0.315	0.040	0.003	0.000	0.000	0.000	0.000	0.000	0.000	0.000
	2	0.895	0.592	0.133	0.016	0.001	0.000	0.000	0.000	0.000	0.000	0.000
	3	0.974	0.807	0.297	0.054	0.005	0.000	0.000	0.000	0.000	0.000	0.000
	4	0.995	0.927	0.501	0.136	0.019	0.001	0.000	0.000	0.000	0.000	0.000
	5	0.999	0.977	0.695	0.269	0.054	0.005	0.000	0.000	0.000	0.000	0.000
	6	1.000	0.994	0.840	0.440	0.124	0.017	0.001	0.000	0.000	0.000	0.000
	7	1.000	0.999	0.928	0.618	0.237	0.047	0.004	0.000	0.000	0.000	0.000
	8	1.000	1.000	0.973	0.771	0.388	0.105	0.013	0.001	0.000	0.000	0.000
	9	1.000	1.000	0.991	0.880	0.556	0.202	0.035	0.002	0.000	0.000	0.000
	10	1.000	1.000	0.997	0.945	0.713	0.339	0.081	0.007	0.000	0.000	0.000
	11	1.000	1.000	0.999	0.979	0.836	0.500	0.164	0.021	0.001	0.000	0.000
	12	1.000	1.000	1.000	0.993	0.919	0.661	0.287	0.055	0.003	0.000	0.000
	13	1.000	1.000	1.000	0.998	0.965	0.798	0.444	0.120	0.009	0.000	0.000
	14	1.000	1.000	1.000	0.999	0.987	0.895	0.612	0.229	0.027	0.000	0.000
	15	1.000	1.000	1.000	1.000	0.996	0.953	0.763	0.382	0.072	0.001	0.000
	16	1.000	1.000	1.000	1.000	0.999	0.983	0.876	0.560	0.160	0.006	0.000
	17	1.000	1.000	1.000	1.000	1.000	0.995	0.946	0.731	0.305	0.023	0.001
	18	1.000	1.000	1.000	1.000	1.000	0.999	0.981	0.864	0.499	0.073	0.005
	19	1.000	1.000	1.000	1.000	1.000	1.000	0.995	0.946	0.703	0.193	0.026
	20	1.000	1.000	1.000	1.000	1.000	1.000	0.999	0.984	0.867	0.408	0.105
	21	1.000	1.000	1.000	1.000	1.000	1.000	1.000	0.997	0.960	0.685	0.321
	22	1.000	1.000	1.000	1.000	1.000	1.000	1.000	1.000	0.994	0.911	0.693
	23	1.000	1.000	1.000	1.000	1.000	1.000	1.000	1.000	1.000	1.000	1.000
24	0	0.292	0.080	0.005	0.000	0.000	0.000	0.000	0.000	0.000	0.000	0.000
	1	0.661	0.292	0.033	0.002	0.000	0.000	0.000	0.000	0.000	0.000	0.000
	2	0.884	0.564	0.115	0.012	0.001	0.000	0.000	0.000	0.000	0.000	0.000
	3	0.970	0.786	0.264	0.042	0.004	0.000	0.000	0.000	0.000	0.000	0.000
	4	0.994	0.915	0.460	0.111	0.013	0.001	0.000	0.000	0.000	0.000	0.000
	5	0.999	0.972	0.656	0.229	0.040	0.003	0.000	0.000	0.000	0.000	0.000
	6	1.000	0.993	0.811	0.389	0.096	0.011	0.001	0.000	0.000	0.000	0.000
	7	1.000	0.998	0.911	0.565	0.192	0.032	0.002	0.000	0.000	0.000	0.000
	8	1.000	1.000	0.964	0.725	0.328	0.076	0.008	0.000	0.000	0.000	0.000
	9	1.000	1.000	0.987	0.847	0.489	0.154	0.022	0.001	0.000	0.000	0.000
	10	1.000	1.000	0.996	0.926	0.650	0.271	0.053	0.004	0.000	0.000	0.000
	11	1.000	1.000	0.999	0.969	0.787	0.419	0.114	0.012	0.000	0.000	0.000
	12	1.000	1.000	1.000	0.988	0.886	0.581	0.213	0.031	0.001	0.000	0.000
	13	1.000	1.000	1.000	0.996	0.947	0.729	0.350	0.074	0.004	0.000	0.000
	14	1.000	1.000	1.000	0.999	0.978	0.846	0.511	0.153	0.013	0.000	0.000
	15	1.000	1.000	1.000	1.000	0.992	0.924	0.672	0.275	0.036	0.000	0.000
	16	1.000	1.000	1.000	1.000	0.998	0.968	0.808	0.435	0.089	0.002	0.000
	17	1.000	1.000	1.000	1.000	0.999	0.989	0.904	0.611	0.189	0.007	0.000
	18	1.000	1.000	1.000	1.000	1.000	0.997	0.960	0.771	0.344	0.028	0.001
	19	1.000	1.000	1.000	1.000	1.000	0.999	0.987	0.889	0.540	0.085	0.006
	20	1.000	1.000	1.000	1.000	1.000	1.000	0.996	0.958	0.736	0.214	0.030
	21	1.000	1.000	1.000	1.000	1.000	1.000	0.999	0.988	0.885	0.436	0.116
	22	1.000	1.000	1.000	1.000	1.000	1.000	1.000	0.998	0.967	0.708	0.339
	23	1.000	1.000	1.000	1.000	1.000	1.000	1.000	1.000	0.995	0.920	0.708
	24	1.000	1.000	1.000	1.000	1.000	1.000	1.000	1.000	1.000	1.000	1.000

도표 A.2 누적이항분포표(계속)

		p										
n	c	0.05	0.1	0.2	0.3	0.4	0.5	0.6	0.7	0.8	0.9	0.95
25	0	0.277	0.072	0.004	0.000	0.000	0.000	0.000	0.000	0.000	0.000	0.000
	1	0.642	0.271	0.027	0.002	0.000	0.000	0.000	0.000	0.000	0.000	0.000
	2	0.873	0.537	0.098	0.009	0.000	0.000	0.000	0.000	0.000	0.000	0.000
	3	0.966	0.764	0.234	0.033	0.002	0.000	0.000	0.000	0.000	0.000	0.000
	4	0.993	0.902	0.421	0.090	0.009	0.000	0.000	0.000	0.000	0.000	0.000
	5	0.999	0.967	0.617	0.193	0.029	0.002	0.000	0.000	0.000	0.000	0.000
	6	1.000	0.991	0.780	0.341	0.074	0.007	0.000	0.000	0.000	0.000	0.000
	7	1.000	0.998	0.891	0.512	0.154	0.022	0.001	0.000	0.000	0.000	0.000
	8	1.000	1.000	0.953	0.677	0.274	0.054	0.004	0.000	0.000	0.000	0.000
	9	1.000	1.000	0.983	0.811	0.425	0.115	0.013	0.000	0.000	0.000	0.000
	10	1.000	1.000	0.994	0.902	0.586	0.212	0.034	0.002	0.000	0.000	0.000
	11	1.000	1.000	0.998	0.956	0.732	0.345	0.078	0.006	0.000	0.000	0.000
	12	1.000	1.000	1.000	0.983	0.846	0.500	0.154	0.017	0.000	0.000	0.000
	13	1.000	1.000	1.000	0.994	0.922	0.655	0.268	0.044	0.002	0.000	0.000
	14	1.000	1.000	1.000	0.998	0.966	0.788	0.414	0.098	0.006	0.000	0.000
	15	1.000	1.000	1.000	1.000	0.987	0.885	0.575	0.189	0.017	0.000	0.000
	16	1.000	1.000	1.000	1.000	0.996	0.946	0.726	0.323	0.047	0.000	0.000
	17	1.000	1.000	1.000	1.000	0.999	0.978	0.846	0.488	0.109	0.002	0.000
	18	1.000	1.000	1.000	1.000	1.000	0.993	0.926	0.659	0.220	0.009	0.000
	19	1.000	1.000	1.000	1.000	1.000	0.998	0.971	0.807	0.383	0.033	0.001
	20	1.000	1.000	1.000	1.000	1.000	1.000	0.991	0.910	0.579	0.098	0.007
	21	1.000	1.000	1.000	1.000	1.000	1.000	0.998	0.967	0.766	0.236	0.034
	22	1.000	1.000	1.000	1.000	1.000	1.000	1.000	0.991	0.902	0.463	0.127
	23	1.000	1.000	1.000	1.000	1.000	1.000	1.000	0.998	0.973	0.729	0.358
	24	1.000	1.000	1.000	1.000	1.000	1.000	1.000	1.000	0.996	0.928	0.723
	25	1.000	1.000	1.000	1.000	1.000	1.000	1.000	1.000	1.000	1.000	1.000

도표 A.3 누적 프아송 분포표

$$X \sim POI(\lambda): \; P\{X \le c\} = \sum_{x=0}^{c} \frac{e^{-\lambda}\lambda^x}{x!}$$

c \ λ	0.02	0.04	0.06	0.08	0.1	0.2	0.3	0.4	0.5	0.6	0.7	0.8
0	0.980	0.961	0.942	0.923	0.905	0.819	0.741	0.670	0.607	0.549	0.497	0.449
1	1.000	0.999	0.998	0.997	0.995	0.982	0.963	0.938	0.910	0.878	0.844	0.809
2	1.000	1.000	1.000	1.000	1.000	0.999	0.996	0.992	0.986	0.977	0.966	0.953
3	1.000	1.000	1.000	1.000	1.000	1.000	1.000	0.999	0.998	0.997	0.994	0.991
4	1.000	1.000	1.000	1.000	1.000	1.000	1.000	1.000	1.000	1.000	0.999	0.999
5	1.000	1.000	1.000	1.000	1.000	1.000	1.000	1.000	1.000	1.000	1.000	1.000

c \ λ	0.9	1.0	1.1	1.2	1.3	1.4	1.5	1.6	1.7	1.8	1.9	2.0
0	0.407	0.368	0.333	0.301	0.273	0.247	0.223	0.202	0.183	0.165	0.150	0.135
1	0.772	0.736	0.699	0.663	0.627	0.592	0.558	0.525	0.493	0.463	0.434	0.406
2	0.937	0.920	0.900	0.879	0.857	0.833	0.809	0.783	0.757	0.731	0.704	0.677
3	0.987	0.981	0.974	0.966	0.957	0.946	0.934	0.921	0.907	0.891	0.875	0.857
4	0.998	0.996	0.995	0.992	0.989	0.986	0.981	0.976	0.970	0.964	0.956	0.947
5	1.000	0.999	0.999	0.998	0.998	0.997	0.996	0.994	0.992	0.990	0.987	0.983
6	1.000	1.000	1.000	1.000	1.000	0.999	0.999	0.999	0.998	0.997	0.997	0.995
7	1.000	1.000	1.000	1.000	1.000	1.000	1.000	1.000	1.000	0.999	0.999	0.999
8	1.000	1.000	1.000	1.000	1.000	1.000	1.000	1.000	1.000	1.000	1.000	1.000

c \ λ	2.2	2.4	2.6	2.8	3.0	3.2	3.4	3.6	3.8	4.0	4.2	4.4
0	0.111	0.091	0.074	0.061	0.050	0.041	0.033	0.027	0.022	0.018	0.015	0.012
1	0.355	0.308	0.267	0.231	0.199	0.171	0.147	0.126	0.107	0.092	0.078	0.066
2	0.623	0.570	0.518	0.469	0.423	0.380	0.340	0.303	0.269	0.238	0.210	0.185
3	0.819	0.779	0.736	0.692	0.647	0.603	0.558	0.515	0.473	0.433	0.395	0.359
4	0.928	0.904	0.877	0.848	0.815	0.781	0.744	0.706	0.668	0.629	0.590	0.551
5	0.975	0.964	0.951	0.935	0.916	0.895	0.871	0.844	0.816	0.785	0.753	0.720
6	0.993	0.988	0.983	0.976	0.966	0.955	0.942	0.927	0.909	0.889	0.867	0.844
7	0.998	0.997	0.995	0.992	0.988	0.983	0.977	0.969	0.960	0.949	0.936	0.921
8	1.000	0.999	0.999	0.998	0.996	0.994	0.992	0.988	0.984	0.979	0.972	0.964
9	1.000	1.000	1.000	0.999	0.999	0.998	0.997	0.996	0.994	0.992	0.989	0.985
10	1.000	1.000	1.000	1.000	1.000	1.000	0.999	0.999	0.998	0.997	0.996	0.994
11	1.000	1.000	1.000	1.000	1.000	1.000	1.000	1.000	0.999	0.999	0.999	0.998
12	1.000	1.000	1.000	1.000	1.000	1.000	1.000	1.000	1.000	1.000	1.000	0.999
13	1.000	1.000	1.000	1.000	1.000	1.000	1.000	1.000	1.000	1.000	1.000	1.000

도표 A.3 누적 프아송 분포표(계속)

c \ λ	4.6	4.8	5	6	7	8	9	10	11	12	13	14	15
0	0.010	0.008	0.007	0.002	0.001	0.000	0.000	0.000	0.000	0.000	0.000	0.000	0.000
1	0.056	0.048	0.040	0.017	0.007	0.003	0.001	0.000	0.000	0.000	0.000	0.000	0.000
2	0.163	0.143	0.125	0.062	0.030	0.014	0.006	0.003	0.001	0.001	0.000	0.000	0.000
3	0.326	0.294	0.265	0.151	0.082	0.042	0.021	0.010	0.005	0.002	0.001	0.000	0.000
4	0.513	0.476	0.440	0.285	0.173	0.100	0.055	0.029	0.015	0.008	0.004	0.002	0.001
5	0.686	0.651	0.616	0.446	0.301	0.191	0.116	0.067	0.038	0.020	0.011	0.006	0.003
6	0.818	0.791	0.762	0.606	0.450	0.313	0.207	0.130	0.079	0.046	0.026	0.014	0.008
7	0.905	0.887	0.867	0.744	0.599	0.453	0.324	0.220	0.143	0.090	0.054	0.032	0.018
8	0.955	0.944	0.932	0.847	0.729	0.593	0.456	0.333	0.232	0.155	0.100	0.062	0.037
9	0.980	0.975	0.968	0.916	0.830	0.717	0.587	0.458	0.341	0.242	0.166	0.109	0.070
10	0.992	0.990	0.986	0.957	0.901	0.816	0.706	0.583	0.460	0.347	0.252	0.176	0.118
11	0.997	0.996	0.995	0.980	0.947	0.888	0.803	0.697	0.579	0.462	0.353	0.260	0.185
12	0.999	0.999	0.998	0.991	0.973	0.936	0.876	0.792	0.689	0.576	0.463	0.358	0.268
13	1.000	1.000	0.999	0.996	0.987	0.966	0.926	0.864	0.781	0.682	0.573	0.464	0.363
14	1.000	1.000	1.000	0.999	0.994	0.983	0.959	0.917	0.854	0.772	0.675	0.570	0.466
15	1.000	1.000	1.000	0.999	0.998	0.992	0.978	0.951	0.907	0.844	0.764	0.669	0.568
16	1.000	1.000	1.000	1.000	0.999	0.996	0.989	0.973	0.944	0.899	0.835	0.756	0.664
17	1.000	1.000	1.000	1.000	1.000	0.998	0.995	0.986	0.968	0.937	0.890	0.827	0.749
18	1.000	1.000	1.000	1.000	1.000	0.999	0.998	0.993	0.982	0.963	0.930	0.883	0.819
19	1.000	1.000	1.000	1.000	1.000	1.000	0.999	0.997	0.991	0.979	0.957	0.923	0.875
20	1.000	1.000	1.000	1.000	1.000	1.000	1.000	0.998	0.995	0.988	0.975	0.952	0.917
21	1.000	1.000	1.000	1.000	1.000	1.000	1.000	0.999	0.998	0.994	0.986	0.971	0.947
22	1.000	1.000	1.000	1.000	1.000	1.000	1.000	1.000	0.999	0.997	0.992	0.983	0.967
23	1.000	1.000	1.000	1.000	1.000	1.000	1.000	1.000	1.000	0.999	0.996	0.991	0.981
24	1.000	1.000	1.000	1.000	1.000	1.000	1.000	1.000	1.000	0.999	0.998	0.995	0.989
25	1.000	1.000	1.000	1.000	1.000	1.000	1.000	1.000	1.000	1.000	0.999	0.997	0.994
26	1.000	1.000	1.000	1.000	1.000	1.000	1.000	1.000	1.000	1.000	1.000	0.999	0.997
27	1.000	1.000	1.000	1.000	1.000	1.000	1.000	1.000	1.000	1.000	1.000	0.999	0.998
28	1.000	1.000	1.000	1.000	1.000	1.000	1.000	1.000	1.000	1.000	1.000	1.000	0.999

도표 A.4 표준정규분포표(z 분위)

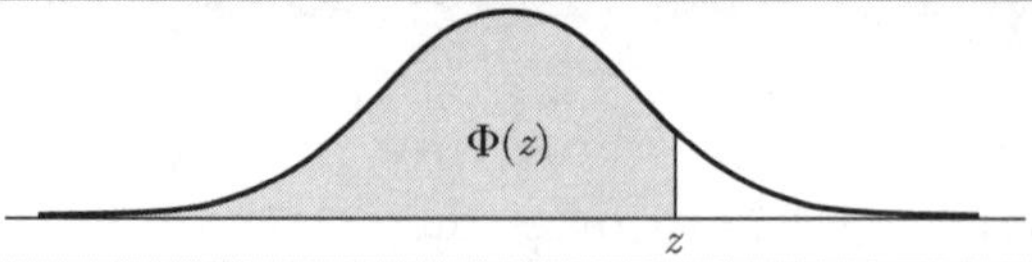

	$\Phi(z)$									
z	0.00	0.01	0.02	0.03	0.04	0.05	0.06	0.07	0.08	0.09
0.0	0.50000	0.50399	0.50798	0.51197	0.51595	0.51994	0.52392	0.52790	0.53188	0.53586
0.1	0.53983	0.54380	0.54776	0.55172	0.55567	0.55962	0.56356	0.56749	0.57142	0.57535
0.2	0.57926	0.58317	0.58706	0.59095	0.59483	0.59871	0.60257	0.60642	0.61026	0.61409
0.3	0.61791	0.62172	0.62552	0.62930	0.63307	0.63683	0.64058	0.64431	0.64803	0.65173
0.4	0.65542	0.65910	0.66276	0.66640	0.67003	0.67364	0.67724	0.68082	0.68439	0.68793
0.5	0.69146	0.69497	0.69847	0.70194	0.70540	0.70884	0.71226	0.71566	0.71904	0.72240
0.6	0.72575	0.72907	0.73237	0.73565	0.73891	0.74215	0.74537	0.74857	0.75175	0.75490
0.7	0.75804	0.76115	0.76424	0.76730	0.77035	0.77337	0.77637	0.77935	0.78230	0.78524
0.8	0.78814	0.79103	0.79389	0.79673	0.79955	0.80234	0.80511	0.80785	0.81057	0.81327
0.9	0.81594	0.81859	0.82121	0.82381	0.82639	0.82894	0.83147	0.83398	0.83646	0.83891
1.0	0.84134	0.84375	0.84614	0.84849	0.85083	0.85314	0.85543	0.85769	0.85993	0.86214
1.1	0.86433	0.86650	0.86864	0.87076	0.87286	0.87493	0.87698	0.87900	0.88100	0.88298
1.2	0.88493	0.88686	0.88877	0.89065	0.89251	0.89435	0.89617	0.89796	0.89973	0.90147
1.3	0.90320	0.90490	0.90658	0.90824	0.90988	0.91149	0.91308	0.91466	0.91621	0.91774
1.4	0.91924	0.92073	0.92220	0.92364	0.92507	0.92647	0.92785	0.92922	0.93056	0.93189
1.5	0.93319	0.93448	0.93574	0.93699	0.93822	0.93943	0.94062	0.94179	0.94295	0.94408
1.6	0.94520	0.94630	0.94738	0.94845	0.94950	0.95053	0.95154	0.95254	0.95352	0.95449
1.7	0.95543	0.95637	0.95728	0.95818	0.95907	0.95994	0.96080	0.96164	0.96246	0.96327
1.8	0.96407	0.96485	0.96562	0.96638	0.96712	0.96784	0.96856	0.96926	0.96995	0.97062
1.9	0.97128	0.97193	0.97257	0.97320	0.97381	0.97441	0.97500	0.97558	0.97615	0.97670
2.0	0.97725	0.97778	0.97831	0.97882	0.97932	0.97982	0.98030	0.98077	0.98124	0.98169
2.1	0.98214	0.98257	0.98300	0.98341	0.98382	0.98422	0.98461	0.98500	0.98537	0.98574
2.2	0.98610	0.98645	0.98679	0.98713	0.98745	0.98778	0.98809	0.98840	0.98870	0.98899
2.3	0.98928	0.98956	0.98983	0.99010	0.99036	0.99061	0.99086	0.99111	0.99134	0.99158
2.4	0.99180	0.99202	0.99224	0.99245	0.99266	0.99286	0.99305	0.99324	0.99343	0.99361
2.5	0.99379	0.99396	0.99413	0.99430	0.99446	0.99461	0.99477	0.99492	0.99506	0.99520
2.6	0.99534	0.99547	0.99560	0.99573	0.99585	0.99598	0.99609	0.99621	0.99632	0.99643
2.7	0.99653	0.99664	0.99674	0.99683	0.99693	0.99702	0.99711	0.99720	0.99728	0.99736
2.8	0.99744	0.99752	0.99760	0.99767	0.99774	0.99781	0.99788	0.99795	0.99801	0.99807
2.9	0.99813	0.99819	0.99825	0.99831	0.99836	0.99841	0.99846	0.99851	0.99856	0.99861
3.0	0.99865	0.99869	0.99874	0.99878	0.99882	0.99886	0.99889	0.99893	0.99896	0.99900
3.1	0.99903	0.99906	0.99910	0.99913	0.99916	0.99918	0.99921	0.99924	0.99926	0.99929
3.2	0.99931	0.99934	0.99936	0.99938	0.99940	0.99942	0.99944	0.99946	0.99948	0.99950
3.3	0.99952	0.99953	0.99955	0.99957	0.99958	0.99960	0.99961	0.99962	0.99964	0.99965
3.4	0.99966	0.99968	0.99969	0.99970	0.99971	0.99972	0.99973	0.99974	0.99975	0.99976
3.5	0.99977	0.99978	0.99978	0.99979	0.99980	0.99981	0.99981	0.99982	0.99983	0.99983
3.6	0.99984	0.99985	0.99985	0.99986	0.99986	0.99987	0.99987	0.99988	0.99988	0.99989
3.7	0.99989	0.99990	0.99990	0.99990	0.99991	0.99991	0.99992	0.99992	0.99992	0.99992
3.8	0.99993	0.99993	0.99993	0.99994	0.99994	0.99994	0.99994	0.99995	0.99995	0.99995
3.9	0.99995	0.99995	0.99996	0.99996	0.99996	0.99996	0.99996	0.99996	0.99997	0.99997

도표 A.5 t-분포표($1-\alpha$ 분위수)

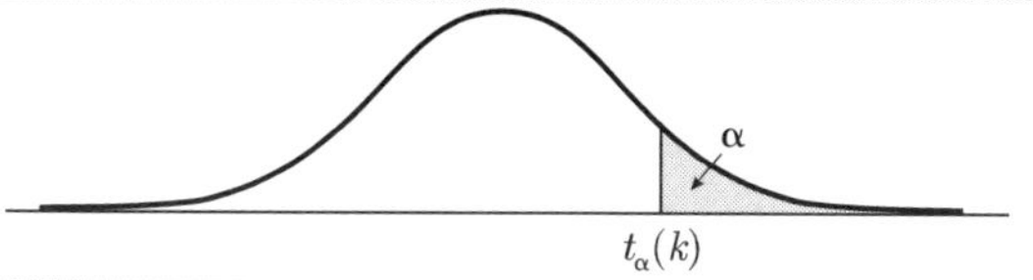

k \ α	0.400	0.250	0.100	0.050	0.025	0.010	0.005	0.0025	0.001	0.0005
	$t_\alpha(k)$									
1	0.325	1.000	3.078	6.314	12.706	31.821	63.656	127.321	318.289	636.578
2	0.289	0.816	1.886	2.920	4.303	6.965	9.925	14.089	22.328	31.600
3	0.277	0.765	1.638	2.353	3.182	4.541	5.841	7.453	10.214	12.924
4	0.271	0.741	1.533	2.132	2.776	3.747	4.604	5.598	7.173	8.610
5	0.267	0.727	1.476	2.015	2.571	3.365	4.032	4.773	5.894	6.869
6	0.265	0.718	1.440	1.943	2.447	3.143	3.707	4.317	5.208	5.959
7	0.263	0.711	1.415	1.895	2.365	2.998	3.499	4.029	4.785	5.408
8	0.262	0.706	1.397	1.860	2.306	2.896	3.355	3.833	4.501	5.041
9	0.261	0.703	1.383	1.833	2.262	2.821	3.250	3.690	4.297	4.781
10	0.260	0.700	1.372	1.812	2.228	2.764	3.169	3.581	4.144	4.587
11	0.260	0.697	1.363	1.796	2.201	2.718	3.106	3.497	4.025	4.437
12	0.259	0.695	1.356	1.782	2.179	2.681	3.055	3.428	3.930	4.318
13	0.259	0.694	1.350	1.771	2.160	2.650	3.012	3.372	3.852	4.221
14	0.258	0.692	1.345	1.761	2.145	2.624	2.977	3.326	3.787	4.140
15	0.258	0.691	1.341	1.753	2.131	2.602	2.947	3.286	3.733	4.073
16	0.258	0.690	1.337	1.746	2.120	2.583	2.921	3.252	3.686	4.015
17	0.257	0.689	1.333	1.740	2.110	2.567	2.898	3.222	3.646	3.965
18	0.257	0.688	1.330	1.734	2.101	2.552	2.878	3.197	3.610	3.922
19	0.257	0.688	1.328	1.729	2.093	2.539	2.861	3.174	3.579	3.883
20	0.257	0.687	1.325	1.725	2.086	2.528	2.845	3.153	3.552	3.850
21	0.257	0.686	1.323	1.721	2.080	2.518	2.831	3.135	3.527	3.819
22	0.256	0.686	1.321	1.717	2.074	2.508	2.819	3.119	3.505	3.792
23	0.256	0.685	1.319	1.714	2.069	2.500	2.807	3.104	3.485	3.768
24	0.256	0.685	1.318	1.711	2.064	2.492	2.797	3.091	3.467	3.745
25	0.256	0.684	1.316	1.708	2.060	2.485	2.787	3.078	3.450	3.725
26	0.256	0.684	1.315	1.706	2.056	2.479	2.779	3.067	3.435	3.707
27	0.256	0.684	1.314	1.703	2.052	2.473	2.771	3.057	3.421	3.689
28	0.256	0.683	1.313	1.701	2.048	2.467	2.763	3.047	3.408	3.674
29	0.256	0.683	1.311	1.699	2.045	2.462	2.756	3.038	3.396	3.660
30	0.256	0.683	1.310	1.697	2.042	2.457	2.750	3.030	3.385	3.646
40	0.255	0.681	1.303	1.684	2.021	2.423	2.704	2.971	3.307	3.551
50	0.255	0.679	1.299	1.676	2.009	2.403	2.678	3.261	3.496	3.496
60	0.254	0.679	1.296	1.671	2.000	2.390	2.660	2.915	3.232	3.460
100	0.254	0.677	1.290	1.660	1.984	2.364	2.626	2.871	3.174	3.390
120	0.254	0.677	1.289	1.658	1.980	2.358	2.617	2.860	3.160	3.373
∞	0.253	0.674	1.282	1.645	1.960	2.326	2.576	2.807	3.090	3.291

도표 A.6 χ^2-분포표($1-\alpha$ 분위수)

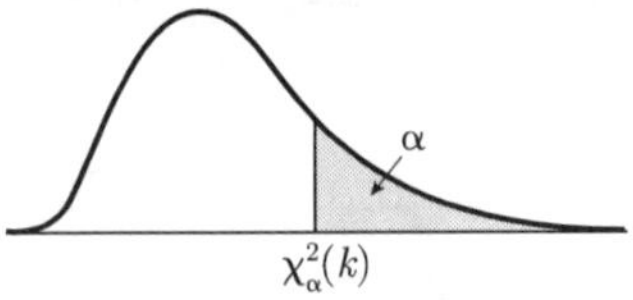

k \ α	0.995	0.990	0.975	0.950	0.500	0.050	0.025	0.010	0.005
	$\chi^2_\alpha(k)$								
1	0.00	0.00	0.00	0.00	0.45	3.84	5.02	6.63	7.88
2	0.01	0.02	0.05	0.10	1.39	5.99	7.38	9.21	10.60
3	0.07	0.11	0.22	0.35	2.37	7.81	9.35	11.34	12.84
4	0.21	0.30	0.48	0.71	3.36	9.49	11.14	13.28	14.86
5	0.41	0.55	0.83	1.15	4.35	11.07	12.83	15.09	16.75
6	0.68	0.87	1.24	1.64	5.35	12.59	14.45	16.81	18.55
7	0.99	1.24	1.69	2.17	6.35	14.07	16.01	18.48	20.28
8	1.34	1.65	2.18	2.73	7.34	15.51	17.53	20.09	21.95
9	1.73	2.09	2.70	3.33	8.34	16.92	19.02	21.67	23.59
10	2.16	2.56	3.25	3.94	9.34	18.31	20.48	23.21	25.19
11	2.60	3.05	3.82	4.57	10.34	19.68	21.92	24.73	26.76
12	3.07	3.57	4.40	5.23	11.34	21.03	23.34	26.22	28.30
13	3.57	4.11	5.01	5.89	12.34	22.36	24.74	27.69	29.82
14	4.07	4.66	5.63	6.57	13.34	23.68	26.12	29.14	31.32
15	4.60	5.23	6.26	7.26	14.34	25.00	27.49	30.58	32.80
16	5.14	5.81	6.91	7.96	15.34	26.30	28.85	32.00	34.27
17	5.70	6.41	7.56	8.67	16.34	27.59	30.19	33.41	35.72
18	6.26	7.01	8.23	9.39	17.34	28.87	31.53	34.81	37.16
19	6.84	7.63	8.91	10.12	18.34	30.14	32.85	36.19	38.58
20	7.43	8.26	9.59	10.85	19.34	31.41	34.17	37.57	40.00
25	10.52	11.52	13.12	14.61	24.34	37.65	40.65	44.31	46.93
30	13.79	14.95	16.79	18.49	29.34	43.77	46.98	50.89	53.67
40	20.71	22.16	24.43	26.51	39.34	55.76	59.34	63.69	66.77
50	27.99	29.71	32.36	34.76	49.33	67.50	71.42	76.15	79.49
60	35.53	37.48	40.48	43.19	59.33	79.08	83.30	88.38	91.95
70	43.28	45.44	48.76	51.74	69.33	90.53	95.02	100.43	104.21
80	51.17	53.54	57.15	60.39	79.33	101.88	106.63	112.33	116.32
90	59.20	61.75	65.65	69.13	89.33	113.15	118.14	124.12	128.30
100	67.33	70.06	74.22	77.93	99.33	124.34	129.56	135.81	140.17

도표 A.7 F-분포표($1-\alpha$ 분위수)

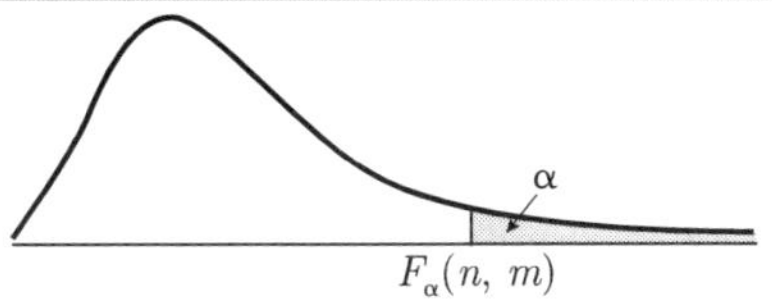

(α = 0.25)

m \ n	1	2	3	4	5	6	7	8	9	10	12	15	20	24	30	40	60	120	∞
	$F_{0.25}(n,m)$ 분자의 자유도(n)																		
1	5.83	7.50	8.20	8.58	8.82	8.98	9.10	9.19	9.26	9.32	9.41	9.49	9.58	9.63	9.67	9.71	9.76	9.80	9.85
2	2.57	3.00	3.15	3.23	3.28	3.31	3.34	3.35	3.37	3.38	3.39	3.41	3.43	3.43	3.44	3.45	3.46	3.47	3.48
3	2.02	2.28	2.36	2.39	2.41	2.42	2.43	2.44	2.44	2.44	2.45	2.46	2.46	2.46	2.47	2.47	2.47	2.47	2.47
4	1.81	2.00	2.05	2.06	2.07	2.08	2.08	2.08	2.08	2.08	2.08	2.08	2.08	2.08	2.08	2.08	2.08	2.08	2.08
5	1.69	1.85	1.88	1.89	1.89	1.89	1.89	1.89	1.89	1.89	1.89	1.89	1.88	1.88	1.88	1.88	1.87	1.87	1.87
6	1.62	1.76	1.78	1.79	1.79	1.78	1.78	1.78	1.77	1.77	1.77	1.76	1.76	1.75	1.75	1.75	1.74	1.74	1.74
7	1.57	1.70	1.72	1.72	1.71	1.71	1.70	1.70	1.69	1.69	1.68	1.68	1.67	1.67	1.66	1.66	1.65	1.65	1.65
8	1.54	1.66	1.67	1.66	1.66	1.65	1.64	1.64	1.63	1.63	1.62	1.62	1.61	1.60	1.60	1.59	1.59	1.58	1.58
9	1.51	1.62	1.63	1.63	1.62	1.61	1.60	1.60	1.59	1.59	1.58	1.57	1.56	1.56	1.55	1.54	1.54	1.53	1.53
10	1.49	1.60	1.60	1.59	1.59	1.58	1.57	1.56	1.56	1.55	1.54	1.53	1.52	1.52	1.51	1.51	1.50	1.49	1.48
11	1.47	1.58	1.58	1.57	1.56	1.55	1.54	1.53	1.53	1.52	1.51	1.50	1.49	1.49	1.48	1.47	1.47	1.46	1.45
12	1.46	1.56	1.56	1.55	1.54	1.53	1.52	1.51	1.51	1.50	1.49	1.48	1.47	1.46	1.45	1.45	1.44	1.43	1.42
13	1.45	1.55	1.55	1.53	1.52	1.51	1.50	1.49	1.49	1.48	1.47	1.46	1.45	1.44	1.43	1.42	1.42	1.41	1.40
14	1.44	1.53	1.53	1.52	1.51	1.50	1.49	1.48	1.47	1.46	1.45	1.44	1.43	1.42	1.41	1.41	1.40	1.39	1.38
15	1.43	1.52	1.52	1.51	1.49	1.48	1.47	1.46	1.46	1.45	1.44	1.43	1.41	1.41	1.40	1.39	1.38	1.37	1.36
16	1.42	1.51	1.51	1.50	1.48	1.47	1.46	1.45	1.44	1.44	1.43	1.41	1.40	1.39	1.38	1.37	1.36	1.35	1.34
17	1.42	1.51	1.50	1.49	1.47	1.46	1.45	1.44	1.43	1.43	1.41	1.40	1.39	1.38	1.37	1.36	1.35	1.34	1.33
18	1.41	1.50	1.49	1.48	1.46	1.45	1.44	1.43	1.42	1.42	1.40	1.39	1.38	1.37	1.36	1.35	1.34	1.33	1.32
19	1.41	1.49	1.49	1.47	1.46	1.44	1.43	1.42	1.41	1.41	1.40	1.38	1.37	1.36	1.35	1.34	1.33	1.32	1.30
20	1.40	1.49	1.48	1.47	1.45	1.44	1.43	1.42	1.41	1.40	1.39	1.37	1.36	1.35	1.34	1.33	1.32	1.31	1.29
21	1.40	1.48	1.48	1.46	1.44	1.43	1.42	1.41	1.40	1.39	1.38	1.37	1.35	1.34	1.33	1.32	1.31	1.30	1.29
22	1.40	1.48	1.47	1.45	1.44	1.42	1.41	1.40	1.39	1.39	1.37	1.36	1.34	1.33	1.32	1.31	1.30	1.29	1.28
23	1.39	1.47	1.47	1.45	1.43	1.42	1.41	1.40	1.39	1.38	1.37	1.35	1.34	1.33	1.32	1.31	1.30	1.28	1.27
24	1.39	1.47	1.46	1.44	1.43	1.41	1.40	1.39	1.38	1.38	1.36	1.35	1.33	1.32	1.31	1.30	1.29	1.28	1.26
25	1.39	1.47	1.46	1.44	1.42	1.41	1.40	1.39	1.38	1.37	1.36	1.34	1.33	1.32	1.31	1.29	1.28	1.27	1.25
26	1.38	1.46	1.45	1.44	1.42	1.41	1.39	1.38	1.37	1.37	1.35	1.34	1.32	1.31	1.30	1.29	1.28	1.26	1.25
27	1.38	1.46	1.45	1.43	1.42	1.40	1.39	1.38	1.37	1.36	1.35	1.33	1.32	1.31	1.30	1.28	1.27	1.26	1.24
28	1.38	1.46	1.45	1.43	1.41	1.40	1.39	1.38	1.37	1.36	1.34	1.33	1.31	1.30	1.29	1.28	1.27	1.25	1.24
29	1.38	1.45	1.45	1.43	1.41	1.40	1.38	1.37	1.36	1.35	1.34	1.32	1.31	1.30	1.29	1.27	1.26	1.25	1.23
30	1.38	1.45	1.44	1.42	1.41	1.39	1.38	1.37	1.36	1.35	1.34	1.32	1.30	1.29	1.28	1.27	1.26	1.24	1.23
40	1.36	1.44	1.42	1.40	1.39	1.37	1.36	1.35	1.34	1.33	1.31	1.30	1.28	1.26	1.25	1.24	1.22	1.21	1.19
60	1.35	1.42	1.41	1.38	1.37	1.35	1.33	1.32	1.31	1.30	1.29	1.27	1.25	1.24	1.22	1.21	1.19	1.17	1.15
120	1.34	1.40	1.39	1.37	1.35	1.33	1.31	1.30	1.29	1.28	1.26	1.24	1.22	1.21	1.19	1.18	1.16	1.13	1.10
∞	1.32	1.39	1.37	1.35	1.33	1.31	1.29	1.28	1.27	1.25	1.24	1.22	1.19	1.18	1.16	1.14	1.12	1.08	1.01

도표 A.7 F-분포표(1−α 분위수)(계속)

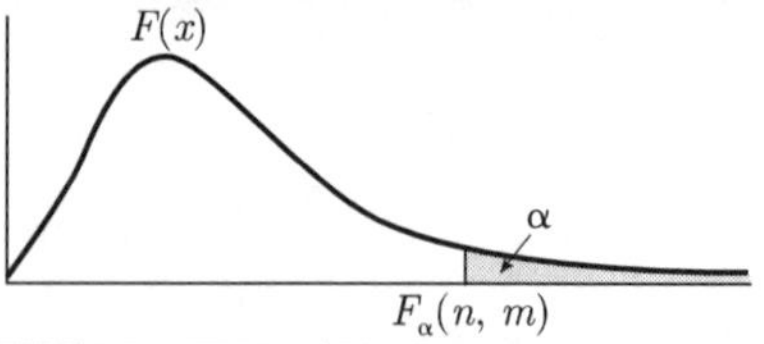

(α = 0.10)

m \ n	1	2	3	4	5	6	7	8	9	10	12	15	20	24	30	40	60	120	∞
	$F_{0.10}(n,m)$ 분자의 자유도(ν_n)																		
1	39.86	49.50	53.59	55.83	57.24	58.20	58.91	59.44	59.86	60.19	60.71	61.22	61.74	62.00	62.26	62.53	62.79	63.06	63.32
2	8.53	9.00	9.16	9.24	9.29	9.33	9.35	9.37	9.38	9.39	9.41	9.42	9.44	9.45	9.46	9.47	9.47	9.48	9.49
3	5.54	5.46	5.39	5.34	5.31	5.28	5.27	5.25	5.24	5.23	5.22	5.20	5.18	5.18	5.17	5.16	5.15	5.14	5.13
4	4.54	4.32	4.19	4.11	4.05	4.01	3.98	3.95	3.94	3.92	3.90	3.87	3.84	3.83	3.82	3.80	3.79	3.78	3.76
5	4.06	3.78	3.62	3.52	3.45	3.40	3.37	3.34	3.32	3.30	3.27	3.24	3.21	3.19	3.17	3.16	3.14	3.12	3.11
6	3.78	3.46	3.29	3.18	3.11	3.05	3.01	2.98	2.96	2.94	2.90	2.87	2.84	2.82	2.80	2.78	2.76	2.74	2.72
7	3.59	3.26	3.07	2.96	2.88	2.83	2.78	2.75	2.72	2.70	2.67	2.63	2.59	2.58	2.56	2.54	2.51	2.49	2.47
8	3.46	3.11	2.92	2.81	2.73	2.67	2.62	2.59	2.56	2.54	2.50	2.46	2.42	2.40	2.38	2.36	2.34	2.32	2.29
9	3.36	3.01	2.81	2.69	2.61	2.55	2.51	2.47	2.44	2.42	2.38	2.34	2.30	2.28	2.25	2.23	2.21	2.18	2.16
10	3.29	2.92	2.73	2.61	2.52	2.46	2.41	2.38	2.35	2.32	2.28	2.24	2.20	2.18	2.16	2.13	2.11	2.08	2.06
11	3.23	2.86	2.66	2.54	2.45	2.39	2.34	2.30	2.27	2.25	2.21	2.17	2.12	2.10	2.08	2.05	2.03	2.00	1.97
12	3.18	2.81	2.61	2.48	2.39	2.33	2.28	2.24	2.21	2.19	2.15	2.10	2.06	2.04	2.01	1.99	1.96	1.93	1.90
13	3.14	2.76	2.56	2.43	2.35	2.28	2.23	2.20	2.16	2.14	2.10	2.05	2.01	1.98	1.96	1.93	1.90	1.88	1.85
14	3.10	2.73	2.52	2.39	2.31	2.24	2.19	2.15	2.12	2.10	2.05	2.01	1.96	1.94	1.91	1.89	1.86	1.83	1.80
15	3.07	2.70	2.49	2.36	2.27	2.21	2.16	2.12	2.09	2.06	2.02	1.97	1.92	1.90	1.87	1.85	1.82	1.79	1.76
16	3.05	2.67	2.46	2.33	2.24	2.18	2.13	2.09	2.06	2.03	1.99	1.94	1.89	1.87	1.84	1.81	1.78	1.75	1.72
17	3.03	2.64	2.44	2.31	2.22	2.15	2.10	2.06	2.03	2.00	1.96	1.91	1.86	1.84	1.81	1.78	1.75	1.72	1.69
18	3.01	2.62	2.42	2.29	2.20	2.13	2.08	2.04	2.00	1.98	1.93	1.89	1.84	1.81	1.78	1.75	1.72	1.69	1.66
19	2.99	2.61	2.40	2.27	2.18	2.11	2.06	2.02	1.98	1.96	1.91	1.86	1.81	1.79	1.76	1.73	1.70	1.67	1.63
20	2.97	2.59	2.38	2.25	2.16	2.09	2.04	2.00	1.96	1.94	1.89	1.84	1.79	1.77	1.74	1.71	1.68	1.64	1.61
21	2.96	2.57	2.36	2.23	2.14	2.08	2.02	1.98	1.95	1.92	1.87	1.83	1.78	1.75	1.72	1.69	1.66	1.62	1.59
22	2.95	2.56	2.35	2.22	2.13	2.06	2.01	1.97	1.93	1.90	1.86	1.81	1.76	1.73	1.70	1.67	1.64	1.60	1.57
23	2.94	2.55	2.34	2.21	2.11	2.05	1.99	1.95	1.92	1.89	1.84	1.80	1.74	1.72	1.69	1.66	1.62	1.59	1.55
24	2.93	2.54	2.33	2.19	2.10	2.04	1.98	1.94	1.91	1.88	1.83	1.78	1.73	1.70	1.67	1.64	1.61	1.57	1.53
25	2.92	2.53	2.32	2.18	2.09	2.02	1.97	1.93	1.89	1.87	1.82	1.77	1.72	1.69	1.66	1.63	1.59	1.56	1.52
26	2.91	2.52	2.31	2.17	2.08	2.01	1.96	1.92	1.88	1.86	1.81	1.76	1.71	1.68	1.65	1.61	1.58	1.54	1.50
27	2.90	2.51	2.30	2.17	2.07	2.00	1.95	1.91	1.87	1.85	1.80	1.75	1.70	1.67	1.64	1.60	1.57	1.53	1.49
28	2.89	2.50	2.29	2.16	2.06	2.00	1.94	1.90	1.87	1.84	1.79	1.74	1.69	1.66	1.63	1.59	1.56	1.52	1.48
29	2.89	2.50	2.28	2.15	2.06	1.99	1.93	1.89	1.86	1.83	1.78	1.73	1.68	1.65	1.62	1.58	1.55	1.51	1.47
30	2.88	2.49	2.28	2.14	2.05	1.98	1.93	1.88	1.85	1.82	1.77	1.72	1.67	1.64	1.61	1.57	1.54	1.50	1.46
40	2.84	2.44	2.23	2.09	2.00	1.93	1.87	1.83	1.79	1.76	1.71	1.66	1.61	1.57	1.54	1.51	1.47	1.42	1.38
60	2.79	2.39	2.18	2.04	1.95	1.87	1.82	1.77	1.74	1.71	1.66	1.60	1.54	1.51	1.48	1.44	1.40	1.35	1.29
120	2.75	2.35	2.13	1.99	1.90	1.82	1.77	1.72	1.68	1.65	1.60	1.55	1.48	1.45	1.41	1.37	1.32	1.26	1.19
∞	2.71	2.30	2.08	1.94	1.85	1.77	1.72	1.67	1.63	1.60	1.55	1.49	1.42	1.38	1.34	1.30	1.24	1.17	1.02

도표 A.7 F-분포표($1-\alpha$ 분위수)(계속)

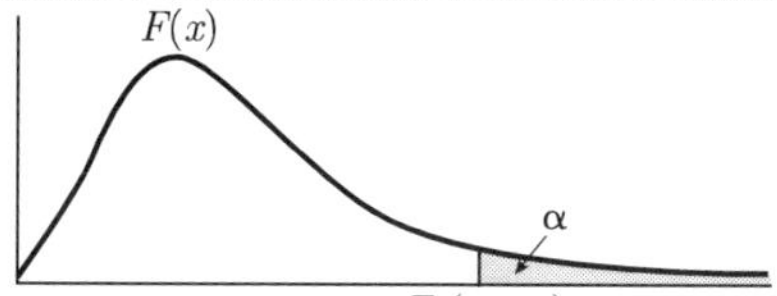

(α = 0.05)

$F_{0.05}(n,m)$																			
n	분자의 자유도(n)																		
m	1	2	3	4	5	6	7	8	9	10	12	15	20	24	30	40	60	120	∞
1	161.45	199.50	215.71	224.58	230.16	233.99	236.77	238.88	240.54	241.88	243.90	245.95	248.02	249.05	250.10	251.14	252.20	253.25	254.30
2	18.51	19.00	19.16	19.25	19.30	19.33	19.35	19.37	19.38	19.40	19.41	19.43	19.45	19.45	19.46	19.47	19.48	19.49	19.50
3	10.13	9.55	9.28	9.12	9.01	8.94	8.89	8.85	8.81	8.79	8.74	8.70	8.66	8.64	8.62	8.59	8.57	8.55	8.53
4	7.71	6.94	6.59	6.39	6.26	6.16	6.09	6.04	6.00	5.96	5.91	5.86	5.80	5.77	5.75	5.72	5.69	5.66	5.63
5	6.61	5.79	5.41	5.19	5.05	4.95	4.88	4.82	4.77	4.74	4.68	4.62	4.56	4.53	4.50	4.46	4.43	4.40	4.37
6	5.99	5.14	4.76	4.53	4.39	4.28	4.21	4.15	4.10	4.06	4.00	3.94	3.87	3.84	3.81	3.77	3.74	3.70	3.67
7	5.59	4.74	4.35	4.12	3.97	3.87	3.79	3.73	3.68	3.64	3.57	3.51	3.44	3.41	3.38	3.34	3.30	3.27	3.23
8	5.32	4.46	4.07	3.84	3.69	3.58	3.50	3.44	3.39	3.35	3.28	3.22	3.15	3.12	3.08	3.04	3.01	2.97	2.93
9	5.12	4.26	3.86	3.63	3.48	3.37	3.29	3.23	3.18	3.14	3.07	3.01	2.94	2.90	2.86	2.83	2.79	2.75	2.71
10	4.96	4.10	3.71	3.48	3.33	3.22	3.14	3.07	3.02	2.98	2.91	2.85	2.77	2.74	2.70	2.66	2.62	2.58	2.54
11	4.84	3.98	3.59	3.36	3.20	3.09	3.01	2.95	2.90	2.85	2.79	2.72	2.65	2.61	2.57	2.53	2.49	2.45	2.41
12	4.75	3.89	3.49	3.26	3.11	3.00	2.91	2.85	2.80	2.75	2.69	2.62	2.54	2.51	2.47	2.43	2.38	2.34	2.30
13	4.67	3.81	3.41	3.18	3.03	2.92	2.83	2.77	2.71	2.67	2.60	2.53	2.46	2.42	2.38	2.34	2.30	2.25	2.21
14	4.60	3.74	3.34	3.11	2.96	2.85	2.76	2.70	2.65	2.60	2.53	2.46	2.39	2.35	2.31	2.27	2.22	2.18	2.13
15	4.54	3.68	3.29	3.06	2.90	2.79	2.71	2.64	2.59	2.54	2.48	2.40	2.33	2.29	2.25	2.20	2.16	2.11	2.07
16	4.49	3.63	3.24	3.01	2.85	2.74	2.66	2.59	2.54	2.49	2.42	2.35	2.28	2.24	2.19	2.15	2.11	2.06	2.01
17	4.45	3.59	3.20	2.96	2.81	2.70	2.61	2.55	2.49	2.45	2.38	2.31	2.23	2.19	2.15	2.10	2.06	2.01	1.96
18	4.41	3.55	3.16	2.93	2.77	2.66	2.58	2.51	2.46	2.41	2.34	2.27	2.19	2.15	2.11	2.06	2.02	1.97	1.92
19	4.38	3.52	3.13	2.90	2.74	2.63	2.54	2.48	2.42	2.38	2.31	2.23	2.16	2.11	2.07	2.03	1.98	1.93	1.88
20	4.35	3.49	3.10	2.87	2.71	2.60	2.51	2.45	2.39	2.35	2.28	2.20	2.12	2.08	2.04	1.99	1.95	1.90	1.84
21	4.32	3.47	3.07	2.84	2.68	2.57	2.49	2.42	2.37	2.32	2.25	2.18	2.10	2.05	2.01	1.96	1.92	1.87	1.81
22	4.30	3.44	3.05	2.82	2.66	2.55	2.46	2.40	2.34	2.30	2.23	2.15	2.07	2.03	1.98	1.94	1.89	1.84	1.78
23	4.28	3.42	3.03	2.80	2.64	2.53	2.44	2.37	2.32	2.27	2.20	2.13	2.05	2.01	1.96	1.91	1.86	1.81	1.76
24	4.26	3.40	3.01	2.78	2.62	2.51	2.42	2.36	2.30	2.25	2.18	2.11	2.03	1.98	1.94	1.89	1.84	1.79	1.73
25	4.24	3.39	2.99	2.76	2.60	2.49	2.40	2.34	2.28	2.24	2.16	2.09	2.01	1.96	1.92	1.87	1.82	1.77	1.71
26	4.23	3.37	2.98	2.74	2.59	2.47	2.39	2.32	2.27	2.22	2.15	2.07	1.99	1.95	1.90	1.85	1.80	1.75	1.69
27	4.21	3.35	2.96	2.73	2.57	2.46	2.37	2.31	2.25	2.20	2.13	2.06	1.97	1.93	1.88	1.84	1.79	1.73	1.67
28	4.20	3.34	2.95	2.71	2.56	2.45	2.36	2.29	2.24	2.19	2.12	2.04	1.96	1.91	1.87	1.82	1.77	1.71	1.65
29	4.18	3.33	2.93	2.70	2.55	2.43	2.35	2.28	2.22	2.18	2.10	2.03	1.94	1.90	1.85	1.81	1.75	1.70	1.64
30	4.17	3.32	2.92	2.69	2.53	2.42	2.33	2.27	2.21	2.16	2.09	2.01	1.93	1.89	1.84	1.79	1.74	1.68	1.62
40	4.08	3.23	2.84	2.61	2.45	2.34	2.25	2.18	2.12	2.08	2.00	1.92	1.84	1.79	1.74	1.69	1.64	1.58	1.51
60	4.00	3.15	2.76	2.53	2.37	2.25	2.17	2.10	2.04	1.99	1.92	1.84	1.75	1.70	1.65	1.59	1.53	1.47	1.39
120	3.92	3.07	2.68	2.45	2.29	2.18	2.09	2.02	1.96	1.91	1.83	1.75	1.66	1.61	1.55	1.50	1.43	1.35	1.26
∞	3.84	3.00	2.60	2.37	2.21	2.10	2.01	1.94	1.88	1.83	1.75	1.67	1.57	1.52	1.46	1.39	1.32	1.22	1.02

도표 A.7 F-분포표($1-\alpha$ 분위수)(계속)

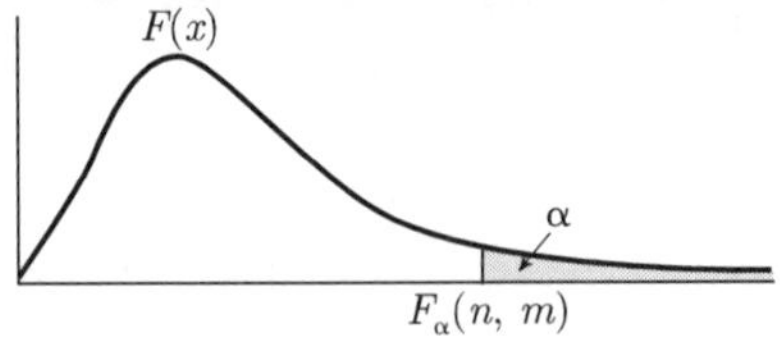

(α = 0.025)

m \ n	1	2	3	4	5	6	7	8	9	10	12	15	20	24	30	40	60	120	∞
1	647.79	799.48	864.15	899.60	921.83	937.11	948.20	956.64	963.28	968.63	976.72	984.87	993.08	997.27	1001.40	1005.60	1009.79	1014.04	1018.23
2	38.51	39.00	39.17	39.25	39.30	39.33	39.36	39.37	39.39	39.40	39.41	39.43	39.45	39.46	39.46	39.47	39.48	39.49	39.50
3	17.44	16.04	15.44	15.10	14.88	14.73	14.62	14.54	14.47	14.42	14.34	14.25	14.17	14.12	14.08	14.04	13.99	13.95	13.90
4	12.22	10.65	9.98	9.60	9.36	9.20	9.07	8.98	8.90	8.84	8.75	8.66	8.56	8.51	8.46	8.41	8.36	8.31	8.26
5	10.01	8.43	7.76	7.39	7.15	6.98	6.85	6.76	6.68	6.62	6.52	6.43	6.33	6.28	6.23	6.18	6.12	6.07	6.02
6	8.81	7.26	6.60	6.23	5.99	5.82	5.70	5.60	5.52	5.46	5.37	5.27	5.17	5.12	5.07	5.01	4.96	4.90	4.85
7	8.07	6.54	5.89	5.52	5.29	5.12	4.99	4.90	4.82	4.76	4.67	4.57	4.47	4.41	4.36	4.31	4.25	4.20	4.14
8	7.57	6.06	5.42	5.05	4.82	4.65	4.53	4.43	4.36	4.30	4.20	4.10	4.00	3.95	3.89	3.84	3.78	3.73	3.67
9	7.21	5.71	5.08	4.72	4.48	4.32	4.20	4.10	4.03	3.96	3.87	3.77	3.67	3.61	3.56	3.51	3.45	3.39	3.33
10	6.94	5.46	4.83	4.47	4.24	4.07	3.95	3.85	3.78	3.72	3.62	3.52	3.42	3.37	3.31	3.26	3.20	3.14	3.08
11	6.72	5.26	4.63	4.28	4.04	3.88	3.76	3.66	3.59	3.53	3.43	3.33	3.23	3.17	3.12	3.06	3.00	2.94	2.88
12	6.55	5.10	4.47	4.12	3.89	3.73	3.61	3.51	3.44	3.37	3.28	3.18	3.07	3.02	2.96	2.91	2.85	2.79	2.73
13	6.41	4.97	4.35	4.00	3.77	3.60	3.48	3.39	3.31	3.25	3.15	3.05	2.95	2.89	2.84	2.78	2.72	2.66	2.60
14	6.30	4.86	4.24	3.89	3.66	3.50	3.38	3.29	3.21	3.15	3.05	2.95	2.84	2.79	2.73	2.67	2.61	2.55	2.49
15	6.20	4.77	4.15	3.80	3.58	3.41	3.29	3.20	3.12	3.06	2.96	2.86	2.76	2.70	2.64	2.59	2.52	2.46	2.40
16	6.12	4.69	4.08	3.73	3.50	3.34	3.22	3.12	3.05	2.99	2.89	2.79	2.68	2.63	2.57	2.51	2.45	2.38	2.32
17	6.04	4.62	4.01	3.66	3.44	3.28	3.16	3.06	2.98	2.92	2.82	2.72	2.62	2.56	2.50	2.44	2.38	2.32	2.25
18	5.98	4.56	3.95	3.61	3.38	3.22	3.10	3.01	2.93	2.87	2.77	2.67	2.56	2.50	2.44	2.38	2.32	2.26	2.19
19	5.92	4.51	3.90	3.56	3.33	3.17	3.05	2.96	2.88	2.82	2.72	2.62	2.51	2.45	2.39	2.33	2.27	2.20	2.13
20	5.87	4.46	3.86	3.51	3.29	3.13	3.01	2.91	2.84	2.77	2.68	2.57	2.46	2.41	2.35	2.29	2.22	2.16	2.09
21	5.83	4.42	3.82	3.48	3.25	3.09	2.97	2.87	2.80	2.73	2.64	2.53	2.42	2.37	2.31	2.25	2.18	2.11	2.04
22	5.79	4.38	3.78	3.44	3.22	3.05	2.93	2.84	2.76	2.70	2.60	2.50	2.39	2.33	2.27	2.21	2.14	2.08	2.00
23	5.75	4.35	3.75	3.41	3.18	3.02	2.90	2.81	2.73	2.67	2.57	2.47	2.36	2.30	2.24	2.18	2.11	2.04	1.97
24	5.72	4.32	3.72	3.38	3.15	2.99	2.87	2.78	2.70	2.64	2.54	2.44	2.33	2.27	2.21	2.15	2.08	2.01	1.94
25	5.69	4.29	3.69	3.35	3.13	2.97	2.85	2.75	2.68	2.61	2.51	2.41	2.30	2.24	2.18	2.12	2.05	1.98	1.91
26	5.66	4.27	3.67	3.33	3.10	2.94	2.82	2.73	2.65	2.59	2.49	2.39	2.28	2.22	2.16	2.09	2.03	1.95	1.88
27	5.63	4.24	3.65	3.31	3.08	2.92	2.80	2.71	2.63	2.57	2.47	2.36	2.25	2.19	2.13	2.07	2.00	1.93	1.85
28	5.61	4.22	3.63	3.29	3.06	2.90	2.78	2.69	2.61	2.55	2.45	2.34	2.23	2.17	2.11	2.05	1.98	1.91	1.83
29	5.59	4.20	3.61	3.27	3.04	2.88	2.76	2.67	2.59	2.53	2.43	2.32	2.21	2.15	2.09	2.03	1.96	1.89	1.81
30	5.57	4.18	3.59	3.25	3.03	2.87	2.75	2.65	2.57	2.51	2.41	2.31	2.20	2.14	2.07	2.01	1.94	1.87	1.79
40	5.42	4.05	3.46	3.13	2.90	2.74	2.62	2.53	2.45	2.39	2.29	2.18	2.07	2.01	1.94	1.88	1.80	1.72	1.64
60	5.29	3.93	3.34	3.01	2.79	2.63	2.51	2.41	2.33	2.27	2.17	2.06	1.94	1.88	1.82	1.74	1.67	1.58	1.48
120	5.15	3.80	3.23	2.89	2.67	2.52	2.39	2.30	2.22	2.16	2.05	1.94	1.82	1.76	1.69	1.61	1.53	1.43	1.31
∞	5.02	3.69	3.12	2.79	2.57	2.41	2.29	2.19	2.11	2.05	1.94	1.83	1.71	1.64	1.57	1.48	1.39	1.27	1.03

Table header: $F_{0.025}(n,m)$, 분자의 자유도(n)

도표 A.7 F-분포표(1−α 분위수)(계속)

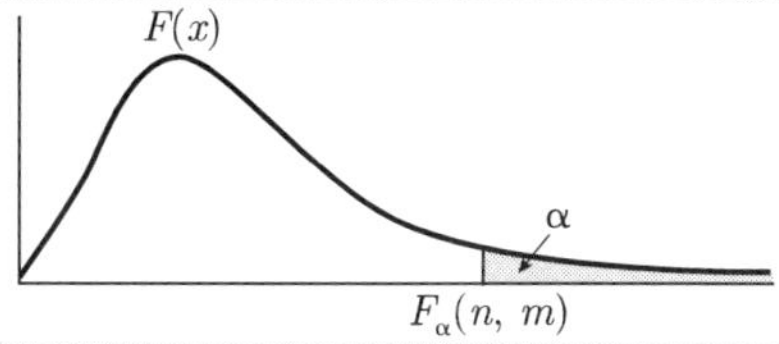

$(\alpha = 0.01)$

	$F_{0.01}(n,m)$																		
n	분자의 자유도(n)																		
m	1	2	3	4	5	6	7	8	9	10	12	15	20	24	30	40	60	120	∞
1	4052.18	4999.34	5403.53	5624.26	5763.96	5858.95	5928.33	5980.95	6022.40	6055.93	6106.68	6156.97	6208.66	6234.27	6260.35	6286.43	6312.97	6339.51	6365.59
2	98.50	99.00	99.16	99.25	99.30	99.33	99.36	99.38	99.39	99.40	99.42	99.43	99.45	99.46	99.47	99.48	99.48	99.49	99.50
3	34.12	30.82	29.46	28.71	28.24	27.91	27.67	27.49	27.34	27.23	27.05	26.87	26.69	26.60	26.50	26.41	26.32	26.22	26.13
4	21.20	18.00	16.69	15.98	15.52	15.21	14.98	14.80	14.66	14.55	14.37	14.20	14.02	13.93	13.84	13.75	13.65	13.56	13.46
5	16.26	13.27	12.06	11.39	10.97	10.67	10.46	10.29	10.16	10.05	9.89	9.72	9.55	9.47	9.38	9.29	9.20	9.11	9.02
6	13.75	10.92	9.78	9.15	8.75	8.47	8.26	8.10	7.98	7.87	7.72	7.56	7.40	7.31	7.23	7.14	7.06	6.97	6.88
7	12.25	9.55	8.45	7.85	7.46	7.19	6.99	6.84	6.72	6.62	6.47	6.31	6.16	6.07	5.99	5.91	5.82	5.74	5.65
8	11.26	8.65	7.59	7.01	6.63	6.37	6.18	6.03	5.91	5.81	5.67	5.52	5.36	5.28	5.20	5.12	5.03	4.95	4.86
9	10.56	8.02	6.99	6.42	6.06	5.80	5.61	5.47	5.35	5.26	5.11	4.96	4.81	4.73	4.65	4.57	4.48	4.40	4.31
10	10.04	7.56	6.55	5.99	5.64	5.39	5.20	5.06	4.94	4.85	4.71	4.56	4.41	4.33	4.25	4.17	4.08	4.00	3.91
11	9.65	7.21	6.22	5.67	5.32	5.07	4.89	4.74	4.63	4.54	4.40	4.25	4.10	4.02	3.94	3.86	3.78	3.69	3.60
12	9.33	6.93	5.95	5.41	5.06	4.82	4.64	4.50	4.39	4.30	4.16	4.01	3.86	3.78	3.70	3.62	3.54	3.45	3.36
13	9.07	6.70	5.74	5.21	4.86	4.62	4.44	4.30	4.19	4.10	3.96	3.82	3.66	3.59	3.51	3.43	3.34	3.25	3.17
14	8.86	6.51	5.56	5.04	4.69	4.46	4.28	4.14	4.03	3.94	3.80	3.66	3.51	3.43	3.35	3.27	3.18	3.09	3.01
15	8.68	6.36	5.42	4.89	4.56	4.32	4.14	4.00	3.89	3.80	3.67	3.52	3.37	3.29	3.21	3.13	3.05	2.96	2.87
16	8.53	6.23	5.29	4.77	4.44	4.20	4.03	3.89	3.78	3.69	3.55	3.41	3.26	3.18	3.10	3.02	2.93	2.84	2.75
17	8.40	6.11	5.19	4.67	4.34	4.10	3.93	3.79	3.68	3.59	3.46	3.31	3.16	3.08	3.00	2.92	2.83	2.75	2.65
18	8.29	6.01	5.09	4.58	4.25	4.01	3.84	3.71	3.60	3.51	3.37	3.23	3.08	3.00	2.92	2.84	2.75	2.66	2.57
19	8.18	5.93	5.01	4.50	4.17	3.94	3.77	3.63	3.52	3.43	3.30	3.15	3.00	2.92	2.84	2.76	2.67	2.58	2.49
20	8.10	5.85	4.94	4.43	4.10	3.87	3.70	3.56	3.46	3.37	3.23	3.09	2.94	2.86	2.78	2.69	2.61	2.52	2.42
21	8.02	5.78	4.87	4.37	4.04	3.81	3.64	3.51	3.40	3.31	3.17	3.03	2.88	2.80	2.72	2.64	2.55	2.46	2.36
22	7.95	5.72	4.82	4.31	3.99	3.76	3.59	3.45	3.35	3.26	3.12	2.98	2.83	2.75	2.67	2.58	2.50	2.40	2.31
23	7.88	5.66	4.76	4.26	3.94	3.71	3.54	3.41	3.30	3.21	3.07	2.93	2.78	2.70	2.62	2.54	2.45	2.35	2.26
24	7.82	5.61	4.72	4.22	3.90	3.67	3.50	3.36	3.26	3.17	3.03	2.89	2.74	2.66	2.58	2.49	2.40	2.31	2.21
25	7.77	5.57	4.68	4.18	3.85	3.63	3.46	3.32	3.22	3.13	2.99	2.85	2.70	2.62	2.54	2.45	2.36	2.27	2.17
26	7.72	5.53	4.64	4.14	3.82	3.59	3.42	3.29	3.18	3.09	2.96	2.81	2.66	2.58	2.50	2.42	2.33	2.23	2.13
27	7.68	5.49	4.60	4.11	3.78	3.56	3.39	3.26	3.15	3.06	2.93	2.78	2.63	2.55	2.47	2.38	2.29	2.20	2.10
28	7.64	5.45	4.57	4.07	3.75	3.53	3.36	3.23	3.12	3.03	2.90	2.75	2.60	2.52	2.44	2.35	2.26	2.17	2.07
29	7.60	5.42	4.54	4.04	3.73	3.50	3.33	3.20	3.09	3.00	2.87	2.73	2.57	2.49	2.41	2.33	2.23	2.14	2.04
30	7.56	5.39	4.51	4.02	3.70	3.47	3.30	3.17	3.07	2.98	2.84	2.70	2.55	2.47	2.39	2.30	2.21	2.11	2.01
40	7.31	5.18	4.31	3.83	3.51	3.29	3.12	2.99	2.89	2.80	2.66	2.52	2.37	2.29	2.20	2.11	2.02	1.92	1.81
60	7.08	4.98	4.13	3.65	3.34	3.12	2.95	2.82	2.72	2.63	2.50	2.35	2.20	2.12	2.03	1.94	1.84	1.73	1.60
120	6.85	4.79	3.95	3.48	3.17	2.96	2.79	2.66	2.56	2.47	2.34	2.19	2.03	1.95	1.86	1.76	1.66	1.53	1.38
∞	6.64	4.61	3.78	3.32	3.02	2.80	2.64	2.51	2.41	2.32	2.18	2.04	1.88	1.79	1.70	1.59	1.47	1.32	1.03

연습문제 답

1장

1 (3) 모수: 단위 체적당 평균 미생물 개체수; 개체: 단위 체적의 토양; 변수: 미생물 개체수; 표본: 10 군데의 단위 체적들 (4) 모집단: 심장병 환자 전체; 개체: 심장병 환자; 변수: 심박수; 표본: 100명의 심장병 환자

4 (5) ① 개체: 헬리코박터 파일로리균 감염환자; 모집단: 헬리코박터 파일로리균 감염환자 전체; 표본: 일본인 헬리코박터 파일로리균 감염환자 48명

② 독립변수: 브로콜리 ~~복용수준(복용여부)~~

종속변수: 헬리코박터 파일로리 균의 감염수준

외부변수: 유전인자, 식습관, 생활습관 등

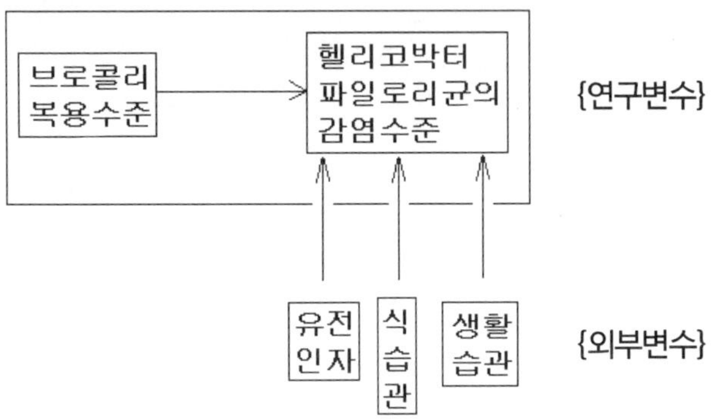

③ 실험연구, 연구자가 피험자 48명을 두 집단에 할당하였으므로

④ 스스로

5 (1) 개체: 유권자 개인, 모집단: 유권자 전체, 표본: 랜덤하게 뽑힌 1,000명의 유권자

(2) 변수: A 후보에 대한 지지여부(0, 1) x

(3) 모수: 유권자 전체에서 A 후보에 대한 지지율 $p\left(=\sum_{i=1}^{N}\frac{1}{N}x_i\right)$, 통계량: 표본에서 A 후보에 대한 지지율 $\hat{p}\left(=\sum_{i=1}^{n}\frac{1}{n}x_i\right)$. 통계치: $\hat{p}=\frac{510}{1000}=0.51$

7 ①, ②, ③, ⑤, ⑦

8 (1) 조사연구 (2) 실험연구

9 (1) 벼 포기 (2) 50 (3) 품종, 수량, 분얼수

10 (1) 층화 (2) 군집표본

11 랜덤현상(실험): 결과를 관측할 수 있고 재현성이 있는 과정으로서 다음 세 가지 조건을 만족한다.

① 결과를 미리 알 수 없다. ② 가능한 결과 전체의 집합은 알려져 있다.

③ 예측이 가능한 장기적 패턴이 존재한다.

난수: 난수 또는 난수열이란 다음 두 조건을 만족하는 0에서 9까지의 10개의 숫자의 열이다.

❶ 아무 자리에 특정한 숫자가 오는 사건의 확률은 모두 동일하다(균일성).

❷ 서로 다른 자리에 특정한 숫자가 오는 사건들은 독립적이다(독립성).

2장

1 (1) 중위수 A < B < C

(2) A: 90, B: 80, C: 30

(3) 평균 A < B < C

2 (1)

점수 x	−2	−1	0	1	2
상대빈도 $p(x)$	0.1	0.1	0.3	0.3	0.2

(2) $\bar{x} = \sum_{x=-2}^{2} xp(x) = (-2)(0.1) + (-1)(0.1) + (0)(0.3) + (1)(0.2) + (2)(0.2) = 0.3$

(3) 평균 = A − B

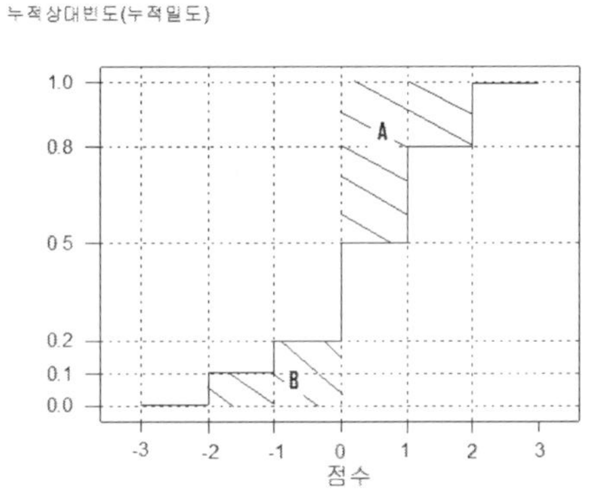

3 $\bar{x} = \sum_i p_i x_i = 21$, $\tilde{x} = 20$, $\check{x} = 20$, $s' = \sqrt{(\sum_i (p_i(x_i - \bar{x})^2} = \sqrt{\sum_i p_i x_i^2 - \bar{x}^2} = 6.245$

4 (1) CV(양) = 10/40 < CV(토끼) = 3/10이므로 토끼의 체중의 산포가 상대적으로 더 크다.

(2) 표준점수 z(토끼) = (13 − 10)/3 = 1 > z(양) = (47 − 40)/7 = 0.7이므로 토끼가 상대적으로 더 무겁다.

5 미국, 왜냐하면 CV(미국) > CV(한국).

6 (1) 평균 = p, 분산 = p(1−p)

(2) ① 맞을지 빗맞을지 결과를 미리 알 수 없다.

② 가능한 결과 전체의 집합(맞음, 빗맞음)은 알려져 있다.

③ 가능한 결과의 장기적 패턴이 존재한다.

7 (1) 최빈값 = 0.2 , 중위수 = 1 , 평균 > 1

(2) 최빈값 = 중위수 = 평균 = 0

8 2.625, 3.075, 3.2275

9 (1) 성별: 명목, 이산; 가족수: 비, 이산; 키: 비, 연속; 운동량: 순서, 이산 (2) 58.5, 9

10 (1) 평균 = 2.5 중위수 = 2, 최빈값 = 2

(2) CV = 0.409

11 작년소득을 x, 올해 소득을 y로 나타내면, $y = 0.9x + 1000$

(1) $\bar{y} = 0.9\bar{x} + 1000 = 5500$

(2) $SD_y = 0.9SD_x = 900$

12 (1) 줄기그림(줄기폭: 100, 잎의 단위: 10)

줄기	잎
0	2 4 5 5 5 6 6 6 6 6 7 7 7 9 9 9 9
1	0 0 1 1 1 1 1 2 2 3 4 5 5 8 9 9 9
2	8
3	2 2 4
4	
5	2

(2) $Q_1 = x_{(41\times 0.25)} = x_{(10.25)} = 0.75x_{(10)} + 0.25x_{(11)} = 0.75(65) + 0.25(68) = 65.75$

$Q_2 = x_{(41\times 0.5)} = x_{(20.5)} = 0.5x_{(20)} + 0.5x_{(21)} = 0.5(105) + 0.5(110) = 107.5$

$Q_3 = x_{(41\times 0.75)} = x_{(30.75)} = 0.25x_{(30)} + 0.75x_{(31)} = 0.25(152) + 0.75(153) = 152.75$

$IQR = Q_3 - Q_1 = 152.75 - 65.75 = 87$

(3) 1 $step$(발) $= 1.5IQR = 130.5$; $IF_L = Q_1 - 1.5IQR = -64.75$, $IF_U = Q_3 + 1.5IQR = 283.25$

$OF_L = IF_L - 1.5IQR = -192.75$, $OF_U = IF_U + 1.5IQR = 413.75$

해석 꼬리를 오른쪽으로 길게 뻗은 분포로서, 3개의 어쩌면 외딴점과 1개의 아마도 외딴점이 있다.

14 (1) $prop\{x \in [58, 70]\} = prop\{x \in [64 \pm 2(3)]\} = prop\{x \in [\bar{x} \pm 2SD]\} \geq 1 - 1/2^2 = 3/4$

(2) $prop\{x \in [58, 70]\} = prop\{x \in [64 \pm 2(3)]\} = prop\{x \in [\bar{x} \pm 2SD]\} = 0.683$

15 (1) 줄기그림(줄기폭: 10, 잎의 단위: 1)

깊이	줄기	잎
1	1	6
3	2	28
11	3	00133678
(4)	4	0458
12	5	1234669
5	6	267
2	7	3
1	8	2

(2) 34.2 (3) 45.273 (4) {16, 33, 45, 56, 82}

(5) 안쪽 울타리 값들은 (−1.5, 90.5)인데, 이 범위를 벗어나는 값이 없으므로 아마도−외딴점은 물론 어쩌면−외딴점도 존재하지 않는다.

3장

4 $\hat{y} = 35 + 0.5x$

5 (3) 1.08 (4) −7.4

9 (1) 상관계수는 두 변수 간의 선형관계의 세기를 측정한다.

(2) 결정계수 $R^2 = r^2 = 0.891^2 = 0.794$, 즉 79.4%만큼의 변동성을 설명해준다.

(3) 질소와 탄소의 상관계수는 수소와 탄소의 상관계수와 부호만 다르다.

$r_{N,C} = -r_{H,C} = -0.891$

(4) $carbon_{100} = 18.1 + 0.791(100) = 97.2$

(5) ① 최소제곱회귀선은 잔차(편차)의 제곱합이 최소가 되게 하는 회귀선이다.

② 회귀라는 용어는 아들의 키와 아버지의 키의 관련성에 대한 갈톤과 피어슨의 연구에서 인간의 키가 평범으로 돌아가려는 현상(즉 최소제곱적합선이 기울기가 1보다 낮은 현상)을 보인 것에서 유래한다.

4장

1 $P(A) = \dfrac{\binom{5}{1}\binom{4}{2}}{\binom{9}{3}}$=0.357143, 여기서 $\binom{n}{k}$는 n개체에서 k개체를 뽑는 조합의 수 $\dfrac{n!}{k!(n-k)!}$를 나타내는 기호로서 ${}_nC_k$와 같이 표기되기도 하며 이항계수(binomial coefficient)라고 한다.

2 $P(B) = \dfrac{(365)_{11}}{365^{11}}$=0.8588590, 여기서 $(n)_k$는 n개체에서 k개체를 뽑는 순열의 수 $\dfrac{n!}{(n-k)!}$를 나타내는 기호로서 ${}_nP_k$로 표기되기도 한다.

3 (1) $P(C) = \dfrac{4 \times \binom{39}{13\ 13\ 13}}{\binom{52}{13\ 13\ 13\ 13}}$=6.29908E−12, 여기서 $\binom{n}{k_1\ k_2\ k_3}$는 n개체를 k_1, k_2, k_3개체들의 조합들로 나누는 경우의 수 $\dfrac{n!}{k_1!k_2!k_3!}$를 나타내는 기호로서 다항계수(multinomial coefficient)라고 한다.

(2) $P(D) = \dfrac{4! \times \binom{48}{12\ 12\ 12\ 12}}{\binom{52}{13\ 13\ 13\ 13}}$=0.105498199

5 독립

6 P(F|E)=P(F); P(F|E)+P(F^c|E)=1; P(F^c|E)=1−P(F|E)=1−P(F)=P(F^c). 따라서 E와 F^c는 독립이다.

7 D: 이 질병에 걸리는 사건, E: 양성 반응을 보이는 사건

$P(D)$=0.005, $P(D^c)$=0.995; $P(E|D)$=0.99, $P(E|D^c)$=0.1

(1) $P(E) = P(D)P(E|D) + P(D^c)P(E|D^c)$ = (0.005)(0.99) + (0.995)(0.1) = 0.10445

(2) $P(D|E) = P(D)P(E|D)/P(E)$ = (0.005)(0.99)/0.10445 = 0.0473911

8 O: 값이 O라고 표기할 사건, F: 최종표기가 O일 사건

(1) $P(O)$=1/3 (2) $P(F) = (1/3)^4 + 6(1/3)^2(2/3)^2 + (2/3)^4 \doteq 0.5062$

(3) $P(O|F) = \dfrac{(1/3)^4 + 3(1/3)^2(2/3)^2}{(1/3)^4 + 6(1/3)^2(2/3)^2 + (2/3)^4} \doteq 0.3171$

10 (1) 1−1+1/2!−1/3!+1/4!−1/5! = 11/30 (2) (1−1+1/2!−1/3!)/2! = 1/6

11 (1) 쌍으로 독립일 뿐 아니라, 서로 독립이기도 하다.

(2) 쌍으로 독립이지만 서로 독립은 아니다.

$D = \{(i,j), i = 1,3,5; j = 1,2,3,4,5,6\}$, $E = \{(i,j), i = 1,2,3,4,5,6; j = 2,4,6\}$,

$F = \{(i,j), i = 1,3,5; j = 2,4,6$ 또는 $i = 2,4,6; j = 1,3,5\}$

$D \cap E = \{(i,j), i = 1,3,5; j = 2,4,6\}$, $E \cap F = \{(i,j), i = 1,3,5; j = 2,4,6\}$,

$F \cap D = \{(i,j), i = 1,3,5; j = 2,4,6\}$

$D \cap E \cap F = \{(i,j), i = 1,3,5; j = 2,4,6\}$

$P(D) = P(E) = P(F) = 18/36 = 1/2$

$P(D \cap E) = P(E \cap F) = P(F \cap D) = 9/36 = 1/4 = P(D)P(E) = P(E)P(F) = P(F)P(D)$

$P(D \cap E \cap F) = 9/36 = 1/4 \neq P(D)P(E)P(F) = 1/8$

따라서 D, E, F는 쌍으로는 독립이지만 서로 독립은 아니다.

(3) 쌍으로 독립이 아니고, 물론 서로 독립도 아니다.

13 (1) 0.195% (2) 46.15%

5-1장

1 (1) 0.834 (2) 0.055

2 k=8, P{X=8}=0.302

3 (1) 0.93015 (2) 0.00194

5 P(X=1) = 0.5, P(X=2) = 0.27778, P(X=3) = 0.13889

6 (1) P{X=0}=2/10, P{X=1}=3/10, P{X=2}=3/10, P{X=3}=1/10, P{X=4}=1/10

(2) E[X]=1.6, V[X]=1.44

7 $(0.1 + P) \times a$

8 E[X]=0.3, V[X]=0.242

9 (1)

x	200	600	1000
$p(x)$	$\binom{5}{2}\binom{4}{0}/\binom{9}{2}$=10/36	$\binom{5}{1}\binom{4}{1}/\binom{9}{2}$=20/36	$\binom{5}{0}\binom{4}{2}/\binom{9}{2}$=6/36

(2) E[X]=$\sum_x xp(x)$=20000/36=555.$\dot{5}$

(3) $V[X]=E[X^2]-\mu_X^2$ = (200^2×10+600^2×20+1000^2×6)/36 − (20000/36)^2

10 (1) E[X]=0.556 (2) V[X]=302.470

11 (1) $\mu_X = \sum x p_X(x) = 3\times 0.6 + 6\times 0.4 = 4.2$,

$\sigma_X^2 = \sum x^2 p_X(x) - \mu_X^2 = 3^2\times 0.6 + 6^2\times 0.4 - 4.2^2 = 2.16$

(2) $\mu_U = 2\mu_X + 3 = 11.4$, $\sigma_U^2 = 4\sigma_X^2 = 8.64$

(3) $\mu_Y = \sum x p_Y(y) = 2\times 0.6 + 4\times 0.4 = 2.8$,

$\sigma_Y^2 = \sum y^2 p_Y(x) - \mu_Y^2 = 2^4\times 0.6 + 4^2\times 0.4 - 2.8^2 = 0.96$

(4) 독립이다. 모든 x, y에 대해 $p(x,y) = p_X(x)p_Y(y)$이므로

(5) $V = \frac{3}{4}X + \frac{1}{4}Y$, $\mu_V = \frac{3}{4}\mu_X + \frac{1}{4}\mu_Y$ = 3.85, $\sigma_V^2 = \frac{9}{16}\sigma_X^2 + \frac{1}{16}\sigma_Y^2$ =1.275

12 (1) 기대치=3.2, 분산=0.64 (2) 0.896

5-2장

1 (1) 3/4 (2) 1/2

(3) $\frac{3}{4}x^2 - \frac{1}{4}x^3$, $0<x<2$ (4) E(X)=1, V(X)=1/5

2 (1) 0.3 (2) 0.2

(3) f(x)=0.1 (4) $F(x) = \begin{cases} 0 & , x<0 \\ \frac{x}{10}, & 0<x<10 \\ 1 & , x>10 \end{cases}$

3 (1) $e^{-1} = 0.3679$ (2) $e^{-1} - e^{-2} = 0.2325$ (3) E(X)=5, V(X)=25

4 (1) 0.5 (2) 0.954 (3) −0.525

5 (4) 2

6 (1) 0.378 (2) 0.045 (3) 0.475

7 $\frac{x-\alpha}{\beta-\alpha}$

8 $0 \leqq X \leqq 1$이므로 $X^2 \leqq X$이고 따라서 $E[X^2] \leqq E[X]$

$V[X] = E[X^2] - E[X]^2 \leqq E[X] - E[X]^2 = E[X](1-E[X]) \leqq 1/4$

9 (1) 0.02275 (2) 79.2 (3) 51.6

6장

1 $T^2 = \left(\frac{Z}{\sqrt{\frac{\chi^2}{n-1}}}\right)^2 = \frac{Z^2/1}{\chi^2/n-1} \sim F(1,n-1)$

3 (1) 18.31　(2) 0.90　(3) 0.83　(4) 0.05

4 (1) 2.571　(2) 0.9　(3) −1.895　(4) 0.025

5 (1) 16.69　(2) 0.05　(4) 0.04

6 < 0.001 {소프트웨어에 의한 결과는 2.865E−07}

8 (1) 0.68268　(2) 0.02275

9 (1) t(8)　(2) 0.9815

10 (1) $\chi^2(8)$　(2) 0.5665

11 0.0749

12 0.6879

13 (1) 0.02807　(2) 141.56

14 0.99831

7장

1 (45.254, 49.746)

2 (36.102, 38.898)

3 0.692

4 1033

5 (0.6705, 0.8051)

6 (2.733, 3.634)

7 (3.8841, 5.0030)

8 106

9 (24.244, 25.756)

10 0.301, (0.259, 0.342)

11 1047, 1068

8장

1 $Z_0=-2.593$, 기각역: $Z_0 \le -Z_{0.05}=-1.645$, P−값=0.0048, H_0 기각

2 $t_0=-1.150$, 기각역: $t_0 \le -t_{0.05}(9)=-1.833$, P−값=0.140, H_0 채택

3 $t_0=0.5545$, 기각역: $t_0 \ge |t(0.025,13)|=|2.160|$, H_0 채택

4 $z_0=0.168$, 기각역: $|z_0| \ge z_{0.05}=1.96$, P−값=0.865, H_0 채택

5 $Z_0=-0.361$, 기각역: $Z_0 \le -Z_{0.05}=-1.645$, P−값=0.388, H_0 채택

6 $t_0=-1.186$, 기각역: $|t_0| \ge t_{0.025}(11)=2.201$, P−값=0.260, H_0 채택

7 $t_0=-2.329$, 기각역: $t_0 \le -t(0.10,19)=-1.328$, H_0 기각

8 $t_0=-2.674$, 기각역: $|t_0| \geq t_{0.025}(10)=2.228$, P-값=0.022, H_0 채택

9 (1번) 0.00629 (3번) 0.5887 (5번) 0.388 (7번) 0.0155

10 P-값=$2\min\{P\{\chi^2(14) \geq 25.62\}, P\{\chi^2(14) \leq 25.62\}\}=2\min\{0.04, 0.96\}=0.08$. 따라서 5% 유의수준에서 H_0를 기각하지 못함

11 P-값=0.6686이므로 5% 유의수준에서 H_0를 기각하지 못함

12 z=1.852, 기각역 $z_0=1.645$, H_0 기각

9장

1 (1) (−0.512, 0.952), $Z_0=0.599$, 기각역: $Z_0 \geq Z_{0.05}=1.645$, P-값=0.2746, H_0 채택

(2) ① (−0.035, 0.474), P-값=0.087, H_0 채택

② (−0.037, 0.477), P-값=0.09, H_0 채택

2 (0.107, 3.442), $t_0=1.831$, 기각역: $t_0 \geq t_{0.05}(21)=1.721$, P-값=0.041, H_0 기각

3 (0.0861, 3.4624), $t_0=1.8126$, 기각역: $t_0 \leq -t(0.05,20)=1.725$, P-값=0.0425, H_0 기각

4 (.007, 1.993), $z_0=1.974$, 기각역: $|z_0| \geq z_{0.025}=1.96$, P-값=0.048, H_0 기각

5 (3.664, 5.224), $t_0=17.168$, 기각역: $t_0 \geq t(0.01,13)=2.650$, P-값<0.001, H_0 기각

6 (0.174, 2.248), $F_0=0.64$, 기각역: $F_0 \geq F_{0.025}(10,11)=3.53$ 또는 $F_0 \leq F_{0.975}(10,11)=1/F_{0.025}(11,10)=1/3.67=0.272$, P-값=0.471, H_0 채택

7 (0.1406, 1.1486)), $Z_0=2.987$, 기각역: $Z_0 \geq |Z_{0.05}|=|1.645|$, P-값<0.0001

10장

1 $F_0=2.2122$, 기각역: $F_0 \geq F_{0.1}(3,16)=2.46$, P-값=0.1263, H_0 채택

2 $F_0=9.035$, 기각역: $F_0 \geq F_{0.05}(3,309)=2.634$, P-값<0.001, H_0 기각

3 $F_0=2.6181$, 기각역: $F_0 \geq F_{0.05}(2,15)=3.68$, P-값=0.1059, H_0 채택

4 $F_0=4.329$, 기각역: $F_0 \geq F_{0.05}(4,16)=3.01$, P-값=0.015, H_0 기각

11장

1 (2) $\hat{\beta}_0=-13.393$, $\hat{\beta}_1=12.560$

(3)

분산 분석					
	df	SS	MS	F	P-값
회귀	1	6625.149	6625.149	33.35573	0.001177
잔차	6	1191.726	198.621		
계	7	7816.875			

2 (1) 산점도

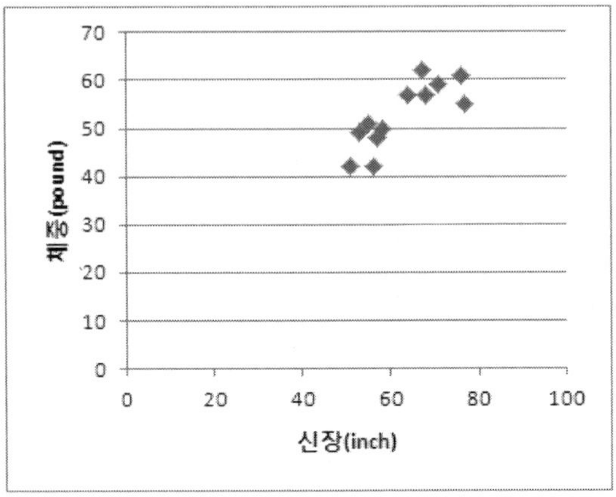

(2) 회귀직선: y(체중)=13.948+0.618*x(신장)

신장이 70일 때 체중은 57.233

(3) H_0: $\rho=0$, H_1: $\rho\neq0$

$t_0=4.437$, 기각역: $|t_0| \geq t(0.05/2,10)=2.228$, H_0 기각

(4) 결정계수=0.663, $\widehat{\sigma^2} = 17.262$

3 (1) 0.998

(2) $t_o=46.3326$, 기각역: $t_o \geq t(0.05,7)=1.895$, P-값=.000, H_0 기각

(3) $y=-950.662+0.5133x$

	df	SS	MS	F	P-값
회귀	1	15.81067	15.81067	2146.707	5.7E-10
잔차	7	0.051556	0.007365		
계	8	15.86222			

(4) $t_o=46.33257$, 기각역: $|t_o| \geq t(0.01/2,7)=3.499$, P-값=.000, H_0 기각

4 (1) (0.577, 0.670)

(2) $t_0=36.903$, 기각역: $t_0 \geq t(0.05,4)=2.135$, H_0 기각

(3) (40.138, 41.980)

12장

1

	χ_0^2	P-값	검정결과
씨앗의 형태	0.263	0.608	H_0 채택
배젖의 색깔	0.015	0.903	H_0 채택
씨앗껍질의 색깔	0.391	0.532	H_0 채택
콩깍지 형태	0.064	0.801	H_0 채택
콩깍지 색깔	0.451	0.502	H_0 채택
꽃의 위치	173.513	$<$0.001	H_0 기각
줄기 길이	0.607	0.436	H_0 채택
합계	0.110	0.741	H_0 채택

기각역: $\chi_0^2 \geq \chi^2(0.05,1) = 3.84$

2 χ_0^2=61.266, 기각역: $\chi_0^2 \geq \chi^2(0.05,3) = 7.81$, P-값$<$0.001, H_0 기각

3 χ_0^2=19.318, 기각역: $\chi_0^2 \geq \chi^2(0.05,2) = 5.99$, P-값$<$0.001, H_0 기각

4 χ_0^2=87.575, 기각역: $\chi_0^2 \geq \chi^2(0.05,6) = 12.59$, P-값=$<$0.001, H_0 기각

5 χ_0^2=0.9546, 기각역: $\chi_0^2 \geq \chi^2(0.05,2) = 5.99$, P-값=0.6205, H_0 채택

6 χ_0^2=10.491, 기각역: $\chi_0^2 \geq \chi^2(0.05,2) = 5.99$, P-값=0.005, H_0 기각

7 χ_0^2=20.498, 기각역: $\chi_0^2 \geq \chi^2(0.05,4) = 9.49$, P-값$<$0.001, H_0 기각

8 χ_0^2=66.165, 기각역: $\chi_0^2 \geq \chi^2(0.05,2) = 5.99$, P-값$<$0.001, H_0 기각

9 χ_0^2=49.764, 기각역: $\chi_0^2 \geq \chi^2(0.05,2) = 5.99$, P-값$<$0.001, H_0 기각

10 χ_0^2=6.604, 기각역: $\chi_0^2 \geq \chi^2(0.05,1) = 3.84$, P-값=0.010, H_0 기각

찾아보기

저자 소개

안 성 진
고려대학교 정경대학 통계학과(졸업)
KAIST 산업공학과, 공학박사
현) 경상대학교 정보통계학과 교수
기초과학연구소 연구원
Email: ahnsj@gnu.ac.kr

김 순 귀
서울대학교 자연과학대학 계산통계학과(졸업)
서울대학교 계산통계학과, 이학박사
현) 강릉원주대학교 정보통계학과 교수
Email: skkim@kangnung.ac.kr

정 연 선
경상대학교 자연과학대학 통계학과(졸업)
경상대학교 통계학과, 이학박사
현) 경상대학교 정보통계학과 강사
Email: yysuni@hanmail.net

통계학의 이해와 응용 + 엑셀실습 -제3판-

저 자 안성진·김순귀·정연선
발 행 인 김지영
발 행 처 자유아카데미
주 소 경기도 파주시 회동길 37-42
파주출판도시
전 화 031-955-1321
팩 스 031-955-1322
홈페이지 www.freeaca.com
전자우편 main@freeaca.com (대표)
editor@freeaca.com (편집)
crm@freeaca.com (영업)
등 록 제406-2003-017호, 1980. 7. 12
제3판1쇄 2017년 11월 30일 발행
제3판4쇄 2024년 6월 20일 발행
정 가 33,000원

저자와의
협의하에
인지생략

ISBN 979-11-5808-153-9 93310